中國古典名著譯注叢書

禮記譯解

上

王文錦 譯解

中華書局

圖書在版編目（CIP）數據

禮記譯解/王文錦譯解. —2 版. —北京：中華書局，2016. 1
（2025.4 重印）
（中國古典名著譯注叢書）
ISBN 978-7-101-11429-4

Ⅰ. 禮… Ⅱ. 王… Ⅲ. ①禮儀-中國-古代②《禮記》-譯文
③《禮記》-注釋 Ⅳ. K892.9

中國版本圖書館 CIP 數據核字（2015）第 301221 號

書　　名	禮記譯解（全二冊）
譯 解 者	王文錦
叢 書 名	中國古典名著譯注叢書
本版責編	徐真真
封面設計	許麗娟
責任印製	韓馨雨
出版發行	中華書局
	（北京市豐臺區太平橋西里 38 號　100073）
	http://www.zhbc.com.cn
	E-mail：zhbc@ zhbc.com.cn
印　　刷	河北博文科技印務有限公司
版　　次	2001 年 9 月第 1 版
	2016 年 1 月第 2 版
	2025 年 4 月第 12 次印刷
規　　格	開本/880×1230 毫米　1/32
	印張 31¼　插頁 4　字數 550 千字
印　　數	27401-28200 冊
國際書號	ISBN 978-7-101-11429-4
定　　價	128.00 元

目　録

下册

前　言

　　自從東漢學者鄭玄分別給儀禮、周禮、禮記做了注解之後，才有了"三禮"這一名稱。儀禮記的是冠、婚、喪、祭、飲、射、燕、聘、覲的具體儀式；周禮是通過記述三百多種職官的職務，從而展開對社會政治制度的設想；而禮記的内容則側重於闡明禮的作用和意義。西漢時期，儀禮取得了經的地位，而有關禮的一些"記"，僅是儀禮的從屬性的資料。王莽執政，周禮列爲官學，被視爲經典，東漢時期雖排之於官學之外，而已傳習於世。漢末禮記獨立成書，此後講習禮記的漸多，到了唐代，開始取得了經典的地位。從漢末到明、清，就三禮來説，禮記的地位越來越高。儘管儀禮、周禮兩書的體例比較完整，而禮記是部没有什麼體例可言的儒學雜編，取得經典地位也最晚，但從對社會、對人們思想的影響來説，禮記遠比儀禮、周禮爲大，這是一個值得注意的歷史現象。

　　禮記又名小戴禮記，東漢鄭玄的六藝論、晋代陳邵的周禮論叙和隋書經籍志都認爲是西漢禮學家戴聖編定的。這是傳統的説法。經近代學者深入研究，斷定這種説法頗有問題。

　　西漢時期立於學官的五經是易、書、詩、禮、春秋。所謂禮，指的是士禮，也就是晉代以來所稱的儀禮。先秦禮學家們傳習儀禮的同時，都附帶傳習一些參考資料，這種資料叫作“記”。所謂“記”，就是對經文的解釋、説明和補充。這種記，累世相傳原是很多的，不是一人一時之作。到了西漢時期，禮家傳抄的記就不多了。東漢史學家班固在他的漢書藝文志禮家項目中説：“記百三十一篇，七十子後學所記也。”西漢禮學家們傳授儀禮的時候，也各自選輯一些記，作爲輔助材料。它們共同的特點是：一、都是用當時通行的隸書抄寫的；二、附儀禮而傳習，没有獨立成書；三、因爲是附帶傳習的資料，往往隨個人興趣而有所删益，即使是一個較好的選輯本，它的篇數、編次也没有絶對的固定性。

　　西漢的禮學純屬今文學派，儘管禮學家們彼此的學術觀點也存在着歧異，但他們都排斥古文經記；再説當時的一些古文經記都藏在皇家秘府，一般人也無從寓目。西漢末期，掌管校理古文經籍的劉歆，建議左氏春秋、毛詩、逸禮、古文尚書列爲官學，結果遭到學官博士們的一致反對，劉歆斥責他們“抱殘守缺”。由此可以推知，西漢禮學家們各自選輯的“記”，不會也不可能收進他們所排斥的而當時尚未行世的古文經記。可是由東漢中期傳留至今的禮記中，就攙進了古文學派的文字。比如奔喪、投壺，就是逸禮中的兩篇。因此，不能説今天所見的這部禮記是西漢禮學家戴聖編定的。

　　西漢平帝時期，王莽當政，把左氏春秋、毛詩、逸禮、古文尚書立於學官，此後大力推行古文經學二十多年。東漢王朝建立

後，立經十四博士，都是今文經學。禮的方面，立的是大戴、小
戴兩家，把王莽時期所立的各種古文經學再次排斥在官學之外。
雖然如此，由於古文經學已大興於世，從總的情況來看，今文古
文兩個學派日趨混同。東漢時期的大多數今文學派的禮學家，爲
了適應皇朝的禮制需要，爲了自己的功名利祿，不再甘心抱殘守
缺地傳習士禮，而致力於博學洽聞，從而在資料的彙輯上也趨向
並蓄兼收。因此西漢經師們選編傳抄下來的各種選輯本，經過東
漢經師之手，自然不免攙進了一些已經行世的古文記。

　　經過長時期的流傳删益，到東漢中期，大多數“記”的選輯
本先後被淘汰，而形成和保留了八十五篇本和四十九篇本。前者
篇數多，遂名之爲大戴禮記；後者篇數少，遂名之爲小戴禮記。
其實這兩個“記”的選輯本，都不是大戴（戴德）、小戴（戴聖）
各自附儀禮而傳習的“記”的選輯本的原貌。關於這個問題，洪
煨蓮先生在他的禮記引得序中有極其精細的考辨。

　　東漢學者鄭玄給東漢中期定型的收有四十九篇的“記”的選
輯本——禮記做了出色的注解，這樣一來，使它擺脱了從屬儀禮
的地位而獨立成書，漸漸得到一般士人的尊信和傳習，魏晉南北
朝時期出現了不少有關禮記的著作。到了唐朝，國家設科取士，
把近二十萬字的左傳和近十萬字的禮記都列爲大經，五萬字的儀
禮和四萬五千多字的周禮、近四萬字的詩經等列爲中經。由於禮
記大部分文字比較通暢，難度較小，且被列爲大經，所以即使它
比儀禮的字數多近一倍，還是攻習禮記的人多。到了明朝，禮記的
地位進一步被提高，漢朝的五經裏有儀禮没有禮記，明朝的五經
裏則有禮記没有儀禮。禮記由一個附庸蔚爲大國了，而儀禮這個
往昔大國則日趨衰落了。

　　從西漢到明清這一漫長的歷史時期，爲什麼禮記越來越受重視，而儀禮越來越被漠視呢？因爲儀禮記的是一大堆禮節單子，枯燥乏味，難讀難懂，又離現實生活較遠，社會的發展使它日益憔悴而喪失了吸引力。而禮記呢，它不僅記載了許多生活中實用性較大的細儀末節，而且詳盡地論述了各種典禮的意義和制禮的精神，相當透徹地宣揚了儒家的禮治主義。歷史和現實的經驗使封建統治階級越來越深切地認識到，在强化國家機器的同時，利用以禮治主義爲中心的儒家思想，吸引廣大知識階層，規範世人的思想和行爲，是維護統治秩序從而獲得長治久安的不容忽視的大政方針。這就是禮記受到歷代王朝的青睞，以至被推上經典地位的根本原因。幾千年來，對中華民族意識形態影響最大的書是儒家的書。從所起作用的大小來估計，禮記僅次於論語，比肩於孟子，而遠遠超過荀子。西漢以後，禮記由一部儒學短篇雜編上升爲泱泱大國的一部重要經典，這史實本身就值得注意。

　　禮記這部儒學雜編，内容很龐雜，大體上可分成以下幾個方面：

　　有專記某項禮節的，體裁跟儀禮相近，如奔喪、投壺。

　　有專説明儀禮的，如冠義、昏義、鄉飲酒義、射義、燕義、聘義、喪服四制。它們是分別解釋儀禮中士冠禮、昏禮、鄉飲酒禮、鄉射禮、大射儀、燕禮、聘禮、喪服各篇制禮意義的，跟儀禮關係最爲密切。

　　有雜記喪服、喪事的，如檀弓、曾子問、喪服小記、雜記、喪大記、奔喪、問喪、服問、間傳、三年問、喪服四制等。

　　有記述各種禮制的，如王制、禮器、郊特牲、玉藻、明堂位、大傳、祭法、祭統、深衣等篇。

有側重記日常生活禮節和守則的，如曲禮、內則、少儀等篇就是。

有記孔子言論的，如坊記、表記、緇衣、仲尼燕居、孔子閒居、哀公問、儒行等，這些篇大都是托名孔子的儒家言論。

有結構比較完整的儒家論文，如禮運、學記、祭義、經解、大學、中庸等篇。

此外還有授時頒政的月令，意在爲王子示範的文王世子。

以上所列並非科學分類，只不過想通過它粗略地反映各篇的性質。

禮記是部儒學雜編，裏面包含儒家的思想史料相當豐富。研究早期儒家思想，需要讀論語；研究戰國秦漢時期的儒家思想，就不能不讀禮記了。讀論語能夠看到儒家學派的確立，讀孟子、荀子、禮記能夠看到儒家學派的發展。

從禮記這部書裏，可以看到儒家對人生的一系列的見解和態度。王制、禮運談到了儒家對國家、社會制度的設想。如禮運展示的理想是："大道之行也，天下爲公，選賢與能，講信修睦。故人不獨親其親，不獨子其子，使老有所終，壯有所用，幼有所長，矜寡孤獨廢疾者皆有所養。男有分，女有歸。貨惡其棄於地也，不必藏於己；力惡其不出於身也，不必爲己……是謂大同。"這類光輝的語言，並不因爲年長日久而失去亮度，它極爲精煉地反映了我們祖先對美滿而公正的社會的强烈嚮往。

禮記有不少篇章或片段講修身作人的，像大學、中庸、儒行等篇就是研究儒家人生哲學的重要資料。專講教育理論的學記、專講音樂理論的樂記，其中精粹的言論，至今仍然有研讀的價值。

曲禮、少儀、內則等篇記錄了許多生活上的細小儀節，從中我們可以了解古代貴族家庭成員間彼此相處的關係。今天看來，這些細節相當繁瑣、迂腐、呆板、缺乏生氣；不過有些地方，還是可以借鑒採納的。讀了這些篇章，我們可以領悟，說中國是個文明禮義之邦，絕不是句空泛的贊語。

禮記關於喪祭之類的篇章佔了很大的比重。這類文字的特點是：瑣碎，枯燥，難懂，遠離今天的生活。可是對於研究中國古代社會，特別是研究中國宗法制度的人們來說，實爲珍貴的文字資料。其中有很多地方是對儀禮喪服的補充或説明。

禮記中還有不少專篇是探討制禮深義的。這類文章是研究儒家禮治思想的重要依據。舉例來説，昏義是解釋儀禮昏禮制定意義的專篇。一開始就解釋爲什麼要重視婚禮，説：“昏禮者，將合二姓之好，上以事宗廟，而下以繼後世也，故君子重之。”所以要在家長主持下搞一整套隆重禮節。由此可知，結婚一事之所以重要，儒家並不着眼於當事男女的幸福，而是：一，密切兩個家族的關係；二，男方死去的祖先，有人祭祀了；三，傳宗接代。儒家認爲，結婚只能是家族中的一件莊重的事，不是個人的美事。傳宗接代意味着新陳代謝，這樣，作人子的不能無所感傷，所以郊特牲中説：“昏禮不賀，人之序也。”鄭玄注説：“序猶代也。”此外，儒家對各種祭禮、喪禮、冠禮、鄉飲酒禮、射禮、燕禮、聘禮等，在禮記中也都有一套解釋。顯然，研究這些解釋會有助於全面理解儒家的思想體系。

衆所周知，儒家思想中有對社會發展、人類進步起消極作用的部分，如全力維護等級制度，頑固宣揚男尊女卑。這些，在禮記中都得到了充分反映。

總之，禮記是了解和研究儒家思想的重要文獻。

　　這部戰國秦漢間儒家學者們的短篇彙編，不僅内容十分龐雜，文字風格也頗不一致。有的篇章比較連貫清通，有的篇章就相當零星晦澀。爲了幫助讀者近乎正確地理解這部經典性的名著，我花費數年時間，寫了這部禮記譯解。這書也屬文白對照普及性的讀物，服務對象是認識繁體字的文史愛好者。黄侃先生批校的禮記較精，本書的禮記正文即採用黄先生的校本，另施新式標點，並調整了段落。本書的注，僅在標出原文某些字的標準讀音和選録一些重要的校勘。注音仿楊伯峻先生春秋左傳注例，用同音字來標音。禮記正文有訛誤處，即出校指出，譯文依校文，而正文仍然保持原貌，不敢擅動。本書有譯有解，故名譯解：凡平文大義，即採用直譯方式，譯文緊隨原文，亦步亦趨；而遇到簡奧、艱澀或涉及名物制度的語句而直譯不足以明原旨者，就酌予申釋疏解。不論是譯還是解，都本着傳統理解去表述，不曾刻意求新。在整個譯解過程當中，我始終小心翼翼，力求嚴謹平實，力戒憑空臆解，從而避免了個人所見幾種譯本中的若干失誤。儘管如此，由於本人學殖譾陋，自然也難免有貽笑大方之處。爲了不貽誤後學，竭誠歡迎大雅方家不吝指教，以便於進一步修訂。

王文錦
一九九四年九月白露

曲禮上第一

曲禮曰：毋不敬，[一]儼若思，[二]安定辭，安民哉！

【注釋】

〔一〕毋：音無。　〔二〕儼：音掩。

【譯解】

曲禮說：不要不敬，儀容要端莊穩重，若有所思，措辭要安詳確定，這樣才能安定民心呀！

敖不可長，[一]欲不可從，[二]志不可滿，樂不可極。

【注釋】

〔一〕敖：通傲。　長：音掌。　〔二〕從：通縱。

【譯解】

驕傲不可滋長，欲望不可放縱，向上心不可滿足，享樂不可盡情。

賢者狎而敬之，[一]畏而愛之。愛而知其惡，憎而知其善。積而能散，安安而能遷。臨財毋苟得，臨難毋苟免。〔二〕很毋求勝，分毋求多。疑事毋質，直而勿有。

【注釋】

〔一〕狎：音狹。　　〔二〕難：去聲。

【譯解】

　　對有德才的人要親近而且尊敬，畏服而且愛慕。對所喜歡的人也能知道他的缺點，對所討厭的人也能知道他的長處。能積蓄財物，也能發散給窮人；安於安逸生活，也能適應環境的變遷。面臨財物不要隨便獲取，面臨危難不要隨便逃避。辯論是非不要鬥氣必求勝人，分配東西不要妄求多佔。懷疑的事情不要硬說是真實的，糾正澄清問題要謙遜，不要炫示此種見解爲自己所有。

　　若夫坐如尸，〔一〕立如齊。〔二〕禮從宜，使從俗。

【注釋】

〔一〕夫：音扶。　　〔二〕齊：音摘，通齋。

【譯解】

　　如果坐，就要像尸即祭祀中裝扮受祭者的人那樣端坐，立就要像祭祀前齋戒時那樣恭立。行禮要依從特定時宜，出使要依從他國風俗。

　　夫禮者，〔一〕所以定親疏，決嫌疑，別同異，明是非也。禮不妄說人，〔二〕不辭費。禮不踰節，不侵侮，不好狎。〔三〕脩身踐言，謂之善行。〔四〕行脩言道，禮之質也。

【注釋】

〔一〕夫：音扶。　　〔二〕說：音月，通悅。

〔三〕好：音浩。　　〔四〕行：名詞，音杏。下同。

【譯解】

　　那禮嘛，是用來確定親疏，判斷嫌疑，分別同異，辨明是非的。禮，不要胡亂取悅於人，不說做不到的話。禮，不能超越節限，不能侵犯侮慢，不能輕佻戲弄。修養身心，實踐諾言，這叫做完善的品行。品行完美，說話合乎正道，這是禮的本質。

　　禮聞取於人，不聞取人。禮聞來學，不聞往教。

【譯解】

　　禮，聽說它是被人汲取、取法的，沒聽說禮主動去向人汲取、取法什麼。所以禮嘛，只聽說願學者來此就學，沒聽說知禮者往別人那裏去傳授。

　　道德仁義，非禮不成；教訓正俗，非禮不備；分爭辨訟，非禮不決；君臣、上下、父子、兄弟，非禮不定；宦學事師，〔一〕非禮不親；班朝治軍，涖官行法，〔二〕非禮威嚴不行；禱祠祭祀，供給鬼神，〔三〕非禮不誠不莊。是以君子恭敬、撙節、退讓以明禮。〔四〕

【注釋】

〔一〕宦：音唤。　　〔二〕涖：音立。　　〔三〕給：音幾。
〔四〕撙：尊的上聲。

【譯解】

　　道德仁義，沒有禮就不能完成；教育訓導，端正民俗，沒有禮就不能完備；分辨爭訟，沒有禮就不能決定是非；君主臣僕，上級下級，父子兄弟，沒有禮就不能確定其貴賤、尊卑、長幼、親疏的種種關係；爲學習做官、學習道藝而侍奉師長，沒有禮就彼此不親密；排班立朝，治理軍隊，到官上任，執行法令，沒有禮威嚴就不能展現；特殊的祈禱，例行的祭祀，種種供奉鬼神的活動，沒有禮就顯得不夠誠摯，不夠莊嚴。所以有德有位的君子一定要態度恭敬，自我節制，謙遜退讓，來彰明禮教。

鸚鵡能言，不離飛鳥；猩猩能言，不離禽獸。今人而無禮，雖能言，不亦禽獸之心乎！夫唯禽獸無禮，〔一〕故父子聚麀。〔二〕是以聖人作，爲禮以教人，使人以有禮，知自別於禽獸。

【注釋】

〔一〕夫：音扶。　　〔二〕麀：音由。

【譯解】

鸚鵡能夠說話，終究離不開飛鳥的種類；猩猩能夠說話，畢竟離不開禽獸的範圍。現在人們如果沒有禮義，即使能夠說話，不還是禽獸的心性嗎！只因爲禽獸沒有禮義，所以才經常發生父子與同一母禽母獸交配的情況。因此聖人興起，制定禮法來教導人們，使人們有了做人的規範，知道自己和禽獸有本質的區別。

大上貴德，〔一〕其次務施報。禮尚往來，往而不來，非禮也；來而不往，亦非禮也。人有禮則安，無禮則危。故曰，禮者不可不學也。

【注釋】

〔一〕大：通太。

【譯解】

上古時期崇尚樸素善良的德性，後世才致力於施恩和回報。禮崇尚交際上的有來有往。去往對方施惠，對方不來回報，是失禮的；人家前來施惠，而受惠者不知回報，也是失禮的。人們有禮就會獲得平安，無禮就將發生危險。所以説，禮是不可不學的。

夫禮者，〔一〕自卑而尊人。雖負販者，必有尊也，而況富貴乎！富貴而知好禮，〔二〕則不驕不淫；貧賤而知好禮，則志不懾。〔三〕

【注釋】

〔一〕夫：音扶。　　〔二〕好：音浩。下同。　　〔三〕懾：音涉。

【譯解】

禮，要求自己謙卑而尊重別人。即使是小商小販吧，必有值得他們尊重的人，更何況富貴的人呢！富貴的人知道愛好禮，就能不驕傲，不奢淫；貧賤的人知道愛好禮，就能心裏不卑怯。

人生十年曰幼，學；二十曰弱，冠；〔一〕三十曰壯，有室；四十曰強，而仕；五十曰艾，服官政；六十曰耆，〔二〕指使；七十曰老，而傳；八十九十曰耄；〔三〕七年曰悼。悼與耄雖有罪，不加刑焉。百年曰期，頤。

【注釋】

〔一〕冠：動詞，音貫。　　〔二〕耆：音其。　　〔三〕耄：音茂。

【譯解】

　　男人生十歲爲幼，專心學習。二十歲爲弱，舉行加冠禮，表示成人。三十歲爲壯，結婚有了家室。四十歲爲强，出仕做官。五十歲爲艾，主管部門行政事務。六十歲爲耆，指揮支使別人。七十歲爲老，把工作交給別人，把家事傳給子孫。八十歲九十歲爲耄，七歲爲悼。悼和耄即使有罪，也不加刑罰。一百歲稱爲期，由人細心供養。

　　大夫七十而致事。若不得謝，則必賜之几杖，行役以婦人，適四方，乘安車。自稱曰老夫，於其國則稱名。越國而問焉，必告之以其制。

【譯解】

　　大夫一級的官員到了七十歲，就要把職務上交而退休。假如國君不許可謝任辭去，就一定要賞賜他憑几和拐杖；出門辦事由婦女扶持照料；往四方遠地，乘坐安穩小車。可以自稱老夫，不過，在本國裏還是要自稱名的。出國訪問，一定要把那國的制度告訴他。

　　謀於長者，必操几杖以從之。長者問，不辭讓而對，非禮也。

【譯解】

　　同長輩商量事情，一定要操持憑几、手杖去。長輩有所詢問，不謙讓就回答，是不禮貌的。

　　凡爲人子之禮，冬温而夏清，〔一〕昏定而晨省，〔二〕在醜夷不争。夫爲人子者,〔三〕三賜不及車馬。故州閭鄉黨稱其孝也,〔四〕兄弟親戚稱其慈也,僚友稱其弟也,〔五〕執友稱其仁也,交遊稱其信也。

【注釋】

〔一〕清:音慶。　　〔二〕省:音醒。　　〔三〕夫:音扶。

〔四〕閭:音驢。　　〔五〕弟:通悌,音替。

【譯解】

　　做兒女的禮節是:冬天要讓父母溫暖,夏天要讓父母涼爽,晚上替老人安排衾枕,早晨要向老人問候安好。在同輩之間,不要發生爭執。做兒子的,再三贈送別人禮物,也不敢擅自贈送車馬。所以街坊鄉里都稱頌他孝順,兄弟親戚都稱頌他慈愛,同事都稱頌他友善,朋友都稱頌他仁義,有交往的人都稱頌他誠實可信。

　　見父之執,不謂之進不敢進,不謂之退不敢退,不問不敢對,此孝子之行也。

【譯解】

　　見到父親的同志好友,他不叫進前就不敢進前,不叫退下就不敢退走,不問就不敢開口對話,這也是孝子的行爲。

　　夫爲人子者,出必告,反必面;〔一〕所游必有常,所習必有業,恒言不稱老。

【注釋】

〔一〕反:通返。

【譯解】

　　當兒子的，出門前必須稟告父母，回家後也必須面告父母；出游必定有個常去的處所，學習必定有個固定的課業；平常講話不要自稱年老。

　　年長以倍，則父事之；十年以長，則兄事之；五年以長，則肩隨之。羣居五人，則長者必異席。

【譯解】

　　年紀比自己大一倍的人，就當作父輩對待；比自己大十歲的人，就當作兄長對待；比自己大五歲的人，和他並肩行走時，自己要稍錯後一些。五個人聚集共處，要推讓年紀最大的人單坐一席。

　　爲人子者，居不主奧，坐不中席，行不中道，立不中門，食饗不爲槩，〔一〕祭祀不爲尸，聽於無聲，視於無形，不登高，不臨深，不苟訾，〔二〕不苟笑。

【注釋】

〔一〕食：音寺。　饗：音想。　槩：同概。　　〔二〕訾：音紫。

【譯解】

　　做兒子的，家居不要佔據室內西南角的位置，不要坐在席的當中，不要走院裏過道的當中，不要站在門的當中。家宴待客用物多少，不要擅自主張；祭祀時不能充當神主受父輩祭拜。父母未曾發話，就注意隨時聽從吩咐、使喚；父母未形諸顏色，就看出老人的心態、需求。不要攀登高處，不要靠近深處；不要隨便詆毁，不要隨便嘲笑。

孝子不服闇，^{〔一〕}不登危，懼辱親也。父母存，不許友以死，不有私財。

【注釋】

〔一〕闇：同暗。

【譯解】

孝順的兒子不在暗中做事，不登臨危險的所在，怕給雙親帶來教子無方的恥辱。父母在世，不能應許去爲朋友獻身效死，不能私自儲存錢財。

爲人子者，父母存，冠衣不純素。^{〔一〕}孤子當室，冠衣不純采。

【注釋】

〔一〕純：音準。下同。

【譯解】

做兒子的，父母在世，冠服不要用素色鑲邊。失去父親的孤子如果當家作主，除喪後的冠服也不要用彩色鑲邊。

幼子常視毋誑。^{〔一〕}童子不衣裘、裳。^{〔二〕}立必正方，不傾聽。長者與之提携，^{〔三〕}則兩手奉長者之手。負、劍，辟咡詔之，^{〔四〕}則掩口而對。

【注釋】

〔一〕視：通示。　誑：音狂。　〔二〕衣：動詞，音益。

裳：音常。　　　〔三〕携：音斜。　　　〔四〕辟：音譬。
咡：耳的去聲。

【譯解】

　　對小孩子要常常示意他別説謊話。兒童不要穿皮襖、長裙。
教他站立端正，不要歪頭側耳聽人説話。長輩跟他牽手走路，要
兩手捧定長輩的手。在長輩身後或身旁，長輩俯身低頭跟孩子説
話，孩子就要用手遮擋自己的嘴巴回答。

　　從於先生，不越路而與人言。遭先生於道，趨而進，
正立拱手。先生與之言則對，不與之言則趨而退。從長
者而上丘陵，則必鄉長者所視。〔一〕登城不指，城上不呼。

【注釋】

〔一〕鄉：通向。

【譯解】

　　跟先生一起走，不要橫越道路去和別人説話。在路上遇到先
生，緊走進前，正立拱手。先生跟自己説話，就答對；不跟自己
説話，就緊走退下。跟從長輩登上土山，就一定要朝着長輩所看
的方向。登上城墻，不要伸臂指點，不要在城上呼喊，以免引起
城下人的疑惑驚訝。

　　將適舍，求毋固。將上堂，聲必揚。户外有二履，〔一〕
言聞則入，言不聞則不入。將入户，視必下。入户奉
扃，〔二〕視瞻毋回。户開亦開，户闔亦闔。〔三〕有後入者，闔
而勿遂。勿踐履，毋踖席，〔四〕摳衣趨隅，〔五〕必慎唯諾。

【注釋】

〔一〕履：音巨。　　〔二〕扃：炯的陰平聲。　　〔三〕闔：音合。　　〔四〕踖：音吉。　　〔五〕摳：叩的陰平聲。

【譯解】

　　將要到別人家去，要求不要粗野無禮。將登入堂屋，先高聲呼問。室外有兩雙鞋，聽得見説話的聲音，就進去；聽不見説話的聲音，就不要進去。將進屋門，視綫一定要向下。進了屋門，敬捧門栓，不要回頭瞻望。屋門原來是開着的，就仍舊開着；原來是關着的，就仍舊關上。如果後面還有人來，門就不要關緊。不要踩人家的鞋，不要跨席就坐。就坐時，提起衣裳走向席的下角，升席就坐。答話時，用“唯”還是用“諾”，一定要謹慎。

　　大夫、士出入君門，由闑右，〔一〕不踐閾。〔二〕

【注釋】

〔一〕闑：音聶。　　〔二〕閾：音域。

【譯解】

　　大夫、士出入國君的大門，要由門橛的右邊走，別踩門檻。

　　凡與客入者，每門讓於客。客至於寢門，則主人請入為席，然後出迎客，客固辭，主人肅客而入。主人入門而右，客入門而左；主人就東階，客就西階。客若降等，則就主人之階。主人固辭，然後客復就西階。主人與客讓登，主人先登，客從之，拾級聚足，〔一〕連步以上。上於東階，則先右足；上於西階，則先左足。

【注釋】

〔一〕拾：音設。<u>鄭玄</u>云："拾當爲涉，聲之誤也。"

【譯解】

　　凡是引客人進宅的，走到每道門前都讓一下。來到寢門前，主人請求自己先進去鋪設坐席然後再出來迎接客人，客人一再推辭，主人這才引導客人進門。主人進門拐向右邊而轉身北行，客人進門拐向左邊而轉身北行。主人走向東階，客人走向西階。假若客人級別較主人低一等，就要隨主人走向東階，主人一再推辭，然後客人再趨向西階。主人與客人互相謙讓登階。主人先登臺階，客人再升。前脚登上第一級，後脚隨上來，與前脚並聚一起，然後前脚再升第二級，後脚再隨上來，與前脚並立，這樣連步而上堂。主人上東階時先邁右脚，客人上西階時先邁左脚。

　　帷薄之外不趨，堂上不趨，執玉不趨。堂上接武，堂下布武。室中不翔，並坐不橫肱。〔一〕授立不跪，授坐不立。

【注釋】

〔一〕肱：音工。

【譯解】

　　經過懸垂布帷、簾箔的門前不要快走，堂上不要快走，捧着玉器也不要快走。在堂上要脚步接着脚步走，在堂下要脚步分布開了行走。在室內不要張開兩臂甩動行走，同別人並坐在一起，不要橫着胳膊。拿着東西交給站立的人不要跪着送，交給坐着的人也不要站着遞。

凡爲長者糞之禮，必加帚於箕上，〔一〕以袂拘而退，〔二〕其塵不及長者，以箕自鄉而扱之。〔三〕

【注釋】

〔一〕帚：音肘。　箕：音基。　　〔二〕袂：音妹。　拘：音鈎。　　〔三〕鄉：通向。　扱：音吸。

【譯解】

凡爲長輩清掃席前，禮規是：一定要把笤帚遮住簸箕，然後用長袖遮擋着笤帚邊掃邊退，灰塵不要飛向長輩，用簸箕朝向自己收掃垃圾。

奉席如橋衡，請席何鄉，〔一〕請衽何趾。〔二〕席南鄉北鄉，以西方爲上；東鄉西鄉，以南方爲上。若非飲食之客，則布席席間函丈。主人跪正席，客跪撫席而辭。客徹重席，〔三〕主人固辭。客踐席，乃坐。主人不問，客不先舉。

【注釋】

〔一〕鄉：通向。下同。　　〔二〕衽：音任。　　〔三〕徹：通撤。　重：音蟲。

【譯解】

捧着未曾展開的席子應該像桔槔上的橫木左高右低。爲長輩鋪席，坐席就要請示朝什麽方向，臥席就要請示腳朝哪邊。席向南向北鋪的，以西方爲上首；向東向西鋪的，以南方爲上首。如果來的不是飲酒吃飯的客人，就將賓主坐席對鋪，兩席間容有一丈的距離。主人跪下替客人整理席位，客人跪下按住席子婉言推辭。爲客人鋪設了兩層席，客人動手要撤去一層，主人一再請他別撤，客人才上席就坐。主人不先問話，客人就不要逕提來意。

　　將即席，容毋怍，〔一〕兩手摳衣，去齊尺。〔二〕衣毋撥，足毋蹶。〔三〕先生書策琴瑟在前，坐而遷之，戒勿越。虛坐盡後，〔四〕食坐盡前。坐必安，執爾顏。長者不及，毋儳言。〔五〕正爾容，聽必恭。毋勦説，〔六〕毋雷同。必則古昔，稱先王。

【注釋】

〔一〕怍：音作。　　〔二〕齊：通齏，音茲。　　〔三〕蹶：音貴。　　〔四〕盡：上聲，音錦。　　〔五〕儳：音饞。〔六〕勦：音超。

【譯解】

　　將要上席就坐，容顏不要羞慚拘謹，兩手提起衣襟，讓底邊離地一尺來高。衣裳不要掀動，腳步不要慌張。如果有先生的書册琴瑟在前面，就跪下把它移開，禁止從上面跨過去。席上儘量往後坐，飲酒吃飯就要儘量靠前坐。坐一定要安穩，保持你莊敬的臉色。長輩沒有提到的，不要插嘴亂扯。端正你的表情，聽人講話一定要謙恭。發言不要抄襲成説，不要隨聲附和。必須取法古事，稱舉先王，做到有理有據。

　　侍坐於先生，先生問焉，終則對。請業則起，請益則起。父召無諾，先生召無諾，唯而起。

【譯解】

　　陪侍老師坐着的時候，老師問話，等問完了才回答。請教學業問題，要站起來；請求進一步解答，也要站起來。父親召喚的時候，你不要高聲唱諾，老師召喚的時候，也不要高聲唱諾，都要恭敬地應聲"唯"，同時起立。

　　侍坐於所尊敬，毋餘席，見同等不起。燭至起，食至起，上客起。燭不見跋。尊客之前不叱狗。讓食不唾。

【譯解】

　　侍坐所尊敬的人，尊者獨坐一席，侍者另坐一席，而儘量坐在接近尊者的那端，不留餘席，這邊備後來者入坐。見同行輩人來了，不要起立。燭火端來了，要起立；食物上來了，要起立；貴客來了，要起立。燭火不等燒到根部就該起身告辭。在尊敬的客人面前不要呵斥狗。主人殷勤讓食，客人不要咀嚼中間當場啐唾。

　　侍坐於君子，君子欠伸，撰杖屨，視日蚤莫，〔一〕侍坐者請出矣。侍坐於君子，君子問更端，則起而對。侍坐於君子，若有告者曰："少閒，〔二〕願有復也。"則左右屏而待。〔三〕

【注釋】

〔一〕蚤莫：同早暮。　　〔二〕閒：音賢。　　〔三〕屏：音丙。

【譯解】

　　陪伴君子坐談，要是見到君子打哈欠，伸懶腰，拿手杖，穿鞋子，張望太陽早晚，這時候侍坐者就該告辭了。陪伴君子坐談，君子又換了話題詢問，那就要起立答對。陪伴君子坐談，如果有

告事的人説：“稍佔點時間，想有所回稟。”那麽，侍坐者們就該
退避別處等待。

　　毋側聽，毋噭應，[一]毋淫視，毋怠荒。遊毋倨，[二]立
毋跛，[三]坐毋箕，寢毋伏。斂髮毋髢，[四]冠勿免，勞毋
袒，暑毋褰裳。[五]

【注釋】

〔一〕噭：音教。　應：音硬。　　〔二〕倨：音巨。　　〔三〕
跛：音必。　　〔四〕髢：音地。　　〔五〕褰：音千。

【譯解】

　　不要側耳偷聽，不要叫喊着答應，不要歪眼瞧看，不要懈怠
放縱。行走不要傲慢，站立不要傾斜，坐時不要岔開兩腿像個簸
箕，睡時不要趴着。收斂頭髮不要披散，冠帽不要隨便摘掉，勞
動時不要袒胸露懷，熱天不要上提下裳。

　　侍坐於長者，履不上於堂，[一]解履不敢當階。就履，
跪而舉之，屏於側。[二]鄉長者而履，[三]跪而遷履，俯而
納履。

【注釋】

〔一〕履：音巨。　　〔二〕屏：音丙。　　〔三〕鄉：通向。

【譯解】

　　陪伴長輩坐談，不要穿鞋上堂，堂下解鞋帶脱鞋也不能面對
臺階。下堂穿鞋的時候，跪着拿起鞋來，躲在階側去穿。如果在
長輩面前穿鞋，就要跪下挪開兩鞋，背着長輩彎腰穿上。

離坐離立，毋往參焉。離立者不出中間。

【譯解】

有兩人一起坐着，或一起站着，他人就不要介入。有二人並立，別人不要從其中間穿過。

男女不雜坐，不同椸枷，^{〔一〕}不同巾櫛，^{〔二〕}不親受。嫂叔不通問，諸母不漱裳。

【注釋】

〔一〕椸：音移。　枷：通架。　　〔二〕櫛：音至。

【譯解】

男女不能隨便混雜地坐在一處，男女的衣服不要同掛在一個衣架上，不要混用毛巾、梳子，物品不能親手遞送。嫂子和小叔子不能互相往來問候。不能讓庶母洗自己的下身衣服。

外言不入於梱，^{〔一〕}內言不出於梱。女子許嫁，纓，非有大故，不入其門。姑、姊、妹、女子子已嫁而反，^{〔二〕}兄弟弗與同席而坐，弗與同器而食。父子不同席。

【注釋】

〔一〕梱：音綑。　　〔二〕反：通返。

【譯解】

外邊的話不要帶進家門檻裏，家內的話也不要帶出家門檻外。女孩子訂婚了，佩帶個五彩絲綫織的香囊，表示有了歸屬，除非有重大變故，一般人不能進入她的住室。姑姑、姐姐、妹妹、女兒已經出嫁，回娘家來，她們的兄弟們不跟她們同席而坐，也不跟她們共用器皿吃飯。父親和兒子不能同坐在一張席上。

　　男女非有行媒，不相知名；非受幣，不交不親。故日月以告君，齊戒以告鬼神，〔一〕爲酒食以召鄉黨僚友，以厚其別也。取妻不取同姓，〔二〕故買妾不知其姓則卜之。寡婦之子，非有見焉，〔三〕弗與爲友。

【注釋】

〔一〕齊：音摘，通齋。　　　〔二〕取：通娶。　　　〔三〕見：現的本字。

【譯解】

　　青年男女沒有人往來作媒提親，雙方不會相互知道名字的。女方沒有接受聘禮，雙方不會交往親近的。所以將結婚日期告訴官方，齋戒之後稟告廟中祖先，準備酒飯來邀請同鄉、同事、朋友，都是爲了加深男女的區別、名分。娶妻不娶同姓女子。所以買女子作妾，如果不知道她姓什麼，就該通過占卜，以決定取捨。寡婦的兒子，沒有發現他有什麼傑出的才能，就不要和他交朋友，免招嫌疑。

　　賀取妻者曰："某子使某，聞子有客，使某羞。"貧者不以貨財爲禮，老者不以筋力爲禮。

【譯解】

　　祝賀娶妻的人，這樣説："某君派遣我來的，聽説您家中宴請賓客，所以派我來進獻食品。"窮人不必出財物表示禮賀，老人不必出力氣表示禮賀。

　　名子者不以國，不以日月，不以隱疾，不以山川。

男女異長。〔一〕男子二十，冠而字。〔二〕父前子名，君前臣
名。女子許嫁，笄而字。〔三〕

【注釋】

〔一〕長：音掌。　　〔二〕冠：音貫。　　〔三〕笄：音基。

【譯解】

給孩子命名，不要用國名，不要用日月，不要用身上的缺陷
命名，不要用山名河名。男孩和女孩的排行要分開。男子二十歲，
舉行加冠禮，另給起個字。在父親面前，做兒子的要稱名；在國
君面前，做臣的也要稱名。女子訂婚了，綰髮加笄，另給起個字。

凡進食之禮，左殽右胾，〔一〕食居人之左，羹居人之
右，膾炙處外，〔二〕醯醬處內，〔三〕葱渫處末，〔四〕酒漿處右。
以脯脩置者，左朐右末。〔五〕

【注釋】

〔一〕殽：消的陽平聲。　胾：音字。　　〔二〕膾：音快。炙：
音至。　處：音杵。　　〔三〕醯：音西。　　〔四〕渫：音
細。　　〔五〕朐：音渠。

【譯解】

凡平常設食的禮規是：左邊放帶骨的熟肉，右邊放切片的熟
肉，米飯放在人的左邊，羹湯放在人的右邊。肉絲、烤肉靠外些，
醋、醬靠裏些。蒸葱安置在最外邊，酒和漿安置在右邊。如果放
乾肉條，要彎曲部分在左，末端部分在右。

客若降等，執食興辭，主人興辭於客，然後客坐。

主人延客祭，祭食，祭所先進，殽之序，徧祭之。[一]三飯，[二]主人延客食胾，然後辯殽。[三]主人未辯，客不虛口。

【注釋】

〔一〕徧：同遍。　　〔二〕飯：動詞，音反。　　〔三〕辯：同遍。

【譯解】

客人的級別如果比主人低一等，要手執食物起立致謝，主人起立對客人說句別客氣之類的話，然後客人坐下。飯前，主人引導客人祭，就是掐一點食物放在身前器皿之間，祭飲食神。首先祭飯食，然後祭所先設食品，菜肴按序周遍祭過。吃三口飯，主人延請客人吃肉片，然後樣樣吃過，吃到了帶骨肉。主人沒有吃完，客人不要漱口不吃了。

侍食於長者，主人親饋，[一]則拜而食；主人不親饋，則不拜而食。共食不飽，共飯不澤手。毋摶飯，[二]毋放飯，毋流歠，[三]毋咤食，[四]毋齧骨，[五]毋反魚肉，[六]毋投與狗骨，毋固獲，毋揚飯，飯黍毋以箸，[七]毋嚃羹，[八]毋絮羹，[九]毋刺齒，毋歠醢。[一○]客絮羹，主人辭不能亨；[一一]客歠醢，主人辭以窶。[一二]濡肉齒決，[一三]乾肉不齒決。毋嘬炙。[一四]卒食，客自前跪，徹飯齊以授相者，[一五]主人興辭於客，然後客坐。

【注釋】

〔一〕饋：音愧。　　〔二〕摶：音團。　　〔三〕歠：通啜。

〔四〕咤：音乍。　　〔五〕齧：音聶。　　〔六〕反：通返。

〔七〕飯：音反。　　〔八〕噎：音踏。　　〔九〕絮：音處。

〔一〇〕醢：音海。　　〔一一〕亨：通烹。　　〔一二〕宴：

音巨。　　〔一三〕濡：音儒。　　〔一四〕嚌：音端。

〔一五〕齊：通齋，音基。

【譯解】

　　陪侍長輩吃飯，主人親自送食布菜，就拜謝後再吃；主人不親自送食布菜，就不拜謝，自己取食。和人一起吃飯，不要往飽了吃；和人一起用飯，不要揉手。不要搓飯團，不要把手裏的飯再放回盛飯的器皿，不要張嘴不停地往裏灌，不要吃得滿嘴帶響，不要啃嚼骨頭，不要把咬過的魚肉又放回去，不要把骨頭扔給狗，不要專取一種足吃，不要抖動手中熱飯。吃黃米飯不要用筷子，不要大口不合牙的喝菜湯，不要當場加佐料調和菜湯，不要剔牙，不要喝醬汁。客人調和菜羹，主人致歉說自家不會烹調。客人喝醬汁，主人致歉說家境貧乏，招待不周。濕肉可以用牙咬斷，乾肉不要用牙咬斷，要用手撕。不要拿起整塊烤肉狼吞虎咽地吃。飯畢，客人起身轉到席前，撤下飯器和盛醬器皿，交給侍候人員，主人起立請客人不必操勞，然後客人又回原位坐下。

　　侍飲於長者，酒進則起，拜受於尊所，長者辭，少者反席而飲。〔一〕長者舉未釂，〔二〕少者不敢飲。

【注釋】

〔一〕反：通返。　　〔二〕釂：音叫。

【譯解】

　　陪伴長輩飲酒，見長輩斟酒將送過來，晚輩就趕快站起，走到設酒樽的地方，拜後雙手接杯。長輩說不必這樣，晚輩返回自己席位上去喝。長輩舉杯還沒有飲盡，晚輩就不敢先喝。

　　長者賜，少者、賤者不敢辭。賜果於君前，其有核者懷其核。御食於君，君賜餘，器之溉者不寫，〔一〕其餘皆寫。

【注釋】

〔一〕溉：音概。　寫：音謝。

【譯解】

　　長輩賜給什麼東西，晚輩或者僕人就只管接受，不要推辭。國君當面賞賜水果吃，有帶核的，就把核放在自己懷裏，不要亂扔。侍候國君吃東西，國君將吃剩下的食品賞賜臣下，如果是放在能洗滌的器皿裏的帶汁的菜肴之類的食物，就用原器食用，不要往另外的器皿裏倒；如果是放在不能洗滌的竹編盛器裏的水果、乾肉之類的食物，就要把餘食倒在另外的器皿中，再吃。

　　餕餘不祭。〔一〕父不祭子，夫不祭妻。

【注釋】

〔一〕餕：音郡。

【譯解】

　　吃剩下的飯食，食用之前，就不要再像初食時那樣各揞一點兒的祭飲食神了。可是，食用尊者的餘食，食前還是要祭一下。父親吃兒子的餘食不須祭飲食神，丈夫吃妻子的餘食也不祭。

御同於長者，雖貳不辭，偶坐不辭。

【譯解】

　　陪同長輩去赴宴，雖然主人將兩份食物同時布給長輩和自己，有長輩在場，自己就不須辭謝。主人宴請貴客，自己被召爲陪客，遇到讓食布菜的時候，自己不須辭謝，因爲這個家宴本不是專爲自己設的。

　　羹之有菜者用梜，〔一〕其無菜者不用梜。

【注釋】

〔一〕梜：音家。

【譯解】

　　湯裏有菜的，就用筷子；沒有菜的湯，自然就用不着筷子了。

　　爲天子削瓜者副之，〔一〕巾以絺；〔二〕爲國君者華之，〔三〕巾以綌；〔四〕爲大夫累之，〔五〕士疐之，〔六〕庶人齕之。〔七〕

【注釋】

〔一〕爲：音魏。下同。　　副：音闢。　　〔二〕絺：音吃。

〔三〕華：音花。　　〔四〕綌：音細。　　〔五〕累：通裸。

〔六〕疐：音帝。　　〔七〕齕：音合。

【譯解】

　　爲天子削瓜，削去皮，先切成四塊，然後橫切，蓋上細葛麻巾。爲國君削瓜，削了皮，先切成兩塊，然後橫切，蓋上粗葛麻巾。爲大夫削瓜，也削皮先切兩塊，再橫切爲四塊，裸露不蓋巾。士人只削去瓜蒂，而一般民衆拿起就咬，不削不蓋。

　　父母有疾，冠者不櫛，〔一〕行不翔，言不惰，琴瑟不御，食肉不至變味，飲酒不至變貌，笑不至矧，〔二〕怒不至詈。〔三〕疾止復故。

【注釋】

〔一〕櫛：音智。　　〔二〕矧：音審。　　〔三〕詈：音曆。

【譯解】

　　父母有了疾病，已經成人的兒子心中憂愁，頭髮無心梳理，走路也不張起胳膊擺動，說話也不說懈怠無聊的話，琴瑟不彈。吃肉雖少，還沒到不知肉味的程度；喝酒不多，達不到臉紅的地步。笑不會笑得露出牙牀，發怒也不會怒得罵人。及至父母病狀消失，做兒子的這才恢復了常態。

　　有憂者側席而坐，有喪者專席而坐。

【譯解】

　　有因父母患病而憂愁的人，無心接近他人，獨自設席而坐；有喪服在身的人，餘哀猶在，無心舒適，只坐單層席。

　　水潦降，〔一〕不獻魚鱉。獻鳥者佛其首，〔二〕畜鳥者則勿佛也。獻車馬者執策綏，〔三〕獻甲者執胄，獻杖者執末，獻民虜者操右袂，〔四〕獻粟者執右契，獻米者操量鼓，獻孰食者操醬齊，〔五〕獻田宅者操書致。

【注釋】

〔一〕潦：音老。　　〔二〕佛：音福。　　〔三〕綏：音隨。

〔四〕袂：音妹。　　〔五〕孰：同熟。　　齊：通齏，音基。

【譯解】

下大雨的季節，不進獻魚鱉。進獻野禽要扭轉它的頭部，以防啄人，進獻家禽就無須扭轉了。進獻全套車馬的，要手執馬鞭和登車挽索送交。進獻全身鎧甲的，要手執頭盔送交。進獻手杖的，要手執末端遞交。進獻俘虜的，要攥住俘虜的右袖口，以防抗拒。進獻穀物的，手持契券的右一半遞交，自留左一半，以便驗領。進獻米的，拿着量器。進獻熟食的，拿着醬、調料。進獻田地住宅的，拿着田契、房契致送。

凡遺人弓者，〔一〕張弓尚筋，弛弓尚角，〔二〕右手執簫，左手承弣，〔三〕尊卑垂帨。〔四〕若主人拜，則客還辟辟拜。〔五〕主人自受，由客之左，接下承弣，鄉與客並，〔六〕然後受。進劍者左首，進戈者前其鐏，〔七〕後其刃，進矛戟者前其鐓。〔八〕

【注釋】

〔一〕遺：音魏。　　〔二〕弛：音池。　　〔三〕弣：音府。
〔四〕帨：音睡。　　〔五〕還：同旋。　辟辟：上辟音譬，下辟通避。　　〔六〕鄉：通向。　　〔七〕鐏：音尊。
〔八〕鐓：音兌。

【譯解】

凡是向人贈弓的：張上弓弦的，弓弦朝上；未張弓弦的，弓背朝上。右手拿着弓梢，左手托着把手。授受雙方無論身份尊卑都要躬身致意，從而佩巾下垂。假若主人下拜，客人就轉身一閃，避開主人的拜。主人親自上前接受弓，從客人左側，左手接住弓梢，右手托住把手，與客人並肩朝着同一方向授受。遞劍的人應讓劍柄在左邊，以便對方接受。遞戈的人應讓柄端銳角銅套在前，戈刃在後。遞矛遞戟的人應讓柄端平底銅套在前。

　　進几杖者拂之。效馬效羊者右牽之，效犬者左牽之。執禽者左首，飾羔鴈者以繢。〔一〕受珠玉者以掬，〔二〕受弓劍者以袂。飲玉爵者弗揮。凡以弓劍、苞苴、簞笥問人者，〔三〕操以受命，如使之容。

【注釋】

〔一〕繢：音會。　　〔二〕掬：音居。　　〔三〕苞：音包。苴：音居。　簞：音丹。　笥：音寺。

【譯解】

　　送上憑几或手杖，先用衣袖拂拭幾下。呈獻馬，呈獻羊，要用右手牽着。呈送狗，要用左手牽着。橫持家禽，要讓禽頭在左。送人羊羔、大鴈，要繫上彩帶。接受珠玉要雙手捧着。接受弓劍都要手承衣袖去接。用玉爵飲酒，喝完後不要揮灑殘酒，以防失手。凡是用弓劍、裝魚肉的蒲包、盛飯食的竹器贈送人的，被派遣的人拿着禮物恭聽主人的囑托，就如同使者奉命時的姿態。

　　凡爲君使者，已受命，君言不宿於家。君言至，則主人出拜君言之辱；使者歸，則必拜送於門外。若使人於君所，則必朝服而命之；使者反，則必下堂而受命。

【譯解】

　　凡是被國君委任爲使者的人，既已受命，就要奉命急行，不要讓國君之命在自己家裏停留。國君派人傳話來了，主人就要出大門拜迎傳命使者，謙稱君命下達自家對國君是個屈辱。使者升堂致命後，回歸報命，主人一定要拜送在大門外。如果派人到國君那裏去請示公務，主人就一定要身穿朝服鄭重地吩咐他。所派人回來的時候，主人就一定要下堂聽受所派人員回傳國君的指令。

　　博聞强識而讓，敦善行而不怠，謂之君子。君子不盡人之歡，不竭人之忠，以全交也。

【譯解】

　　有廣博的知識，有很强的記憶能力，而且能够謙恭禮讓，努力完善自己的行爲而不懈怠，這樣的人就可以稱作君子。作爲君子不能毫不收斂地盡情地接受別人對自己的歡迎款待，同時也不能過分地要求別人對自己無限的忠誠，這樣才能保全交情。

　　禮曰：“君子抱孫不抱子。”此言孫可以爲王父尸，子不可以爲父尸。爲君尸者，大夫、士見之則下之，君知所以爲尸者則自下之。尸必式，乘必以几。

【譯解】

　　禮書上説：“君子抱孫不抱子。”這是説，祭祀的時候，孫子可以裝扮已故祖父神靈，代表他來受祭，兒子就不可裝扮已故父親的神靈來受祭。將去國君的宗廟裏充當受祭神靈的人，乘車走到路上，大夫、士們遇見了他，就要下車致敬。國君知道某人將充當自家的受祭人，就親自下車致敬。將充當國君祭祀對象的人一定要俯身扶着車前橫木表示回敬。充當祭祀對象者升車時，爲了慎重、安全，要脚踏几案。

齊者不樂,〔一〕不弔。

【注釋】

〔一〕齊:音摘,通齋。

【譯解】

祭前正在進行齋戒的人,要專心致志,不能娛樂,也不許去弔喪。

居喪之禮,毀瘠不形,視聽不衰,〔一〕升降不由阼階,〔二〕出入不當門隧。居喪之禮,頭有創則沐,〔三〕身有瘍則浴,〔四〕有疾則飲酒食肉,疾止復初。不勝喪,〔五〕乃比於不慈不孝。五十不致毀,六十不毀;七十唯衰麻在身,〔六〕飲酒食肉,處於内。〔七〕

【注釋】

〔一〕衰:音摔。　　〔二〕阼:音作。　　〔三〕創:通瘡。

〔四〕瘍:音羊。　　〔五〕勝:音升。　　〔六〕衰:音崔。

〔七〕處:音杵。

【譯解】

孝子行居喪之禮,要節制悲哀,不要消瘦得變形,視力聽力不要減退。孝子事死如事生,所以時刻思慕亡父,升堂降堂不忍由東側之主階,出門進門不敢走當門之中道。居喪期間,頭上有瘡就要洗頭,身上有瘡就要洗澡,有病就要飲酒吃肉,病情消失再恢復守喪的種種約束。不能承受喪事的悲慟而精神崩潰,病體臨危,那就等於是不慈不孝。五十歲的人遇到喪事,不必極度哀傷;六十歲的人可以不必哀傷。七十歲的人身上穿喪服、繫麻帶就可以了,照常飲酒吃肉,住在房裏。

生與來日，死與往日。

【譯解】

喪中的各種事，分別規定第幾天做。屬於生者的事，如三日成服，從死者死的第二日起算；屬於死者的事，如三日而殯，就從死者死的那天起算。

知生者弔，知死者傷。知生而不知死，弔而不傷；知死而不知生，傷而不弔。

【譯解】

和死者家屬相識的，就去弔問；和死者相識的，就去哀悼。對於喪家，認識在世的而不認識去世的，只是弔問而不悲悼；認識去世的而不認識在世的，只須傷悼而不必弔問。

弔喪弗能賻，〔一〕不問其所費；問疾弗能遺，〔二〕不問其所欲；見人弗能館，不問其所舍。賜人者不曰來取，與人者不問其所欲。

【注釋】

〔一〕賻：音附。　　〔二〕遺：音魏。

【譯解】

弔問喪家，如果不能出財物幫助辦事，就不要問人家需要多少花費。探問病人，如果沒能饋送禮品，就不要問病人有什麼需要。接見外地來人，如果不能留他住宿，就不要問人家現在住在何處。贈送物品給人，不要說到我家來取。送人點東西，不該問人家想不想要。

　　適墓不登壟，助葬必執紼。[一]臨喪不笑。揖人必違其位。望柩不歌，[二]入臨不翔。當食不歎。鄰有喪，舂不相；里有殯，不巷歌。適墓不歌，哭日不歌。送喪不由徑，送葬不辟塗潦。[三]臨喪則必有哀色，執紼不笑，臨樂不歎，介冑則有不可犯之色。故君子戒慎，不失色於人。

【注釋】

〔一〕紼：音扶。　　〔二〕柩：音就。　　〔三〕辟：通避。塗：同途。　潦：音老。

【譯解】

　　到了墓地，不要登上墳頭。前來助葬的人，必定要手執牽引棺車的繩索。身臨喪所，不可嘻笑。向人作揖，一定要離開原位。望見運棺車，不要唱歌。進入喪所去傷悼，不要大搖大擺。面對飲食，不要歎氣。鄰家有人去世，舂米時不要吆呼；鄰里停着棺柩，就不在街巷中唱歌。到了墓地也不要唱歌。悲傷哭悼的那天就不要唱歌了。送喪不要圖近而從小路穿過，送葬不要避開路途上的積水。身臨喪事活動，一定要有悲哀的臉色。挽着靈車的繩索時，不要嘻笑。身在歡樂的場合，不要唉聲歎氣。頂盔貫甲就該有不可侵犯的神色。所以君子必須時刻警惕慎重，不要在人前失態。

　　國君撫式，[一]大夫下之；大夫撫式，士下之。

【注釋】

〔一〕式：通軾。

【譯解】

國君手按車軾俯身致意時，大夫就要下車致敬；大夫手按車軾俯身致意時，士就要下車致敬。

禮不下庶人，刑不上大夫。刑人不在君側。

【譯解】

禮儀的制定不下及庶人，刑罰的執行不上達大夫。受過刑罰的人是不能在國君左右供職的。

兵車不式，武車綏旌，[一]德車結旌。

【注釋】

〔一〕綏：音蕤。　旌：音精。

【譯解】

在用於戰鬥的兵車上是不需要撫軾行禮的。用於作戰、打獵的武車，車上旗幟是舒展的；國君的非軍事性的體現文德的乘車叫德車，其旗幟是收斂結束的。

史載筆，[一]士載言。前有水則載青旌，前有塵埃則載鳴鳶，[二]前有車騎則載飛鴻，[三]前有士師則載虎皮，前有摯獸則載貔貅。[四]行，前朱鳥而後玄武，[五]左青龍而右白虎，招搖在上，急繕其怒。[六]進退有度，左右有局，各司其局。

【注釋】

〔一〕載：音在。　　〔二〕鳶：音淵。　　〔三〕騎：音技。

〔四〕摰：通鷙。　貔：音皮。　貅：音休。　〔五〕朱鳥：
王念孫云："本作'朱雀'，正義述經文正作'朱雀'。"
〔六〕繕：音勁。鄭玄云："繕讀曰勁。"

【譯解】

　　國君出行，書記人員帶着書寫工具，外交人員帶着會盟資料。
進軍當中，前驅軍士發現前面有水，就竪起畫有青雀的旌旗；發
現前面揚起塵土，就竪起畫有張嘴老鷹的旗幟；發現前面有車馬
隊伍，就竪起畫有飛鴻的旗幟；發現前面有步兵隊伍，就高舉虎
皮；發現前面有猛獸，就舉起畫有貔貅的旗幟。行軍布置，前邊
部隊高舉畫有朱雀的大旗，後邊部隊高舉畫有龜蛇的大旗，左邊
部隊高舉畫有青龍的大旗，右邊部隊高舉畫有白虎的大旗，北斗
七星畫在中軍的大旗上，堅强有力地振作士氣。就整體而言，前
進後退都有統一的調度；就部分而言，左右各有專司，分別主管
其局部職權。

　　父之讎弗與共戴天，〔一〕兄弟之讎不反兵，〔二〕交遊之讎
不同國。

【注釋】

〔一〕讎：音綢。　　〔二〕反：通返。

【譯解】

　　對於害死父親的仇人，不能跟他共同生存在天的下面。對於
害死兄弟的仇人，隨身携帶兵器，遇到就決鬥，不要返家去取兵
器。對於殺害朋友的仇人，不能跟他生活在一個城市裏。

　　四郊多壘，此卿大夫之辱也。地廣大，荒而不治，

此亦士之辱也。

【譯解】

　　國都四方的郊野有許多作戰的堡壘，這就是作爲國家高級官員的卿大夫的恥辱。土地廣大，荒廢而不能治理，這也是作爲地方官員的士人的恥辱。

　　臨祭不惰。祭服敝則焚之，祭器敝則埋之，龜筴敝則埋之，^[一]牲死則埋之。凡祭於公者，必自徹其俎。

【注釋】

〔一〕筴：同策。

【譯解】

　　身臨祭祀不要懈怠。祭服壞了要燒掉，祭祀用的器具壞了要埋掉，占卜用的龜板、蓍策壞了要埋掉，供祭祀用的牲口死了要埋掉。凡在國君宗廟裏助祭的低級官員，禮畢一定要自己撤下自己用過的盛帶骨熟肉的肉案。

　　卒哭乃諱。^[一]禮不諱嫌名，二名不偏諱。^[二]逮事父母則諱王父母，^[三]不逮事父母則不諱王父母。君所無私諱，大夫之所有公諱。詩書不諱，臨文不諱，廟中不諱。夫人之諱，雖質君之前，臣不諱也。婦諱不出門。大功、小功不諱。入竟而問禁，^[四]入國而問俗，入門而問諱。

【注釋】

〔一〕諱：音會。　　〔二〕偏：<u>毛居正</u>云：“‘偏’本作‘徧’，與‘遍’同。作‘偏’誤。”　　〔三〕逮：音代。

〔四〕竟：同境。

【譯解】

死者埋葬後，家中舉行卒哭祭，自此每天只留朝哭夕哭，結束了不定時的哀哭。卒哭祭後就要避稱死者的名了。禮規定，不避用死者之名的同音字；雙字的名不都一一避用，只避用一個字就行了。自己當初趕上了事奉父母，就要避用祖父母的名；如果沒有趕上事奉父母，就無須避用祖父母的名了。在國君的處所，官員不能避個人的家諱。在大夫的處所，人們仍要遵守一國的公諱。讀詩書不要避諱，作文章不要避諱，廟祭高祖，致辭中不諱曾祖以下之名。死去的國君夫人的名諱，即使在國君面前對話，作臣的也不用避開。去世婦女的名，家裏諱，出了大門就不用諱了。服喪大功九月、小功五月的親屬，與自己的關係稍遠，服喪期較短，就可以不爲之避諱。到了一個生疏的地方，就要問問當地的禁忌；進入一個國家，就要問問他們的風俗；進了別人的家門，就要問問人家的家諱。

外事以剛日，內事以柔日。凡卜筮日，〔一〕旬之外曰遠某日，旬之內曰近某日。喪事先遠日，吉事先近日。曰：爲日，假爾泰龜有常，假爾泰筮有常。卜筮不過三，卜筮不相襲。龜爲卜，筴爲筮。卜筮者，先聖王之所以使民信時日、敬鬼神、畏法令也；所以使民決嫌疑、定猶與也。〔二〕故曰，疑而筮之，則弗非也；日而行事，則必踐之。

【注釋】

〔一〕筮：音士。　　　〔二〕與：音預。

【譯解】

　　一旬十天，單數日爲剛日，偶數日爲柔日。家外的重要活動，選用剛日進行；家内的重要活動，選用柔日進行。凡通過龜板的卜或蓍草莖的筮來選定辦事的吉日，十天以外的稱遠某日，十天以内的稱近某日。爲喪事選日子，先求問遠日；爲吉事選日子，先求問近日。卜筮的時候，對着龜板或蓍草莖說，爲了確定個好日子，憑借着你大龜常久不爽的決斷，憑借着你大筮常久不爽的決斷。卜也好，筮也好，都不能超過三次。卜和筮不相因襲，不能同時並用。卜不吉就該停止，不能接着筮；同樣，筮不吉就該停止，不能接着卜。用龜甲去卜和用蓍莖去筮，這是早先聖王用來使人民信服選定的日期，崇敬鬼神，畏懼法令；也是用來使人民解決疑惑不決的問題，確定猶豫不定的行動。所以説，有了疑慮而占問，就没有人非議；占得吉日而行事，就一定如期實行。

　　君車將駕，則僕執策立於馬前；已駕，僕展軨效駕，〔一〕奮衣由右上，取貳綏，跪乘，〔二〕執策分轡，〔三〕驅之五步而立。君出就車，則僕並轡授綏，左右攘辟，〔四〕車驅而騶。〔五〕至于大門，君撫僕之手，而顧命車右就車。門閭、溝渠必步。〔六〕

【注釋】

〔一〕軨：音鈴。　　〔二〕乘：音勝。　　〔三〕轡：音佩。
〔四〕攘：同讓。　辟：通避。　　〔五〕騶：通驟，音冑。
〔六〕閭：音驢。

【譯解】

　　國君的車將要套上馬，駕駛人手執馬鞭站立馬前。已經駕好車，駕駛人查看車身，檢驗套得是否安妥，然後抖抖衣上灰塵，從右邊上車，手挽陪乘人員所用的登車繩索，上車後，跪在車上，拿着馬鞭，兩手分執控馬繮繩，向前驅趕了五步，停住。國君出來走近車身，駕駛人把全部繮繩都交在右手，左手將國君使用的登車挽索遞給國君。國君上了車，車下左右侍者讓避兩旁，駕駛人驅馬而疾行。車到大門，國君按住駕駛人的手，示意停車，回頭命令陪乘力士上車。經過里門、溝渠的時候，力士就下車，隨車護衛，以防傾覆。

　　凡僕人之禮，必授人綏。若僕者降等則受，不然則否。若僕者降等，則撫僕之手，不然則自下拘之。〔一〕

【注釋】

〔一〕拘：音鈎。

【譯解】

　　凡是駕駛人，按規矩一定要把登車挽索遞給上車的。乘車人的身份比駕駛人高，就接受駕駛人遞過來挽索，不然的話，就不得從駕駛人手裏隨便去接。如果駕駛人身份低，遞給挽索時，乘車人要按一下駕駛人的手，表示謙謝，然後接過挽索，引而升車。如果駕駛人和乘車人等級相同，乘車人就手心朝上從駕駛人手的下邊攥住挽索，引而升車。

　　客車不入大門。婦人不立乘。〔一〕犬馬不上於堂。

【注釋】

〔一〕乘：音勝。

【譯解】

　　客人乘車不要駛進主人家的大門。婦女乘車不要站在車上。不許牽着狗或者馬上堂。

　　　故君子式黃髮，下卿位；入國不馳，入里必式。

【譯解】

　　國君乘車路遇老人，應該憑軾致意；經過高級官員立朝時的位置，就要下車；進入城市時，車馬就不再奔馳；進入里巷一定要憑軾致敬。

　　　君命召，雖賤人，大夫、士必自御之。〔一〕

【注釋】

〔一〕御：鄭玄云：“御當爲訝。訝，迎也。”

【譯解】

　　國君命令召請某位官員，所派使人即使身份低賤，被召請的大夫或士也必定要親自出迎，表示尊重君命。

　　　介者不拜，爲其拜而蓌拜。〔一〕

【注釋】

〔一〕蓌：音錯。

【譯解】

　　身穿鎧甲的人不行跪拜之禮，因爲他們拜不成，堅硬的鎧甲妨礙行拜。

祥車曠左。乘君之乘車不敢曠左,〔一〕左必式。

【注釋】

〔一〕上乘音成，下乘音勝。

【譯解】

　　喪葬用的魂車才空着左邊的位置。所以乘用國君的車，不敢讓左邊的位置空着。不過，平時國君乘車都處在左邊，左邊本是尊位。今乘用國君的車，既不敢讓尊位空着，而身在尊位又不自安，所以一定要俯身憑軾，表示謙卑，不敢大模大樣。

　　僕御婦人，則進左手，後右手。御國君，則進右手，後左手而俯。國君不乘奇車。

【譯解】

　　駕駛人爲婦女趕車，駕駛人在中央，婦女在左邊，爲了避嫌，駕駛人持繮繩的雙手就要左手探前，右手在後，稍微背向婦女。爲國君趕車，持繮繩的雙手就要右手在前，左手在後，並且稍微俯身，表示恭敬地爲君效勞。國君不乘不合乎法度的車。

　　車上不廣欬,〔一〕不妄指。立視五巂,〔二〕式視馬尾，顧不過轂。〔三〕國中以策彗卹勿驅,〔四〕塵不出軌。

【注釋】

〔一〕欬：音愾。　　〔二〕巂：音歸，通規。　　〔三〕轂：音古。　　〔四〕彗：音會。　卹勿：音嗦摩。

【譯解】

　　在車上不要大聲咳嗽，不要伸臂亂指。站立乘車，向前看輪轉五周的距離；憑軾俯身的時候，眼看馬尾；回頭看，視綫不要超過車軸兩端。在城裏行車，要用鞭梢輕拂着驅趕，不要讓塵土飛出車轍之外。

國君下齊牛，式宗廟；〔一〕大夫士下公門，式路馬。乘路馬，〔二〕必朝服，載鞭策，不敢授綏，左必式。步路馬，必中道。以足蹙路馬芻，〔三〕有誅；齒路馬，有誅。

【注釋】

〔一〕國君下齊牛式宗廟：周禮齊右鄭玄注引作“國君下宗廟式齊牛”。熊安生云：“此文誤，當以周禮注爲正。”　式：通軾。齊：通齋。　　〔二〕乘：音成。　　〔三〕蹙：同蹴，音醋。芻：音除。

【譯解】

國君乘車經過宗廟門口，一定要下車；路上遇到準備用做祭神祭祖的牛，一定要憑軾俯身。大夫或者士乘車經過國君宮門之外，一定要下車；道上遇到國君駕車專用的良馬，一定要憑軾俯身。使用國君的良馬來駕車，一定要身穿上朝時所用的公服，車上放着鞭子，備而不敢用，駕駛人也不敢向人遞過上車挽索，既不敢空着車上左邊位子，站立左邊又一定要憑軾俯身。牽着國君的良馬步行，一定要走中間正路。用腳踐踏備國君良馬食用的草料，就要受到處罰；擅自探看國君良馬幾歲口的，也將要受到處罰。

曲禮下第二

　　凡奉者當心，〔一〕提者當帶。執天子之器則上衡，國君則平衡，大夫則綏之，〔二〕士則提之。凡執主器，執輕如不克。執主器，操幣、圭、璧，則尚左手，行不舉足，車輪曳踵。〔三〕立則磬折垂佩。主佩倚則臣佩垂，主佩垂則臣佩委。執玉，其有藉者則裼，〔四〕無藉者則襲。

【注釋】

〔一〕奉：通捧。　　〔二〕綏：音妥。　　〔三〕曳：音夜。

〔四〕藉：音介。　裼：音西。

【譯解】

　　凡是雙手捧着東西，要上當心口；手提東西，就要中當腰帶。手執天子的器物，就要高過心口；執國君的，要與心口持平；執大夫的，就要低於心口；執士人的，就要提到腰部。凡臣下手持主子的比較貴重的器物，即使很輕，也好像拿不動的樣子。手執主子的器物，或者操持着絲織布疋、玉圭、玉璧，就要左手在上，右手在下，行走時不要抬起兩脚，要像車輪着地一樣，拖着脚跟

謹慎前進。臣子侍立要俯身，就像磬體那樣曲折，身旁玉佩離體
懸垂。主子和臣子在一起的時候，主子直身站立，玉佩依附身體，
這時臣子就要稍微俯身，從而玉佩懸垂；當主子稍加俯身玉佩懸
垂的時候，臣子就要大哈腰，玉佩幾乎要接觸地面了。到別國進
行訪問的使者，手執圭、璋、璧、琮等禮玉。使者手執璧琮與對
方國君行禮，玉下面要墊襯着五疋絲織品，同時使者要敞開外面
的禮服，露出裏面裘服的漂亮罩衣。使者手執圭璋行禮，玉下面
不須墊襯幣帛，此時使者外面的禮服要穿好，不要顯露褐衣。

　　國君不名卿老、世婦，大夫不名世臣、姪、娣，〔一〕士
不名家相、長妾。

【注釋】

〔一〕娣：音弟。

【譯解】

　　國君對上卿，對身份僅次於夫人的世婦，不可當面直呼其名。
大夫對其先父時的老臣，對隨妻來嫁的妻的姪女、妻的妹妹，不
可當面直呼其名。士對大管家，對身份較高的妾，不可直呼其名。

　　君大夫之子，不敢自稱曰余小子。大夫士之子，不
敢自稱曰嗣子某，不敢與世子同名。

【譯解】

　　屬於天子的有土地的大夫死了，他的兒子居喪期間，不敢自
稱“余小子”，因爲“余小子”是天子之子居喪期間的自稱。大
夫或士死了，他們的兒子在居喪期間，不敢自稱嗣子某，因爲嗣
子某是國君之子居喪期間的自稱方式。大夫、士不敢讓自己的兒

子與國君的世子同名。

君使士射，不能則辭以疾，言曰：某有負薪之憂。

【譯解】

國君叫士去同某位大夫結對比射，士如果不會射，就要托稱有病，謙說自己有揹柴的勞傷。

侍於君子，不顧望而對，非禮也。

【譯解】

陪侍君子，君子有所垂問，自己也不回頭看看在座的有沒有比自己更合適的解答者，張口就對答，這是很失禮的。

君子行禮，不求變俗。祭祀之禮，居喪之服，哭泣之位，皆如其國之故，謹脩其法而審行之。[一]去國三世，爵禄有列於朝，出入有詔於國，若兄弟宗族猶存，則反告於宗後；去國三世，爵禄無列於朝，出入無詔於國，唯興之日，從新國之法。

【注釋】

〔一〕脩：王念孫云：“脩當爲循，字之誤也。”

【譯解】

君子身居國外，舉行各種典禮時，不要致力于改變本國的禮俗。祭祀的禮節，居喪的服制，哭喪的位置，都應該依照本國的老樣子，認真遵循本國禮法而審慎實行。離開祖國已有三代，如果家族中還有在朝廷做官的，遇有大事就彼此往來通告；或者兄

弟宗族還有生活在故國的，有大事就該禀告宗子。離開祖國三代
了，家族沒有人在朝廷做官，自己跟故國斷絶了音訊往來，那麼，
當自己被所在國家起用爲卿大夫的時候，就該遵循新國的禮法。

君子已孤不更名，已孤暴貴，不爲父作謚。[一]

【注釋】

〔一〕爲：音魏。　謚：音士。

【譯解】

　　君子在父親去世之後，就不給自己更名，因爲名字是父親給
起的。父親不在世，自己地位十分顯貴了，也不該爲死去的父親
擬個美謚，兒子不嫌父賤。

居喪，未葬讀喪禮，既葬讀祭禮，喪復常，[一]讀
樂章。

【注釋】

〔一〕喪復常：<u>七經孟子考文</u>云：“<u>足利</u>本作‘喪畢復常’。”

【譯解】

　　孝子居喪，在父母沒有埋葬之前，要讀喪禮，埋葬之後要讀
祭禮。服喪期結束，恢復正常生活，就可以誦讀樂章了。

居喪不言樂，祭事不言凶，公庭不言婦女。

【譯解】

　　居喪期間不談樂事，祭祀的時候不談凶事，辦公的場所不談
婦女。

振書、端書於君前，有誅；倒筴、側龜於君前，[一]有誅。龜筴、几杖、席蓋、重素、袗絺綌不入公門。[二]苞屨、扱衽、厭冠不入公門。[三]書方、衰、凶器，[四]不以告不入公門。公事不私議。

【注釋】

〔一〕筴：同策。　〔二〕重：音蟲。　袗：音枕。　絺：音吃。　綌：音細。　〔三〕屨：音巨。　扱：音叉。　衽：音任。　厭：音鴨。　〔四〕衰：音崔。

【譯解】

　　侍從人員在國君的面前拂拭書上灰塵，整理凌亂的公文，都要受罰。卜筮人員在國君面前顛倒了筮策，放歪了龜甲，都要受罰。問吉凶用的龜策，老人用的憑几、手杖，官員私人的坐席和傘蓋，通身素服，沒罩禮服的夏布衣裳，都不許進入國君的宮門。腳踏草鞋，撩起衣裳前襟扱在腰間，頭戴塌癟的冠帽，這種種喪事打扮，都不許進入國君的宮門。國君宮中有人死了，記載喪事用品的書板、喪服、棺材之類的器物，非經過許可，也不准擅自進入國君的宮門。公事不得私下商議。

　　君子將營宮室，宗廟爲先，厩庫爲次，[一]居室爲後。凡家造，祭器爲先，犧賦爲次，養器爲後。無田祿者不設祭器，有田祿者先爲祭服。君子雖貧，不粥祭器；[二]雖寒，不衣祭服；[三]爲宮室，不斬於丘木。

【注釋】

〔一〕厩：音就。　〔二〕粥：同鬻，音育。

〔三〕衣：動詞，音益。

【譯解】

　　國君將要營建宮室，首先要興建宗廟，其次建造馬圈和庫房，最後才建造居室。大夫家裏的製造，首先要考慮做祭祀用的器物，其次要搭蓋豢養祭牲的地方，最後才置辦生活器具。沒有田地俸祿的人不要設置祭祀用器，有田地俸祿的人先要製做祭服。君子即使貧窮，也不要出賣祭器；即使寒冷，也不要穿用祭服；建造宮室，不得砍伐墓地上的樹木。

　　大夫士去國，祭器不踰竟，〔一〕大夫寓祭器於大夫，士寓祭器於士。大夫士去國，踰竟，爲壇位，〔二〕鄉國而哭；〔三〕素衣，素裳，〔四〕素冠，徹緣，鞮屨；〔五〕素簚，〔六〕乘髦馬；〔七〕不蚤鬋；〔八〕不祭食；不説人以無罪；婦人不當御。三月而復服。

【注釋】

〔一〕踰：音魚。　竟：同境。　　〔二〕壇：音善，同墠。
〔三〕鄉：通向。　　〔四〕裳：音常。　　〔五〕鞮：音低。
屨：音巨。　　〔六〕簚：音密。　　〔七〕乘：音成。　髦：
音毛。　　〔八〕蚤：通爪。　鬋：音減。

【譯解】

　　因爲得罪國君，大夫或士被迫離開國家，他們的祭器不隨人出境，大夫的祭器寄存在大夫家，士的祭器寄存在士家。大夫或士離開國家，越過了邊境，就清理一塊地盤，設置哭位，面向國都痛哭。穿着素衣素裳，戴着素冠，撤掉內衣上彩色鑲邊，穿着沒有鞋鼻兒的草鞋，乘坐白狗皮覆蓋着護欄的車，駕着未加梳理鬃毛的馬，指甲不修，鬢鬚不剪，用飯前也不再行祭食常禮，不敢向人訴説自己無罪，夜晚也不讓婦女陪睡：一切以喪禮自處。這樣生活三個月，然後恢復日常的服裝，遠離國境而去。

　　大夫士見於國君，君若勞之，[一]則還辟，[二]再拜稽首。[三]君若迎拜，則還辟，不敢荅拜。大夫士相見，雖貴賤不敵，主人敬客，則先拜客；客敬主人，則先拜主人。凡非弔喪，非見國君，無不荅拜者。大夫見於國君，國君拜其辱；士見於大夫，大夫拜其辱；同國始相見，主人拜其辱。君於士，不荅拜也；非其臣，則荅拜之。大夫於其臣，雖賤，必荅拜之。男女相荅拜也。

【注釋】

〔一〕勞：音澇。　　〔二〕還：同旋。　辟：通避。

〔三〕稽：音起。

【譯解】

　　大夫或士拜見國君，國君如果慰勞，大夫或士就要轉身躲避，表示不敢當，然後面向國君，再拜磕頭。國君如果迎接先拜，大夫或士既惶恐閃避，又不敢答拜，意謂不敢和國君分庭抗禮。大夫和士相見，雖然雙方貴賤不能相當，但允許這樣：主人尊敬客人，就先拜客人；客人尊敬主人，就先拜主人。概括的説，除非弔喪，除非士見國君，沒有受拜而不答拜的。身爲外國聘使的大夫來見主國國君，主君拜他屈身前來訪問；身爲聘使隨員的士來見主國大夫，主國大夫也要拜他屈駕光臨。同國的人初次相見，主人要拜客人的屈駕光臨。由於貴賤懸殊，國君對於士是不答拜的，不過，如果他國之士，不屬於自己的臣下，那麽，國君就要

答拜。大夫對自己的臣，即使是賤臣，也一定要答拜。男女之間
要互相答拜。

國君春田不圍澤，大夫不掩羣，士不取麛卵。[一]

【注釋】

〔一〕麛：音迷。

【譯解】

　　國君春天打獵不要包圍獵場，大夫打獵不要襲殺整個獸羣，
士打獵不要獲取幼鹿和鳥蛋。

歲凶，年穀不登，君膳不祭肺，馬不食穀，馳道不
除，祭事不縣；[一]大夫不食粱，士飲酒不樂。[二]

【注釋】

〔一〕縣：懸的本字。　　〔二〕樂：音岳。

【譯解】

　　遇到了自然災害糧食歉收的年頭，國君不再殺牲備膳，所以
用飯時也無肺可祭，國君的馬匹不再餵糧食，國君專用的馬路不
再清除雜草，有什麼祭祀活動也不再懸掛鐘磬。大夫們不再加食
細糧，士飲酒時不再調撥琴瑟。

君無故玉不去身，大夫無故不徹縣，士無故不徹琴瑟。

【譯解】

　　平時國君不能無緣無故的讓佩玉離身，大夫不能無緣無故的
撤去家中懸垂的鐘磬，士也不能無緣無故的撤去屋裏的琴瑟。

士有獻於國君，他日，君問之曰："安取彼？"再拜
稽首而后對。大夫私行出疆，必請，反必有獻。〔一〕士私行
出疆，必請，反必告。君勞之，〔二〕則拜；問其行，拜而
后對。

【注釋】

〔一〕反：通返。　　〔二〕勞：音澇。

【譯解】

士有什麼禮品進獻給國君，過幾天，國君問他說："哪裏得到
的那件東西？"士就要再拜磕頭而後回答。大夫因私事離開國境，
事前必須請示；回國後，一定要對國君有所進獻。士因私事出國，
事前也必須請求批准。回來時，一定要及時稟告。國君表示慰勞，
臣就跪拜；問到出行情況，拜完了再回答。

國君去其國，止之曰："奈何去社稷也！"大夫，曰：
"奈何去宗廟也！"士，曰："奈何去墳墓也！"國君死社
稷，大夫死衆，士死制。

【譯解】

國君要逃離他的國家，應該勸制止他說："爲什麼要拋棄自己
的國土呢！"如果大夫要逃離，就該勸止他說："爲什麼要拋棄自
己的宗廟呢！"如果士要逃離，就該勸止他說："爲什麼要拋棄自
己的祖墳呢！"國君應該爲保衛國家而死，大夫應該爲保衛民衆而
死，士應該爲執行法制政令而死。

君天下，曰"天子"。朝諸侯，分職授政任功，曰

“予一人”。踐阼，[一]臨祭祀，内事曰“孝王某”，外事曰“嗣王某”。臨諸侯，畛於鬼神，[二]曰“有天王某甫”。崩，曰“天王崩”。復，曰“天子復矣”。告喪，曰“天王登假”。[三]措之廟，立之主，曰“帝”。天子未除喪，曰“予小子”。生名之，死亦名之。

【注釋】

〔一〕阼：音作。　　　〔二〕畛：音枕。　　　〔三〕假：音狹，通遐。

【譯解】

　　君臨天下的人，天下人稱他爲天子。天子朝會諸侯、分派職責、頒授政務、委任事功的時候，就自稱“予一人”。天子登上王位，身臨祭祀時，宗廟祭祖的祝辭稱之爲孝王某（某指天子之名），宮外祭天地神祇的祝辭稱之爲嗣王某。天子視察諸侯，致祭於當地鬼神時，祝辭中稱有天王某甫（甫指的是天子的字）。天子去世了，書面的記載稱爲“天王崩”。天子停止呼吸後，爲他招魂，就喊天子的靈魂回來吧。去諸侯告喪，就説“天王登遐”。天子埋葬後，將他的靈位安置在宗廟裏，題寫木主就要稱之爲帝。繼位新天子爲故去天子服喪，未除喪期間，自稱作“予小子”。這樣的天子，在世時稱作小子王某（某指他的名）；不幸在服喪期間去世了，提到他，也稱作小子王某。

　　天子有后，有夫人，有世婦，有嬪，[一]有妻，有妾。天子建天官，先六大，曰大宰、大宗、大史、大祝、大士、大卜，[二]典司六典。天子之五官，曰司徒、司馬、司空、司士、司寇，典司五衆。天子之六府，曰司土、司木、司水、司草、司器、司貨，典司六職。天子之六工，曰土工、金工、石工、木工、獸工、草工，典制六材。五官致貢曰享。

【注釋】

〔一〕嬪：音頻。　　　〔二〕大宰大宗大史大祝大士大卜："大"字都音太。

【譯解】

　　天子的配偶們有幾種等級，有后，有夫人，有世婦，有嬪，有妻，有妾。天子設立天官，大都是奉天時、事鬼神的神職官員，先設立六種大官，就是太宰、太宗、太史、太祝、太士、太卜，他們分別主管六種典法。天子的五官，爲行政長官，管理全國政事，就是司徒、司馬、司空、司士、司寇，他們統管五個方面的官屬和民衆。天子的六府，爲財物管理部門，其官長是司土、司木、司水、司草、司器、司貨，他們具有主管六類物資財貨的職權。天子的六工，爲各種製造工人，就是土工、金工、石工、木工、獸工、草工，他們的職責是利用六大類原材料製造各種各樣的器物。五官把一年的工作成績上報給天子，稱之爲享。

　　五官之長曰伯，是職方。其擯於天子也，〔一〕曰"天子之吏"。天子同姓，謂之"伯父"。異姓，謂之"伯舅"。自稱於諸侯，曰"天子之老"，於外曰"公"，於其國曰"君"。九州之長，入天子之國，曰"牧"。天子同姓，謂之"叔父"；異姓，謂之"叔舅"。於外曰"侯"，於其

國曰“君”。其在東夷、北狄、西戎、南蠻，雖大曰
“子”，於內自稱曰“不穀”，於外自稱曰“王老”。庶
方小侯，入天子之國，曰“某人”，於外曰“子”，
自稱曰“孤”。

【注釋】

〔一〕擯：音鬢，通儐。

【譯解】

　　五官的首領叫作伯，是主管一方的大官。天子的接賓傳話的
官員，向天子傳話時，稱主管一方的伯爲“天子之吏”。這主管
一方的伯如果與天子同姓，天子就稱呼他爲“伯父”，異姓的，
稱呼他爲“伯舅”。主管一方的伯和諸侯交往的時候，就自稱爲
“天子之老”，國外人稱他爲“公”，在他自己的國裏，臣民稱他
爲“君”。九州各州諸侯的首領，進入天子的直轄區，擯者傳辭
就稱他爲某州之牧。他與天子同姓，天子就稱呼他爲叔父；異姓
的，就稱呼他爲叔舅。這種州內諸侯的首領，國外人稱他爲侯，
在他自己國裏，臣民稱他爲君。在東夷、北狄、西戎、南蠻的諸
侯，地區即使廣大，爵位不過是子爵，來到天子之國，稱之爲
“子”。他在自己國裏自稱爲“不穀”，穀是善的意思，不穀，謙
稱自己不才乏善；對國外自稱爲“王老”，意謂自己是王的老臣。
其他各方的小諸侯，來到天子的直轄境內，就稱之爲某國人，國
外人稱他爲“子”，他自稱爲“孤”。

　　天子當依而立，〔一〕諸侯北面而見天子，曰覲。〔二〕天子
當宁而立，〔三〕諸公東面，諸侯西面，曰朝。諸侯未及期相
見，曰遇；相見於郤地，〔四〕曰會。諸侯使大夫問於諸侯，

曰聘。約信曰誓，涖牲曰盟。〔五〕

【注釋】

〔一〕依：通扆，音以。　　〔二〕覲：音進。　　〔三〕宁：
音柱。　　〔四〕郤：同隙，音細。　　〔五〕涖：音力。

【譯解】

　　廟堂上安放一座屏風樣子的依，天子背向依，面向南站立，
諸侯面向北謁見天子，這樣謁見叫做覲。朝門內有座屏風，門和
屏風之間的地方叫做宁。天子當宁面向南站立，諸公在門外西邊
面向東站立，諸侯在門外東邊面向西站立，這樣謁見叫做朝。諸
侯與諸侯沒有約定日期和地點，偶然相見，這種相見叫做遇；約
定了日期，而相見在邊境某地，這種相見叫做會。諸侯派遣大夫
級的使臣去訪問另一國的諸侯，這種訪問叫做聘。訂立條約要求
彼此信守，這叫做誓。共在某處，殺牛取血，分別塗在嘴上，表
示說話算數，絕不叛約，這叫做盟。

　　諸侯見天子，曰“臣某侯某”。其與民言，自稱曰
“寡人”。其在凶服，曰“適子孤”。〔一〕臨祭祀，內事曰
“孝子某侯某”，外事曰“曾孫某侯某”。死曰“薨”，〔二〕
復曰“某甫復矣”。既葬見天子，曰“類見”，言謚曰
“類”。諸侯使人使於諸侯，使者自稱曰“寡君之老”。

【注釋】

〔一〕適：音笛，通嫡。　　〔二〕薨：音轟。

【譯解】

　　諸侯謁見天子時，自稱臣是某國侯，名叫某。諸侯跟他本國
人民說話，自稱爲“寡人”。諸侯在服喪期間，與外賓相見，傳

話人傳話於外賓時，稱他爲“嫡子孤”。進行祭祀時，祭祀父廟的祝辭稱之爲孝子某侯某，祭社稷山川的祝辭稱之爲曾孫某侯某。諸侯死了叫做薨。諸侯剛停止呼吸，招魂時喊某甫的靈魂回來吧！喊他的字，不喊名。繼位的諸侯爲先君舉行過葬禮之後而朝見天子，叫做“類見”；未葬前，繼位諸侯派使臣向天子請求給先君定個謚號，叫做“類”。諸侯派遣卿一級的高級官員作爲使臣出使於諸侯，這使者可以自稱爲“寡君之老”。

　　天子穆穆，諸侯皇皇，大夫濟濟，〔一〕士蹌蹌，〔二〕庶人僬僬。〔三〕

【注釋】

〔一〕濟：音幾。　　　〔二〕蹌：音槍。　　　〔三〕僬：音叫。

【譯解】

　　天子深沉肅穆，諸侯顯赫軒昂，大夫端莊穩重，士人容貌舒揚，庶人急促慌張。

　　天子之妃曰“后”，諸侯曰“夫人”，大夫曰“孺人”，士曰“婦人”，庶人曰“妻”。公侯有夫人，有世婦，有妻，有妾。夫人自稱於天子，曰“老婦”；自稱於諸侯，曰“寡小君”；自稱於其君，曰“小童”。自世婦以下，自稱曰“婢子”。〔一〕子於父母則自名也。列國之大夫，入天子之國，曰某士；自稱曰陪臣某。於外曰“子”，於其國曰“寡君之老”。使者自稱曰某。

【注釋】

〔一〕婢：音必。

【譯解】

天子的配偶叫做后，諸侯的配偶叫做夫人，大夫的配偶叫做孺人，士的配偶叫做婦人，一般民衆的配偶叫做妻。公和侯有夫人，另外還有世婦、妻、妾。公侯夫人對天子自稱"老婦"，對別國諸侯自稱"寡小君"，對本國國君即她的丈夫就自稱"小童"。自世婦以下對國君就自稱"婢子"。子女在父母面前就自稱名。各諸侯國的大夫，進入天子國內，擯者傳話給天子，就稱他做某國之士；而自稱陪臣某。卿出使在他國，人家尊稱他，姓後加個子。他的隨員跟別國人説話時，就稱他爲"寡君之老"。出國使者跟異國國君説話，都自稱名。

天子不言出，諸侯不生名，君子不親惡。諸侯失地，名；滅同姓，名。

【譯解】

天子君臨天下，即使出奔，史書也不要用"出"字；諸侯尊貴，在世期間，史書不可直稱其名：這是史官記事的一般原則。不過，還有一條更重要的原則：君子不親附惡人惡事。天子因作惡而出奔，史官就要書"出"，諸侯作惡，史官就要書他的名。所以，遇到諸侯喪失國土或殘滅自己同胞的惡事，史官就要在史書上直書其名。

爲人臣之禮，不顯諫，三諫而不聽，則逃之。子之事親也，三諫而不聽，則號泣而隨之。〔一〕

【注釋】

〔一〕號：音豪。

【譯解】

當臣的規矩是，不要公開批評國君的錯誤，再三規勸國君而不被採納，那麼就該離職而去。兒子事奉父母就不同了，再三規勸而不被採納，那麼就該隨之以哭泣，動之以情。不要聽之任之，陷父母於不義。

君有疾，飲藥，臣先嘗之。親有疾，飲藥，子先嘗之。醫不三世，不服其藥。

【譯解】

國君有病，吃藥之前，侍臣先嚐嚐，以防意外。父母有病，吃藥之前，兒子先嚐嚐。如果不是三代行醫，就不要輕率地服用他所開的藥。

儗人必於其倫。〔一〕問天子之年，對曰："聞之，始服衣若干尺矣。"問國君之年，長，曰"能從宗廟社稷之事矣"；幼，曰"未能從宗廟社稷之事也"。問大夫之子，長，曰"能御矣"；幼，曰"未能御也"。問士之子，長，曰"能典謁矣"；幼，曰"未能典謁也"。問庶人之子，長，曰"能負薪矣"；幼，曰"未能負薪也"。問國君之富，數地以對，〔二〕山澤之所出。問大夫之富，曰"有宰，食力，祭器、衣服不假"。問士之富，以車數對。〔三〕問庶人之富，數畜以對。〔四〕

【注釋】

〔一〕儗：音你。　　〔二〕數：音屬。　　〔三〕數：音樹。

〔四〕畜：音處。

【譯解】

比擬一個人要與那人的身份地位相應。問天子的年紀，應該回答聽說開始穿幾尺長的衣裳了。問國君的年紀，年紀大，應該回答能夠從事管理宗廟社稷的事了；年紀小，應該回答還不能從事管理宗廟社稷的事。問大夫的兒子，年紀大，應該回答能夠駕駛馬車了；年紀小，應該回答還不能夠駕駛馬車呢。問士的兒子，年紀大，應該回答能夠出迎賓客往來傳話了；年紀小，應該回答還不能夠出迎賓客往來傳話呢。問庶民的兒子，年紀大，應該回答能夠揹柴了；年紀小，應該回答還不會揹柴呢。問到國君的財富，先計算領土面積來回答，然後再說山澤的出產。問到大夫的財富，應該回答說：「有官員掌管封地，食用人民交納的賦稅，祭器祭服都不向人借。」問士的財富，就要以擁有多少車輛來答對。問庶民的財富，就要計算家畜多少來答對。

天子祭天地，祭四方，祭山川，祭五祀，歲徧。〔一〕諸侯方祀，祭山川，祭五祀，歲徧。大夫祭五祀，歲徧。士祭其先。凡祭，有其廢之，莫敢舉也；有其舉之，莫敢廢也。非其所祭而祭之，名曰淫祀。淫祀無福。天子以犧牛，諸侯以肥牛，大夫以索牛，士以羊、豕。〔二〕支子不祭，祭必告于宗子。

【注釋】

〔一〕徧：同遍。　　〔二〕豕：音史。

【譯解】

　　除祭宗廟外，天子還祭天神、地神，祭四方神，祭山神、川神，祭户、竈、門、中霤、行五神，一年之內祭遍。諸侯就其所在地方舉行方祀，祭山神、川神，祭户、竈、門、中霤、行五神，一年之內祭遍。大夫祭户、竈、門、中霤、行五神，一年之內祭遍。士祭祀祖先。凡祭祀的對象，有的早已廢止，那就不敢舉祭了；有的仍在舉祭，那就不敢擅予廢止。不應當祭祀的而去祭祀，那叫做濫行祭祀。濫行祭祀是得不到神的賜福的。祭祀要殺牲享神，天子用毛色純正的牛，諸侯用經過挑選而精心飼養的牛，大夫用屆時在牛羣中選求的牛，士用羊或者豬。主持祭祀的嫡長子叫宗子，其他兒子無論嫡子、庶子，都叫支子。支子不主持祭祀，出於特殊緣故而主持祭祀，那也必須事先告訴宗子。

　　凡祭宗廟之禮，牛曰一元大武，豕曰剛鬣，[一]豚曰腯肥，[二]羊曰柔毛，雞曰翰音，犬曰羹獻，雉曰疏趾，兔曰明視；脯曰尹祭，稿魚曰商祭，[三]鮮魚曰脡祭；[四]水曰清滌，酒曰清酌，黍曰薌合，[五]粱曰薌萁，[六]稷曰明粢，[七]稻曰嘉蔬，韭曰豐本，鹽曰鹹鹺；[八]玉曰嘉玉，幣曰量幣。

【注釋】

〔一〕鬣：音列。　　〔二〕豚：音屯。　　腯：音圖。

〔三〕稿：同槁。　　〔四〕脡：音挺。　　〔五〕薌：音鄉。

〔六〕萁：音基。　　〔七〕粢：音資。　　〔八〕鹺：音矬。

【譯解】

　　凡宗廟祭禮，爲了敬神，特把種種祭品都改個比較典雅莊重的名稱，這些名稱專用於廟祝所宣讀的祭辭當中。牛稱作一元大武，猪稱作剛鬣，小猪稱作腯肥，羊稱作柔毛，雞稱作翰音，狗稱作羹獻，野雞稱作疏趾，兔子稱作明視；乾肉條稱作尹祭，乾魚稱作商祭，鮮魚稱作脡祭；水稱作清滌，酒稱作清酌，黍米飯稱作香合，大黄米飯稱作香萁，穄子米飯稱作明粢，稻米飯稱作嘉蔬，韭菜稱作豐本，鹽稱作鹹鹺；玉稱作嘉玉，長短寬窄合乎制度的絲織品稱爲量幣。

　　天子死曰崩，諸侯曰薨，〔一〕大夫曰卒，士曰不禄，庶人曰死。在牀曰尸，在棺曰柩。羽鳥曰降，四足曰漬。〔二〕死寇曰兵。祭王父曰皇祖考，王母曰皇祖妣，〔三〕父曰皇考，母曰皇妣，夫曰皇辟。〔四〕生曰父，曰母，曰妻；死曰考，曰妣，曰嬪。〔五〕壽考曰卒，短折曰不禄。

【注釋】

〔一〕薨：音轟。　　〔二〕漬：音自。　　〔三〕妣：音比。
〔四〕辟：音必。　　〔五〕嬪：音頻。

【譯解】

　　天子死了稱崩，諸侯死了稱薨，大夫死了稱卒，士死了稱不禄，一般民衆死了稱死。人死了，停在牀上稱作尸，裝在棺材裏稱作柩。帶羽毛的鳥死了稱降，四條腿的獸死了稱漬。死於戰亂的稱兵。祭祀已死的親人，稱謂和在世的時候不同：祖父稱爲皇祖考，祖母稱爲皇祖妣，父親稱爲皇考，母親稱爲皇妣，丈夫稱爲皇辟。在世時稱父，稱母，稱妻；死後就改稱考，稱姒，稱嬪。一般壽數長的死了也可以稱卒，生命短促的也可以稱不祿。

天子，視不上於袷，[一]不下於帶；國君，綏視；[二]大夫，衡視；士，視五步。凡視，上於面則敖，[三]下於帶則憂，傾則姦。

【注釋】

〔一〕袷：音劫。　　　〔二〕綏：音妥。　　　〔三〕敖：通傲。

【譯解】

面對有地位的人，視綫因人而異。看天子，視綫上不可高於他的衣服交領，下不可低於他的腰帶。看國君，視綫可以稍高於交領。面對大夫，可以平視他的面孔。面對士，不但能平視，視野還可稍寬，唯不能超過五步。視綫高過對方面孔，就顯得神情驕傲；視綫低於對方腰帶，就顯得憂心忡忡；目光傾斜，就顯得心術不正了。

君命，大夫與士肄。[一]在官言官，在府言府，在庫言庫，在朝言朝。朝言不及犬馬。輟朝而顧，[二]不有異事，必有異慮。故輟朝而顧，君子謂之固。在朝言禮，問禮，對以禮。

【注釋】

〔一〕肄：音益。　　　〔二〕輟：音啜。

【譯解】

國君發布的命令，大夫和士要學習，考慮如何執行。在存放

圖書文件的處所，就談論圖書文件；在保存寶物財貨處所，就談
論寶物財貨；在停放車馬兵甲的地方，就談論車馬兵甲；在君臣
議政的地方，就研討國家政事。在朝廷討論國政，不要涉及犬馬
等私人愛好。散朝時，忽而回頭張望，不是發生了什麼怪異的事
情，便是心裏有了什麼不正常的念頭。所以，散朝時而回頭張望，
君子管這種舉動稱作固陋無禮。在朝廷上，發言要合乎禮，問話
要有禮，答話也要有禮。

　　大饗不問卜，不饒富。
【譯解】
　　爲來訪諸侯舉辦盛大宴會，事前不需要通過占卜來確定日期，
物品上也不追求豐饒完備。

　　凡摯，〔一〕天子鬯，〔二〕諸侯圭，卿羔，大夫鴈，士雉，
庶人之摯匹，〔三〕童子委摯而退。野外軍中無摯，以纓、
拾、矢可也。婦人之摯，棋、榛、脯、脩、棗、栗。〔四〕
【注釋】
〔一〕摯：通贄，音至。　　　〔二〕鬯：音暢。　　　〔三〕匹：
通鶩，音木。　　〔四〕棋：音舉。
【譯解】
　　見面禮物：天子用黑黍米釀造的香酒，諸侯用上尖下方的長
形禮玉，卿用羊羔，大夫用鴈，士用野雞，一般民衆相見禮用鴨
子。少年人和成年人不同，放下禮物就告退。在野外駐軍中彼此
相見，如果找不到正規禮物，套馬駕車用的皮帶、射箭時護在左
手臂上的皮袖套、箭，都可以當作見面禮物。婦女們的見面禮物

是：橡子、榛子、乾肉、加料的乾肉、棗、栗子。

納女於天子，曰"備百姓"；於國君，曰"備酒漿"；於大夫，曰"備埽灑"。

【譯解】

致送女兒給天子做妃嬪，要謙稱是讓她來"備百姓"；送給國君，要謙稱是讓她來"備酒漿"；送給大夫，要謙稱是讓她來"備掃灑"。

檀弓上第三

公儀仲子之喪，檀弓免焉。[一]仲子舍其孫而立其子，[二]檀弓曰：“何居？[三]我未之前聞也。”趨而就子服伯子於門右，曰：“仲子舍其孫而立其子，何也？”伯子曰：“仲子亦猶行古之道也。昔者文王舍伯邑考而立武王，微子舍其孫腯而立衍也。[四]夫仲子亦猶行古之道也。”[五]子游問諸孔子，孔子曰：“否！立孫。”

【注釋】

〔一〕免：音問。　　〔二〕舍：通捨。　　〔三〕居：音基。
〔四〕腯：音盾。　　〔五〕夫：音扶。

【譯解】

魯國貴族公儀仲子的長子死了，家中辦喪事，檀弓頭纏白布條前往弔喪。檀弓看見公儀仲子的庶子處在喪主的位置，知道公儀仲子竟然丟開他的嫡孫而立他的庶子爲他的繼承人了。檀弓說：“這是什麼道理？我以前還沒聽說過呢！”於是離開來賓的位置，跑到大門內的東邊，來至仲子同宗兄弟子服伯子的跟前，問道：

“<u>仲子</u>丟開他的嫡長孫而立他的庶子，這是怎麽回事呢?”<u>伯子</u>爲<u>仲子</u>打圓場説：“<u>仲子</u>這也是按照古代的規矩行事呀! 例如從前<u>周文王</u>撇開他的長子<u>伯邑考</u>而立<u>周武王</u>，<u>商代微子</u>撇開他的嫡孫腯而立了庶子<u>衍</u>。所以説，<u>仲子</u>這也是按照古代的規矩行事呀。”後來<u>子游</u>就此事請教老師<u>孔子</u>，<u>孔子</u>説：“不對! 應該立嫡孫。”

事親有隱而無犯，左右就養無方，服勤至死，致喪三年。事君有犯而無隱，左右就養有方，服勤至死，方喪三年。事師無犯無隱，左右就養無方，服勤至死，心喪三年。

【譯解】

事奉父母，父母有了過失，要有所包容，和顏規勸，不要面色難看、語言頂撞，左右扶持伺候，事事躬親，没有局限，勤勞服事到老人過世，盡哀地爲之服喪三年。事奉國君，國君有了過失，要正色規勸，不要有意見隱瞞不説，左右扶持伺候，諸事各有專職，勤勞服事到國君逝世，情比父死的悲哀，也爲之服喪三年。事奉老師，老師有了過失，既不要面色難看、語言頂撞，也不要包藏隱瞞，左右扶持伺候，事事躬親，没有局限，勤勞服事到老師去世，雖不穿孝，而心裏惋傷三年。

<u>季武子</u>成寢，<u>杜氏</u>之葬在西階之下，請合葬焉，許之。入宮而不敢哭。<u>武子</u>曰：“合葬，非古也。自<u>周公</u>以來未之有改也。吾許其大而不許其細，何居!”命之哭。

【譯解】

　　魯國貴族季武子建成了一座住宅，杜家的墓地處在住宅西階的下方，杜家請求將後死者合葬在先死者的墓坑裏，季武子答應了。杜家人進了住宅區不敢悲哭。季武子説："合葬本不是古時候的禮法。從周公以來開始有合葬的事，到現在還沒有改變。我既然允許了他們挖地合葬的大事，而不允許人家哭泣的小事，那還有什麼道理！"傳話讓杜家人哭。

　　子上之母死而不喪。門人問諸子思曰："昔者子之先君子喪出母乎？"曰："然。""子之不使白也喪之，何也？"子思曰："昔者吾先君子無所失道，道隆則從而隆，道污則從而污，伋則安能！〔一〕爲伋也妻者，是爲白也母；不爲伋也妻者，是不爲白也母。"故孔氏之不喪出母，自子思始也。

【注釋】

〔一〕伋：音急。

【譯解】

　　孔子的兒子叫孔鯉，字伯魚；孔子的孫子叫孔伋，字子思；孔子的曾孫叫孔白，字子上。子上的與父親離婚的母親後來死了，子上得到音訊，沒有爲她服喪穿孝。子思的學生問子思説："從前您的父親孔鯉爲離婚之後而死去的母親穿孝嗎？"子思説："是的。"學生問："那您不讓孔白爲他母親穿孝是什麼緣故呢？"子思説："從前我父親能夠掌握禮意而沒有偏差，按照禮意該隆重的就跟着隆重，該從簡的就跟着從簡，我怎麼做得到呢！我的做法是：做我妻子的，就是孔白的母親；不做我妻子的，就不是孔白的母親了。"所以孔家人不讓兒子給休出的母親死後穿孝，是從子思開始的。

　　孔子曰："拜而后稽顙，[一]顙乎其順也；稽顙而后拜，頎乎其至也。[二]三年之喪，吾從其至者。"

【注釋】

〔一〕稽：音起。　顙：音嗓。　　〔二〕頎：音肯。

【譯解】

　　孔子說："孝子對前來弔喪賓客的跪拜方式有二。一，跪拜而後磕頭：先拜賓的到來，接着磕頭表達自己的悲痛。從行禮的次序上講，這種拜法顯得十分順便。二，磕頭而後拜：先表達自己的悲痛，接着再拜賓的到來。從感情的表達上講，這種拜法顯得極爲真摯。爲父親服喪三年，我認爲應該遵從這種顯得極爲真摯的拜法。"

　　孔子既得合葬於防，曰："吾聞之，古也墓而不墳。今丘也，東西南北之人也，不可以弗識也。"[一]於是封之，崇四尺。孔子先反，[二]門人後，雨甚至，孔子問焉，曰："爾來何遲也？"曰："防墓崩。"孔子不應。三，孔子泫然流涕曰：[三]"吾聞之，古不脩墓。"

【注釋】

〔一〕識：音志。　　〔二〕反：通返。　　〔三〕泫：音眩。

【譯解】

　　孔子得以將父母的靈柩合葬於防之後，說："我聽說古代墓地是不做墳頭的。現在我孔丘是個奔走四方的人，不可以不在墓地上做個標記。"於是在墓坑上聚土拍實，高有四尺。沒等修墓工作完畢，孔子先返回家去操持安魂祭事，弟子留下幹活。雨下得挺大，弟子回來了。孔子問他們説："你們怎麽回來這麽晚哪？"回答説："防地的墳頭塌了。"孔子沒有反應。弟子説了三次，孔子滴滴嗒嗒地流下了眼淚，説："我聽説古時候不在墓坑上修墳頭哇！"

孔子哭子路於中庭，有人弔者，而夫子拜之。既哭，進使者而問故。使者曰："醢之矣。"〔一〕遂命覆醢。

【注釋】

〔一〕醢：音海。

【譯解】

使者報信，説子路在衛國的内亂中死了。孔子在庭中哭子路。有人前來弔問，夫子就以主人身份拜謝他。哭過之後，召進報喪使者，詢問子路死的情況。使者説："已經被剁成肉醬了。"孔子叫人倒掉正要食用的肉醬。

曾子曰："朋友之墓有宿草，而不哭焉。"

【譯解】

曾子説："朋友的墓地上有了去年的草，就可以不再哭他了。"

子思曰："喪三日而殯，〔一〕凡附於身者，必誠必信，勿之有悔焉耳矣。三月而葬，凡附於棺者，必誠必信，勿之有悔焉耳矣。喪三年以爲極，亡則弗之忘矣。故君子有終身之憂，而無一朝之患。〔二〕故忌日不樂。”

【注釋】

〔一〕殯：音鬢。　　　　〔二〕朝：音招。

【譯解】

　　子思説：“人死了三天就要入殮停柩在堂，凡是隨着尸體入棺的衣物，一定要盡心，一定要合禮，不要有什麽後悔的就行了。停柩三月而去埋葬，凡是隨着棺材入土的東西，一定要盡心，一定要合禮，不要有什麽後悔的就行了。爲父母服喪，服喪期雖然以三年爲極限，而雙親亡故孝子就永遠不會忘記他們的。所以君子對去世父母存在着終身的感傷懷念，却没有一天敢讓父母賜給自己的身體有因哀致毁的禍患。故此每逢父母離世的那天，才因悼念情深而停止娱樂。”

　　孔子少孤，不知其墓，殯於五父之衢。〔一〕人之見之者皆以爲葬也。其慎也蓋殯也。〔二〕問於郰曼父之母，〔三〕然後得合葬於防。

【注釋】

〔一〕父：音府。下同。　衢：音渠。　　〔二〕慎：鄭玄云：“慎當爲引，聲之誤也。”引：去聲，音印。　　〔三〕郰：音鄒。

【譯解】

　　孔子很小的時候，父親就去世了，他不知道墓地在什麽地方。多少年後，母親死了，孔子就把她的靈柩停放在五父之衢。人們看見拉出柩車的時候，都以爲去埋葬呢。其實孔子將靈車拉出是爲了停放。訪問了老鄰居郰曼父的母親，知道了父親墓地所在，然後才能够把母親的靈柩與父親合葬在<u>防</u>。

　　<u>鄰</u>有喪，舂不相；^{〔一〕}里有殯，不巷歌。

【注釋】

〔一〕相：去聲，音象。

【譯解】

　　鄰居有了喪事，舂米下杵不要吆喝；街坊有人停柩在家，不要在胡同裏唱歌。

　　喪冠不緌。^{〔一〕}

【注釋】

〔一〕緌：音蕤，即瑞的陽平聲。

【譯解】

　　服喪所戴喪冠，兩側冠帶在頤下相結，不要垂穗兒。

　　<u>有虞氏</u>瓦棺，<u>夏后氏</u>塈周，^{〔一〕}<u>殷</u>人棺椁，<u>周</u>人墙置翣。^{〔二〕}

【注釋】

〔一〕塈：音吉。　　　〔二〕翣：音霎。

【譯解】

　　<u>虞</u>代燒土做瓦棺，<u>夏</u>代燒磚砌在瓦棺四周，<u>殷</u>人用木材做內棺外椁，<u>周</u>人在靈柩四周圍上木框布屏，並且安放障棺用的畫着雲氣花紋的翣扇。

　　<u>周</u>人以<u>殷</u>人之棺椁葬長殤，^{〔一〕}以<u>夏后氏</u>之塈周葬中

殤、下殤，以有虞氏之瓦棺葬無服之殤。

【注釋】

〔一〕長：音掌。　殤：音傷。

【譯解】

　　周人用殷人的棺椁來葬埋十六歲到十九歲死去的孩子，用夏代的磚砌瓦棺來葬埋十二歲到十五歲或八歲到十一歲死去的孩子，用虞代的瓦棺來葬埋不到八歲死去的不用喪服表示哀痛的孩子。

　　夏后氏尚黑，大事斂用昏，〔一〕戎事乘驪，〔二〕牲用玄。殷人尚白，大事斂用日中，戎事乘翰，牲用白。周人尚赤，大事斂用日出，戎事乘騵，〔三〕牲用騂。〔四〕

【注釋】

〔一〕斂：音練。　　〔二〕乘：音成。　驪：音梨。

〔三〕騵：音原。　　〔四〕騂：音星。

【譯解】

　　夏代崇尚黑色，喪事入斂用日落的時刻，軍事行動乘駕黑馬，祭祀殺牲用黑毛的。殷人崇尚白色，喪事入斂用太陽正中的時刻，軍事行動乘駕白馬，祭祀殺牲用白毛的。周人崇尚紅色，喪事入斂用太陽剛出的時刻，軍事行動乘駕紅馬，祭祀殺牲用紅毛的。

　　穆公之母卒，使人問於曾子曰：“如之何？”對曰：“申也聞諸申之父曰：哭泣之哀，齊斬之情，〔一〕饘粥之食，〔二〕自天子達。布幕，衛也；縿幕，〔三〕魯也。”

【注釋】

〔一〕齊：通齋，音咨。　　〔二〕饘：音沾。　　〔三〕縿：音消。

【譯解】

　　魯穆公的母親去世了，就派人去問曾子（此指曾參的兒子曾申），說："該怎麼辦喪事？"回答說："我曾申聽我父親說過：父母之喪，做兒子的，悲傷哭泣，身穿粗麻孝服表達哀悼之情，兩餐喝粥，在這些大的禮規方面，從天子到一般民衆都是相同的。用麻布做帷幕，那是衛國的禮俗，用綢帛做帷幕，那是魯國的禮俗，這類小節，倒不必强求一致。"

　　晉獻公將殺其世子申生，公子重耳謂之曰：〔一〕"子蓋言子之志於公乎？"〔二〕世子曰："不可。君安驪姬，是我傷公之心也。"曰："然則蓋行乎？"世子曰："不可。君謂我欲弑君也。〔三〕天下豈有無父之國哉！吾何行如之？"使人辭於狐突曰："申生有罪，不念伯氏之言也，以至于死。申生不敢愛其死。雖然，吾君老矣，子少，〔四〕國家多難，伯氏不出而圖吾君？伯氏苟出而圖吾君，申生受賜而死。"再拜稽首，乃卒。是以爲恭世子也。

【注釋】

〔一〕重：音蟲。　　〔二〕蓋：通盍，音何。下同。

〔三〕弑：音式。　　〔四〕少：音紹。

【譯解】

　　晉獻公聽信了驪姬的讒言，將要殺太子申生，申生的異母兄弟公子重耳跟申生說："您何不把自己橫遭誣陷的情況向父親說清呢？"太子說："不行。他老人家有了驪姬才舒服安適，我如果把事情挑明，那就太讓父親傷心了。"重耳說："那麼您何不逃走呢？"太子說："不行。父親認爲我要殺害他，天下哪兒有目無君父的國家呢！身披陰謀殺父的惡名，我能往哪兒投奔呢！"申生派人告訴他的師傅狐突說："申生有罪，因爲没聽從您的話，才面臨死亡。我申生不敢貪生怕死。不過，我們國君年老了，即將立爲太子的兒子年紀又小，國家多災多難，您不肯出來爲我們國君出謀劃策嗎？您如果肯出來爲我們國君出謀劃策，申生那就等於受到恩惠而死了。"申生再拜叩頭之後就自殺了。由於他對君父特別順從，所以死後的謚號爲"恭世子"。

　　魯人有朝祥而莫歌者，〔一〕子路笑之。夫子曰："由！爾責於人，終無已夫！〔二〕三年之喪，亦已久矣夫！"子路出，夫子曰："又多乎哉！踰月則其善也。"

【注釋】

〔一〕朝：音招。　莫：音木，同暮。　　〔二〕夫：語尾助詞，音扶。下同。

【譯解】

　　魯國有人爲父母服喪期滿，早上舉行了除喪的祭禮，脱掉了喪服，晚上就唱起歌來了，子路很嘲笑他。孔子說："由！你責備別人總没完没了嗎！人家能够服喪三年，也已經够長久的了。"子路出去以後，孔夫子又說："其實也等不了多久了，過一個月再唱歌那就好了。"子路名由。

　　魯莊公及宋人戰於乘丘，[一]縣賁父御，[二]卜國爲右。
馬驚，敗績，公隊，[三]佐車授綏，[四]公曰："末之卜也。"
縣賁父曰："他日不敗績，而今敗績，是無勇也。"遂死
之。圉人浴馬，[五]有流矢在白肉。公曰："非其罪也。"
遂誄之。[六]士之有誄，自此始也。

【注釋】

〔一〕乘：音勝。　　　〔二〕縣：音懸。　賁：音奔。　父：音
府。　　〔三〕隊：音綴，同墜。　　〔四〕綏：音隨。
〔五〕圉：音雨。　　〔六〕誄：音壘。

【譯解】

　　魯莊公和宋國人在乘丘作戰。魯莊公所乘戰車，由縣賁父駕
駛，由卜國擔任車右，負責衛護。拉車的馬忽然驚奔，亂了行列，
魯莊公掉下車來，幸虧隨從的副車有人遞給他登車挽索，救他上
車。魯莊公說："這是事前沒有通過龜甲卜選駕駛人的緣故。"縣
賁父說："平時駕駛沒有驚奔亂跑過，偏偏今天驚奔亂跑，這是臨
陣無勇哇！"於是下車突入敵陣戰死。戰後，馬夫刷洗莊公的戰
馬，發現馬腿內側中箭。魯莊公聞報後，說："這次事故不是縣賁
父的罪過。"於是爲他寫篇悼辭。士這個階級死後能夠得到悼辭，
就是從這時開始的。

　　曾子寢疾，病，樂正子春坐於牀下，[一]曾元、曾申坐
於足，童子隅坐而執燭。童子曰："華而睆，[二]大夫之簀
與？"[三]子春曰："止！"曾子聞之，瞿然曰：[四]"呼？"[五]
曰："華而睆，大夫之簀與？"曾子曰："然。斯季孫之賜

也，我未之能易也。元起易簀。”曾元曰：“夫子之病革矣，[六]不可以變。幸而至於旦，請敬易之。”曾子曰：“爾之愛我也不如彼。君子之愛人也以德，細人之愛人也以姑息。吾何求哉？吾得正而斃焉，斯已矣。”舉扶而易之，反席未安而没。[七]

【注釋】

〔一〕樂：音岳。　　〔二〕睆：音緩。　　〔三〕簀：音責。
與：音余。　　〔四〕瞿：音巨。　　〔五〕呼：音虚。
〔六〕革：音急。　　〔七〕没：音末。

【譯解】

　　曾子（曾參）病卧在牀，病情嚴重。弟子樂正子春坐在牀下，兒子曾元和曾申坐在脚旁，有個少年侍者坐在角落，執燭照明。少年説：“華美而又光滑，那是大夫用的竹席吧？”子春説：“住口！”曾子聽到了，張大眼睛説：“啊？”少年説：“華美而又光滑，那是大夫用的竹席吧？”曾子説：“對，這是季孫贈送的，我没能換它。元，起來換席。”曾元説：“您老人家病重了，不宜移動。希望能到天亮，請再給您換。”曾子説：“你愛我的心還不如那少年呢！君子愛人力求成全對方的品德，小人愛人不顧事理，苟且求安。我現在還求什麽？我只求能够合乎正禮的死去，如此而已。”大家抬起曾子，換了卧席。放回席時，還没放穩曾子就咽氣了。

　　始死，充充如有窮；既殯，瞿瞿如有求而弗得；[一]既葬，皇皇如有望而弗至。練而慨然，祥而廓然。

【注釋】

〔一〕瞿：音巨。

【譯解】

　　父母剛死的時候，兒女們悲慟填胸，如像一切都已到盡頭；入殮停柩在堂的時候，兒女們張目游移，神情不安，好像找什麽又找不到；埋葬之後，兒女們悽悽惶惶，無所依托，好像有所等待而人又不來；周年祭後，兒女們換上白色練服，慨歎光陰流駛，轉眼經年；服喪期滿，兒女們還有空虛失落的感覺。

　　邾婁復之以矢，蓋自戰於升陘始也。[一]魯婦人之髽而弔也，[二]自敗於臺鮐始也。[三]

【注釋】

〔一〕陘：音形。　　〔二〕髽：音抓。　　〔三〕臺：音胡。鄭玄云："臺當爲壼。"　　鮐：音台。

【譯解】

　　邾婁國人用箭招魂，是從升陘之戰開始的；魯國婦女去掉髮巾露着大髮髻去弔喪，是從臺鮐戰敗以後開始的。

　　南宮縚之妻之姑之喪，[一]夫子誨之髽，曰："爾毋從從爾，[二]爾毋扈扈爾。[三]蓋榛以爲笄，[四]長尺，而總八寸。"[五]

【注釋】

〔一〕縚：音滔。　　〔二〕從：音總。　　〔三〕扈：音户。
〔四〕笄：音基。　　〔五〕總：同總。

【譯解】

　　南宮縚的妻子死了婆婆，孔子是她的叔父，教她做喪髻的方法說："你不要做得高高的，你不要做得大大的。用榛木製做髮簪，一尺長；繫髮髻的布帶子下垂八寸。”

　　孟獻子禫，[一]縣而不樂，[二]比御而不入。[三]夫子曰：
“獻子加於人一等矣。”

【注釋】

〔一〕禫：音坦。又音但。　　〔二〕縣：懸的本字。

〔三〕比：音必。

【譯解】

　　魯國貴族孟獻子爲父親服喪期滿，舉行了旨在除服從吉的禫
祭，孟獻子只將鐘磬懸掛起來而不奏樂，到時候可以和婦女同房
共寢了，而他還是沒有心緒進入內宅。孔子説：“獻子比平常人高
出一等啦！”

　　孔子既祥，五日彈琴而不成聲，十日而成笙歌。

【譯解】

　　孔子爲母親服喪滿了二十五個月，舉行大祥祭後，過了五天
開始彈琴，但還不成聲調；十天以後吹笙，才能吹成歌曲。

　　有子蓋既祥而絲屨、組纓。[一]

【注釋】

〔一〕屨：音巨。

【譯解】

　　有子大概在大祥祭後就穿上有絲縧飾邊的鞋了，就戴上用絲
組作帶子的冠了。未免失之過早。

死而不弔者三：畏、厭、溺。〔一〕

【注釋】

〔一〕厭：通壓。

【譯解】

　　人死而無須前去弔喪的有三種：畏懼自殺的，不小心被壓死的，游泳被淹死的。因爲這都屬於輕生不孝的。

　　子路有姊之喪，可以除之矣，而弗除也。孔子曰："何弗除也?"子路曰："吾寡兄弟而弗忍也。"孔子曰："先王制禮，行道之人皆弗忍也。"子路聞之，遂除之。

【譯解】

　　子路爲姐姐服喪，到了可以解除喪服的時候，他還没除。孔子說："爲什麽不除服呢?"子路説："我同胞手足少，不忍心到期除服。"孔子說："這是先王規定的禮法。要說不忍，實行仁義的人都不忍哩!"子路聽了這話，就把喪服换了。按：姐姐已嫁而死，作爲兄弟應爲之服大功九月。

　　大公封於營丘，〔一〕比及五世，〔二〕皆反葬於周。君子曰："樂，〔三〕樂其所自生。〔四〕禮，不忘其本。古之人有言曰：'狐死正丘首。'仁也。"

【注釋】

〔一〕大：通太。　　〔二〕比：音必。　　〔三〕樂：音岳。
〔四〕樂：音要。

【譯解】

　　太公呂尚受封在營丘，直傳到五世，死後都返回周地埋葬。君子說："音樂麼，就是讓人們熱愛生長自己的地方；禮麼，是讓人們不要忘記自己的根本。古人有這樣的話：狐狸死時，它的頭都正對着所居土丘的方向。這也是戀根愛本哪！"

　　伯魚之母死，期而猶哭。[一]夫子聞之，曰："誰與哭者?"[二]門人曰："鯉也。"夫子曰："嘻![三]其甚也。"伯魚聞之，遂除之。

【注釋】

〔一〕期：音基，同朞。　　　〔二〕與：音余。　　　〔三〕嘻：音西。

【譯解】

　　孔子的兒子孔鯉，字伯魚。伯魚的母親死了，滿了周年，他還在哭。孔夫子聽見了哭聲，說："誰在哭哇?"弟子說："孔鯉。"夫子說："哼! 太過分了!"伯魚聽說以後，就換掉喪服不哭了。按：喪服規定，父親已不在世，母親死了，兒子要爲她服喪三年；父親尚在，母親死了，兒子只爲她服喪周年。

　　舜葬於蒼梧之野，蓋三妃未之從也。季武子曰："周公蓋附。"

【譯解】

　　舜埋葬在蒼梧之野，他的三位妃子死後都沒有跟他合葬。季武子說："大概從周公起才開始夫妻合葬。"

曾子之喪，浴於爨室。[一]

【注釋】

〔一〕爨：音竄。

【譯解】

　　曾子死後，是在燒火做飯的房間洗浴尸身的。根據禮制，人死應浴於正室。

大功廢業。或曰：大功，誦可也。

【譯解】

　　服大功布的喪服，服期九月（例如爲叔伯兄弟、已婚姐妹服喪），服喪期内就要停止學業。也有人説：服大功喪服者不能奏樂，誦讀詩文還是可以的。

子張病，召申祥而語之曰：[一]“君子曰終，小人曰死。吾今日其庶幾乎！”

【注釋】

〔一〕語：音玉。

【譯解】

　　子張病情嚴重，叫來兒子申祥，跟他説：“君子去世稱作終，小人去世稱作死。我如今也許可以稱作‘終’了吧！”

曾子曰：“始死之奠，其餘閣也與？”[一]

【注釋】

〔一〕與：音余。

【譯解】

曾子説："剛死時，供在尸旁的食品，用的是食架上的剩餘食物吧？"

曾子曰："小功不爲位也者，是委巷之禮也。子思之哭嫂也爲位，婦人倡踊。〔一〕申祥之哭言思也亦然。"

【注釋】

〔一〕踊：音勇。

【譯解】

曾子説："小功之親雖然是關係較遠的親屬，這樣親屬死了，如果不按親疏遠近處在一定位置上哭泣，那就是小巷裏小户人家幹的事了。子思哭死去的嫂子就是站在特定的位置上，而且由婦女領頭號哭跳脚的。申祥哭他的妻兄言思，也是爲位而哭的。"

古者冠縮縫，〔一〕今也衡縫。故喪冠之反吉，非古也。

【注釋】

〔一〕縫：名詞，音鳳。下同。

【譯解】

古時候的冠直縫，現在的冠横縫。所以現在把喪冠改成直縫，表示與平時所戴吉冠的縫法相反，其實這並不是古代的制度。

曾子謂子思曰："伋！〔一〕吾執親之喪也，水漿不入於口者七日。"子思曰："先王之制禮也，過之者俯而就之，不至焉者跂而及之。〔二〕故君子之執親之喪也，水漿不入於口者三日，杖而后能起。”

【注釋】

〔一〕伋：音急。　　〔二〕跂：音起。

【譯解】

　　曾子跟子思說：“孔伋！我爲父親守喪，七天裏没喝一口水，没喝一口米湯。”子思說：“先王制定禮節，就是讓感情過重的俯下身來遷就禮的規定，感情淡漠的人跂起脚來努力達到禮的標準。所以明禮君子爲父母守喪是這樣做的：三天不喝水，不喝米湯，扶着喪杖才能站起。”

　　曾子曰：“小功不稅，〔一〕則是遠兄弟終無服也，而可乎？”

【注釋】

〔一〕稅：音退。

【譯解】

　　曾子說：“按規定，聽到小功之親死訊時，服喪期已過，就不用爲之追服了。那麼，相距較遠的同曾祖的族親竟然彼此不服喪服了嗎？這樣可以嗎？”按：曾子忠厚過人，所以他懷疑“小功不稅”這條禮規的合理性。

　　伯高之喪，孔氏之使者未至，冉子攝束帛乘馬而將之。〔一〕孔子曰：“異哉！徒使我不誠於伯高。”〔二〕

【注釋】

〔一〕攝：音射。　乘：音勝。　　〔二〕不誠於伯高：王念孫云：“本作‘不誠禮於伯高’，觀注疏可見。家語曲禮子貢問篇、

<u>白帖六十五</u>、<u>御覽布帛部</u>俱有‘禮’字。”

【譯解】

　　<u>伯高</u>去世，家裏辦喪事，<u>孔</u>家派去弔唁的使者還沒到，<u>孔子</u>的弟子<u>冉有</u>就代爲準備了一捆絹帛四匹馬，而聲稱奉<u>孔子</u>之命前來弔喪。後來<u>孔子</u>知道了，說：“這事辦得怪呀！這徒然使我對<u>伯高</u>的弔唁失去了誠意。”

　　<u>伯高</u>死於<u>衛</u>，赴於<u>孔子</u>。<u>孔子</u>曰：“吾惡乎哭諸？[一]兄弟，吾哭諸廟；父之友，吾哭諸廟門之外；師，吾哭諸寢；朋友，吾哭諸寢門之外；所知，吾哭諸野。於野則已疏，於寢則已重。夫由<u>賜</u>也見我，[二]吾哭諸<u>賜</u>氏。”遂命<u>子貢</u>爲之主，[三]曰：“爲爾哭也來者，[四]拜之；知<u>伯高</u>而來者，勿拜也。”

【注釋】

〔一〕惡：音烏。　　〔二〕夫：音扶。　　〔三〕爲：音維。

〔四〕爲：音魏。

【譯解】

　　<u>伯高</u>死在<u>衛國</u>，家人遠道來向<u>孔子</u>告喪。在外地聽到親友死訊，哭處因人而異。<u>孔子</u>說：“我該如何哭他呢？本家兄弟死了，我到祖廟裏去哭；父親的朋友死了，我到廟門外面去哭；老師死了，我在寢室裏哭他；朋友死了，我在寢門外面哭他；一般認識的人死了，我到野外去哭。我跟<u>伯高</u>的關係，在野外哭他吧，就顯得太疏遠了；在寢室中哭他，又嫌太重了。他本是由<u>端木賜</u>介紹來見我的，我就到<u>端木賜</u>的家裏去哭吧！”於是叫<u>子貢</u>（<u>端木賜</u>）作爲主人，說：“凡爲了你的關係前來哭弔的，你就拜謝他；

認識伯高而來哭悼的，你就不用拜謝。"

　　曾子説："喪有疾，〔一〕食肉飲酒，必有草木之滋焉。"
以爲薑桂之謂也。

【注釋】

〔一〕喪：平聲，音桑。

【譯解】

　　曾子説："服喪期間生了病，可以吃肉喝酒，一定要有些草木
的滋味。"所謂草木的滋味，指的是鮮薑、桂皮這類香料。

　　子夏喪其子而喪其明。〔一〕曾子弔之，曰："吾聞之也，
朋友喪明則哭之。"曾子哭。子夏亦哭，曰："天乎！予之
無罪也！"曾子怒曰："商！女何無罪也？〔二〕吾與女事夫
子於洙泗之間，退而老於西河之上，使西河之民疑女於
夫子，〔三〕爾罪一也。喪爾親，使民未有聞焉，爾罪二也。
喪爾子，喪爾明，爾罪三也。而曰女何無罪與？"〔四〕子夏
投其杖而拜，曰："吾過矣！吾過矣！吾離羣而索居亦已
久矣。"

【注釋】

〔一〕喪其子而喪其明：前喪平聲，後喪去聲。　　〔二〕女：
通汝。　　〔三〕疑：音你，通擬。　　〔四〕與：音余。

【譯解】

　　子夏因爲死了兒子而哭瞎了眼睛。曾子去弔問他，説：
"我聽説，朋友雙目失明就該爲之傷心哭泣。"曾子哭了。子

夏一聽也哭了，説：“天哪！我是没有罪過的呀！”曾子生氣地説：“卜商！你怎麼没罪呢？從前我同你在洙水和泗水之間事奉孔老夫子，後來你離去而養老在西河之畔，使西河的民衆認爲你比得上夫子，這是你的第一條罪過。以前你爲父母守喪，使當地民衆没有看見或聽説你有什麼值得稱道的孝行，這是你的第二條罪過。兒子死了，你却哭瞎了眼睛，這是你的第三條罪過。怎麼你還説没罪呢？”子夏扔了手杖，倒身下拜説：“我錯了！我錯了！我離開同學朋友單獨生活的時間也太久了。”

夫畫居於内，〔一〕問其疾可也；夜居於外，弔之可也。是故君子非有大故，不宿於外；非致齊也，〔二〕非疾也，不畫夜居於内。

【注釋】

〔一〕夫：音扶。　　〔二〕齊：音摘，通齋。

【譯解】

白天還居於内宅，親友就可以探問他的病情；夜晚還居於内宅院外，親友就可以去弔問。所以説，明禮君子除非遇到大的變故，是不住在内宅之外的；除非祭祀前專心致志的齋戒，除非生病，是不能畫夜呆在内宅的。

高子皋之執親之喪也，〔一〕泣血三年，未嘗見齒，〔二〕君子以爲難。

【注釋】

〔一〕皋：音高。　　〔二〕見：現的本字。

【譯解】

　　孔子的弟子高子皋爲父親服喪，三年裏流淚如血出，未曾露齒笑過。君子認爲做到這樣是很難的。

　　衰，〔一〕與其不當物也，〔二〕寧無衰。齊衰不以邊坐，〔三〕大功不以服勤。

【注釋】

〔一〕衰：音崔。下同。　　〔二〕當：去聲，音蕩。

〔三〕齊：音咨，通齋。

【譯解】

　　各種喪服，如果服喪人的情感言行同他所穿的喪服不相稱，那麼就寧可不穿喪服。穿着粗生麻喪服（爲母親、親兄弟等人穿的）不要偏側坐着；穿着粗熟麻喪服（爲叔伯兄弟、已婚姐妹等人穿的）不要幹雜活兒。

　　孔子之衛，遇舊館人之喪，入而哭之哀。出，使子貢說驂而賻之。〔一〕子貢曰：“於門人之喪，未有所說驂，說驂於舊館，無乃已重乎？”夫子曰：“予鄉者入而哭之，〔二〕遇於一哀而出涕。予惡夫涕之無從也，〔三〕小子行之。”

【注釋】

〔一〕說：音托，通脫。　驂：音參。　賻：音付。

〔二〕鄉：音象，通嚮。　　〔三〕惡：音物。　夫：音扶。

【譯解】

　　孔子到衛國，遇上從前館舍主人的喪事，入門去弔喪，哭得傷心。出來時，讓子貢解下在邊上拉車的一匹馬去贈送給喪家。

子貢說：“您對門人弟子的喪事，都没有解送過邊馬來助喪，今天解下邊馬贈給以前的館舍主人家，豈不太重了嗎？”孔子說：“我剛才進去哭他，趕上觸動了哀情而流下了眼淚。我厭惡光流眼淚而没有具體的表示。孩子，你還是去做吧！”

孔子在衛，有送葬者，而夫子觀之，曰：“善哉爲喪乎！足以爲法矣，小子識之。”〔一〕子貢曰：“夫子何善爾也？”曰：“其往也如慕，其反也如疑。”〔二〕子貢曰：“豈若速反而虞乎？”子曰：“小子識之，我未之能行也。”

【注釋】

〔一〕識：音志。下同。　　〔二〕反：通返。

【譯解】

孔子在衛國的時候，有人送葬，孔子在旁邊隨着觀看。後來說：“好哇這位送喪的！可以當作標準了，你們好好記住哇。”子貢說：“老師您爲什麽稱贊他好呢？”孔子說：“那孝子往墓地送柩車時，就像小孩子追隨父母一樣的啼哭依戀；葬埋後返回時，又像擔心老人家的靈魂是否能够隨自己回家而遲疑不前。”子貢說：“那還不如趕緊回家舉行安魂祭呢！”孔子說：“你們記住他吧！他那内心深情的自然流露，我還做不到哩！”

顏淵之喪，饋祥肉，孔子出受之，入，彈琴而后食之。

【譯解】

顏淵的那次喪事，服喪期滿，家裏人饋送來除喪祭的祭肉。孔子出門接受了，回到屋裏，彈過了琴，然後食用。

　　孔子與門人立，拱而尚右，二三子亦皆尚右。孔子曰：“二三子之嗜學也，我則有姊之喪故也。”二三子皆尚左。

【譯解】

　　孔子和他的門徒一起站立，他拱手的姿勢是右手掩着左拳，弟子們拱手時也都將右手放在外面。孔子説：“你們太喜好學我了，我是因爲給姐姐服喪才這樣哩。”於是弟子們都改了過來，再拱手時就把左手放在外面。

　　孔子蚤作，[一]負手曳杖，[二]消摇於門，歌曰：“泰山其頽乎！梁木其壞乎！哲人其萎乎！”[三]既歌而入，當戶而坐。子貢聞之，曰：“泰山其頽，則吾將安仰？梁木其壞，哲人其萎，則吾將安放？夫子殆將病也。”遂趨而入。夫子曰：“賜！爾來何遲也？夏后氏殯於東階之上，則猶在阼也。[四]殷人殯於兩楹之間，則與賓主夾之也。周人殯於西階之上，則猶賓之也。而丘也，殷人也。予疇昔之夜，夢坐奠於兩楹之間。夫明王不興，[五]而天下其孰能宗予？予殆將死也。”蓋寢疾七日而没。[六]

【注釋】

〔一〕蚤：通早。　　〔二〕曳：音夜。　　〔三〕哲人其萎乎：王引之謂此句是後人據孔子家語增入，非禮記原有。下文“哲人其萎”亦然。　　〔四〕阼：音作。　　〔五〕夫：音扶。
〔六〕没：音末。

【譯解】

孔子早晨起來，背着手，拖着手杖，蕭閑自在地散步在門外，唱道：“泰山要塌了吧！棟梁要壞了吧！哲人要枯萎了吧！”唱罷回到室内，對着門户坐下。子貢（端木賜）聽到歌聲，說：“泰山要是塌了，那什麼還值得我仰望？梁木壞了，那檁條、椽子往哪兒安放？哲人枯萎了，那誰還是我效做的榜樣？老師大概將要生病了吧！”於是快步走了進去。孔夫子說：“賜！你爲什麼來這麼晚？夏代停柩在對着東階的堂上，那還是處在主位上哩；殷人停柩在堂上東楹西楹之間，那是處在賓位和主位之間；周人停柩在對着西階的堂上，那就是把靈柩當作賓客了。我孔丘是殷人。我昨天夜裏夢見自己坐定在兩楹之間。而今没有明王興起，天下有誰能尊重我，讓我坐在堂上兩楹間的尊位呢？我之所以夢見自己坐在兩楹之間，無非是死的前兆而已。看來我大概將要死了。”大約卧病七天就去世了。

孔子之喪，門人疑所服。子貢曰：“昔者夫子之喪顏淵，若喪子而無服，喪子路亦然。請喪夫子若喪父而無服。”

【譯解】

孔子的那次喪事，弟子們猶疑不定該爲老師穿什麼喪服。子貢說：“從前老師對待顏淵的喪事，就好像死了兒子一樣，但没穿什麼喪服，對待子路的喪事也是這樣。請大家對待老師的喪事，就像對父親的一樣，而不穿什麼喪服。”

孔子之喪，公西赤爲志焉。飾棺墻，置翣，〔一〕設披，〔二〕周也；設崇，殷也；綢練設旐，〔三〕夏也。

【注釋】

〔一〕翣：音霎。　　〔二〕披：名詞，音必。　　〔三〕綢：音滔，通韜。　　旐：音兆。

【譯解】

孔子的喪事，由學生公西赤操持的。他裝飾了遮擋靈柩的布帷，置辦了障棺的翣扇，安裝了分披靈車兩側、行進中有人牽持以防傾斜的長帶，這是用周人的規矩；旗上設有齒形邊飾，這是用殷人的規矩；以素練纏束旗竿，上面高挑八尺長的魂幡，這是用夏人的規矩。

子張之喪，公明儀爲志焉。褚幕丹質，〔一〕蟻結于四隅，殷士也。

【注釋】

〔一〕褚：音煮。

【譯解】

子張的喪事，是他學生公明儀操持的。覆蓋棺材的大塊布幕是紅色的，四角上畫着像螞蟻往來交錯的圖案，這是殷代士人的喪飾。

子夏問於孔子曰：“居父母之仇如之何?”夫子曰：“寢苫枕干，〔一〕不仕，弗與共天下也。遇諸市朝，不反兵而鬭。”〔二〕曰：“請問居昆弟之仇如之何?”曰：“仕弗與共國，銜君命而使，雖遇之不鬭。”曰：“請問居從父昆

弟之仇如之何?"〔三〕曰: "不爲魁, 主人能, 則執兵而陪
其後。"

【注釋】

〔一〕苫: 音山。　　枕: 音振。　　〔二〕反: 通返。

〔三〕從: 音縱。

【譯解】

　　子夏問孔子説: "應該怎麼樣對待殺害父母的仇人?"孔子
説: "睡在草墊上, 枕着盾牌, 不出來做官, 決心不跟仇人共存於
這個世界上。不管是在集市, 還是在官府, 遇見了他, 抽出兵刃
就決鬥。不能忘了携帶武器而返家去取。"子夏又説: "請問應該
如何對待殺害親兄弟的仇人?"孔子説: "不和他同在一個國家裏
做官。如果自己奉國君之命出使外國, 即使在國外遇見了仇人,
也不能跟他決鬥, 怕誤了公事。"子夏又説: "請問應該如何對待
殺害叔伯兄弟的仇人?"孔子説: "自己不帶頭動手, 受害者的兒
子或親兄弟能够決鬥, 自己就手執兵器陪在後面協助。"

　　孔子之喪, 二三子皆絰而出。〔一〕羣居則絰, 出則否。

【注釋】

〔一〕絰: 音蝶。

【譯解】

　　孔子的那次喪事, 弟子們出門有事, 仍然頭纏麻縷, 腰繫麻
帶。羣弟子有了死喪, 同學們爲死者服朋友弔服, 在家裏就頭纏
麻縷, 腰束麻帶, 出門就不纏束了。

　　易墓, 非古也。

【譯解】

為墓地芟草修治，這並非古代的禮俗。

子路曰：“吾聞諸夫子：喪禮，與其哀不足而禮有餘也，不若禮不足而哀有餘也。祭禮，與其敬不足而禮有餘也，不若禮不足而敬有餘也。”

【譯解】

子路説：“我聽老師説過：舉行喪禮，與其悲哀不足而隨葬物品有餘，還不如隨葬物品不足而悲哀有餘。舉行祭禮，與其恭敬不足而祭品有餘，還不如祭品不足而恭敬有餘。”

曾子弔於負夏，主人既祖，填池，〔一〕推柩而反之，降婦人而后行禮。從者曰：“禮與？”〔二〕曾子曰：“夫祖者且也。〔三〕且，胡爲其不可以反宿也？”從者又問諸子游曰：“禮與？”子游曰：“飯於牖下，〔四〕小斂於户内，大斂於阼，〔五〕殯於客位，祖於庭，葬於墓，所以即遠也。故喪事有進而無退。”曾子聞之曰：“多矣乎予出祖者。”

【注釋】

〔一〕填池：音電掣。鄭玄云：“當爲奠徹，聲之誤也。”

〔二〕與：音魚。　　〔三〕夫：音扶。　　〔四〕飯：動詞，音反。　牖：音友。　　〔五〕阼：音作。

【譯解】

曾子到負夏地區去弔喪，去晚了，喪家已經“祖”了，即已經在廟庭中調轉柩車，使車頭向外，設置奠品，作爲出行的開始了。一看曾子來了，又調轉車頭向裏，推回原位，撤去奠品，讓婦人降立在東階西階之間，然後行弔喪禮。隨從人問曾子說：“這合乎禮嗎？”曾子說：“祖是姑且、暫且的意思。姑且、暫且都是不確定的詞兒，那怎麼不可以把靈車推回原位呢？”後來隨從人又請教子游：“您看這事合乎禮嗎？”子游說：“人死之後，在室內南窗之下往死者口中填飯，翌日在室中當户處進行小斂，第三天在堂上東邊主位上進行大斂，在堂上西邊客位上停放靈柩，三月後在廟庭設奠餞行準備出葬，埋葬在北郊墓地。整個喪事進程，都表示隨着時間的推移，死者漸漸遠去。因此辦喪事是有進無退的。”曾子聽到了這話，說：“他解釋出祖的道理，可比我高明多了。”

　　曾子襲裘而弔，〔一〕子游裼裘而弔。〔二〕曾子指子游而示人曰：“夫夫也，〔三〕爲習於禮者，如之何其裼裘而弔也。”主人既小斂，袒，括髮，子游趨而出，襲裘、帶、絰而入。〔四〕曾子曰：“我過矣！我過矣！夫夫是也。”

【注釋】

〔一〕襲：音席。　　〔二〕裼：音西。　　〔三〕夫夫：上夫音扶。　　〔四〕絰：音蝶。

【譯解】

　　曾子皮裘上加着外衣而去弔喪，子游敞開外衣前襟露出皮裘上的罩衫而去弔喪。曾子指着子游讓人看，說：“這位還是熟習禮節的呢，怎麼敞開外衣露着皮裘的罩衫而來弔喪呢？”喪家在室中爲死者用衣衾包裹紮束的種種儀節完了，喪家主人便袒露左臂，摘下韜髮巾，改用麻縷攏住髮髻；這時子游才快步走出寢門外，掩好外衣，繫妥前襟，冠上纏了葛麻縷，腰上束了葛麻帶，再進入寢門。曾子看見了，說："我錯了！我錯了！這位做得對呀！"

子夏既除喪而見，予之琴，和之而不和，彈之而不成聲，作而曰："哀未忘也，先王制禮而弗敢過也。"子張既除喪而見，予之琴，和之而和，彈之而成聲，作而曰："先王制禮，不敢不至焉。"

【譯解】

子夏爲老人服喪期滿，行過除喪祭，來見孔子。孔子遞給他琴，子夏理弦而五音不和諧，彈曲而不成音調，站起來說："我還沒忘記悲哀。先王制定的到期除喪的禮規，我也不敢過期。"子張爲老人服喪期滿，行過除喪祭，來見孔子。孔子遞給他琴，子張理弦而五音和諧，彈曲而成音調，站起來說："先王制定除喪可以彈琴的禮規，我不敢不努力做到。"按：子夏、子張的表現雖不相同，而都是合乎禮意的。

司寇惠子之喪，子游爲之麻衰，〔一〕牡麻絰。〔二〕文子辭曰："子辱與彌牟之弟游，又辱爲之服，敢辭。"子游曰："禮也。"文子退，反哭。子游趨而就諸臣之位。文子又辭曰："子辱與彌牟之弟游，又辱爲之服，又辱臨其喪，敢辭。"子游曰："固以請。"文子退，扶適子南面而立，〔三〕曰："子辱與彌牟之弟游，又辱爲之服，又辱臨其喪，虎也敢不復位。"子游趨而就客位。

【注釋】

〔一〕爲：音魏。　衰：音崔。　　〔二〕絰：音蝶。

〔三〕適：音笛，通嫡。

【譯解】

　　衛國貴族司寇惠子死了，家中辦理喪事，由於他家没有把嫡子虎作爲喪主，所以子游特意身穿着吉布做的麻衰，而頭纏着齊衰服用的雄麻絰，腰束着齊衰服用的雄麻帶，前去弔喪。惠子的哥哥文子（彌牟）見子游如此打扮，就向他辭謝説：“我弟弟在世時，蒙您和他交往，今天又屈辱您爲他穿上這種弔服，實在不敢當，請别這樣。”子游説：“禮當如此。”文子退回原來主喪的位置哭泣。子游不承認文子具有喪主資格，所以他不就西邊面朝東的客位，而跑向門東面朝北的家臣的位置。文子看子游這樣，又走到跟前致謝：“您屈辱地跟我弟弟交往，又屈辱地爲他穿上弔服，又屈辱地來參加喪禮，請您别站在這裏。”子游説：“我請求一定要允許我站在這裏。”文子這才醒悟，退回來，扶着嫡子虎面朝南地立於喪主的位置上，説：“您屈辱地跟我弟弟交往，又屈辱地爲他穿着弔服，又屈辱地光臨喪禮，虎怎敢不回到主人的位置上呢。”子游聽罷這才快步走向了西方賓客的位置。

　　將軍文子之喪，既除喪而后越人來弔，主人深衣練冠，待于廟，垂涕洟。〔一〕子游觀之，曰：“將軍文氏之子其庶幾乎！亡於禮者之禮也，其動也中。”〔二〕

【注釋】

〔一〕洟：音夷。　　〔二〕中：音仲。

【譯解】

衛國將軍文子的那次喪事，家裏人已經服滿除喪，因路途遥遠，消息閉塞，所以越國人這時才來到弔喪。文子的兒子作爲主人身穿家居所服的衣裳相連的深衣，戴着白色的練冠，在家廟中等待，流着眼淚鼻涕。子游看了之後，說：“將軍文氏之子的做法接近完美了吧！這是不在常禮中的禮了，他的舉動却是那麽恰當。”

幼名，冠字，〔一〕五十以伯仲，死謚，周道也。

【注釋】

〔一〕冠：音貫。

【譯解】

幼年稱呼名，年滿二十，行了冠禮，就是成人了，人就稱呼他的字，到了五十歲，人們只按他的排行稱伯稱仲，死後就稱呼他的謚號，這是周朝的規矩。

絰也者，〔一〕實也。

【注釋】

〔一〕絰：音蝶。

【譯解】

喪中纏在冠上的麻縷，束在腰上的麻帶，總稱爲絰。絰是實的意思。絰是用來表示心中真實哀痛的。

掘中霤而浴，〔一〕毁竈以綴足，及葬，毁宗躐行，〔二〕出于大門，殷道也。學者行之。

【注釋】

〔一〕霤：音六。　　〔二〕躐：音列。

【譯解】

　　在室中間挖個坑，讓浴尸的水流到裏面；拆毀爐竈，用其磚坯支起並制約死者的雙腳；出葬時，將宗廟西墻拆個豁口，越過廟門西邊的行神之位，直接把靈車拉出大門：這都是殷代人舉行喪禮的規矩。孔子的學生就這樣實行。

　　子柳之母死，子碩請具。子柳曰：“何以哉？”子碩曰：“請粥庶弟之母。”〔一〕子柳曰：“如之何其粥人之母以葬其母也？不可。”既葬，子碩欲以賻布之餘具祭器。〔二〕子柳曰：“不可。吾聞之也，君子不家於喪。請班諸兄弟之貧者。”

【注釋】

〔一〕粥：音育，同鬻。　　　〔二〕賻：音付。

【譯解】

　　魯國人子柳的母親死了，他的弟弟子碩請求備辦殮葬的各種用具。子柳說：“拿什麽辦呢？”子碩說：“請賣掉庶弟的母親吧！”子柳說：“怎麽能賣掉人家的母親來殮葬自己的母親呢？不行。”埋葬之後，子碩打算用弔喪人們所贈助喪財物的剩餘部分置辦祭器。子柳說：“不行。我聽說過，君子是不能靠辦喪事來利家發財的。請把這剩餘的助喪財物分給貧窮的本家兄弟吧！”

　　君子曰：“謀人之軍師，敗則死之；謀人之邦邑，危則亡之。”

【譯解】

君子説："統率人家的軍隊，如果戰敗，就該戰死疆場，或者自殺；管理人家的國家城市，如果出現危險不安，就要遭到放逐的處罰。"

公叔文子升於瑕丘，蘧伯玉從。〔一〕文子曰："樂哉斯丘也！死則我欲葬焉。"蘧伯玉曰："吾子樂之，則瑗請前。"〔二〕

【注釋】

〔一〕蘧：音渠。　〔二〕瑗：音院。

【譯解】

衛國貴族公叔文子登上了瑕丘，蘧伯玉（名瑗）一道陪從。文子説："我真喜愛這丘山呀！死了我就打算埋葬在這裏。"蘧伯玉意含諷刺地説："您喜愛這裏，我蘧瑗請求死在您的前面，替您佔下。"

弁人有其母死而孺子泣者，〔一〕孔子曰："哀則哀矣，而難爲繼也。〔二〕夫禮，〔三〕爲可傳也，〔四〕爲可繼也，故哭踊有節。"

【注釋】

〔一〕弁：音便。　〔二〕爲：音維。　〔三〕夫：音扶。
〔四〕爲：音魏。下同。

【譯解】

弁邑有個人，死了母親，他像小孩子一樣的毫無節制的放聲痛哭。孔子説："悲哀是够悲哀的了，不過別人很難跟着做。作爲禮規來講，是爲了能够普及傳布，是爲了人人都可以隨着去做。
所以喪禮中的哭號和跳脚，都有一定的節度。”

　　叔孫武叔之母死，既小斂，舉者出户，出户袒，且
投其冠，括髮。子游曰：“知禮?”

【譯解】

　　魯國貴族叔孫武叔的母親死了，用衣衾將死者包裹紮束後，
人們搭着尸體出了室户，準備放在堂上，這時叔孫武叔才出室户，
袒露左臂，並且扔掉冠，用麻縷綰住髮髻。子游説：“這也算懂得
禮節嗎?”按：依禮，作爲喪主，應該在爲死者包裹紮束後就接着
袒臂括髮，並且必須親自參加抬尸出户才是。

　　扶君，卜人師扶右，〔一〕射人師扶左。君薨以是舉。〔二〕

【注釋】

〔一〕卜：音葡。鄭玄云：“卜當爲僕，聲之誤也。”

〔二〕薨：音轟。

【譯解】

　　國君病了，需人攙扶，由平時贊助國君什麽場合穿什麽禮服、
處在什麽位置的高級侍從官員僕人師扶右邊，由平時掌管射法及
君臣各種聚會場合掌管導引百官並正其服位的高級侍從官員射人
師扶左邊。國君逝世，也由他們如此遷動尸體。

　　從母之夫，〔一〕舅之妻，二夫人相爲服，〔二〕君子未之言
也。或曰同爨緦。〔三〕

【注釋】

〔一〕從：音縱。　　〔二〕二夫人：王引之云："當作'夫二人'。"夫：音扶。　　〔三〕纍：音竄。　緦：音思。

【譯解】

外甥和姨父，外甥和舅母，相互爲去世的對方穿喪服，明禮君子並没有這樣説過。而有人認爲，從親屬關係上講，外甥和姨父、舅母比較疏遠，按禮本來不該相互服喪，但只要同吃一個竈房做出的飯，共同生活，就該爲死去的對方穿五服中最輕的喪服——緦麻三月。

喪事欲其縱縱爾，〔一〕吉事欲其折折爾。〔二〕故喪事雖遽不陵節，〔三〕吉事雖止不怠。故騷騷爾則野，鼎鼎爾則小人，君子蓋猶猶爾。

【注釋】

〔一〕縱：音總。　　〔二〕折：音題。　　〔三〕遽：音巨。

【譯解】

辦喪事，要有個匆忙緊迫的樣子；辦吉事，要有個沉穩從容的樣子。不過，喪事即使急迫，也不能超越次序；吉事雖然有時需要停頓等待，也不能懈怠。所以，忙忙亂亂就顯得粗野，拖拖拉拉就像小人一般的臨事不敬了。君子辦什麼事都要做到適中得當。

喪具，君子恥具。一日二日而可爲也者，君子弗爲也。

【譯解】

殮葬用的各種衣物器具，君子恥於在老人在世時置辦完備。

那些一兩天内就可以趕製而成的物件，君子絶不事先做好。

喪服，兄弟之子猶子也，蓋引而進之也；嫂叔之無服也，蓋推而遠之也；姑、姊、妹之薄也，蓋有受我而厚之者也。

【譯解】

喪服規定，兄弟的兒子就如同自己的兒子一樣。表現在：自己兒子死了，爲他穿一周年喪服；兄弟的兒子死了，也爲他服喪一年。這樣規定，旨在人爲的加重、拉近了伯父叔父和侄兒侄女們的親情。喪服規定，嫂子和小叔子即使没有分家另過，爲了避嫌，彼此都不爲死去的對方有什麽喪服上的表示。這條規定，旨在有意的推開、疏遠了他們之間的關係。喪服規定，姑姑、姐姐、妹妹在家去世，就要爲她們服齊衰一周年；而出嫁後去世的，就爲她們降服大功九月。我對出嫁了的姑姑、姐姐、妹妹的親情之所以有所淡薄，就是因爲有人從我家娶走了她，而對她的恩情較我更爲深厚。

食於有喪者之側，〔一〕未嘗飽也。

【注釋】

〔一〕食於有喪者之側：論語述而篇“食”上有“子”字，子指孔子。

【譯解】

孔子在有喪服在身的人旁側用飯，就從來没有吃飽過。

曾子與客立於門側，其徒趨而出。曾子曰：“爾將何之?”曰：“吾父死，將出哭於巷。”曰：“反哭於爾次。”
曾子北面而弔焉。

【譯解】

　　曾子和客人站在門旁，他的一個門徒快步走出。曾子說：“你
要上哪兒去?”門徒說：“得知我父親去世了，我要出門到街巷上
去哭。”曾子說：“返回你的房間去哭吧。”曾子處在賓位，面朝
北，向門徒弔慰。

　　孔子曰：“之死而致死之，不仁而不可爲也；之死而
致生之，不知而不可爲也。〔一〕是故竹不成用，瓦不成
味，〔二〕木不成斲，〔三〕琴瑟張而不平，竽笙備而不和，〔四〕有
鐘磬而無簨虡。〔五〕其曰明器，神明之也。”

【注釋】

〔一〕知：同智。　　〔二〕味：音妹。　　〔三〕斲：音卓。
〔四〕和：音賀。　　〔五〕簨：音笋。　虡：音巨。

【譯解】

　　孔子說：“送走死去的親人而就確認死者毫無知覺，這是不仁
的，不可以這樣做；送走死去的親人而確認死者還有知覺，這是
不智的，也不可以這樣做。所以隨葬的竹器不編邊緣，瓦器不加
光澤，木器不加彫飾，琴瑟張弦而不能彈，竽笙外形具備而不能
吹，有鐘有磬而沒有懸掛鐘磬的木架。送給死者的這類徒具外形
而不能使用的器物，就叫作明器，意思是將死者當作神明來侍
奉的。”

　　有子問於曾子曰：“問喪於夫子乎?”〔一〕曰：“聞之

矣，喪欲速貧，死欲速朽。”有子曰：“是非君子之言
也。”曾子曰：“參也聞諸夫子也。”〔二〕有子又曰：“是非
君子之言也。”曾子曰：“參也與子游聞之。”有子曰：
“然。然則夫子有爲言之也。”曾子以斯言告於子游。子
游曰：“甚哉有子之言似夫子也。昔者夫子居於宋，見桓
司馬自爲石椁，〔三〕三年而不成。夫子曰：‘若是其靡也，
死不如速朽之愈也。’死之欲速朽，爲桓司馬言之也。南
宮敬叔反，〔四〕必載寶而朝。夫子曰：‘若是其貨也，喪不
如速貧之愈也。’喪之欲速貧，爲敬叔言之也。”曾子以
子游之言告於有子。有子曰：“然。吾固曰非夫子之言
也。”曾子曰：“子何以知之?”有子曰：“夫子制於中都，
四寸之棺，五寸之椁，以斯知不欲速朽也。昔者夫子失
魯司寇，將之荊，蓋先之以子夏，又申之以冉有，以斯
知不欲速貧也。”

【注釋】

〔一〕喪：去聲。下同。　　〔二〕參：音深。　　〔三〕桓：
音環。　　〔四〕反：通返。

【譯解】

　　有子問曾子說：“你問過夫子如何正確對待喪失官位的問題
嗎?”曾子說：“聽這樣說過：喪失了官位最好趕快貧窮，死了
最好趕快腐朽。”有子說：“這可不是君子該說的話。”曾子說：
“這是我曾參親耳聽夫子說的。”有子仍然說：“這可不是君子該
說的話。”曾子說：“這是我和子游一起聽到的。”有子說：“是
的。不過，這必定是夫子針對某種特殊情況而講的。”事後，曾

子把上面的對話告訴了子游。子游說：“真不簡單！有子的話很像夫子的語氣。從前夫子居住在宋國，看見貴族桓司馬爲自己預做石椁，讓石匠精彫細琢，花費了三年時間還沒有完成。夫子說：‘像這樣的奢侈，人死了還不如快速腐朽的好呢！’死了最好快點腐朽，這話是專爲桓司馬說的。魯國大夫南宮敬叔喪失了官位，每次回來，一定裝載許多財寶來朝見國君，賄求官位。夫子說：‘像這樣的使用財貨，丟了官還不如快速貧窮的好呢！’喪失官位最好快點貧窮，這話是專爲南宮敬叔說的。”曾子把子游的這番話轉告了有子。有子說：“這就對了。我本來就說那不是夫子一概而論的話。”曾子說：“你怎麼知道的呢？”有子說：“夫子掌管中都的時候，曾經有這樣規定，棺木要厚四寸，椁木要厚五寸。根據這點我就知道他並沒有死欲速朽的意思。從前夫子失去魯國司寇官位，後來要到楚國去，先派子夏去聯繫，接着又派去冉有。根據這點我知道他並沒有喪失官位就該快點貧窮的意思。”

　　陳莊子死，赴於魯，魯人欲勿哭，繆公召縣子而問焉。[一]縣子曰：“古之大夫，束脩之問不出竟，[二]雖欲哭之，安得而哭之？今之大夫，交政於中國，雖欲勿哭，焉得而弗哭？且臣聞之，哭有二道：有愛而哭之，有畏而哭之。”公曰：“然。然則如之何而可？”縣子曰：“請哭諸異姓之廟。”於是與哭諸縣氏。

【注釋】

〔一〕繆：音木，通穆。　　縣：音玄。下同。　　　〔二〕竟：同境。

【譯解】

　　齊國大夫陳莊子死了，向魯國報喪。魯國不打算爲他舉行哭禮。魯穆公召見縣子，徵求意見。縣子説：“古代的大夫，是不許跟外國國君有什麼私人交往的，連一捆乾肉條的饋贈也不能送出國境，人死了，即使打算哭他，又怎麼能够行哭禮呢？現在的大夫，把持國政，和中原各國經常有政治交往，人死了，即使不打算哭他，又怎麼能够不行哭禮呢？況且我聽説，哭有兩種性質，有的是因爲愛而哭的，有的是因爲怕而哭的。”魯穆公説：“是這樣。那我怎麼做才可以呢？”縣子説：“請到異姓宗廟裏哭吧！”於是魯穆公就到縣氏的宗廟裏去行哭禮了。

　　仲憲言於曾子曰：“夏后氏用明器，示民無知也。殷人用祭器，示民有知也。周人兼用之，示民疑也。”曾子曰：“其不然乎！其不然乎！夫明器，[一]鬼器也。祭器，人器也。夫古之人胡爲而死其親乎？”

【注釋】

〔一〕夫：音扶。

【譯解】

　　仲憲對曾子説：“夏朝人給死者陪葬用的是不能使用的明器，這就向人民顯示死者是没有知覺的；殷朝人給死者陪葬用的是能够使用的祭器，這就向人民顯示死者是有知覺的；周朝人明器、祭器兼用，這是向人民表示死者有知無知是疑惑難定的。”曾子説：“不是這樣吧！不是這樣吧！明器是爲鬼魂準備的器物，祭器是人們用來祭神祭祖的器物。古代的人怎麼就忍心認定去世的親人毫無知覺呢？”

公叔木有同母異父之昆弟死，[一]問於子游。子游曰：“其大功乎！”狄儀有同母異父之昆弟死，問於子夏。子夏曰：“我未之前聞也。魯人則爲之齊衰。”[二]狄儀行齊衰。今之齊衰，狄儀之問也。

【注釋】

〔一〕木：鄭玄云：“木當爲朱。”　　〔二〕齊：音咨，通齋。衰：音崔，通縗。

【譯解】

公叔朱有個同母異父的兄弟死了，他問子游自己該穿什麼喪服。子游說：“該穿服期九個月的大功服吧！”狄儀有個同母異父的兄弟死了，他問子夏自己該穿什麼喪服。子夏說：“我以前沒聽說過有什麼明文規定。魯國人遇到這種情況，一般都穿服期周年的齊衰服。”狄儀就採用了齊衰服。現在人們爲同母異父的兄弟服齊衰周年，就是從狄儀的這個提問定下來的。

子思之母死於衛，柳若謂子思曰：“子，聖人之後也。四方於子乎觀禮，子蓋慎諸。”[一]子思曰：“吾何慎哉！吾聞之，有其禮，無其財，君子弗行也；有其禮，有其財，無其時，君子弗行也。吾何慎哉！”

【注釋】

〔一〕蓋：音河，通盍。

【譯解】

子思的父親孔鯉死後，母親改嫁在衛國。及至死訊傳來，柳若跟子思說：“您是孔聖人的後代，四面八方的人都要在您這兒觀看如何行禮，您何不慎重些呢？"子思說："我有什麼可慎重的呢？我聽說，有這樣的禮，沒有相應的錢財，君子是無法舉行的；有這樣的禮，也有相應的錢財，但沒有一定的時宜，君子也是不能舉行的。道理是這麼明確，我有什麼需要慎重的呢？"

縣子瑣曰：[一]"吾聞之，古者不降，上下各以其親。滕伯文爲孟虎齊衰，其叔父也；爲孟皮齊衰，其叔父也。"

【注釋】

〔一〕縣：音玄。下同。

【譯解】

縣子瑣說："我聽說，古時候貴者對賤者，長輩對晚輩，在服喪問題上本沒有降等而服（如該服齊衰而降服大功）的規定，上下之間都要根據實際的親屬關係來服喪。比如殷代的滕伯文，他爲孟虎服齊衰，孟虎是他的叔父，滕伯並沒有因爲自己是國君而對死去的職位較低的叔父孟虎降服一等。滕伯又爲孟皮服齊衰，而滕伯卻是孟皮的叔父，滕伯並沒有因爲自己是長輩而對死去的晚輩孟皮降服一等。"

后木曰："喪，吾聞諸縣子曰：'夫喪，[一]不可不深長思也。買棺外內易。'我死則亦然。"

【注釋】

〔一〕夫：音扶。

【譯解】

后木說："關於喪事，我聽縣子說過：'喪事不可不做深長考

慮。買棺材，一定要挑選裏外都精細光滑的。’我死了也希望能
這樣。”

　　曾子曰：“尸未設飾，故帷堂，小斂而徹帷。”仲梁
子曰：“夫婦方亂，故帷堂，小斂而徹帷。”
【譯解】
　　曾子説：“還未曾對尸體進行沐浴、加衣等等修飾穿戴工作，
所以堂上要設上帷帳，直到小斂完畢才撤去帷帳。”仲梁子説：
“主人主婦正在忙亂，還不能各就各位，所以堂上要設上帷帳，直
到小斂完畢才撤去帷帳。”按：還是曾子説的對。

　　小斂之奠，子游曰：“於東方。”曾子曰：“於西方。
斂斯席矣。”小斂之奠在西方，魯禮之末失也。
【譯解】
　　小斂後供奉給死者的酒食，子游説：“安放在尸體的東邊。”
曾子説：“放在西邊。小斂後供奉的酒食就要放在席上了。”曾子
説的不對，小斂後將供奉的酒食放在死者的西邊，這是魯國末世
禮節上的失誤。

　　縣子曰：“綌衰、繐裳，〔一〕非古也。”
【注釋】
〔一〕綌：音細。　衰：音崔。　繐：音歲。　裳：音常。
【譯解】
　　縣子説：“用粗葛麻布做喪服的上衣，用精緻而稀疏的麻布做
喪服的下裳，這不合乎古時候的規矩。”

子蒲卒，哭者呼滅。子皐曰：〔一〕"若是野哉！"哭者改之。

【注釋】

〔一〕皐：音高。

【譯解】

子蒲去世了，有人哭時直呼其名——滅。子皐説："如此粗野呀！"那哭的人聽了，就改呼子蒲了。

杜橋之母之喪，宮中無相，以爲沽也。〔一〕

【注釋】

〔一〕沽：音古。

【譯解】

杜橋母親的那次喪事，殯宮中也沒有個輔導主人行禮的人，懂禮人認爲太粗略了。

夫子曰："始死，羔裘、玄冠者，易之而已。"羔裘、玄冠，夫子不以弔。

【譯解】

孔夫子説："親屬剛死，穿戴羔裘玄冠這種吉服的人，改穿深衣素冠就是了。"孔夫子從來不穿戴羔裘玄冠去弔喪。

子游問喪具，夫子曰："稱家之有亡。"〔一〕子游曰："有亡惡乎齊？"〔二〕夫子曰："有，毋過禮。苟亡矣，斂首足形，還葬，〔三〕縣棺而封，〔四〕人豈有非之者哉！

【注釋】

〔一〕稱：音趁。　亡：通無。下同。　　　〔二〕惡：音烏。

〔三〕還：同旋。　　〔四〕縣：懸的本字。　封：音扁。鄭玄

云："封當爲窆。"

【譯解】

　　子游問喪事應該怎樣操辦。孔夫子説："要跟家裏財力多少有無相稱。"子游説："所謂有無又該怎麼掌握分寸呢?"孔夫子説："家底兒厚，也要依禮行事，不要超過禮規而奢侈浪費；如果真没有什麼財力，只要衣服、被單可以掩蓋形體，斂畢不必停喪，接着就去埋葬，繩子兜住棺材，懸起下放到坑中，這樣盡情盡力地做，怎麼還會有人指責失禮呢!"

　　司士賁告於子游曰：〔一〕"請襲於牀。"子游曰："諾。"縣子聞之，〔二〕曰："汏哉叔氏!〔三〕專以禮許人。"

【注釋】

〔一〕賁：音奔。　　〔二〕縣：音玄。　　　〔三〕汏：音太。

【譯解】

　　司士賁稟告子游説："向您請示，我想在牀上爲沐浴過的死者穿衣裳。"子游説："行。"縣子聞知此事，説："太狂了叔氏（子游的字）! 總專擅地用禮儀權威的口氣應許別人。"按：浴尸後在牀上爲尸穿衣，禮該如此。子游應當稱引禮文回答才是。

　　宋襄公葬其夫人，醯醢百甕。〔一〕曾子曰："既曰明器矣，而又實之。"

【注釋】

〔一〕醯：音西。　醢：音海。　甕：翁的去聲。

【譯解】

　　宋襄公埋葬他的夫人時，隨葬了一百罈子醋和醬。曾子説：
"明器是不能使用的鬼器，既然稱作明器，竟又裝上了實物。"

　　孟獻子之喪，司徒旅歸四布。〔一〕夫子曰："可也。"

【注釋】

〔一〕司徒旅歸四布：朱彬云："足利本作'司徒敬子使旅歸四
方布'。"

【譯解】

　　魯國貴族孟獻子的那次喪事，主事家臣司徒敬子禀承主人之
意，使衆士將四方贈送的助葬財物，一一歸還他們。孔子説："這
事辦得應該。"

　　讀賵，〔一〕曾子曰："非古也，是再告也。"

【注釋】

〔一〕賵：音鳳。

【譯解】

　　喪禮規定，靈車將出發，喪主命人向死者宣讀賓友們贈送助
喪財物的記録。曾子説："這恐怕不是古代的規矩。財物剛送來
時，已經在殯堂上告過了，這時又宣讀，豈不是再告了。"

　　成子高寢疾，慶遺入，〔一〕請曰："子之病革矣，〔二〕如
至乎大病，則如之何？"子高曰："吾聞之也，生有益於

人，死不害於人。吾縱生無益於人，吾可以死害於人乎哉！我死，則擇不食之地而葬我焉。"

【注釋】

〔一〕遺：音魏。　　〔二〕革：音極。

【譯解】

　　齊國貴族成子高病臥在家，慶遺進入寢室，請示說："您的病相當重了，如果到了最嚴重的地步，以後該當如何?"子高說："我聽說過，活着要有益於人，死了也不要害人。我縱然活着的時候對人没有什麽益處，我怎麽可以死後害人呢！我死後，就選擇一塊不能耕種的土地來埋葬我吧!"

　　子夏問諸夫子曰：〔一〕"居君之母與妻之喪，居處、言語、飲食衍爾。"〔二〕

【注釋】

〔一〕問：當作聞。　　〔二〕處：音杵。　衍：音衎。

【譯解】

　　子夏聽孔子說過："遇到國君的母親或國君的妻子的喪事，生活起居、說話飲食各個方面仍舊保持從容安適。"

　　賓客至，無所館。夫子曰："生於我乎館，死於我乎殯。"

【譯解】

　　客人從遠方來了，如果没有地方住，不能不管。孔夫子說過："活着在我這兒住宿，死了在我這兒停柩。"

國子高曰："葬也者，藏也。藏也者，欲人之弗得見也。是故衣足以飾身，棺周於衣，椁周於棺，土周於椁，反壤樹之哉！"

【譯解】

齊國的貴族國子高說："葬嘛就是藏，藏嘛就是要讓人看不見。所以，衣物足以遮掩身體，棺材圍着衣物，椁圍着棺材，坑土圍着椁，這就達到藏的目的了。怎麼還在上邊修墳種樹呢！"

孔子之喪，有自燕來觀者，〔一〕舍於子夏氏。子夏曰："聖人之葬人與？人之葬聖人也，子何觀焉？昔者夫子言之曰：'吾見封之若堂者矣，見若坊者矣，〔二〕見若覆夏屋者矣，見若斧者矣，從若斧者焉。'〔三〕馬鬣封之謂也。〔四〕今一日而三斬板，而已封，尚行夫子之志乎哉！"

【注釋】

〔一〕燕：音煙。　　〔二〕坊：通防。　　〔三〕從若斧者焉：王念孫云："'從'上當有'吾'字。初學記禮部下、白帖六十六引此並有'吾'字。"　　〔四〕鬣：音列。

【譯解】

孔子的那次喪事，有人從燕國來參觀葬禮，就住在子夏家裏。子夏說："這是聖人主持別人的葬禮嗎？不過是人們埋葬聖人罷了，有什麼值得您參觀的？從前夫子這樣說過：'我見過把墳頭築成四方而高好像堂基的，見過下寬上窄、平頂長身好像隄防的，見過兩邊有漫坡好像夏代屋頂的，也見過像斧頭的，我贊成像斧

頭的。'像斧頭刃朝上的墳，俗稱作馬鬣封。現在給老人家築的就
是這種墳頭，一天之内三次換板夯土，就築成了。這還算實現夫
子的心願了吧！"

婦人不葛帶。

【譯解】

婦女爲親人服喪的整個期間，都以大麻做腰帶，中間不換用
葛麻帶，這點和男人不同。

有薦新，如朔奠。〔一〕

【注釋】

〔一〕朔：音碩。

【譯解】

在堂上停柩期間，喪家早晚在靈柩東邊都擺些酒食供奉。遇
到新熟的五穀或其他鮮果也用以供奉，規模、檔次略與陰曆初一
的供奉相同。

既葬，各以其服除。

【譯解】

停靈三月，然後出殯埋葬。埋葬之後，喪家舉行安魂祭、卒
哭祭，此時哀情漸減，斬衰、齊衰、大功、小功各級的親屬們各
自除掉原來較重的喪服，換穿較輕的喪服。緦麻之親則除去喪服，
改穿吉服。

池視重霤。〔一〕

【注釋】

〔一〕重：音蟲。　霤：音六，通溜。

【譯解】

　　宮室形的棺罩，其上邊橫懸着竹紮蒙布的"池"，池就好比安置在宮室檐口下的承水槽。

　　君即位而爲椑，〔一〕歲壹漆之，藏焉。

【注釋】

〔一〕椑：音必。

【譯解】

　　國君即位後，就要爲他做好内棺，每年刷一回漆，棺材裏面還要藏放些東西，不得空着，意思是不急於裝人。

　　復、楔齒、綴足、飯、設飾、帷堂並作。〔一〕

【注釋】

〔一〕楔：音歇。　飯：音反。

【譯解】

　　招魂，用角質飯匙撬開死者牙齒，用小木几墊起並制約死者的雙足，往死者的口中填米，穿戴衣物之類，堂上設置布帷：這些活動都是在病人咽氣後的一段時間裏進行的。

　　父兄命赴者。

【譯解】

　　老人剛去世，孝子悲傷迷亂，所以由他的伯父、叔父或堂兄以孝子的名義派人去各處報喪。惟向國君告喪，則需喪主親命使者。

君復於小寢、大寢、小祖、大祖、庫門、四郊。

【譯解】

　　國君死了，爲他由内及外的招魂。次序是：後面平常休息的小寢，前面起居議事的大寢，高祖、曾祖、祖、父四親廟，太祖廟，大宫門，四郊。

喪不剝，奠也與？祭肉也與？

【譯解】

　　所謂奉事死者的食物用巾遮蓋不要暴露出來，指的是供奉在靈柩東邊的飲食呢？還是單指祭肉呢？按：鄭玄説，脯醢之奠不巾，有牲肉則巾之，爲防塵。

既殯旬而布材與明器。

【譯解】

　　死者裝殮入棺，停放在堂上西側，到了十天，喪主就命工匠陳列做椁的木材和做明器的材料，喪家主人親自省視。

朝奠日出，夕奠逮日。

【譯解】

　　停柩期間，早晚都要在柩東奠放酒食，朝奠在太陽剛出的時候設放，夕奠在太陽尚未落下的時候設放。設朝奠前撤夕奠，設夕奠前撤朝奠。

父母之喪，哭無時，使必知其反也。

【譯解】

　　父親或母親去世，停枢期間，孝子悲從中來，哭無定時，這樣能使或許飄游在外的父母的靈魂聞聲而返。

　　練，練衣黃裏、緣緣，〔一〕葛要經，〔二〕繩屨無絇，〔三〕角瑱，〔四〕鹿裘衡、長、祛。〔五〕祛，裼之可也。〔六〕

【注釋】

〔一〕緣：音勸。　　〔二〕要：腰的本字。　經：音蝶。

〔三〕屨：音巨。　絇：音渠。　　〔四〕瑱：田的去聲。

〔五〕衡：通橫。　祛：音區。　　〔六〕裼：音西。王引之云："裼當讀爲緆。緆，緣也。"緆：音細。

【譯解】

　　父母去世周年，孝子舉行練祭，外穿大功布的喪服，内穿經過練治的白色麻布做的中衣，黃色裏子，紅色鑲邊，換上葛麻腰帶，穿上麻繩編的鞋子，仍然沒有鞋鼻兒，掛在耳旁的裝飾品是角質的。如當冬季，内穿鹿皮裘，加寬加長，又外加長袖口。皮裘上既有長袖口，長袖口也可以鑲邊。

　　有殯，聞遠兄弟之喪，雖緦必往；非兄弟，雖鄰不往。

【譯解】

　　家中停枢在堂，又聽到遠房兄弟去世的消息，即使是五服中最輕的緦麻之親——同高祖的兄弟，也一定要去一趟。如果死者不是同宗兄弟，即使是鄰居，也無須前去弔喪。

　　所識，其兄弟不同居者，皆弔。

【譯解】

　　平時，聽説所相識者的分家另過的兄弟死了，都應該去弔問這位老相識。

　　天子之棺四重，〔一〕水兕革棺被之，〔二〕其厚三寸，杝棺一，〔三〕梓棺二。〔四〕四者皆周。棺束，縮二，衡三。衽，〔五〕每束一。柏椁以端，長六尺。

【注釋】

〔一〕重：音蟲。　　〔二〕兕：音寺。　　〔三〕杝：音移。

〔四〕梓：音子。　　〔五〕衽：音任。

【譯解】

　　天子的棺材共有四層。頭一層是用野水牛皮做的革棺，有三寸厚，其外套上一層椴木棺，再外面還有兩層梓木棺。皮棺、椴木棺和兩層梓木棺，都是上下前後左右具備。外棺以長皮條捆紮，竪着捆兩道，繫牢棺材的首尾蓋底；橫着捆三道，繫牢棺材的上下左右；五道皮條保持勻稱距離，在棺蓋和棺口吻合的地方，正當每條皮帶紮束處，鑿些槽子，牢牢鑲嵌上▓形木榫。每道皮帶下鑲嵌一個，前二後二，兩旁各三，一共十個木榫。緊密纍積在棺材四周的椁材，都是柏木近根一端做的，每段六尺長。

　　天子之哭諸侯也，爵弁絰，〔一〕緇衣。〔二〕或曰：使有司哭之，爲之不以樂食。〔三〕

【注釋】

〔一〕絰：音蝶。　　〔二〕緇：音兹，同緇。　　〔三〕爲：音魏。　樂：音岳。

【譯解】

天子爲某國國君的去世而哭的時候，戴着赤黑色的皮禮帽，頭纏葛麻縷，腰繫葛麻帶，身穿黑色絲衣。還另有一説：天子收到某國國君去世消息，便派有關官員哭他，天子本人只是用飯時不再奏樂。

天子之殯也，菆塗龍輴以椁，[一]加斧于椁上，畢塗屋，天子之禮也。

【注釋】

〔一〕菆：同攢，竄的陽平聲。　輴：音春。

【譯解】

天子的靈柩是這樣停在堂上西側的：棺材放在車轅畫龍的靈車上，用椁材積累靈車四周，上與棺柩取平，用細泥塗嚴，椁上鋪上一大塊上面刺繡着黑白分明的斧形圖案的綢幕。然後在棺椁的平頂上，再用椁材積累中間高、四下帶坡的屋頂，並用細泥塗好。這就是天子停靈的禮制。

唯天子之喪，有別姓而哭。

【譯解】

只有天子的喪事，對待來弔喪的諸侯，才有區別與王家同姓、異姓分別就位而哭的規矩。

魯哀公誄孔丘曰：[一]“天不遺耆老，[二]莫相予位焉。[三]嗚呼哀哉！尼父！”[四]

【注釋】

〔一〕誄：音壘。　　〔二〕遺：音魏。　耆：音齊。

〔三〕相：音象。　　　〔四〕父：音府。

【譯解】

　　魯哀公對孔子的悼辭是："蒼天不留下這位老人，没有合適人輔佐我這君位了。嗚呼哀哉！尼父！"按：丘是孔子的名，尼父是孔子的字。

　　國亡大縣邑，公、卿、大夫、士皆厭冠，[一]哭於大廟三日，[二]君不舉。或曰：君舉，而哭於后土。

【注釋】

〔一〕厭：音鴨，通壓。　　　〔二〕大：通太。

【譯解】

　　國家喪失大縣城，公、卿、大夫、士等各級貴族官員都要頭戴喪冠，到國家的太祖廟哭三天。在這沉痛的日子裏，國君不能殺牲舉行盛宴。另有一種説法：國君可以殺牲盛饌，但是要爲國土的喪失親臨國社，向土地神稟告悲哭。按：後説有誤。喪失國土，例應減常膳。既哭告於神社，哪有心情殺牲盛饌？

　　孔子惡野哭者。[一]

【注釋】

〔一〕惡：音物。

【譯解】

　　哭什麽人須在什麽場合、什麽位置，都不是隨便的。孔子厭惡那些不管什麽場合、不顧該處什麽位置而亂哭的人。

　　未仕者不敢税人，如税人，則以父兄之命。

【譯解】

没有做官從而也没有俸禄收入的人，不敢擅自將家中財物送人。如果要把財物贈送別人，那就必須要得到父兄的許可。送財物時，跟對方説自己是奉父兄之命來贈送的。

士備入而后朝夕踊。

【譯解】

國君去世，停靈期間，羣臣早晚都要依着尊卑順序進入殯宫，各就各位進行哭踊。届時等級最卑的士們全都進來就位了，羣臣才一起跳着脚號哭。

祥而縞，〔一〕是月禫，〔二〕徙月樂。〔三〕

【注釋】

〔一〕縞：音稿。　　〔二〕禫：音坦。　　〔三〕樂：音岳。

【譯解】

父母去世滿了二十五個月，舉行祥祭，從祥祭之日起孝子就可以戴白色生絹做的冠了。也就在這個月裏舉行旨在除服從吉的禫祭，喪期正式結束，下個月就可以奏樂了。

君於士，有賜帟。〔一〕

【注釋】

〔一〕帟：音亦。

【譯解】

國君對於死去的士，出於特恩，有賞賜一塊絲幕的，用來鋪在靈柩上，遮擋塵土。

檀弓下第四

君之適長殤，^{〔一〕}車三乘；^{〔二〕}公之庶長殤，車一乘；大夫之適長殤，車一乘。

【注釋】

〔一〕適：通嫡。　長：音掌。　殤：音傷。　　〔二〕乘：音勝。

【譯解】

國君的嫡子年在十六至十九歲這一時段死了，送葬時，用三輛運載牲肉的特製小車，這些小車放在墓坑中隨葬。國君的庶子在這段歲數裏死了，送葬時用一輛這種小車隨葬。大夫的嫡子在這段歲數死了，也用一輛這種小車隨葬。

公之喪，諸達官之長杖。

【譯解】

國君的喪事，凡是國君在世時直接任命的負責官員，服喪時都要手持喪杖。

君於大夫，將葬，弔於宮，及出，命引之，三步則止。如是者三，君退。朝亦如之，[一]哀次亦如之。

【注釋】

〔一〕朝：音潮。

【譯解】

國君對於大夫的喪事，將出葬的那天，先到殯宮弔唁，及至柩車要出離殯宮，國君就命人執引車繩拉柩車，拉三步就停住，國君再命拉引，這樣一共三次，國君才離去。如果柩車出發前朝祖廟時國君來弔唁，也是這樣命人拉引柩車。柩車經過大門外孝子致哀的地方，國君來了，也是這樣命人拉引柩車。

五十無車者，不越疆而弔人。

【譯解】

年紀到了五十歲自己還沒有專車的人，就不必越過國境去弔唁別人。

季武子寢疾，蟜固不說齊衰而入見，[一]曰：“斯道也，將亡矣：士唯公門說齊衰。”武子曰：“不亦善乎！君子表微。”及其喪也，曾點倚其門而歌。

【注釋】

〔一〕蟜：音絞。　說：音托，通脫。　齊：音咨。　衰：音崔。

【譯解】

魯國執政貴族季武子臥病在家，士人蟜固當時正爲自己親屬穿着粗麻布緝邊的喪服，他没有脫掉齊衰就進入季武子宅中來問病，並且説：“這種禮規將要喪失了：士只有進入國家辦公機關之前才脱掉齊衰。"<u>季武子</u>説："你做的説的，不也是很好的嘛！君子才能顯明已經衰微的禮制哩！"<u>季武子</u>去世時，<u>曾點</u>靠着自家大門唱歌，他並不爲剛死的權貴哀傷。

　　大夫弔，當事而至，則辭焉。

【譯解】

　　大夫來弔喪，如果正當主人忙於給死者做着沐浴、穿衣、裝斂、入棺等事時來的，主人騰不出身去迎接，就派人出門告訴大夫，請他稍候。

　　弔於人，是日不樂。〔一〕婦人不越疆而弔人。行弔之日，不飲酒食肉焉。

【注釋】

〔一〕樂：音岳。

【譯解】

　　向別人弔喪的那天，就不再聽樂奏樂。婦女是不能越過國境去弔喪的。弔喪的那天，就不該喝酒吃肉了。

　　弔於葬者，必執引；〔一〕若從柩，及壙，〔二〕皆執紼。〔三〕

【注釋】

〔一〕引：名詞，音印。　　〔二〕壙：音曠。

〔三〕紼：音福。

【譯解】

　　在喪家出葬的時候去弔喪，一定要攬住拉柩車的大繩幫助牽引；如果跟隨柩車到墓地去，來到墓坑，都該攬住繫棺繩索，幫助下棺入葬。

　　喪，公弔之，必有拜者，雖朋友、州里、舍人可也。
弔曰“寡君承事”。主人曰“臨”。

【譯解】

　　在外國死了，所在國的國君來弔唁，死者身旁如果沒有親人，
也一定要有人出頭代表主人拜謝，即使是死者的朋友、老鄉、房
東也都可以。所在國國君來弔問，他手下人傳話說：“鄙國國君前
來幫助辦事。”主人說：“屈駕光臨。”

　　君遇柩於路，必使人弔之。

【譯解】

　　在本國中，國君在路上遇到柩車，不管認識不認識，一定要
派人去慰問喪家。

　　大夫之喪，庶子不受弔。

【譯解】

　　大夫的喪事，嫡長子是喪主，庶子沒有資格接受弔問。

　　妻之昆弟爲父後者死，哭之適室，〔一〕子爲主，袒、
免、哭、踊。〔二〕夫入門右，使人立于門外，告來者，狎則
入哭。〔三〕父在，哭於妻之室；非爲父後者，哭諸異室。

【注釋】

〔一〕適：通嫡。　　〔二〕免：音問。　　〔三〕狎：音匣。

【譯解】

　　妻子的作爲她父親繼承人的兄弟死了，得到這個不幸消息，就在正寢庭中哭他。讓兒子做哭喪的主人，站在東階下，面向西，袒露左臂，摘掉冠，頭纏白麻布條，號哭跳腳。丈夫進入寢門，站在門的右邊，面向北而哭。派人立在大門之外，告訴聞哭而來的人是在爲誰而哭，熟人就進入哭弔。如果丈夫的父親還在世，丈夫就不能在正寢院落裏哭内弟，要到妻子住的寢室去哭。如果死者不是妻父的繼承人，就在別的房間去哭他。

　　有殯，聞遠兄弟之喪，哭于側室。無側室，哭于門内之右。同國則往哭之。

【譯解】

　　家裏還停着親人的靈柩，得到遠房兄弟去世的消息，就到跨院的房屋去哭他。如果没有跨院房屋，就在門内右側哭。如果死者就住在國裏，就到他家去哭他。

　　子張死，曾子有母之喪，齊衰而往哭之。或曰：“齊衰不以弔。”曾子曰：“我弔也與哉！”〔一〕

【注釋】

〔一〕與：音余。

【譯解】

　　子張去世了，曾子正在爲母親服喪，就穿着緝邊的粗麻喪服去哭悼多年的老同學子張。有人説：“禮有規定，自己正在爲親人服齊衰喪服，就不該去弔問別人。”曾子説：“我這是弔問生者嗎！”

有若之喪，悼公弔焉，子游擯由左。〔一〕

【注釋】

〔一〕擯：音鬢。

【譯解】

　　有若的那次喪事，魯悼公親去弔喪，子游在魯悼公的左側導引他行弔問之禮。按：子游做得對，吉禮擯相在右，喪禮擯相在左。

齊穀王姬之喪，〔一〕魯莊公爲之大功。〔二〕或曰：由魯嫁，故爲之服姊妹之服。或曰：外祖母也，故爲之服。

【注釋】

〔一〕穀：鄭玄云：“穀當爲告，聲之誤也。”　　　〔二〕爲：音魏。下同。

【譯解】

　　齊國遣使到魯國告知周天子的女兒——齊襄公的夫人去世了，魯莊公聞報就爲她服大功喪服。魯莊公爲什麼爲王姬服大功？有人從國家主婚角度解釋說：“天子嫁女於異姓諸侯，必使同姓諸侯主婚。當初王姬嫁往齊國的時候，就是由魯國主婚的，所以魯國將她比做魯國出嫁的女子。喪服規定，姑姊妹未嫁而死爲之服齊衰，已婚而死爲之降服大功。因而魯莊公爲王姬服大功之服。”這個解釋是正確合理的。有人從魯莊公和王姬的私人親屬關係解釋說：“王姬是魯莊公的外祖母，所以魯莊公爲之服大功。”這個解釋是錯的。王姬不是魯莊公的外祖母，是舅母，而外甥爲死去的舅母是無服的。再說，即使真是外祖母，也只能服小功，而不能服大功。

　　晋獻公之喪，秦穆公使人弔公子重耳，〔一〕且曰：“寡人聞之，亡國恒於斯，得國恒於斯。雖吾子儼然在憂服之中，〔二〕喪亦不可久也，時亦不可失也。〔三〕孺子其圖之。”以告舅犯。舅犯曰：“孺子其辭焉。喪人無寶，仁親以爲寶。父死之謂何？又因以爲利，而天下其孰能説之？孺子其辭焉。”公子重耳對客曰：“君惠弔亡臣重耳，身喪父死，不得與於哭泣之哀，〔四〕以爲君憂。父死之謂何？或敢有他志，以辱君義。”稽顙而不拜，〔五〕哭而起，起而不私。子顯以致命於穆公。〔六〕穆公曰：“仁夫公子重耳！〔七〕夫稽顙而不拜，則未爲後也，故不成拜。哭而起，則愛父也；起而不私，則遠利也。”〔八〕

【注釋】

〔一〕重：音蟲。　　〔二〕儼：音演。　　〔三〕喪：桑的去聲。下同。　　〔四〕與：音預。　　〔五〕稽：音起。　顙：音嗓。　　〔六〕顯：盧植云：“顯當作韅。”　　〔七〕夫：音扶。下同。　　〔八〕遠：音院。

【譯解】

　　晋獻公去世了，秦穆公派使者子顯弔問逃亡在外的晋國公子重耳，並且轉達秦穆公的話説：“我聽説，失國常在這個時機，得國也常在這個時機。雖然你正嚴肅莊重地處在憂傷的喪期裏，不過，流亡也不可以太久，時機也不可以失掉。希望你好好考慮吧！”重耳把秦國使臣的話告訴舅舅狐子犯了。狐子犯説：“孩子！你辭謝他們的好意吧！流亡人没有别的可寶貴的，只把熱愛父親當作寶貴的。父親死了，這是多麽大的凶禍！要是借此圖謀私利，天下有誰能夠解說你沒有罪過呢！孩子！你辭謝他們的好意吧！”公子<u>重耳</u>答謝使者說：“貴國國君仁愛地弔問流亡的臣子<u>重耳</u>。我逃亡在外，父親死了，不能親到靈前哭泣致哀，從而也讓貴國國君爲之憂慮。父親死了，這是何等大禍，怎敢有什麼別的心思，來玷污貴國國君的情義呢！”說罷磕頭觸地，而不敢拜客受弔。哭着站起，站起來也不和使者說什麼私話。使者<u>子顯</u>返回<u>秦國</u>，向<u>秦穆公</u>報告出使情況。<u>秦穆公</u>說：“仁厚的公子<u>重耳</u>呀！只叩頭觸地而不拜，就表明了自己不敢以父親的繼承人自居，所以沒有也不敢完成拜謝。哭着站起，就可見他對亡父的真情愛慕。站起來沒什麼私話可說，可見他遠沒有因喪圖利的念頭。”

　　帷殯，非古也，自<u>敬姜</u>之哭<u>穆伯</u>始也。

【譯解】

　　本來停靈在堂朝夕臨哭是不圍着帷幕的。哭殯圍上帷幕，不是古代的禮俗，這是從<u>魯國敬姜</u>哭她亡夫<u>穆伯</u>時開始的。

　　喪禮，哀戚之至也。節哀，順變也，君子念始之者也。復，盡愛之道也，有禱祠之心焉。望反諸幽，〔一〕求諸鬼神之道也。北面，求諸幽之義也。拜稽顙，哀戚之至隱也。稽顙，隱之甚也。飯用米、貝，〔二〕弗忍虛也。不以食道，用美焉爾。銘，明旌也。〔三〕以死者爲不可別已，故以其旗識之。〔四〕愛之，斯錄之矣；敬之，斯盡其道焉耳。重，〔五〕主道也。<u>殷</u>主綴重焉，<u>周</u>主重徹焉。奠以素器，以生者有哀素之心也。唯祭祀之禮，主人自盡焉爾，豈知神之所饗，亦以主人有齊敬之心也。〔六〕辟踊，〔七〕哀之至也。有筭，〔八〕爲之節文也。袒、括髮，變也。慍，〔九〕哀之變也。去飾，去美也。袒、括髮，去飾之甚也。有所袒，有所襲，哀之節也。弁絰葛而葬，〔一〇〕與神交之道也，有敬心焉。周人弁而葬，殷人冔而葬。〔一一〕歠主人、主婦、室老，〔一二〕爲其病也，君命食之也。〔一三〕反哭升堂，反諸其所作也。主婦入于室，反諸其所養也。反哭之弔也，哀之至也。反而亡焉，失之矣，於是爲甚。殷既封而弔，〔一四〕周反哭而弔。孔子曰：“殷已慤，〔一五〕吾從周。”葬於北方北首，三代之達禮也，之幽之故也。既封，主人贈，而祝宿虞尸。〔一六〕既反哭，主人與有司視虞牲。有司以几筵舍奠於墓左，〔一七〕反，日中而虞。葬日虞，弗忍一日離也。是月也，以虞易奠。卒哭曰成事。是日也，以吉祭易喪祭，明日祔于祖父。〔一八〕其變而之吉祭也，比至於祔，〔一九〕必於是日也接，不忍一日末有所歸也。殷練而祔，周卒哭而祔。孔子善殷。

【注釋】

〔一〕反：通返。下同。　　　〔二〕飯：音反。　　　〔三〕旌：音京。　　　〔四〕故以其旗識之：王念孫云：“本作‘故以其旗識識之’。上識是旗識之識，下識是表識之識。周官小祝‘置銘’，杜子春注引檀弓曰：‘銘，明旌也，以死者爲不可別，故以其旗識識之。’土喪禮‘爲銘’，鄭注：‘銘，明旌也，以死者爲不可別，故以其旗識識之。’”識：音志。　　　〔五〕重：音蟲。
〔六〕齊：音摘。　　　〔七〕辟：音必，通擗。　　　〔八〕筭：

同算。　　　〔九〕惲：音運。　　〔一○〕弁：音便。　絰：音
蝶。　　〔一一〕需：音須。　　　〔一二〕歠：通啜。

〔一三〕食：音寺。　　　　〔一四〕窆：音扁。鄭玄云："窆當爲
窆。"　　　〔一五〕愨：音確。　　　　〔一六〕虞：音魚。

〔一七〕舍：音是，通釋。　　　〔一八〕祔：音附。

〔十九〕比：音必。

【譯解】

　　父母的喪禮，孝子悲慟到了極點。節制悲哀，是爲了順應生
活的劇變，是君子考慮到先人的初衷。招魂，是盡其愛慕的一種
方式，懷有祈禱的誠心。希望親人的靈魂從幽暗的地方返回，這
是尋求鬼神的情理。招魂時面朝北方，這是面朝幽暗方向尋求的
意思。拜而磕頭，這是悲哀中至爲沉痛的體現。而磕頭觸地，這
又是最悲慟的表示了。往嘴裏填米放貝，這是不忍讓死去的親人
口內空虛。不用熟食填放，由於用自然天成之物更爲美好。靈柩
前竪立書寫死者姓名的幡兒，是種代表神明的旌旗，因爲死者入
棺不能辨認了，所以用這種旗子作爲標誌。愛他，所以就把他的
姓名記錄在上面；敬他，所以幡兒的規格務與他的身份相稱，盡
其事親之道，不敢苟且。停殯期間，特用木頭做個憑依死者靈魂
的"重"，它和葬後做個神主的意思是一樣的。不過，殷人做了
神主，還和重聯綴一起懸在廟裏；周人有了神主，就把重撤去埋
掉了。供奉死者的酒食，用質樸的器皿盛放，因爲生者有悲哀灰
冷的心緒。只有埋葬以後的種種祭禮，主人才用有文飾的器皿，
自盡其敬愛之心，怎麽能知道神靈一定要享用這種帶有文飾的器
皿呢，也不過是因爲主人懷有莊重恭敬之心情才這樣做的。搥胸
跳腳，這是悲哀到了極點，禮有規定的次數，就是爲這種極其悲

慟的動作，做了節制性的文飾，以防悲傷過度而發生不幸。袒露左臂，摘去包髮巾，用麻縷綰住髮髻，這是孝子在裝束上的改變。堵悶憤懑，這是孝子哀情上的變化。除去身上的裝飾，就是除去華美；左袒和麻縷束髮，這是除去身上最突出的裝飾了。有時應該袒露左臂，有時應該穿好外衣，這種禮規是爲了對悲哀的節度。天子諸侯的世子頭戴上加葛麻絰的爵弁去舉行父親的葬禮，不純用凶服，這是與神明接觸的方式，主人悲哀中更含有崇敬的心情。周人戴着用於祭祀的爵弁去行葬禮，殷人戴着一種名叫"冔"的祭冠去行葬禮。大夫死了三天，就要煮些粥讓主人、主婦和家相喝，因爲他們無心飲食，都悲痛勞累致病了，所以國君命令他們吃，以防意外。送葬後回家啼哭，主人升堂來哭，這是回到親人在世時行禮的地方；主婦進入室內去哭，這是回到老人在世時她親自奉養的地方。送葬歸來痛哭時，親友應該前來慰問，因爲這是主人最悲哀的時刻了：回家一看，人沒了，永遠消失了，此時此刻傷心極了。殷代人在下棺於墓坑後就對孝子進行慰問，周代人在孝子送葬歸來哭泣時進行慰問。孔子說："殷人的這種做法太直率質樸了，我贊同周人的禮俗。"埋葬在北郊，頭朝北，這是夏商周三代通行的禮法，這是因爲鬼神要到幽暗地方去的緣故。下棺之後，埋葬之前，主人用一捆絲織布亇贈送死者，放在墓坑中，這時司祭的神職人員——祝先回去邀請尸，尸即充當安魂禮中象徵死者神靈的人。不等填土完畢，主人就先返哭。歸家哭後，就和有關執事去檢視將用於安魂祭禮中的犧牲。墓地另有執事在墓東安放請神憑依的几案和席，設置祭品，禮敬地神。家人都返回家中，就在正午舉行旨在安魂的虞祭。就在下葬的那天中午舉行虞祭，這是因爲孝子不忍心有一天離開親人的神靈。就在這天，

用有"尸"的虞祭來取代殯葬期間的設在地上的酒食供奉。虞祭
之後，還要舉行旨在終止無時無刻哀至則哭的卒哭祭。舉行卒哭
祭時，作爲神職人員的祝，在向神靈致辭中間，要説"成事"，
意謂這個卒哭祭已經成爲吉祭了，從此開始，就算用吉祭取代了
以往的喪祭。第二天，孝子就捧着死者的神主，到死者的祖父之
廟舉行祔祭，使死者的神靈歸附其祖父。喪祭演變到了吉祭，接
着就是祔祭，一天緊接着一天，這是因爲孝子不忍心使亡親的神
魂一天無所歸依。殷人在周年練祭之後舉行祔祭，周人在卒哭祭
後就舉行祔祭，孔子認爲殷人的做法更好，更合乎人情。

　　君臨臣喪，以巫祝桃茢執戈，〔一〕惡之也，〔二〕所以異於
生也。

【注釋】

〔一〕茢：音列。　　〔二〕惡：音物。

【譯解】

　　大臣死了，國君親自弔喪時，要讓神職人員男巫手拿驅鬼避
邪的桃枝，祝手拿掃除不祥的苕帚，小臣執戈，護衛前往，這是
由於厭惡死人的凶邪之氣，所以和對待活人是不同的。

　　喪有死之道焉，先王之所難言也。〔一〕

【注釋】

〔一〕先王之所難言也：王念孫云："唐石經初刻'所'下有
'以'字。"

【譯解】

　　所謂喪，就有死亡、澌滅的含義。人的喪和動物的死原無根

本不同，既没有在天之靈，也不會地下有知。不過，這是先王很難明説的。説了，怕淡化了人們對去世親人的感情，從而影響"民德歸厚"。

喪之朝也，[一]順死者之孝心也。其哀離其室也，故至於祖考之廟而后行。殷朝而殯於祖，周朝而遂葬。

【注釋】

〔一〕朝：音潮。

【譯解】

出葬前，從殯宮牽引柩車先去朝家廟，這是順乎死者"出必告"的孝心。死者爲即將離開他的住宅而悲傷，所以先到祖廟、父廟朝見告辭，之後才出發。殷人朝廟後就停殯於祖廟，周人朝廟後就去埋葬。

孔子謂爲明器者知喪道矣，備物而不可用也。哀哉！死者而用生者之器也，不殆於用殉乎哉！[一]其曰明器，神明之也。塗車、芻靈，[二]自古有之，明器之道也。孔子謂爲芻靈者善，謂爲俑者不仁，[三]不殆於用人乎哉！

【注釋】

〔一〕殆：音代。 殉：音訓。 〔二〕芻：音除。

〔三〕俑：音勇。

【譯解】

孔子認爲做明器的人很懂得喪葬的道理，準備了各種器物，却又不可使用。可悲的是，埋葬死者而用活人使用的器物來隨葬，這不接近用活人來殉葬了嗎！隨葬的器物之所以叫做明器，就是供奉神明的意思。泥做的車，草紮的人，自古就有了，這就是明器的路數哩。孔子認爲紮草人的心地善良，認爲做木偶的居心不仁，因爲雕刻維妙維肖的木偶來陪葬，這不更接近用真人來殉葬了嗎！

　　穆公問於子思曰："爲舊君反服，古與?"〔一〕子思曰："古之君子進人以禮，退人以禮，故有舊君反服之禮也。今之君子，進人若將加諸膝，退人若將隊諸淵，〔二〕毋爲戎首，不亦善乎！又何反服之禮之有?"〔三〕

【注釋】

〔一〕與：音余。　　〔二〕隊：音綴，同墜。　　〔三〕又何反服之禮之有：王念孫云："'反服'下不當有'之禮'二字，蓋涉上文'反服之禮'而衍。世說新語方正篇注、通典禮五十九、白帖三十八引此無'之禮'二字。"

【譯解】

　　魯穆公問子思說："大夫因故離開故國，後來聽說往日自己曾爲之效力的國君去世了，回顧舊情，而爲之服齊衰三月，這是古代的禮節嗎?"子思說："古代國君，進用人或罷免人都根據禮的原則，而令人心悅誠服，所以有舊臣爲舊君服喪的禮節。現在的國君，進用人的時候，愛得好像要把他抱在膝上似的；罷退人的時候，恨得好像要把他推下深淵似的。被罷退驅逐國外的人，不帶頭煽動所在國來攻打故國，也就很不錯了，哪裏還有什麼爲舊君反服的禮節呢！"

　　悼公之喪，季昭子問於孟敬子曰："爲君何食?"敬子曰：“食粥，天下之達禮也。吾三臣者之不能居公室也，四方莫不聞矣。勉而爲瘠，〔一〕則吾能，毋乃使人疑夫不以情居瘠者乎哉！〔二〕我則食食。”

【注釋】

〔一〕瘠：音吉。　　　〔二〕夫：音扶。

【譯解】

　　魯悼公去世了，專擅國政的貴族季昭子問同族人孟敬子説：“爲國君服喪，咱們該吃什麼？”孟敬子説：“國君去世，臣子自然應該喝粥，這是天下通行的禮規。不過，我們仲孫、叔孫、季孫三家大臣不能以臣禮敬奉國君，天下各處没有不知道的。讓我勉强喝粥餓瘦，我倒也能做到，然而這樣豈不讓人懷疑我們不是出自於内心悲痛而是有意消瘦嗎？不管你們，我還照常吃飯。”

　　衛司徒敬子死，子夏弔焉，主人未小斂，絰而往。〔一〕子游弔焉，主人既小斂，子游出絰，反哭。〔二〕子夏曰：“聞之也與？”〔三〕曰：“聞諸夫子：主人未改服則不絰。”

【注釋】

〔一〕絰：音蝶。　　　〔二〕反：通返。　　　〔三〕與：音余。

【譯解】

　　衛國的司徒敬子死了。子夏去弔喪，那時主人還没有給死者舉行小斂（在室内用衣服、被單包裹紮束死者，然後抬至堂中），他就在冠上纏麻縷、腰上束麻帶進去弔問了。子游穿戴常服進去弔喪，及至主人給死者舉行了小斂，子游才出了寢門之外，冠上纏麻縷，腰上束麻帶，又返回裏面哭悼。後來子夏問他説：“你的這種弔法，聽誰説的？”子游説：“我聽孔老師説過，小斂之前主人服飾上還没有什麽改動，主人既没有改變裝束，前來弔喪的賓客是不能提前上戴首絰、下束腰絰的。”

曾子曰：“晏子可謂知禮也已，恭敬之有焉。”有若曰：“晏子一狐裘三十年，遣車一乘，〔一〕及墓而反。〔二〕國君七个，遣車七乘；大夫五个，遣車五乘。晏子焉知禮。”曾子曰：“國無道，君子恥盈焉。國奢則示之以儉，國儉則示之以禮。”

【注釋】

〔一〕乘：音勝。　　〔二〕反：通返。

【譯解】

　　曾子説：“晏子可以稱得上是懂禮的人了，他具有恭敬的品德。”有若説：“作爲齊國大夫的晏子，一件狐皮袍穿了三十年，辦喪事時，隨葬裝載牲肉的小車只有一輛，匆忙地下完葬就回來了。按照禮的規定，隨國君下葬的牲肉，每苞七段牲肉，每苞一車，共有七輛遣車；隨大夫下葬的牲肉，每苞五段牲肉，每苞一車，共有五輛遣車。據此而言，晏子怎麽能算做懂得禮呢。”曾子説：“事情要靈活看待。國家無道，明禮君子就厭惡把禮置辦得豐盛完備。國家風氣奢侈，就要向人們顯示必要的節儉；國家風氣太簡樸，就要向人們教示正規的禮儀。”

　　國昭子之母死，問於子張曰：“葬及墓，男子、婦人安位?”子張曰：“司徒敬子之喪，夫子相，〔一〕男子西鄉，〔二〕婦人東鄉。”曰：“噫!〔三〕毋!”〔四〕曰：“我喪也斯沾。〔五〕爾專之，賓爲賓焉，主爲主焉，婦人從男子皆西鄉。”

【注釋】

〔一〕相：音象。　　　〔二〕鄉：通向。下同。　　　〔三〕噫：音衣。　　〔四〕毋：音無。　　〔五〕沾：音攙，通覘。

【譯解】

　　齊國大夫國昭子的母親死了。國昭子問子張説：“送葬到了墓地，男子、婦女該怎麼個站法？”子張説：“司徒敬子的那次喪事，是我老師贊導禮儀的。到了墓地，讓男子站在東邊，臉朝西；讓婦女站在西邊，臉朝東。”國昭子説：“啊！不！”接着説：“我辦喪事都來觀看呢。你來負責，我要求，凡是賓客都站在西邊，臉朝東；我家主人們都站在東邊，臉朝西，本家婦女就跟從本家男人站一邊，都臉朝西。”

　　穆伯之喪，敬姜晝哭；文伯之喪，晝夜哭。孔子曰：“知禮矣。”

【譯解】

　　魯國貴族穆伯那次喪事，他的妻子敬姜只在白天哭。後來敬姜的兒子文伯死了，她白天夜裏都哭。孔子説：“她算是懂得禮了。”

　　文伯之喪，敬姜據其牀而不哭，曰：“昔者吾有斯子也，吾以將爲賢人也，吾未嘗以就公室。今及其死也，朋友、諸臣未有出涕者，而内人皆行哭失聲。斯子也，必多曠於禮矣夫。”〔一〕

【注釋】

〔一〕夫：音扶。

【譯解】

　　魯國貴族文伯死了，他的母親敬姜依靠着他的牀一時沒哭，說：“以前這孩子活着的時候，我還以爲他將會成爲賢人的，所以我一直沒有去過他的辦公室。現在他死了，朋友和衆臣沒有落淚的，而他的妻妾們倒都痛哭失聲。看來這孩子一定有很多缺禮的地方吧！”

　　季康子之母死，陳褻衣。〔一〕敬姜曰：“婦人不飾不敢見舅姑。將有四方之賓來，褻衣何爲陳於斯？”命徹之。

【注釋】

〔一〕褻：音謝。

【譯解】

　　魯國貴族季康子的母親死了，小斂以前陳列入斂衣物的時候，連內衣都陳列出來了。季康子的堂祖母敬姜説：“平時，婦女不裝飾妥當都不敢見公婆。現在將有四方的賓客前來弔喪，內衣怎麼能陳列在這裏呢？”命令人把內衣撤掉。

　　有子與子游立，見孺子慕者。有子謂子游曰：“予壹不知夫喪之踊也，〔一〕予欲去之久矣。情在於斯，其是也夫！”子游曰：“禮有微情者，有以故興物者。有直情而徑行者，戎狄之道也。禮道則不然。人喜則斯陶，陶斯咏，咏斯猶，〔二〕猶斯舞，舞斯慍，〔三〕慍斯戚，戚斯歎，歎斯辟，〔四〕辟斯踊矣。品節斯，斯謂之禮。人死，斯惡之矣；〔五〕無能也，斯倍之矣。〔六〕是故制絞、衾，〔七〕設蔞、翣，〔八〕爲使人勿惡也。始死，脯醢之奠，〔九〕將行，遣而行之，既葬而食之，〔一〇〕未有見其饗之者也。自上世以來，未之有舍也，〔一一〕爲使人勿倍也。故子之所刺於禮者，亦非禮之訾也。"〔一二〕

【注釋】

〔一〕夫：音扶。下同。　　〔二〕猶：音姚。鄭玄云："猶當爲搖，聲之誤也。"　　〔三〕舞斯慍：陸德明經典釋文謂"舞斯慍"三字爲衍文。　慍：音運。　　〔四〕辟：音必，通擗。
〔五〕惡：音物。下同。　　〔六〕倍：通背。　　〔七〕絞：音蕭。　衾：音琴。　　〔八〕蔞：音柳。　翣：音霎。
〔九〕脯：音府。　醢：音海。　　〔一〇〕食：音寺。
〔一一〕舍：通捨。　　〔一二〕訾：音子。

【譯解】

　　有子和子游一起站在街上，看見個孩子啼哭着尋找父母。有子就跟子游說："我就不理解那喪禮中所規定的跳脚，我打早就想把這種禮規除去了。你看，悲傷的真情就體現在這兒，像這孩子任情的號哭就行了，不需要什麼模式。"子游說："禮中，有憑着儀節制約感情的，有借着外物喚起感情的。放縱感情而舉動粗率的，那是落後民族的表現方式。禮的表現方式就不是這樣。人遇見喜事就高興了，高興起來就歌咏了，歌咏起來就會搖擺身體，搖擺起來就要手舞足蹈了；惱怒起來就會悲戚，悲戚起來就會哀歎，哀歎不足以發泄就會搥胸，搥胸不足以發泄就要頓足跳脚了。把這些變化不定而又有一定聯繫的情感和行動，按品類加以節制，這就叫作禮。人死了，人們就厭惡他了；死人沒有任何能力了，人們就要背棄他了。所以，入斂前製做包裹尸體的束帶和單被，出殯時設置遮蓋靈柩的棺罩和翣扇，爲的是使人不要厭惡死者。還有，剛死的時候，用肉脯、肉醬供奉他；將出殯，又供奉飲食爲他送行；埋葬之後，又回家舉行虞祭來祭祀他。不論葬前在奠中供奉的食品，還是葬後在祭中設置的食品，即使誰也沒有見過死者享用，可是自上古以來從沒有廢止這種禮法的，爲的是使人‘事死如事生’，永遠不背棄他。所以説，你對禮的這種指責，實際上也並不是禮本身的疵病。”

吳侵陳，斬祀殺厲。師還出竟，^{〔一〕}陳大宰嚭使於師，^{〔二〕}夫差謂行人儀曰：^{〔三〕}“是夫也多言，盍嘗問焉。^{〔四〕}師必有名，人之稱斯師也者，則謂之何？”大宰嚭曰：“古之侵伐者，不斬祀，不殺厲，不獲二毛。今斯師也，殺厲與？^{〔五〕}其不謂之殺厲之師與？”曰：“反爾地，^{〔六〕}歸爾子，則謂之何？”曰：“君王討敝邑之罪，又矜而赦之，^{〔七〕}師與有無名乎？”

【注釋】

〔一〕竟：同境。　　〔二〕大：通太。　嚭：音匹。

〔三〕夫：音扶。　差：音插。　　〔四〕盍：音何。

〔五〕與：音余。下同。　　〔六〕反：通返。　　〔七〕矜：音今。

【譯解】

　　吳國入侵陳國，砍伐陳國神社的樹木，殺害陳國患流行性傳染病的人民。吳國軍隊撤出了陳國國境，陳國派太宰嚭作爲使者到了<u>吳</u>軍。吳國國君<u>夫差</u>跟外交官員名叫<u>儀</u>的說：“這個使臣很善於言辭，我們何不考問他一下：一個軍隊打下仗來，必然有一定的名聲，<u>陳</u>國人將怎樣稱呼我們的這個軍隊？”行人<u>儀</u>向太宰<u>嚭</u>提出了這問題。太宰<u>嚭</u>說：“古時候攻打敵國，不砍神社樹木，不殺病人，不俘虜頭髮花白的老人。現在貴國軍隊殺害病人了吧，能不叫做殺害病人的軍隊嗎？”又問：“如果歸還你們的土地，歸還你們被俘的子弟，你們又將怎樣稱呼我們的軍隊呢？”太宰<u>嚭</u>說：“貴國國君討伐有罪的敝國，又憐憫並赦免我們，這樣的軍隊能沒有好的名聲嗎！”

　　<u>顏丁</u>善居喪：始死，皇皇焉如有求而弗得；及殯，望望焉如有從而弗及；既葬，慨焉如不及其反而息。

【譯解】

　　<u>魯</u>國人<u>顏丁</u>辦父母喪事期間，能够很好地流露自己對親人的深情。老人剛死的時候，他惶惶不安，好像有所追求而沒有發現的樣子；停殯在堂的時候，依戀不捨，好像有所追隨而沒有趕上的樣子；埋葬以後，失望疲憊，好像追隨不及無奈返回休息的樣子。

　　<u>子張</u>問曰：“<u>書</u>云：‘<u>高宗</u>三年不言，言乃讙。’〔一〕有諸？”<u>仲尼</u>曰：“胡爲其不然也！古者天子崩，王世子聽於冢宰三年。”〔二〕

【注釋】

〔一〕讙：通歡。　　〔二〕冢：音腫。

【譯解】

　　<u>子張</u>問道：“<u>書經</u>上記載：‘<u>殷高宗</u>爲父親守喪，三年都没有

説話，及至服喪期滿才開始説話，大家都高興了。’真有這事嗎？”<u>仲尼</u>（<u>孔子</u>）説：“怎麼會不是這樣呢！古時天子逝世，太子守喪，聽憑太宰代掌國政三年。”

<u>知悼子</u>卒，〔一〕未葬。<u>平公</u>飲酒，<u>師曠</u>、<u>李調</u>侍，鼓鐘。<u>杜蕢</u>自外來，〔二〕聞鐘聲，曰：“安在？”曰：“在寢。”<u>杜蕢</u>入寢，歷階而升，酌，曰：“<u>曠</u>飲斯。”又酌，曰：“<u>調</u>飲斯。”又酌，堂上北面坐飲之，降，趨而出。<u>平公</u>呼而進之，曰：“<u>蕢</u>！曩者爾心或開予，〔三〕是以不與爾言。爾飲<u>曠</u>何也？”曰：“<u>子卯</u>不樂。<u>知悼子</u>在堂，斯其爲<u>子卯</u>也大矣。<u>曠</u>也，大師也，〔四〕不以詔，是以飲之也。”“爾飲<u>調</u>何也？”曰：“<u>調</u>也，君之褻臣也，爲一飲一食亡君之疾，〔五〕是以飲之也。”“爾飲何也？”曰：“<u>蕢</u>也，宰夫也，非刀匕是共，〔六〕又敢與知防，〔七〕是以飲之也。”<u>平公</u>曰：“寡人亦有過焉，酌而飲寡人。”<u>杜蕢</u>洗而揚觶。〔八〕公謂侍者曰：“如我死，則必無廢斯爵也。”至于今，既畢獻，斯揚觶，謂之杜舉。

【注釋】

〔一〕知：音智。下同。　　〔二〕蕢：音快。　　〔三〕曩：音攘。　　〔四〕大：通太。　　〔五〕亡：通忘。　　〔六〕共：音公，通供。　　〔七〕與：音玉。　　〔八〕觶：音至。

【譯解】

　　晉國的大夫<u>荀盈</u>——<u>知悼子</u>去世了，還沒有下葬，而<u>晉平公</u>就喝起酒來了，<u>師曠</u>、<u>李調</u>陪飲，同時又鼓鐘奏樂。<u>杜蕢</u>從外面回來，聽到了鐘聲，問道：“國君在什麼地方？”宮裏人說：“在正寢。”杜蕢進了寢門，來到堂前，登階而上。杜蕢用酒勺盛了一杯酒，說：“師曠！你把這杯喝了。”又盛了一杯酒，說：“李調！你把這杯喝了。”又盛了一杯酒，在堂上臉朝北坐下自己喝了，然後從西邊台階下來，快步往外走。晋平公喊住他，叫他進來，說：“杜蕢！剛才你或許有心來開導我，所以當時沒跟你說話。你爲什麼讓師曠喝酒呢？”杜蕢說：“殷紂在甲子那天自殺的，夏桀在乙卯那天被流放的，這兩個日子，歷代君王都視爲忌日，不敢奏樂。現在國家大臣知悼子還停靈在堂，這比遇上甲子、乙卯的忌日更爲嚴重。師曠身爲國家主管音樂的大師，而不把這點道理告訴您，所以我罰他飲酒。”晋平公說：“你又爲什麼讓李調喝酒呢？”杜蕢說：“李調是您身邊的近臣，爲了一頓酒飯，就忘了您的過失，所以我也罰他一杯。”晋平公又問：“那你自己爲什麼也喝一杯呢？”杜蕢回答說：“我杜蕢不過是您的主管膳食的宰夫，不在御膳房拿着刀勺努力供職，膽敢擅自參預了防止失誤的職務，所以也罰自己一杯。”晋平公說：“我也有過失，盛酒來，也該罰我一杯。”杜蕢洗過酒杯，盛了酒，走到平公面前，將酒杯高高舉起。晋平公跟侍者說：“如果我死了，以後一定不要廢掉這個酒爵，永以爲戒。”到現在，酒會上最後獻酒，就高舉酒杯，稱作“杜舉”。

公叔文子卒，其子戍請謚於君曰：“日月有時，將葬矣，請所以易其名者。”君曰：“昔者衛國凶饑，夫子爲粥與國之餓者，是不亦惠乎！昔者衛國有難，夫子以其死衛寡人，不亦貞乎！夫子聽衛國之政，脩其班制，以

與四鄰交，衛國之社稷不辱，不亦文乎！故謂夫子貞惠
文子。”

【譯解】

　　衛國的大夫公叔文子去世了，他的兒子成向衛靈公請求賜予
謚號，說：“時間有限，將要出葬了，請求賜個謚號用來代替他的
名字。”衛靈公說：“從前我們衛國遭到嚴重饑荒，夫子做粥給與
國裏挨餓的民衆，那不是很仁惠的嗎！從前衛國有了内亂，夫子
拚死保衛我，這不是很忠貞的嗎！夫子掌管衛國國政，治理整頓
各種制度，用來同四方鄰國交往，使我們國家没有受到侮辱，這
不也是一種文德嗎！所以可以稱呼夫子爲貞惠文子。”

　　石駘仲卒，〔一〕無適子，〔二〕有庶子六人。卜所以爲後
者，曰：“沐浴佩玉則兆。”五人者皆沐浴佩玉。石祁子
曰：“孰有執親之喪而沐浴佩玉者乎？”不沐浴佩玉。石
祁子兆，衛人以龜爲有知也。

【注釋】

〔一〕駘：音台。　　　〔二〕適：通嫡。

【譯解】

　　衛國大夫石駘仲去世，没有嫡子，有庶子六人，只得用龜甲
占卜來決定誰是繼承人。卜人說：“大家沐浴佩玉，龜甲才能顯出
好兆。”有五個人按卜人說的做了。石祁子說：“爲父親服喪，怎
麽能够沐浴佩玉呢！”他就没有沐浴佩玉。結果石祁子却得了好
兆，成爲繼承人，衛國人都以爲龜甲有靈驗。

　　陳子車死於衛，其妻與其家大夫謀以殉葬，定而后

陳子亢至。以告曰："夫子疾，莫養於下，請以殉葬。"
子亢曰："以殉葬，非禮也。雖然，則彼疾當養者孰若妻
與宰？得已，則吾欲已；不得已，則吾欲以二子者之爲
之也。"於是弗果用。

【譯解】

　　齊國大夫陳子車客死在衛國，他的妻子和家宰謀畫用人殉葬，
決定之後，陳子車的弟弟陳子亢到衛國奔喪來了。子車之妻和家
宰就告訴子亢說："夫子有病，沒人在九泉之下奉養照料，請允許
我們用人殉葬。"子亢說："用活人陪葬，是不合禮法的。即使依
你們說的，那麼他的病應當奉養照料的人，誰能比得上他的妻子
和家宰呢？這事能夠作罷，我也願意作罷；不能作罷，那我就打
算用你們二位去陪葬。"結果就沒有用人殉葬。

　　子路曰："傷哉貧也！生無以爲養，死無以爲禮也。"
孔子曰："啜菽飲水盡其歡，〔一〕斯謂之孝。斂手足形，〔二〕
還葬而無椁，〔三〕稱其財，〔四〕斯之謂禮。"

【注釋】

〔一〕啜：音輟。　菽：音叔。　　〔二〕斂手足形：阮元校勘
記云："正義云：'斂其頭首及足，形體不露。'是正義本經文當
作'首'。盧文弨云：'首足見上篇，此疏內亦以頭首爲言，知手
字誤。'"　　〔三〕還：通旋。　　〔四〕稱：音趁。

【譯解】

　　子路說："貧窮真是可悲呀！父母在世，沒有錢財奉養；父母
去世，沒有錢財辦喪禮。"孔子說："吃豆粥，喝清水，而能讓老
人開心，這樣就可以稱作孝了；去世了，衣被能夠遮蓋頭首四肢

形體，入斂後就埋葬，没有外椁，只要辦喪事的花費和自己的財力相稱，這樣就可以稱作禮了。"

衛獻公出奔，反於衛，[一]及郊，將班邑於從者而后入。柳莊曰："如皆守社稷，則孰執羈靮而從?[二]如皆從，則孰守社稷。君反其國而有私也，毋乃不可乎?"弗果班。

【注釋】

〔一〕反：通返。下同。　　〔二〕羈：音機。　靮：音地。

【譯解】

衛獻公逃亡在外，後來終於返回衛國，到了國都郊區，打算先把些小城邑分賞給隨從他逃亡的人，然後再進城。柳莊説："如果都守在國裏，那誰來執着馬籠頭、馬繮繩隨從您逃亡? 如果都跟您走了，那誰又來守衛國家呢? 您剛返回國家就有偏心，恐怕不妥吧?"結果没有頒賞。

衛有大史曰柳莊，[一]寢疾。公曰："若疾革，[二]雖當祭必告。"公再拜稽首請於尸曰：[三]"有臣柳莊也者，非寡人之臣，社稷之臣也。聞之死，請往。"不釋服而往，遂以襚之，[四]與之邑裘氏與縣潘氏，書而納諸棺曰："世世萬子孫無變也。"

【注釋】

〔一〕大：通太。　　〔二〕革：音集，通亟。　　〔三〕稽：音起。　　〔四〕襚：音歲。

【譯解】

衛國有個太史名叫柳莊，臥病在家。衛國國君囑咐他家的人說：“如果他病危，即使在我主持祭禮的時候，也一定要告訴我。”後來柳莊恰巧在國君祭祀時去世了，家人來報國君。衛國國君向充當受祭神靈的人拜了兩拜，磕頭觸地，請求說：“有個臣叫柳莊的，他不是我個人的臣，而是國家社稷的臣。聽說他死了，請允許我離開前往。”國君沒有來得及換下祭服就趨往柳家，脫下祭服贈送死者，備作小斂穿用。又把裘氏邑和潘氏縣封贈給柳莊，將封贈文書放在棺內，文書裏提到：“這項封贈相傳萬世子孫，永不變更。”

　　陳乾昔寢疾，屬其兄弟而命其子尊己曰：〔一〕“如我死，則必大爲我棺，使吾二婢子夾我。”〔二〕陳乾昔死。其子曰：“以殉葬，非禮也，況又同棺乎！”弗果殺。

【注釋】

〔一〕屬：音主，通囑。　　〔二〕婢：音必。

【譯解】

陳乾昔臥病不起，他囑咐他的兄弟，並且命令他的兒子尊己說：“如果我死了，那就一定要給我做個大棺材，讓我的兩個侍妾陪伴我，一邊一個。”陳乾昔死後，他的兒子說：“用活人陪葬，是不合乎禮法的，何況又要裝在一口棺材裏呢！”結果沒有殺害那兩個侍妾。

　　仲遂卒于垂，壬午猶繹，〔一〕萬入，去籥。〔二〕仲尼曰：“非禮也。卿卒不繹。”

【注釋】

〔一〕繹：音益。　　〔二〕籥：音岳。

【譯解】

　　魯國大臣仲遂出使齊國，病死於垂。壬午那天，魯宣公知道了仲遂的死訊，竟仍然舉行繹祭（正祭的明日又祭，旨在以賓禮酬謝正祭中充當受祭者的人），用於宗廟祭祀的舞蹈人員進入廟庭照常進行萬舞，只取消了吹籥的舞蹈而已。孔仲尼說：“這是失禮的。國家大臣去世了，不能還舉行繹祭。”

　　季康子之母死，公輸若方小。斂，般請以機封，〔一〕將從之。公肩假曰：“不可。夫魯有初，〔二〕公室視豐碑，三家視桓楹。〔三〕般！爾以人之母嘗巧，則豈不得以？其毋以嘗巧者乎，則病者乎？噫！”〔四〕弗果從。

【注釋】

〔一〕封：音窆。鄭玄云：“封當為窆。”　　〔二〕夫：音扶。

〔三〕桓：音環。　　〔四〕噫：音衣。

【譯解】

　　魯國貴族季康子的母親死了，當時掌管殯葬的匠師公輸若還年輕，在大斂後停靈期間，公輸若的族人公輸般請求埋葬時用他設計的機械來下棺，主人將要依從他。公肩假說：“不行！下棺方式魯國自有先例：國君下棺比照天子使用的豐碑制度（砍削大木四塊，形如巨碑，立在墓坑中椁的四角，碑中穿孔，安上轆轤，搖繩下棺），仲孫、叔孫、季孫三家大夫比照諸侯使用的桓楹制度（用四根大柱，也安裝轆轤下棺）。公輸般！你用人家的母親試驗你的技巧，難道不幹不行嗎？要是不試驗你的技巧，你就急出毛病來了嗎？嘿嘿！”結果就沒有聽從<u>公輸般</u>的請求。

戰于<u>郎</u>，<u>公叔禺人</u>遇負杖入保者息，〔一〕曰："使之雖病也，任之雖重也，君子不能爲謀也，士弗能死也，不可。我則既言矣。"與其鄰重<u>汪踦</u>往，〔二〕皆死焉。<u>魯</u>人欲勿殤重<u>汪踦</u>，問於<u>仲尼</u>。<u>仲尼</u>曰："能執干戈以衛社稷，雖欲勿殤也，不亦可乎！"

【注釋】

〔一〕禺：音玉。　　〔二〕重：<u>鄭玄</u>云："重當爲童。"下同。踦：音幾。

【譯解】

<u>齊魯</u>兩國軍隊在<u>魯</u>國<u>郎</u>邑交戰，<u>魯國人公叔禺人</u>遇見個人，脖頸後橫着木杖，兩手托扶着，疲憊地走進城堡歇息。<u>公叔禺人</u>慨歎着說："役使人民儘管很苦了，賦斂人民儘管很重了，但是卿大夫不能出謀畫策，士人不能盡忠效死，這可不行啊！話我既然說了，就不能白說。"<u>公叔禺人</u>就和鄰居少年<u>汪踦</u>一起奔赴前綫，都戰死了。<u>魯</u>國人打算不用殤禮而用成人喪禮殯葬少年<u>汪踦</u>，問<u>孔子</u>行不行。<u>孔子</u>說："他既然能夠手執干戈來捍衛國家，你們不用殤禮給他殯葬，不也是應該的嗎！"

<u>子路</u>去<u>魯</u>，謂<u>顏淵</u>曰："何以贈我？"曰："吾聞之也，去國則哭于墓而后行，反其國不哭，〔一〕展墓而入。"謂<u>子路</u>曰："何以處我？"〔二〕<u>子路</u>曰："吾聞之也，過墓則式，過祀則下。"

【注釋】

〔一〕反：通返。　　　〔二〕處：音杵。

【譯解】

子路要離開魯國，跟顏淵説："用什麽話給我贈別？"顏淵說："我聽説過：將離開祖國，須到先人墓地哭別，然後出發；返回本國的時候，就不哭了，省視墓地後再進城。"顏淵跟子路説："你有什麽話留贈給我？"子路説："我聽説過：乘車經過墓地就該憑軾致敬，經過有神位的屋宇就該下車致敬。"

工尹商陽與陳弃疾追吳師，及之。陳弃疾謂工尹商陽曰："王事也，子手弓而可。"手弓。"子射諸"。射之，斃一人，韔弓。〔一〕又及，謂之，又斃二人。每斃一人，揜其目。〔二〕止其御，曰："朝不坐，燕不與，〔三〕殺三人亦足以反命矣。"孔子曰："殺人之中，又有禮焉。"

【注釋】

〔一〕韔：音唱。　　　〔二〕揜：通掩。　　　〔三〕與：音育。

【譯解】

楚國的工尹商陽和車右陳弃疾乘兵車追殺吳國敗兵，追趕上了。陳弃疾跟工尹商陽説："這是國王給的任務，您可以執弓了。"工尹商陽這才執弓。陳弃疾説："您該射箭了。"工尹商陽射了一箭，射死了一個敵兵，就把弓放進了弓囊。車又趕上了敵兵，陳弃疾又催他執弓射箭，他又射殺了兩人。每射殺一人，他都遮住雙眼不忍觀看。他讓駕駛人停止追趕，説："我朝見國王時沒有我的座位，國王舉行宴會時我也不能參加，今天殺了三人，也足以交差了。"孔子説："殺人之中也有禮的因素哩。"

　　諸侯伐秦，曹桓公卒于會。〔一〕諸侯請含，〔二〕使之襲。

【注釋】

〔一〕桓：鄭玄云："桓當作宣，聲之誤也。"　　　〔二〕含：音汗。

【譯解】

　　諸侯聯合討伐秦國，曹宣公死在諸侯相會之後。諸侯請求爲宣公行含禮——口中放玉，而曹國人乘機又讓諸侯爲死者穿衣。按：諸侯請求爲宣公飯含，用心友善；而曹國人讓諸侯爲宣公穿衣，實屬過分，因爲給死者穿衣乃是賤者之事。

　　襄公朝于荊，康王卒，荊人曰："必請襲。"魯人曰："非禮也。"荊人强之。〔一〕巫先拂柩。〔二〕荊人悔之。

【注釋】

〔一〕强：音搶。　　〔二〕拂：音符。　柩：音救。

【譯解】

　　魯襄公訪問楚國，正趕上楚康王去世，楚國人說："務必請您爲我們國君穿衣。"魯襄公的隨從官員說："這是非禮的。"楚國人强迫去做。魯襄公讓男巫走在前面，用桃枝撣拂棺材，表示驅鬼避邪，這用的是君臨臣喪的禮節。楚國人本要貶抑魯君，反而受到了侮辱，十分後悔。

　　滕成公之喪，使子叔敬叔弔，進書，子服惠伯爲介。及郊，爲懿伯之忌不入。惠伯說："政也，不可以叔父之私不將公事。"遂入。

【譯解】

　　滕國的國君滕成公去世，魯國派子叔敬叔作爲使臣去弔唁，

遞交魯君的弔問書，並以子服惠伯爲副使。到達滕國首都近郊的
那天，正好是副使子服惠伯的叔父懿伯的忌日，正使子叔敬叔不
打算就在這天進城。子服惠伯説：“這是政事，不能因叔父忌日的
私情而耽誤公事。”於是一起進城了。

　　哀公使人弔蕢尚，〔一〕遇諸道，辟於路，〔二〕畫宮而受
弔焉。曾子曰：“蕢尚不如杞梁之妻之知禮也。〔三〕齊莊
公襲莒于奪，〔四〕杞梁死焉。其妻迎其柩於路而哭之哀。
莊公使人弔之。對曰：‘君之臣不免於罪，則將肆諸市
朝，而妻妾執。君之臣免於罪，則有先人之敝廬在，君
無所辱命。’”

【注釋】

〔一〕蕢：音塊。　　〔二〕辟：音必，通避。　　〔三〕杞：
音起。　　〔四〕莒：音舉。

【譯解】

　　魯哀公派人去弔問死了老人的蕢尚，使者和出葬的柩車路上
相遇。蕢尚避開道路，在路邊地裏畫個寢宮示意圖，靈柩和賓主
各就其位，然後接受弔問。曾子聽説這事之後，評論道：“蕢尚還
不如杞梁之妻懂得禮呢？齊莊公派兵從小路偷襲莒國，齊人杞梁
戰死了。他的妻子在路上迎接丈夫靈柩，哭得很悲哀。齊莊公派
人弔問她。她回答説：‘國君的臣子杞梁如果死得有罪，就該在集
市、官府前陳尸示衆，拘捕他的妻妾。如果國君的臣子無罪而犧
牲，那麼，我們還有所先人留下的破宅子，可以接待使者，不能
在這裏屈辱國君的使命。’”

　　孺子䵗之喪，〔一〕哀公欲設撥，問於有若。有若曰：
“其可也。君之三臣猶設之。”顏柳曰：“天子龍輴而椁
幬，〔二〕諸侯輴而設幬，爲榆沈，故設撥。三臣者廢輴而設
撥，竊禮之不中者也，〔三〕而君何學焉。”

【注釋】

〔一〕䵗：音吞。　　〔二〕輴：音春。　椁：音果。　幬：音道。
〔三〕中：音仲。

【譯解】

　　魯哀公爲他的小兒子䵗辦喪事，打算爲靈車安排撥撬器械，
詢問有若是不是合適。有若説：“可以吧！國君的仲孫、叔孫、季
孫三家大臣還都置辦了呢。”顏柳説：“天子停柩在堂，載在車轅
上畫龍的輴車上，外積椁木，並加帷帳；諸侯也用輴車，再遮上
帷帳。因爲輴車是榆木做的，本身就沉，所載棺木又重，運轉較
難，所以須準備撥撬器械，必要時撥撬車輪，幫助起動行進。三
家大臣不敢用沉重的輴車，卻置備了撥撬器械，這是偷用天子、
諸侯的禮制而又沒有做得合適。國君何必學他們呢！”

　　悼公之母死，哀公爲之齊衰。〔一〕有若曰：“爲妾齊衰，
禮與？”〔二〕公曰：“吾得已乎哉！魯人以妻我。”

【注釋】

〔一〕齊：音資。　衰：音崔。　　〔二〕與：音余。

【譯解】

　　魯悼公的母親本是魯哀公的愛妾，她死了，魯哀公竟爲她穿
上齊衰即生粗麻布做的喪服。喪服規定，大夫、諸侯、天子爲死
去的妾，都不該穿任何等次的喪服。今天魯哀公竟爲死妾穿了相

當重的喪服，所以有若問他：“爲亡妾穿齊衰，這合乎禮規嗎?”魯哀公尷尬地説：“我這是不得已呀！魯國人都認爲她是我的妻子哩。”

季子皐葬其妻，[一]犯人之禾。申祥以告，曰：“請庚之。”子皐曰：“孟氏不以是罪予，朋友不以是棄予，以吾爲邑長於斯也。買道而葬，後難繼也。”

【注釋】

〔一〕皐：音高。

【譯解】

魯國季子皐埋葬他的妻子，踩壞了別人的莊稼。後來申祥把情況告訴了季子皐，還説：“請您賠償人家的損失。”季子皐説：“我的主子孟氏不爲這事怪罪我，朋友們也不爲這事抛棄我，就因爲我是這個城邑的邑長。要是花錢買路去出葬，恐怕以後當邑長的很難繼續照辦呢!”按：季子皐恃寵害民，還妄加辯解。

仕而未有禄者，君有饋焉曰獻，使焉曰寡君。違而君薨，弗爲服也。

【譯解】

士人爲國家工作而沒有正式俸禄的，國君有什麼饋贈，就像對待賓客一樣，稱作獻；送東西來的使者致辭時稱自己國君爲寡君。這種士人如果離開了這個國家，後來得到這國的國君去世的消息，也無須爲之穿什麼喪服。

虞而立尸，有几筵。

【譯解】

葬後回家舉行安魂祭，開始選立充當死者代之享祭的人，虞祭中安設几案和竹席，供死者神靈來憑依就位。

卒哭而諱，生事畢而鬼事始已。既卒哭，宰夫執木鐸以命于宮曰：〔一〕"舍故而諱新。"〔二〕自寢門至于庫門。

【注釋】

〔一〕鐸：音奪。　　〔二〕舍：通捨。

【譯解】

國君安葬，舉行卒哭祭以後，開始避稱死者之名，因爲對待死者用生人之禮已告結束，開始用鬼神之禮對待他了。卒哭祭後，掌管喪事戒令的宰夫手搖木舌銅鈴在宮中高喊："取消舊的忌諱，開始新的忌諱。"從寢門一直喊到大門。按：故諱單指死者之高祖的名諱，新諱指死者的名諱。

二名不偏諱。〔一〕夫子之母名徵在，言在不稱徵，言徵不稱在。

【注釋】

〔一〕二名不偏諱：毛居正云："'偏'本作'徧'，與'遍'同。作'偏'誤。"

【譯解】

死者之名如果是兩個字組成的，不必同時都避開。比如孔夫子的母親叫徵在，孔子說話當中，說"在"就別說"徵"，說"徵"就別說"在"，諱一個字就行了。

軍有憂，則素服哭於庫門之外，赴車不載橐韔。[一]

【注釋】

〔一〕橐：音高。　韔：音唱。

【譯解】

軍隊被敵人打敗，國君就該率領羣臣頭戴素冠，身穿素衣，到宮門之外痛哭。從戰場回來報信的車上，戰士都身披鎧甲，手執弓箭，表示將繼續戰鬥，而不能將鎧甲放進皮囊、弓箭放進皮袋。

有焚其先人之室，則三日哭。故曰：“新宮火，亦三日哭。”

【譯解】

如果宗廟失火，就要痛哭三天，哀傷祖宗的神靈失去依託。所以春秋上説：“新建立的宗廟發生了火灾，國君哭了三天。”

孔子過泰山側，有婦人哭於墓者而哀。夫子式而聽之，使子貢問之曰：[一]“子之哭也，壹似重有憂者。”而曰：“然。昔者吾舅死於虎，吾夫又死焉，今吾子又死焉。”夫子曰：“何爲不去也？”曰：“無苛政。”夫子曰：“小子識之，[二]苛政猛于虎也。”

【注釋】

〔一〕子貢：俗本作“子路”，誤。　　〔二〕識：音志。

【譯解】

孔子乘車經過泰山旁邊，有個婦女在墓地哭得很傷心，孔子手憑車軾聆聽，派<u>子貢</u>前去問她，說：“您的哭聲很像有特別深重的悲痛。”她說：“是的。從前我的公公死於虎口，我的丈夫也死於虎口，現在我的兒子也是這樣死的。”<u>孔子</u>說：“那你爲什麼不離開這地方呢？”她說：“這地方没有煩苛的稅收和差派呀！”<u>孔夫子</u>對<u>子貢</u>等人說道：“孩子們記住，煩苛的稅收和差派比老虎還凶猛哩！”

　　<u>魯</u>人有<u>周豐</u>也者，<u>哀公</u>執摯請見之，^{〔一〕}而曰不可。公曰：“我其已夫。”^{〔二〕}使人問焉，曰：“<u>有虞氏</u>未施信於民，而民信之；<u>夏后氏</u>未施敬於民，而民敬之。何施而得斯於民也？”對曰：“墟墓之間，未施哀於民而民哀；社稷宗廟之中，未施敬於民而民敬。<u>殷</u>人作誓而民始畔，^{〔三〕}<u>周</u>人作會而民始疑。苟無禮義、忠信、誠愨之心以涖之，^{〔四〕}雖固結之，民其不解乎！”

【注釋】

〔一〕摯：通贄。　　〔二〕夫：音扶。　　〔三〕畔：通叛。

〔四〕愨：音確。　涖：音立。

【譯解】

　　<u>魯國</u>有位叫<u>周豐</u>的賢人，<u>魯哀公</u>要拿着見面禮請和他相見，<u>周豐</u>說這可不行。<u>魯哀公</u>說：“那我就不去了。”就派人去向他請教，問道：“<u>虞代</u>國君没有對人民施行什麼信任國君的教育，而人民却信任他；<u>夏代</u>國君没有對人民施行什麼敬重國君的教育，而人民却敬重他。請問他們靠什麼法子這麼得民心呢？”<u>周豐</u>回答說：“身處廢墟或墓地之間，不用教人民悲哀，而人民就自然而然地產生了悲哀的心情；身在神社或宗廟之中，不用教人民莊敬，

而人民就自然而然地表現了莊敬的態度。<u>殷代</u>國君總誘迫人發誓宣誓，而人民才開始背叛誓言；<u>周代</u>國君總召集人聚會開會，而人民才開始起了疑心。如果國君不用禮義、忠信、摯誠的心對待人民，即使用種種手段極力地維繫人民，籠絡人民，民心難道就不瓦解了嗎！"

喪不慮居，毀不危身。喪不慮居，爲無廟也。毀不危身，爲無後也。

【譯解】

爲父母辦喪事期間，不要考慮自己居處的安適；老人家去世，做兒子的自當悲痛消瘦，但不要因過度而嚴重危害身體健康。辦喪事不考慮自己居處的安適，是因爲去世老人家的神主還没有進入家廟呢。悲痛消瘦而不要危及生命，是因爲自身是父母的遺體，如果因哀致死，就斷絶了後代。

<u>延陵季子</u>適<u>齊</u>，於其反也，〔一〕其長子死，葬於<u>嬴</u>、<u>博</u>之間。<u>孔子</u>曰："<u>延陵季子</u>，<u>吳</u>之習於禮者也。"往而觀其葬焉。其坎深不至於泉，其斂以時服。既葬而封，廣輪揜坎，〔二〕其高可隱也。〔三〕既封，左袒，右還其封且號者三，〔四〕曰："骨肉歸復于土，命也。若魂氣則無不之也，無不之也。"而遂行。<u>孔子</u>曰："<u>延陵季子</u>之於禮也，其合矣乎！"

【注釋】

〔一〕反：通返。　　〔二〕揜：通掩。　　〔三〕隱：音印。

〔四〕還：音旋。　號：音毫。

【譯解】

　　吳國公子延陵季子到齊國訪問，在他回國的路途上，他的長子死了，埋葬在齊國的嬴邑和博邑之間。孔子説："延陵季子是吳國精習禮的人。"於是前往參觀他主持的葬禮。那墓穴的深度還没有挖到見水的地方。入斂時給死者穿的就是平時穿用的衣服。埋葬後做了個墳頭，長度寬度正好掩住坑口，高度可用手扶着。墳頭做好了，延陵季子袒露左臂，右旋即逆時針方向圍繞墳頭走了三圈，並且哭喊了三次，説："骨肉又回歸土中，這是命啊！你的靈魂却無所不往啊！無所不往啊！"説完就走了。孔子説："延陵季子在特殊情況下所實行的喪禮，是很合乎禮意的。"

　　邾婁考公之喪，〔一〕徐君使容居來弔、含，〔二〕曰："寡君使容居坐含，進侯玉，其使容居以含。"有司曰："諸侯之來辱敝邑者，易則易，于則于，易于雜者，未之有也。"容居對曰："容居聞之，事君不敢忘其君，亦不敢遺其祖。昔我先君駒王西討，濟於河，無所不用斯言也。容居，魯人也，不敢忘其祖。"

【注釋】

〔一〕邾婁考公：鄭玄云："考或爲定。"顧炎武謂作"定"爲是。

〔二〕含：音汗。

【譯解】

　　邾婁國國君邾婁考公去世了，妄自尊大自稱爲王的徐國國君派大夫容居作爲使臣前來弔唁，並要對考公行含禮，説："敝國國王派我容居前來坐行含禮，帶來了你們諸侯該用的玉，請讓我容居給他含放。"<u>容居</u>作爲一個諸侯的使臣，竟然要求給<u>邾婁國</u>君實行含禮，故意以卑臨尊，<u>邾婁國</u>自然不能同意，所以<u>邾婁國</u>的負責官員説："凡外國人屈駕前來敝國的，派使臣來弔唁的，我們就相應地採用待臣的簡易禮節；諸侯親來弔唁的，我們就相應地採用待君的隆重禮節。而臣禮君禮攙雜進行的，我們可没有做過。"<u>容居</u>傲慢地回答説："我聽説，臣服事君就處處不敢忘記君，子孫事祖就時時不敢遺棄先祖。從前我們先君<u>駒王</u>往西征討，渡過了<u>黄河</u>，對待諸侯一向是用王者身份説話辦事的。我<u>容居</u>，雖然是個粗魯人，也不敢忘掉祖宗説話辦事的規矩。"

<u>子思之母死於衛</u>，赴于<u>子思</u>，<u>子思</u>哭於廟。門人至，曰："<u>庶氏之母死</u>，何爲哭於<u>孔氏之廟</u>乎？"<u>子思</u>曰："吾過矣！吾過矣！"遂哭於他室。

【譯解】

　　<u>子思</u>的改嫁的母親死在<u>衛國</u>了，有人來向<u>子思</u>報喪，<u>子思</u>就到家廟裏去哭她。<u>子思</u>的門徒來了，説："<u>庶氏</u>家中死了母親，您爲什麽在<u>孔氏</u>家廟裏哭呢？"<u>子思</u>説："我錯了！我錯了！"於是就到别的房子裏哭去了。

　　天子崩三日，祝先服；五日，官長服；七日，國中男女服；三月，天下服。虞人致百祀之木可以爲棺椁者斬之。不至者，廢其祀，刎其人。

【譯解】

　　天子去世三天後，掌管含斂的神職官員——祝，先穿上喪服；過五天，國家各級官員穿上喪服；過七天，王畿即王城周圍千里地區的男女民衆都穿上喪服；過三個月，天下諸侯及其卿大夫都穿上喪服。王家掌管山林水澤的官員負責羅致王畿內各地神社的優良樹木，認爲可以做天子棺椁的樹木就砍倒備用。有合乎標準的木材而不肯送來的，一經發覺，就把當地神社廢掉，並斬殺有關官員。

　　齊大饑，黔敖爲食於路，[一]以待餓者而食之。[二]有餓者蒙袂輯屨，[三]貿貿然來。黔敖左奉食，右執飲，曰：“嗟來食！”[四]揚其目而視之，曰：“予唯不食嗟來之食，以至於斯也。”從而謝焉。終不食而死。曾子聞之，曰：“微與！其嗟也可去，其謝也可食。”[五]

【注釋】

〔一〕黔：音前。　　〔二〕食：音寺。　　〔三〕袂：音妹。
輯：音集。　屨：音巨。　　〔四〕嗟：音撅。　　〔五〕與：音余。

【譯解】

　　齊國發生了嚴重的饑荒，黔敖在路邊準備了飲食，等待饑民經過分給他們吃。有位饑民衣袖遮面，趿拉着鞋，無精打彩地走了過來。黔敖左手拿着吃的，右手拿着喝的，説：“嘿咧吃吧！”那位饑民抬起眼皮看着他説：“我就是不吃‘嘿咧’這種口氣的飯，才淪落到這種地步。”黔敖隨在他身後，連聲道歉，他還是不吃，後來終於餓死了。曾子聽説此事後，就説：“這就不對了吧！他口氣不好，自然可以走開；人家道歉了，也就可以吃了。”

　　邾婁定公之時，有弑其父者，有司以告。公瞿然失席，[一]曰：“是寡人之罪也。”曰：“寡人嘗學斷斯獄矣：

臣弑君，凡在官者殺無赦。子弑父，凡在宮者殺無赦。
殺其人，壞其室，洿其宮而豬焉。〔二〕蓋君踰月而后舉爵。”

【注釋】

〔一〕瞿：音巨。　　〔二〕洿：音屋。　豬：通瀦，音朱。

【譯解】

　　邾婁定公在位的時候，有個人殺死了自己的父親，負責刑事
案件的官員向定公做了報告，定公驚得瞪大雙眼，在席上也坐不
住了，説：“没把人民教育好，這是我的罪過呀！”接着又説：
“我曾經學過判决這種惡性案件：做臣的殺了國君，凡在官府的人
員都可以殺掉他，决不輕饒。做兒子的殺了父親，凡在其住宅區
的人都可以殺掉他，决不輕饒。要殺掉凶手，拆掉他的住房，把
房基庭院挖成池子，灌上水。國君過一個月才能舉杯飲酒。”

　　晋獻文子成室，晋大夫發焉。張老曰：“美哉輪焉！
美哉奐焉！〔一〕歌於斯，哭於斯，聚國族於斯。”文子曰：
“武也得歌於斯，哭於斯，聚國族於斯，是全要領以從先
大夫於九京也。”〔二〕北面再拜稽首。君子謂之善頌善禱。

【注釋】

〔一〕奐：音换。　　〔二〕要：腰的本字。　九京：鄭玄云：
“晋卿大夫之墓地在九原。‘京’蓋字之誤，當爲‘原’。”

【譯解】

　　晋國貴族獻文子——趙武的新住宅落成，晋國的大夫們都出
發前去祝賀。大夫張老致辭説：“規模輪廓是多麽壯麗呀！色彩裝
飾是多麽漂亮啊！以後主人就永遠在這裏生活啦！祭祀登歌在這
裏，居喪哭泣在這裏，賓客宗族的聚會也在這裏。”獻文子説：

“我趙武能够長期的在這裏祭祀登歌，居喪哭泣，宴享賓客宗族，這就表明我將能够保全首領、善始善終，來跟從先人同葬在九原。”然後他面朝北再拜叩頭，表示接受張老的祝願。知禮君子認爲這是良好的祝願，良好的祈禱。

　　仲尼之畜狗死，〔一〕使子貢埋之，曰：吾聞之也，敝帷不棄，爲埋馬也；〔二〕敝蓋不棄，爲埋狗也。丘也貧，無蓋，於其封也，〔三〕亦予之席，毋使其首陷焉。”路馬死，埋之以帷。

【注釋】

〔一〕畜：音旭。　　　〔二〕爲：音魏。下同。　　　〔三〕封：音貶。鄭玄云：“封當爲窆。”

【譯解】

　　仲尼畜養的狗死了，讓子貢去埋，説：“我聽説過，破舊的帷幕不要扔掉，爲了可以用來埋馬；破舊的車蓋也不要扔掉，爲了可以用來埋狗。我孔丘很窮，没有車蓋。把這狗放進坑裏的時候，也得給它一張席子，別讓它的腦袋直接埋在土裏。”給國君駕車的馬死了，要用帷幕包裹妥當再埋。

　　季孫之母死，哀公弔焉。曾子與子貢弔焉，闇人爲君在，〔一〕弗内也。〔二〕曾子與子貢入於其厩而脩容焉。〔三〕子貢先入，闇人曰：“鄉者已告矣。”〔四〕曾子後入，闇人辟之。〔五〕涉内霤，〔六〕卿大夫皆辟位，公降一等而揖之。君子言之曰：“盡飾之道，斯其行者遠矣。”

【注釋】

〔一〕閽：音昏。　爲：音魏。　　〔二〕内：納的本字。

〔三〕厩：音救。　　〔四〕鄉：音象，通嚮。　　〔五〕辟：
音必，通避。下同。　　〔六〕霤：音六，通溜。

【譯解】

　　魯國貴族季孫的母親死了，魯哀公前去弔唁。曾子和子貢也
去弔喪，守門人因爲國君在裏面，沒有讓他們進去。曾子和子貢
就到季孫家的養馬房裏去修飾整頓一番儀容。子貢先往裏進，守
門人說："剛才已經通報了。"曾子跟隨進去，守門人讓開了。走
到寢門門廉内檐之下，卿大夫們見二位來了，都略離原位，哀公
從堂上降下東階一級，向二人作揖行禮。明禮君子說："看來盡心
修飾儀表的做法，這是可以行之久遠的啦！"

　　陽門之介夫死，司城子罕入而哭之哀。晉人之覘宋
者反報於晉侯曰：〔一〕"陽門之介夫死，而子罕哭之哀，而
民說，〔二〕殆不可伐也。"孔子聞之曰："善哉覘國乎！詩
云：'凡民有喪，扶服救之。'〔三〕雖微晉而已，天下其孰
能當之。"

【注釋】

〔一〕覘：音攙。　反：通返。　　〔二〕說：音月，通悅。

〔三〕扶服：同匍匐。扶：音僕。

【譯解】

　　宋國陽門的一位披甲的衛士死了，宋國執政官司城子罕進入
他家，哭得很悲傷。晉國派到宋國刺探情報的人回去報告晉侯說：
"宋國陽門有個甲士死了，執政官子罕哭得很傷心，人民感悅，看

來，大概現在還不能攻打宋國。"孔子聞知此事，就說："這個刺探情報的人，真善於觀察對方國情啊！詩經谷風篇上說：'凡是鄉親遇到了死喪，我都竭盡全力地幫忙。'不僅僅是晉國，天下還有誰能和上下團結一致的宋國爲仇作對呢！"

魯莊公之喪，既葬，而絰不入庫門。士大夫既卒哭，麻不入。

【譯解】

魯莊公的那次喪事，由於國家政治局面異常，入葬較晚，下葬之後，幼主閔公就除掉喪服，連首絰都没戴，腰絰都没束，就進入宮門了。而士大夫們在卒哭祭之後，進入公門時，也不再用首絰、腰絰了。

孔子之故人曰原壤，其母死，夫子助之沐椁。[一]原壤登木曰："久矣予之不託於音也。"歌曰："貍首之班然，[二]執女手之卷然。"[三]夫子爲弗聞也者而過之。從者曰："子未可以已乎？"夫子曰："丘聞之，親者毋失其爲親也，故者毋失其爲故也。"

【注釋】

〔一〕椁：音果。　　〔二〕貍：音梨。　班：通斑。

〔三〕女：通汝。　卷：音權，通婘。

【譯解】

孔子的老朋友原壤，他母親死了，孔子幫助他整治椁材。原壤敲打着木頭説："我很久没有把我的情意寄託在歌聲裏了。"於是唱道："椁材像貍首，像貍首一樣的斑斕；握着你的手，你的手是那樣的柔輭。"孔夫子走過他身旁，好像没聽見的樣子。孔子的隨從者見原壤居喪唱歌，又跟孔子調笑，就説："您還不跟他斷絶來往嗎？"孔子説："我聽説，親人就不要失掉親人的親情，老朋友就不要失掉老朋友的友誼。"

　　趙文子與叔譽觀乎九原。文子曰："死者如可作也，吾誰與歸？"叔譽曰："其陽處父乎？"〔一〕文子曰："行幷植於晋國，〔二〕不没其身，〔三〕其知不足稱也。"〔四〕"其舅犯乎？"文子曰："見利不顧其君，其仁不足稱也。我則隨武子乎！利其君，不忘其身；謀其身，不遺其友。"晋人謂文子知人。文子其中退然如不勝衣，〔五〕其言呐呐然如不出諸其口。〔六〕所舉於晋國管庫之士七十有餘家，生不交利，死不屬其子焉。〔七〕

【注釋】

〔一〕父：音府。下同。　　〔二〕幷植：吴幼清云："國語作'廉直'。"王念孫云："蓋'廉'字古通作'兼'，'兼''幷'字相近，因誤而爲'幷'。'直''植'亦古字通。"　　〔三〕没：音末。　　〔四〕知：同智。　　〔五〕勝：音升。
〔六〕呐：音納，同訥。　　〔七〕屬：音主，通囑。

【譯解】

　　晋國趙文子和叔譽在晋國貴族的墓地九原觀覽。趙文子説："死者如果可以復活，你看誰值得我親附、歸往呢？"叔譽説："大概是陽處父吧？"趙文子説："他在晋國，行爲廉直剛愎，執政未終其身，便被人所殺，他的智慧實在不值得稱道。"叔譽説：
"那大概是舅犯了吧?"趙文子説："舅犯看見利益就不顧君主，
他在仁德方面實在不值得稱道。我還是效法隨武子吧！他爲國君
謀利的同時也不忘自身的利益，爲自身謀利的同時又能不抛開朋
友。"晉國人認爲趙文子能了解人。趙文子爲人，身體柔弱好像承
受不住衣服的分量，説話結巴遲鈍好像説不出口來；他先後推舉
了七十幾人爲晉國管理府庫，他生前既跟這些人沒有錢財交往，
臨死也不把兒子託咐給他們關照。

　　叔仲皮學子柳。〔一〕叔仲皮死，其妻魯人也，衣衰而繆
絰。〔二〕叔仲衍以告，請繐衰而環絰。〔三〕曰："昔者吾喪姑
姊妹亦如斯，末吾禁也。"退使其妻繐衰而環絰。

【注釋】

〔一〕學：音笑，同斆。　　〔二〕衣：音咨。鄭玄云："衣當爲
齋，壞字也。"　衰：音崔。下同。　繆：音糾。　絰：音蝶。
〔三〕繐：音歲。

【譯解】

　　魯國人叔仲皮教子柳學業。叔仲皮去世了，子柳的妻子是個實
心眼的人，她就爲丈夫的老師穿上了生粗麻布喪服而頭纏絞麻絰，
腰束絞麻帶。叔仲皮的弟弟叔仲衍知道了，就跟子柳説，你妻子爲
家兄所穿喪服太重了，請改爲疏細的加工較精的麻衣喪服而加單股
環絰就行了，並且説："以前我爲死去的姑、姊、妹們就穿這樣的
喪服，也沒人禁止我。"子柳回家就讓妻子改穿繐衰而環絰了。

　　成人有其兄死，而不爲衰者，〔一〕聞子皋將爲成宰，〔二〕

遂爲衰。成人曰："蠶則績而蟹有匡,〔三〕范則冠而蟬有
緌,〔四〕兄則死而子皋爲之衰。"

【注釋】

〔一〕衰：音崔。下同。　　　〔二〕皋：音高。　　　〔三〕匡：
同筐。　　〔四〕緌：音蕤。

【譯解】

　　魯國成邑有個人，哥哥死了，他不肯依禮穿齊衰喪服，聽説
子皋要來當邑長，怕挨罰，就穿上了齊衰。成邑人針對此事編了
一首歌謡："春蠶吐絲做繭，螃蠏準備了筐；蜂子頂着帽子，而蟬
的帽帶挺長；你的哥哥死了，縣太爺服了周年之喪。"

　　樂正子春之母死,〔一〕五日而不食，曰："吾悔之。自
吾母而不得吾情，吾惡乎用吾情。"〔二〕

【注釋】

〔一〕樂：音岳。　　　〔二〕惡：音烏。

【譯解】

　　魯國人樂正子春的母親死了，樂正子春强制自己連續五天没
有吃東西。禮中規定孝子三天不吃東西。孝子不該矯情踰禮。後
來他説："我很後悔。連我母親都不能得到我的真情，我還能向誰
表達我的真情呢！"

　　歲旱，穆公召縣子而問然,〔一〕曰："天久不雨，吾欲
暴尪而奚若?"〔二〕曰："天久不雨而暴人之疾子，虐，毋
乃不可與!"〔三〕"然則吾欲暴巫而奚若?"曰："天則不雨

而望之愚婦人，於以求之，毋乃已疏乎！”　“徙市則奚
若？”曰：“天子崩，巷市七日；諸侯薨，〔四〕巷市三日。
爲之徙市，〔五〕不亦可乎！”

【注釋】

〔一〕縣：音玄。　　〔二〕暴：曝的本字，音舖。下同。　尪：
音汪。　〔三〕與：音余。　　〔四〕薨：音轟。
〔五〕爲：音魏。

【譯解】

　　遇上了乾旱年頭，魯穆公把縣子請來詢問，說：“天好久沒下
雨了，我打算把那些仰面不能俯身的病人放在太陽地裏曬曬，你
看怎麽樣？”縣子說：“天久不雨而要暴曬殘疾病人，太殘酷了，
恐怕不可以吧！”魯穆公又說：“那麽，我打算把巫婆們請出來曬
曬，你看怎麽樣？”縣子說道：“天不下雨，而寄希望這些愚昧婦
女，曬她們來求雨，豈不太違情悖理了嗎！”魯穆公說：“那麽把
大集市遷徙一下如何？”縣子說：“天子逝世，罷大市，改在小巷
裏交易七天；諸侯去世，罷大市，改在小巷裏交易三天。爲了求
雨而遷徙大市，不也是可以的嘛！”

　　孔子曰：“衛人之祔也，〔一〕離之；魯人之祔也，合之，
善夫！”〔二〕

【注釋】

〔一〕祔：音父。　　〔二〕夫：音扶。

【譯解】

　　孔子說：“衛國人的合葬方式，是分爲兩個墓坑並排安葬；魯國
人的合葬方式，是兩個棺材同葬在一個墓坑裏。還是魯國的方式好。”

王制第五

王者之制禄爵，公、侯、伯、子、男，凡五等。諸侯之上大夫卿、下大夫、上士、中士、下士，凡五等。

【譯解】

王者制定俸禄爵位，分爲公侯伯子男，一共五等。諸侯國裏也分上大夫即卿、下大夫、上士、中士、下士，一共五等。

天子之田方千里，公侯田方百里，伯七十里，子男五十里。不能五十里者，不合於天子，附於諸侯，曰附庸。天子之三公之田視公侯，天子之卿視伯，天子之大夫視子男，天子之元士視附庸。

【譯解】

天子田地爲一千方里，公爵、侯爵的田地都是一百方里，伯爵的田地是七十方里，子爵、男爵的田地都是五十方里。土地不足五十方里的小國，就不屬天子直接統轄，而附屬於鄰近諸侯，稱作附庸。天子之三公的田地數量比照公爵、侯爵，天子之卿的田地數量比照伯爵，天子之大夫的田地數量比照子爵、男爵，天子之元士的田地數量比照附庸。

　　制：農田百畝。百畝之分，[一]上農夫食九人，[二]其次食八人，其次食七人，其次食六人，下農夫食五人。庶人在官者，其禄以是爲差也。[三]

【注釋】

〔一〕分：音奮。　　　〔二〕食：音嗣。下同。　　　〔三〕差：音插。

【譯解】

　　國家規定，一百畝農田爲一使用單位。根據各個單位的肥瘠程度，分爲五等：上等田的農夫能够養活九人，二等田養活八人，三等田養活七人，四等田養活六人，最下等的爲五等田，能養活五人。凡是一般民衆在官府中從事公務的，他們的禄米收入的等級差别，就比照這五個等次田地的收入。

　　諸侯之下士視上農夫，禄足以代其耕也。中士倍下士，上士倍中士，下大夫倍上士，卿四大夫禄，君十卿禄。次國之卿三大夫禄，君十卿禄。小國之卿倍大夫禄，君十卿禄。

【譯解】

　　大國諸侯之下士的俸禄，相當於耕種一百畝上等田的農夫的收入，亦即能够養活九人的俸禄，這項俸禄是可以代替他耕種收入的。中士的俸禄比下士多一倍，上士的俸禄又比中士多一倍，大夫的俸禄又比上士多一倍，卿的俸禄相當於四個大夫的俸禄，大國國君的俸禄相當於十個卿的俸禄。次國諸侯之卿的俸禄相當於三個大夫的俸禄，次國國君的俸禄相當於十個卿的俸禄。小國諸侯之卿的俸禄比大夫多一倍，小國國君的俸禄相當於十個卿的俸禄。

次國之上卿位當大國之中，中當其下，下當其上大夫。小國之上卿位當大國之下卿，中當其上大夫，下當其下大夫。其有中士、下士者，數各居其上之三分。

【譯解】

次國上卿的地位相當於大國的中卿，次國中卿的地位相當於大國的下卿，次國下卿的地位相當於大國的上大夫。小國上卿的地位相當於大國的下卿，小國中卿的地位相當於大國的上大夫，小國下卿的地位相當於大國的下大夫。次國、小國有中士、下士的，其地位、俸數各居其上國同級稱的三分之幾。如次國之中士相當於大國之下士，次國之下士相當於大國的不命之士；小國的上士相當於大國的下士、次國的中士，小國的中士相當於大國的不命之士、次國的下士，小國的下士相當於次國的不命之士。

凡四海之内九州，州方千里。州建百里之國三十，七十里之國六十，五十里之國百有二十，凡二百一十國。名山大澤不以封，其餘以爲附庸、閒田。[一]八州，州二百一十國。天子之縣内，方百里之國九，七十里之國二十有一，五十里之國六十有三，凡九十三國。名山大澤不

以朌,[二]其餘以禄士,以爲閒田。凡九州,千七百七十三國。天子之元士、諸侯之附庸不與。[三]

【注釋】

〔一〕閒:通閑。　　　〔二〕朌:通頒。　　　〔三〕與:音育。

【譯解】

　　四海之内共分九個州,每州一千方里。其中八個州,每個州内,用分封的方式,建立百方里之國三十個,七十方里之國六十個,五十方里之國一百二十個,一共有二百一十國。州中著名的大山大水不封給諸侯,分封餘下來的土地作爲附庸和閒田。八個州,每個州都建立二百一十個國家。另外一個州,就是天子的直轄州——王畿,其中大部分土地用來分封公卿大夫,建立一百方里之國九個,七十方里之國二十一個,五十方里之國六十三個,一共九十三國。著名的大山大水也不分封,分封剩餘的土地就作爲士人俸禄的禄田,或閒置備用。九州總共一千七百七十三個國家,而天子的元士、諸侯的附庸還不在其數。

　　天子百里之内以共官,[一]千里之内以爲御。

【注釋】

〔一〕共:音工,通供。

【譯解】

　　天子首都周圍百里之内的田賦收入用來供給官府辦公用費,千里之内的田賦收入用作天子宮中的日常費用。

　　千里之外設方伯。五國以爲屬,屬有長。十國以爲連,連有帥。三十國以爲卒,卒有正。二百一十國以爲州，州有伯。八州，八伯，五十六正，百六十八帥，三百三十六長。八伯各以其屬屬於天子之老二人，分天下以爲左右，曰二伯。

【譯解】

在王畿千里之外的八州，每州設置方伯一人。其自下而上的組織形式是：五國爲一屬，每屬有屬長；十國爲一連，每連有連帥；三十國爲一卒，每卒有卒正；二百一十國爲一州，每州有位方伯。八個州共有八位方伯，五十六位卒正，一百六十八位連帥，三百三十六位屬長。八位方伯各自以其統屬的各級組織，分別隸屬於天子之老二人，分天下爲左右兩部，所謂天子之老二人，就是左右二伯。

千里之内曰甸，〔一〕千里之外曰采，曰流。

【注釋】

〔一〕甸：音店。

【譯解】

天子直轄的千里之内的地區叫作甸；千里之外的地區，近的叫采，遠的叫流。

天子三公，九卿，二十七大夫，八十一元士。大國三卿，皆命於天子，下大夫五人，上士二十七人。次國三卿，二卿命於天子，一卿命於其君，下大夫五人，上士二十七人。小國二卿，皆命於其君，下大夫五人，上士二十七人。

【譯解】

　　天子的主要官員是：三公、九卿、二十七大夫、八十一元士。其他八州內的諸侯：大國有卿三人，都是天子任命的，有下大夫五人，上士二十七人。次國也有三卿，其中兩位是天子任命的，一位是本國國君任命的，也有下大夫五人，上士二十七人。小國有卿二人，都是本國國君任命的，也有下大夫五人，上士二十七人。

　　天子使其大夫爲三監，〔一〕監於方伯之國，〔二〕國三人。

【注釋】

〔一〕監：音建。　　　〔二〕監：音肩。

【譯解】

　　天子派他的大夫做三監，監察各個方伯的國家，每個方伯國派去三位大夫，所以叫三監。

　　天子之縣內諸侯，祿也；外諸侯，嗣也。

【譯解】

　　天子王畿以內的諸侯，享用所分田地的租稅，作爲俸祿，而土地所有權屬於天子。天子王畿以外的諸侯，既享用所封田地的租稅，而土地的所有權也屬於自己，可以傳給後嗣。

　　制：三公一命卷，〔一〕若有加，則賜也，不過九命；次國之君不過七命，小國之君不過五命。大國之卿不過三命，下卿再命；小國之卿與下大夫一命。

【注释】

〔一〕卷：音滾，通衮。

【譯解】

　　天子規定的爵位分九個等級，最低的是一命，最高的是九命。天子的三公已經是八命了，再加一命就是九命了，九命就可穿最高一級的命服——衮服了，對他再有所加，只能算賞賜，不能算正式的“命”了，因爲不能超過九命。大國的國君不能超過九命，次國的國君不能超過七命，小國的國君不能超過五命。大國的上卿不能超過三命，下卿不能超過二命。小國的卿和下大夫都是一命。

　　凡官民材，必先論之，論辨然後使之，任事然後爵之，位定然後禄之。

【譯解】

　　凡是任命人材，一定要先考查他的人品才能，考查清楚了然後交給他工作，工作稱職然後正式授以官爵，爵位定了然後才給相應的俸禄。

　　爵人於朝，〔一〕與士共之；刑人於市，與衆棄之。是故公家不畜刑人，〔二〕大夫弗養，士遇之塗，〔三〕弗與言也。屏之四方，〔四〕唯其所之，不及以政，亦弗故生也。〔五〕

【注释】

〔一〕朝：音潮。　　〔二〕畜：音旭。　　〔三〕塗：通途。
〔四〕屏：音丙。　　〔五〕故：<u>王念孫</u>云：“故當爲欲。<u>正義</u>解經曰‘不欲使生’，是其證。”

【譯解】

任命賢能人什麼官爵要在朝廷裏宣佈，讓政府大小官員們都知道。處決罪人要在集市上執行，與民衆一起抛棄他。所以公卿家不留養受過刑罰的人，大夫也不收養他們，士人在道路上遇見這類人不跟他們說話。國家把這類人流放到遠方，流放到他們該去的地方，剥奪他們的義務和權利，也就是不希望他們活下去。

諸侯之於天子也，比年一小聘，三年一大聘，五年一朝。

【譯解】

各地諸侯對於天子，每年要派大夫作爲使臣，去天子京城進行一次規模較小的聘問，每三年派卿爲使臣，去天子京城進行一次規模較大的聘問，每五年諸侯親自去朝見天子。

天子五年一巡守。歲二月，東巡守，至于岱宗，柴而望祀山川，覲諸侯，〔一〕問百年者就見之。命大師陳詩，〔二〕以觀民風；命市納賈，〔三〕以觀民之所好惡，〔四〕志淫好辟；〔五〕命典禮考時月，定日同律，禮樂、制度、衣服正之。山川神祇有不舉者爲不敬，〔六〕不敬者君削以地；〔七〕宗廟有不順者爲不孝，不孝者君絀以爵；〔八〕變禮易樂者爲不從，〔九〕不從者君流；革制度衣服者爲畔，〔一〇〕畔者君討；有功德於民者，加地進律。五月，南巡守，至于南嶽，〔一一〕如東巡守之禮。八月，西巡守，至于西嶽，如南巡守之禮。十有一月，北巡守，至于北嶽，如西巡守之禮。歸假于祖禰，〔一二〕用特。

【注釋】

〔一〕覲：音近。　　〔二〕大：通太。　　〔三〕賈：音嫁，同價。　　〔四〕好：音浩。　惡：音物。　　〔五〕好：音浩。　辟：音闢，通僻。　　〔六〕祇：音奇。　　〔七〕削：音靴。　　〔八〕紃：音處。　　〔九〕樂：音岳。〔一〇〕畔：通叛。　　〔一一〕嶽：音岳。　　〔一二〕假：音革，通格。　禰：音你。

【譯解】

　　天子每五年外出一次，巡察各地諸侯的職守。那年二月出發，往東方巡守，到達東嶽泰山，在山上焚柴祭天，報告前來巡守，同時遙祭當地名山大川。召見東方諸侯，詢問百歲老人而親去禮見。命令掌管音樂的太師展示當地民歌民謠，來考察民風；命令掌管市場的官員進納當地物價記錄，來考察人民喜好什麼，討厭什麼，他們的消費心理是否過於奢侈或崇尚怪僻。命令主管禮制官員考定當地的四季、月份、日辰，統一探測節氣的律管，禮樂、制度、衣服等等方面如有乖誤，都一一加以糾正。對於當地重要的山川神靈，所在國有未曾按時舉行供奉祭祀的，就是不敬，不敬的國君就要削減他的封地。當地各國諸侯的宗廟，有對先人輩分排列謬誤、左右位次不順的，就是不孝，不孝的國君就要降低或罷去他的爵位。改變禮儀、更換樂章的，就是不服從，不服從的國君就要把他流放。制度和衣服體現着貴賤尊卑的等級差別，變革制度和衣服的，就是背叛，背叛的國君就該受到討伐。對人民有功德的大小諸侯，就加封土地，進升爵位。同年五月，往南方巡守，巡守到南嶽，種種做爲和在東方巡守一樣。同年八月，往西方巡守，巡守到西嶽，種種做爲和在南方巡守一樣。同年十一月，往北方巡守，巡守到北嶽，種種做爲和在西方巡守一樣。巡守歸來，殺一頭牛來祭祖廟、父廟，稟告巡守歸來。

天子將出，類乎上帝，宜乎社，造乎禰。諸侯將出，宜乎社，造乎禰。

【譯解】

天子將要出巡，先要告祭上天，告祭地神，告祭祖廟。諸侯將要出巡，先要告祭地神，告祭宗廟。按：類、宜、造都是祭名。諸侯爲天子之臣，無權祭天。

天子無事與諸侯相見，曰朝。考禮、正刑、一德，以尊於天子。天子賜諸侯樂，〔一〕則以柷將之；〔二〕賜伯子男樂，則以鼗將之。〔三〕諸侯賜弓矢，然後征；賜鈇鉞，〔四〕然後殺；賜圭瓚，〔五〕然後爲鬯。〔六〕未賜圭瓚，則資鬯於天子。天子命之教，然後爲學。小學在公宮南之左，大學在郊。天子曰辟廱，〔七〕諸侯曰頖宮。〔八〕

【注釋】

〔一〕樂：音岳。下同。　　〔二〕柷：音祝。　　〔三〕鼗：音桃。　　〔四〕鈇：同斧。　鉞：音越。　　〔五〕圭：音規。　瓚：音贊。　　〔六〕鬯：音暢。　　〔七〕辟：音必。廱：音雍。　　〔八〕頖：音判，同泮。

【譯解】

天子沒有戰爭、祭祀、死喪等大事，而與諸侯相見，稱作朝。

諸侯相互考察禮儀，正定刑法，專一道德，借以尊崇天子。天子賞賜公爵或侯爵諸侯整套樂器，使者把整套樂器擺放諸侯所住館舍庭中，唯手執方桶形的打擊樂器——柷升堂，傳致天子命令，然後將柷遞交諸侯，表示全套樂器的賜贈。天子賞賜伯爵、子爵或男爵諸侯成套樂器，使者就手執用以止樂的手搖小鼓，升堂致命。諸侯得到了天子特賜的弓矢，表明獲得了代表天子討伐叛逆的權力，然後才能出兵征討。諸侯得到了天子特賜的斧鉞，表明獲得了處決罪魁的權力，然後才能誅殺。諸侯得到了天子特賜的玉製酒爵——圭瓚，表明獲得了獨立的主祭權力，然後才能以鬱金香合黍米釀造香酒。諸侯未蒙賞賜圭瓚，需用鬯酒時，必向天子求取。天子命令諸侯興辦教育，然後諸侯才得建立學校。小學設在國君宮城南方左側，大學設在近郊。天子的大學稱作辟廱，諸侯的大學稱作頖宮。

天子將出征，類乎上帝，宜乎社，造乎禰，禡於所征之地，〔一〕受命於祖，受成於學。出征執有罪，反，〔二〕釋奠于學，以訊馘告。〔三〕

【注釋】

〔一〕禡：音罵。　　〔二〕反：通返。　　〔三〕馘：音國。

【譯解】

天子將要出征，先要祭告上帝、社神、宗廟。軍隊開赴到所征的地方，舉行戰前祭祀戰神——禡祭。出征前，到祖廟祭告，通過占卜，獲得先人的准許，又到大學商定作戰計劃。出征作戰，俘獲罪犯回國，先到大學裏奠放芹藻、幣帛之類來禮敬先師，報告俘虜和殲敵概況。

天子諸侯無事，則歲三田：一爲乾豆，二爲賓客，三爲充君之庖。[一]無事而不田曰不敬，田不以禮曰暴天物。天子不合圍，諸侯不掩羣。天子殺則下大綏，[二]諸侯殺則下小綏，大夫殺則止佐車。佐車止則百姓田獵。獺祭魚，[三]然後虞人入澤梁；豺祭獸，然後田獵；鳩化爲鷹，然後設罻羅；[四]草木零落，然後入山林。昆蟲未蟄，[五]不以火田。不麛，[六]不卵，不殺胎，不殀夭，[七]不覆巢。

【注釋】

〔一〕庖：音袍。　　〔二〕綏：鄭玄云："綏當爲緌。"音蕤。下同。　　〔三〕獺：音塔。　　〔四〕罻：音魏。

〔五〕蟄：音折。　　〔六〕麛：音迷。　　〔七〕殀：音腰。

【譯解】

天子諸侯沒有戰爭、死喪大事，就要每年春秋冬三季打獵三次。獵取的飛禽走獸有三種用途：一是把完整野牲晾成乾肉，以備祭祀時盛在放乾肉的器皿裏；二是用來宴請賓客；三是充實國君的御廚，供國君日常食用。沒有什麼特殊大事而不進行田獵，那就是不敬。打獵不按照一定禮規，那就是暴殄天物。天子打獵不要四面合圍打盡所有野獸，應該讓出一面，使能逃的逃走。諸侯打獵也不能整羣的掩殺。天子射殺了野獸，車上人就要放下指麾大旗；諸侯射殺了野獸，車上人就要放下指麾小旗。天子或諸侯終止了捕殺，大夫們才接着獵取。大夫們終止了捕殺，就命令驅趕追捕的佐車停止活動。佐車都停止了，百姓們才能行獵。打獵、取材要順應自然界的變化。正月裏，水獺捕魚陳列水邊，好像在祭祀，這時候，國家掌管山澤田獵的官員才可以進入水域河

梁來捕魚；九月裏，犲狗捕殺他獸以備冬季食用，陳列四周，好
像在祭祀，這時候，人們才可以進行秋獵。八月裏，鳩化爲鷹的
時候，然後人們才可以設下羅網捉鳥。草木凋零飄落的時候，然
後人們才可以進入山林砍伐樹木。昆蟲尚未蟄居地下，就不能放
火田獵。打獵時，不要捕殺幼獸，不要探取鳥蛋，不要殺害懷胎
的母獸，不要殺害剛出生的小鳥獸，不要拆毀鳥窩。

　　冢宰制國用，必於歲之杪。[一]五穀皆入，然後制國
用。用地小大，視年之豐耗，以三十年之通制國用，量
入以爲出。[二]祭用數之仂。[三]喪三年不祭，唯祭天地社
稷，爲越紼而行事。[四]喪用三年之仂。喪祭，用不足曰
暴，有餘曰浩。祭，豐年不奢，凶年不儉。國無九年之
蓄曰不足，無六年之蓄曰急，無三年之蓄曰國非其國也。
三年耕必有一年之食，九年耕必有三年之食。以三十年
之通，雖有凶旱水溢，民無菜色，然後天子食日舉
以樂。[五]

【注釋】

〔一〕杪：音秒。　　〔二〕量：音亮。　　〔三〕仂：音勒。
下同。　　〔四〕紼：音福。　　〔五〕樂：音岳。

【譯解】

　　總理國政的冢宰，制定國家開支費用，一定要在年終那段時
間來做。農作物都已收入國庫，然後才能制定下一年度的國家費
用。制定國用要看國土的大小，年成的豐歉，要根據三十年收入
的平均數來制定國用，要酌量今年的總收入安排明年的總支出。

一年中祭祀的費用佔一年總費用的十分之一。國君遇到須持服三年的父母之喪，一般是不親祭外神的，唯有祭天、祭地、祭社稷不受喪事限制，要親自去主祭，這叫做越過棺繩行祭事。治喪費用佔三年總費用的十分之一。治喪和祭祀，費用不足稱作"暴"，費用剩餘稱作"浩"。國家的各種祭祀，要做到豐年不奢侈浪費，歉年不粗略簡陋。一個國家沒有九年的物資儲備，就可以稱作財政不足；沒有六年的物資儲備，就可以稱作財政緊急；如果連三年的物資儲備都沒有，那就不成其爲國家了。三年耕種，除去食用，一定要有一年食用的積蓄；九年耕種，除去食用，一定要有三年食用的積蓄。用三十年的平均收入數來節制開支，即使遇到嚴重的旱澇年頭，人民也不會面有菜色。這樣，天子用飯也可以安心每日殺牲盛宴，並奏樂助興了。

天子七日而殯，七月而葬；諸侯五日而殯，五月而葬；大夫、士、庶人三日而殯，三月而葬。三年之喪，自天子達。庶人縣封，〔一〕葬不爲雨止，〔二〕不封不樹。〔三〕喪不貳事，自天子達於庶人。喪從死者，祭從生者。支子不祭。

【注釋】

〔一〕縣：音玄，懸的本字。　封：音貶。鄭玄云："封當爲窆。"

〔二〕爲：音魏。　〔三〕封：音風。

【譯解】

天子死後七天，才大殮入棺，停柩在堂，過七個月才出殯送葬。諸侯死後五天，才大殮入棺，停柩在堂，過五個月才出殯送葬。大夫、士和一般民衆死了，三日入棺停靈，三月出殯入葬。

爲父母服喪三年，從天子到民衆都是一樣的。民衆下葬，手執繩索下棺入坑，送葬不因爲下雨而停止，埋葬之後不堆墳頭，也不種樹。服喪期間，專心守孝，不做別的事，從天子到一般民衆都是一樣的。喪禮的規格要依從死者的身份地位，祭禮的規格要依從主祭者的身份地位。除嫡長子外，不論嫡出、庶出，都算支子，支子是不能主持祭祀的。

天子七廟，三昭三穆，與大祖之廟而七。〔一〕諸侯五廟，二昭二穆，與大祖之廟而五。大夫三廟，一昭一穆，與大祖之廟而三。士一廟。庶人祭於寢。

【注釋】

〔一〕大：通太。下同。

【譯解】

天子的宗廟總保持七座，左邊三座昭廟，廟主遞隔一輩，右邊三座穆廟，廟主遞隔一輩，連同中央的太祖廟一共七座。諸侯的宗廟總保持五座，兩座昭廟，兩座穆廟，連同中央的太祖廟一共五座。大夫的宗廟總保持三座，一座昭廟，一座穆廟，連同太祖廟一共三座。士只有一廟。一般民衆家中無廟，祭祀就在寢室中舉行。

天子諸侯宗廟之祭，春曰礿，〔一〕夏曰禘，〔二〕秋曰嘗，冬曰烝。〔三〕

【注釋】

〔一〕礿：音要，同禴。　　〔二〕禘：音帝。

〔三〕烝：音争。

【譯解】

　　天子、諸侯宗廟裏舉行四時之祭：春季的祭祀稱爲礿，夏季的祭祀稱爲禘，秋季的祭祀稱爲嘗，冬季的祭祀稱爲烝。

　　天子祭天地，諸侯祭社稷，大夫祭五祀。天子祭天下名山大川，五嶽視三公，四瀆視諸侯。[一]諸侯祭名山大川之在其地者。天子、諸侯祭因國之在其地而無主後者。

【注釋】

〔一〕瀆：音讀。

【譯解】

　　天子祭天、祭地，諸侯祭社神、穀神，大夫祭五祀：户神、竈神、中霤神、門神、行神。天子祭祀天下著名的大山大水、祭祀嵩山、泰山、華山、衡山、恒山五嶽的禮儀規模，跟宴饗三公的禮數相近；祭祀江、河、淮、濟四瀆的禮儀規模，跟宴饗諸侯的禮數相近。諸侯祭祀在其國境裏的著名的大山大水。天子、諸侯祭祀國境内已經滅絶無後的古國之始祖。

　　天子犆礿，[一]祫禘，[二]祫嘗，祫烝。諸侯礿則不禘，禘則不嘗，嘗則不烝，烝則不礿。諸侯礿犆，禘一犆一祫，嘗祫，烝祫。

【注釋】

〔一〕犆：同特。　　〔二〕祫：音洽，又音匣。

【譯解】

　　天子礿祭是各廟分别而祭，而禘祭、嘗祭、烝祭都是把各廟廟主牌位聚集在太祖廟裏合祭。諸侯每年在宗廟中舉行了礿祭就

不再舉行禘祭，舉行了禘祭就不舉行嘗祭，舉行了嘗祭就不舉行
烝祭，舉行了烝祭明年就不再舉行礿祭。諸侯的礿祭是各廟分別
單祭；禘祭是今年若各廟分別單祭，明年就集中各廟廟主於太祖
廟一起合祭；而嘗祭和烝祭都是合祭。

　　天子社稷皆大牢，[一]諸侯社稷皆少牢。[二]大夫、士宗
廟之祭，有田則祭，無田則薦。庶人春薦韭，夏薦麥，
秋薦黍，冬薦稻。韭以卵，麥以魚，黍以豚，[三]稻以鴈。
祭天地之牛角繭栗，宗廟之牛角握，賓客之牛角尺。諸
侯無故不殺牛，大夫無故不殺羊，士無故不殺犬豕，[四]庶
人無故不食珍。庶羞不踰牲，燕衣不踰祭服，寢不踰廟。

【注釋】

〔一〕大：通太。　　〔二〕少：音紹。　　〔三〕豚：音屯。
〔四〕豕：音史。

【譯解】

　　天子祭祀社神、穀神都用牛羊豬三牲，諸侯祭祀社神、穀神
都用羊豬二牲。大夫、士祭祀家廟，有田地的才能舉行祭祀，沒
有田地的舉行薦禮，即擺下酒食供奉。一般民衆供奉先人，春季
薦獻韭菜，夏季薦獻新麥飯，秋季薦獻新黍米飯，冬季薦獻新稻
米飯。薦韭菜要配上蛋，薦麥飯要配上魚，薦黍米飯要配上小豬，
薦稻米飯要配上鵝。天子祭天地的牛，要用剛長角的，角小得像
蠶繭、栗子；祭宗廟的牛，要用牛角才夠一把長的；宴饗貴賓的
牛，用牛角一尺來長的：禮越隆重牛越小，這是根據以小爲貴的
禮規行事的。諸侯沒有祭祀或宴饗的事是不宰牛的，大夫沒有祭
祀或宴饗的事是不宰羊的，士沒有祭祀或宴饗的事是不宰狗殺豬

的，一般民衆没有薦獻先人的事是不吃比較珍貴食物的。人們爲了敬祖，平常吃的菜肴不要超過祭祀用牲，平常穿的衣服不要超過祭祀時穿的禮服，自己居住的寢室不要超過先人的宗廟。

古者，公田藉而不稅,〔一〕市廛而不稅,〔二〕關譏而不征，林麓川澤以時入而不禁,〔三〕夫圭田無征，用民之力，歲不過三日，田里不粥,〔四〕墓地不請。

【注釋】

〔一〕藉：音吉。　　〔二〕廛：音蟬。　　〔三〕麓：音路。

〔四〕粥：音育，同鬻。

【譯解】

古時候，公家的田地讓私人幫助耕種耪收，不再向私人收繳田稅；集市上，公家只收店舖的房租，不另徵收商業稅；大小關口，公家只是盤問可疑的過境行人，檢查違禁之物，而不徵收關稅；森林山麓，河流湖泊，只要按照規定季節，便可進入伐木捕魚，公家並不阻攔；卿、大夫、士的供祭祀用的田地，不徵收田稅；公家徵用民衆勞力，每人一年不超過三天；公家分配給人民的田地住宅，不得擅相買賣；人們死喪，埋葬在公家規定地區，私人不得另外請求墓地。

司空執度度地,〔一〕居民山川沮澤,〔二〕時四時，量地遠近,〔三〕興事任力。凡使民，任老者之事，食壯者之食。

【注釋】

〔一〕執度度地：上度音杜，下度音奪。　　〔二〕沮：音巨。

〔三〕量：音良。

【譯解】

　　國家掌管興建、製造的官員——司空手執測量用具測量土地，考慮如何安置人民在山河湖澤的有利地帶，測定其地的四季氣候，酌量各個居民點距離遠近，興辦土木工程，合理任用民力。凡役使民衆，派活兒要照老年人的體力對待，吃飯要按强壯人的食量供給。

　　凡居民材，必因天地寒煖燥濕。廣谷大川異制，民生其間者異俗，剛柔、輕重、遲速異齊，[一]五味異和，器械異制，衣服異宜。脩其教，不易其俗；齊其政，不易其宜。

【注釋】

〔一〕齊：音計。

【譯解】

　　凡是安置人民居處的物質材料，必須依據當地受天氣、地勢影響而形成的温度和濕度。廣闊山谷地區與長大河水流域的居室制度是彼此不同的，人民生長地區不同因而風俗也不一樣，剛柔、輕重、遲速的性格脾氣不一樣，五味的嗜好上不一樣，器械的形制不一樣，衣服的材料、樣式也不一樣。國家對廣大人民，要實施禮義教育，但不要改變當地的風俗；劃一政令刑法，但不要去掉當地的方便。

　　中國戎夷五方之民，皆有性也，不可推移。東方曰夷，被髮文身，[一]有不火食者矣。南方曰蠻，雕題交趾，有不火食者矣。西方曰戎，被髮衣皮，[二]有不粒食者矣。

北方曰狄，衣羽毛穴居，有不粒食者矣。中國、夷、蠻、
戎、狄，皆有安居、和味、宜服、利用、備器。五方之
民，言語不通，嗜欲不同。達其志，通其欲，東方曰寄，
南方曰象，西方曰狄鞮，〔三〕北方曰譯。

【注釋】

〔一〕被：音劈，通披。下同。　　〔二〕衣：動詞，音益。下
同。　　〔三〕鞮：音低。

【譯解】

　　中原加上四面邊遠地區，五方的人民都各有自己的習性，不
可以轉變。東方的民族稱爲夷，披散着頭髮，身上刺着花繡，其
中就有不吃熟食的人。南方的民族稱爲蠻，額頭上刻着花紋，兩
足脚趾相向，其中也有不吃熟食的人。西方的民族稱爲戎，披散
着頭髮，身上穿着獸皮，其中有不以五穀爲食的人。北方的民族
稱爲狄，用鳥羽羊毛做衣穿，挖地穴居住，其中也有不以五穀爲
食的人。中原、夷、蠻、戎、狄五方的人民，他們都各有自己的
安適的住處，和美的口味，適宜的服裝，方便的生活用品，完備
的器具。五方的人民，言語文字不通，嗜好欲望不同，要彼此表
達心意，互相交流願望，這就需要各種翻譯了。這種人，東方稱
之爲寄，南方稱之爲象，西方稱之爲狄鞮，北方稱之爲譯。

　　凡居民，量地以制邑，〔一〕度地以居民，〔二〕地、邑、民
居，必參相得也。無曠土，無游民，食節事時，民咸安
其居，樂事勸功，〔三〕尊君親上，然後興學。

【注釋】

〔一〕量：音良。　　〔二〕度：音奪。　　〔三〕樂：音勒。

【譯解】

凡安置人民，要測量土地形勢來興建城邑，估計地方大小來適當安置人民。地形的廣狹，城邑的大小，民居的多少，三者要通盤考慮，配置得當。做到沒有曠廢的土地，沒有失業的人民，省吃儉用，勞動及時。人民都安居樂業，勤奮工作，尊崇君主，愛戴官長，然後興辦學校。

司徒脩六禮以節民性，明七教以興民德，齊八政以防淫，一道德以同俗，養耆曰老以致孝，〔一〕恤孤獨以逮不足，〔二〕上賢以崇德，簡不肖以絀惡。〔三〕

【注釋】

〔一〕耆：音其。 〔二〕恤：音旭，同卹。 逮：音代。

〔三〕肖：音笑。 絀：音處，通黜。

【譯解】

國家掌管民政、教化的官員——司徒，治理冠、婚、喪、祭、鄉飲、相見等六禮借以調節人民的性情，闡明父子、兄弟、夫婦、君臣、長幼、朋友、賓客等七教借以興起人民的道德觀念，整齊飲食、衣服、事爲、異別、度、量、數、制等八政用來防止僭越，劃一道德規範用以端正風俗，敬養老人從而誘導人民的孝心，憐恤孤兒、鰥寡以使國家恩惠普及到生活弱者，尊重賢人借以樹立敬德心理，檢舉壞人借以清除世間罪惡。

命鄉簡不帥教者以告，耆老皆朝于庠，〔一〕元日，習射上功，習鄉上齒，大司徒帥國之俊士與執事焉。〔二〕不變，命國之右鄉簡不帥教者移之左，命國之左鄉簡不帥教者移之右，如初禮。不變，移之郊，如初禮。不變，移之遂，〔三〕如初禮。不變，屏之遠方，〔四〕終身不齒。

【注釋】

〔一〕朝：音潮。　庠：音祥。　　〔二〕與：音育。

〔三〕遂：音歲。　　〔四〕屏：音丙。

【譯解】

　　司徒命令京都各鄉官長檢舉不遵循政教的來報告。選定一個好日子，鄉中有德望的老人也來聚集鄉校，演習鄉射禮和鄉飲酒禮，射禮重視成績，鄉飲尊崇年齡，屆時，大司徒率領國學中的優異學生來參加演習，並示範給不帥教者。經過這樣教育，如果那些不帥教者還有不轉變的，司徒就命令京都的右鄉挑出不帥教者遷移到左鄉，左鄉挑出不帥教者遷移到右鄉，讓他們彼此換換環境，到時再像當初那樣舉行鄉射禮和鄉飲酒禮。經過再次教育，還有不轉變的，就把他們遷移到鄉外的郊區，仍然進行“習射上功習鄉上齒”的教育。如果還有不轉變的，就將之遷往更遠的遂區，進行教育如初。再有個別人仍無轉變，那就表明不可救藥了，只好把他放逐到遙遠的地方，永不錄用了。

　　命鄉論秀士，升之司徒，曰選士。司徒論選士之秀者而升之學，曰俊士。升於司徒者不征於鄉，升於學者不征於司徒，曰造士。樂正崇四術，〔一〕立四教，順先王詩書禮樂以造士，春秋教以禮樂，冬夏教以詩書。王大子，〔二〕王子，羣后之大子，卿、大夫、元士之適子，〔三〕國之俊選，皆造焉。凡入學以齒。

【注釋】

〔一〕樂：音岳。下同。　　　〔二〕大：通太。下同。

〔三〕卿大夫：<u>王念孫</u>云：“‘卿’上當有‘公’字。<u>白虎通義辟雍</u>引<u>王制</u>此文即有‘公’字。”　適：音笛，通嫡。

【譯解】

　　司徒命令各鄉官長評比優秀士人，推薦給司徒，稱作“選士”。司徒評比選士的優秀者而升入國學，稱作“俊士”。選士可以免除鄉裏的徭役，俊士可以免除司徒官府的徭役，選士、俊士都可以稱作有造詣的士人。主管國學學政的長官——樂正尊崇詩書禮樂四種學術，而相應地設立了四項課程，依靠着這些先王傳留的詩書禮樂來造就人才。春秋兩季教給學士禮樂，冬夏兩季教給學士詩書。國王的太子、王子，各國國君的太子，公卿、大夫、元士的嫡子，以及國中最優異的士人——俊士都來到國學進修。凡進入國學的學生，不論身份尊卑，一律以年齡長幼爲序。

　　將出學，小胥、大胥、小樂正簡不帥教者，〔一〕以告于大樂正，〔二〕大樂正以告于王，王命三公、九卿、大夫、元士皆入學。不變，王親視學。不變，王三日不舉，屏之遠方，〔三〕西方曰棘，〔四〕東方曰寄，終身不齒。

【注釋】

〔一〕胥：音須。　　〔二〕大：通太。　　〔三〕屏：音丙。

〔四〕棘：音伯。<u>鄭玄</u>云：“棘當爲僰。”

【譯解】

　　將要畢業離校的時候，教官小胥、教務主任大胥、副校長小樂正檢出不遵循教導的學生，把情況報告校長太樂正，太樂正報告國王。國王命令三公、九卿、大夫、元士們都進入國學，示範性地學習禮樂，借以感化不帥教者。如果還有人沒有轉變，國王就親自視察國學，進行督導。經過這次督導，如果仍然有個別人頑固不化，國王心情沉重，接連三天用飯都不舉樂，下令把不帥教者流放遠方，像西方叫棘、東方叫寄的地區，永不錄用。

大樂正論造士之秀者以告于王，而升諸司馬，曰進士。司馬辨論官材，論進士之賢者以告于王，而定其論。論定然後官之，任官然後爵之，位定然後祿之。

【譯解】

負責國學學政的太樂正，評比鑑定造就成材的學士，把尤爲優秀者稟告國王，而推舉給掌管軍政的長官——司馬，這種優秀學士稱爲進士。司馬分別考評進士們的做官才能，考評進士中尤爲優異的人才，一併報告給國王，從而確定其考評。考評確定了，然後委任官務；任官稱職了，然後授以品位；品位確定了，然後發給相應的俸祿。

大夫廢其事，終身不仕，死以士禮葬之。

【譯解】

大夫敗壞了他負責的公務，就終身不再任用，死後按士禮規格埋葬。

有發，則命大司徒教士以車甲。

【譯解】

國家有了戰事，需要徵發士兵，就命令大司徒訓練士人駕兵車、穿盔甲如何作戰。

凡執技論力，適四方，羸股肱，〔一〕決射御。凡執技以事上者，祝、史、射、御、醫、卜及百工。凡執技以事上者，不貳事，不移官，出鄉不與士齒；仕於家者，出鄉不與士齒。

【注釋】

〔一〕羸：同裸。　肱：音公。

【譯解】

凡靠技藝、憑勇力的人，去四方各處，裸露大腿胳膊，來射箭駕車，決定勝負。凡是憑着技藝事奉君上的有這些人：祝（作辭以事神者）、史（管文書記録者）、射手、駕駛手、醫士、卜人以及各種工匠。凡是憑着技藝事奉君上的人，不能兼做他事，不能改行，離開本鄉本土就不能跟士人論輩分、長幼。給大夫做家臣的，離開本鄉本土也不能跟士人論長幼、輩分。

司寇正刑明辟，〔一〕以聽獄訟，必三刺。有旨無簡，不聽。附從輕，赦從重。凡制五刑，必即天論，〔二〕郵罰麗於事。凡聽五刑之訟，必原父子之親，立君臣之義以權之；意論輕重之序，慎測淺深之量以別之；悉其聰明，致其忠愛以盡之。疑獄，氾與衆共之。〔三〕衆疑，赦之。必察小大之比以成之。

【注釋】

〔一〕辟：音必。　〔二〕論：通倫。　〔三〕氾：音範。

【譯解】

　　國家掌管刑法的長官——司寇，審正刑書明辨罪法來受理訴訟案件，一定要經過三番審訊。似有犯罪意圖而查無實狀的，就不受理。罪可輕可重的，一定要附入處罰較輕的律文來判罪。罪當赦免的，一定要就其所判的重罪而赦免。凡決斷墨、劓、剕、宮、死刑五等輕重不同的刑罰，一定要根據客觀理由來論處，責罰要符合犯罪事實。凡聽理五等刑罰的案件，必須體諒父子的親情，確立君臣的道義，來加以權衡；用心考慮情節輕重的層次，慎重探測罪行深淺的程度，來加以區別；充分運用自己的聰明智慧，極力發揮自己的忠恕仁愛，來盡心案情。可疑的案件，就廣泛地聽取羣衆的意見，如果衆人懷疑罪行的成立，那就予以赦免。凡是罪無可疑的，一定要查清罪行大小，比附有關律文來定案。

　　成獄辭，史以獄成告於正，正聽之。正以獄成告於大司寇，大司寇聽之棘木之下。〔一〕大司寇以獄之成告於王，王命三公參聽之。三公以獄之成告於王，王三又，〔二〕然後制刑。凡作刑罰，輕無赦。刑者侀也，〔三〕侀者成也，一成而不可變，故君子盡心焉。

【注釋】

〔一〕棘：音吉。　　〔二〕又：鄭玄云：“又當作宥。”

〔三〕侀：通形。

【譯解】

　　擬定了判決辭，作爲書記官員的史，將判決書送呈地方司法長官——正，正加以審定，然後就將判決書送呈大司寇，大司寇受理於種有酸棗樹的外朝。大司寇將判決書送呈給國王，國王又命三公與司寇以及正共同會審。之後，三公又將判決書回呈給國王。國王命有關官員是否可以從無知、偶然過失、精神異常三個方面考慮予以寬宥減免。重加審理，然後確定刑罰。確定後，凡動用刑罰，即使是輕刑，也不能赦免。刑字有形的意思，形有成的意思，一經形成，就不可改變。唯其如此，所以明達事理的君子在審理案件的時候，特別盡心。

析言破律，亂名改作，執左道以亂政，殺。作淫聲、異服、奇技、奇器以疑衆，殺。行僞而堅，言僞而辯，學非而博，順非而澤以疑衆，殺。假於鬼神、時日、卜筮以疑衆，殺。此四誅者，不以聽。凡執禁以齊衆，不赦過。

【譯解】

凡是割裂文字，曲解法律，變亂舊名，更造法度，操持邪道來擾亂國政者，殺。凡製作淫聲浪調、奇裝異服、稀奇技藝、怪異器械來蠱惑民衆者，殺。凡行爲詭詐而堅定不移，言論虛僞而辭理雄辯，學非正學而廣博多知，順從惡事而曲加粉飾，用以蠱惑民衆者，殺。凡假託鬼神利害、時日禍福、卜筮吉凶來蠱惑民衆者，殺。觸犯這四類誅罰的人，都無須詳加審理。凡執行禁令，旨在統一衆心，犯者必究，雖屬過失，亦不寬赦。

有圭璧金璋不粥於市，[一]命服、命車不粥於市，宗廟之器不粥於市，犧牲不粥於市，戎器不粥於市。用器不中度，[二]不粥於市；兵車不中度，不粥於市；布帛精麤不中數，〔三〕幅廣狹不中量，不粥於市；姦色亂正色，不粥於市；錦文珠玉成器，不粥於市；衣服飲食不粥於市；五穀不時，果實未孰，〔四〕不粥於市；木不中伐，不粥於市；禽獸魚鼈不中殺，不粥於市。關執禁以譏，禁異服，識異言。

【注釋】

〔一〕金：<u>王引之</u>云：“金當作宗，宗者琮之假借。”　粥：音育，同鬻。下同。　　〔二〕中：音仲。下同。　　〔三〕麤：同粗。　　〔四〕孰：熟的本字。

【譯解】

　　圭璧琮璋都是貴族的重要禮玉，不准在集市上販賣。國家用來頒予表示特定爵位的命服、命車，不准在集市上販賣。宗廟祭祀所用的器物，不准在集市上販賣。祭祀用的牲口，不准在集市上販賣。作戰用的兵器，不准在集市上販賣。家用器具做得不合規矩，不准在集市上販賣。戰爭用的馬車，做得不合規矩，不准在集市上販賣。麻布、絲綢精粗不合乎規定的紗數，布幅寬窄不合乎規定的尺寸，不准在集市上販賣。布帛染色不合標準正色的，不准在集市上販賣。錦緞、珠玉、珍貴器物，不准在集市上販賣。華麗的衣服，精美的飲食，不准在集市上販賣。沒有到時的五穀，沒有成熟的瓜果，不准在集市上販賣。不該砍伐的小樹，不准在集市上販賣。不該殺用的幼小的禽獸魚鼈，不准在集市販賣。大小關口執行國家禁令的官吏，時刻稽查出入行人，禁止奇裝異服，辨識怪異言論。

　　大史典禮，〔一〕執簡記，奉諱惡。〔二〕天子齊戒受諫。〔三〕

【注釋】

〔一〕大：通太。　　〔二〕諱：音會。　惡：音物。

〔三〕齊：通齋。

【譯解】

太史主管禮儀，執掌簡册文書，奉進先王名諱、忌日以及國家所憎惡的天災人禍的記錄，提醒天子對所該諱的名稱注意避開，遇到所憎惡的災禍要及時戒懼反省。天子齋戒之後，嚴肅地接受勸諫。

司會以歲之成質於天子，〔一〕冢宰齊戒受質。大樂正、大司寇、市，〔二〕三官以其成從質於天子，大司徒、大司馬、大司空齊戒受質。百官各以其成質於三官，大司徒、大司馬、大司空以百官之成質於天子，百官齊戒受質。然後休老勞農，〔三〕成歲事，制國用。

【注釋】

〔一〕會：音快。　　〔二〕大樂正：唯此大音太。　大司寇：大仍讀大。下大司徒、大司馬、大司空之大亦然。

〔三〕勞：音澇。

【譯解】

掌管國家財政經濟的長官——司會將一年工作紀要呈獻天子，請求審批，總理國政的冢宰齋戒之後，接受天子審批過的工作紀要。掌管國家教育的長官——太樂正、掌管國家刑法的長官——大司寇、掌管國家市場貿易的長官——市，三位官員各以其一年的工作紀要，隨從司會一起呈獻，請求審批，掌管民政的大司徒、掌管軍事的大司馬、掌管興建的大司空分別齋戒之後，接受經過天子審批的太樂正、大司寇、市三官的工作紀要。各個部門的負責官員各將其工作紀要呈獻給大司徒、大司馬、大司空三位長官，請求審議，三位長官將審議後的各個部門的工作紀要呈獻給天子，請求批覆；天子批覆後，各個部門負責官員分別齋戒後接受經過審批的工作紀要。政府工作全面考績之後，就舉行養老宴會和慰勞農民集會。這時就算是完成了一年的政府工作，接着就該開始制訂明年的國家財用預算了。

　　凡養老，<u>有虞氏</u>以燕禮，<u>夏后氏</u>以饗禮，〔一〕<u>殷人</u>以食禮，〔二〕<u>周人</u>脩而兼用之。〔三〕五十養於鄉，六十養於國，七十養於學，達於諸侯。

【注釋】

〔一〕饗：音想。　　　〔二〕食：音嗣。　　　〔三〕脩：“脩”蓋“循”字之形訛。

【譯解】

　　凡年終敬養、禮待某些有資格的老人，各朝的方式不同。<u>虞代</u>用在正寢中舉行輕鬆酒會的形式——燕禮，<u>夏代</u>用在朝廷中舉行隆重酒會的形式——饗禮，<u>殷代</u>用以食爲主的宴會形式——食禮，<u>周代</u>遵循三代禮節，而分別用於不同季節。人到了五十歲，有資格在鄉學中接受敬養禮，六十歲有資格在京城小學中接受敬養禮，七十歲有資格在京西太學中接受敬養禮。這條規矩，自天子通於諸侯。

　　八十拜君命，一坐再至，瞽亦如之；〔一〕九十使人受。五十異粻，〔二〕六十宿肉，七十貳膳，八十常珍，九十飲食不離寢，膳飲從於遊可也。六十歲制，七十時制，八十月制，九十日脩。唯絞、紟、衾、冒，〔三〕死而后制。五十始衰，六十非肉不飽，七十非帛不煖，〔四〕八十非人不煖，九十雖得人不煖矣。五十杖於家，六十杖於鄉，七十杖於國，八十杖於朝，〔五〕九十者，天子欲有問焉，則就其室，以珍從。七十不俟朝，〔六〕八十月告存，九十日有秩。五十不從力政，六十不與服戎，〔七〕七十不與賓客之事，八十齊喪之事弗及也。〔八〕五十而爵，六十不親學，七十致政，唯衰麻爲喪。〔九〕

【注釋】

〔一〕瞽：音古。　〔二〕粻：音張。　〔三〕絞：音蕭。紟：音今。　衾：音琴。　〔四〕煖：同暖。　〔五〕朝：音潮。下同。　〔六〕俟：音寺。　〔七〕與：音預。下同。　〔八〕齊：音摘，通齋。　〔九〕衰：音崔。

【譯解】

人到了八十歲，如果國君派人來饋送慰問，跪下一次磕倆頭就行了，盲人也是如此。九十歲的人，無須親自接待君使，讓人代替接受就行了。五十歲的人可以自己吃些細糧，六十歲的人可以常預備些肉食，七十歲的人每頓可以吃兩樣好菜，八十歲的人可以常吃些珍貴美食；九十歲的人，飲食不離開寢室，偶爾出門散逛，從人携帶飲食隨時供奉。六十歲應該着手準備一年内才能做好的喪具，七十歲應該着手置備一季内能够製成的喪具，八十歲應該着手置辦一個月内可以製成的喪具，老人九十歲了，應該爲他隨時修整加工已經準備的喪具。只有入殮時包裹尸體用的束帶、被單、大被、囊袋不要預先做妥，人死了再縫製。人到了五十歲開始衰老，六十歲的人不吃點兒肉就覺得不飽，七十歲的人不穿絲綿就覺得不暖和，八十歲的人沒有人伴睡就不暖和，到了九十歲，即使有人伴睡，也感不到温暖了。五十歲的人可以在家裏拄拐杖，六十歲的人可以在鄉裏拄拐杖，七十歲的人可以在國都裏拄拐杖，八十歲的人可以在朝廷裏拄拐杖；九十歲的人，天子有事打算請教他，就該到他家去，帶着珍貴食品。朝廷官員到了七十歲，早朝見君後就退下，不等議事完畢；八十歲的退休官員，天子每月派人去問候；九十歲的退休官員，天子每天派人饋送食品。人到了五十歲就不服力役了，六十歲就不服兵役了，七十歲就不參加應酬賓客了，八十歲的人遇到了齋戒祭祀、喪事活動，也就不參與了。官員到了五十歲，有才德的，能够得到大夫爵位；六十歲就不要到學校當學生去了；七十歲就該移交工作退休了，近親死了，穿上應該穿的緦麻喪服就是了，喪期中其他飲食居處的禮規就無須照行。

　　有虞氏養國老於上庠，[一]養庶老於下庠；夏后氏養國老於東序，養庶老於西序；殷人養國老於右學，養庶老於左學；周人養國老於東膠，養庶老於虞庠。虞庠在國之西郊。[二]

【注釋】

〔一〕庠：音祥。下同。　　〔二〕西郊：孫志祖云："西字爲四字之訛。北史劉芳傳引作'四郊'，是也。"

【譯解】

　　虞代在其大學——上庠裏舉行敬養國家退休老人的禮會，在其小學——下庠舉行敬養民間高齡老人的禮會。夏代在其大學——東序舉行敬養國家退休老人的禮會，在其小學——西序舉行敬養民間高齡老人的禮會。殷代在其大學——右學舉行敬養國家退休老人的禮會，在其小學——左學舉行敬養民間高齡老人的禮會。周代在其大學——東膠舉行敬養國家退休老人的禮會，在其小學——虞庠舉行敬養民間高齡老人的禮會。虞庠在國都的四郊。

有虞氏皇而祭，深衣而養老；夏后氏收而祭，燕衣而養老；殷人冔而祭，〔一〕縞衣而養老；〔二〕周人冕而祭，玄衣而養老。凡三王養老，皆引年。

【注釋】

〔一〕冔：音須。　　〔二〕縞：音稿。

【譯解】

虞代戴着畫有羽毛圖案的冠冕進行祭祀，穿着衣裳相連的長衣舉行養老禮會；夏代戴着名稱叫“收”的冠進行祭祀，穿着家居便服舉行養老禮會；殷代人戴着名稱叫“冔”的冠進行祭祀，穿着白色的衣裳舉行養老禮會；周代人戴着冠冕進行祭祀，穿着淺黑色的禮服舉行養老禮會。夏殷周三代舉行的養老禮會，事前都經過引戶校年，所選定的與會老人，都是年高德劭的。

八十者，一子不從政；九十者，其家不從政；廢疾非人不養者，一人不從政。父母之喪，三年不從政；齊衰、大功之喪，〔一〕三月不從政；將徙於諸侯，三月不從政；自諸侯來徙家，期不從政。〔二〕

【注釋】

〔一〕齊：音資，通齋。 衰：音崔，同縗。 〔二〕期：音基，同朞。

【譯解】

八十歲的老人，可以有一個兒子不應國家徵召，免服力役。九十歲的老人，他全家都可以不應徵召，照看老人。家中有生活不能自理的病人，沒有人照顧就無法生存，就可以有一個人免服力役。父親或母親去世了，兒子守喪，可以三年內免服徭役。遇到兄弟、叔伯兄弟之類的喪事，可以三月內免服徭役。將從王畿遷往到諸侯國的家庭，可以三月內免服徭役；從諸侯之國遷到王畿來定居的家庭，可以一年內免服徭役。

少而無父者謂之孤，老而無子者謂之獨，老而無妻者謂之矜，〔一〕老而無夫者謂之寡。此四者，天民之窮而無告者也，皆有常餼。〔二〕瘖、聾、跛、躃、斷者、侏儒，〔三〕百工各以其器食之。

【注釋】

〔一〕矜：音官，通鰥。 〔二〕餼：音細。 〔三〕瘖：音因。 跛：音簸。 躃：音避。

【譯解】

年幼而失去父親的稱作孤，年老而沒有兒子的稱作獨，年老而沒有妻子的稱作鰥，年老而沒有丈夫的稱作寡。這四種人，是天底下最窮困而無依無靠的人了，都要給以經常性的糧食救濟。啞巴、聾子、瘸子、不能走路的、四肢不全的、天生矬小的，屬於國家的各個工種，要根據這些殘疾人的材器能力，分別收容，讓他們自食其力。

　　道路，男子由右，婦人由左，車從中央。父之齒隨
行，兄之齒鴈行，朋友不相踰。〔一〕輕任幷，重任分，班白
者不提挈。〔二〕君子耆老不徒行，〔三〕庶人耆老不徒食。

【注釋】

〔一〕踰：音俞。　　　〔二〕班：通斑。　挈：音妾。

〔三〕耆：音其。

【譯解】

　　道路上，男人靠右邊走，女人靠左邊走，車從中央通行。同
行的人，相當於父親年紀的人，讓他走在前面，自己隨在後面；
相當兄長年紀的人，可以和他並行，而自己稍稍錯後。和朋友一
塊兒走，自己也不要超越在前。二人同行，各有負擔，分量若都
不重，就合在一起，由年輕人挑；分量若都不輕，就調整一下，
年輕人挑重的，年長人挑輕的。頭髮花白的老者，就不讓他在路
上提携東西了。士大夫階級的老年人，出必乘車，不至於徒步；
一般民衆的老年人，食必有肉，不至於吃素。

　　大夫祭器不假，祭器未成，不造燕器。

【譯解】

　　身爲大夫，祭器就該自備，不能向人借用。祭祀所用器具没
有製成，就不能製造生活器具。

　　方一里者，爲田九百畝；方十里者，爲方一里者百，
爲田九萬畝；方百里者，爲方十里者百，爲田九十億畝；

方千里者，爲方百里者百，爲田九萬億畝。自恒山至於南河，千里而近；自南河至於江，千里而近；自江至於衡山，千里而遥；自東河至於東海，千里而遥；自東河至於西河，千里而近；自西河至於流沙，千里而遥。西不盡流沙，南不盡衡山，東不盡東海，北不盡恒山，凡四海之内，斷長補短，方三千里，爲田八十萬億一萬億畝。方百里者，爲田九十億畝，山陵、林麓、川澤、溝瀆、城郭、宫室、塗巷三分去一，其餘六十億畝。

【譯解】

　　一方里的土地，合成田是九百畝。十方里的土地，等於一百個一方里的土地，合田九萬畝。一百方里的土地，等於一百個十方里的土地，合田九百萬畝。一千方里的土地，等於一百個一百方里的土地，合田九萬萬畝。自北嶽恒山南至黄河，距離將近一千里；從黄河至長江，距離將近一千里；從長江至南嶽衡山，距離超過了一千里；從東河至東海，距離也超過了一千里；自東河至西河，距離將近一千里；從西河至流沙，距離超過了一千里。西邊不算流沙的盡頭，南邊不算衡山的盡頭，東邊不算靠近東海的地方，北邊不算恒山的盡頭，總計四海之内，截長補短，大約可有三千方里土地，合田八十一萬萬畝。每一百方里土地合田九百萬畝，其中山陵、森林、江河、湖泊、溝渠、城郭、宫室、道路、街巷共占地約有三分之一，那麼餘下的田地還有六百萬畝。

　　古者以周尺八尺爲步，今以周尺六尺四寸爲步。古者百畝，當今東田百四十六畝三十步；古者百里，當今百二十一里六十步四尺二寸二分。

【譯解】

　　古時候用<u>周代</u>的尺，八尺算作一步；現在（指漢代）的一步合周尺爲六尺四寸。古時候一百畝地，相當於現在東方田地一百四十六畝又三十平方步。古時候一百里，相當現在一百二十一里又六十步四尺二寸二分。

　　方千里者，爲方百里者百，封方百里者三十國，其餘方百里者七十。又封方七十里者六十，爲方百里者二十九，方十里者四十，其餘方百里者四十，方十里者六十。又封方五十里者百二十，爲方百里者三十，其餘方百里者十，方十里者六十。名山大澤不以封。其餘以爲附庸閒田。〔一〕諸侯之有功者，取於閒田以祿之。其有削地者，〔二〕歸之閒田。

【注釋】

〔一〕閒：通閑。下同。　　〔二〕削：音靴。

【譯解】

　　每州有一千方里土地，即一百個一百方里。分封三十個一百方里的諸侯國，還餘下七十個一百方里。再分封六十個七十方里的諸侯國，佔用地相當於二十九個一百方里、四十個十方里，還餘下四十個一百方里、六十個十方里。再分封一百二十個五十方里的諸侯國，佔用地相當於三十個一百方里，還餘下十個一百方里、六十個十方里。方千里内的名山大川不用來分封。分封所餘下的土地作爲屬於諸侯的附庸小國和屬於天子的閒田。諸侯有功了，就用部分閒田獎賞他。諸侯有罪了，就削減他的封地劃入閒田。

　　天子之縣內，方千里者，爲方百里者百，封方百里者九，其餘方百里者九十一。又封方七十里者二十一，爲方百里者十，方十里者二十九，其餘方百里者八十，方十里者七十一。又封方五十里者六十三，爲方百里者十五，方十里者七十五，其餘方百里者六十四，方十里者九十六。

【譯解】

　　天子王畿內分封的情況是：王畿一千方里，有一百個一百方里。分封九個一百方里的國家，還餘下九十一個一百方里。再封二十一個七十方里的國家，佔用地相當於十個一百方里、二十九個十方里，還餘下八十個一百方里、七十一個十方里。再封六十三個五十方里的國家，佔用地相當於十五個一百方里、七十五個十方里，還餘下六十四個一百方里、九十六個十方里。

　　諸侯之下士禄食九人，中士食十八人，上士食三十六人，下大夫食七十二人，卿食二百八十八人，君食二千八百八十人。次國之卿食二百一十六人，君食二千一百六十人。小國之卿食百四十四人，君食千四百四十人。次國之卿命於其君者如小國之卿。

【譯解】

　　諸侯大國的俸禄情況是：下士的俸禄可以養活九人，中士的俸禄可以養活十八人，上士的俸禄可以養活三十六人，下大夫的俸禄可以養活七十二人，卿的俸禄可以養活二百八十八人，國君的俸禄可以養活二千八百八十人。諸侯次國之卿的俸禄可以養活二百一十六人，諸侯次國國君的俸禄可以養活二千一百六十人。諸侯小國之卿的俸禄可以養活一百四十四人，諸侯小國國君的俸禄可以養活一千四百四十人。諸侯次國共有三個卿，其中有一卿是本國國君任命的，他的俸禄和小國之卿的俸禄一樣，可以養活一百四十四人。

　　天子之大夫爲三監，[一]監於諸侯之國者，[二]其禄視諸侯之卿，其爵視次國之君，其禄取之於方伯之地。方伯爲朝天子，皆有湯沐之邑於天子之縣内，視元士。

【注釋】

〔一〕監：名詞，音建。　　　〔二〕監：動詞，音肩。

【譯解】

　　天子每州派去大夫三人做三監官，監察各州作爲方伯的諸侯大國。三監的俸禄相當於諸侯大國之卿的俸禄，三監的爵位相當於諸侯次國國君，三監的俸禄取之於所在方伯大國的領地。爲了方便各州方伯朝見天子，天子在王畿内都賞賜他們湯沐邑，既方便了他們的生活，也貼補了他們的開支。湯沐邑的大小如同天子之元士的禄田，五十里以下。

　　諸侯世子世國，大夫不世爵。使以德，爵以功。未賜爵，視天子之元士，以君其國。諸侯之大夫不世爵禄。

【譯解】

　　諸侯的太子能够世襲諸侯的國家，大夫的兒子不能世襲大夫的爵位。根據品德加以任命，根據功勳賜以爵位。諸侯去世後，諸侯的太子雖然能够世襲，但在天子没有賜爵的時候，他的地位只相當於天子的元士，他是以元士的身份統治國家的。諸侯國的大夫們，是不能世傳其爵位和俸禄的。

　　六禮：冠、昏、喪、祭、鄉、相見。〔一〕七教：父子、兄弟、夫婦、君臣、長幼、朋友、賓客。八政：飲食、衣服、事爲、異別、度、量、數、制。

【注釋】

〔一〕冠：音灌。

【譯解】

　　六禮是：冠禮、婚禮、喪禮、祭禮、鄉飲酒禮、相見禮。七教是：父子、兄弟、夫婦、君臣、長幼、朋友、賓客七個方面的人倫教育。八政是：飲食的等級，衣服的制度，工藝的標準，器物的差異，尺寸的長度，升斗的容量，物數的名稱，布帛的規格。

月令第六

　　孟春之月，日在營室，昏參中，〔一〕旦尾中。其日甲
乙。其帝大暤，〔二〕其神句芒。〔三〕其蟲鱗。其音角，〔四〕律中
大蔟。〔五〕其數八。其味酸，其臭羶。〔六〕其祀戶，祭先
脾。〔七〕東風解凍，蟄蟲始振，〔八〕魚上冰，獺祭魚，〔九〕鴻鴈
來。天子居青陽左个，乘鸞路，〔一〇〕駕倉龍，〔一一〕載青
旂，〔一二〕衣青衣，〔一三〕服倉玉，食麥與羊，其器疏以達。是
月也，以立春。先立春三日，大史謁之天子曰：〔一四〕“某
日立春，盛德在木。”天子乃齊。〔一五〕立春之日，天子親
帥三公、九卿、諸侯、大夫以迎春於東郊。還反，〔一六〕賞
公、卿、諸侯、大夫於朝。〔一七〕命相布德和令，〔一八〕行慶施
惠，下及兆民。慶賜遂行，毋有不當。〔一九〕乃命大史守典
奉法，司天日月星辰之行，宿離不貸，〔二〇〕毋失經紀，以
初爲常。是月也，天子乃以元日祈穀于上帝。乃擇元辰，
天子親載耒耜，〔二一〕措之于參保介之御間，〔二二〕帥三公、九

卿、諸侯、大夫躬耕帝藉。〔二三〕天子三推，三公五推，〔二四〕卿、諸侯九推。反，執爵于大寢，〔二五〕三公、九卿、諸侯、大夫皆御，命曰勞酒。〔二六〕是月也，天氣下降，地氣上騰，天地和同，草木萌動。王命布農事，命田舍東郊，皆脩封疆，審端徑術，〔二七〕善相丘陵、阪險、原隰土地所宜，〔二八〕五穀所殖，以教道民，〔二九〕必躬親之。田事既飭，〔三〇〕先定準直，農乃不惑。是月也，命樂正入學習舞。〔三一〕乃脩祭典，命祀山林川澤犧牲毋用牝。〔三二〕禁止伐木。毋覆巢，毋殺孩蟲、胎、夭、飛鳥，毋麛，〔三三〕毋卵。毋聚大衆，毋置城郭。掩骼埋胔。〔三四〕是月也，不可以稱兵，稱兵必天殃。兵戎不起，不可從我始。毋變天之道，毋絕地之理，毋亂人之紀。孟春行夏令，則雨水不時，〔三五〕草木蚤落，〔三六〕國時有恐；行秋令，則其民大疫，猋風暴雨總至，〔三七〕藜莠蓬蒿並興；〔三八〕行冬令，則水潦爲敗，〔三九〕雪霜大摯，首種不入。〔四〇〕

【注釋】

〔一〕昏：昏的本字。　　參：音深。　　〔二〕大：通太。暤：音好。通暤、昊。　　〔三〕句：音溝。　　〔四〕角：音決。　　〔五〕中：音仲。　　大：通太。　　蔟：音湊。

〔六〕臭：音秀。　　〔七〕脾：音皮。　　〔八〕蟄：音折。

〔九〕獺：音塔。　　〔一〇〕乘：音成。　　〔一一〕倉：通蒼。下同。　　〔一二〕載：音在。　　斾：音奇。

〔一三〕衣青衣：上衣字音益。　　〔一四〕大：通太。下同。

〔一五〕齊：通齋。　　〔一六〕還：同旋。　　反：通返。下同。

〔一七〕朝：音潮。　　〔一八〕相：音象。　　〔十九〕當：音蕩。　　〔二〇〕離：音麗。鄭玄云："讀如儷偶之儷。"貸：音特，通忒。　　〔二一〕耒：音壘。　耜：音似。〔二二〕于參：呂氏春秋孟春紀作"參于"。　　〔二三〕藉：音吉。　　〔二四〕三公：王念孫謂"三"字涉上文而衍。〔二五〕大：通太。　　〔二六〕勞：音澇。　　〔二七〕術：音碎，通遂。　　〔二八〕相：音香。　阪：音板。　隰：音席。　　〔二九〕道：音島，同導。　　〔三〇〕飭：音翅。〔三一〕樂：音岳。　　〔三二〕牝：音聘。　　〔三三〕麛：音迷。　　〔三四〕骼：音格。　胔：音字。　　〔三五〕雨水：呂氏春秋孟春紀、淮南子時則訓並作"風雨"。王念孫云："雨水應作風雨。"　　〔三六〕蚤：通早。　　〔三七〕猋：音標，通飆。　　〔三八〕藜：音梨。　莠：音友。　蓬：音朋。〔三九〕潦：音老。　　〔四〇〕種：上聲，音腫。

【譯解】

　　孟春正月，從中原觀測，太陽的位置在營室星宿，黃昏時參星在南方天空的正中，拂曉時尾星在南方天空的正中。春季屬木，計日的天干（甲乙丙丁戊己庚辛壬癸）中的甲日和乙日也屬木，是春季的吉日。春季，天帝的主宰是五帝中的太暤，地神的主宰是五神中的句芒。春季，以鱗介毛羽倮五類動物中的鱗類爲主，鱗類屬木。春季的音，是宮商角徵羽五音中的角音，角音屬木。正月的節氣，與測量節氣的十二律管中的太蔟律管相應。春季的數目爲八，包孕在大地之中的五行是水火木金土，木數三加土數五，故爲八。春季的口味是五味中的酸味，酸屬木。春季的嗅味是五嗅中的羶味，羶屬木。春季祭五祀中的户神，户神屬木。春季祭祀用的五臟祭品，以脾臟爲先，脾屬木。　東風開始融解冰凍，冬眠的昆蟲開始蠕動，水下的魚上浮接近薄冰，水獺開始捉魚陳列岸邊如在祭祀，大鴻從南方飛來。　春季每月初一天子居住在明堂朝東一側名叫青陽的房室，正月初一居住在青陽左室。春季屬木，春天的色調是青蒼色。爲了順應季節，天子乘的是設有鸞鈴、飾以青色的車，駕的是青蒼色的大馬，車上插着青色大旗，身穿青色衣服，冠玉佩玉都是青蒼色的玉。食品以小麥和羊肉爲應時當令。使用粗疏而有孔隙的器皿。　這個月確定立春的日子。在立春前三天，太史謁見天子，報告説某天立春，天地生育的盛德，開始處在木位。天子於是齋戒。立春那天，天子親自率領三公、九卿、諸侯、大夫去東郊舉行迎春典禮。禮畢進城，在朝廷上賞賜公卿、諸侯、大夫。天子命三公發布國家的德政，宣布國家命令，獎賞有功，施惠貧困，普及萬民。行賞施惠，不要有不得當的。天子命太史謹守天文典籍，奉行研測的方法，主管觀測天上日月星辰的運行，太陽的位置在哪裏，月亮經過哪裏，觀測工作都不要出現差錯，循用舊法來工作，要經常不變。　這個月，天子用第一個天干辛日作爲吉日，祭祀昊天上帝，祈求豐收。選擇地支亥日作爲良辰，親自乘車載着翻土農具——耒耜，放在陪乘衛士和駕駛官員之間，率領三公、九卿、諸侯、大夫們，耕作在天子的供祭祀用糧的千畝田地裏。天子插耜入土，推行三次，公推行五次，卿、諸侯各推行九次。禮畢歸來，天子在太寢中執杯舉行酒會，三公、九卿、諸侯、大夫都參加，這酒會叫作“勞酒”。　這個月，天氣下降，地氣上升，天地之氣融和，草木開始萌芽。天子命令開展農業勞動，命督導農事的官員——田畯住在東郊，修整耕地疆界，審查端正田溝和農道，好好觀察丘陵、斜坡、平原、下濕各種土地，各自適宜播種什麼農作物，五穀分別應該如何播種，來教導農民，事事一定要親自去抓。耕地的疆界、田溝、農道都整頓了，預先也規定耕種的標準、界限了，農民幹活也就不迷惑了。　這個月，天子命掌管學政的官員——樂正進入國學教習舞蹈。天子命有關官員省視、修正一年的祭典。命令祭祀山林川澤的犧牲不要殺用雌性的。禁止砍伐樹木。不許拆毀鳥窩，不許殺害幼蟲、懷孕獸類、剛出生的幼獸、剛會飛的幼鳥，不許捕殺小獸，不許掏取鳥蛋。爲了不妨礙春耕，不許召集羣衆，不許修建城郭。遇見枯骨腐肉，及時掩埋。　這個月不可以發兵作戰，發兵者必遭天殃。不發動戰爭，若戰爭不可避免，也不可以由我方開始挑起。總之，不要變更上天生育的時機，不要斷絕大地生長的道理，不要紊亂人民生産的秩序。　正月裏頒行夏季的政令，就會發生風雨不時、草木早落的灾情，社會上也會經常出現令人恐怖的禍事。正月裏頒行秋季的政令，人民就要發生大的瘟疫，旋風暴雨一起到來，灰藿菜、莠草、蓬蒿一塊兒亂長。正月裏頒行冬季的政令，就要洪水泛濫成灾，大降霜雪，頭茬穀種無法播入地裏。

仲春之月，日在奎，[一]昏弧中，旦建星中。其日甲乙。其帝大皞，其神句芒。其蟲鱗。其音角，律中夾鍾。其數八。其味酸，其臭羶。其祀户，祭先脾。始雨水，桃始華，倉庚鳴，鷹化爲鳩。天子居青陽大廟，[二]乘鸞路，駕倉龍，載青旂，衣青衣，服倉玉，食麥與羊，其器疏以達。是月也，安萌芽，養幼少，存諸孤。擇元日，命民社。命有司省囹圄，[三]去桎梏，[四]毋肆掠，[五]止獄訟。是月也，玄鳥至。至之日，以大牢祠于高禖，〔六〕天子親往，后妃帥九嬪御。〔七〕乃禮天子所御，帶以弓韣，〔八〕授以弓矢，于高禖之前。是月也，日夜分，雷乃發聲，始電，蟄蟲咸動，啓戶始出。先雷三日，奮木鐸以令兆民曰：〔九〕"雷將發聲，有不戒其容止者，生子不備，必有凶災。"日夜分，則同度量，鈞衡石，角斗甬，〔一〇〕正權概。是月也，耕者少舍，乃脩闔扇，〔一一〕寢廟畢備。毋作大事以妨農之事。〔一二〕毋竭川澤，毋漉陂池，〔一三〕毋焚山林。天子乃鮮羔開冰，〔一四〕先薦寢廟。上丁，命樂正習舞，釋菜。天子乃帥三公、九卿、諸侯、大夫親往視之。仲丁，又命樂正入學，習樂。是月也。祀不用犧牲，用圭璧，更皮幣。〔一五〕仲春行秋令，則其國大水，寒氣摠至，〔一六〕寇戎來征；行冬令，則陽氣不勝，麥乃不孰，〔一七〕民多相掠；行夏令，則國乃大旱，煖氣早來，蟲螟爲害。〔一八〕

【注釋】

〔一〕奎：音葵。　　〔二〕大：通太。　　〔三〕省：音醒。图：音鈴。　圉：音語。　　〔四〕桎：音至。　梏：音故。

〔五〕掠：音劣。　　〔六〕大：通太。　禖：音梅。

〔七〕嬪：音頻。　　〔八〕韣：音獨。　　〔九〕奮木鐸：呂氏春秋仲春紀作"奮鐸"。王引之謂本無"木"字。

〔一〇〕角：音決。　甬：音統。　　〔一一〕闔：音河。

〔一二〕毋作大事以妨農之事：王念孫云："衍一'之'字。齊民要術一、小雅太田正義、後漢書注引此皆無'之'字，呂氏春秋同。"　　〔一三〕漉：音鹿。　陂：音杯。　　〔一四〕鮮：

鄭玄云："鮮當爲獻，聲之誤也。" 〔一五〕更：音耕。

〔一六〕揔：同緫。 〔一七〕孰：熟的本字。

〔一八〕螟：音名。

【譯解】

　　仲春二月，從中原觀測，太陽的位置在奎星星宿，黃昏時弧星在南方天空的正中，拂曉時建星在南方天空的正中。春季，甲日和乙日是吉日。春季，天帝的主宰是太暤，地神的主宰是句芒。春季，以鱗類動物爲主。春季的音是角音。二月的節氣和測量節氣的夾鍾律管相應。春季的數目是八。春季的口味是酸味。春季的嗅味是羶味。春季祭祀户神。春季祭祀用的五臟祭品，以脾臟爲先。　　二月開始下雨，桃樹開始開花，黃鶯鳴唱，鷹變形爲布穀鳥。　　爲了順應季節，春季每月初一天子居住在明堂朝東一側名叫青陽的房室，二月初一居住在青陽的中室。天子乘的是設有鸞鈴、飾以青色的車，駕的是青蒼色的大馬，車上插着青色大旗，身穿青色衣服，冠玉佩玉都是青蒼色的。食品以小麥和羊肉爲應時當令。使用粗疏而有孔隙的器皿。　　這個月，要愛護萌芽，保養幼小，慰問孤兒。選擇甲日作爲吉日，讓人民祭祀社神。命令司法官員減少牢獄的拘捕人犯，除去囚徒的手銬脚鐐，不許任意拷打，停止受理訴訟案件。　　這個月，燕子飛來了。燕子來的時候，用牛羊猪三牲求祭主管婚配、子嗣的高禖神。天子親自前往，后妃率領九嬪等全部宮眷一同參加。在高禖神壇前，用酒禮待天子的懷孕的妃嬪，將弓套帶在她們的身上，把弓箭交在她們的手裏，祈求禖神保佑她們都生男孩。　　這個月，白天和黑夜時刻均等。開始發出雷聲，看到閃電。冬眠的動物全都活動，打開穴口，開始爬出。在春分的前三天，搖動木舌銅鈴來警告國内萬民，説：

“快要打雷啦！到時候有不檢點私生活舉止而縱情作愛的，生下的孩子就不健全，父母也必有凶災。”日夜時刻均分的月份，就該全面校正丈尺、升斗、秤桿、石量、斛量、秤砣以及升斗的平尺。

這個月，地裏的農民可以稍停一下。抽空修理大門、户門，家裏的，廟裏的，都要修得妥當完備。這時候不要興作費時費工的大事，否則就妨礙農活兒了。　這個月，不准弄乾河水湖泊捉魚，不准弄乾池塘捕魚，不准焚燒山林。天子向司寒神位獻上羊羔，然後開窖取冰，未用冰之前，先把新冰供奉宗廟。本月第一個丁日，天子命樂正帶領國學學生練習舞蹈，舉行釋菜禮來致敬先師，天子率領三公、九卿、諸侯、大夫到國學觀看。第二個丁日，又命樂正到國學裏帶領學生練習聲樂和器樂。　這個月，一般小的祭祀不用犧牲，用圭璧和獸皮、幣帛代替。　仲春二月頒行秋季的政令，那就要國內發大水，寒氣大規模襲來，敵寇侵犯邊境。仲春二月頒行冬季的政令，那就要陽氣勝不過陰氣，麥子不會成熟，人民多有進行搶奪的。仲春二月頒行夏季的政令，那就要國家遭受大旱災，炎熱的天氣提早到來，莊稼遭受嚴重的蟲害。

季春之月，日在胃，昏七星中，旦牽牛中。其日甲乙。其帝大暤，其神句芒。其蟲鱗。其音角，律中姑洗。〔一〕其數八。其味酸，其臭羶。其祀户，祭先脾。桐始華，田鼠化爲鴽，〔二〕虹始見，〔三〕萍始生。〔四〕天子居青陽右个，乘鸞路，駕倉龍，載青旂，衣青衣，服倉玉，食麥與羊，其器疏以達。是月也，天子乃薦鞠衣于先帝。〔五〕命舟牧覆舟，五覆五反，乃告舟備具于天子焉。天子始乘舟，薦鮪于寝廟，〔六〕乃爲麥祈實。是月也，生氣方盛，陽氣發泄，句者畢出，〔七〕萌者盡達，不可以内。〔八〕天子布德行惠，命有司發倉廩，〔九〕賜貧窮，振乏絶；開府庫，出幣帛，周天下；勉諸侯，聘名士，禮賢者。是月也，命司空曰："時雨將降，下水上騰，循行國邑，〔一○〕周視原野，修利隄防，道達溝瀆，〔一一〕開通道路，毋有障塞。〔一二〕田獵罝罘、羅网、畢翳、餧獸之藥，〔一三〕毋出九門。"是月也，命野虞無伐桑柘。〔一四〕鳴鳩拂其羽，戴勝降于桑，具曲、植、籧、筐。〔一五〕后妃齊戒，〔一六〕親東鄉躬桑。〔一七〕禁婦女毋觀，〔一八〕省婦使，以勸蠶事。蠶事既登，分繭稱絲效功，以共郊廟之服，〔一九〕無有敢惰。是月也，命工師，令百工，審五庫之量，金、鐵、皮、革、筋、角、齒、羽、箭、幹、脂、膠、丹、漆，毋或不良。百工咸理，監工日號，〔二○〕毋悖于時，〔二一〕毋或作爲淫巧，以蕩上心。是月之末，擇吉日大合樂，〔二二〕天子乃帥三公、九卿、諸侯、大夫親往視之。是月也，乃合纍牛騰馬，〔二三〕遊牝于牧。犧牲、駒、犢，舉書其數。命國難，〔二四〕九門磔攘，〔二五〕以畢春氣。季春行冬令，則寒氣時發，草木皆肅，國有大恐；行夏令，則民多疾疫，時雨不降，山林不收；行秋令，則天多沈陰，淫雨蚤降，〔二六〕兵革並起。

【注釋】

〔一〕洗：音險。　　〔二〕駕：音如。　　〔三〕見：現的本字。　　〔四〕萍：同萍。　　〔五〕鞠：音菊。
〔六〕鮪：音偉。　　〔七〕句：音鈎。　　〔八〕内：納的本字。　　〔九〕廩：音凛。　　〔一○〕行：音杏。

〔一一〕道：音島，同導。　　　〔一二〕塞：音色。

〔一三〕罝：音居。　罘：音浮。　罔：同網。　罬：音益。

餧：音畏，俗作餵。　　　〔一四〕柘：音淛。　　　〔一五〕籧：

音渠。　　　〔一六〕齊：通齋。　　　〔一七〕鄉：通向。

〔一八〕觀：去聲，音灌。　　　〔十九〕共：音公，通供。

〔二〇〕號：音毫。　　　〔二一〕悖：音背。　　　〔二二〕樂：

音岳。　　　〔二三〕累：音雷，通縲。　　　〔二四〕難：音挪，

儺的本字。　　　〔二五〕磔：音折。　攘：音瓢，通禳。

〔二六〕蚤：通早。

【譯解】

　　季春三月，從中原觀測，太陽的位置在胃星星宿，黃昏時七星在南方天空的正中。拂曉時牽牛星在南方天空的正中。春季，甲日和乙日是吉日。春季，天帝的主宰是<u>太暤</u>，地神的主宰是<u>句芒</u>。春季，以鱗類動物爲主。春季的音是角音。三月的節氣與測量節氣的姑洗律管相應。春季的數目是八。春季的口味是酸味，春季的嗅味是羶味。春季祭祀戶神。春季祭祀用的五臟祭品，以脾臟爲先。三月裏，梧桐開始開花，田鼠變成鵪鶉，彩虹開始出現，浮萍開始產生。　春季每月初一，天子居住在明堂朝東一側名叫青陽的房室，三月初一居住在青陽的右室。天子乘的是設有鸞鈴、飾以青色的車，駕的是青蒼色的大馬，車上插着青色大旗，身穿青色的衣服，冠玉佩玉都是青蒼色的。食品以小麥和羊肉爲應時當令。使用粗疏而有孔隙的器皿。　這個月，天子薦獻黃桑色的禮服於黃帝，爲將養蠶而求保佑。命主管船隻的官員翻過船來仔細檢查，一定要翻來覆去檢查五遍，實在沒毛病，才向天子報告船隻準備完畢，天子開始乘船。天子向宗廟薦獻鱣魚，並祈

禱小麥籽粒飽滿。　　這個月，自然界生氣正盛，陽氣往外宣洩。蜷曲的幼芽都已長出，帶尖的嫩芽都頂破地表。爲了順應節氣，只可以放出，不可以收納。天子發布恩德，施行仁惠，命有關官員打開糧倉，分賜給窮人，賑濟缺糧斷糧的人們；打開府庫，取出布帛財物，周濟天下；勉勵諸侯，聘問名士，禮敬賢人。　　這個月，命令掌管興建的長官——司空説：“雨季將要到來，地下水將要上湧，快去巡視各處城邑，周徧視察原野，修好隄防，疏通溝渠，開通道路，不要有障礙堵塞。”爲了保護正在孵乳的鳥獸，凡打獵所用的捕獸網、捕鳥網、長柄抄網、獵人掩蔽用具、毒害鳥獸藥品，一律不准攜出各處城門。　　這個月，命令主管田野及山林的官員禁止人們砍伐桑樹、柘樹。斑鳩拍打翅膀，戴勝鳥飛降在桑林裏。這時，開始置辦蠶薄、木架、圓筐、方筐。天子的后妃齋戒後，都在桑林面朝東親手採桑。這個蠶忙月份，禁止婦女精心費時的化粧打扮，儘量減省婦女的日常雜務，以便她們專心從事養蠶工作。蠶事完成後，給宮中婦女分下蠶繭，動手繅絲，然後分別上秤稱量，考核功效。用這批蠶絲來織帛，是專供做祭天祭祖禮服的，誰也不能懈怠。　　這個月，命令主管百工的官員——工師責成百工分別檢查金屬、皮革、角齒、弓箭、膠漆等五種材料倉庫的存量，凡鋼鐵、皮革、獸筋、獸角、象齒、鳥羽、箭桿、弓幹、油脂、膠、朱砂、油漆等等材料，不許有質量不良的。百工都從事製作，監工每日向他們發出號令：不要違反製造的時間程序，不要做得過分花哨來引誘君主滋生奢念。　　這個月底，選個吉日，舉行盛大的舞蹈音樂會，天子率領三公、九卿、諸侯、大夫親往觀看。　　這個月，收攏種牛種馬，遊放在牧場上，讓牠們自找母牛母馬交配。純色的備作祭祀用的牲口以及馬駒牛犢，都登記數目。命令全國舉行旨在驅除邪氣、疫鬼的儺祭，還在各個城門碎裂牲體祭門神，求門神攘除凶邪，禁止疫鬼再度入城，以此來結束春天的節氣。　季春三月頒行冬季的政令，就要寒氣時常發作，草木枝葉萎縮，國裏訛傳將發大水，人心恐慌不安；季春三月頒行夏季的政令，就要人民多患流行傳染病，該下雨不下雨，山地林區没有收益；季春三月頒行秋季的政令，就要經常天氣陰沉，雨季提前來到，各地發生戰亂。

孟夏之月，日在畢，昏翼中，旦婺女中。^{〔一〕}其日丙丁。其帝炎帝，其神祝融。其蟲羽。其音徵，^{〔二〕}律中中呂。^{〔三〕}其數七。其味苦，其臭焦。其祀竈，祭先肺。螻蟈鳴，^{〔四〕}蚯蚓出，王瓜生，苦菜秀。天子居明堂左个，乘朱路，駕赤駵，^{〔五〕}載赤旂，衣朱衣，服赤玉，食菽與雞，^{〔六〕}其器高以粗。是月也，以立夏。先立夏三日，大史謁之天子曰："某日立夏，盛德在火。"天子乃齊。立夏之日，天子親帥三公、九卿、大夫以迎夏於南郊。還反，行賞，封諸侯。慶賜遂行，無不欣説。^{〔七〕}乃命樂師習合禮樂。命大尉贊桀俊，^{〔八〕}遂賢良，舉長大，^{〔九〕}行爵出禄，必當其位。是月也，繼長增高，毋有壞墮，^{〔一〇〕}毋起土功，毋發大衆，毋伐大樹。是月也，天子始絺。^{〔一一〕}命野虞出行田原，^{〔一二〕}爲天子勞農勸民，^{〔一三〕}毋或失時。命司徒巡行縣鄙，命農勉作，毋休于都。是月也，驅獸毋害五穀，毋大田獵。農乃登麥。天子乃以彘嘗麥，^{〔一四〕}先薦寢廟。是月也，聚畜百藥。^{〔一五〕}靡草死，麥秋至。斷薄刑，決小罪，出輕繫。蠶事畢,[一六]后妃獻繭。乃收繭稅,以桑爲均,貴賤長幼如一,以給郊廟之服。[一七]是月也,天子飲酎,[一八]用禮樂。孟夏行秋令,則苦雨數來,[一九]五穀不滋,四鄙入保;行冬令,則草木蚤枯,後乃大水,敗其城郭;行春令,則蝗蟲爲災,[二○]暴風來格,秀草不實。

【注釋】

〔一〕婺:音務。　〔二〕徵:音紙。　〔三〕中中:上中音仲。　〔四〕螻:音樓。　蟈:音鍋。　〔五〕騮:音留,同駵。　〔六〕菽:音叔。　〔七〕説:音月,通悦。

〔八〕大:通太。　桀:通傑。　〔九〕長:音常。下同。

〔一○〕墮:音灰,通隳。　〔一一〕絺:音吃。

〔一二〕行:音杏。下同。　〔一三〕勞:音澇。　〔一四〕毳:音至。　〔一五〕畜:音旭,同蓄。　〔一六〕蠶事畢:王念孫認爲"畢"上應有"既"字。　〔一七〕給:音幾。　〔一八〕酎:音胄。　〔十九〕數:音碩。

〔二○〕蝗蟲:王引之云:"蝗蟲當作蟲蝗。"

【譯解】

　　孟夏四月,從中原觀測,太陽的位置正當畢星星宿,黃昏時翼星在南方天空的正中,拂曉時婺女星在南方天空的正中。夏季屬火,計日的天干中的丙日和丁日也屬火,是夏季的吉日。夏季,天帝的主宰是五帝中的炎帝,地神的主宰是五神中的祝融。夏季,以鱗、介、毛、羽、倮五類動物中的羽類爲主,羽類屬火。夏季的音是五音中的徵音,徵音屬火。四月的節氣,和測量節氣的十二律管中的中吕律管相應。夏季的數目是七,包孕在大地之中的五行爲水火木金土,火數二加土數五,故爲七。夏季的口味是五味中的苦味，苦屬火。夏季的嗅味是五嗅中的焦味，焦屬火。夏季祭五祀中的竈神，竈神屬火。夏季祭祀用的五臟祭品以肺臟爲先，肺屬火。　　這月青蛙鳴叫，蚯蚓出現，王瓜結實，苦菜開花。　　夏季每月初一，天子居住在明堂向陽一面名即叫明堂的房室。四月初一，居住在明堂的左室。夏季屬火，夏季的色調是紅色。爲了順應季節，天子乘的是紅色的車，駕的是棗紅馬，車上插着紅旗，身穿紅色衣服，冠玉佩玉都是紅色的。食品以豆飯和雞肉爲應時當令。使用高而粗的器皿。　　這個月確定立夏的日子。在立夏前三天，太史謁告天子説，某天立夏，天地的盛德開始處在火位。天子於是齋戒。立夏那天，天子親自率領三公、九卿、大夫去南郊舉行迎夏典禮。禮畢回朝，大行賞賜，封諸侯以爵位、土地。獎賞實施，無不欣悦。命樂師指導國學學生一起演習禮樂。命掌管軍政的長官——太尉選拔俊傑，引進賢良，推舉高大力士；授以的爵稱，給予的俸禄，一定與其職位相當。　　這個月，植物都在繼續生長增高，不要有毀壞行爲，不要興起土木工程，不要徵發大衆，不要砍伐大樹。　　這個月，天子開始穿夏布衣裳。命令掌管田野山林的官員——野虞出巡田原，爲天子慰勞和勸勉農民，不要喪失農務時機。又命令掌管民政的長官——司徒巡行鄉鎮，督促農民勉力於農業勞動，不要歇息在城邑之中。　　這個月，驅趕野獸，不讓牠們傷害莊稼，不要進行大規模的打獵活動。農官進獻新麥，天子就配搭猪肉來嘗新麥，吃用之前，先供奉宗廟。　　這個月，要蒐集儲存各種藥材。薺菜之類的野草開始枯死，小麥成熟的時節來到。爲了順應節氣，裁斷較輕的刑罰，判決較小的罪行，釋放情節較輕的囚犯。養蠶的工作完畢之後，后妃們向天子進獻蠶繭。國家開始徵收繭税，以桑樹多少爲標準，婦女無論貴賤長幼，都照章徵收，用以纊絲織綢，供做祭天祭祖的禮服。　這個月，天子和羣臣在朝廷上飲重釀的醇酒，酒會在禮樂之中進行。　孟夏四月頒行秋季的政令，那就要寒雨時常襲來，穀類不能滋長，邊境不安，人民避入城堡；孟夏四月頒行冬季的政令，那就要草木早枯，然後又發大水，冲壞城墻；孟夏四月頒行春季的政令，那就要蝗蟲成灾，暴風襲來，植物不能結實結籽。

仲夏之月，日在東井，昏亢中，〔一〕旦危中。其日丙丁。其帝炎帝，其神祝融。其蟲羽。其音徵，律中蕤賓。〔二〕其數七。其味苦，其臭焦。其祀竈，祭先肺。小暑至，螳蜋生，鵙始鳴，〔三〕反舌無聲。天子居明堂大廟，〔四〕乘朱路，駕赤駵，載赤旂，衣朱衣，服赤玉，食菽與雞，其器高以粗。養壯佼。〔五〕是月也，命樂師脩鞉、鞞、鼓，〔六〕均琴、瑟、管、簫，執干、戚、戈、羽，調竽、笙、箎、簧，〔七〕飭鍾、磬、柷、敔。〔八〕命有司爲民祈祀山川百源，大雩帝，〔九〕用盛樂。乃命百縣雩祀百辟卿士有益於民者，〔一〇〕以祈穀實。農乃登黍。是月也，天子乃以雛嘗黍，羞以含桃，先薦寢廟。令民毋艾藍以染，〔一一〕毋燒灰，毋暴布，〔一二〕門閭毋閉，〔一三〕關市毋索。挺重囚，益其食。游牝別羣，則縶騰駒，〔一四〕班馬政。是月也，日長至，陰陽爭，死生分。君子齊戒，〔一五〕處必掩身，〔一六〕毋躁，止聲色，毋或進，薄滋味，毋致和，節耆欲，〔一七〕定心氣。百官静事毋刑，〔一八〕以定晏陰之所成。鹿角解，蟬始鳴，半夏生，木菫榮。〔一九〕是月也，毋用火南方。可以居高明，可以遠眺望，可以升山陵，可以處臺榭。仲夏行冬令，則雹凍傷穀，道路不通，暴兵來至；[二〇]行春令，則五穀晚孰，百螣時起，[二一]其國乃饑；行秋令，則草木零落，果實早成，民殃於疫。

【注釋】

〔一〕六：音剛。　　〔二〕蕤：瑞的陽平聲。　　〔三〕鶪：音菊。　　〔四〕大：通太。　　〔五〕佼：音絞。

〔六〕鞀：音桃。　鞞：音皮。　　〔七〕調：音條。　竽：音于。　笢：音池。　　〔八〕柷：音祝。　敔：音語。

〔九〕雩：音于。　　〔一〇〕辟：音必。　　〔一一〕艾：音益，通刈。　　〔一二〕暴：音舖，曝的本字。

〔一三〕閭：音驢。　　〔一四〕縶：音直。　　〔一五〕齊：通齋。　　〔一六〕處：音杵。下同。　　〔一七〕耆：音士，通嗜。　　〔一八〕刑：王念孫云："吕氏春秋仲夏紀、淮南子時則訓並作徑。"　　〔十九〕堇：音錦，通槿。

〔二〇〕暴：音抱。　　〔二一〕螣：特的陽平聲。

【譯解】

　　仲夏五月，從中原觀測，太陽的位置正當東井星宿，黃昏時亢星在南方天空的正中，拂曉時危星在南方天空的正中。夏季，丙日和丁日是吉日。夏季，天帝的主宰是炎帝，地神的主宰是祝融。夏季，以羽類的動物爲主。夏季的音是徵音。五月的節氣，與測量節氣的蕤賓律管相應。夏季的數目是七。夏季的口味是苦味，夏季的嗅味是焦味。夏季祭祀竈神。夏季祭祀用的五臟祭品，以肺臟爲先。　　小暑節氣來到，螳螂發育成形，伯勞開始鳴叫，反舌鳥不再作聲。　　夏季每月初一，天子居住在明堂朝陽一面名稱亦叫明堂的房室，五月初一居住在明堂的中室。天子乘的是紅色的車，駕的是棗紅馬，車上插着紅旗，身穿紅色衣服，冠玉佩玉都是紅色的。食品以豆飯和雞肉爲應時當令。使用又高又粗的器皿。順應盛夏成長的節氣，愛護培養健美的人士。　這個月，命令樂師修治手搖的小鼓和棒擊的大鼓，調節琴、瑟、雙管、排簫，檢試舞蹈用的盾、斧、戈和羽毛，調理竽、笙與橫吹的笛、吹樂器中的薄片，整頓銅鐘、石磬，還有起樂用的桶狀的打擊樂器和止樂用的帶齒的刮掠樂器，以備雩祭上帝時使用。命令有關官員爲人民祈禱祭祀山川與各處水源。國家舉行大規模向上帝求雨的祭祀，使用盛大隆重的音樂。又命令各縣長官舉行向古代有益於人民的君主、公卿求雨的祭祀，來祈求穀物豐收。農官進獻新黍。　這個月，天子用小雞肉配食新黍，未食用之前，與櫻桃一起先薦獻於宗廟。命令人民這時候不要刈割藍草來染布，不要燒灰來湅布，不要在烈日下曬布。家門、巷門不要關閉，關口、集市不要搜索。寬待重罪囚犯，增加其食物。遊牧的母馬已經懷孕顯身，要分羣另放，同時也把長大的馬駒另加拘繫，頒布馴養馬匹的政令。　這個月，夏至來到，晝日最長，陽氣到達極點，陰氣開始滋生，陽氣生物，陰氣殺物，陰陽鬥爭，萬物死生的界綫由此劃分。在這個節氣裏，君子要齋戒，室內居處一定要遮掩身體，不得裸露，不要浮躁騷動，禁止聽輕靡音樂、接近女色，偶爾聆聽和接近也不行；飲食要清淡，不要用心調味；要節制嗜好和欲望，要平心靜氣；各處官員要安靜的從事工作，不要動用刑罰，借以穩定陰陽鬥爭所形成的格局。　此時鹿角開始脫落，蟬開始鳴叫，半夏草滋生，木槿開花。　這個月，不要在南方用火，南方屬火，在陽氣最盛的月份裏用火於南方，火氣就太盛了，有損於陰氣生長。人們可以住在高敞明亮的地方，可以遠眺，可以登山，可以處在高爽的臺榭之上。仲夏五月頒行冬季的政令，那就要招來冰雹、霜凍，從而傷害莊稼，道路不通，盜賊前來攻劫。仲夏五月頒行春季的政令，那就要五穀晚熟，各種害蟲並起成災，國家於是發生饑荒。仲夏五月頒行秋季的政令，那就要草木零落，果實早熟，瘟疫流行，人民遭殃。

季夏之月，日在柳，昏火中，旦奎中。其日丙丁。其帝炎帝，其神祝融。其蟲羽。其音徵，律中林鍾。其數七。其味苦，其臭焦。其祀竈，祭先肺。温風始至，蟋蟀居壁，鷹乃學習，腐草爲螢。天子居明堂右个，乘朱路，駕赤駵，載赤旂，衣朱衣，服赤玉，食菽與雞，其器高以粗。命漁師伐蛟，〔一〕取鼉，〔二〕登龜，取黿。〔三〕命澤人納材葦。是月也，命四監大合百縣之秩芻，〔四〕以養犧牲，令民無不咸出其力，以共皇天、上帝、名山、大川、四方之神，〔五〕以祠宗廟、社稷之靈，〔六〕以爲民祈福。是月也，命婦官染采，黼、黻、文、章必以法故，〔七〕無或差貸，〔八〕黑、黄、倉、赤莫不質良，毋敢詐僞，以給郊廟祭祀之服，以爲旗章，以別貴賤等給之度。〔九〕是月也，樹木方盛，乃命虞人入山行木，〔一〇〕毋有斬伐。不可以興土功，不可以合諸侯，不可以起兵動衆，毋舉大事以搖養氣，毋發令而待，以妨神農之事也。水潦盛昌，〔一一〕神農將持功，舉大事則有天殃。是月也，土潤溽暑，〔一二〕大雨時行，燒薙行水，〔一三〕利以殺草，如以熱湯，可以糞田疇，可以美土彊。〔一四〕季夏行春令，則穀實鮮落，〔一五〕國多風欬，〔一六〕民乃遷徙；行秋令，則丘隰水潦，〔一七〕禾稼不孰，乃多女災；行冬令，則風寒不時，鷹隼蚤鷙，〔一八〕四鄙入保。

【注釋】

〔一〕蛟：音交。　　〔二〕鼉：音駝。　　〔三〕黿：音元。

〔四〕䆉：音建。　芻：音除。　　〔五〕共：音公，通供。

〔六〕祠：音詞。　　〔七〕䐑：音府。　粰：音符。

〔八〕差：音插。　貸：音特，通忒。　　〔九〕等給："給"當作"級"，聲之誤也。<u>吕氏春秋季夏紀</u>即作"級"。

〔一〇〕行：音杏。　　　〔一一〕潦：音老。下同。

〔一二〕溽：音入。　　〔一三〕薙：音替。　　〔一四〕彊：音姜，通疆。　　〔一五〕鮮：音險。　　〔一六〕欬：音慨。

〔一七〕隰：音席。　　〔一八〕隼：音損。　蚤：通早。　鷙：音至。

【譯解】

　　季夏六月，從中原觀測，太陽的位置正當柳星星宿，黃昏時火星在南方天空的正中，拂曉時奎星在南方天空的正中。夏季，丙日和丁日是吉日。夏季，天帝的主宰是<u>炎帝</u>，地神的主宰是<u>祝融</u>。夏季，以羽類的動物為主。夏季的音是徵音。六月的節氣與測量節氣的林鍾律管相應。夏季的數目是七。夏季的口味是苦味，夏季的嗅味是焦味。夏季祭祀竈神。夏季祭祀用的五臟祭品，以肺臟為先。　　溫風開始飄來，蟋蟀藏在牆隙，小鷹開始學飛，腐草裏產生螢火蟲。　　夏季每月初一，天子居住在明堂朝陽一面名稱也叫明堂的房室，六月初一居住在明堂的右室。天子乘的是紅色的車，駕的是棗紅馬，車上插着紅旗，身穿紅色衣裳，冠玉佩玉都是紅玉。食品以豆飯和雞肉爲應時當令。使用又高又粗的器皿。　　命令漁師打蛟捕鱓魚，取黿捉大鼈。命令掌管湖泊官員收納可用的蒲葦。　　這個月，命令主管山林川澤的官員，大力徵集各地應該上繳的草料，用來餵養祭祀用牲，並命令人民無例外地都出力收割。養好犧牲，來供奉皇天、上帝、名山、大川和四方的神祇，來奉祀宗廟、社稷的神靈，從而爲人民祈禱福祉。　　這個月，命令宮中婦官主持絲織品的染色和彩繪工作。白色和黑色相配的黼，黑色和青色相配的黻，青色和赤色相配的文，赤色和白色相配的章，必須遵從傳統的方法、成例，不得出一點差錯。要求不管是黑是黃，不管是青是赤，沒有質量不優良的，不許欺詐做假、偷工減料。綢疋染好了，畫好了，用來供做祭天祭祖的禮服，用來製做各種旗幟，從而用以區別貴賤等級的不同程度。

這個月，樹木長得正茂盛，命令掌管山林的官員——虞人進山巡查樹木，禁止砍伐。這月，不可興起土方工程，不可會合諸侯，不可興師動衆。總之，不要發起什麼大事來動搖正在養育萬物的地氣；不要發布徭役命令讓人民待召，驚擾人心，從而妨礙了土神的事業。此月是雨水正盛的時期，土神將依靠雨水完成生養的事功，這時發起徭役大事而影響稼穡，就要遭受上天的懲罰。這個月，土地潮濕，天氣蒸熱，時常下大雨。在準備明年耕種的荒田中，剗除野草，草乾焚燒，雨水再來浸泡，烈日曬水，如同開水煮燙，這樣最利於消滅野草。利用這個月天熱、雨多、地濕的自然條件，可以肥田，可以改良板結堅硬的土壤。　　季夏六月頒行春季的政令，那將發生莊稼籽粒稀少而易脫落，國內有很多人患風寒咳嗽，人民遷移故土；季夏六月頒行秋季政令，那將發生高地低地都遭水淹，莊稼不熟，婦女常有遭受流産之灾的；季夏六月頒行冬季政令，那將發生盛夏而有風寒襲來，鷹和鷂鷹提早搏擊，四境常遭侵掠，人民躲入城堡。

　　中央土，其日戊己。其帝黄帝，其神后土。其蟲倮。〔一〕其音宫，律中黄鍾之宫。其數五。其味甘，其臭香。其祀中霤，〔二〕祭先心。天子居大廟大室，〔三〕乘大路，駕黄駵，載黄旂，衣黄衣，服黄玉，食稷與牛，其器圜以閎。〔四〕

【注釋】

〔一〕倮：同裸。　　〔二〕霤：音六，通溜。　　〔三〕大廟大室：兩大皆音泰，通太。　　〔四〕圜：音元，通圓。　閎：音洪。

【譯解】

　　一年的中央，在五行中屬土，它的吉日是天干中央的戊日和己日，戊日己日屬土。一年的中央，天帝的主宰是黄帝，地神的主宰是后土。一年的中央，以鱗介毛羽倮五類動物中的倮類爲主，倮類屬土。一年中央的音，是五音中的宫音，宫音屬土。此時的節氣，與測量節氣的十二律管中的黄鍾律管相應。一年中央的數目是五，五行水火木金土，土數五。一年中央的口味，是五味中的甜味，甜屬土；一年中央的嗅味，是五嗅中的香味，香屬土。一年中央祭祀五祀中的中霤神，中霤神屬土。一年中央祭祀用的五臟祭品，以心臟爲先，心屬土。一年的中央，天子居處在明堂正中央的太室。一年中央的色調是黄色。天子乘的是黄色的名叫大路的車，駕的是黄馬，車上插着黄旗，身穿黄衣，冠玉佩玉都是黃色的。食品以穈子米飯和牛肉爲主。使用圓而宏大的器皿。

孟秋之月，日在翼，昏建星中，旦畢中。其日庚辛。其帝少暤，[一]其神蓐收。[二]其蟲毛。其音商，律中夷則。其數九。其味辛，其臭腥。其祀門，祭先肝。涼風至，白露降，寒蟬鳴，鷹乃祭鳥，用始行戮。[三]天子居總章左个，乘戎路，駕白駱，[四]載白旂，衣白衣，服白玉，食麻與犬，其器廉以深。是月也，以立秋。先立秋三日，大史謁之天子曰：[五]“某日立秋，盛德在金。”天子乃齊。立秋之日，天子親帥三公、九卿、諸侯、大夫以迎秋於西郊。還反，賞軍帥、武人於朝。天子乃命將帥選士厲兵，簡練桀俊，專任有功，以征不義，詰誅暴慢，[六]以明好惡，[七]順彼遠方。是月也，命有司脩法制，繕囹圄，具桎梏，禁止姦，慎罪邪，務搏執。命理瞻傷，察創，[八]視折，審斷，決獄訟必端平，戮有罪，嚴斷刑。天地始肅，不可以贏。是月也，農乃登穀。天子嘗新，先薦寢廟。命百官始收斂，完隄防，謹壅塞，[九]以備水潦，脩宮室，坏墻垣，[一〇]補城郭。是月也，毋以封諸侯、立大官，毋以割地、行大使、出大幣。孟秋行冬令，則陰氣大勝，介蟲敗穀，戎兵乃來；行春令，則其國乃旱，陽氣復還，五穀無實；行夏令，則國多火災，寒熱不節，民多瘧疾。

【注釋】

〔一〕少：音紹。　　〔二〕蓐：音褥。　　〔三〕戮：音路。
〔四〕駱：音洛。　　〔五〕大：通太。　　〔六〕詰：音劫。

〔七〕好：音浩。　　惡：音務。　　〔八〕創：音窗。

〔九〕塞：音色。　　〔一〇〕坏：音陪。

【譯解】

　　孟秋七月，從中原觀測，太陽的位置正當翼星星宿，黃昏時建星在南方天空的正中，拂曉時畢星在南方天空的正中。秋季屬金，計日的天干中庚日和辛日也屬金，是秋季的吉日。秋季，天帝的主宰是少暤，地神的主宰是蓐收。秋季，以鱗、介、毛、羽、倮五類動物中的毛類爲主，毛類屬金。秋季的音是五音中的商音，商音屬金。七月的節氣，與測量節氣的十二律管中的夷則律管相應。秋季的數目是九，包孕在大地中的五行爲水火木金土，金數四加土數五，故爲九。秋季的口味是辣味，辣屬金。秋季的嗅味是五嗅中的腥味，腥屬金。秋季祭祀五祀中的門神，門神屬金。秋季祭祀用的五臟祭品，以肝臟爲先，肝屬金。　涼風開始吹來，植物葉上集結露水，一種有黃綠斑的小蟬——寒蟬開始鳴唱。鷹捕殺鳥，先四面陳列，好像在祭祀，從此時開始進行搏殺。　秋季每月初一，天子居處在明堂朝西一側名叫總章的房室，七月初一居處在總章的左室。秋季屬金，秋季的色調是白色。爲了順應季節，天子乘的是白色的兵車，駕的是白馬，車上插着白旗，身穿白衣，冠玉佩玉都是白色的。食品以麻子飯和狗肉爲應時當令。使用有棱有角而口內較深的器皿。　這個月，確定立秋節日。在立秋前三天，太史謁見天子說，某天立秋，天地的盛德開始處在金位。天子於是齋戒。立秋那天，天子親自率領三公、九卿、諸侯、大夫去西郊舉行迎秋典禮。禮畢進城，在朝廷上賞賜軍帥、武人。天子命令將帥選擇戰士，磨礪兵刃，精選傑俊勇士加以訓練，專任有功將領，使之征討不義的國家，詰責誅罰暴虐悖慢的罪魁，來顯明天子的是非好惡，馴服遠方的人民。　這個月，命令司法官員研習法制，修繕監牢，配備銬鐐，禁止爲非作歹，慎查邪惡行爲，對罪犯迅速加以逮捕拘留。命令審理案犯的官員到獄中視察那些動刑後受輕傷的，受重創的，骨折的，骨肉斷絶的。判決案犯一定要正當公平。殺戮有死罪的，嚴正的執行刑罰。天地開始嚴肅無情，順應節氣，執法也該從嚴，不可以寬縱罪犯。　這個月，農官進獻新收穀物。天子嘗用新米，必先薦獻宗廟。命令各處官員開始督導秋收，完善隄防，謹防堵塞，以備洪水，修繕宮室，培築墙垣，修補城郭。　這個月，爲了順應收斂性的節氣，不要分封諸侯，不要設立大官，不要割出土地賞功，不要派出大使，不要拿出大量幣帛進行賞賜。　孟秋七月頒行冬季的政令，那就要陰氣大勝，甲蟲敗壞莊稼，敵寇前來搶掠；孟秋七月頒行春季的政令，那就要發生乾旱，陽氣復回，五穀沒有籽粒；孟秋七月頒行夏季的政令，那就要國內時有火災，天氣冷熱失常，人民多患瘧疾。

仲秋之月，日在角，昏牽牛中，旦觜巂中。〔一〕其日庚辛。其帝少暭，其神蓐收。其蟲毛。其音商，律中南呂。其數九。其味辛，其臭腥。其祀門，祭先肝。盲風至，鴻鴈來，玄鳥歸，羣鳥養羞。天子居總章大廟，〔二〕乘戎路，駕白駱，載白旂，衣白衣，服白玉，食麻與犬，其器廉以深。是月也，養衰老，授几杖，行麋粥飲食。〔三〕乃命司服具飭衣裳，文繡有恒，制有小大，度有長短，〔四〕衣服有量，必循其故，冠帶有常。乃命有司申嚴百刑，斬殺必當，〔五〕毋或枉橈；〔六〕枉橈不當，反受其殃。是月也，乃命宰、祝循行犧牲，〔七〕視全具，案芻豢，〔八〕瞻肥瘠，察物色，必比類，量小大，〔九〕視長短，皆中度。〔一〇〕五者備當，上帝其饗。天子乃難，〔一一〕以達秋氣。以犬嘗麻，先薦寢廟。是月也，可以築城郭，建都邑，穿竇窖，脩囷倉。〔一二〕乃命有司趣民收斂，〔一三〕務畜菜，〔一四〕多積聚。乃勸種麥，毋或失時。其有失時，行罪無疑。是月也，日夜分，雷始收聲，〔一五〕蟄蟲坏戶，〔一六〕殺氣浸盛，〔一七〕陽氣日衰，水始涸。〔一八〕日夜分，則同度量，平權衡，正鈞石，角斗甬。〔一九〕是月也，易關市，來商旅，納貨賄，以便民事。四方來集，遠鄉皆至，則財不匱，上無乏用，百事乃遂。凡舉大事，毋逆大數，〔二〇〕必順其時，慎因其類。仲秋行春令，則秋雨不降，草木生榮，國乃有恐；行夏令，則其國乃旱，蟄蟲不藏，五穀復生；行冬令，則風災數起，〔二一〕收雷先行，草木蚤死。

【注釋】

〔一〕牺：音茲。 牷：音西。 〔二〕大：通太。
〔三〕麛：音迷。 〔四〕長短：<u>王念孫</u>云：“‘長短’本作‘短長’，與裳、量、常爲韻。<u>宋</u>撫本、<u>岳</u>本皆作‘短長’，<u>吕氏春秋仲秋紀</u>同。” 〔五〕當：音蕩。下同。 〔六〕枉：音往。 橈：音撓。 〔七〕行：音杏。 〔八〕芻：音除。 豢：音唤。 〔九〕量：音良。 〔一〇〕中：音仲。 〔一一〕難：音挪，儺的本字。 〔一二〕囷：音君。 〔一三〕趣：音醋。 〔一四〕畜：同蓄。

〔一五〕雷始收聲：<u>王引之</u>云：“<u>初學記</u>及<u>周官鞞人</u>疏引<u>月令</u>皆作‘雷乃始收’，<u>淮南子時則訓</u>同。”　　　〔一六〕坏：音培。
〔一七〕浸：音進。　　　〔一八〕涸：音河。　　　〔十九〕角：音決。　甬：音統。　　　〔二〇〕毋逆大數：<u>王引之</u>云：“‘大數’當從<u>吕氏春秋仲秋紀</u>作‘天數’。”　　　〔二一〕數：音碩。

【譯解】

　　仲秋八月，從中原觀測，太陽的位置正當角星星宿，黃昏時牽牛星在南方天空正中，拂曉時觜觿星在南方天空正中。秋季，庚日和辛日是吉日。秋季，天帝的主宰是<u>少暤</u>，地神的主宰是<u>蓐收</u>。秋季，以毛類的動物爲主。秋季的音是商音。八月的節氣，與測量節氣的中吕律管相應。秋季的數目是九。秋季的口味是辣味，秋季的嗅味是腥味。秋季祭祀五祀中的門神。秋季祭祀用的五臟祭品，以肝臟爲先。　疾風開始刮起，大鴈從北飛來，燕子歸往南方，羣鳥儲存食物。　秋季每月初一，天子居處在明堂朝西一側名叫總章的房室，八月初一，居處在總章的中室。天子乘的是白色的兵車，駕的是白馬，車上插着白旗，身穿白衣，冠玉佩玉都是白玉。食品以麻子飯和狗肉爲應時當令。使用有棱有角而口內較深的器皿。　這個月，加意養護衰弱老人，給予他們几案、手杖，分賜米粥飲食。命令掌管衣服的官員——司服置辦、整治衣裳，上衣畫的圖案，下裳繡的花紋，有一定的常法，衣裳大小長短有一定的制度，衣服有一定的限量，冠冕和腰帶有一定的常規，必須遵循已往的成例。命令司法官員，重申嚴格執行各種刑罰，斬殺必求準確，不要有違法錯判的情況。倘有寬嚴失當，司法人員就要反受其罰。　這個月，命令主管祭祀官員——太宰和太祝巡視祭祀用牲，看看肢體是不是完整；考查吃草的牲口和吃糧的牲口，看看肥瘦如何；觀察牲口的毛色，一定比照祭祀的類別，祭祀對象不同，用牲的毛色要求也不同；度量牲口大小，檢看牲口長短，都要合乎標準。完整、肥度、毛色、大小、長短五個方面都合適得當，上帝才能享用。　天子舉行意在驅除邪氣的儺祭，來通達秋氣。天子配合着狗肉嚐用麻子飯，食用之前，先薦獻宗廟。　這個月，可以修築內城外郭，建造城邑，挖圓窖方窖，修圓倉方倉。命令有關官員督促人民收存穀物，努力儲存蔬菜，多多積聚過冬資料。督勸人民播種冬麥，不要錯過時機。如有過時未曾播種的，一定給以處罰，決不遲疑。　這個月，白天黑夜等分，雷聲才開始收斂，越冬動物開始給洞口培土，準備蟄藏，陰氣漸盛，陽氣日益衰微，窪地積水開始乾涸。在這白天黑夜時刻均分的月份，就該全面地校正丈尺寸分、秤砣秤桿、鈞石斗斛等等器具，都使合乎標準。這個月，要減輕關口和集市的稅收，招徠商人和旅客，容納他們運進的財貨，從而方便了人民生活日用。四方的人們來會集，遠鄉的人也都到來，那麼財用才不匱乏。國家不缺財用，各種事業就容易辦成。凡是舉辦什麼興師動衆的大事，都不要違反天道，必須順應天時，謹慎因循季節的類別。　仲秋八月頒行春季的政令，那就要發生秋天不下雨，草木再度開花，國內謠傳火警，人心恐懼；仲秋八月頒行夏季的政令，那麼國內就將發生旱災，該蟄藏的蟲獸不入土蟄藏，五穀又萌芽生長；仲秋八月頒行冬季的政令，那就要屢次發生風災，已經收斂的雷聲又提前響動，草木提早枯死。

　　季秋之月，日在房，昏虛中，旦柳中。其日庚辛。其帝少暭，其神蓐收。其蟲毛。其音商，律中無射。〔一〕其數九。其味辛，其臭腥。其祀門，祭先肝。鴻鴈來賓，爵入大水爲蛤，〔二〕鞠有黃華，〔三〕豺乃祭獸戮禽。天子居總章右个，乘戎路，駕白駱，載白旂，衣白衣，服白玉，食麻與犬，其器廉以深。是月也，申嚴號令，命百官貴賤無不務內，以會天地之藏，無有宣出。乃命冢宰，〔四〕農事備收，舉五穀之要，藏帝藉之收於神倉，〔五〕祇敬必飭。〔六〕是月也，霜始降，則百工休。乃命有司曰：“寒氣總至，民力不堪，其皆入室。”上丁，命樂正入學習吹。是月也，大饗帝，〔七〕嘗，犧牲告備于天子。合諸侯，制百縣，爲來歲受朔日，與諸侯所稅於民輕重之法，貢職之數，以遠近土地所宜爲度，以給郊廟之事，無有所私。是月也，天子乃教於田獵，〔八〕以習五戎，班馬政。命僕及七騶咸駕，〔九〕載旌旐，〔一〇〕授車以級，整設于屏外，司徒搢扑，〔一一〕北面誓之。〔一二〕天子乃厲飾，執弓挾矢以獵，〔一三〕命主祠祭禽于四方。是月也，草木黃落，乃伐薪爲炭。蟄蟲咸俯在內，〔一四〕皆墐其戶。〔一五〕乃趣獄刑，〔一六〕毋留有罪。收祿秩之不當、供養之不宜者。〔一七〕是月也，天子乃以犬嘗稻，先薦寢廟。季秋行夏令，則其國大水，冬藏殃敗，民多鼽嚏；〔一八〕行冬令，則國多盜賊，邊竟不寧，〔一九〕土地分裂；行春令，則煖風來至，民氣解惰，〔二〇〕師興不居。

【注釋】

〔一〕射：音益。　　〔二〕爵：音碏，通雀。　蛤：音格。

〔三〕鞠：音局，通菊。　　華：同花。　　〔四〕冢：音腫。

〔五〕藉：音吉。　　〔六〕祇：音知。　　〔七〕饗：音想。

〔八〕教：音交。　　〔九〕驪：音鄒。　　〔一〇〕旌：音京。

旐：音兆。　　〔一一〕搢：音晋。　　扑：音仆。　　〔一二〕

北面誓之：王念孫云：“唐月令及考文引古本、足利本‘誓’上

皆有‘以’字。”　　〔一三〕挾：音邪。　　〔一四〕内：呂

氏春秋季秋紀作“穴”。王念孫云：“内當作穴。”

〔一五〕墐：音勁。　　〔一六〕趣：音醋。　　〔一七〕當：

音宕。　　供：音共。　　〔一八〕觩：音求。　　嚏：音替。

〔一九〕竟：同境。　　〔二〇〕解：音謝，通懈。

【譯解】

　　季秋九月，從中原觀測，太陽的位置正當房星星宿，黃昏時虛星在南方天空的正中，拂曉時柳星在南方天空的正中。秋季，庚日和辛日是吉日。秋季，天帝的主宰是少暤，地神的主宰是蓐收。秋季，以毛類的動物爲主。秋季的音是商音。九月的節氣，與測量節氣的無射律管相應。秋季的數目是九。秋季的口味是辣味，秋季的嗅味是腥味。秋季祭祀五祀中的門神。秋季祭祀用的五臟祭品，以肝臟爲先。　　大鴈從北方飛來停留，雀飛入大海變爲蛤蜊，菊開黃花，豺先殺野獸陳列，而後開始捕殺動物。　　秋季每月初一，天子居處在明堂朝西一側名叫總章的房室，九月初一居處在總章的右室。天子乘的是白色的兵車，駕的是白馬，車上插着白旗，衣穿白衣，冠玉佩玉都是白玉。食品以麻子飯和狗肉爲應時當令。使用有棱有角而口內較深的器皿。　　這個月，重申嚴格執行號令，命各處各級官員毫無例外地從事收納工作，來趨附與配合天地的收藏性的季節，不要有所宣出疏散。命令總理

國政的冢宰，在農作物全部收納之後，提出各種穀物的收入總册，並把天子千畝藉田的收穫藏入神倉，工作當中一定要恭敬而嚴謹。　這個月，開始降霜，各種工匠休息。於是命令有關官員説："寒氣突然襲來，人民體力不能忍受，都叫他們離開田地回家。"本月第一個丁日，命令國學負責官員——樂正到國學中去，教導學生練習吹奏。　這個月，在明堂舉行大饗禮，祭祀五帝；在宗廟舉行秋祭——嘗，合祭祖宗。祭前，檢視所用犧牲完備合格，就禀告天子。會合各路諸侯，命令王畿各縣官員，來接受天子爲來年頒布的每月初一的日期，與諸侯向人民徵稅輕重的條例，貢獻天子的數額，都要以距離遠近和當地所宜物産爲節度，用以供給祭天祭祖的大事，都要奉公遵命，不得有什麽私心。　這個月，天子通過大規模的田獵來教士兵作戰，來練習使用弓箭、殳、矛、戈、戟五種兵器，同時頒布訓練馬匹的政令。命令駕駛人員的頭領——僕夫和七位駕駛員都套馬駕車，車上竪起插着羽毛和畫着龜、蛇的旗幟，根據官員的等級地位授予車輛，整隊設置在獵場的屏障之外。主管民政的長官——司徒，腰間插着教鞭，面朝北誓師，申明紀律。天子於是頂盔貫甲，執弓搭箭進行射獵，命令主管祭祀的官員將剛剛捕殺的禽獸持向四方神靈祭祀。　這個月，草木的葉子枯黄飄落，於是砍伐林木做炭。該冬眠的蟲獸都藏伏在穴内，封上了穴口。這時，督促司法官員趕快行刑，不准有罪案犯滯留獄中。收回官員不該接受的俸禄和國家不宜供養的開支。　這個月，天子配合狗肉嚐用新稻米，嚐用之前，先薦獻宗廟。　季秋九月頒行夏季的政令，那麽國内就要發大水，儲藏過冬的東西就要腐敗，人民多有患鼻塞傷風的；季秋九月頒行冬季的政令，那麽國家就要盜賊衆多，邊境不安寧，土地開裂；季秋九月頒行春季的政令，那就要吹來暖風，民風懈怠懶惰，用兵不已。

　　孟冬之月，日在尾，昏危中，旦七星中。其日壬癸。〔一〕其帝顓頊，〔二〕其神玄冥。〔三〕其蟲介。其音羽，律中應鍾。〔四〕其數六。其味鹹，其臭朽。其祀行，祭先腎。水始冰，地始凍，雉入大水爲蜃，〔五〕虹藏不見。〔六〕天子居玄堂左个，乘玄路，駕鐵驪，〔七〕載玄旂，衣黑衣，服玄玉，食黍與彘，〔八〕其器閎以奄。〔九〕是月也，以立冬。先立冬三日，大史謁之天子曰：〔一〇〕“某日立冬，盛德在水。”天子乃齊。立冬之日，天子親帥三公、九卿、大夫以迎冬於北郊。還反，〔一一〕賞死事，恤孤寡。是月也，命大史釁龜筴，〔一二〕占兆審卦吉凶，是察阿黨，〔一三〕則罪無有掩蔽。是月也，天子始裘。命有司曰：“天氣上騰，地氣下降，天地不通，閉塞而成冬。〔一四〕命百官謹蓋藏。”命司徒循行積聚，〔一五〕無有不斂。坏城郭，〔一六〕戒門閭，脩鍵閉，慎管籥，〔一七〕固封疆，〔一八〕備邊竟，完要塞，〔一九〕謹關梁，塞徯徑。〔二〇〕飭喪紀，辨衣裳，審棺椁之薄厚，〔二一〕塋丘壟之小大、高卑、薄厚之度，〔二二〕貴賤之等級。是月也，命工師效功，陳祭器，案度程，毋或作爲淫巧，以蕩上心，必功致爲上。〔二三〕物勒工名，以考其誠，功有不當，必行其罪，以窮其情。是月也，大飲烝。〔二四〕天子乃祈來年于天宗，大割祠于公社及門閭，臘先祖、五祀，〔二五〕勞農以休息之。〔二六〕天子乃命將帥講武，習射御、角力。〔二七〕是月也，乃命水虞、漁師收水泉池澤之賦，毋或敢侵削衆庶兆民，〔二八〕以爲天子取怨于下。其有若此者，行罪無赦。孟冬行春令，則凍閉不密，地氣上泄，民多流亡；行夏令，則國多暴風，方冬不寒，蟄蟲復出；行秋令，則雪霜不時，小兵時起，土地侵削。

【注釋】

〔一〕壬：音人。　癸：音鬼。　〔二〕顓：音專。　頊：音須。
〔三〕冥：音明。　〔四〕應：音硬。　〔五〕蜃：音慎。
〔六〕見：現的本字。　〔七〕驪：音梨。　〔八〕彘：音至。　〔九〕奄：音眼。　〔一〇〕大：通太。
〔一一〕還：同旋。　反：通返。　〔一二〕釁：音信。　筴：同策。　〔一三〕阿：音婀。　〔一四〕塞：音色。
〔一五〕行：音杏。　〔一六〕坏：音陪。　〔一七〕籥：音月。　〔一八〕疆：鄭玄云："今月令疆或爲璽。"吕氏春秋孟冬紀、淮南子時則訓作"璽"。　〔一九〕塞：音賽。
〔二〇〕塞：音色。　〔二一〕椁：音果。　〔二二〕坒：動詞，通營。　〔二三〕致：通緻。　〔二四〕烝：音征。
〔二五〕臘：音辣。　〔二六〕勞：音澇。　〔二七〕角：音决。　〔二八〕削：音靴。下同。

【譯解】

孟冬十月，從中原觀測，太陽的位置正當尾星星宿，黃昏時危星在南方天空正中，拂曉時七星在南方天空正中。冬季屬水，計日的天干中的壬日和癸日也屬水，是冬季的吉日。冬季，天帝的主宰是顓頊，地神的主宰是玄冥。冬季，以鱗、介、毛、羽、倮五類動物中的介類爲主，介類屬水。冬季的音是五音中的羽音，羽音屬水。十月的節氣與測量節氣的十二律管中的應鍾律管相應。冬季的數目是六，包孕在大地之中的五行是水火木金土，水數一加土數五，故爲六。冬季中的口味是五味中的鹹味，鹹味屬水。冬季的嗅味是五嗅中的朽味，朽味屬水。冬季祭祀五祀中的行神，行神屬水。冬季祭祀用的五臟祭品，以腎臟爲先，腎屬水。　水開始結冰，地開始封凍，雉雞飛入淮水變成大蛤，彩虹開始隱藏不再顯現。　冬季每月初一，天子居處在明堂朝北一側名叫玄堂的房室，十月初一居處在玄堂的左室。冬季屬水，冬季的色調是黑色。爲順應季節，天子乘的是黑色的車，駕的是黑馬，車上插着黑色的大旗，身穿黑衣，冠玉佩玉都是黑色的。食品以黍米和猪肉爲應時當令。使用肚大口小的器皿。　這個月，確定立冬的日子。在立冬的前三天，太史謁見天子，報告説，某日立冬，天地的盛德開始處在水位。天子於是齋戒。立冬那天，天子親自率領三公、九卿、大夫去北郊舉行迎冬典禮。禮畢回城，獎賞爲國獻身的人，撫恤死事者的孤兒、寡妻。　這個月，爲了祈求龜甲和蓍策的靈驗，命令太史主持釁禮，將龜甲、蓍策塗上牲血。神職人員占視被灼龜甲所顯現的裂紋，審視分布蓍策所呈露的卦象，要謹慎察看吉凶。如果曲徇上意，或者私附下情，就要治罪，絕不准許掩蓋吉凶真象。　這個月，天子開始穿着皮裘。命令負責官員説："現在天氣上升，地氣下降，天地兩氣互不相通，上下閉塞而成了冬季，命令百官們謹慎地蓋藏好各種物資。"命令掌管民政的長官——司徒巡視各地的莊稼垛、薪柴堆，田野間不准許仍有未曾收斂集中儲存的芻禾薪草。順應收藏的季節，國家培築內城外郭，戒備城門、里門，修好門栓，慎保鑰匙，鞏固疆界，防備邊境，完善要塞，嚴管關口和橋梁，堵塞小路。整飭喪事規矩，辨別死者入斂用衣的檔次、數量，審查棺椁厚薄、墓地大小、墳頭高低的制度，及其貴賤的等級。　這個月，命令百工官長考核功績，陳列祭器，檢驗規格容量，不准做得過分奇巧來誘發國君的奢念，一定要工藝精緻爲上。製作的器物，都要刻上工匠的姓名，便於考查他們的工作態度。做工不合乎標準，一定處罪，追究情由。這個月，天子和羣臣在太學裏舉行旨在尊重年齒的盛大酒會，各有牲體設在肉几上。天子向日月星辰祈禱來年豐收，宰殺牲口報答性地祭祀公家神社以及城門、里門，用田獵所得禽獸祭祀宗廟和五祀——門神、户神、中霤神、竈神、行神，舉行慰勞農民的酒會，來讓農民好好休息。天子又命令將帥們研習武事，訓練士卒射箭、駕駛兵車，較量膂力。　這個月，命令掌管河川水域物産的官員——水虞和漁師徵收水泉池澤的賦税，不准侵奪盤剝羣衆萬民而給天子招來下面的怨恨。如果有這樣的官吏，一定處罪，決不赦免。　孟冬十月頒行春季的政令，那就會造成封凍不嚴，地氣上洩，人民多有流亡；孟冬十月頒行夏季的政令，那就會國家常起風暴，時值寒冬而氣候不冷，蟄藏的蟲獸又鑽出地面；孟冬十月頒行秋季的政令，那就將發生降霜下雪都不及時，邊境時常發生小規模的武裝衝突，國土遭受侵佔。

仲冬之月，日在斗，昏東壁中，旦軫中。[一] 其日壬癸。其帝顓頊，其神玄冥。其蟲介。其音羽，律中黄鍾。其數六。其味鹹，其臭朽。其祀行，祭先腎。冰益壯，地始坼，[二] 鶡旦不鳴，[三] 虎始交。天子居玄堂大廟，[四] 乘玄路，駕鐵驪，載玄旂，衣黑衣，服玄玉，食黍與彘，其器閎以奄。〔五〕飭死事。命有司曰：“土事毋作，慎毋發蓋，毋發室屋及起大衆，以固而閉。地氣且泄，是謂發天地之房，諸蟄則死，民必疾疫，又隨之以喪，命之曰暢月。”是月也，命奄尹申宮令，〔六〕審門閭，〔七〕謹房室，必重閉，〔八〕省婦事，毋得淫。雖有貴戚近習，毋有不禁。乃命大酋，〔九〕秫稻必齊，〔一○〕麴糵必時，〔一一〕湛熾必絜，〔一二〕水泉必香，陶器必良，火齊必得。〔一三〕兼用六物，大酋監之，毋有差貸。〔一四〕天子命有司祈祀四海、大川、名源、淵澤、井泉。是月也，農有不收藏積聚者，馬牛畜獸有放佚者，〔一五〕取之不詰。山林藪澤，〔一六〕有能取蔬食、田獵禽獸者，野虞教道之。〔一七〕其有相侵奪者，罪之不赦。是月也，日短至，陰陽争，諸生蕩。君子齊戒，處必掩身，〔一八〕身欲寧，去聲色，禁耆欲，〔一九〕安形性，事欲静，以待陰陽之所定。芸始生，荔挺出，〔二○〕蚯蚓結，麋角解，水泉動。日短至，則伐木，取竹箭。是月也，可以罷官之無事，去器之無用者。塗闕廷、門閭，〔二一〕築囹圄，此所以助天地之閉藏也。仲冬行夏令，則其國乃旱，氛霧冥冥，雷乃發聲；行秋令，則天時雨汁，〔二二〕瓜瓠不成，〔二三〕國有大兵；行春令，則蝗蟲爲敗，〔二四〕水泉咸竭，民多疥癘。

【注釋】

〔一〕軫：音枕。　　〔二〕坼：音徹。　　〔三〕鶍：音何。

〔四〕大：通太。　　〔五〕奄：音眼。　　〔六〕奄：音烟。

〔七〕閭：<u>蔡邕月令説</u>作“闠”。　　〔八〕重：音崇。

〔九〕酉：音求。　〔一〇〕秭：音贖。　〔一一〕麴：音區。　蘖：音聶。　〔一二〕湛：音堅。　熾：音翅。　絜：同潔。　〔一三〕齊：音計。　〔一四〕差：音插。　貸：音特，通忒。　〔一五〕佚：音亦。　〔一六〕藪：音叟。　〔一七〕道：音島，同導。　〔一八〕處：音杵。　〔十九〕耆：音士，通嗜。　〔二〇〕茘：音力。　〔二一〕闕：音確。　〔二二〕雨：動詞，音玉。　〔二三〕瓠：音户。　〔二四〕蝗蟲：王引之云："蝗蟲當作蟲蝗。"

【譯解】

仲冬十一月，從中原觀測，太陽的位置正當斗宿，黃昏時東壁星在南方天空正中，拂曉時軫星在南方天空正中。冬季，壬日和癸日是吉日。冬季，天帝的主宰是顓頊，地神的主宰是玄冥。冬季，以介類的動物爲主。冬季的音是羽音。十一月的節氣，與測量節氣的黃鍾律管相應。冬季的數目是六。冬季的口味是鹹味，冬季的嗅味是朽味。冬季祭祀五祀中的行神。冬季祭祀用的五臟祭品以腎臟爲先。　冰凍得更加堅硬，土地開始凍裂，鶡旦鳥不再鳴叫，老虎開始交配。　冬季每月初一，天子居處在明堂朝北一側名叫玄堂的房室，十一月初一居處在玄堂的中室。天子乘的是黑色的車，駕的是黑馬，車上竪着黑色的大旗，身穿黑衣，冠玉佩玉都是黑玉。食品以黍米和猪肉爲應時當令。使用肚大口小的器皿。　訓導軍士遇到戰爭一定要有爲國效死的決心。命令有關官員説："土方工程不要興作，凡是掩藏物資的處所，千萬不要揭開覆蓋物，也不要掀開屋頂，不可發動羣衆，借以牢固地封閉地氣。不然的話，地氣洩露，這叫做掀開天地的房屋，各種冬眠的蟲獸都將凍死，民衆必定染上流行瘟疫，又隨即死喪，這種倒霉的月份，稱作‘暢月’。"這個月，命令太監頭領申明宮中的政令，審查宮門、巷門，小心房室，一定要關閉嚴密。減省婦女勞作，有所製作禁止過度奇巧，即使是皇親貴戚和天子寵幸的人，也沒有不加禁止的。　命令負責釀酒的官員——大酉，注意六必：做酒原料秫米稻米必須成熟整齊，料理酒麴必須掌握好發酵時間，浸泡炊蒸的過程必須清潔，泉水必須香甜，盛酒的陶器必須精良，釀造的火候必須得當。兼顧這六件事，由大酉監督進行，不准發生差錯。冬季水德當位，天子命令有關官員分別祈禱祭祀四海、大川、著名水源、湖澤、井泉。　這個月，農民有不收藏、積聚莊稼芻草的，有馬牛家畜散放在外的，就任人收取而不加追究。山林和水淺草密的地方，有能採取山菜野果與獵捕禽獸的，主管田野的官吏應該予以指導；如果有人侵占搶奪，就予以處罰，而不寬貸。　這個月，白晝最短的日子到了，陰陽爭鬥，各種生物開始萌動。君子要齋戒，室中居處一定要遮掩身體，身體要安寧少動，遠離聲色，嚴加制約嗜好、欲望，安身定性，做事要冷靜，借以等候陰陽消長的定局。　香草開始滋長，馬薤草開始出土，蚯蚓蜷曲穴中，麋角脫落，水泉流動。白晝最短，適宜伐木，割取箭竹。　這個月，可以罷免沒有事務的冗官，廢去沒有用處的器具。塗飾宮闕門閭，修築監牢，這樣來助成天地的封閉收藏。　仲冬十一月頒行夏季的政令，那麼國家就要發生旱災，霧氣迷蒙，又發出了雷聲；仲冬十一月頒行秋季的政令，那就要雨雪夾雜而降，瓜瓠長不成形，國家發生大的戰亂；仲冬十一月頒行春季的政令，那就要發生蝗蟲敗壞莊稼，水泉全都枯竭，很多民眾長疥生瘡。

季冬之月，日在婺女，〔一〕昏婁中，旦氐中。〔二〕其日壬
癸。其帝顓頊，其神玄冥。其蟲介。其音羽，律中大呂。
其數六。其味鹹，其臭朽。其祀行，祭先腎。鴈北鄉，〔三〕
鵲始巢，雉雊，〔四〕雞乳。天子居玄堂右个，乘玄路，駕鐵
驪，載玄旂，衣黑衣，服玄玉，食黍與彘，其器閎以奄。
命有司大難，〔五〕旁磔，〔六〕出土牛，以送寒氣。征鳥厲疾。
乃畢山川之祀及帝之大臣、天之神祇。〔七〕是月也，命漁師
始漁，天子親往，乃嘗魚，先薦寢廟。冰方盛，水澤腹
堅，命取冰，冰以入。令告民出五種。命農計耦耕事，
脩末耜，〔八〕具田器。命樂師大合吹而罷。乃命四監收秩薪
柴，〔九〕以共郊廟及百祀之薪燎。〔一〇〕是月也，日窮于次，
月窮于紀，星回于天，數將幾終，〔一一〕歲且更始，專而農
民，毋有所使。天子乃與公卿大夫共飭國典，論時令，
以待來歲之宜。乃命大史次諸侯之列，〔一二〕賦之犧牲，以
共皇天、上帝、社稷之饗。乃命同姓之邦共寢廟之芻
豢。〔一三〕命宰歷卿大夫至于庶民土田之數，而賦犧牲，以
共山林名川之祀。凡在天下九州之民者，無不咸獻其力，
以共皇天、上帝、社稷、寢廟、山林、名川之祀。季冬
行秋令，則白露蚤降，介蟲為妖，四鄙入保；行春令，
則胎夭多傷，國多固疾，命之曰逆；行夏令，則水潦敗
國，〔一四〕時雪不降，冰凍消釋。

【注釋】

〔一〕婺：音務。　　〔二〕氐：音低。　　〔三〕鄉：音象，

通向。　　〔四〕雛：音够。　　〔五〕難：音挪，儺的本字。
〔六〕磔：音折。　　〔七〕祇：音奇。　　〔八〕耒：音壘。
耜：音似。　　〔九〕監：音劍。　　〔一〇〕共：音工，通
供。下同。　燎：音聊。　　〔一一〕幾：音基。
〔一二〕大：通太。　　〔一三〕剢：音除。　豢：音换。
〔一四〕潦：音老。

【譯解】

　　季冬十二月，從中原觀測，太陽的位置正當婺女星宿，黃昏
時婁星在南方天空正中，拂曉時氐星在南方天空正中。冬季，壬
日和癸日是吉日。冬季，天帝的主宰是顓頊，地神的主宰是玄冥。
冬季，以介類的動物爲主。冬季的音是羽音。十二月份的節氣，
與測量節氣的大呂律管相應。冬季的數目是六。冬季的口味是鹹
味，冬季的嗅味是朽味。冬季祭祀五祀中的行神。冬季祭祀用的
五臟祭品以腎臟爲先。　　大鴈開始北飛，喜鵲開始做巢，雉雞開
始鳴叫，家雞開始下蛋。　　冬季每月初一，天子居處在明堂朝北
一側名叫玄堂的房室。十二月初一，居處在玄堂的右室。天子乘
的是黑色的車，駕的是黑馬，車上插着黑色大旗，身穿黑衣，冠
玉佩玉都是黑玉。食品以黍米和豬肉爲應時當令。使用肚大口小
的器皿。　　命令有關官員舉行大規模的驅逐邪氣疫鬼的儺祭，又
在國門之旁碎裂牲體，禳除陰氣，並製作土牛，來送走寒氣。鷹
搏擊鳥類凶猛迅速。於是結束一年裏對於山川以及先帝的有功於
人民的大臣、天上的雨師風伯等神祇的祭祀。　　這個月，命令掌
管捕魚的官吏——漁師開始捕魚，天子親臨現場。天子嚐魚，食
用之前，先奉獻宗廟。這時是冰凍的盛季，湖泊水域結冰堅厚。
天子命令管冰官員帶人截取冰塊，入窖封存，以備春夏取用。命

令農官普告農民選出五穀的良種。命令農民合計耦耕事宜，修整耒耜，準備各種耕田器具。命令樂師在國學舉行盛大吹奏音樂會，而後結束學習，放假回家。命令監管山林川澤的四監徵收人民應該按常例繳納的薪柴，用來供給祭天祭祖以及各種祭祀的炊事和照明。　　這個月，從大地觀測，太陽運行到了一年最後的位置，月亮運行到了一年最後與太陽會合的所在，星辰又在天空中轉回了原位，一年的天數即將終了，新的一年就要開始，讓農民專心備耕，不要差派什麼勞役。天子同公卿大夫們一起研習國家法典，討論四時政令，來準備明年不失時宜的頒行。命令太史順序排列諸侯的大小等級，而分別徵收犧牲，來供奉皇天、上帝、社神、穀神的享用；命令同姓的諸侯國供給宗廟的用牲；命令小宰順序排列卿大夫以至民眾擁有土地的數額，而分別徵收犧牲，用以供給山林名川的祭祀；凡是生活在藍天底下九州之中的人民，無例外的都要貢獻自己的力量，來供給皇天、上帝、社稷、宗廟、山林、名川的祭祀。　　季冬十二月頒行秋季的政令，那就將招致白露早降，各種帶甲帶殼的動物活動反常，四面邊境不安，人民躲入城堡；季冬十二月頒行春季的政令，那就要發生孕育未成的和降生不久的動物多有傷敗，國內民眾多患難以醫治的頑症，這叫作“逆”；季冬十二月頒行夏季的政令，那就要導致洪水毀壞國家，下雪的月份不下雪，冰凍提前融化。

曾子問第七

曾子問曰：“君薨而世子生，[一]如之何？”孔子曰：“卿、大夫、士從攝主，北面於西階南。大祝裨冕，[二]執束帛，升自西階，盡等不升堂，命毋哭。祝聲三，告曰：‘某之子生，敢告。’升，奠幣于殯東几上，[三]哭降。衆主人、卿、大夫、士、房中皆哭，不踊，[四]盡一哀，反位。遂朝奠，小宰升，舉幣。三日，衆主人、卿、大夫、士如初位，北面。大宰、大宗、大祝皆裨冕，少師奉子以衰，[五]祝先，子從，宰、宗人從，入門，哭者止。子升自西階，殯前北面，祝立于殯東南隅。祝聲三，曰：‘某之子某，從執事敢見。’子拜稽顙，[六]哭，祝、宰、宗人、衆主人、卿、大夫、士哭踊三者三，降，東反位，皆袒。子踊，房中亦踊，三者三，襲衰，杖，奠，出。大宰命祝、史以名徧告于五祀、山川。”[七]

【注釋】

〔一〕薨：音轟。　　〔二〕大：通太。下同。　神：音皮。

〔三〕殯：音鬢。　　〔四〕踊：音勇。　　〔五〕少：音紹。

衰：音崔。　　〔六〕稽：音起。　顙：音嗓。　　〔七〕徧：同遍。

【譯解】

　　曾子問道：“國君去世，在停殯期間，他的繼承人才降生，這該如何告訴死者？”孔子説：“卿大夫士們隨着代理主喪人面朝北，立在殯宮西階下的南邊。神職官員太祝頭戴麻冕，手執一束即五疋幣帛，從西階升到台階的盡頭，不邁進堂上，讓大家停止哭聲。然後向靈柩招呼三聲，稟告説：‘夫人某氏生了兒子，謹向您報告。’升到堂上，奠放幣帛於靈柩東邊几案之上，哭着降堂下階。奠放幣帛時，死者的近親、卿大夫士們以及堂上房中的婦女都哭了起來，不頓足。哭了一陣之後，各自返回到每天早晚哭喪的位置上。於是舉行朝奠——日出時供奉飲食在靈柩東側。小宰升堂，抱起几上的幣帛下堂，埋在東西兩階之間。到了第三天，死者的近親、卿大夫士們仍立在西階下的南邊，面朝北。總理國政的太宰、掌管禮事的太宗、神職官長太祝都頭戴神冕，負責教養王子的官員少師，捧抱着用喪服包裹在外的世子。太祝走在前面，少師抱着世子走在中間，太宰、太宗跟在後面。進了殯宮大門，裏邊人停止哭聲。少師抱着世子從西階升堂，在靈柩之前面向北站立。太祝站在靈柩的東南側，向靈柩招呼三聲，然後説：‘夫人某氏生的兒子叫某，跟從執事官員前來拜見。’少師捧着世子並代替世子跪拜叩頭，哭。太祝、太宰、小宰、宗人、死者近親、卿大夫士們都哭了起來。每哭一聲跳一次腳，三哭三踊爲一節，一共哭踊三節。之後，大家自西階降下靈堂東行，都返回每天朝夕奠時所立的原位，都袒露左臂，少師抱着世子哭踊，房中婦女也哭踊，各哭踊三節。然後穿好喪服，少師代替世子拄起喪杖，舉行朝奠禮完畢才出殯宮。太宰命令作爲祝禱官員的祝史們分別將世子的名字遍告五祀（門、户、中霤、竈、行）、名山大川各種神靈。"

曾子問曰："如已葬而世子生，則如之何?"孔子曰："大宰、大宗從大祝而告于禰。〔一〕三月，乃名于禰，以名徧告及社稷、宗廟、山川。"

【注釋】

〔一〕大宰大宗大祝：三大皆音太。　禰：音你。

【譯解】

曾子問道："如果去世的國君已經入葬，這時世子才降生，那該怎麽做呢?"孔子説："太宰、太宗跟從太祝去殯宮，向死者的神主稟告。過三個月，就在先君神主之前給世子命名，然後將世子的名字遍告社稷、宗廟、山川諸神。"

孔子曰："諸侯適天子，必告于祖，奠于禰。冕而出視朝，〔一〕命祝史告于社稷、宗廟、山川。〔二〕乃命國家五官而後行，道而出。告者五日而徧，過是非禮也。凡告用牲、幣，反亦如之。〔三〕諸侯相見，必告于禰。朝服而出視朝，命祝史告于五廟、所過山川。亦命國家五官，道而出。反必親告于祖禰，乃命祝史告至于前所告者，而后聽朝而入。"

【注釋】

〔一〕朝：音潮。下同。　　〔二〕社稷：<u>王引之</u>云：“‘社稷’二字疑因上文‘以名徧告社稷宗廟山川’而衍。”　　〔三〕反：通返。下同。

【譯解】

　　<u>孔子</u>説：“諸侯將去朝天子，必須在太祖廟、父廟先後供奉祭品，稟告自己即將出國朝天子。然後身穿冕服視朝，命令祝史們祭告社稷、宗廟、山川。把國事託付給五位長官再走。舉行過祈求旅途平安的祖道之祭，然後出發。出發前的各種告祭，要在五天之内做完，超過時間就不合乎禮規了。凡出行前的告祭，必須用犧牲與幣帛，回來時也是這樣。諸侯之間相互訪問，出國之前必須向父廟祭告。身穿朝服視朝，命令祝史們將國君將出國訪問的事向五廟（太祖廟、高祖廟、曾祖廟、祖廟、父廟）和旅途所經過的名山大川祭告。臨走前也把國事托付給五位長官，也舉行過祖道祭再出發。回國後，必須親自到祖廟、父廟報告訪問成功平安歸來。還命令祝史們向出發前曾祭告的神祇告歸。然後臨朝會見羣臣議事，朝罷回宮。”

　　<u>曾子</u>問曰：“並有喪，如之何？何先何後？”<u>孔子</u>曰：“葬，先輕而後重，其奠也，先重而後輕，禮也。自啓及葬不奠，行葬不哀次，反葬奠而後辭於殯，〔一〕遂脩葬事。其虞也，〔二〕先重而後輕，禮也。”

【注釋】

〔一〕殯：<u>鄭玄</u>云：“殯當爲賓，聲之誤也。”　　〔二〕虞：音魚。

【譯解】

曾子問道：“同一時期，連續遭到兩起近親的喪事，該怎麼辦事？誰該在先？誰該在後？”孔子説：“埋葬麽，恩義較輕的先葬，恩義較重的後葬。祭奠麽，恩義較重的先祭奠，恩義較輕的後祭奠。例如父母同一時期先後亡故，停靈在堂，安葬則先母後父，祭奠則先父後母。這樣做是合乎禮法的。先埋葬恩義較輕的，從啓殯到入葬這段時間裏，不再給恩義較重者的靈柩右側更換新奠，靈車出門時，逕自牽引而前，也不在孝子守喪的處所停留等待哭踊致哀；葬畢歸來，先在恩義較重者的靈柩右側更換新奠，然後告訴賓客，恩義較重者明天清晨出殯，於是接着治理恩義較重者的葬事。都埋葬完畢，當天中午舉行安魂祭的時候，恩義較重在先，恩義較輕在後。這樣做是合乎禮法的。”

孔子曰：“宗子雖七十，無無主婦；非宗子，雖無主婦可也。”

【譯解】

孔子説：“由嫡長子充任的享有主祭權、族權的宗子，即使年已七十，也不能没有主婦，因爲祭祖必須有主婦陪同主人主持，宗族中的婦女，也必須有宗婦統理。如果不是宗子，即使年紀不老，家裏是可以没有主婦的。”

曾子問曰：“將冠子，〔一〕冠者至，揖讓而入，聞齊衰、大功之喪，〔二〕如之何？”孔子曰：“内喪則廢。外喪則冠而不醴，徹饌而埽，即位而哭。如冠者未至，則廢。如將冠子而未及期日，而有齊衰、大功、小功之喪，則因喪服而冠。”“除喪不改冠乎?”孔子曰:“天子賜諸侯、大夫冕弁服於大廟,〔三〕歸設奠,服賜服,於斯乎有冠醮,無冠醴。父没而冠,〔四〕則已冠埽地而祭於禰,已祭而見伯父、叔父,而后饗冠者。”

【注釋】

〔一〕冠:音貫。下同。　　〔二〕齊:音咨,通齋。　衰:音崔,通縗。　〔三〕弁:音便。　大:通太。　〔四〕没:音末,通殁。

【譯解】

　　曾子問道:“將給兒子舉行表示成人的加冠禮,約請的爲之加冠的正賓及其助手已經到來,主人和他們揖讓進入家廟,這時忽然聽到兄弟、叔伯兄弟之類近親的死訊,這該怎麼辦呢?”孔子說:“如果是生活在一個大院裏的近親,那就停止舉行加冠禮。如果是分居他處的近親,冠禮可以進行,而較常禮簡略:加冠後,省去正賓酬醮祝賀被加冠者和主人酬醴酬謝正賓的那兩段禮節,撤去爲冠禮而陳設的各種器物,重新打掃,各就各位而哭所死近親。如果冠禮正賓及其助手尚未到來,而聽到近親死訊,即使是外喪,也要停止舉行冠禮。如果將爲兒子舉行冠禮,還沒有到期就發生了齊衰一年或大功九月、小功五月的喪事,那麼這位青年人就根據自己所該穿的某種成人喪服而加喪冠。”曾子問道:“除喪之後就不改行冠禮了嗎?”孔子說:“天子在太廟裏賞賜諸侯、大夫冕弁服。受賜者回家,在祖廟裏設上飲食,稟告自己榮受賜服,然後穿戴賜服。那時候,雖然戴上了天子所賜的冕弁,也只是用酒表示慶賀,並沒有像冠禮中使用醴來祝賀的禮法。這樣看來,因喪而冠的青年,喪期終了,似乎無須補行冠禮了。父親已不在世而自己舉行冠禮，那就在加冠之後撤去爲冠禮而陳設的各種器物，打掃廟堂而祭告亡父，祭告完畢就去拜見伯父、叔父，最後設醴來酬謝爲自己加冠的正賓及其助手。"

曾子問曰："祭，如之何則不行旅酬之事矣?"孔子曰："聞之，小祥者，主人練祭而不旅，奠酬於賓，賓弗舉，禮也。昔者魯昭公練而舉酬行旅，非禮也；孝公大祥，奠酬弗舉，亦非禮也。"

【譯解】

曾子問道："喪祭當中，在什麼情況下就不舉行主人們和賓客們由尊及卑地由長及幼地交錯酬酒的禮節了呢?"孔子說："聽說周年祭的時候，主人服練冠練衣行祭，衆人不該交相勸酒。惟主人酌酒獻賓，賓飲後洗杯酌酒回敬主人，主人飲後，又先自飲一杯，再洗杯酌酒酬賓，賓接過酒杯奠放在席上，就不再舉起。這是合乎禮的。從前魯昭公在爲父親舉行周年祭的時候，竟然舉行旅酬，這是失禮的。而魯孝公爲父親舉行兩周年祭祀的時候，却又不舉行旅酬，這也是失禮的。"

曾子問曰："大功之喪，可以與於饋奠之事乎?"[一]孔子曰："豈大功耳，自斬衰以下皆可，禮也。"曾子曰："不以輕服而重相爲乎?"孔子曰："非此之謂也。天子、諸侯之喪，斬衰者奠；大夫，齊衰者奠；士則朋友奠，不足則取於大功以下者，不足則反之。"[二]曾子問曰："小功可以與於祭乎?"孔子曰："何必小功耳，自斬衰以下與祭，禮也。”曾子曰：“不以輕喪而重祭乎？”孔子曰：“天子、諸侯之喪祭也，不斬衰者不與祭。大夫，齊衰者與祭。士祭不足，則取於兄弟大功以下者。”曾子問曰：“相識，有喪服可以與於祭乎？”孔子曰：“緦不祭，又何助於人。”曾子問曰：“廢喪服可以與於饋奠之事乎？”孔子曰：“說衰與奠，〔三〕非禮也。以擯相可也。”〔四〕

【注釋】

〔一〕與：音預。下同。　　〔二〕反：通返。　　〔三〕說：音托，通脫。　與：音預。　〔四〕擯：音鬢，通儐。

【譯解】

　　曾子問道：“本身有大功九月的喪服，可以參加別人靈柩右側奠放酒食的事嗎？”孔子說：“豈只是穿大功喪服的人，服斬衰的，服齊衰的，服大功的，服小功的，服緦麻的，總之，服五等喪服的人都有可能參與殯宮的饋奠勞務。”曾子說：“那豈不是看輕自己的喪服而重視幫助別人做事了嗎？”孔子說：“我說的不是這個意思。天子或諸侯死了，做臣的都爲他穿斬衰喪服，停殯期間，服斬衰的臣們爲之奠放酒食。大夫死了，他的臣們爲他穿齊衰喪服，停殯期間，服齊衰的臣們爲之奠放酒食。士死了，士沒有臣，停殯期間，由朋友爲他奠放酒食，人手不够，就找大功以下的本族兄弟來幫忙；人手再不够，可以一人往返兩次幫助奠放酒食。由此可知，自斬衰以下都有參加他人饋奠事務的情況。”曾子又問：“本身有小功五月的喪服，可以參加他人喪中的祭禮嗎？”孔子說：“豈只是穿小功喪服的人，自斬衰以下參加他人喪祭，這是合乎禮規的。”曾子說：“那豈不是看輕自己的喪服而看重別人的祭祀了嗎？”孔子說：“天子或諸侯的喪中祭祀，不是身

穿斬衰的臣下是不能參加的；大夫的喪祭，身穿齊衰的臣下參與
祭祀；士的喪祭，士沒有臣，參與祭祀活動的人手不夠，就找大
功以下的本族兄弟來幫忙。"曾子問道："自己有喪服在身，相識
者家中舉行吉祭，可以去幫忙嗎？"孔子說："即使身穿五服中最
輕的喪服——緦麻服，尚且不得自祭家廟，又怎能幫助別家去祭
祀呢？"曾子問道："爲父母服喪期滿，脫換喪服，可以參與別人
殯宮的饋奠之事嗎？"孔子說："剛脫下爲父母穿的喪服，就去參
加別家殯宮中的饋奠活動，是失禮的，做個喪禮中的儐相還
湊合。"

曾子問曰："昏禮既納幣，〔一〕有吉日，女之父母死，
則如之何？"孔子曰："壻使人弔。〔二〕如壻之父母死，則
女之家亦使人弔。父喪稱父，母喪稱母。父母不在，則
稱伯父世母。壻已葬，壻之伯父致命女氏曰：'某之子有
父母之喪，不得嗣爲兄弟，使某致命。'女氏許諾而弗敢
嫁，禮也。壻免喪，女之父母使人請，壻弗取而后嫁
之，〔三〕禮也。女之父母死，壻亦如之。"

【注釋】

〔一〕昬：昏的本字，昏又是婚的本字。　　〔二〕壻：同婿。

〔三〕取：通娶。

【譯解】

　　曾子問道："男女議婚已經進行到下聘禮訂婚，而且選定了結
婚的吉日良辰，忽然女方的父親或母親去世了，那該怎麼辦？"孔
子說："男方應該派人去弔唁。如果男方的父親或母親去世了，女
方家長也應該派人去弔喪。對方的父親死了，就用己方父親的名

義去弔喪；對方的母親死了，就用己方母親的名義去弔喪。如果
己方父母都不在了，就用伯父伯母的名義。男方埋葬了死者，還
要服喪三年，男方的伯父就派人向女方家長致意説：'某人的兒子
因爲有父親或母親的喪事，眼下不能和您家結爲親戚，派我前來
致意。'女方家長許諾男方的請求，但不敢將女兒許嫁他人，這是
合乎禮規的。男方服喪期滿，女方父母派人到男方請擇日迎娶；
男方如果不肯迎娶，女方家長再將女兒許嫁別人，這也是合乎禮
規的。女方的父母死了，男方也依上面説的去做。"

　　曾子問曰："親迎，女在塗，〔一〕而壻之父母死，如之
何？"孔子曰："女改服，布深衣，縞總，〔二〕以趨喪。女
在塗，而女之父母死，則女反。"〔三〕"如壻親迎，女未
至，有齊衰、大功之喪，則如之何？"孔子曰："男不入，
改服於外次，女入，改服於內次，然後即位而哭。"曾子
問曰："除喪則不復昏禮乎？"孔子曰："祭，過時不祭，
禮也。又何反於初。"

【注釋】

〔一〕塗：同途。　　〔二〕縞：音稿。　總：同總。
〔三〕反：通返。下同。

【譯解】

　　曾子問道："新郎親自迎娶那天，和新娘乘車走在半路上，忽
然有人報信説新郎的父親或母親去世了，那該怎麼辦？"孔子説：
"新娘脱下結婚禮服，改穿又寬又長的麻布深衣，用白布條攏束髮
髻，與新郎一起奔喪。如果新娘走在半路途中，忽然有人跑來報
信説她的父親或母親去世了，那麼新娘就該停止前進，返回家

裏。"曾子又問道："如果新郎親自迎娶新娘，新娘還沒來到新郎之家，忽然聽說新郎的祖父、祖母、伯父、伯母、兄弟、叔伯兄弟之類的近親死了，那該怎麼辦？"孔子説："新郎不入大門，就在門外臨時架起的帷帳中，脱掉結婚禮服，更換深衣；新娘進入門內，在臨時搭起的帷帳中，脱掉結婚禮服，更換深衣。然後各就喪位號哭。"曾子問道："到期除掉喪服，是不是要補行婚禮呢？"孔子説："祭祀，過時就不祭了，禮是這樣規定的。婚禮輕於祭禮，又何必返回當初補行婚禮呢！"

孔子曰："嫁女之家，三夜不息燭，思相離也。取婦之家，三日不舉樂，〔一〕思嗣親也。三月而廟見，稱來婦也。擇日而祭於禰，〔二〕成婦之義也。"

【注釋】

〔一〕樂：音岳。　　〔二〕禰：音你。

【譯解】

孔子説："嫁女的人家，嫁前三夜不息燭火，留戀相守，思念着親骨肉就要分離了。娶媳婦的人家，婚前三天不動用樂器，慨歎感傷，思念着自己即將娶妻，擔起父母交給的傳宗接代的責任，而父母開始進入老境。公公婆婆若已謝世，結婚滿三個月，新娘就到公婆的廟裏去拜見公婆神主，致辭中自稱某氏來婦。選擇個吉日良辰，準備飲食祭器，到公婆廟裏去祭奠，猶如新娘婚後對在世公婆所進行的盥饋之禮，表示成爲一個正式媳婦應該盡奉養公婆的義務。"

曾子問曰："女未廟見而死，則如之何？"孔子曰：

"不遷於祖，不祔於皇姑，[一] 壻不杖，不菲，[二] 不次，歸葬于女氏之黨，示未成婦也。"曾子問曰："取女，有吉日而女死，如之何?"孔子曰："壻齊衰而弔，既葬而除之。夫死亦如之。"

【注釋】

〔一〕祔：音付。　　　〔二〕菲：音肺，通屝。

【譯解】

　　曾子問道："新娘婚後尚未廟見公婆神主就死了，那該怎麽辦?"孔子說："新娘未行廟見禮就死了，出殯時不能將靈車遷往新郎的祖廟去朝見辭行，她的神主也不能附在新郎祖母神主的後側，她的丈夫只爲她穿齊衰，但不爲她手執喪杖，不爲她穿草編喪鞋，不爲她居住守喪的陋室，把她的靈柩送歸她的娘家埋葬，表示她還沒有正式成爲男方的媳婦。"曾子問道："已經選定吉日迎娶新娘，忽然姑娘死了，那該怎麽辦?"孔子說："未婚夫應該穿上緝邊的粗麻喪服前往弔喪，及至下葬之後，就脫掉喪服。未婚夫死了，未婚妻也該如此。"

　　曾子問曰："喪有二孤，廟有二主，禮與?"[一] 孔子曰："天無二日，土無二王，嘗禘郊社，[二] 尊無二上。未知其爲禮也。昔者齊桓公呕舉兵，[三] 作僞主以行，及反，[四] 藏諸祖廟。廟有二主，自桓公始也。喪之二孤，則昔者衛靈公適魯，遭季桓子之喪，衛君請弔，哀公辭，不得命。公爲主，客入弔。康子立於門右，北面。公揖讓，升自東階，西鄉。[五] 客升自西階，弔。公拜，興，哭，康子拜稽顙於位，有司弗辯也。今之二孤，自季康子之過也。”

【注釋】

〔一〕與：音余。　　〔二〕禘：音帝。　　〔三〕亟：音氣。

〔四〕反：通返。　　〔五〕鄉：通向。

【譯解】

曾子問道：“喪事中有兩個兒子主喪，廟裏有兩個神主，這合乎禮規嗎？”孔子説：“天上没有兩個太陽，國土上没有兩個國王。宗廟裏的嘗祭和禘祭，都是聚集先祖們的神主而合祭，仍以太祖爲主；在南郊合祭天上日月星辰衆神，而以昊天上帝爲主；在神社裏合祭大地各種神祇，而以后土爲主：都是尊無二上。由此可見，喪有二孤，一廟而有二主，看不出是合禮的。從前齊桓公屢次興兵侵伐，做個假廟主隨軍同行。及至收兵回國，就將假廟主藏放在祖廟之中。廟有二主，那是從齊桓公開始的。至於喪有二孤，那是從前衛靈公訪問魯國，恰巧遇到魯國專擅國政的貴族季桓子死了，衛靈公請求弔喪，魯哀公推辭，而没能取得衛靈公的同意，魯哀公只得權充喪主。衛靈公作爲賓客進入弔喪，季桓子的繼承人季康子立在殯宮門内東邊，面朝北站立。魯哀公與衛靈公揖讓後，自己從東邊主階升堂，面朝西站立；客人衛靈公從西邊客階升堂，在靈柩前弔喪。魯哀公拜謝客人，站起哭泣，與此同時，季康子竟也在自己的位置上跪拜叩頭，形成了一喪二主的場面。當時掌管禮儀的官員也未加分辯糾正。今天喪事中存在着兩個主喪人的情況，應該説，這是由季康子的那次錯誤開始的。”

曾子問曰："古者師行，必以遷廟主行乎？"孔子曰："天子巡守，以遷廟主行，載于齊車，[一]言必有尊也。今也取七廟之主以行，則失之矣。當七廟五廟無虛主。虛主者，唯天子崩，諸侯薨，與去其國，與祫祭於祖，[二]爲無主耳。吾聞諸老聃曰：[三]'天子崩，國君薨，則祝取羣廟之主而藏諸祖廟，禮也。卒哭成事，而后主各反其廟。[四]君去其國，大宰取羣廟之主以從，[五]禮也。祫祭於祖，則祝迎四廟之主；主出廟入廟，必蹕。'[六]老聃云。"曾子問曰："古者師行無遷主，則何主？"孔子曰："主命。"問曰："何謂也？"孔子曰："天子、諸侯將出，必以幣帛皮圭告于祖禰，[七]遂奉以出，載于齊車以行。每舍，奠焉而后就舍。反必告，設奠，卒，斂幣玉，藏諸兩階之間，乃出。蓋貴命也。"

【注釋】

〔一〕齊：音摘，通齋。　　〔二〕祫：音匣，又音洽。
〔三〕聃：音丹。　　〔四〕反：通返。下同。　　〔五〕大：通太。　　〔六〕蹕：音畢。　　〔七〕禰：音你。

【譯解】

曾子問道："古代天子諸侯出師，必定要車載遷廟神主（最後遷出近親專廟而附在太祖廟裏的神主）隨行麼？"孔子說："天子出外巡守，將遷廟主隨行，載於齋車即飾金之車，表示自己出行不敢妄自尊大，而有位尊敬的先祖的神靈監臨。現在天子巡守，竟取出七廟的神主隨行，那就錯了。不管天子七廟也好，諸侯五廟也好，通常情況下，每個廟都不能空着沒有神主。只有在天子駕崩、諸侯去世、被迫離開國家、合祭羣祖於太祖廟的時候，才出現各廟沒有神主的情況。我聽老聃跟我說過：‘天子駕崩，諸侯去世，就由神職官長太祝取出各廟神主集中藏在太祖廟裏，象徵着祖先們爲國家出現凶事而聚會在一起，這是合乎禮的。等到安葬禮、安魂祭完了，舉行卒哭祭之後，才將各廟神主一一送回各自廟中。國君離開國家，太宰取出各廟神主從行，表示先祖們永遠和自己在一起，隨時予以監臨和保佑，這也是合乎禮的。合祭於太祖廟的時候，那就由太祝迎接高祖廟、曾祖廟、祖廟、父廟四親廟的神主，合食於太祖廟。凡是迎神主出廟或送神主回廟，一定都要戒嚴，禁止閒人通行。’以上是老聃說的。”曾子又問：“古代天子諸侯出師，如果不載遷廟神主同行，那用什麼主呢？”孔子說：“以先祖之命爲主。”曾子問：“這是什麼意思？”孔子說：“天子、諸侯將要出行，必須用幣帛、獸皮、玉圭告祭祖廟、父廟，告祭完畢，就捧出象徵父祖教命的幣帛皮圭，放進齋車隨行。每到館舍，先將幣帛皮圭祭奠一番，然後自己再就舍休息。外出歸來，一定要陳列隨行的幣帛皮圭於祖禰神主之前，舉行告祭。禮畢，收斂幣帛皮圭，埋藏在父廟的東西兩階之間，然後出廟。這樣做，大概是爲了尊重祖先的教令。”

子游問曰：“喪慈母如母，禮與？”孔子曰：“非禮也。古者男子外有傅，內有慈母，君命所使教子也，何服之有！昔者魯昭公少喪其母，有慈母良，及其死也，公弗忍也，欲喪之。有司以聞曰：‘古之禮，慈母無服。今也君爲之服，是逆古之禮而亂國法也。若終行之，則有司將書之以遺後世，無乃不可乎！’公曰：‘古者天子

練冠以燕居。'公弗忍也,遂練冠以喪慈母。喪慈母,自
魯昭公始也。"

【譯解】

　　子游問道:"國君的保母去世,像爲母親一樣地爲她穿喪服,
這合乎禮嗎?"孔子説:"是不合乎禮的。古時候,國君的兒子在
家外有師傅,在家裏有保母,是國君差派他們管教兒子的,孩子
對他們有什麼喪服呢! 從前魯昭公少年喪母,有個保母很善良,
後來她死了,魯昭公很不忍心,打算爲她穿喪服。掌管禮儀的官
員勸諫説:'古禮規定,保母死了,君主不穿任何喪服。今天國君
您爲保母穿喪服,這是違反古禮、紊亂國法的。如果終於實行了,
那麼有關官員將記載此事而流傳後世,這恐怕不行吧!'魯昭公
説:'古時候,天子在日常生活中有戴着細白布冠爲親人服喪
的。'魯昭公到底過意不去,就頭戴練冠來爲保母服喪。所以説,
爲保母服喪是從魯昭公開始的。"

　　曾子問曰: "諸侯旅見天子,入門不得終禮,廢者
幾?"孔子曰: "四。"請問之。曰: "大廟火,〔一〕日食,
后之喪,雨霑服失容,〔二〕則廢。如諸侯皆在而日食,則從
天子救日,各以其方色與其兵。大廟火,則從天子救火,
不以方色與兵。"曾子問曰: "諸侯相見,揖讓入門,不
得終禮,廢者幾?"孔子曰: "六。"請問之。曰:"天子
崩,大廟火,日食,后、夫人之喪,雨霑服失容,則廢。"

【注釋】

〔一〕大:通太。　　〔二〕霑:音粘。

【譯解】

　　曾子問道：“諸侯們一起朝見天子，進入宮門之後，有哪幾種情況出現致使朝見禮暫時取消而不能繼續進行？”孔子説：“有四種情況。”曾子請問哪四種。孔子説：“太廟發生火災，日蝕，王后去世，大雨淋濕了禮服從而失去了正常的儀容，遇到其中一種情況，朝見禮就停止舉行。如果諸侯都在朝廷裏而發生了日蝕，那就幫助天子來救日，東方的諸侯就穿上青衣，手執戟；南方的諸侯就穿上紅衣，手執矛；西方的諸侯就穿上白衣，手執弩；北方的諸侯就穿上黑衣，手執盾。如果遇上太廟着火，就幫助天子救火，救火就不用根據國家所在方向而穿衣執兵了。”曾子問道：“諸侯相見，相互揖讓進入宮門，有哪種情況出現致使相見禮暫時取消而不能繼續進行？”孔子説：“有六種情況。”曾子請問哪六種。孔子説：“天子駕崩，太廟失火，日蝕，王后去世、諸侯夫人去世，大雨淋濕了禮服失去了正常的儀容。遇到其中一種情況，相見禮就停止舉行。”

　　曾子問曰：“天子嘗、禘、郊、社、五祀之祭，簠簋既陳，〔一〕天子崩，后之喪，如之何？”孔子曰：“廢。”曾子問曰：“當祭而日食，大廟火，其祭也如之何？”孔子曰：“接祭而已矣。如牲至未殺，則廢。天子崩，未殯，五祀之祭不行；既殯而祭，其祭也，尸入，三飯，不侑，〔二〕酳不酢而已矣。〔三〕自啓至于反哭，〔四〕五祀之祭不行；已葬而祭，祝畢獻而已。”

【注釋】

〔一〕簠：音府。　簋：音軌。　　〔二〕侑：音右，通宥。

〔三〕酳：音印。　酢：音作。　〔四〕反：通返。

【譯解】

　　曾子問道："天子在宗廟中秋季舉行嘗祭，夏季舉行禘祭，在南郊祭天，在神社祭地，在宮裏祭門、户、中霤、竈、行等五祀，當祭祀的器皿如盛稻粱飯的簋，盛黍稷飯的簠都陳設妥善，忽然天子駕崩或王后去世，那該怎麼辦?"孔子說："祭禮停止舉行。"曾子問道："正當祭祀外神的時候，忽然發生日蝕，或者太廟失火，那該怎麼辦?"孔子說："迅速祭祀就是了。如果犧牲牽來而尚未宰殺，那麼祭祀就該停止。天子駕崩，在尚未入棺停殯的期間，就不要舉行五祀的祭祀了。在停殯期間可以舉行五祀的祭祀，不過儀節要簡化，充作被祭對象的尸來到室內，享祭時只抓三次飯吃，祝不再勸尸接着吃，尸接過酒杯喝口酒漱一漱，咽下安食，不再酳酒回敬主人，如此而已。從出葬到安葬後返回哭於殯宮，這段期間，不要舉行五祀的祭祀；葬事完全結束，可以舉行五祀的祭祀，不過儀節也要簡化，酳酒獻尸，獻攝代主人，獻到祝，就算禮畢了。"

　　曾子問曰："諸侯之祭社稷，俎豆既陳，聞天子崩、后之喪，君薨、夫人之喪，〔一〕如之何?"孔子曰："廢。自薨比至于殯，〔二〕自啓至于反哭，奉帥天子。"

【注釋】

〔一〕薨：音轟。　〔二〕比：音必。

【譯解】

　　曾子問道："諸侯祭祀土神和穀神，各種禮器如盛肉的俎，裝醬的豆，都陳設妥當，忽然得知天子或者王后去世了，國君或者

夫人去世了，那該怎麼辦？"孔子説："停止行禮。從咽氣到入斂
停靈，從啓殯到葬畢返哭，這兩段期間，遵循天子的成規，都不
舉行祭祀。"

曾子問曰："大夫之祭，鼎俎既陳，籩豆既設，不得
成禮，廢者幾？"孔子曰："九。"請問之。曰："天子崩，
后之喪，君薨，夫人之喪，君之大廟火，日食，三年之
喪，齊衰，大功，皆廢。外喪，自齊衰以下行也。其齊
衰之祭也，尸入，三飯，不侑，酳不酢而已矣。大功，
酢而已矣。小功、緦，室中之事而已矣。士之所以異者，
緦不祭；所祭於死者無服，則祭。"

【譯解】

曾子問道："大夫在家廟裏舉行祭祀，載肉的鼎，盛肉的几，
放乾肉的籩，裝醬的豆，都陳設齊備，有哪幾種情況突然出現致
使祭祀取消而不能進行下去？"孔子説："有九種情況。"曾子請問
哪九種。孔子説："天子駕崩，王后去世，本國國君逝世，國君夫
人去世，國君的太廟失火，日蝕，父母之喪，在一個大門裏生活
的伯叔父、親兄弟之喪，叔伯兄弟之喪，遇到其中任何一種情況，
都要停止舉行祭禮。遇到不在一起生活的伯父、叔父、兄弟、叔
伯兄弟之喪，祭祀可以舉行，不過禮儀要有所簡化。遇到不同門
的齊衰關係的外喪，祭祀時，代表受祭對象的尸，進入室中受享，
只抓三次飯吃，祝不再勸食，酳酒給尸漱漱口咽下安食，不再酳
酒回敬主人，如此而已。遇上不同門的大功關係的外喪，繼續舉
行祭祀，比前者加上尸酳酒回敬主人一節，如此而已。遇上親情
較遠的小功之親、緦麻之親的喪亡，即使在同門之内的，祭祀時，

可將室中的禮節如主人獻祝，主婦獻尸，尸酢主婦，主婦獻祝，
賓長獻尸，尸酢賓長，賓長獻祝等禮一一做完，而堂中儐尸的禮
節就不進行了。士和大夫不同的是：家中即使有五服中最輕的緦麻
三月之親亡故，祭禮也該停止舉行；只有所祭的對象和死者沒有服
屬關係，即平常所謂出了五服，祭祀才可照常舉行，不受影響。”

　　曾子問曰：“三年之喪弔乎？”孔子曰：“三年之喪，
練不羣立，不旅行。君子禮以飾情，三年之喪而弔哭，
不亦虛乎！”

【譯解】

　　曾子問道：“本身正在爲父親或母親服三年的喪服，可以到別
人家裏去弔喪嗎？”孔子説：“身有三年之喪，到了周年祭改服細
白布冠的時候，也不跟衆人一起站立，也不跟衆人一起走路。君
子通過禮儀來體現情感，自己家有三年的重喪而去別人家裏去弔
喪哭泣，這豈不是虛僞麼？”

　　曾子問曰：“大夫士有私喪，可以除之矣，而有君服
焉，其除之也如之何？”孔子曰：“有君喪服於身，不敢私
服，又何除焉？於是乎有過時而弗除也。君之喪服除而
后殷祭，禮也。”曾子問曰：“父母之喪弗除，可乎？”孔
子曰：“先王制禮，過時弗舉，禮也；非弗能勿除也，患
其過於制也。故君子過時不祭，禮也。”

【譯解】

　　曾子問道：“大夫或士爲亡親服喪，到了一周年、兩周年應該

逐漸除去重服變換較輕的喪服時，其間又遇到國君去世，臣下自
該爲國君服喪，此時應當如何變除本身的喪服呢？"孔子説："國
君高於一切，身上有爲國君穿的喪服，就不敢再穿自家的喪服了，
還有什麼變除的問題呢？於是大夫士就有爲親人服喪過時而不變
除的情況了。爲國君服喪期滿，脱掉喪服，然後才能爲自家亡親
舉行小祥、大祥等盛大的祭祀，這樣做是合乎正禮的。"曾子又問
道："私喪既然被君喪所掩，爲國君服喪期滿脱掉喪服後，作爲孝
子爲父母這樣的重喪，追服被掩蓋的服喪歲月，因而不除去自身
的喪服，這樣可以嗎？"孔子説："先王所制定的禮儀，各有時
限，過時就不再舉行，這是合乎禮的精神的。問題的關鍵，不是
説不能不除，而是擔心這種過期而不除私喪之服的做法，超過了
先王的制度。所以君子過時不祭，是合乎禮意的。"

　　曾子問曰："君薨既殯，而臣有父母之喪，則如之
何？"孔子曰："歸居于家，有殷事則之君所，朝夕
否。"〔一〕曰："君既啓，而臣有父母之喪，則如之何？"孔
子曰："歸哭而反送君。"曰："君未殯，而臣有父母之
喪，則如之何？"孔子曰："歸殯，反于君所。有殷事則
歸，朝夕否。大夫，室老行事；士，則子孫行事。大夫
内子，有殷事亦之君所，朝夕否。"

【注釋】

〔一〕朝：音招。下同。

【譯解】

　　曾子問道："國君去世，已經大斂入棺，停殯在堂，這時有個
臣忽然得到父親或母親去世的噩耗，那該怎麼辦呢？"孔子説："趕

快回家辦喪事。每逢初一十五國君靈側有盛大祭奠，就去國君殯所，而每天國君殯宮舉行的朝奠、夕奠，就可以不去參加，在家守喪。”曾子又問道：“國君將出殯的時候，有個臣忽然得到了父親或母親去世的噩耗，那該怎麽辦呢？”孔子説：“趕快回家去哭見剛剛咽氣的父親或母親，然後返回宮裏去給國君送葬。”曾子又問：“國君去世，還沒有入棺停殯，這時有個臣忽然得知父親或母親去世的噩耗，那又該怎麽辦法呢？”孔子説：“國君死後五日而殯，士大夫死後三日而殯。這時候，這位臣要趕快回家料理父親或母親的喪事，入棺停殯在堂後，就返回爲國君辦喪事的寢宮。每逢初一十五家中父母靈柩之側有較大的祭奠，就回家哭奠，而每天家中的朝奠、夕奠就不回來了。大夫在國君殯宮守喪，家裏的喪事就由大管家代理；士在國君殯宮守喪，家裏的喪事就由子孫代理。大夫在國君的殯宮守喪，他的内子即正妻，每逢初一十五國君殯宮舉行盛大祭奠，她也前往參加，而國君殯宮每日舉行的朝奠、夕奠，她就不去了。”

　　賤不誄貴，幼不誄長，〔一〕禮也。唯天子，稱天以誄之。諸侯相誄，非禮也。

【注釋】

〔一〕誄：音壘。

【譯解】

　　誄是上對下、尊對卑、貴對賤、長對幼累述其平生功德行義，而作爲賜謚根據的悼辭。卑賤者是不能給尊貴者作誄的，晚輩是不能給長輩作誄的，這是正禮。唯天子最尊，沒人能誄他，只有告祭南郊，用上天的名義來爲他作誄。只有天子能誄諸侯；諸侯之間相互作誄，那可是非禮的。

曾子問曰："君出疆，以三年之戒，以椑從。[一]君薨，其入如之何？"孔子曰："共殯服，[二]則子麻弁絰，[三]疏衰，[四]菲，[五]杖，入自闕，[六]升自西階。如小斂，則子免而從柩，[七]入自門，升自阼階。[八]君、大夫、士一節也。"

【注釋】

〔一〕椑：音必。　　〔二〕共：音公，通供。　　〔三〕弁：音便。　絰：音蝶。　〔四〕衰：音崔，通縗。

〔五〕菲：音肺，通屝。　〔六〕闕：音確。　〔七〕免：音問。　柩：音舊。　〔八〕阼：音作。

【譯解】

曾子問道："國君有事出國，都做萬一不幸的準備，隨帶着一口內棺。假若國君果然在外亡故，回來時，怎麽進入寢宮呢？"孔子說："如果供給了大斂所用衣物，就在外大斂入棺，國君的兒子就頭戴麻布弁，上纏麻縷，身穿粗麻衣，足穿草鞋，手執喪杖，跟在棺後。派人將殯宮門西的宮墻拆個豁口，靈車從豁口拖入，從西階上堂。如果在外已經小斂，尚未大斂入棺，那麽國君的兒子就頭纏白麻布條，身穿上衣下裳相連的深衣，跟在靈柩後面，進入宮門，抬着小斂後的國君尸體從主階升堂，等候大斂。國君、大夫、士死在外面，迎棺、迎尸的儀節，大體上是一樣的。"

曾子問曰："君之喪既引，[一]聞父母之喪，如之何？"孔子曰："遂。既封而歸，[二]不俟子。"[三]曾子問曰："父母之喪既引，及塗，[四]聞君薨，[五]如之何？"孔子曰："遂。既封，改服而往。"

【注釋】

〔一〕引：音印。下同。　　〔二〕封：音貶。鄭玄云："封當爲窆。"下同。　　〔三〕俟：音似。　　〔四〕塗：同途。

〔五〕薨：音轟。

【譯解】

　　曾子問道："參加國君出殯，靈車已經牽引，這時有個臣忽然得知父親或母親去世的噩耗，那該怎麼辦？"孔子説："要繼續陪同送葬。及至國君的靈柩已經放入墓坑，就趕快回家奔喪，不等事畢同國君嗣子一起回來。"曾子又問："父親或母親出殯，靈車已經牽引到路途之上了，這時忽然得知國君逝世的消息，那該怎麼辦？"孔子説："要繼續送葬。及至靈柩放進墓穴，就脱掉粗麻孝服，改穿平常居家穿的又長又寬的深衣，前往宮中奔喪。"

　　曾子問曰："宗子爲士，庶子爲大夫，其祭也如之何？"孔子曰："以上牲祭於宗子之家，祝曰'孝子某爲介子某薦其常事'。若宗子有罪，居于他國，庶子爲大夫，其祭也，祝曰'孝子某使介子某執其常事'。攝主不厭祭，不旅，不假，〔一〕不綏祭，〔二〕不配，布奠於賓，賓奠而不舉，不歸肉。其辭於賓曰，宗兄、宗弟、宗子在他國，使某辭。"

【注釋】

〔一〕假：音鼓。鄭玄云："假讀爲嘏。"　　〔二〕綏：音隨。

【譯解】

　　曾子問道："如果宗子的級別爲士，而庶子的級別爲大夫，那

麼庶子的祭祀該如何進行呢？"孔子説："庶子用包括一羊一猪的
少牢在宗子的家廟裏行祭，作爲神職人員的祝以宗子的名義向神
主致辭説：'孝子某爲介子某奉進通常的祭事。'介子就是副子，
指庶子而言。假若宗子有罪，居住在國外，作爲大夫的庶子在宗
子家廟中進行祭祀的時候，祝仍然以宗子的名義向神主致辭：'孝
子某使介子某執行通常的祭事。'凡是代替主人——宗子行祭，祭
儀就大爲簡化：不進行厭祭，即祭後不再將食品供奉在室中西北
角光綫明亮的地方；祭畢不進行旅酬，即不進行賓客們與本族兄
弟們自上而下地交錯酬酒；不嘏，即先祖神靈的裝扮者——尸，
不代表先祖對攝主進行祝福；不綏祭，即攝主不能像主人那樣食
前掐取一些黍飯、稷飯、肉食祭飲食神於籩豆之間；不配，即祝
的致辭中只提所祭的先祖，不提他的配偶；祭禮中雖然也用酒酬
敬那位特地約請的上賓，將酒放在賓席上籩豆之北，而賓拿酒杯
移放在籩豆之南，不再舉起行酬；祭祀完畢也不再派人把賓席盛
着牲肉的俎送往賓家；祭前約請賓客前來助祭，致辭時必須這樣
説，宗兄（或稱宗弟、宗子，視情況而定稱）現在國外，讓某代
行祭祀，使某來向您報告。"

　　曾子問曰："宗子去在他國，庶子無爵而居者可以祭
乎？"孔子曰："祭哉！""請問其祭如之何？"孔子曰："望
墓而爲壇，以時祭。若宗子死，告於墓，而后祭於家。宗
子死，稱名不言'孝'，身没而已。"子游之徒，有庶子祭
者以此，若義也。今之祭者不首其義，故誣於祭也。

【譯解】
　　曾子問道："宗子去了外國，庶子没有官爵而留居本國的，可

以進行祭祀嗎?”孔子説:“可以祭呀!”曾子説:“請問應該如何進行祭祀呢?”孔子説:“遥望着父祖的墓地，修築土壇，按四時來祭祀。如果宗子已死於國外，當祭祀的時候，先告於父祖墳墓，而後在家中祭祀。宗子既死，庶子祭祀時，祝人向父祖神靈致辭就稱‘子某薦其常事’，‘子’上不加‘孝’字，因爲‘孝子’是宗子的用稱。祭祀致辭稱‘子某’，用到庶子身死爲止。因爲庶子既死，他的嫡長子祭他時，便可稱孝子某了。”子游一夥的人，有身爲庶子而進行祭祀的，就依照這個禮節，這是遵循義理的。現在身爲庶子的，擅行祭祀，不根據祭祀的義理，那就等於胡祭妄祭了。

　　曾子問曰:“祭必有尸乎? 若厭祭亦可乎?”孔子曰:“祭成喪者必有尸，尸必以孫。孫幼，則使人抱之。無孫，則取於同姓可也。祭殤必厭，[一]蓋弗成也。祭成喪而無尸，是殤之也。”孔子曰:“有陰厭，有陽厭。”曾子問曰:“殤不祔祭，[二]何謂陰厭、陽厭?”孔子曰:“宗子爲殤而死，庶子弗爲後也。其吉祭特牲，祭殤不舉肺，無肵俎，[三]無玄酒，不告利成，是謂陰厭。凡殤與無後者，祭於宗子之家，當室之白，尊于東房，是謂陽厭。”

【注釋】

〔一〕殤:音傷。　　〔二〕祔:鄭玄云:“祔當爲備，聲之誤也。”　　〔三〕肵:音奇。

【譯解】

　　曾子問道:“祭祀一定要有個代表先祖神靈來受祭享的尸嗎?

像厭祭那樣把食品直接供奉神前，不也可以了嗎？”孔子説：“祭祀成年死去的先人必須有尸，而且選用的尸必須是死者的孫子，也就是説一定要和死者隔着一輩兒。孫子如果幼小，那就讓人抱着充當尸來行禮。没有孫子，就選個同姓的孫子輩的人來充當尸。祭殤必須用厭祭，因爲死者尚未成人。如果祭祀成人而死的先人而没有尸，豈不是將他當作殤來對待了？那怎麽行呢！”孔子接着説：“祭殤的厭祭有兩種，祭在室中暗處的，稱作陰厭；祭在室中明處的，稱作陽厭。”曾子問道：“祭殤不用完備的祭禮，爲什麽還説有陰厭、陽厭呢？”孔子説：“宗子未及成年而死，庶子不能作爲他的後嗣。他不能單立一廟，只能舉行祔祭而將神主附在祖廟裏。從性質上説，祔祭算是吉祭。祔祭的場所在祖廟室中西南角陰暗處。祭牲用一頭小猪。祭祀時没有尸，自然也就没有佐食者舉起肺和脊遞給尸的儀節，也就没有主持人將肉几敬獻給尸的儀節。成人祭，設醴的同時並設玄酒即清水，表示重古，而祭殤就不設玄酒，最後祝人也不向神主報告供養完畢。這説的是陰厭。此外，一般殤子和没有後嗣的死者，舉行附於祖廟的祔祭，就在宗子的家廟中，具體場所是廟室中西北角明亮的地方，盛酒的酒樽設在與廟室間隔一壁的東房。這説的是陽厭。”

曾子問曰：“葬引至于堩，〔一〕日有食之，則有變乎？且不乎？”孔子曰：“昔者吾從老聃助葬於巷黨，及堩，日有食之，老聃曰：‘丘！止柩就道右，止哭以聽變。’既明反，〔二〕而后行，曰‘禮也’。反葬而丘問之曰：‘夫柩不可以反者也。〔三〕日有食之，不知其已之遲數，〔四〕則豈如行哉？’老聃曰：‘諸侯朝天子，見日而行，逮日而舍奠。

大夫使，見日而行，逮日而舍。夫柩不蚤出，〔五〕不莫
宿。〔六〕見星而行者，唯罪人與奔父母之喪者乎！日有食
之，安知其不見星也？且君子行禮，不以人之親痁
患。’〔七〕吾聞諸老聃云。”

【注釋】

〔一〕葬引至于垣：王念孫據上文文例及士喪記注引此句，謂
“至”上脫“既”字。　垣：音更。　　　〔二〕反：通返。下同。

〔三〕夫：音扶。下同。　　〔四〕數：音素，通速。

〔五〕蚤：通早。　　〔六〕莫：音木，同暮。　　〔七〕痁：
音店。王引之云：“痁讀爲阽。”

【譯解】

　　曾子問道：“出葬，已經將柩車牽引到路上了，忽然發生日
蝕，那送葬之事有變動麽？還是沒有變動？”孔子説：“從前，我
跟隨老聃在巷黨幫助人家送葬，柩車已經拉到路上，忽然發生了
日蝕。老聃説：‘孔丘！告訴他們，把柩車停在道路右邊，停止號
哭，來聽候變化。’等到太陽恢復光明，然後柩車繼續前行。老聃
説：‘這是合乎禮的。’送葬回來，我就問他：‘靈車既然牽引出
來，就不能再往回拉了。半路發生日蝕，誰也不知道日蝕終止的
時刻來的慢還是來的快，那還不如繼續前進呢？’老聃説：‘諸侯
出國去朝見天子，太陽剛出來就前行，太陽還未落就住下，祭奠
隨行的遷廟神主。大夫出使外國，也是太陽剛出就上路，太陽未
落就住宿。靈柩在路上也是一樣，不要太陽未出就出發，不要太
陽已落才住宿。一般人是不在夜裏走路的，天上出現星星而夜行
的，只有爲非作歹的罪犯和得到父母去世的噩耗而趕路奔喪的孝
子吧！發生了日蝕，天昏日暗，怎能斷定不會出現星星呢？再者

説，君子行禮，儘量不讓人家的父母接近危險、禍害。’這是我聽老聃説的。”

曾子問曰：“爲君使而卒於舍，禮曰：‘公館復，私館不復。’凡所使之國，有司所授舍，則公館已，何謂私館不復也？”孔子曰：“善乎問之也！自卿大夫士之家曰私館，公館與公所爲曰公館。公館復，此之謂也。”

【譯解】

曾子問道：“作爲國君的使臣出使外國，不幸死在外國館舍，禮書上説：‘死在公館可以招魂，死在私館不能招魂。’使臣出使外國，那國家的有關官員給安排居住的館舍，自然就是公館了，怎麼還説私館不招魂呢？”孔子説：“這個問題問的好哇！使臣以私人關係住在卿大夫士的住宅，都叫私館；住在公家的館舍以及外國國君所指定居住的家宅，都叫公館。‘公館招魂’，就是指的這種處所。”

曾子問曰：“下殤土周，葬于園，遂輿機而往，塗邇故也。〔一〕今墓遠，則其葬也如之何？”孔子曰：“吾聞諸老聃曰：‘昔者史佚有子而死，〔二〕下殤也，墓遠。召公謂之曰：〔三〕“何以不棺斂於宮中？”史佚曰：“吾敢乎哉！”召公言於周公。周公曰：“豈不可！”史佚行之。下殤用棺衣棺，自史佚始也。’”

【注釋】

〔一〕塗：同途。 邇：音耳。 〔二〕佚：音益。

〔三〕召：音紹。

【譯解】

　　曾子問道："按常規說，八歲到十一歲間的孩子死了是爲下殤，在住家附近的園圃裏挖個坑，用磚砌成長方形的墓穴，然後把尸體放在繩牀上，抬到那裏，放入磚穴埋葬，這是因爲路近才這麼做。假如墓穴遙遠，那該怎麼辦呢？"孔子説："我聽老聃講過：從前西周的史官史佚有個兒子死了，按年紀屬於下殤，下葬地離家很遠。召公跟史佚説：'爲什麼不先在家裏入斂裝棺，然後再運往墓地？'史佚説：'我怎敢這樣做呢！'召公把這事告訴周公。周公説：'那有什麼不可以的呢！'史佚就照召公的意見做了。後來埋葬下殤用棺材，衣斂裝棺，這是從史佚開始的。"

　　曾子問曰："卿大夫將爲尸於公，受宿矣，而有齊衰内喪，則如之何？"孔子曰："出舍於公館以待事，禮也。"孔子曰："尸弁冕而出，卿、大夫、士皆下之，尸必式，必有前驅。"

【譯解】

　　曾子問道："與國君同姓的卿大夫將在國君的祭祀中充當尸，祭前三日已經得到又一次的通知，家中忽然發生伯父、叔父、兄弟之類近親的喪事，那該怎麼辦？"孔子説："應該離開家，專心致志地處在公館裏齋戒，等候國君祭祀的到來，這是合乎禮法的。"孔子又説："尸穿着弁服或冕服出來乘車走在街上，卿、大夫、士見到他，都要下車致敬，做尸的人也一定要憑軾俯身回禮；做尸的人乘車赴祭所，必定有專人在前面開路驅趕行人。"

子夏問曰："三年之喪卒哭，金革之事無辟也者，〔一〕禮與?〔二〕初有司與?"孔子曰："夏后氏三年之喪，既殯而致事，殷人既葬而致事。〔三〕記曰：'君子不奪人之親，亦不可奪親也。'此之謂乎!"子夏曰："金革之事無辟也者，非與?"孔子曰："吾聞諸老聃曰：'昔者魯公伯禽有爲爲之也。〔四〕今以三年之喪從其利者，吾弗知也。'"

【注釋】

〔一〕辟：音必，通避。　　〔二〕與：音魚。下同。

〔三〕殷人既葬而致事：阮元校勘記云："宋監本下有'周人卒哭而致事'七字，七經孟子考文引古本、足利本同。岳珂云：'興國本禮記有"周人卒哭而致事"一句，大書爲經文。'"

〔四〕爲爲：前"爲"音魏，後"爲"音唯。

【譯解】

子夏問道："爲父親或母親該服喪三年，父母死後三月而葬，安魂祭後就舉行旨在結束無時之哭的百天祭即卒哭祭，這時國家有了戰爭，就不能逃避兵役。請問這是禮當如此呢? 還是當初官方強制性的規定呢?"孔子說："服父母三年之喪的人，夏朝是於停柩在堂的時候退職守喪，殷朝是在埋葬之後退職守喪，周朝是在卒哭祭後退職守喪。記上說：'有道的國君不剝奪人們愛親的感情，人們也不可以剝奪自己愛親的感情。'大概就是針對這種情況說的。"子夏說："照您這麼說，'卒哭金革之事無避'的這種提法是錯誤的嗎?"孔子說："我聽老聃說，從前魯公伯禽有特殊情況，才那樣做的。那時徐戎犯境，爲了保衛國家，魯公伯禽曾於卒哭之後出兵征討。現在有人當守父母之喪，而心懷私欲去從事戰爭，卻借口'卒哭金革之事無避'，那就不是我所能理解的了。"

文王世子第八

　　文王之爲世子，朝於王季，〔一〕日三。雞初鳴而衣服，至於寢門外，問內豎之御者曰：“今日安否何如？”內豎曰：“安。”文王乃喜。及日中又至，亦如之；及莫又至，〔二〕亦如之。其有不安節，則內豎以告文王。文王色憂，行不能正履。王季復膳，然後亦復初。食上，必在視寒煖之節；〔三〕食下，問所膳。命膳宰曰：“末有原。”應曰：“諾。”然後退。武王帥而行之，不敢有加焉。文王有疾，武王不說冠帶而養，〔四〕文王一飯亦一飯，〔五〕文王再飯亦再飯。旬有二日乃間。〔六〕文王謂武王曰：“女何夢矣？”〔七〕武王對曰：“夢帝與我九齡。”文王曰：“女以爲何也？”武王曰：“西方有九國焉，君王其終撫諸？”文王曰：“非也。古者謂年齡，齒亦齡也。我百，爾九十，吾與爾三焉。”文王九十七乃終，武王九十三而終。成王幼，不能涖阼。〔八〕周公相，踐阼而治。抗世子法於伯禽，欲令<u>成王</u>之知父子、君臣、長幼之道也。<u>成王</u>有過，則撻<u>伯禽</u>，〔九〕所以示<u>成王</u>世子之道也。<u>文王</u>之爲世子也。

【注釋】

〔一〕朝：音潮。　　〔二〕莫：同暮。　　〔三〕煖：同暖。
〔四〕說：通脫。　　〔五〕飯：音反。下同。　　〔六〕間：
音建。　　〔七〕女：通汝。下同。　　〔八〕涖：音利。
阼：音作。　　〔九〕撻：音躂。

【譯解】

　　周<u>文王</u>當世子的時候，每天三次朝見父親<u>王季</u>。早晨，雞剛叫，<u>文王</u>就穿好衣服來到父親的寢宮門外，問值班的宮內小臣說："今天父王安好麼？"宮內小臣說安好，<u>文王</u>就很歡喜。到了中午，又來至寢門，像早晨一樣的探問；晚上也是一樣。如果<u>王季</u>有點兒不舒適，宮內小臣就稟告<u>文王</u>，<u>文王</u>臉色憂愁，連行走的腳步都不正常了。<u>王季</u>飲食照常了，<u>文王</u>也就恢復了原態。侍者給<u>王季</u>送上膳食，<u>文王</u>一定要察看溫度；侍者撤下用過的膳食，<u>文王</u>就問吃了什麼。又囑咐掌管膳食的膳宰說："撤下的飯菜就不要再往上送了。"膳宰答應說"是"，<u>文王</u>才離去。後來<u>武王</u>侍奉<u>文王</u>就遵循<u>文王</u>過去的做法，而不敢有所增益。<u>文王</u>有病了，<u>武王</u>就日夜不脫冠不解帶的小心伺候。<u>文王</u>吃一口飯，<u>武王</u>也吃一口；<u>文王</u>吃兩口飯，<u>武王</u>也吃兩口。這樣過了十二天，<u>文王</u>病就痊癒了。有一天，<u>文王</u>跟<u>武王</u>說："你做過什麼夢？"<u>武王</u>回答說："我曾做夢，見到了上帝，上帝說給我九齡。"<u>文王</u>說："你以爲是什麼意思呢？"<u>武王</u>說："西方有九個國家，最終會被父王佔有的吧？"<u>文王</u>說："不對。古時候，意思是穀物成熟期的年，叫齡；意思是人生歲數的齒，也叫齡。上帝說給你九齡，就是讓你壽活九十。我的壽數是一百，你的壽數是九十，我勻給你三歲吧。"後來果然應驗了，<u>文王</u>活到九十七歲，<u>武王</u>活到九十三歲。<u>周成王</u>年紀幼小，不能身臨堂上南當阼階的主位來治理國政，他的叔父<u>周公旦</u>作爲輔佐，登上朝堂主位而治理天下。<u>周公</u>舉出世子應遵守的規則，讓自己兒子<u>伯禽</u>履行，這樣做給<u>成王</u>看，打算讓<u>成王</u>從而懂得父子、君臣、長幼之間的倫理。<u>成王</u>有了過錯，<u>周公</u>就鞭打<u>伯禽</u>，因而向<u>成王</u>顯示做世子的規矩。——以上所記的是<u>文王</u>及其後人做世子的事。

　　凡學世子及學士，〔一〕必時：春夏學干戈，秋冬學羽籥，〔二〕皆於東序。小樂正學干，〔三〕大胥贊之；〔四〕籥師學戈，籥師丞贊之。胥鼓南。春誦夏弦，大師詔之；〔五〕瞽宗秋學禮，執禮者詔之；冬讀書，典書者詔之。禮在瞽宗，書在上庠。〔六〕凡祭與養老、乞言、合語之禮，皆小樂正詔之於東序。大樂正學舞干戚。語說，命乞言，皆大樂正授數，大司成論說在東序。凡侍坐於大司成者，遠近間三席，〔七〕可以問，終則負牆。列事未盡，不問。凡學，春，官釋奠于其先師，秋冬亦如之。凡始立學者，必釋奠于先聖先師，及行事，必以幣。凡釋奠者，必有合也。有國故則否。凡大合樂，必遂養老。凡語于郊者，必取賢斂才焉。或以德進，或以事舉，或以言揚。曲藝皆誓之，以待又語。三而一有焉，乃進其等，以其序，謂之郊人，遠之於成均，以及取爵於上尊也。始立學者，既興器用幣，〔八〕然後釋菜，不舞不授器，乃退，儐于東序，一獻，無介、語可也。教世子。

【注釋】

〔一〕凡學世子及學士：上學音效，下學音穴。　　〔二〕籥：音月。　　〔三〕小樂正學干：樂音岳。學音效。下文“籥師學戈”、“大樂正學舞干戚”，學皆音效。　　〔四〕胥：音須。〔五〕大師：大音太。下文“大樂正”、“大學”、“大傅”、“大寢”，大皆音太。　　〔六〕庠：音祥。　　〔七〕間：音建。〔八〕興：音信。<u>鄭玄</u>云：“興當爲釁，字之誤也。”

【譯解】

　　凡是教世子以及教國學中的學士，必須按照季節授課。春季和夏季教他們持盾執戈的武舞，秋季和冬季教他們手執雉羽與長籥的文舞，教學地點都在名叫東序的學堂。掌管學政的副長官——小樂正教習盾舞，教官——大胥協助他。籥師教習戈舞，籥師丞協助他。舞蹈中，由樂官——胥用鼓給舞曲南樂打節拍。春季背誦歌詞，夏季用弦樂伴奏，都由音樂大師教導。秋季在名叫瞽宗的學堂學習禮儀，由掌禮官員教導。冬季讀書，由掌管典籍官員教導。學禮在瞽宗，讀書在上庠。凡是學校舉行祭祀以及養老中向老人乞取善言、旅酬中相互討論禮樂義理的種種禮儀，在東序中由小樂正來教導。負責學政的官員——太樂正教習盾舞、斧舞，而旅酬中的合語，養老中的乞取善言，也都由太樂正給以理論上方法上的指導，並由德高望重的官員充當的大司成在東序給以總結性的評論。凡是陪坐大司成的，其座席和大司成的遠近要保持能容三席即一丈的距離，這樣才可以站起發問。問後，不敢就坐，背墻站立，靜聽指教。大司成論列事理還沒說完，就不要插問。凡是開學，春季，學科教官就要設置脯醢菜酒供奉本學科最先的老師。秋季、冬季也是這樣。凡是開始設立學校的，一定要設置脯醢菜酒供奉<u>周公</u>或<u>孔子</u>那樣的先聖以及先師，行禮時還必須用幣帛。凡是釋奠的時候，一定要合樂，即音樂舞蹈匯合演奏，如果國家有凶喪戰亂，就不要合樂了。凡是舉行樂舞大合奏的時候，必然同時舉行養老禮。凡是在郊外學校對學士考查評議的人，一定要認真選取賢德，收攬才能。學士有的因爲德行出衆而進選，有的因爲政事通達而推舉，有的因爲言語明暢而顯揚。此外，凡有一技之長者，都加以訓勉，以待他日另行考選。凡德行、政事、言語三項有一項是強項的，就看成高出一般學生的人，並將這類人排定前後次序、進升等次以待錄用，管這類學人稱作郊人。之所以稱之爲郊人，一方面表明他們是郊學中比較優秀的學子，另一方面也着重表明他們既和國學中的在校學士遠遠不同，也和鄉中選取的德才兼備的處士遠遠不同。按：在鄉中選中的處士將被進薦國家，進薦之前鄉中舉行鄉飲酒禮，以中選的前兩名，充當禮中的主賓和副賓，他們在飲酒禮中能够酌酒於上尊，回敬作爲主人的鄉大夫。開始成立學校的，將新製做的禮樂器具塗上牲血，用幣帛供奉先聖先師，稟告禮樂器具完成。然後舉行釋菜禮——薦獻芹藻之類，稟告先聖先師禮器樂器將按時使用。釋菜禮中不舞蹈，從而也不分授舞蹈用具。禮畢退下，在東序招待主賓，僅實行一獻之禮。所謂一獻之禮，就是：主人獻賓酒，賓飲後酌酒回敬主人，主人飲後，又酌酒先自飲，再酌酒酬賓。這個一獻之禮比較簡單，可以沒有副賓，也不進行什麽討論。——以上所說都是有關教育世子的。

　　凡三王教世子，必以禮樂。樂所以脩内也，禮所以脩外也。禮樂交錯於中，發形於外，是故其成也懌，[一]恭敬而溫文。立大傅、少傅以養之，[二]欲其知父子君臣之道也。大傅審父子君臣之道以示之，少傅奉世子以觀大傅之德行而審喻之。大傅在前，少傅在後，入則有保，出則有師，是以教喻而德成也。師也者，教之以事而喻諸德者也。保也者，慎其身以輔翼之而歸諸道者也。記曰：“虞、夏、商、周有師、保，有疑、丞，設四輔及三公，不必備，唯其人。”語使能也。君子曰德，德成而教尊，教尊而官正，官正而國治，君之謂也。仲尼曰：“昔者周公攝政，踐阼而治，抗世子法於伯禽，所以善成王也。聞之曰：‘爲人臣者，殺其身有益於君則爲之。’況于其身以善其君乎！[三]周公優爲之。”是故知爲人子，然後可以爲人父；知爲人臣，然後可以爲人君；知事人，然後能使人。成王幼，不能涖阼，以爲世子則無爲也。是故抗世子法於伯禽，使之與成王居，欲令成王之知父子、君臣、長幼之義也。君之於世子也，親則父也，尊則君也。有父之親，有君之尊，然後兼天下而有之。是故養世子不可不慎也。行一物而三善皆得者，唯世子而已，其齒於學之謂也。故世子齒於學，國人觀之，曰：“將君我而與我齒讓，何也？”曰：“有父在，則禮然。”然而衆知父子之道矣。其二曰：“將君我而與我齒讓，何也？”曰：“有君在，則禮然。”然後衆著於君臣之義也。其三曰：“將君我而與我齒讓，何也？”曰：“長長也。”然後衆知長幼之節矣。故父在斯爲子，君在斯謂之臣，居子與臣之節，所以尊君親親也。故學之爲父子焉，〔四〕學之爲君臣焉，學之爲長幼焉，父子、君臣、長幼之道得而國治。語曰：“樂正司業，父師司成，一有元良，萬國以貞。”世子之謂也。周公踐阼。

【注釋】

〔一〕斁：音亦。　　　　〔二〕大：音太。　少：音紹。下同。

〔三〕于：音淤。鄭玄云：“于讀爲迂。”　　　　〔四〕學：音效。下同。

【譯解】

　　在夏、商、周的時代教育世子，一定要用禮樂。樂，用來陶冶内心的，禮用來規範舉止的。禮樂交互作用於心中，而體現在外表，因而他們就會形成愉悦、恭敬、温和、文雅的品格。設太傅、少傅兩位官員來培養世子，目的是讓他知道父子之間、君臣之間的道理、規矩。太傅明辨父子君臣的道理來教導世子，少傅奉陪世子來觀察太傅的德行而詳細解説。太傅在前，少傅在後，入宫生活有保，出宫上學有師，所以教導透徹而能養成良好的品德。所謂師，就是通過傳授事實而向世子説明道德的人。所謂保，就是謹慎衛護世子，輔導幫助，使他生活歸入正軌的人。記上説：“虞、夏、商、周四朝，都有師、保、疑、丞，還設立四輔及三公。這些官職，不一定非完備設立不可，有合適的人選才設。”意思是説必須使有才能的君子擔任這種要職。君子的本質特徵是德。君子道德成立從而教化尊嚴，教化尊嚴從而官風端正，官風端正從而國家大治。這也是針對國君説的。仲尼説：“從前周公代替成王總理國政，處在君主的地位來治理天下，舉出做世子的規矩施用在伯禽身上，目的是教育好成王。我聽人這樣說過：'做臣子的，遇到殺掉自己而對國君有益的事情就要去做。'何況能光大自身而對國君有益的事呢？周公自然是樂于去做了。"所以說，知道怎樣做兒子，然後才可以做父親；知道怎樣做臣，然後才可以做國君；知道怎樣事奉人，然後才能支使人。成王年紀幼小，不能身臨君位主持國政，如果把他當作世子看待吧，而武王早已過世，世子對於父王的禮規，他無法施行。所以攝政的周公只得將世子禮規施用於伯禽身上，使伯禽陪同成王一起生活，目的是讓成王懂得父子、君臣、長幼之間的道義。國君對於世子來講，在家裏是至親的父親，在國裏是至尊的君主。作爲國王，既有爲父的親情，又有爲君的尊貴，而後又有統治天下的權勢，因此他培養教育繼承人——世子就不得不格外慎重了。人世間，做好一件事而能獲得三項良效的，也只有世子能夠做到。做好哪一件事呢？就是在國學裏學會按年齡大小互相禮讓。所以，世子在學校裏按年齡而行禮讓，國裏人看到了，有人就會問："他將來就要做我們的國君，爲什麼還跟我們這樣謙恭禮讓？"知禮者就會這樣回答："他有父親在，禮該如此。"這樣一來，人們就懂得父子之道了。其二，有人會問："他將來就要做我們的國君，爲什麼還跟我們這樣謙恭禮讓？"知禮者也會這樣回答："有國君在，禮該如此。"這樣一來，人們就清楚君臣之義了。其三，有人問："他將來就要做我們的國君，爲什麼還跟我們這樣謙恭禮讓？"知禮者也會這樣回答："他這是尊重比他年長的，禮該如此。"這樣一來，人們就懂得長幼之序了。父親在，他就是兒子，國君在，他就是臣，他處在兒子和臣的地位，就該尊崇自己的君主、熱愛自己的父親。所以他就要學習怎麼樣爲父爲子，爲君爲臣，爲長爲幼。掌握了父子、君臣、長幼的道理，國家從而就能够得到治理。古語説：
"樂正負責課程，父師成就德行，有位賢良元首，天下公正太
平。"這就是針對世子説的。——以上摘自周公踐阼。

　　庶子之正於公族者，教之以孝弟、睦友、子愛，〔一〕明
父子之義，長幼之序。其朝于公，〔二〕内朝則東面北上，臣
有貴者，以齒。其在外朝，則以官，司士爲之。其在宗
廟之中，則如外朝之位，宗人授事，以爵以官，其登餕、
獻、受爵，〔三〕則以上嗣。庶子治之，雖有三命，不踰父
兄。〔四〕其公大事，則以其喪服之精麤爲序，〔五〕雖於公族之
喪亦如之，以次主人。若公與族燕，則異姓爲賓，膳宰
爲主人，公與父兄齒。族食，世降一等。其在軍，則守
於公禰。〔六〕公若有出疆之政，庶子以公族之無事者守於公
宫，正室守大廟，〔七〕諸父守貴宫、貴室，諸子諸孫守下
宫、下室。

【注釋】

〔一〕弟：音替，通悌。　子：音磁，通慈。　　〔二〕朝：音
潮。下同。　　〔三〕餕：音郡。　　〔四〕庶子治之雖有三命
不踰父兄：孔穎達認爲此十二字應承接上文"臣有貴者以齒"之
下。　　〔五〕麤：通粗。　　〔六〕禰：音你。

〔七〕大：通太。

【譯解】

　　作爲司馬的屬官而掌管國君族人政事的庶子，教導他們孝悌、
睦友、慈愛，闡明父子之義，長幼之序。公族朝見國君，如果在

路寢門中的內朝朝見，就排列西方，面朝東，根據年齡大小自北而南，朝臣中雖有爵位尊貴的，也要毫無例外的根據年齒順序站位。如果在路寢門外的外朝朝見，那就要根據官爵尊卑順序排班站立，外朝朝儀的位置，由司馬的屬官——司士掌管。公族在國君宗廟中參加祭祀，就像外朝朝見時那樣排班站立，由掌管禮儀和宗廟事務的官員——宗人分派祭祀中的各種職務，根據爵位尊卑、官職大小而分派重輕不同的職務。至於登堂食用先祖神靈及其裝扮者——尸享用之餘饌、向尸獻酒、受尸送酒等等重要儀節，那都必須由國君的嫡長子去做。公族在內朝朝見國君，按年齡大小排班站立，由庶子掌管。族人中即使有榮受天子所賜三等命服的貴官，其在內朝班位也要依年齒序立，不能超在父兄的行列之前。遇到國君的死喪大事，族人們的喪位就要根據喪服所規定的親疏關係來排列先後次序。即使遇到公族中一般族人的喪事，也要按親疏關係排列先後，而序立於死者的兒子們的後面。如果國君和族人舉行酒會，就擇請異姓某位大官爲貴賓，國君尊貴，不親自獻酒應酬，所以讓膳宰充當主人，而國君與父兄們依輩分年齡長幼就位。國君與同族人會餐的次數，則根據親疏關係，每世遞降一等。假如同父兄弟即齊衰之親一年會餐四次，那麼同祖兄弟即大功之親就一年會餐三次，同曾祖兄弟即小功之親就一年會餐兩次，同高祖兄弟即緦麻之親就一年會餐一次。國君族人如果隨軍出征，就守護隨行的遷廟神主。國君假如因公事出國，庶子就率領公族中沒有正式職務的人守衛公宮：族人的嫡子們守衛太廟，族人的父輩們守衛重要的宮院和房室，族人的子孫輩守衛次要的宮院和房室。

　　五廟之孫，祖廟未毀，雖爲庶人，冠、取妻必告，〔一〕死必赴，練、祥則告。族之相爲也，宜弔不弔，宜免不免，〔二〕有司罰之。至于賵、賻、承、含，〔三〕皆有正焉。

【注釋】

〔一〕冠：音貫。　取：通娶。　　〔二〕免：音問。

〔三〕賵：音鳳。　賻：音付。　承：音贈。<u>鄭玄</u>云：“承讀爲贈，聲之誤也。”　含：音汗。

【譯解】

　　諸侯五廟，凡是五廟的子孫，只要他的高祖（曾祖、祖父就更不用説了）尚爲某廟神主，其神主未被遷出附於太祖廟中，就是與國君還沒有出五服、而屬血緣關係較近的族人，這樣的族人即使是個平民，遇到成人加冠、娶妻，都必須禀告國君；死了，家屬必須向國君報喪，到了周年祭、兩周年祭的時候，也該報告國君。族人之間遇到喪事互有表示，即使關係疏遠的，如果該弔問的不去弔問，該頭纏白布條的不纏，主管公族事務的官員也要處罰他們。至於贈送喪家車馬、財物以及送給死者的斂衣、含玉，都有正式禮規。

　　公族，其有死罪，則磬于甸人。〔一〕其刑罪，則纖剸，〔二〕亦告于甸人。〔三〕公族無宮刑。獄成，有司讞于公。〔四〕其死罪，則曰“某之罪在大辟”。〔五〕其刑罪，則曰“某之罪在小辟”。公曰“宥之”，〔六〕有司又曰“在辟”。公又曰“宥之”，有司又曰“在辟”。及三宥，不對，走出，致刑于甸人。公又使人追之，曰：“雖然，必赦之。”

有司對曰："無及也。"反命于公。[七]公素服，不舉，爲之變，如其倫之喪，無服，親哭之。

【注釋】

〔一〕磬：音慶。　甸：音店。　〔二〕纖：音堅。鄭玄云："纖讀爲殲。"　剸：音團。　〔三〕告：音菊，通鞠。鄭玄云："告讀爲鞠。"　〔四〕讞：音硯。　〔五〕辟：音必。下同。　〔六〕宥：音右。　〔七〕反：通返。

【譯解】

　　公族有人犯了死罪，就送交掌管公田官員——甸人去弔殺。犯有該處以肉刑罪的，輕的刺面，重的割鼻、斷腳，也送交甸人處治。不過，對公族犯人從不處以宮刑即摧殘生殖器官的刑罰。每個罪案判決後，司法官員要請求國君平議。屬於死罪的，就說某人的罪當處以大的刑罰；屬於肉刑的，就說某人的罪當處以小的刑罰。國君說："寬免他吧！"司法官員說："觸犯律條，不能寬免。"國君又說："寬免他吧！"司法官員又說："觸犯律條，不能寬免。"及至國君第三次請求寬免，司法官員就不再答對，疾速跑出押解罪犯送交甸人行刑。國君又派人追去，傳達君命說："即使罪當處刑，必須予以寬赦。"司法官員回答使者說："已經來不及了。"行刑後，司法官員回來向國君報告。國君換上素服，不殺牲盛饌，進食時不再奏樂，根據親疏關係，按規定爲死者而改變某些日常生活，不往弔喪所以不穿弔服，而親哭之於異姓官員的家廟。

　　公族朝于内朝，内親也。雖有貴者以齒，明父子也。外朝以官，體異姓也。宗廟之中，以爵爲位，崇德也。

宗人授事以官，尊賢也。登餕、受爵以上嗣，[一]尊祖之道
也。喪紀以服之輕重爲序，不奪人親也。公與族燕則以
齒，而孝弟之道達矣。其族食，世降一等，親親之殺
也。[二]戰則守於公禰，孝愛之深也。正室守大廟，尊宗
室，而君臣之道著矣。諸父諸兄守貴室，子弟守下室，
而讓道達矣。五廟之孫，祖廟未毀，雖及庶人，冠、取
妻必告，死必赴，不忘親也。親未絕而列於庶人，賤無
能也。敬弔臨賻賵，睦友之道也。古者庶子之官治而邦
國有倫，邦國有倫而衆鄉方矣。[三]公族之罪，雖親，不以
犯有司，正術也，所以體百姓也。刑于隱者，不與國人
慮兄弟也。弗弔，弗爲服，哭于異姓之廟，爲忝祖遠之
也。[四]素服居外，不聽樂，私喪之也，骨肉之親無絕也。
公族無宮刑，不翦其類也。[五]

【注釋】

〔一〕餕：音郡。　　〔二〕殺：音曬。　　〔三〕鄉：通向。
〔四〕忝：音舔。　　〔五〕翦：同剪。

【譯解】

　　公族朝見國君於內朝，公族是內親，所以在內朝朝見。在內
朝雖有地位尊貴的也依年齒輩分爲序，這是爲了表明族裏父輩子
輩的情誼。在外朝，根據官爵高低排定班序，這是爲了團結異姓
官員，使他們感覺並沒有被疏遠。公族在宗廟裏，以爵位尊卑來
排定班列，這是表明尊崇品德。宗人根據官職高低來分配祭中職
責，這是表示尊重賢能。祭祀當中讓國君的嫡長子吃用先祖神靈
及其裝扮者——尸享用過的饌餘，接受尸的送酒，這體現着尊敬

祖先的倫理原則，嫡長子是祖先的正統，尊敬正統也就是尊敬祖先。公族在喪事當中根據喪服的輕重、關係的親疏來排定喪位的上下，死者的子嗣自然應該喪位居上，即使是尊貴的族人也不該剝奪孝子的親情。國君和族人們宴飲，根據年齡輩分順序就位，這樣做就使孝悌的倫理原則得到了廣泛的貫徹。國君與族人們會餐，根據血緣關係的遠近，每世遞減一次，這樣做反映着親情的不同等差。公族從軍出征，守衛隨軍的遷廟神主，這表明公族對祖先孝愛的深切。國君出征，庶子官留守，率領公族的嫡子們守衛太廟，這樣尊重公族中的嫡系子孫，君臣之間的道義也從而彰著。公族中的父兄輩們守衛重要的房室，公族中子弟們守衛次要的房室，這樣做就在公族間暢通了謙讓精神。諸侯五廟的子孫們，只要其高祖尚在五廟之列，而未被遷出神主附於太祖廟中，也就是說這類族人和在位國君同是一個高祖的玄孫，那麼這類族人即使是庶人百姓，遇到冠禮、婚禮必須報告國君，死了，其家屬必須向國君報喪，這樣做，就是表明不忘血緣的親情。有的族人與國君的血緣親情，尚在五服之內，也就是說服屬關係還沒有斷絕，即已淪爲平頭百姓，上文之所以這樣明確提出，就有賤視無能的用意。族人中有了喪事，誠摯地去弔喪臨哭、贈送財物，這是表達本族友愛情誼的方式。古時候，主管公族事務的庶子官，治理有方，從而國家秩序井然；國家秩序井然，民衆也就知道朝正當方向生活了。公族有人犯了罪，即使與國君血緣關係很親，也不准許憑此而侵犯司法官員的職權，這是正當的路數，這樣做是爲了團結人民，親近人民。公族有人犯了罪，要送往隱蔽的地方去執行絞刑或肉刑，國君這樣做目的是不在公開場合與一般關係疏遠國民一起處治自己本族兄弟。國君對於被處決的族人，不弔喪，不穿弔服，只在異姓官員的廟裏哭他，這是由於他犯了重罪，給祖宗帶來了恥辱，從而在弔哭方面對他顯示了疏遠。儘管如此，國君猶爲他穿素服，不進內宮居住，不聽音樂，這是表示個人私下的哀悼，因爲他終究是自己的骨肉之親，情感上不能斷絕。國君對犯罪的公族不處以毀壞生殖器官的宮刑，用意是不斷絕自己的族人後嗣。

　　天子視學，大昕鼓徵，〔一〕所以警衆也。衆至，然後天子至，乃命有司行事，興秩節，祭先師、先聖焉。有司卒事反命，〔二〕始之養也。適東序，釋奠於先老，遂設三老、五更、羣老之席位焉。〔三〕適饌省醴，〔四〕養老之珍具，遂發咏焉，退脩之以孝養也。反，登歌清廟，既歌而語，以成之也。言父子、君臣、長幼之道，合德音之致，禮之大者也。下管象，舞大武，大合衆以事，達有神，興有德也。正君臣之位，貴賤之等焉，而上下之義行矣。有司告以樂闋，〔五〕王乃命公侯伯子男及羣吏曰“反養老幼于東序”，〔六〕終之以仁也。是故聖人之記事也，慮之以大，愛之以敬，行之以禮，脩之以孝養，紀之以義，終之以仁。是故古之人一舉事而衆皆知其德之備也。古之君子舉大事必慎其終始，而衆安得不喻焉。兌命曰：〔七〕“念終始典于學。”

【注釋】

〔一〕昕：音欣。　　〔二〕反：通返。下同。　　〔三〕更：音耕。　　〔四〕省：音醒。　　〔五〕闋：音確。

〔六〕幼：孫希旦云："幼字衍，注疏皆不解此字。"

〔七〕兌：音月，通悅。

【譯解】

　　天子視察國學的那天，天剛亮，就敲起集合鼓，用來提醒大家做好準備，迅速前來。教官和學生們都到了，然後天子到場，命令執事人員開始行事，按素常規定陳設器物，舉行儀式，祭奠先師、先聖。執事人員行完釋奠禮，報告天子，於是開始去行養老禮。天子來到東序，在先代著名老人牌位前奠放供品，接着舖設三老、五更和羣老的席位。事前，天子從退休大臣中選出一些人，請來，向他們行養老禮，最尊的一名稱之爲三老，次尊的一名稱之爲五更。天子親自到陳饌處所，省視菜肴、醴酒、養老的珍貴食品，於是學生歌咏饌食的豐美，歌畢退下，就修治盛饌來孝養三老五更。天子升堂返位，款待羣老，學生升堂歌唱清廟詩章，歌畢，羣老談說做人道理，來成就天子養老乞求善言的美意。談論父子、君臣、長幼的道理，配合那歌功頌德的音樂情致，這是養老禮中最大的節目。堂下學生吹奏頌揚武王伐紂的樂曲——象，同時學生們表演大武舞，大規模會合學生來進行歌舞活動，旨在顯示周代發達有神協助，周代興起因爲文王、武王有德。大型歌舞，使人們了解到端正君臣的位置，明確貴賤的等級，那麼上下之間的做人處事的準則就得以貫徹執行。舞畢禮終，司禮官員報告天子音樂停止。天子就命令在場的公侯伯子男與各級官員說："你們回去以後，都要在東序學堂舉行養老典禮。"這樣，天子對老齡人們的愛心最終普施天下。所以說，聖人養老禮的記事，其大要是：從孝悌大道方面加以考慮，用恭敬的態度來表示愛心，用禮儀的形式去實行，整治盛饌來進行孝養，以倫常義理爲主綫，以仁愛的普及爲終結。所以，古代聖王每舉辦一項大事，而民衆都能從中認識到他的品德的完備。古代的君子舉辦大事，必定慎終慎始，又怎能得不到人民大衆的充分理解呢？說命中說："要牢記始終經常的重視學校教育。"

　　世子之記曰："朝夕至于大寢之門外，問於内竪曰：'今日安否何如？'内竪曰：'今日安。'世子乃有喜色。其有不安節，則内竪以告世子，世子色憂，不滿容。内竪言復初，然後亦復初。朝夕之食上，世子必在視寒煖之節；食下，問所膳羞。必知所進，以命膳宰，然後退。若内竪言疾，則世子親齊玄而養，〔一〕膳宰之饌必敬視之，疾之藥必親嘗之。嘗饌善，則世子亦能食；嘗饌寡，世子亦不能飽。以至于復初，然後亦復初。"

【注釋】

〔一〕齊：音摘，通齋。

【譯解】

　　世子記上說："世子每早每晚到父王的大寢門外，問宮内小臣說：'今天父王身體平安不？'宮内小臣說：'今天平安。'世子才喜形於色。倘若不安適，宮内小臣就稟告世子，世子聽了就滿面愁容。及至宮内小臣報告父王已經康復如初，世子也就恢復了常態。早晚給父王進上的膳食，世子一定在場驗看食物的溫度。父王用過，饌食撤出，世子詢問侍者父王都吃用了什麽食品。一定要知道父王吃用了什麽器皿中的菜肴，囑咐膳宰不要再將動用過食物再次進上，然後退去。倘若宮內小臣説父王病了，世子就穿上齋戒時所穿的玄衣玄裳親自伺候奉養。膳宰進上的饌食，世子一定恭敬小心的檢視；醫生所進上的藥物，世子一定親自嘗試。父王吃飯吃得好，世子也就挺能吃，父王吃飯吃得少，世子也就沒心思吃飽。及至父王康復如初，世子也就恢復原來的生活了。"

禮運第九

　　昔者<u>仲尼</u>與於蜡賓，〔一〕事畢，出遊於觀之上，〔二〕喟然而歎。〔三〕<u>仲尼</u>之歎，蓋歎<u>魯</u>也。言偃在側，〔四〕曰："君子何歎？"<u>孔子</u>曰："大道之行也，與<u>三代</u>之英，<u>丘</u>未之逮也，而有志焉。大道之行也，天下爲公，選賢與能，講信脩睦。故人不獨親其親，不獨子其子，使老有所終，壯有所用，幼有所長，〔五〕矜寡孤獨廢疾者皆有所養，〔六〕男有分，〔七〕女有歸。貨惡其棄於地也，〔八〕不必藏於己；力惡其不出於身也，不必爲己。是故謀閉而不興，盜竊亂賊而不作，故外户而不閉。是謂大同。今大道既隱，天下爲家，各親其親，各子其子，貨力爲己，大人世及以爲禮，城郭溝池以爲固，禮義以爲紀；以正君臣，以篤父子，以睦兄弟，以和夫婦，以設制度，以立田里，以賢勇知，〔九〕以功爲己。故謀用是作，而兵由此起。<u>禹</u>、<u>湯</u>、<u>文</u>、<u>武</u>、<u>成王</u>、<u>周公</u>，由此其選也。此六君子者，未有不謹於禮者也。以著其義，以考其信，著有過，刑仁講讓，示民有常。如有不由此者，在執者去，〔一〇〕衆以爲殃。是謂小康。”

【注釋】

〔一〕與：音玉。　蜡：音乍。　　〔二〕觀：音罐。

〔三〕喟：音愧。　　〔四〕偃：音演。　　〔五〕長：音掌。

〔六〕矜：音官，通鰥。　　〔七〕分：音奮。　　〔八〕惡：音務。下同。　　〔九〕知：同智。　　〔一〇〕執：通勢。

【譯解】

　　從前仲尼（孔子）以貴賓的身份參加了魯國的年終聚合百神的蜡祭。祭畢，他出來在魯宮的大門樓上遊覽，長聲歎了口氣。仲尼歎氣，大概是慨歎魯國的祭禮不完備。言偃（子游）跟隨在孔子身側，問道：“請問老師爲什麽歎氣?”孔子說：“大道通行的時代與夏商周三代精英當政的時期，我都没有趕上，而有些文字記載可以看到。大道通行的時代，天下爲全體人民所公有。選舉有賢德與有才能的人來管事，講求誠信，致力友愛，所以人們不只是敬愛自己的雙親，不只是疼愛自己的子女，更能博愛世人，使老人們都能安度終生，壯年們都能發揮自己的才用，兒童們都能健康成長，鰥寡孤獨殘廢病人都能得到贍養。男人都有自己的職務，女人都有自己的歸宿。物質資料，就擔心它丢棄在地上得不到合理利用，倒不一定收藏到自己家裹；智力體力，擔心它不能從自身上發揮出來，倒不一定爲了個人利益。珍惜物資，熱愛勞動，都出自公心，因此爲非做歹的念頭都自然閉塞而不能興起，盜竊掠奪的活動都自然不會發生，所以關上外門只是爲了擋風寒，無須上栓緊閉。這就叫做大同世界。如今，大道既已消失，天下

爲一個家族所私有，人們各自敬愛自己的雙親，各自疼愛自己的
子女，對待物質財富，對待勞動，都從個人利益出發。領袖們將
財富和權力視爲私物，世代相傳，並認定這樣做合乎禮法。爲了
維護個人的財富、權力，以城池爲堅固保障，以禮義爲紀律綱常。
用禮來使君臣名分端正，父子關係篤厚，兄弟情誼和睦，夫妻感
情和諧，用禮來設置制度，建立田里，尊重勇士智士，一切事功
都是爲了個人，所以機謀由此而發生，戰事由此而興起。大禹、
成湯、文王、武王、成王、周公，就是這樣的時代裏產生的傑出
人物。這六位傑出人物，沒有一位不是謹慎地據禮行事的。他們
當政時期，用禮來表明道義，考查誠信，辨明過錯，效法仁愛，
講求謙讓，向民衆顯示做人行事的常規。如果有不遵守這種禮法
常規的人，即使有權有勢的，也要撤職去位，民衆視之爲禍害。
這就叫做小康世界。”

　　言偃復問曰：“如此乎禮之急也？”孔子曰：“夫
禮，[一]先王以承天之道，以治人之情，故失之者死，得之
者生。詩曰：‘相鼠有體，人而無禮。人而無禮，胡不遄
死。’[二]是故夫禮必本於天，殽於地，[三]列於鬼神，達於
喪、祭、射、御、冠、昏、朝、聘。[四]故聖人以禮示之，
故天下國家可得而正也。”

【注釋】

〔一〕夫：音扶。　　　〔二〕遄：音船。　　　〔三〕殽：音笑，
通效。　　〔四〕冠：音貫。　昏：婚的本字。

【譯解】

　　言偃又問：“禮是這樣的急切嗎？”孔子說：“禮，是先代聖

王用以順承自然之道來治理人情的。所以喪失了禮就要死亡，得到了禮就能生存。詩經相鼠有這樣的詩句：'老鼠還有身體，人類怎能無禮？做人如果無禮，何不趕快死去。'所以説，禮一定要根據天，效法地，與鬼神並列，而貫徹在喪、祭、射、御、冠、婚、朝、聘各種活動之中。聖人把禮明示給人民，天下國家才能够得到正確的治理。"

言偃復問曰："夫子之極言禮也，可得而聞與?"〔一〕孔子曰："我欲觀夏道，是故之杞，〔二〕而不足徵也，吾得夏時焉。我欲觀殷道，是故之宋，而不足徵也，吾得坤乾焉。〔三〕坤乾之義，夏時之等，吾以是觀之。

【注釋】

〔一〕與：音魚。　　〔二〕杞：音起。　　〔三〕乾：音前。

【譯解】

言偃又問道："老師您那麽强調禮的重要，能不能講詳細些讓我聽聽呢?"孔子説："我打算考察夏代的禮制，所以到夏代的後裔杞國去了，杞國文獻不足，難以考證，我只得到一册曆書名叫夏時。我打算考察殷代的禮制，所以到殷代的後裔宋國去了，宋國也文獻不足，難以考證，我只得到一册講陰陽變化的書，名叫坤乾。我就根據坤乾的内容，夏時的節次，來進行考察。

"夫禮之初，〔一〕始諸飲食，其燔黍捭豚，〔二〕汙尊而抔飲，〔三〕蕢桴而土鼓，〔四〕猶若可以致其敬於鬼神。及其死也，升屋而號，〔五〕告曰：'皐！〔六〕某復！'然後飯腥而苴孰,〔七〕故天望而地藏也。體魄則降,知氣在上,〔八〕故死者北首,生者南鄉,〔九〕皆從其初。

【注釋】

〔一〕夫:音扶。　　〔二〕燔:音凡。　㸇:音簸。　豚:音屯。　　〔三〕汙:音蛙,同窪。　抔:剖的陽平聲。

〔四〕蕢:音快。　桴:音浮,通枹。　　〔五〕號:音毫。

〔六〕臯:音高。　〔七〕飯:動詞,音反。　苴:音居。　孰:熟的本字。　　〔八〕知:同智。　　〔九〕鄉:通向。

【譯解】

　　"禮的最初,開始於飲食活動。原始時代,人們把黍米放在石板上用火烘熟,把小猪放在火上燒烤,地上挖個小坑盛水當作酒樽,用兩手捧着飲用,摶泥燒製鼓槌,瓦框蒙皮做鼓,就這樣簡陋,還可以向鬼神致敬呢。及至人死的時候,親人就升上屋頂望着天空呼喊,呼告說:'啊!某某,你回來吧!'招魂無效,然後人們就用生米填滿死者口中,下葬時又用草包包裹些熟肉送給死者。就這樣望天招魂,入地埋藏,因爲人死了形體降入地裏,靈魂升往上空。死者都頭朝北,由於北方屬陰;活人都朝南居住,由於南方屬陽。現在人們也是如此,這都是依從最初的習俗。

　　"昔者先王未有宮室,冬則居營窟,〔一〕夏則居橧巢。〔二〕未有火化,食草木之實,鳥獸之肉,飲其血,茹其毛。〔三〕未有麻絲,〔四〕衣其羽皮。〔五〕後聖有作,然後脩火之利,范金合土,以爲臺榭、宮室、牖户,〔六〕以炮以燔,〔七〕以亨以炙,〔八〕以爲醴酪;〔九〕治其麻絲,以爲布帛。以養生送死,以事鬼神上帝。皆從其朔。〔一○〕

【注釋】

〔一〕窟：音枯。　　〔二〕橧：音增。　　〔三〕茹：音如。

〔四〕麻絲：<u>劉台拱</u>云：“當作絲麻。”<u>朱彬</u>云：“<u>家語問禮篇</u>正作絲麻。”下同。　　〔五〕衣：動詞，音益。　　〔六〕牖：音有。　　〔七〕炮：音袍。俗音包。　　〔八〕亨：音抨，通烹。炙：音至。　　〔九〕酪：音澇。　　〔一〇〕朔：音槊。

【譯解】

“從前上古先王時代，没有宫室，冬天就住在挖掘的土穴裏，夏天就住在薪木架上的柴屋。那時還没有發明火，就生吃草木的果實，鳥獸的肉，喝禽獸的血，連毛也咽下。那時還不知道利用苧麻、蠶絲，就披穿鳥羽獸皮。後來聖人出世，研究應用火的熱能，鎔化金屬，注入模型，鑄造器皿，合土做坯，燒製磚瓦，用來創建臺榭、宫室、窗户，又用火來炮、烤、煮、炙各種肉類，釀製醴酒、酸漿，加工麻的纖維來織布，繅治蠶絲來織綢，人們用種種新的物質生活資料來養生送死，來事奉鬼神上帝。現在人們也是如此，這都是依從聖人最初的創造。

“故玄酒在室，醴醆在户，〔一〕粢醍在堂，〔二〕澄酒在下。陳其犧牲，備其鼎俎，列其琴瑟管磬鐘鼓，脩其祝嘏，〔三〕以降上神與其先祖，以正君臣，以篤父子，以睦兄弟，以齊上下，夫婦有所。是謂承天之祜。〔四〕

【注釋】

〔一〕醆：音斬。　　〔二〕粢：音劑。　醍：音體。

〔三〕嘏：音古。　　〔四〕祜：音護。

【譯解】

　　"後世依照聖人的創造，祭祀更爲規範。爲了表示不忘古昔，特設清水一樽，名爲玄酒，放在室内北墙下；盛着麴少米多的甜醴酒的酒樽，和盛着白色糟滓很多的酸酒的酒樽放在室内靠近室户的地方；盛着紅色的糟滓很多的醍酒的酒樽放在堂上接近室户的地方；盛着糟滓下沈、酒色稍清的澄酒的酒樽，放在堂下。酒味越薄，其發明時代越古；爲了尊古，味越薄的，陳列的位置越尊。同時陳列祭祀的犧牲，備辦盛放煮熟牲體的銅鼎和肉几，分列琴、瑟、管、磬、鐘、鼓各種樂器，修定主人祭告神靈的文辭和神靈向主人致福的文辭，用來迎接上神和先祖的降臨。通過莊嚴肅穆的祭禮，可以端正君臣的身份，增厚父子的恩情，和睦兄弟的情誼，整齊上下的心志，夫婦各得其所。達到了這樣的效果，就可以稱作承受了上天的賜福。

　　"作其祝號，玄酒以祭，薦其血毛，腥其俎，孰其殽，〔一〕與其越席，〔二〕疏布以幂，〔三〕衣其澣帛，〔四〕醴醆以獻，薦其燔炙，君與夫人交獻，以嘉魂魄。是謂合莫。然後退而合亨，〔五〕體其犬豕牛羊，實其簠簋籩豆鉶羹，〔六〕祝以孝告，嘏以慈告。是謂大祥。此禮之大成也。"

【注釋】

〔一〕孰：熟的本字。　　殽：音淆，同肴。　　　〔二〕越：音活。

〔三〕幂：音密。　　　〔四〕衣：音益。　　澣：音緩。

〔五〕亨：音抨，通烹。　　　〔六〕簠：音府。　　簋：音鬼。

鉶：音刑。

【譯解】

　　"將鬼神以及牲玉祭品分別擬定美稱。行祭時，神職人員——祝向神致祭辭中使用這些美稱，告神來受饗。用玄酒來祭，祝將剛宰殺犧牲的血和毛薦告於室內，又將盛着整段帶骨鮮肉的几案，和盛着小段稍煮過的骨肉的几案，先後進薦尸前。地上鋪上蒲席，酒樽口掩上粗麻蓋布。主人、主婦穿上新染的綢製祭服，向尸獻上醴酒，薦上烤肉；獻上醆酒，薦上烤肝。主人與主婦虔敬地交錯獻酒，使得祖先的神靈愉悦，這就叫做'合莫'，即子孫和父祖神靈互相感通，合而爲一。然後將堂上肉俎撤下及未進薦牲體合起煮熟。將煮熟了的狗猪牛羊的牲體分別從關節處砍成小段，按骨體貴賤分盛於肉俎。將盛米飯的簠和簋，盛乾肉的籩，盛肉醬的豆，盛帶菜肉湯的鉶，都裝上該裝的食物，以供饗尸及招待本族兄弟和賓客。祝告辭中稱孝告，致福辭中稱慈告。用豐富的飲食通過尸來孝養父祖的神靈，父祖的神靈通過尸向子孫致福，這就叫做大吉祥。祭禮到此就圓滿的完成了。"

　　孔子曰：於呼哀哉！[一]我觀周道，幽、厲傷之。吾舍魯何適矣！[二]魯之郊禘，[三]非禮也。周公其衰矣。杞之郊也，禹也；宋之郊也，契也。[四]是天子之事守也。故天子祭天地，諸侯祭社稷。

【注釋】

〔一〕於：音污，同嗚。　　〔二〕舍：通捨。　　〔三〕禘：音帝。　　〔四〕契：音謝。

【譯解】

　　孔子説：唉！可悲呀！我考察周代的制度，已經遭受了周幽王、周屬王的破壞，現在除了周公後裔的魯國，我還能去哪裏觀察到周代的禮制呢？不過，作爲諸侯的魯國，竟然僭行天子之禮，即在南郊祭天，在太廟追祭始祖，這是極爲失禮的，看來周公的制度也衰微啦！杞國郊天禘禹，宋國郊天禘契，也是錯誤的，因爲郊禘是天子的職守。天子統治天下才能祭天祭地，諸侯統治一個地區，只能祭祀當地的土神和穀神。

　　祝嘏莫敢易其常古，是謂大假。祝嘏辭説，藏於宗祝巫史，非禮也，是謂幽國。醆斝及尸君，〔一〕非禮也，是謂僭君。〔二〕冕弁兵革藏於私家，非禮也，是謂脅君。大夫具官，祭器不假，聲樂皆具，非禮也，是謂亂國。故仕於公曰臣，仕於家曰僕。三年之喪與新有昏者，期不使。〔三〕以衰裳入朝，〔四〕與家僕雜居齊齒，非禮也，是謂君與臣同國。故天子有田以處其子孫，〔五〕諸侯有國以處其子孫，大夫有采以處其子孫，〔六〕是謂制度。故天子適諸侯，必舍其祖廟，而不以禮籍入，是謂天子壞法亂紀。諸侯非問疾弔喪而入諸臣之家，是謂君臣爲謔。〔七〕是故禮者，君之大柄也，所以別嫌明微，儐鬼神，〔八〕考制度，別仁義，所以治政安君也。故政不正則君位危，君位危則大臣倍，〔九〕小臣竊。刑肅而俗敝，則法無常，法無常而禮無列，禮無列則士不事也。刑肅而俗敝，則民弗歸也。是謂疵國。〔一〇〕

【注釋】

〔一〕斝：音甲。　　〔二〕僭：音建。　　〔三〕期：音基，

同昔。　　〔四〕衰：音崔。　裳：音常。　　〔五〕處：音
杵。下同。　　〔六〕采：音蔡，通埰。<u>阮元</u><u>校勘記</u>云：“<u>七經</u>
<u>孟子考文</u>引古本、<u>足利</u>本‘采’下有‘地’字。”　　〔七〕謔：
音血。　　〔八〕儐：音彬。　　〔九〕倍：通背。
〔一〇〕疵：磁的陰平聲。

【譯解】

　　祝辭、嘏辭都有定式，不敢改變其常規古法，這稱作大
假——大善事。祝辭、嘏辭藏在掌管祭事或卜筮人員——宗祝巫
史私人手裏，是失禮的，這叫做昏暗之國。醆和斝是先王貴重的
酒杯，諸侯在祭祀中用這種杯酌酒獻尸，是非禮的，這叫做僭擬
天子。冕服、弁服、兵器、甲胄，藏在大夫家裏，是非禮的，這
叫做威脅國君。沒有土地的大夫，而官員具備，祭器自備，聲樂
齊備，是非禮的，這叫做亂國。事奉國君的叫臣，事奉大夫的叫
僕。遭遇父母喪事和新結婚的，周年之內不差派公務。在此期間，
大臣如果身穿喪服進入朝庭，或者跟自己家僕雜居共處，不顧尊
卑，沒上沒下，是非禮的，這叫做君臣共國。所以，天子有田來
安置自己的子孫，諸侯有國來安置自己的子孫，大夫有采地來安
置自己的子孫，這叫做制度。天子到了諸侯的國裏，一定要住在
諸侯的祖廟，然而不根據禮籍的規定而進住，那就叫做天子壞法
亂紀了。諸侯不是爲了問病、弔喪而到諸臣家去串門，這叫做君
臣戲弄。所以說，禮是國君手裏的一個大的權柄。用它來區別嫌
疑，辨明微隱，敬事鬼神，建立制度，分別仁義，總之，禮是用
來治理國政、保安君位的。所以國政不正則君位不穩，君位不穩
則大臣背叛，小臣盜竊。嚴刑峻法而風氣敗壞，法令就要變更無
常。法令變更無常從而禮規更加紊亂；禮規紊亂，士人們就無所

事事了。刑罰嚴厲而風氣凋敝，那麼必然導致民心不歸向。這樣
的國家叫做病國。

　　故政者，君之所以藏身也。是故夫政必本於天，〔一〕殽
以降命。〔二〕命降于社之謂殽地，降于祖廟之謂仁義，降於
山川之謂興作，降於五祀之謂制度。此聖人所以藏身之
固也。故聖人參於天地，並於鬼神，以治政也。處其所
存，禮之序也；玩其所樂，民之治也。故天生時而地生
財，人其父生而師教之，四者君以正用之，故君者立於
無過之地也。

【注釋】

〔一〕夫：音扶。　　　〔二〕殽：音笑，通效。

【譯解】

　　政治是國君用來託身的。所以施政一定要根據天地陰陽變化
的法則，效法天理來頒布政令。政令頒布到神社，叫做效法大地。
爲什麼叫效法大地呢？大地有各種土壤，生物不同，政令因地制
宜的頒布於具體地區的神社，自然也是對大地某種功能的順應、
仿效。政令頒布於祖廟，叫做仁義。宗廟怎麼有仁有義呢？歷代
先人，從恩情上講，祖親於曾祖，父親於祖，越近越親；從道義
上講，祖尊於父，曾祖尊於祖，越遠越尊，而尊祖愛親是政教的
核心。政令頒布於山川，叫做興作。爲什麼叫興作呢？山川有各
種物資，可以製作各種器物。政令頒布於五祀，叫做制度。爲什
麼叫制度呢？因爲門、户、中霤、竈、行五物，大小形制，各有
法度。政令頒布得如此細密妥善，這就是聖人託身穩固的原因。
所以，聖人是參照、效法天地之理，比並依從鬼神之靈，來修治

政教的。處置所考察到的事理，就能得到禮節的秩序；深切體驗到人們的願望，就能實現人民的治理。天能産生四時，地能産生資財，人是父母所生，而由老師教育。國君能够順天時，因地利，篤人倫，施教化，把四者加以正確利用。英明的國君能站在没有過錯的地位，就在於此。

　　故君者，所明也，非明人者也。君者，所養也，非養人者也。君者，所事也，非事人者也。故君明人則有過，養人則不足，事人則失位。故百姓則君以自治也，〔一〕養君以自安也，事君以自顯也。故禮達而分定，〔二〕故人皆愛其死而患其生。故用人之知，〔三〕去其詐；用人之勇，去其怒；用人之仁，去其貪。故國有患，君死社稷謂之義，大夫死宗廟謂之變。〔四〕

【注釋】

〔一〕則：鄭玄云：“則當作明。”　　　〔二〕分：音奮。
〔三〕知：同智。　　　〔四〕變：鄭玄云：“變當爲辯，聲之誤也。”

【譯解】

　　國君是國民所尊崇傚效的，而不是尊崇傚效國民的；國君是國民所供養的，而不是供養國民的；國君是國民所事奉的，而不是事奉國民的。國君傚效國民，就不免發生偏差；國君供養國民，自然財力不足；國君事奉國民，就失掉了君位。老百姓效法國君，借以修養自己的品行；供養國君，借以安定自己的生活；事奉國君，借以顯示自己的職分。以尊卑等級爲核心的禮制得到貫徹，上下的名分也就從而確定。上下名分確定了，即使遇到特殊情況，只要合禮應分，就甘心赴死；而違禮非分，則厭恨偷生。國君獎用臣民的智慧，而幫助他們去掉虛偽不實的毛病；獎用臣民的勇敢，而幫助他們去掉暴躁發火的毛病；獎用臣民的仁愛，而幫助他們去掉貪圖便宜的毛病。國家有外敵入侵，國君為國家領土、主權而死，是正義的；大夫為保衛君主的宗廟而死，是正當的。

故聖人耐以天下為一家，[一]以中國為一人者，非意之也，必知其情，辟於其義，[二]明於其利，達於其患，然後能為之。何謂人情？喜、怒、哀、懼、愛、惡、欲，[三]七者弗學而能。何謂人義？父慈、子孝、兄良、弟弟、夫義、婦聽、長惠、幼順、君仁、臣忠，[四]十者謂之人義。講信脩睦，謂之人利。爭奪相殺，謂之人患。故聖人之所以治人七情，脩十義，講信脩睦，尚辭讓，去爭奪，舍禮何以治之？[五]飲食男女，人之大欲存焉。死亡貧苦，人之大惡存焉。故欲惡者，心之大端也。人藏其心，不可測度也。[六]美惡皆在其心，不見其色也。[七]欲一以窮之，舍禮何以哉！

【注釋】

〔一〕耐：古能字。　　〔二〕辟：音譬。　　〔三〕惡：音務。下同。　　〔四〕弟弟：下"弟"音替，通悌。　長：音掌。　〔五〕舍：通捨。下同。　　〔六〕度：音奪。　　〔七〕見：音綫，現的本字。

【譯解】

聖人能够把天下當作一個家庭，把整個中國團結成一個人一樣，這並不是主觀臆想，一定是由於聖人了解人情，通曉人義，明白人利，懂得人患，然後才能做到的。什麼叫人情呢？就是歡喜、惱怒、悲哀、恐懼、愛慕、憎惡、慾望這七種心情，這是不用學習就有的本能。什麼叫人義呢？做父親的要慈愛，做兒子的要孝順，做哥哥的要和悅，做弟弟的要敬愛，做丈夫的要有情義，做妻子的要聽從，做長輩的要寬厚，做晚輩的要恭順，做君主的要仁愛，做臣子的要忠誠，這十種倫理道德就叫做人義。講求誠信相待，搞好和睦關係，這就叫做人利。爭奪相殺，就叫做人患。聖人用以治理七情，倡導十義，講求誠信，促進和睦，崇尚謙讓，清除爭奪，離開了禮還能有什麼更好的辦法呢？飲食、男女是人們心中最大的慾望；死亡、貧苦是人們心中最大的憎惡。所以説，慾望和憎惡是人們心中的兩股特大的頭緒。人們把自己的慾望和憎惡要是藏在心底，別人是無法揣度的。人們好的壞的念頭都藏在內心而不表現在臉色上，要打算徹底弄清人們心裏的念頭，離開了禮還能有什麼更好的辦法呢？

　　故人者，其天地之德，陰陽之交，鬼神之會，五行之秀氣也。故天秉陽，垂日星；地秉陰，竅於山川。播五行於四時，和而后月生也，是以三五而盈，三五而闕。〔一〕五行之動，迭相竭也。五行、四時、十二月，還相爲本也。〔二〕五聲、六律、十二管，還相爲宮也。五味、六和、十二食，〔三〕還相爲質也。〔四〕五色、六章、十二衣，還相爲質也。故人者，天地之心也，五行之端也，食味、別聲、被色而生者也。〔五〕

【注釋】

〔一〕闕：同缺。　　〔二〕還：音懸，同旋。　　〔三〕和：音賀。　　〔四〕還相爲質：戴震云：“五經算術作‘還相爲滑’。此所引在唐以前，應是古本。”王引之云：“今作質者，因與下文相涉而誤。”　　〔五〕被：音劈，通披。

【譯解】

人是天地基本品質的體現，陰陽交感的結晶，鬼神精靈的薈萃，五大元素的英華。天秉陽性，懸垂日星，照臨大地。地秉陰性，山谷河牀呈現着許多窪地和洞穴。天陽地陰配合，播散五行金木水火土於春夏秋冬四季。五行四時調和勻適，而後月亮依時出現，這樣月亮才能够前十五天趨向圓滿，後十五天逐漸殘闕消失。五行運轉，輪流興旺衰竭，如冬爲水，春爲木，木旺則水竭，夏爲火，火旺則木竭，秋爲金，金旺則火竭。五行四時十二月周轉不停，輪流作主。五聲即宫、商、角、徵、羽，六律即黄鐘、太蔟、姑洗、蕤賓、夷則、無射，十二律即六律加六吕即大吕、夾鐘、中吕、林鐘、南吕、應鐘，輪流做主調。五味、六種調料應用在四時十二月當中，也輪流做爲主味。青、赤、黄、白、黑五色，五色加上玄色而分組繪成的六種章采，製成的四時十二月的衣服，也輪流作爲季節的主要色調。所以説，人是天地之心，五行之首，人是能够調和並品嚐各種滋味、創造並辨別各種聲調、製作並披服各色衣服而生活在世的萬物之靈。

　　故聖人作則，必以天地爲本，以陰陽爲端，以四時爲柄，以日星爲紀，月以爲量，鬼神以爲徒，五行以爲質，禮義以爲器，人情以爲田，四靈以爲畜。〔一〕以天地爲本，故物可舉也。以陰陽爲端，故情可睹也。以四時爲柄，故事可勸也。以日星爲紀，故事可列也。月以爲量，故功有藝也。鬼神以爲徒，故事有守也。五行以爲質，故事可復也。禮義以爲器，故事行有考也。人情以爲田，故人以爲奥也。四靈以爲畜，故飲食有由也。

【注釋】

〔一〕畜：音處。

【譯解】

所以聖人制定法令，必定以天地爲根本，以陰陽爲大端，以四時爲把柄，以日星爲綱紀，月份以爲限量，鬼神以爲徒類，五行以爲材質，禮義以爲器具，人情以爲田地，四靈以爲家畜。以天地爲根本，所以萬物可以興舉；以陰陽爲大端，所以正反兩方面的情況都可以看清；以四時爲把柄，所以工作才可以奮勉；以日星爲綱紀，所以做事可以排列有序；月份以爲限量，所以事功就有了程限；鬼神以爲徒類，所以國家衆事就各有職守；五行以爲材質，所以國事可以周而復始不斷進行；禮義以爲器具，所以國事能够實行而有成就；人情以爲田地，所以人就成爲重要的對象了。四靈以爲家畜，所以飲食就有了來源。

何謂四靈？麟、鳳、龜、龍，謂之四靈。故龍以爲畜，故魚鮪不淰；〔一〕鳳以爲畜，故鳥不獝；〔二〕麟以爲畜，故獸不狘；〔三〕龜以爲畜，故人情不失。故先王秉蓍龜，〔四〕列祭祀，瘞繒，〔五〕宣祝嘏辭説，設制度，故國有禮，官有御，事有職，禮有序。

【注釋】

〔一〕鮪：音偉。　浛：音審。　　〔二〕獥：音旭。<u>錢大昕</u>云：
“<u>釋文</u>本作‘喬’，<u>周禮大司樂</u>注引亦作‘喬’。俗從犬，誤。”
〔三〕狘：音越。　　〔四〕菁：音師。　　〔五〕瘞：音益。
繒：音增。

【譯解】

什麼叫做四靈？麟、鳳、龜、龍四種動物叫做四靈。獸類以
麟爲長，鳥類以鳳爲長，介類以龜爲長，鱗類以龍爲長。以龍爲
家畜，大魚小魚就不驚駭亂竄；以鳳爲家畜，衆鳥就不驚駭亂飛；
以麟爲家畜，野獸就不驚駭逃避；以龜爲家畜，就可以預知人情，
沒有爽失。所以先王秉持着卜筮用的蓍莖和龜甲，安排祭祀，瘞
埋幣帛，宣讀祝告辭、致福辭，設立各種制度，從而國有禮制，
官有統管，事有專職，禮有秩序。

故先王患禮之不達於下也，故祭帝於郊，所以定天
位也；祀社於國，所以列地利也；祖廟，所以本仁也；
山川，所以儐鬼神也；〔一〕五祀，所以本事也。故宗祝在
廟，三公在朝，三老在學，王前巫而後史，卜筮瞽侑皆
在左右。〔二〕王中心無爲也，以守至正。故禮行於郊而百神
受職焉，禮行於社而百貨可極焉，禮行於祖廟而孝慈服
焉，禮行於五祀而正法則焉。故自郊、社、祖廟、山川、
五祀，義之脩而禮之藏也。

【注釋】

〔一〕儐：音彬。　　〔二〕筮：音士。　侑：音右，通宥。

【譯解】

先王憂慮禮的精神不能下達到基層，所以祭上帝於南郊，是用來確定天的至尊地位；祭土神於國內，是用來顯示大地的物產之利；祭祀祖廟，是用來探本性地表達人倫的愛心；祭祀山川，用以敬待鬼神；祭祀宮中門、户、中霤、竈、行五神，用來致敬於最初創造這種生活必需事物的先人。宗人和祝在宗廟輔導行禮，三公在朝庭坐而論道，三老在學堂講說人倫義理，天子前面有男巫驅邪，後面有史官記言記事，決疑的卜筮官員、掌樂官員以及主管規諫官員都在左右，天子居中，清心静慮來保持至純至正的心態。所以，禮舉行在南郊，天上羣神都隨同上帝享祭而各受其職；禮舉行在神社，而大地的各種物資物產都得以極盡其用；禮舉行在祖廟，而子孝父慈的教化得以施行；禮舉行於宮中五祀，從而整飭了生活的規則。所以，從郊天、祀社、祭祖到山川、五祀的一系列祭祀，可以説，都是修治了義的同時而禮也蘊藏其中了。

是故夫禮，[一]必本於大一，[二]分而爲天地，轉而爲陰陽，變而爲四時，列而爲鬼神。其降曰命，其官於天也。夫禮必本於天，動而之地，列而之事，變而從時，協於分藝。其居人也曰養，其行之以貨力、辭讓、飲、食、冠、昏、喪、祭、射、御、朝、聘。[三]

【注釋】

〔一〕夫：音扶。下同。　　〔二〕大：通太。　　〔三〕冠：音貫。　昏：婚的本字。

【譯解】

從禮的總體上説，禮必定本於太一，即天地未分、至大無際

的混沌體。這太一，在形體上分化則成爲天地，而天地從性質上
又轉化成爲陰陽。陰陽進一步變化，就成爲四時，即陽變而爲春
夏，陰變而爲秋冬。四時更迭運轉，在天地間布列了主管生成萬
物的種種鬼神。聖人效法天地、陰陽、四時、鬼神而頒下的法令，
叫做命，這種命是效法天理、派生於天理的。所以，聖人制禮必
須是本自天理，動用於大地，分列於各種人事之中，變化依從四
時，協合於一定的分限。禮處在個人身上是種修養，而禮的實行
則表現在財貨、勞動、辭讓、飲食、加冠、結婚、喪事、祭祀、
習射、駕駛、朝見、聘問各個方面。

　　故禮義也者，人之大端也，所以講信脩睦而固人之
肌膚之會、筋骸之束也；〔一〕所以養生、送死、事鬼神之大
端也；所以達天道、順人情之大寶也。故唯聖人爲知禮
之不可以已也。故壞國、喪家、亡人，必先去其禮。故
禮之於人也，猶酒之有糵也；〔二〕君子以厚，小人以薄。

【注釋】

〔一〕骸：音孩。　　　〔二〕糵：音聶。

【譯解】

　　所以，禮義是做人的重大事項，是用來講求誠信、搞好和睦
而牢固地規範制約人的行爲舉止的，是用來奉養生者、葬送死者、
敬事鬼神的大事項，是用來貫徹天理、順應人情的巨大渠道。所
以，唯有聖人知道禮是不可以廢止的。凡導致壞國、敗家、毀人
的大禍，必定是由於人們首先拋棄了禮。所以禮對於人來説，就
像釀酒要有麴一樣。麴厚工細，酒味就醇；偷工減料，酒就味薄。
君子誠摯，則禮意深厚；小人淺劣，則禮意虛薄。

　　故聖王脩義之柄、禮之序，以治人情。故人情者，聖王之田也，脩禮以耕之，陳義以種之，講學以耨之，〔一〕本仁以聚之，播樂以安之。故禮也者，義之實也。協諸義而協，則禮雖先王未之有，可以義起也。義者，藝之分，仁之節也。協於藝，講於仁，得之者強。仁者，義之本也，順之體也，得之者尊。故治國不以禮，猶無耜而耕也；〔二〕爲禮不本於義，猶耕而弗種也；爲義而不講之以學，猶種而弗耨也；講之於學而不合之以仁，猶耨而弗穫也；合之以仁而不安之以樂，猶穫而弗食也；安之以樂而不達於順，猶食而弗肥也。

【注釋】

〔一〕耨：音 nòu。　　　〔二〕耜：音似。

【譯解】

　　所以聖王研究義理的根本、禮儀的次序，來治理人情。因此可以説，人情像是聖王親自管理的田地，聖王修治禮儀來耕它，陳説義理來種它，講學探討來鋤它，本着愛心來收斂它，播放音樂來使它安適習慣。所以説，禮是義結出的果實。只要將禮儀比照義理而能協合，那麼，這種禮儀即使古代先王所未曾有過，也是可以根據義理來創制的。義，是對事理進行分辨、對愛心進行制約的原則。能够用義來協合事理、用義來明辨仁愛的人，便是爲人們畏服的强者。仁是義的根本，順的主體，能够做到仁的人，便是被人們敬仰的尊者。所以説，治理國家而不用禮，就好比没有末耜而要耕田。制禮而不以義爲根本，就好比耕了田地而没有播種。制禮能以義爲本而不深入講學明辨是非，就好比播了種而不進行鋤草培苗。進行講學探討，而未能用仁愛合聚衆心，就好比鋤草培苗而沒有收穫。能用仁愛合聚衆心而未能通過音樂陶冶使人心安神適，就好比收穫了糧食而沒有吃用。做到了愉悦心安而未能達到習慣順應，就好比吃了糧食而未能肌肉豐滿。

　　四體既正，膚革充盈，人之肥也。父子篤，兄弟睦，夫婦和，家之肥也。大臣法，小臣廉，官職相序，君臣相正，國之肥也。天子以德爲車，以樂爲御，諸侯以禮相與，大夫以法相序，士以信相考，百姓以睦相守，天下之肥也。是謂大順。大順者，所以養生、送死、事鬼神之常也。故事大積焉而不苑，〔一〕並行而不繆，〔二〕細行而不失，深而通，茂而有間，〔三〕連而不相及也，動而不相害也。此順之至也。故明於順，然後能守危也。

【注釋】

〔一〕苑：音允。　　　〔二〕繆：通謬。　　　〔三〕間：音建。

【譯解】

　　四肢正常，肌膚豐滿，這是個人的健康正常。父子親厚，兄弟和睦，夫妻互愛，這是家庭的健康正常。大臣守法，小臣清廉，官職上下有序，君臣互相匡正，這是國家的健康正常。天子以道德爲車，以和樂爲御手，諸侯彼此以禮相交，大夫以法相互井井有序地工作，士人以信相成，百姓以和睦相守，這是天下的健康正常。這種境界叫做大順。大順的社會是人們養生送死、奉事鬼神的正常社會。因此，雖然國事大量聚集在前而能不積壓滯留，各項事情同時實行而能不糾纏乖繆，細微小事也能施行而不遺失，事雖深奧而能通達，事雖茂密而有間距，事和事相連而能不相攙雜，幾件事同時在做而能不相妨害，這就是順的極致了。所以，明瞭順的真諦，然後才能安守高位。

故禮之不同也，不豐也，不殺也，〔一〕所以持情而合危也。故聖王所以順，山者不使居川，不使渚者居中原，〔二〕而弗敝也。用水、火、金、木、飲食必時，合男女、頒爵位必當年、德，用民必順，〔三〕故無水旱昆蟲之災，民無凶饑妖孽之疾。〔四〕故天不愛其道，地不愛其寶，人不愛其情。故天降膏露，地出醴泉，山出器、車，河出馬圖，鳳皇、麒麟皆在郊棷，〔五〕龜、龍在宮沼，〔六〕其餘鳥獸之卵胎，皆可俯而闚也。〔七〕則是無故，先王能脩禮以達義，體信以達順故，此順之實也。

【注釋】

〔一〕殺：音曬。　　〔二〕渚：音煮。　　〔三〕當：音蕩。
〔四〕孽：音聶。　〔五〕棷：音叟，通藪。　　〔六〕沼：
音找。　〔七〕闚：音盔，同窺。

【譯解】

禮制因貴賤等級的差異而有種種不同的規定，該用禮制的某種規格，就用某種規格，既不能增加，也不能減少，這種嚴格的禮規，是用以維持人情而消除危亂的。聖人爲了順應天理人情，所以不使居住山區的人們去河川地帶居住，也不使居住洲渚地區的人們去平原地帶居住，從而都不至於疲敝勞困。聖王教導人民使用水、火、金、木、飲食必須要順乎天時。聖王合和男女必使年齡相當，頒爵任官必使與德行相稱，聖王役使人民更必須順乎民心。這樣做了，大地就不會發生水旱昆蟲的災害，人民就不會鬧饑荒，得怪病。這樣，天不隱藏其天理，地不隱藏其寶物，人也不隱藏自己的真情了。於是，天降甘露，地出醴泉，山裏出現寶器寶車，黃河裏湧出龍馬馱着的寶圖，鳳凰和麒麟都來到了郊外的草澤，龜和龍都來到宮中的池沼。其他鳥卵獸胎，隨處都可以任人俯身觀看。出現這樣的情況不是什麼別的原因，就是由於先王能够外修禮儀以表達天理、內體誠信以順應人情的緣故。這種種祥瑞的出現，就是達乎天理、順乎人情的結果。

禮器第十

　　禮器，是故大備。大備，盛德也。禮釋回，增美質，措則正，施則行。其在人也，如竹箭之有筠也，〔一〕如松柏之有心也。二者居天下之大端矣，故貫四時而不改柯易葉。〔二〕故君子有禮，則外諧而內無怨，故物無不懷仁，鬼神饗德。

【注釋】

〔一〕筠：音雲。　　〔二〕柯：音顆。

【譯解】

　　禮是修身的器具，因而品行大備。品行大備，就是盛德了。禮能夠消除邪惡，增益美的品質。禮措置在身上，身就正；禮施用在事上，就行得通。禮在人身上，就如同大竹、箭竹之有豐潤的青皮，松樹、柏樹之有堅貞的木心。竹子、松柏樹這兩類植物據有天下萬物中的大本大節，所以經歷四時寒暑而能夠不改枝換葉。所以君子有了禮，對外就能諧和，對內就不會招怨，因此，由於仁厚，人心無不歸向，由於德醇，鬼神也就歆享他的祭品。

先王之立禮也，有本有文。忠信，禮之本也；義理，禮之文也。無本不立，無文不行。

【譯解】

先王制定禮，有基本精神，有儀式規矩。忠信是禮的基本精神，義理是禮的儀式規矩。沒有基本精神禮就不能成立，沒有儀式規矩禮就不能實行。

禮也者，合於天時，設於地財，順於鬼神，合於人心，理萬物者也。是故天時有生也，地理有宜也，人官有能也，物曲有利也。故天不生，地不養，君子不以爲禮，鬼神弗饗也。居山以魚鼈爲禮，居澤以鹿豕爲禮，[一] 君子謂之不知禮。故必舉其定國之數，以爲禮之大經。禮之大倫，以地廣狹；禮之薄厚，與年之上下。是故年雖大殺，[二] 衆不匡懼，[三] 則上之制禮也節矣。

【注釋】

〔一〕豕：音史。　　〔二〕殺：音曬。　　〔三〕匡：音筐，通恇。

【譯解】

禮是合乎天時、配合地財、順乎鬼神、合乎人心、治理萬物的莊嚴儀式。而天暖熱涼寒各有所生，大地平原山澤各有所宜，人的官職各有所能，物的性能各有所利。所以，凡不是本季節裏生長的果蔬，不是當地養育的動物，君子就不取來作爲禮品，即使用了，鬼神也不會歆享。居住在山丘地區的人而用魚鼈來行禮，居住在水澤地帶的人而用鹿豕來行禮，君子就認爲他們不懂得禮。

國家必須統計出立國的收入概數，作爲行禮用財的大綱。禮的總的規模檔次，要根據國土的大小；禮品的厚薄，要根據年成的好壞。有了制度保證，所以即使遇到大減産的年頭，民衆也不恐懼，就是由於君子制禮用財預先有了節度。

　　禮，時爲大，順次之，體次之，宜次之，稱次之。^{〔一〕}堯授舜，舜授禹，湯放桀，武王伐紂，時也。詩云："匪革其猶，^{〔二〕}聿追來孝。"^{〔三〕}天地之祭，宗廟之事，父子之道，君臣之義，倫也。社稷山川之事，鬼神之祭，體也。喪祭之用，賓客之交，義也。羔豚而祭，^{〔四〕}百官皆足，大牢而祭，^{〔五〕}不必有餘，此之謂稱也。諸侯以龜爲寶，以圭爲瑞，家不寶龜，不藏圭，不臺門，言有稱也。

【注釋】

〔一〕稱：音趁。　　〔二〕革：音集。　猶：音由，通猷。
〔三〕聿：音玉。　　〔四〕豚：音屯。　　〔五〕大：通太。

【譯解】

　　統觀制禮的要點，最重大的是注意時代特點，其次是注意順乎人倫，其次是分辨祭祀的主體，其次是注意事理之所宜，其次是注意用物要和禮的檔次、人的身份相稱。堯把君位授給舜，舜把君位授給禹，是禪讓時代。商湯驅逐夏王桀，周武王征伐商王紂，是革命時代。時代不同，禮也隨之有所不同。詩經大雅文王有聲中有這樣詩句："不是急於貫徹自己的方針，而是追承祖業來表達孝心。"意思是時勢使然，不得不如此。以上是屬於時的。而天地、祖先的祭祀，父子、君臣的道義，種種體現天理倫常的禮事，是屬於順的。社稷、山川以及各種鬼神的祭祀，對象不同，禮也有異，這是屬於體的。喪事、祭祀的費用，賓客交往的花銷，都是應該的，這是屬於義的。用小羊小猪作爲祭牲進行的小規模祭祀，助祭的官員們也都能得到一份骨肉，用牛、羊、猪作爲祭牲進行較大規模的祭祀，助祭的官員們各得一份骨肉，也不一定有什麼剩餘，這是説祭祀用物和祭祀規模的相稱；諸侯以龜爲國寶，以圭玉爲國家的信物，而大夫的家裏不能以龜爲寶，不能藏有瑞圭，不能修築大門樓，這是説用物要和爵位身份相稱。

禮有以多爲貴者：天子七廟，諸侯五，大夫三，士一。天子之豆二十有六，諸公十有六，諸侯十有二，上大夫八，下大夫六。諸侯七介、七牢，大夫五介、五牢。天子之席五重，〔一〕諸侯之席三重，大夫再重。天子崩，七月而葬，五重八翣；〔二〕諸侯五月而葬，三重六翣；大夫三月而葬，再重四翣。此以多爲貴也。

【注釋】

〔一〕重：音蟲。　　〔二〕翣：音霎。

【譯解】

禮有以多爲貴的。例如，天子的祖廟有七所，諸侯有五所，大夫有三所，士有一所；天子食禮中盛在豆裏的菜肴有二十六豆，諸公有十六豆，諸侯有十二豆，上大夫有八豆，下大夫有六豆。諸侯出國訪問，與對方國君行聘問禮時，各用七位副員傳話，聘問禮後，對方國君派高級官員率人致送七牢。牛羊猪各一爲一牢。七牢有煮熟的牲體，有宰殺的牲體，也有活牲。大夫作爲國家使臣出訪外國，與對方國君行聘問禮時，各有五位副員傳話；朝享禮後，對方國君派大夫率人致送五牢。舉行大禮，天子的坐席有五層，諸侯三層，大夫兩層。天子去世，停殯七個月而後埋葬，葬坑中，棺下的草墊，棺上的厚板，各有五層，棺椁旁置放八個障棺的翣扇；諸侯停殯五個月而後埋葬，草墊、厚板各三層，六個翣扇；大夫三個月後埋葬，草墊、厚板各兩層，四個翣扇。以上所說，就是以多爲貴的例子。

　　有以少爲貴者：天子無介，祭天特牲。天子適諸侯，諸侯膳以犢。諸侯相朝，灌用鬱鬯，[一]無籩豆之薦。大夫聘，禮以脯醢。[二]天子一食，諸侯再，大夫、士三，食力無數。大路繁纓一就，次路繁纓七就。[三]圭璋特，琥璜爵。[四]鬼神之祭單席。諸侯視朝，大夫特，士旅之。此以少爲貴也。

【注釋】

〔一〕灌：音罐，同祼。　鬱：音玉。　鬯：音唱。

〔二〕脯：音府。　醢：音海。　　〔三〕次路繁纓七就：繁音盤。“七”，郊特牲作“五”。鄭玄謂“七”應作“五”。

〔四〕琥：音虎。　璜：音黃。

【譯解】

　　禮有以少爲貴的。例如：諸侯訪問諸侯，行禮中有七介，而天子就不用介。天子爲天下所共主，不論他在哪裏，不論他接見任何人，他都是主，不是賓，既不是賓，自然就無須有副賓性質的介了。天子祭社稷用牛羊豕三牲，而祭天禮最隆重，却只用一牛爲祭牲；天子到諸侯國家裏視察，諸侯爲之設宴，也僅殺一頭小牛供奉。諸侯互相訪問，獻酒用鬱金香草加入黍米釀製的香酒，却不設置盛肉乾的籩、盛肉醬的豆；而大夫作爲使臣出訪外國，禮畢，主國酌酒獻他，同時又爲之設放肉乾、肉醬。天子用膳，副食豐盛，抓一把飯吃就飽了，諸侯抓兩把吃，大夫和士都抓三把吃，而體力勞動者，副食簡陋，抓多少把飯没有定數，吃飽爲止。天子祭天乘用的車是最尊貴的也是比較質樸的車，叫大路。駕大路的馬，馬頸上和馬胸前都只有一個黄青赤白黑五彩羽毛的裝飾，天子乘用其他的車中，馬胸的彩色羽毛裝飾則有用七個的。諸侯朝天子或者彼此聘問用▲形的圭，用▮形即半圭形的璋，兩者都是國家貴重的信玉，行禮時都單獨授受；天子饗諸侯，或者諸侯相饗，在舉爵相酬的時候，同時又遞進虎形的琥、半璧形的璜。琥璜的貴重性遠不如圭璋，須與酬爵同時進上。天子坐席五層，諸侯三層，而祭祀時爲鬼神設席只一層。諸侯出宫視朝的時候，他向站在上位的人數較少的大夫們一一作揖，向站在下位的人數衆多的士們全體一揖。以上所説，都是以少爲貴的例子。

　　有以大爲貴者：宫室之量，器皿之度，棺椁之厚，丘封之大。此以大爲貴也。

【譯解】

　　禮有以大爲貴的。像宫室的規模，器皿的容量，棺椁的厚度，墳墓的大小，這都是以大爲貴的。

　　有以小爲貴者：宗廟之祭，貴者獻以爵，賤者獻以散；尊者舉觶，[一]卑者舉角。[二]五獻之尊，門外缶，[三]門内壺，君尊瓦甒。[四]此以小爲貴也。

【注釋】

〔一〕觶：音至。　　〔二〕角：音决。　　〔三〕缶：音否。

〔四〕甒：音武。

【譯解】

　　禮有以小爲貴的。比如：酒杯有五種，爵、甒、觶、角、散。五者形制不同，容量也不一樣。爵最小而最尊，散最大而最賤。天子、諸侯在宗廟舉行祭禮時，貴者用爵盛酒獻尸，而身份較賤者用散盛酒來獻；大夫、士舉行祭禮，尸尊於主人，尸入舉觶，觶較小較尊；主人接過尸回敬的盛酒的角，而角較大較賤。具有五次獻酒禮數的子爵或男爵諸侯舉行的隆重酒會，在門外陳放缶，在門內置放壺，而國君專用的瓦甒，則安置在堂上。缶、壺、瓦甒都是裝酒的陶器，而瓦甒最小也最尊。越尊安放的地方越靠裏面。這都是以小爲貴的例子。

　　有以高爲貴者：天子之堂九尺，諸侯七尺，大夫五尺，士三尺。天子、諸侯臺門。此以高爲貴也。

【譯解】

　　禮有以高爲貴的。比如說，天子殿堂的堂基高九尺，諸侯的堂基高七尺，大夫的堂基高五尺，士的堂基只高三尺。天子和諸侯的宮門上築有大門樓，大夫、士就不許蓋門樓。這就是以高爲貴的例子。

　　有以下爲貴者：至敬不壇，埽地而祭。天子諸侯之尊廢禁，大夫士棜、禁。〔一〕此以下爲貴也。

【注釋】

〔一〕棜：音育。

【譯解】

礼有以低下爲貴的。例如，祭天本是最隆重、最誠敬的大祭，開始時在壇上燔柴告天降神，之後才在壇下掃地而行正祭。又如，行禮中，天子和諸侯的裝酒的酒樽，直接放在地上，沒有承托酒樽的木几，大夫的酒樽放在長方形平底的木几上，士的酒樽放在長方形下有短腿的木几上。這就是以低下爲貴的例子。

礼有以文爲貴者：天子龍袞，[一]諸侯黼，[二]大夫黻，[三]士玄衣纁裳。[四]天子之冕朱綠藻，十有二旒，[五]諸侯九，上大夫七，下大夫五，士三。此以文爲貴也。

【注釋】

〔一〕袞：音滚。　　〔二〕黼：音斧。　　〔三〕黻：音符。
〔四〕纁：音熏。　裳：音常。　　〔五〕旒：音流。

【譯解】

礼有以文飾盛爲貴的。例如：天子的禮服是繡着龍的袞服，諸侯的禮服上是繡着黑白色斧形圖案，大夫的禮服上繡着黑青相間呈亞狀的花紋，士人的禮服則是淺黑色的上衣，淺絳色的下裳。天子的冕上前後懸垂着用紅綠色絲繩穿着的十二個玉串，諸侯有九個玉串，上大夫七個玉串，下大夫五個玉串，士三個玉串。這就是以文飾盛爲貴的例子。

有以素爲貴者：至敬無文，父黨無容，大圭不琢，[一]大羹不和，[二]大路素而越席，[三]犧尊疏布鼏，[四]樿杓。[五]此以素爲貴也。

【注釋】

〔一〕琢：鄭玄云：“琢當爲篆，字之誤也。”篆通瑑。

〔二〕大：通太。　和：音賀。　　〔三〕越：音活。

〔四〕冪：音密。　　〔五〕繅：音善。　杓：同勺。

【譯解】

　　禮有以樸素爲貴的。例如：祭天是最隆重、最誠敬的大祭，而用没有文飾的大裘爲禮服；在父親的處所，恭敬之心自然而質樸，而不需要什麼表面化的儀態姿容；天子的大圭不雕飾凸紋；祭祀中間，爲重古而設的肉湯，不加調料；爲祭天而乘用的大路，不加雕飾，只鋪上蒲席而已；祭天禮中的犧牛形的酒樽，用粗麻布覆蓋樽口，用白理木做的杓來酌酒。以上説的都是以樸素爲貴的例子。

　　孔子曰：“禮，不可不省也。〔一〕禮不同，不豐，不殺。”〔二〕此之謂也。蓋言稱也。〔三〕

【注釋】

〔一〕省：音醒。　　〔二〕殺：音曬。　　〔三〕稱：音趁。

【譯解】

　　孔子説：“禮麼，不可以不加省察。要理解禮中的種種不同情況，不能擅自加豐，同時也不能擅自削減。”這就是針對上列各種情況説的。孔子説話精神是求做到相稱。

　　禮之以多爲貴者，以其外心者也。德發揚，詡萬物，〔一〕大理物博，如此，則得不以多爲貴乎？故君子樂其發也。〔二〕禮之以少爲貴者，以其内心者也。德産之致也精微，〔三〕觀天下之物無可以稱其德者，如此，則得不以少爲貴乎？是故君子慎其獨也。古之聖人，内之爲尊，外之爲樂，少之爲貴，多之爲美。是故先王之制禮也，不可多也，不可寡也，唯其稱也。

【注釋】

〔一〕詡：音許。　　〔二〕樂：音要。　　〔三〕致：通緻。

【譯解】

禮中之所以有以多爲貴的，這是因爲有把心意充分表現在外面的需要。王者撫有天下，理應發揚仁德，普及萬物，王者統理萬物如此廣博，那麼禮中能不以多爲貴嗎？所以明理君子也滿意這種體現於外的禮事。禮中之所以有以少爲貴的，這是因爲有些事只宜着重内心的誠敬，而不使它彰著於外。天地之德化育萬物，達到了極爲精微的地步，觀看天下的事物沒有一件可以和天地的大德相稱的，沒有一件禮品可以表達人們對天地的崇敬感激之情的。這樣，又怎能不以少爲貴呢？既然禮物不能充分表達内心，所以君子就特別注意個人心中的誠敬。古代的聖人側重内心誠敬的禮是尊嚴的，側重外在表現的禮是歡樂的，表現在事物上，有以少爲貴的，有以多爲美的。所以先王制定禮儀的時候，既不可有意增多，也不可存心減少，唯求物情相稱。

是故君子大牢而祭謂之禮，〔一〕匹士大牢而祭謂之攘。〔二〕管仲鏤簋朱紘，〔三〕山節藻梲，〔四〕君子以爲濫矣。晏平仲祀其先人，豚肩不揜豆，〔五〕澣衣濯冠以朝，〔六〕君子以爲隘矣。〔七〕是故君子之行禮也，不可不慎也，衆之紀也，紀散而衆亂。孔子曰：“我戰則克，祭則受福。”蓋得其道矣。

【注釋】

〔一〕大：通太。下同。　　〔二〕攘：音瓢。　　〔三〕鏤：音漏。　簋：音鬼。　紘：音紅。　　〔四〕梲：音拙。

〔五〕揜：通掩。　　〔六〕浣：音緩。　　〔七〕隘：音愛。

【譯解】

礼要遵守相稱的原則。所以，身份高的大人君子用太牢行祭，可以稱作禮；而一個士要用太牢行祭，就算作盜竊行爲了。齊國大夫、著名政治家管仲，他盛飯的器皿雕鏤花紋，繫冕的組帶用紅色，他的宮室雕刻山形於斗拱，繪畫水藻於短柱，管仲僭用天子裝飾，明禮君子認爲他太過分了。齊國大夫、著名政治家晏平仲，祭祀他的先人，只用一個小猪肘子，小得不能遮住托碗的上口，穿戴洗過多次的衣冠去朝君，明禮君子認爲晏平仲太簡陋狹隘了。所以，地位高的大人君子行禮時，不能不慎重，禮不能失之濫，也不能失之隘。因爲禮是羣衆的綱紀，綱紀一渙散，羣衆的思想和行爲也就跟着亂了。孔子説過：“我作戰就能够勝利，我祭祀就能够得福。”大概他掌握住了物情相稱、慎於行禮的道理。

君子曰：“祭祀不祈，不麾蚤，〔一〕不樂葆大，〔二〕不善嘉事，牲不及肥大，薦不美多品。”

【注釋】

〔一〕麾：音灰。　蚤：通早。　　〔二〕葆：音包，通褒。

【譯解】

君子説：“祭祀不是爲了求福，不可任意提早，器物幣帛不貪多圖大，也不因喜慶事而祭告先人時特意辦得完善，祭牲各有所宜，不必都用肥大，進薦祭品各有定規，不追求多種多樣。"

孔子曰："臧文仲安知禮?[一]夏父弗綦逆祀而弗止也,[二]燔柴於奧。[三]夫奧者,[四]老婦之祭也,盛於盆,[五]尊於瓶。"

【注釋】

〔一〕臧：音臟。　　〔二〕父：音斧。　綦：音忌。

〔三〕奧：鄭玄云："奧當爲爨，字之誤也。"下同。

〔四〕夫：音扶。　　〔五〕盛：音成。

【譯解】

孔子説："魯國大夫臧文仲怎麼能算是懂禮的人呢？當時的禮官夏父弗綦爲了迎合魯文公，竟把僖公的神主放在閔公神主之前，而臧文仲不知道加以諫止。還有，祭禮，尸食畢，又祭爨神，夏父弗綦誤以爲爨神就是火神，竟燔柴行祭，而臧文仲也不曉得諫止。爨祭，祭的對象是原先有功於炊事的老婦之神，祭祀的時候只是將食物放在盆裏，酒盛在瓶裏，怎麼能用燔柴的方式祭她呢？"

禮也者，猶體也。體不備，君子謂之不成人。設之不當，猶不備也。禮有大有小，有顯有微。大者不可損，小者不可益，顯者不可揜，微者不可大也。故經禮三百，曲禮三千，其致一也。未有入室而不由户者。

【譯解】

禮就好比人的身體。肢體不完備，君子稱之爲不完整的人；禮如果設置的不妥當，就如同身體不完備一樣。禮有規模盛大的，有形式短小的；有表現顯著的，有用意隱微的。大禮不可以減損，小禮也不可以增益，顯著的不可以掩蓋，隱微的也不可以放大，各求合宜得當就是了。所以常用大禮約莫有三百種，瑣細小禮約莫有三千條，其基本精神則是一樣的，都是以誠爲基本精神的。行禮必須由誠入手，就如同進入室中必須由門户一樣。

君子之於禮也，有所竭情盡慎，致其敬而誠若，有美而文而誠若。君子之於禮也，有直而行也，有曲而殺也，[一]有經而等也，有順而討也，有撕而播也，[二]有推而進也，有放而文也，[三]有放而不致也，有順而摭也。[四]

【注釋】

〔一〕殺：音曬。　　〔二〕撕：音顫。　　〔三〕放：通倣。下同。　　〔四〕摭：音直。

【譯解】

君子行禮，就是要竭盡自己的真情實意，有的是致以衷心的虔敬而表示誠順的，有的是通過儀式的華美、器物的文彩來體現誠順的。君子所行的禮，有各種各樣的表達方式。有直捷表露的，如，親人剛死，親屬無節制的痛哭頓足，就是例子。有委曲而減縮的，例如，兒子對父母本來都該服喪三年。不過，父在而母死，因爲父親是家中的至尊，兒子對亡母的哀情不能盡伸，只能爲她服喪一年。有通行而平等的，例如，爲父母服喪三年，這條禮規，從天子到庶民百姓都該遵守。有順次而遞減的，例如，天子七廟，

334

諸侯五廟，大夫三廟，士一廟。有減削於上而分布於下的，例如，國君祭祀，羣臣助祭，上至國君大臣，下至厨工賤吏，都能得到一份牲肉。有推之於下而進之於上的，例如，夏殷二王之後人，已喪天位，而周天子推而進之，使之用王禮。有做效自然而更有文彩的，例如，天子的禮服，上衣畫着日、月、星辰、山、龍、華蟲，下裳繡着宗彝、藻、火、粉米、黼、黻。有做效自然而不能完備的，例如，諸侯的禮服，不能畫日月星辰，只能用山、龍以下的圖案。有順循尊者之禮而採以實行的，例如，國君死了，小斂前，用大黄米湯給他洗髮；大夫死了，用穄子米湯洗髮；士死了，也用大黄米湯洗髮。因爲國君與士等級懸殊，士用黄米湯洗髮，不算僭越行爲。

　　三代之禮一也，民共由之，或素或青，夏造殷因。周坐尸，詔侑武方，〔一〕其禮亦然，其道一也。夏立尸而卒祭，殷坐尸。周旅酬六尸，曾子曰：“周禮其猶醵與！”〔二〕

【注釋】

〔一〕詔：音照。　侑：音佑。　武：鄭玄云：“武當爲無，聲之誤也。”　　〔二〕醵：音巨。　與：音餘。

【譯解】

　　夏殷周三代的禮，其基本精神是一致的，都是民衆共同遵用的。儘管或者崇尚白色，或者崇尚黑色，形式上有些差異，而其基本精神、基本模式，可以説是夏代創造的，殷代也隨着因循襲用。周代在宗廟行祭時候，讓代表祖先神靈受祭的尸坐在席上，告訴尸儀節舉止，勸尸進用飲食，就像孝子奉養雙親一樣，都伺候到了，没有局限，禮也像殷代那樣，其基本精神是一致的。夏代在宗廟行祭的時候，尸站着受享，一直到祭事終了。殷代行祭就請尸坐着受祭。周代因襲殷禮而又有所發展。天子七廟，周天子在太祖廟舉行合祭的時候，除了有裝扮太祖的尸之外，還另立六尸分別代表父以上六位先王的神靈，在受祭後，自上而下的舉酒酬送。曾子説過：“周代合祭中的旅酬禮，好像現在的湊錢會飲吧！”

　　君子曰：禮之近人情者，非其至者也。郊血，大饗腥，三獻爓，〔一〕一獻孰。〔二〕是故君子之於禮也，非作而致其情也，此有由始也。是故七介以相見也，不然則已愨；〔三〕三辭三讓而至，不然則已蹙。〔四〕故魯人將有事於上帝，必先有事於頖宮；〔五〕晋人將有事於河，必先有事於惡池；〔六〕齊人將有事於泰山，必先有事於配林。三月繫，七日戒，三日宿，慎之至也。故禮有擯詔，〔七〕樂有相步，〔八〕溫之至也。

【注釋】

〔一〕爓：音賢。　　〔二〕孰：熟的本字。　　〔三〕愨：音確。　　〔四〕蹙：音醋。　　〔五〕頖：音判，同泮。〔六〕惡池：音忽馱，即滹沱。　　〔七〕擯：音鬢。　詔：通紹。　〔八〕相：音象。

【譯解】

　　明禮的君子説過，禮中那些接近人們生活常情的部分，還不是最隆重、最崇敬的禮。比如，郊天時，先薦獻牛犢之血；而宗廟舉行大饗禮合祭羣祖時，則薦獻剛剛宰殺支解的牲肉；祭社稷、五祀，都須舉行三番獻酒之禮，則薦獻用滾開水焯過的半生不熟的牲肉；至於一般行一獻之禮的小祭祀，則薦獻熟肉。由此可見，越接近人們飲食常情的，其崇敬的程度就越低。因此，君子對於禮，並不是忽然間生起敬心而表達情意的，而這是有緣由、本始的。所以兩國國君相見，雙方各有七位尊卑不同的副員傳致情意，不然就顯得太直捷唐突；賓主三辭三讓而升堂正式行聘問之禮，不然就顯得太急促緊迫。行禮要有個由小至大的漸進過程。所以，魯國人將要祭祀上帝，一定要先到郊區學校去祭告始祖后稷；晉國人將要祭祀黃河，一定要先祭祀淖沱河；齊國人將要祭祀泰山，一定要先到配林祭祀。將舉行大祭，三月之前就將選好的犧牲，加意繫養於牢圈，祭前十日，前七天散齋，即不跟女人同住，不聽音樂，不去弔喪，後三天致齋，獨居於一處，清心靜慮，這種種祭前準備，表現了對祭祀的極度恭謹小心。賓主舉行宴飲之禮時，有引導賓主行禮的"擯詔"，盲目的樂工升堂歌唱和演奏，有"相步"攙扶他們上下，這都體現了禮的高度的溫厚、妥貼。

　　禮也者，反本脩古，〔一〕不忘其初者也。故凶事不詔，朝事以樂；〔二〕醴酒之用，玄酒之尚；割刀之用，鸞刀之貴；莞簟之安，〔三〕而稾鞂之設。〔四〕是故先王之制禮也，必有主也，故可述而多學也。

【注釋】

〔一〕反：通返。　脩古：孔穎達正義云："脩，定本及諸本作循。"王念孫云："定本及諸本是也。循古者，遵循古道而不失正，所謂不忘其初也。"　　〔二〕朝：音潮。　樂：音岳。

〔三〕莞：音官。　簟：音店。　　〔四〕稾：音搞。　鞂：音街。

【譯解】

所謂禮，就是爲了使人返其本性、遵循古制、不忘其初而制定的儀節。家遇凶喪，自然悲痛啼哭，不用詔告；朝庭宴會，奏樂助興，羣情歡快。這就是返乎本性、順乎本心的例子。祭禮中，醴酒樽和玄酒樽並設，而且玄酒樽位在上；禮中唯用醴酒，設玄酒即清水就是爲了不忘古昔。禮中割刀和鸞刀並備，而且鸞刀尊於割刀；割刀鋒利，割牲肉唯用割刀，設鸞刀即古刀，就是爲了不忘其初。使用蒲席、竹席是比較安適的，而祭天禮中卻鋪用穀物稈編的粗席。這都是遵循古制、不忘其初的例子。由此可知，先王制禮都有一定的主旨，正因爲如此，才值得傳述和深入的學習。

君子曰："無節於內者，觀物弗之察矣。欲察物而不由禮，弗之得矣。故作事不以禮，弗之敬矣。出言不以禮，弗之信矣。故曰：禮也者，物之致也。"

【譯解】

明禮君子說過，內心沒有禮的節度，觀察事物就不會清楚明瞭。打算明察事物而不由禮入手，那就得不到正確理解。因此，不依禮來作事，就不會敬慎；不依禮來說話，就不會讓人尊信。所以說，禮是各種事物的準則。

是故昔先王之制禮也，因其財物而致其義焉爾。故作大事必順天時，爲朝夕必放於日月，〔一〕爲高必因丘陵，爲下必因川澤。是故天時雨澤，君子達亹亹焉。〔二〕

【注釋】

〔一〕朝：音招。　放：通倣。　　〔二〕亹：音偉。

【譯解】

禮既然是各種事物的準則，所以古代先王制禮，也不過是憑借現有的事物性能而賦以適當的意義而已。所以舉行大祭，一定順應天時，如啓蟄而郊天，閉蟄而烝祭；春分之晨朝日於東門外，效做日出東方，秋分之夕祀月於西門之外，效做上弦月晚上出現西方；舉行高的祭祀，一定憑借丘陵，如祭天於圜丘；舉行低的祭祀，一定憑借川澤窪地，如祭地於方澤。君子順時愛物，所以見到天雨應時而降，都爲之開心奮勉。

是故昔先王尚有德，尊有道，任有能，舉賢而置之，聚衆而誓之。是故因天事天，因地事地，因名山升中于天，因吉土以饗帝于郊。升中于天，而鳳皇降，龜龍假；[一]饗帝於郊，而風雨節，寒暑時。是故聖人南面而立而天下大治。

【注釋】

〔一〕假：音閣，通格。

【譯解】

從前先王推崇有德的人，尊重有知識的人，任用有才能的人，將舉行大事，選拔賢能安置職位，集合士衆進行告誡。這樣，順應天時來祭天，因循地宜來祭地，巡守時，憑借名山升上燔柴告成於天；憑借所定居的吉地來享祭上帝於郊區。升山報告成功於天，從而鳳凰飛降，龜龍到來。享祭上帝於郊區，從而風調雨順，寒暑準時。這樣，聖人只要朝南從容站立，天下就可以達到大治了。

　　天道至教，聖人至德。廟堂之上，罍尊在阼，[一]犧尊在西；廟堂之下，縣鼓在西，[二]應鼓在東。君在阼，夫人在房，大明生於東，月生於西，此陰陽之分，[三]夫婦之位也。君西酌犧象，夫人東酌罍尊，禮交動乎上，樂交應乎下，和之至也。

【注釋】

〔一〕罍：音雷。　阼：音作。　　〔二〕縣：音玄，懸的本字。

〔三〕分：音奮。

【譯解】

　　天的規律是最高的教導，聖人理解天道因而具有最高的品德。聖人順應天道而制禮，故爾義蘊深厚。宗廟舉行祭祀的時候，廟堂之上，帶有雲雷花紋的酒樽放在堂上東方主位之前，犧牛形的酒樽放在堂上西方；廟堂之下，大鼓設在西方，小鼓設在東方。國君立在堂上南當阼階的主位，夫人立在西房之中，太陽出現在東方，月亮出現在西方，這就是天上陰陽的分際，與反映在祭禮中的夫婦的位置。行禮中間，國君去西邊酌犧樽裏的酒，夫人去東邊酌罍樽裏的酒，象徵着日出東方而西行，月出西方而東行。國君和夫人交互酌酒獻尸於堂上，大鼓小鼓奏樂交互應和於堂下，禮樂交相呼應，真是和諧極了。

　　禮也者，反其所自生；[一]樂也者，[二]樂其所自成。[三]是故先王之制禮也以節事，脩樂以道志。[四]故觀其禮樂，而治亂可知也。蘧伯玉曰：[五]“君子之人達。”故觀其器而知其工之巧，觀其發而知其人之知。[六]故曰：君子慎其所以與人者。

【注釋】

〔一〕反：通返。　　〔二〕樂：音岳。　　〔三〕樂：音要。
〔四〕道：通導。　　〔五〕蘧：音渠。　　〔六〕知其人之知：
下知同智。

【譯解】

　　禮的精神在於追念生命以及生活事物產生的本源，樂的精神
在於歡慶其文治武功的成就。因而，先王制禮用來節制事宜，治
樂用來引導心志。所以觀察一個國家的禮樂，便可以從而了解這
個國家的治亂了。衛國大夫蘧伯玉說過："有修養有才能的人都明
達事理。"明理君子只要觀看一件器物，就能知道工匠的技巧；只
要觀察一個人的外在表現，就能知道這人的心智。所以說，君子
特別謹慎地對待自己用來與人交際的手段。

　　大廟之內敬矣。〔一〕君親牽牲，大夫贊幣而從；君親制
祭，夫人薦盎；〔二〕君親割牲，夫人薦酒。卿大夫從君，命
婦從夫人。洞洞乎其敬也，〔三〕屬屬乎其忠也，〔四〕勿勿乎其
欲其饗之也。納牲詔於庭，血毛詔於室，羹定詔於堂，
三詔皆不同位，蓋道求而未之得也。設祭於堂，爲祊乎
外，〔五〕故曰："於彼乎？於此乎？"

【注釋】

〔一〕大：通太。　　〔二〕盎：昂的去聲。　　〔三〕洞：音
痛。　　〔四〕屬：音主。　　〔五〕祊：音崩。

【譯解】

　　在太廟裏祭祖那可是特別誠敬的了。國君親自牽着犧牲進入

廟庭，大夫幫助捧着幣帛跟從在後，國君薦上幣帛，稟告祖先神靈，將殺牲舉行祭祀。殺牲後，進薦血毛的同時，國君還親手製作祭物，即切割牲肝，洗以鬱鬯香酒，祭告祖先神靈於室中，夫人進薦白色米酒。牲體煮熟後，國君親自切割牲肉，供奉堂上，夫人同時薦酒。祭禮有國家官員助祭，卿大夫陪同國君，卿大夫的夫人們陪同國君夫人。氣氛莊嚴隆重，人們是那樣的恭恭敬敬，是那樣的摯摯誠誠，是那樣的勤勤懇懇，熱切希望祖先神靈前來歆饗豐盛的祭品。牽牲進入時，告神於庭中；殺牲後進薦血毛時，告神於室中；進薦煮熟的牲體時，又告神於堂上。三次告神都不在同一位置，意謂着尋求祖先神靈而還沒有找到。因爲拿不準祖先神靈究竟在何處飄遊，於是既在堂上設祭，又在廟門外舉行門旁祭，所以書上有這樣的話：“神靈是在那邊呢？還是在這裏呢？”

　　一獻質，三獻文，五獻察，七獻神。

【譯解】

　　天神、地祇、人鬼也有各種等級，等級越低，祭中獻酒的次數就越少。舉行一獻之禮的祭祀就顯得質樸簡略；舉行三獻之禮的祭祀，儀式祭品就比較有文彩了；舉行五獻之禮的祭祀，儀節祭物就更爲明審細緻了；至於舉行七獻之禮的祭祀，那簡直就是面向神明了。

　　大饗，其王事與！〔一〕三牲、魚、腊，〔二〕四海九州之美味也。籩豆之薦，四時之和氣也。内金，〔三〕示和也。束帛加璧，尊德也。龜爲前列，先知也。金次之，見情也。〔四〕丹漆、絲纊、竹箭，〔五〕與衆共財也。其餘無常貨，各以其國之所有，則致遠物也。其出也，<u>肆夏</u>而送之，^{〔六〕}蓋重禮也。

【注釋】

〔一〕與：音餘。　　〔二〕腊：音西。　　〔三〕内：音那，納的本字。　　〔四〕見：音綫，現的本字。　　〔五〕纊：音曠。　　〔六〕肆：<u>鄭玄</u>云："肆當爲陔。"陔：音該。

【譯解】

在太祖廟裏擺下盛饌、陳列貢品，舉行接待來朝諸侯的大饗禮，那是天子的大事哩！所供用的牛羊豬三牲、魚、乾肉，都是四海九州的美味。盛在竹籩、木豆中的各種食物，都是四時和氣所生的佳品。鳴鐘迎諸侯入廟，表示融洽和睦。諸侯升堂致命時手捧一束幣帛，上加玉璧，表示尊重品德，君子之德可以和玉璧相比。庭中貢品，寶龜陳在前列，因爲龜能預知吉凶。貢獻的金屬陳列於龜後，金屬光可鑑物，體現着誠實光明的感情。陳列貢品中還有丹砂、油漆、蠶絲、絲綿、大竹、箭竹，表示天子與民衆共有這些財物。其餘邊遠國家的貢物，没有硬性規定，各自根據自己國家的出産來進貢，這就屬於招致遠物了。饗禮完畢，諸侯起身，堂下就奏起<u>陔夏</u>樂曲送他出廟，這就更顯示了禮節的隆重性。

祀帝於郊，敬之至也。宗廟之祭，仁之至也。喪禮，忠之至也。備服器，仁之至也。賓客之用幣，義之至也。故君子欲觀仁義之道，禮其本也。

【譯解】

天子祭祀天帝於南郊，這是最恭敬的事了；在宗廟裏祭祀先人，這是最仁愛的事了；舉行喪禮，孝子哀痛發自內心，這是最忠實的事了；爲死去的親人準備斂衣，隨葬器物，這是最仁厚的事了；賓客交際所用禮幣，多少因人而異，各有定規，這是最合情合理的事了。所以，君子要打算考察仁義之道，就必須以禮做爲根本。

君子曰："甘受和，[一]白受采，忠信之人可以學禮。苟無忠信之人，則禮不虛道。是以得其人之爲貴也。"

【注釋】

〔一〕和：音賀。

【譯解】

君子說過："甜味是各種味道的本味，可以接受各種味道的調和；白色是各種顏色的底色，可以承受各種色彩；忠信是禮的根本，禮的靈魂，忠信的人才可以學禮。假如沒有忠信的人，那真正的禮是不能虛行的。所以說能够得到忠信的人才是最可貴的。"

孔子曰："誦詩三百，不足以一獻；一獻之禮，不足以大饗；大饗之禮，不足以大旅；大旅具矣，不足以饗帝。毋輕議禮。"

【譯解】

孔子說："誦讀了詩三百篇而沒有學禮，就不足以舉行一獻之禮；僅學了一獻之禮，還是不足以舉行宗廟中的大饗禮；學習了大饗之禮，還不足以舉行禱祠上帝的大旅禮；學習了大旅之禮，還不足以舉行祭天的正禮。可見禮是博大精深的，不要輕率地評論禮。"

子路爲季氏宰。季氏祭，逮闇而祭，〔一〕日不足，繼之以燭。雖有强力之容，肅敬之心，皆倦怠矣。有司跛倚以臨祭，〔二〕其爲不敬大矣。他日祭，子路與，〔三〕室事交乎户，堂事交乎階，質明而始行事，晏朝而退。孔子聞之，曰："誰謂由也而不知禮乎！"

【注釋】

〔一〕闇：音岸，通暗。　　　〔二〕跛：音必。　　　〔三〕與：音預。

【譯解】

　　子路（仲由）當了魯國大夫季孫氏的邑宰。以前季氏舉行宗廟祭祀，都是天没亮就開始行祭，祭了一白天，時間還不够，又燃燭照明，繼續進行。由於時間太久，即使有强壯的體力，恭敬的心意，也都疲倦懈怠了。執事人員都側着身子靠着柱子來應付祭事，那真是大爲不敬了。另有一天，舉行廟祭，子路參與了司禮工作。室中舉行正祭，室外執事人員將各種祭品一一端來，在室户交給室内執事人員，然後陳放在充當祖先神靈的尸前；正祭後，在堂上款待尸，堂下執事人員將食物一一端來在西階之上端交給堂上執事人員，然後陳設尸前。天亮開始行禮，到傍晚就結束了。孔子聽説了這事，説："誰説仲由不懂得禮呢！"

郊特牲第十一

　　郊特牲而社稷大牢，[一]天子適諸侯，諸侯膳用犢，諸侯適天子，天子賜之禮大牢，貴誠之義也。故天子牲孕弗食也，祭帝弗用也。

【注釋】

〔一〕大：通太。

【譯解】

　　天子南郊祭天用一頭牛犢，而祭社稷則用牛羊豬三牲。天子到諸侯國家去視察，諸侯爲天子設宴，只宰殺一頭牛犢；諸侯去朝見天子，天子賜宴，則宰殺牛羊豬三牲。爲什麼祭天和爲天子設宴只用一頭牛犢呢？這是以篤誠爲貴的意思。因爲小牛犢純真誠樸，沒有也不懂牝牡之情。所以懷孕的牲口，不但天子不食用，祭祀上帝也不使用。

　　大路繁纓一就，[一]先路三就，次路五就。

【注釋】

〔一〕繁：音盤。

【譯解】

天子乘車所駕之馬，其馬頸底部套個皮帶套環，稱作繁。套環下部垂着一條條五色氂毛織成的纓，狀如索裙。繁外用五彩氂毛織物爲飾，纓條用五彩氂毛織成。青黃赤白黑的五色，周匝依次橫織，五色五層爲一組，是爲一就。天子去國都南郊祭天乘用的專車，謂之大路，所駕之馬，馬頸底部的皮套環之附飾以及下垂的一條條的纓，均爲一組五色氂毛依次橫織而成的；天子一般祭祀乘用的車——先路，所駕之馬，馬頸底部的皮套環之附飾以及下垂的一條條的纓，均爲三組五色氂毛依次橫織而成的；天子再次一等祭祀的用車，所駕之馬，馬頸底部的皮套環之附飾以及下垂的一條條的纓，均爲五組五色氂毛依次橫織而成的：這是以少爲貴的意思。

郊血，大饗腥，三獻爓，〔一〕一獻孰，〔二〕至敬不饗味而貴氣臭也。〔三〕諸侯爲賓，灌用鬱鬯，灌用臭也。大饗尚腶脩而已矣。〔四〕

【注釋】

〔一〕爓：音賢。　　〔二〕孰：熟的本字。　　〔三〕臭：音秀。　　〔四〕腶：音段。

【譯解】

南郊祭天用牲的鮮血；宗廟中合祭衆祖用鮮肉；祭祀社稷行三獻之禮，用滾開水焯過的牲肉；小祭祀行一獻之禮，用熟肉。爲什麽這樣呢？神靈等級越高，就越受人們尊敬，而其享用的祭

品距離人們日常吃法也就越遠。最受崇敬的神鬼不以人間滋味爲
貴，而以牲口的鮮血、鮮肉的氣味爲貴。諸侯朝見天子以及諸侯
互相訪問，在隆重酒會上，向貴賓敬獻鬱金香草和黍米釀制的香
酒，而沒有籩豆之薦，這也是貴氣味的意思。諸侯朝見天子之後，
天子大饗諸侯，雖設太牢盛饌，而只以先設的乾肉條爲貴，這也
是至敬不饗味的意思。

　　大饗，君三重席而酢焉；〔一〕三獻之介，君專席而酢
焉。此降尊以就卑也。

【注釋】

〔一〕重：音蟲。　酢：音作。

【譯解】

　　諸侯互訪，作爲主人的國君舉行大饗禮，來接待作爲賓客的
國君，賓主身份相同，始終各坐三層席。主國國君獻酒給來訪國
君，來訪國君飲後，酌酒回敬主國國君，主國國君仍然三層席而
受酢。如果諸侯派卿爲使，以大夫爲副使來聘問另一諸侯，主國
國君宴饗來使，行三獻之禮，以卿爲正賓，以大夫爲副賓。主國
國君坐席三層，卿二層，大夫一層。當主國國君接受副賓回敬酒
時，須撤去兩層席，單坐一席，這就是屈降自己尊貴的身份，來
就合對方大夫卑微的身份。

　　饗、禘有樂，〔一〕而食、嘗無樂，陰陽之義也。凡飲，
養陽氣也；凡食，養陰氣也。故春禘而秋嘗，春饗孤子，
秋食耆老，〔二〕其義一也，而食、嘗無樂。飲，養陽氣也，
故有樂；食，養陰氣也，故無聲。凡聲，陽也。

【注釋】

〔一〕褅：鄭玄云：“褅當爲禴，字之誤也。”禴音岳。下同。

〔二〕食：音嗣。　耆：音奇。

【譯解】

　　春季款待烈士孤兒的饗禮，宗廟中的禴禮，都有音樂，而秋季款待退休老人的食禮，宗廟中的嘗禮，都沒有音樂，這是陰陽不同的緣故。春屬陽，秋屬陰。凡是飲酒，屬於保養陽氣；凡是進食，屬於保養陰氣。所以，春季舉行以飲酒爲中心的禴祭，秋季在宗廟中舉行以進食爲中心的嘗祭，春季舉行饗禮款待烈士遺孤，秋季舉行食禮款待退休老人，其祭享或宴享的意義一樣，而食禮和嘗禮是不動用音樂的。飲酒養陽氣，有音樂伴奏；進食養陰氣，所以沒有音樂伴奏。凡是聲樂，都是屬於陽的。

　　鼎俎奇而籩豆偶，〔一〕陰陽之義也。籩豆之實，水土之品也。不敢用褻味而貴多品，所以交於旦明之義也。〔二〕

【注釋】

〔一〕奇：音基。　　〔二〕旦：鄭玄云：“旦當爲神，篆字之誤也。”

【譯解】

　　禮中用來盛着魚肉的鼎和俎，不管禮的規模大小，都用的是奇數，用來盛放各種乾、濕食品的籩豆，不管禮的規模大小，都用的是偶數，這是陽奇陰偶的意思。籩和豆所盛放的各種乾、濕食品都是水中、土裏生長的衆物。祭祀中陳列的祭品，不敢用精意烹調的美味，而以品類衆多爲貴，因爲敬奉神明，義該如此。

賓入大門而奏肆夏，示易以敬也。卒爵而樂闋，[一]孔子屢歎之。奠酬而工升歌，發德也。歌者在上，匏竹在下，[二]貴人聲也。樂由陽來者也，禮由陰作者也，陰陽和而萬物得。

【注釋】

〔一〕闋：音確。　　〔二〕匏：音袍。

【譯解】

朝聘的貴賓進入廟門，就奏起名爲肆夏的迎賓樂曲，這是表示和悅、尊敬。主人引賓升堂，酌酒獻賓，賓受爵飲畢，拜謝主人，主人答拜，而音樂正好停止。接下來，賓洗爵酌酒回敬主人，奏樂停樂，也是一樣。孔子對這種禮樂的美妙配合，屢次加以讚歎。主人飲畢，又酬賓，即先自飲一杯，然後再洗杯酌酒遞交給賓，賓接過酒杯不飲，放在己席籩豆之東，這叫做奠酬。奠酬之後，樂工升堂在瑟的伴奏聲中歌唱，用意在發揚賓主的道德。聲樂在堂上，管樂在堂下，這表示以人聲爲貴。樂以跳動的音律感人，屬陽，禮以無聲的儀式教人，屬陰，陰陽調和而萬物才能各得其所。

旅幣無方，所以別土地之宜，而節遠邇之期也。[一]龜爲前列，先知也。以鍾次之，以和居參之也。虎豹之皮，示服猛也。束帛加璧，往德也。

【注釋】

〔一〕邇：音耳。

【譯解】

衆國貢獻的財物之所以沒有硬性規定，這是因爲需要分別各國物産所宜以及調節路程遠近所用的時間。陳列庭中的種種貢品，寶龜排在最前列，因爲它能預知吉凶。其次陳列鑄鐘的金屬，鐘聲和諧，所以就把做鐘的原料放在衆多貢品之間。陳放虎皮、豹皮，表示天子威德能够制服凶猛。堂上獻一束幣帛，上加玉璧，表示王德令人心歸往。

　　庭燎之百，由齊桓公始也。大夫之奏肆夏也，由趙文子始也。

【譯解】

　　諸侯庭中設列一百把火炬，這是僭用天子之禮，由齊桓公開始的。大夫用肆夏樂曲迎賓，這是僭用諸侯之禮，由晉國大夫趙文子開始的。

　　朝覲，[一]大夫之私覿，[二]非禮也。大夫執圭而使，所以申信也；不敢私覿，所以致敬也。而庭實私覿，何爲乎諸侯之庭？爲人臣者無外交，不敢貳君也。大夫而饗君，非禮也。大夫强而君殺之，義也。由三桓始也。[三]

【注釋】

〔一〕朝：音潮。　覲：音進。　　〔二〕覿：音笛。

〔三〕由三桓始也：王引之謂此句蓋涉下文“由三桓始也”而衍。

【譯解】

　　大夫隨從國君出國訪問，私下會見外國國君，是非禮行爲。大夫被任命爲國家使臣，執國家玉圭出使外國，行完正禮之後，則可以私下會見外國國君，用以申明自己的誠信。大夫從君出訪，不敢私下會見外國國君，這樣做，爲了表明對自己國君的誠敬。

大夫隨君出訪，正禮之外，大夫又攜帶各種備以陳列庭中的禮物去私見諸侯，爲什麼竟做這種事於諸侯的庭中？作爲自己國君的臣子，不能對外有個人的外交活動，不敢對自己國君懷有貳心。身爲大夫而在自己家中宴饗國君，這是非禮的。大夫富强專制，而國君殺掉他，這是合情合理的。

天子無客禮，莫敢爲主焉。君適其臣，升自阼階，[一]不敢有其室也。覲禮，天子不下堂而見諸侯。下堂而見諸侯，天子之失禮也，由夷王以下。

【注釋】

〔一〕阼：音作。

【譯解】

天子沒有做客的禮儀，天子是天下的主人，誰也不敢以主人自居而把天子當作客人。國君有事到他的臣子家去，從主階升堂，做臣子的不敢將家視爲己有。按照諸侯覲見天子的禮節來說，天子是不下堂接見諸侯的。下堂接見諸侯，是天子的失禮行爲。這種失禮行爲是從周夷王以後才出現的。

諸侯之宮縣，[一]而祭以白牡，擊玉磬，朱干設錫，[二]冕而舞大武，乘大路，[三]諸侯之僭禮也。[四]臺門而旅樹，反坫，[五]繡黼丹朱中衣，大夫之僭禮也。故天子微，諸侯僭；大夫强，諸侯脅。於此相貴以等，相覿以貨，相賂以利，而天下之禮亂矣。諸侯不敢祖天子，大夫不敢祖諸侯。而公廟之設於私家，非禮也，由三桓始也。

【注釋】

〔一〕縣：懸的本字。　　〔二〕錫：音陽。　　〔三〕乘：音成。　　〔四〕僭：音劍。　　〔五〕坫：音店。

【譯解】

　　諸侯在庭中四面都懸掛着鐘磬等樂器，祭祀用白色雄牲，擊奏玉磬，使用附有金飾的朱色盾牌，戴着冕而舞大武舞，乘用大路車，這都是諸侯僭用天子的禮儀。大夫在家門上建築門樓，當門道修砌門屏，廟堂上設置飲畢放回空杯的土坫，禮服的襯衣衣領繡着斧形花紋和鑲着紅邊，這都是大夫僭用諸侯的禮儀。由於天子衰微了，諸侯就超越本分，自比於天子了。大夫強大了，諸侯就受到威脅了。在這時候，諸侯、大夫擅自提高爵位等級來顯示尊貴，大夫們避開國君用財貨私下相見，貴族們爲了個人私利互相賄賂，而天下的禮法也就隨之大亂了。諸侯即使和天子同宗，根據支子不祭的原則，不敢在自己國裏設天子的祖廟；大夫即使與國君同宗，同樣不敢在自己家裏設國君的祖廟。公廟設立於私家，是嚴重違犯禮制的行爲，這是由魯國孟孫、叔孫、季孫三家大夫（都是魯桓公的後代，故稱三桓）開始的，他們都分別在自己家裏設立了魯桓公的廟。

　　天子存二代之後，猶尊賢也。尊賢不過二代。〔一〕諸侯不臣寓公，故古者寓公不繼世。

【注釋】

〔一〕二：鄭玄云："二或爲三。"

【譯解】

　　天子保存以前兩個朝代的後裔，允許他們使用天子禮祭其先人，這是爲了尊重前朝的賢王。不過，這種特殊禮遇只適用於前兩個朝代。諸侯不把到自己國家避難的諸侯當作臣子看待。不過，這種特殊禮遇只適用於避難諸侯本身，他的子孫不能繼承這種待遇。

　　君之南鄉，[一]荅陽之義也。[二]臣之北面，荅君也。大夫之臣不稽首，非尊家臣，以辟君也。[三]

【注釋】

〔一〕鄉：通向。　　　〔二〕荅：音達。　　　〔三〕辟：音必，通避。

【譯解】

　　國君視朝的時候，臉朝南，這是面對正陽的意思。羣臣臉朝北參見，這是面對國君的意思。大夫的家臣參見大夫只跪拜而不磕頭，這倒不是尊重家臣，而是爲了迴避國君，因爲臣子參見國君才該磕頭。

　　大夫有獻弗親，君有賜不面拜，爲君之荅己也。

【譯解】

　　大夫有什麼物品要進獻給國君，派家臣送交，不要親自去送；國君有什麼物品賞賜大夫，大夫也不要當面拜謝。爲什麼這樣做呢？就是怕煩勞國君起身答拜。

　　鄉人禓，[一]孔子朝服立于阼，存室神也。

【注釋】

〔一〕禓：音商。

【譯解】

　　鄉裏人在舉行驅除凶邪、惡鬼的活動，<u>孔子</u>身穿朝服，站立在家廟堂上的主位上，使廟神有所依存，不被驚擾。

　　<u>孔子</u>曰："射之以樂也，何以聽，何以射。"<u>孔子</u>曰："士，使之射，不能則辭以疾，縣弧之義也。"〔一〕

【注釋】

〔一〕縣：音玄，懸的本字。　弧：音胡。

【譯解】

　　<u>孔子</u>説："射禮中，行射的時候用音樂伴奏，射者聆聽是什麼樂章，考慮如何使自己行射的舉動與樂章的節奏相配合。"<u>孔子</u>説："國君叫士行射，士如果不能射，就要説自己有病暫時射不了，而不能説不會射。有懸弧的意義在，怎能張口説不會射。"按：男人一生下來，門口就懸掛弓弧，表明既生爲男子漢就該會射箭，保衛國家。

　　<u>孔子</u>曰："三日齊，〔一〕一日用之，猶恐不敬；二日伐鼓，何居？"〔二〕

【注釋】

〔一〕齊：音摘，通齋。　　〔二〕居：音基。

【譯解】

　　<u>孔子</u>説："祭前要致齋三日，借以清心静慮，到舉行祭祀那天還怕不够虔誠，而現在祭前兩天就敲鼓作樂，這是怎麼回事呢？"

孔子曰："繹之於庫門内,^{〔一〕}祊之於東方,^{〔二〕}朝市之於西方,^{〔三〕}失之矣。"

【注釋】

〔一〕繹：音益。　　〔二〕祊：音崩。　　〔三〕朝：音招。

【譯解】

　孔子説："在王宫大門内舉行繹祭,在廟門外東方設祭求神,設早市於城中西方,這都是錯誤的。"按：天子、諸侯於廟堂上正祭的次日又接續祭祀,叫繹祭。繹祭的同時也祊——即在廟門内設祭求神。早市應設在城中大市之東。

　社祭土而主陰氣也,君南鄉於北墉下,^{〔一〕}荅陰之義也。日用甲,用日之始也。天子大社必受霜露風雨,^{〔二〕}以達天地之氣也。是故喪國之社屋之,不受天陽也。薄社北牖,^{〔三〕}使陰明也。社,所以神地之道也。地載萬物,天垂象,取財於地,取法於天,是以尊天而親地也,故教民美報焉。家主中霤而國主社,^{〔四〕}示本也。唯爲社事,單出里;^{〔五〕}唯爲社田,國人畢作;唯社,丘乘共粢盛:^{〔六〕}所以報本反始也。

【注釋】

〔一〕墉：音庸。　　〔二〕大：通太。　　〔三〕薄：通亳。　牖：音友。　　〔四〕霤：音六,通溜。　　〔五〕單：音丹,通殫。　　〔六〕乘：音勝。　共：音工,通供。　粢：音兹。　盛：音成。

【譯解】

在社壇祭祀土地神，而以陰氣爲主。祭時，國君面朝南立在社壇的北牆下，這是面對社壇陰面的意思。古時以天干紀日，十天干是甲乙丙丁戊己庚辛壬癸，甲是每十日的第一日。祭社用甲日，表示用天干開始的日子。天子爲羣姓立的社叫太社，太社只修建社壇，壇上不蓋屋宇，必須讓它承受霜露風雨，借以通達天地之氣，從而有生成萬物的功效。因此，當政王朝一定要把亡國的社壇蓋上嚴實的房屋，不讓它接受天上陽光。比如，周王朝就把殷都薄社用房屋覆蓋起來，只在北牆開個小窗，使陰面透些光亮，意思是通其陰而絕其陽。建築社壇而舉行祭祀，這是用以神事大地的方式。大地載育萬物，天上懸垂日月星辰，人類向大地索取資財物産，取法天上日月星辰的運行法則而安排耕作，所以聖王尊敬上天而熱愛大地，從而設立社壇年年舉行隆重祭祀，教導人民對大地給以豐美的報答。中霤是家中的土神，社是國家的土神，家中主祭中霤，國中主祭社，都顯示這樣的道理：土神能提供生活資料，是人們養生的根本。唯有祭社的時候，鄉里之人都得出來參加；唯有爲社祭而舉行田獵的時候，國民都起來參加；唯有祭社的時候，鄉間各丘乘（一丘約有一百四十餘家，一乘四丘，約五百七十餘家）級的行政單位，要供應祭祀社神所用的精糧。通過這些實際行動，來報答大地養育的根本大恩，反思自己生成的開始。

季春出火，[一]爲焚也。然後簡其車賦而歷其卒伍，而君親誓社，[二]以習軍旅，左之右之，坐之起之，以觀其習變也。而流示之禽，而鹽諸利，[三]以觀其不犯命也。求服其志，不貪其得。故以戰則克，以祭則受福。

【注釋】

〔一〕季春：鄭玄謂此當言"仲春"。　　　〔二〕社：鄭玄云："社或爲省。"省：音顯，通獮。　　　〔三〕鹽：鄭玄云："鹽讀爲艷。"

【譯解】

　　仲春二月取出火種，爲了焚燒雜草從事田獵。然後簡選車馬器械，檢閱士兵隊伍，國君爲祭社親自誓師，動員大規模行獵。田獵前，先進行軍事演習，讓士兵們聽從口令，或左或右，或坐或起，來考察他們是否熟習應變。演習後就正式打獵，先使人驅趕野獸，顯示於陣前，掀動他們艷羨之情，獲取之欲，而又要考察他們違犯不違犯田獵的各種規矩。要求士兵們既要有强烈的獲取的心志，又不要違犯紀律地貪取妄得。人們經過了這樣既勇敢又有紀律的訓練，用於戰争就能戰勝，用於祭社就能得福。

　　天子適四方，先柴。郊之祭也，迎長日之至也，大報天而主日也。兆於南郊，就陽位也。埽地而祭，於其質也。器用陶、匏，以象天地之性也。於郊，故謂之郊。牲用騂，〔一〕尚赤也。用犢，貴誠也。郊之用辛也，周之始郊日以至。卜郊，受命於祖廟，作龜於禰宮，〔二〕尊祖親考之義也。卜之日，王立于澤，親聽誓命，受教諫之義也。獻命庫門之內，戒百官也。大廟之命，〔三〕戒百姓也。祭之日，王皮弁以聽祭報，示民嚴上也。喪者不哭，不敢凶服，氾埽反道，〔四〕鄉爲田燭，弗命而民聽上。祭之日，王被衮以象天。[五]戴冕璪十有二旒，[六]則天數也。乘素車，[七]貴其質也。旒十有二旒，龍章而設日月，以象天也。天垂象，聖人則之，郊所以明天道也。帝牛不吉，以爲稷牛。帝牛必在滌三月，稷牛唯具，所以別事天神與人鬼也。萬物本乎天，人本乎祖，此所以配上帝也。郊之祭也，大報本反始也。

【注釋】

〔一〕騂：音星。　　〔二〕禰：音你。　　〔三〕大：通太。

〔四〕氾：同泛。　　〔五〕被：音劈。通披。　衮：音滾。

〔六〕璪：音早。　旒：音流。　　〔七〕乘：音成。

【譯解】

　　天子去四方視察，先要燔柴告天。天子到國都南郊祭天，迎接晝長日子的到來，這是大報天恩而以太陽爲主。祭天的兆域設在國都的南郊，這是歸就陽位，因南方明亮，屬陽。郊天時在壇下清掃地面舉行正祭，就在陽位的原地上。祭天使用陶器和葫蘆做的器皿，用以象徵天地的樸素自然的本性。在南郊祭天，所以管祭天也叫郊。祭牲用紅毛的，因爲<u>周代</u>崇尚紅色。祭牲用牛犢，因爲牛犢誠慤純真，最爲可貴。祭天用天干的辛日，<u>周代</u>頭一次祭天在冬至前後，採用辛日，意取陽氣新生，新的開始。祭天雖用辛日，也需卜問吉凶。天子先去太祖廟稟告，稟告就等於得太祖的許可，然後去父廟灼龜問卜，這樣做就是尊重太祖、親近先父的意思。就在卜郊那天，天子立在國學——澤宮，選擇可以參加祭禮的人士，又使有司向他們告誡祭天禮規，天子也在場親聽告誡之辭，這也有接受教導勸諫的意思。將祖先神靈所允許祭天的命令，在王宮第二道宮門內，向百官傳達，告誡他們分頭準備。

又將這太祖廟的祭天命令通告百姓。舉行祭天禮的那天，天子身穿白色的皮弁服，來聽取官員有關祭事準備情況的稟報，這就教示了人民莊敬事上的道理。這天，城鄉有喪事的人家不許哭泣，不敢身穿喪服出門。人們廣泛的進行打掃，刨翻路面，鋪平新土，鄉間各在田頭安放火炬。以上種種，不用官方命令，而人民自覺地服從規定。祭祀那天，天子穿着滾龍禮服，上繡日月星辰，用來象徵上天，頭戴王冕，冕上垂懸着以五彩絲繩貫穿的十二個玉串，這是效法天的大數。古人把天空畫分十二等分，即十二"次"。天子乘用素車，這是珍視此車的質樸。有着十二條飄帶的龍旂，上面畫着日月，也是用來象徵天的大數的。天上懸垂着的日月，各有運行法則，聖人取法於天，連郊天禮服也取象日月。所以説，天子祭天就是用以顯明天道的。祭天時，要以始祖配祭。所以要準備兩頭牛犢，一頭是祭上帝用的，叫帝牛；一頭是祭始祖后稷用的叫稷牛。供祭上帝的牛犢如果卜之不吉或死傷，就取稷牛來祭天。供祭上帝的牛犢祭前一定要在乾淨的牢中精心餵養三個月。供祭后稷的牛只要色正完整就行了。對帝牛和稷牛的要求不同，也是用以區分奉事天神與人鬼的差異。天爲萬物之本，祖先爲人類之本，所以天子以自己的始祖配祭上帝。南郊祭天，就是盛大的報本反始活動。

天子大蜡八。〔一〕伊耆氏始爲蜡。〔二〕蜡也者，索也，歲十二月，合聚萬物而索饗之也。蜡之祭也，主先嗇而祭司嗇也，〔三〕祭百種以報嗇也。饗農及郵表畷、禽獸，〔四〕仁之至，義之盡也。古之君子，使之必報之。迎貓，爲其食田鼠也，迎虎，爲其食田豕也，迎而祭之也。祭坊與水庸，〔五〕事也。曰："土反其宅，〔六〕水歸其壑，〔七〕昆蟲毋作，草木歸其澤。"皮弁素服而祭。素服，以送終也。葛帶、榛杖，喪殺也。〔八〕蜡之祭，仁之至，義之盡也。黄衣黄冠而祭，息田夫也。野夫黄冠。黄冠，草服也。大羅氏，天子之掌鳥獸者也，諸侯貢屬焉。草笠而至，尊野服也。羅氏致鹿與女，而詔客告也。以戒諸侯曰："好田好女者亡其國。〔九〕天子樹瓜華，不斂藏之種也。"八蜡以記四方。四方年不順成，八蜡不通，以謹民財也。順成之方，其蜡乃通，以移民也。〔一〇〕既蜡而收，民息已。故既蜡，君子不興功。

【注釋】

〔一〕蜡：音乍。　　〔二〕耆：音其。　　〔三〕嗇：音色。通穡。　　〔四〕畷：音綴。　　〔五〕坊：音房。

〔六〕反：通返。　　〔七〕壑：音賀。　　〔八〕殺：音曬。

〔九〕好：音浩。　　〔一〇〕移：音益。

【譯解】

天子的年終大蜡，祭八個神。遠古伊耆氏的時代，開始有了蜡祭。所謂蜡，意思是求索。周曆每年的十二月即夏曆十月，聚合萬物的神靈，一一尋索，都給予祭饗。舉行蜡祭，以發明農業的先嗇爲主，而使管理農業的司嗇從祭，祭以各種各樣的穀物來報答先嗇、司嗇。宴饗督農官員之神以及其田間辦公處、禽獸等神靈，凡有功於農業者，都無遺漏的給予報享，可以說已經做到仁至義盡了。古時候的君子，對任使過的事物，必定給以回報。迎來野貓的神靈，因爲它吃了許多損害莊稼的田鼠，迎來老虎的

神靈，因爲它吃了許多糟塌莊稼的野猪，所以迎來它們的神靈加
以祭享。祭堤坊和水溝，也是因爲它們對農事做了貢獻，蜡祭的
祝辭說：“土返回田裏，水歸往溝中，蟲灾不要發作，雜草回到草
甸滋生。”蜡祭時，天子頭戴皮弁，身穿素服而進行祭祀。此時自
然界蕭條蒼老，接近死亡，人們爲之產生了哀情。穿素服就是爲
了給它們送終。除了身穿素服，還腰繫葛麻帶，手執榛木杖，這
是喪服中經過减輕的裝束。總之，蜡祭體現了人們仁至義盡的心
情。身穿黃衣頭戴黃冠參加蜡祭的，都是農夫，祭後設酒慰勞，
讓他們好好休息。田野農夫頭戴黃冠。所謂黃冠，指的是黃色的
草笠。大羅氏是天子的掌管鳥獸的官員，諸侯年終貢獻的鳥獸都
屬他掌管。諸侯的貢獻鳥獸的使者頭戴草笠而來，因爲蜡祭尊重
農夫的裝束。使者臨走，大羅氏將鹿和女子送交使者，請他回國
向諸侯轉達天子的告誡：“凡是篤好打獵和沉湎女色的國君，將會
亡國的。天子所種的瓜果，都只供一時之用，没有收斂貯藏的種
子。”最後一句的意思是告誡諸侯不要畜積財物來與民争利。蜡祭
八神，需要事前記錄四方各處的豐歉情況。四方之中如果有哪一
方年成不好，就不通行蜡祭，借以慎用民財。年成好的地方，才
舉行蜡祭，以使人民身體得到寬弛，精神得到放鬆。蜡祭之後就
收藏好大田作物，農民可以休息了。所以舉行蜡祭之後，當政君
子就不大興土木之功，以免徵發農民從事勞役。

　　恒豆之菹，〔一〕水草之和氣也；其醢，〔二〕陸產之物也。
加豆，陸產也；其醢，水物也。籩豆之薦，水土之品也。
不敢用常褻味而貴多品，所以交於神明之義也，非食味
之道也。先王之薦，可食也，而不可耆也。〔三〕卷冕、路

車，〔四〕可陳也，而不可好也。武，壯而不可樂也。宗廟之威，而不可安也。宗廟之器，可用也，而不可便其利也。所以交於神明者，不可以同於所安樂之義也。酒醴之美，玄酒、明水之尚，貴五味之本也。黼黻文繡之美，疏布之尚，反女功之始也。〔五〕莞簟之安，〔六〕而蒲越、稾鞂之尚，〔七〕明之也。大羹不和，〔八〕貴其質也。大圭不琢，〔九〕美其質也。丹漆雕幾之美，〔一〇〕素車之乘，〔一一〕尊其樸也。貴其質而已矣。所以交於神明者，不可同於所安褻之甚也。如是而后宜。鼎俎奇而籩豆偶，〔一二〕陰陽之義也。黃目，鬱氣之上尊也。黃者中也，目者氣之清明者也，言酌於中而清明於外也。祭天，埽地而祭焉，於其質而已矣。醯醢之美，〔一三〕而煎鹽之尚，貴天產也。割刀之用，而鸞刀之貴，貴其義也，聲和而后斷也。

【注釋】

〔一〕菹：音租。　　〔二〕醢：音海。　　〔三〕耆：音士，通嗜。　　〔四〕卷：音滾，通衮。　　〔五〕反：通返。

〔六〕莞：音官。　簟：音店。　　〔七〕蒲：音撲。　越：音活。　稾：音搞。　鞂：音街。　　〔八〕大：通太。　和：音賀。　　〔九〕琢：鄭玄云：“琢當爲篆，字之誤也。”按：篆通瑑。　　〔一〇〕幾：音其。　　〔一一〕乘：音勝。

〔一二〕奇：音基。　　〔一三〕醯：音西。

【譯解】

通常設豆，其中所盛的醃菜，如菖蒲根、蕁菜，都是水中得到和美之氣而生長的菜蔬；而與其相配的肉醬，如麋鹿肉醬、鹿肉醬，都是陸地上產生的獸肉。加設的豆，醃菜如芹菜、韭菜，都是陸地的物產，與其相配的肉醬，如臐醢、魚醢，都是水中的物產。祭祀所進薦的籩豆，都是水裏或土中的產品。不敢用平常烹調的滋味而重視品種眾多，這是用以敬奉神明的義之所宜，而不是平時飲食講求滋味的方式。先王規定祭祀中進薦的食品，雖然是可以吃的，而不是人們愛吃的。祭祀中穿戴的袞服和冠冕，乘用的路車，是可以陳列的，而不是好穿好乘的。<u>大武舞</u>是雄壯的，而不是可供娛樂的。宗廟是威嚴的，而不是可以安居的地方。宗廟中的禮器是能用的，而作為日常應用就不便利了。總之，用來敬奉神明的事物，其意義不同於人們生活中所安適的事物。酒醴味道甜美，祭祀中卻以清水、露水處在上位，這是重視五味的根本。刺繡各種彩色花紋的絲綢是很華美的，而祭祀中卻崇尚用粗麻布覆蓋酒樽，這是為了追念女功的原始。生活中下面襯著莞蒲席，上面鋪著竹席，坐臥很安適，而宗廟祭祀為神卻崇尚鋪設蒲草墊，祭天為上帝卻崇尚鋪設穀草墊，這是為了顯明祭的對象是神明。祭祀用的太羹不過是白水煮的肉湯，不加調料，這是珍視它的本質。天子用的大圭，並不細琢花紋，這是喜愛它的實質。天子平常乘坐的車，既有丹漆塗飾又有雕刻花紋，非常華美，而去南郊祭天時卻乘用素車，這是尊重它的樸素。總之，上述禮中所用的東西，都是珍視其樸實的本質。由此可知，用以敬奉神明的事物，與生活中所安適的事物是很不相同的。在禮中也只有這樣安排，才是適宜的。禮中用鼎用俎不論多少，必是奇數，用籩用豆不論多少，必是偶數，這裏有陰陽的含義。鼎俎中盛載牲肉，動物屬陽，奇數也屬陽；籩豆中盛放的食物，基本上是菜果之類，植物屬陰，偶數也屬陰。黃目是外面以黃金鏤飾為眼目形的酒樽，它是裝放鬱鬯香酒的上等酒樽。東西南北中，黃是中方的顏色。目是人們精氣中清明的器官。酒樽之所以稱作黃目，意思是酌酒於其中而清明潔净顯露於外。祭天之所以要掃地而祭，不過是想在原地面行禮而已。人們釀造的醋和肉醬固然味美，而祭祀中却將盛着鹽塊的竹籩陳設在上位，這是珍視天然物産的意思。人們日常以割刀切肉，方便好使，而在祭祀中却講究用古代帶鈴的鸞刀來切割，那是重視它的意義，鈴隨手腕的動作而作響，鈴聲和諧而牲肉應聲斷開。

冠義：始冠之，緇布之冠也。[一]大古冠布，[二]齊則緇之。[三]其緌也，[四]孔子曰："吾未之聞也。"冠而敝之可也。適子冠於阼，[五]以著代也。醮於客位，[六]加有成也。三加彌尊，喻其志也。冠而字之，敬其名也。委貌，周道也。章甫，殷道也。毋追，[七]夏后氏之道也。周弁、殷冔，[八]夏收。三王共皮弁素積。無大夫冠禮，而有其昏禮。古者五十而后爵，何大夫冠禮之有！諸侯之有冠禮，夏之末造也。天子之元子，士也，天下無生而貴者也。繼世以立諸侯，象賢也。以官爵人，德之殺也。[九]死而諡，[一○]今也。古者生無爵，死無諡。

【注釋】

〔一〕始冠之緇布之冠也：上冠動詞，音貫；下冠名詞，音官。緇：音兹。　〔二〕大：通太。　〔三〕齊：音摘，通齋。
〔四〕緌：音蕤，即瑞的陰平聲。　〔五〕適：音笛，通嫡。
〔六〕醮：音叫。　〔七〕毋：音謀。　追：音堆。

〔八〕罻：音須。　　　〔九〕殺：音曬。　　　〔一〇〕諡：音士。

【譯解】

　　冠禮的意義：冠禮中三次加冠，第一次加的冠是一般百姓成人時戴的黑色的布冠。在太古時代，人們就以白麻布做冠，齋戒的時候才把它染成黑色戴上。緇布冠戴在髮髻上，兩邊有冠纓，繫在喉頭前。有人在冠纓兩頭加上緌繐，孔子說：“這我可没聽説過。”貴族子弟在冠禮中第一次加緇布冠，意在重古，表示開始成人而已，禮後此冠就不再戴用，扔掉也是可以的。嫡長子在廟堂上主位行加冠禮，這就表明了他的繼承人的地位。賓將緇布冠加在嫡長子的頭上，設席於堂上室前的户牖之間，即客位，讓嫡長子就位，賓酌酒給他致賀，這是加禮於剛爲成人的人。初加緇布冠，再加皮弁，三加爵弁，越加越尊貴，這就曉喻了冠者的心志，勉勵他力求上進，無忝於尊貴的冠服。人生三月，受名於父；加冠禮成，受字於賓。既冠之後，人稱其字，不呼其名，這就是尊敬成人之名。委貌這種冠，是周代的冠制；章甫，是殷代的冠制；毋追，是夏代的冠制。祭祀用的禮冠，各代不同，周代用的叫弁，殷代用的叫罻，夏代用的叫收。而夏殷周三代都穿用皮弁素積，即白色的皮帽，白色絲帛的衣裳，而下裳的腰部打着積褶。爲什麼禮儀上没有大夫的冠禮而有大夫的婚禮？因爲古時候的官員，必須到五十歲才可以因功而得到大夫的爵位。人到二十就行冠禮，二十歲的人既然當不了大夫，那怎麼會有大夫的冠禮呢？諸侯有冠禮是從夏代末期開始的。因爲那時諸侯開始世襲，出現了年紀輕輕的諸侯，自然也就相應地產生了諸侯規格的冠禮。在遠古的時候，天子的長子也是個士，他行冠禮，自然也用士的冠禮。天下没有生下來就該尊貴的人。從道理上講，諸侯的長子所以能繼

續立爲諸侯，即是由於他能象他老子那樣有賢德。國家用官爵授
人，是根據人們德的厚薄程度，德越厚的，官爵該越尊。現在人
死了，就爲之擬定謚號。古時候，一般人沒有什麼功德就不會被
授予大夫那樣的爵。活着沒有大夫那樣的爵，死了，國家就不會
賜謚。

禮之所尊，尊其義也。失其義，陳其數，祝史之事
也。故其數可陳也，其義難知也。知其義而敬守之，天
子之所以治天下也。

【譯解】

禮之所以可貴，貴在它的涵義。失掉了禮的涵義，而單單陳
述禮儀形式，那是一般神職人員祝史的事了。所以説禮的儀式是
可以陳述的。至於各種儀式的涵義那就難以知曉了。天子之所以
能够治理天下，就在於他能知道禮的真諦而對各種典禮又能敬守
不失。

天地合而后萬物興焉。夫昏禮，〔一〕萬世之始也。取於
異姓，所以附遠厚別也。幣必誠，辭無不腆，〔二〕告之以直
信。信，事人也。信，婦德也。壹與之齊，〔三〕終身不改，
故夫死不嫁。男子親迎，男先於女，剛柔之義也。天先
乎地，君先乎臣，其義一也。執摯以相見，〔四〕敬章別也。
男女有別，然後父子親；父子親，然後義生。義生然後
禮作，禮作然後萬物安。無別無義，禽獸之道也。壻親
御授綏，〔五〕親之也。親之也者，親之也。敬而親之，先王

之所以得天下也。出乎大門而先，男帥女，女從男，夫婦之義由此始也。婦人，從人者也：幼從父兄，嫁從夫，夫死從子。夫也者，夫也。夫也者，以知帥人者也。〔六〕玄冕齊戒，〔七〕鬼神陰陽也。將以爲社稷主，爲先祖後，而可以不致敬乎？共牢而食，同尊卑也。故婦人無爵，從夫之爵，坐以夫之齒。器用陶匏，尚禮然也。三王作牢，用陶匏。厥明，〔八〕婦盥饋。〔九〕舅姑卒食，婦餕餘，〔一〇〕私之也。舅姑降自西階，婦降自阼階，授之室也。昏禮不用樂，幽陰之義也。樂，陽氣也。昏禮不賀，人之序也。

【注釋】

〔一〕夫：音扶。　　〔二〕腆：音舔。　　〔三〕齊：音其。鄭玄云：“齊或爲醮。”　　〔四〕摯：音至，通贄。

〔五〕綏：音隨。　　〔六〕知：同智。　　〔七〕齊：音摘，通齋。　　〔八〕厥：音絶。　　〔九〕盥：音貫。　饋：音愧。　　〔一〇〕餕：音郡。

【譯解】

天氣下施，地氣上騰，天地配合，而後萬物發生。婚禮意義深遠，夫妻婚配，以後萬世子子孫孫從這開始。必須迎娶異姓女子爲妻，一是爲了聯合疏遠的族姓成爲姻親，一是爲了嚴格排斥本族血緣的結合。訂婚時所送的聘禮一定要實在可用，致辭也要實在，別謙説禮幣不够豐厚。女方家長用正派、誠信來告誡女兒。誠信，是事奉別人的必備品質。誠信，是做媳婦的基本品德。在婚禮的晚上，只要一跟丈夫喝過了交杯酒，就一輩子忠於他，永不變心，所以，丈夫死了就不再嫁人。結婚那天，男子親自到女方家中去迎娶，男子乘車先導，女子乘車相隨，這含有陽剛進取、陰柔順從的意思。這和天倡地隨、君求臣應的意義是一樣的。男子親自迎娶時，手執鴈拜見女方家長，放下鴈後，才和女子相見，這就莊敬地顯明了男女的區別。男女的名分有了嚴格的區別，交接不苟，夫妻關係嚴格明確，然後父子間才能有深摯的親情。父子間有了親情，然後就產生了人倫道義。人倫道義產生了，然後禮也就因之興起了。禮興起了，人間萬事也就會得到安定。如果男女無別，胡亂交配，夫妻關係不嚴格，父子關係不明確，彼此無情無義，那就是禽獸的生活方式了。迎娶時，新郎新娘相見後，出女方大門，新郎駕駛新娘乘坐的馬車，遞給新娘上車的引繩，然後驅車行一小段，交御手駕駛，新郎才登上自己的車。新郎給新娘御車授綏，就是要親自爲她服務；親自爲她服務，就是表示對她親密。家庭裏做到彼此尊重、親愛，先王之所以得天下就是從這裏起步的。走出女方大門時新郎在前，男的帥領女的，女的跟從男的，夫唱婦隨的意義就由此開始了。婦人，就是聽從男人的人。幼年聽從父親、兄長的，出嫁聽從丈夫的，丈夫死了，聽從兒子的。夫麽，就是丈夫的意思。丈夫麽，就是憑才智見識領導別人的人。新郎要身着玄冕祭服而進行齋戒，然後親迎，因爲結婚是陰陽配合極爲神聖的大事。結了婚，將和她共爲一家之主，一國之主，一起爲祖先繁衍後代，意義極爲重大，能不玄冕齋戒致其誠敬麽？婚禮晚上，新郎新娘共食同俎之牲肉，表明地位相等。婦人沒有爵位，依從丈夫的爵位，族會時的坐席也以丈夫的年輩就座。婚禮晚上夫婦共餐時，有的器皿如酒樽是陶製的，有的器皿如飲交杯酒用的巹，是用葫蘆做的。因爲上古的禮器就是這樣，這也是本古反始的意思。夏商周三代才有了夫妻同牢合巹之禮，就用的是陶製、匏製的器皿。結婚後第二天早晨，新媳婦沐浴打扮後去拜見公婆，洗手伺候公婆用飯，公婆吃罷，讓兒媳婦吃剩餘的饌食，這是疼愛她的意思。禮畢，公婆從西邊的賓階下堂，媳婦從東邊的主階下堂，意思是將把家事交給媳婦。婚禮不動用樂器，因爲婚禮屬於陰性的，音樂屬於陽性的。婚禮不過是人生必經程序，不需要祝賀。爲什麼不需要祝賀呢？因爲結婚意味着傳宗接代，傳宗接代意味着新陳代謝，做人子的自然不能無所感傷，故爾無心受賀。

　　有<u>虞氏</u>之祭也，尚用氣。血、腥、爓祭，〔一〕用氣也。<u>殷</u>人尚聲，臭味未成，〔二〕滌蕩其聲。樂三闋，〔三〕然後出迎牲。聲音之號，所以詔告於天地之間也。<u>周</u>人尚臭，灌用鬯臭，〔四〕鬱合鬯，臭陰達於淵泉。灌以圭璋，用玉氣也。既灌然後迎牲，致陰氣也。蕭合黍稷，臭陽達於墻屋，故既奠然後焫蕭合羶薌。〔五〕凡祭慎諸此。魂氣歸于天，形魄歸于地，故祭，求諸陰陽之義也。<u>殷</u>人先求諸陽，<u>周</u>人先求諸陰。

【注釋】

〔一〕爓：音賢。　　〔二〕臭：音秀。　　〔三〕闋：音確。
〔四〕鬯：音暢。　　〔五〕奠：<u>鄭玄</u>云：“奠或爲薦。”　焫：音若。　羶：<u>鄭玄</u>云：“羶當爲馨，聲之誤也。”　馨：音欣。　薌：音鄉，通香。

【譯解】

　　<u>虞代</u>人的祭祀，崇尚牲肉的腥氣，用牲口的鮮血、鮮肉、焯

過的肉來祭，都算做用氣。殷代人的祭祀，崇尚聲樂，沒有殺牲、煮牲之前，就奏樂降神。音樂奏過了三節，然後才出門迎接祭牲。聲音的呼號，就是殷人在天地間用以尋覓、召喚鬼神的手段。周代人的祭祀，崇尚香氣，開始向神獻酒用的是鬱金香草配合黍米釀製的香酒，灑酒於地，讓香味下達到地下淵泉。灌鬱鬯用的是圭璋做柄的酒勺，兼有使用玉的清潔溫潤之氣的意思。既灌鬱鬯於地，然後才出而迎牲，這是先向幽陰的地面下求神來臨受祭。迎尸堂上行正祭之後，又將請尸入室，行饋熟禮。這時用香蒿混合些黍米飯、穄子米飯焚燒起來，讓香氣彌漫牆屋各處，人們既爲尸酌酒奠於饌席，然後在香蒿上又加上些祭牲的腸間脂肪焚燒，這是向地面上求神來臨受享。凡是祭祀都要小心翼翼地想辦法請求神的降臨。因爲人死後，魂氣歸往天空，形魄回到地下，所以祭祀的時候，就有向陰陽兩方面尋求的道理了。殷代人先向陽的方面尋求，周代人先向陰的方面尋求。

　　詔祝於室，坐尸於堂，用牲於庭，升首於室。直祭祝于主，索祭祝于祊。不知神之所在，於彼乎？於此乎？或諸遠人乎？祭于祊，尚曰求諸遠者與？

【譯解】

　　祭祀中，殺牲時，祝在室中告神；正祭時，尸坐堂上受饗；納牲時，在庭中詔告；獻牲首時，供奉在室中北牆下。正祭時，祝致辭於神主；索祭時，祝致辭於廟門內之旁。祭的活動不固定在一個地方，就是因爲不能肯定祖先的神靈究竟在哪裏，在這兒呢？在那兒呢？還是在離人們更遠的地方呢？拿不準，多換換地方，總能遇到祖先神靈的。在廟門內之旁致祭，這可以説是向遠處求索神魂了吧？

祊之爲言倞也，〔一〕肵之爲言敬也。〔二〕富也者，福也。首也者，直也。相，〔三〕饗之也。嘏，〔四〕長也，大也。尸，陳也。〔五〕毛、血，告幽全之物也。告幽全之物者，貴純之道也。血祭，盛氣也。祭肺、肝、心，貴氣主也。祭黍稷加肺，祭齊加明水，〔六〕報陰也。取膟膋燔燎升首，〔七〕報陽也。明水涗齊，〔八〕貴新也。凡涗，新之也。其謂之明水也，由主人之絜著此水也。〔九〕

【注釋】

〔一〕倞：音亮。　　〔二〕肵：音其。　　〔三〕相：音象。

〔四〕嘏：音古。　　〔五〕尸陳也：<u>鄭玄</u>云：“此尸神象，當從主訓之，言陳非也。”　　〔六〕齊：音劑。　　〔七〕膟：音律。　膋：音勞。　　〔八〕涗：音稅。　齊：音劑。

〔九〕絜：同潔。

【譯解】

祊就是倞，倞是索求的意思。尸有肵俎，肵俎的肵，是敬的意思。祝福辭中的富字，就是福的意思，而福就是完備的意思。升首於室，首有直的意思，直就是正，首爲一體之正。相，是助尸行禮佐食的人，勸尸饗用祭饌。嘏是長的意思，大的意思，尸嘏主人，無非是祝主人長久廣大。尸，是主的意思，祭中尸代表神主。不該說尸是陳列的意思。祭中殺牲後用毛和血告神，毛和血是持來告神的兩種東西，通過毛、血向神表明所用祭牲體內乾净，體外齊全。所以這樣做，是重視祭牲內外精純。用牲的鮮血來祭，因爲血盛載着犧牲的精氣。用犧牲的肺、肝、心來祭神，這是珍視三者都是容納生命之氣的主要器官。祭黍米飯、穄子米飯而配以切肺，祭各種酒而配合露水，以滋味饗神，這是用來報答陰——形魄的。取犧牲的腸間脂肪與香蒿合燒，捧犧牲的頭升堂入室置於北墻下，這是用來報答陽——魂氣的。露水兌入濁酒而加以過濾，酒以清新潔净爲貴。凡是露水兌入酒中而過濾，就是爲了使酒清新。由月下收取的露水之所以稱作明水，是由於主人重視清潔明净，才特意收取此水的。

　　君再拜稽首，[一]肉袒親割，敬之至也。敬之至也，服也。拜，服也。稽首，服之甚也。肉袒，服之盡也。祭稱孝孫、孝子，以其義稱也。稱曾孫某，謂國家也。祭祀之相，主人自致其敬，盡其嘉，而無與讓也。腥、肆、爓、腍祭，[二]豈知神之所饗也？主人自盡其敬而已矣。

【注釋】

〔一〕稽：音起。　　　〔二〕肆：音亦。　　爓：音賢。鄭玄云："爓或爲腏。"腏音折。　腍：音忍。

【譯解】

　　祭祀時，國君再拜叩頭，袒露左臂親自割解牲體，這是極爲虔敬的舉動。這些極爲虔敬的舉動，體現了對先人的順服。跪拜就是順服了，叩頭就順服更甚了，而袒露左臂就表示徹底順服了。祭祀祖禰，祭辭中自稱孝孫孝子，這是嫡系子孫以倫理名義來稱呼的。國君祭祀曾祖和曾祖以上的祖先，祭辭中一律稱曾孫某，此"曾孫"是祭中曾孫以下的統稱，這是以國家的名義來稱呼的。禮中"相"的職責本是輔告賓主揖讓之儀的。而宗廟祭祀有異於賓客之禮，是主人向祖先自致內心之敬，自盡外儀之善，所以主人獻尸饗尸，相不告尸以讓，因爲作爲祖先神靈的代表者——尸是不該謙讓的。其實祭祀中間，無論是進薦才宰殺的牲體，還是進薦支解後的骨體，無論是進薦焯煮過的牲肉，還是進薦煮熟的牲肉，怎麼能夠知曉神靈一定來享用呢？不過是主人自盡其敬心罷了。

　　舉斝角，[一]詔妥尸。古者，尸無事則立，有事而后坐也。尸，神象也。祝，將命也。

【注釋】

〔一〕斝：音甲。　角：音決。

【譯解】

　　宗廟祭中，迎尸入室，尸舉起面前圓口三足的酒杯或是上口兩端翹起而三足的酒杯，這時祝告訴主人拜尸，請尸安坐。古代行祭禮的過程中，尸沒事時就站着，有了飲食之事，尸就坐在席上。尸，是神的象徵，是活的神像。人和神不能直接對話，祝是神和人的傳話者。

　　縮酌用茅，明酌也。醆酒涗于清，[一]汁獻涗于醆酒，[二]猶明、清與醆酒于舊澤之酒也。[三]

【注釋】

〔一〕醆：音斬。　涗：音稅。　　〔二〕獻：音梭。鄭玄云："獻讀當爲莎，齊語聲之誤也。"　　〔三〕澤：音益。鄭玄云："澤讀爲醳。"

【譯解】

　　甜而濁的醴酒用菁茅束過濾出渣滓，就成了酒色清明而且能够直接飲用不須角匙的清醴。白而濁的醆酒兑上清酒而加以過濾，鬱鬯香酒兑上醆酒而加以過濾，其滋味相得，就好像清醴、清酒、醆酒兑上舊釀的醇酒一樣。

祭有祈焉，有報焉，有由辟焉。[一]

【注釋】

〔一〕辟：音米。鄭玄云："辟讀爲弭。"

【譯解】

祭祀有種種性質，有的是爲了求福，有的是爲了報恩，有的是爲了消灾免禍。

齊之玄也，[一]以陰幽思也。故君子三日齊，必見其所祭者。

【注釋】

〔一〕齊：通齋。下同。

【譯解】

齋戒爲什麼要穿戴黑色的衣冠呢？因爲黑色適宜進行陰幽之思。所以君子專心致志齋戒三日，心目中一定能見到所要祭祀的先人。

内則第十二

　　后王命冢宰降德于衆兆民：子事父母，雞初鳴，咸
盥漱，〔一〕櫛、縰、笄、總，〔二〕拂髦，〔三〕冠、緌、纓、端、
韠、紳，〔四〕搢笏。〔五〕左右佩用，左佩紛帨、刀、礪、小
觿、金燧，〔六〕右佩玦、捍、管、遰、大觿、木燧。〔七〕
偪，〔八〕屨著綦。〔九〕婦事舅姑，如事父母，雞初鳴，咸盥
漱，櫛、縰、笄、總，衣、紳，左佩紛帨、刀、礪、小
觿、金燧，右佩箴、管、線、纊，〔一〇〕施縏袠，〔一一〕大觿、
木燧，衿纓，〔一二〕綦屨。以適父母舅姑之所。及所，下氣
怡聲，問衣燠寒，〔一三〕疾痛苛癢，〔一四〕而敬抑搔之。出入則
或先或後，而敬扶持之。進盥，少者奉槃，〔一五〕長者奉水，
請沃盥，盥卒，授巾。問所欲而敬進之，柔色以溫之。
饘、酏、酒、醴、芼羹、菽、麥、蕢、稻、黍、粱、秫
唯所欲，〔一六〕棗、栗、飴、蜜以甘之，〔一七〕菫、荁、枌、
榆、免、薧、滫、瀡以滑之，〔一八〕脂膏以膏之，〔一九〕父母舅

姑必嘗之而后退。

【注釋】

〔一〕盥：音灌。　　〔二〕櫛：音至。　縰：音史，同纚。

笄：音基。　總：同緫。　　〔三〕髦：音毛。　　〔四〕緌：

音蕤。　韠：音畢。　　〔五〕搢：音晋。　笏：音互。

〔六〕帨：音稅。　觿：音西。　燧：音碎。　　〔七〕玦：音

決。　捍：音士。　　〔八〕偪：音逼。　　〔九〕屨：音巨。

綦：音其。　　〔一○〕箴：同針。　纊：音曠。

〔一一〕縏：音盤。　袠：音秩。　　〔一二〕衿：音進。

〔一三〕燠：音育。　　〔一四〕苛：音科。通疴。

〔一五〕奉：音諷。下同。　槃：通盤。　　〔一六〕饘：音沾。

酏：音移。　芼：音茂。　賫：音墳。　秫：音贖。

〔一七〕飴：音怡。　　〔一八〕董：音進。　萱：音環。　枌：

音墳。　免：音問。　麛：音考。　槅：音朽。　瀡：音隨。

〔十九〕脂膏以膏之：下“膏”音告。

【譯解】

　　天子命令總理國政的冢宰，頒行德教於萬民：兒子事奉父母，
每天雞叫頭遍的時候，就都起來洗臉，漱口，梳頭，包上髮巾，
插上髮簪，繫上髮帶，安上齊眉的髮飾，戴上冠，頸下結上帶緌
兒的冠纓，穿上黑色的玄端服，繫上皮蔽膝，腰中加上大帶，用
以記事的笏板插進大帶。身上左右佩帶各種生活小用品。左邊佩
的是，拭手擦物的佩巾、小刀、磨石、解小結用的小骨錐、取火
鏡；右邊佩的是，射箭鈎弦時用以保護右拇指的板指、射箭放弦
時用以保護左臂的皮套、筆管、刀鞘、解大結用的大骨錐、鑽木
取火的木燧。綁好護腿，穿上鞋，繫好鞋帶。媳婦事奉公婆，如

同事奉父母，每天雞叫頭遍，就都起來洗臉，漱口，梳頭，裹上髮巾，插上簪子，繫上髮帶，穿好衣服，加上大帶。左邊佩的是佩巾、小刀和磨石、小骨錐、取火鏡，右邊佩的是針和針管、綫和絲絮，四樣東西放在小繡囊中，還有大骨錐、木燧，結繫着香囊，穿上鞋，繫好鞋帶。兒子們、兒媳婦們穿戴整齊去父母公婆的住處，進了房間，柔聲下氣地問寒問暖，老人們身上有什麼痛癢，就恭敬地爲之按摩搔摵。老人們出入走動，兒子、媳婦就或先或後的恭敬扶持。打來洗臉水，年紀輕些的捧着接水槃子，年紀長些的捧着澆水的匜，請老人洗手洗臉，洗完，遞上毛巾。問老人想吃什麼，就恭敬的進上，和顏悦色的來奉承。稠粥、稀粥、酒醴、帶菜的肉湯、豆飯、麥飯、麻仁飯、大米飯、黍米飯、白粱米飯、黏米飯，都根據老人的意思來供應。用紅棗、栗子、飴糖、蜂蜜放在粥飯裏，以求飯食甜些，用新生的或晾乾的菫菜葉、荁菜葉、白榆葉、刺榆葉調和在食物裏，以求飯菜柔滑些，用油脂澆在食物上，以求飯菜滋潤些，一定要伺候父母公婆食用之後才能告退。

男女未冠笄者，〔一〕雞初鳴，咸盥漱，櫛、縰，拂髦，總角，衿纓，皆佩容臭。〔二〕昧爽而朝，〔三〕問何食飲矣。若已食則退，若未食，則佐長者視具。

【注釋】

〔一〕冠：音貫。　　〔二〕臭：音秀。　　〔三〕朝：音潮。

【譯解】

男子二十行加冠禮，女子十五行加笄禮，表示長大成人。未成年的男女，也每天雞叫頭遍的時候，都起床洗臉漱口，梳頭，梳理眉上的劉海兒，頭頂左右各挽起一個小髻，繫上繡囊，都裝有香料。天一亮就朝見父母，問候飲食。如果父母已經吃過早飯，就可告退；如果尚未食用，就幫助兄嫂侍奉飲食。

凡內外，雞初鳴，咸盥漱，衣服，斂枕簟，[一]灑埽室堂及庭，布席，各從其事。孺子蚤寢晏起，[二]唯所欲，食無時。

【注釋】

〔一〕簟：音店。　　〔二〕蚤：通早。

【譯解】

凡家中內外，不論主人和家僕，雞叫頭遍都要起來洗臉漱口，穿好衣服，斂起枕頭竹席，灑掃室中堂上以及庭院，布置坐席，各幹自己該做的家務。只有小孩兒才能早睡晚起，聽隨自便，吃飯也可以沒有定。

由命士以上，父子皆異宮。昧爽而朝，慈以旨甘；日出而退，各從其事；日入而夕，慈以旨甘。

【譯解】

凡受命於朝庭並享有一定儀物待遇的士，叫命士。命士以上的官員都和父親不同住在一個院落中，而各有自己的寢門、庭院和寢室。每天天一亮就去朝見父母，恭敬地進獻滋潤甜美的食物，伺候老人早餐，日出而告退，各人從事各自的公務。日入時，再去朝見父母，進獻滋潤甜美的食物，伺候老人晚餐。

父母、舅姑將坐，奉席請何鄉。[一]將衽，[二]長者奉席請何趾。少者執牀與坐。御者舉几，斂席與簟，縣衾篋

枕，〔三〕斂簟而襡之。〔四〕

【注釋】

〔一〕鄉：通向。　　〔二〕袵：音任。　　〔三〕縣：懸的本字。　篋：音妾。　　〔四〕襡：音獨。

【譯解】

　　父母、公婆將要坐下的時候，做兒子、媳婦的就捧着捲着的坐席，鋪席之前請問朝向何方。父母、公婆將要躺下的時候，兒子、媳婦年長的就捧捲着的臥席，鋪席之前請問脚朝哪邊，年少的就拿起小坐牀讓老人坐下等候。每當老人們坐在坐席上的時候，侍者就雙手拿起小几放在老人身旁，供老人憑依。每天老人們早晨起來的時候，侍者就捲起鋪在下面的蒲席和鋪在上面的竹席，把被子疊好懸掛起來，把枕頭裝在小箱子裏，貼身的竹席捲起後再裝進布套中。

　　父母舅姑之衣、衾、簟、席、枕、几不傳，杖、屨祇敬之，〔一〕勿敢近。敦、牟、卮、匜，〔二〕非餕莫敢用。〔三〕與恒食飲，非餕莫之敢飲食。

【注釋】

〔一〕祇：音之。　　〔二〕敦：音對。　牟：音謀。　卮：音支。　匜：音移。　　〔三〕餕：音郡。

【譯解】

　　父母公婆的衣服、被子、竹席、蒲席、枕頭、靠几，都在一定的地方停放，兒子、媳婦們不能隨意移動，老人們的手杖和鞋子要恭敬的對待，不要隨便接觸。老人們常用的盛飯的敦和牟，盛酒的卮，盛水的匜，只有老人用過飯後，讓兒子、媳婦接着吃，

才可以使用老人的這些器皿，除此之外，是不敢擅自動用的。老
人的日常飲食，除非老人讓兒子、媳婦接着食用，否則是不敢擅
自食用的。

父母在，朝夕恒食，子婦佐餕，既食恒餕。父没母
存，冢子御食，羣子婦佐餕如初。旨甘柔滑，孺子餕。

【譯解】

父母都健在，早晚日常用飯，由兒子、媳婦們伺候老人進食，
老人吃畢，兒子、媳婦們接着吃。父親已經去世而母親健在，就
由嫡長子陪着老母親進食，嫡長婦和其他兒子、媳婦們伺候照料，
母親和嫡長子吃完了，大家才接着吃。父母吃剩下的甜美滋潤的
食品，儘量讓小孩子們接着吃。

在父母、舅姑之所，有命之，應唯敬對，進退周旋
慎齊，〔一〕升降出入揖遊，不敢噦噫、嚏咳、欠伸、跛倚、
睇視，〔二〕不敢唾洟。〔三〕寒不敢襲，癢不敢搔。不有敬事，
不敢袒裼。〔四〕不涉不撅，〔五〕褻衣衾不見裏。〔六〕

【注釋】

〔一〕齊：音摘。　　〔二〕噦：音月。　噫：音愛。　嚏：音
替。　咳：音殼。　跛：音必。　睇：音弟。　　〔三〕洟：音
替。　　〔四〕裼：音西。　　〔五〕撅：音貴。
〔六〕見：現的本字。

【譯解】

在父母、公婆的住所，老人們有什麼吩咐，要細聲的答應，
恭敬的回話。進退轉身都要敬慎端莊，升降堂階，出入室户，都

要俯身行走，不敢乾嘔、打飽嗝、打噴嚏、咳嗽、打哈欠、伸懶腰、單腿支撐站立、倚靠門墻、斜視，不敢吐唾沫、流鼻涕。當着老人們的面，冷了不敢加衣，癢了不敢搔摑。不是特殊的勞務，不敢光膀子、露胳膊。不是涉水就不敢揭起衣裳，貼身的衣服、被子不要將裏子顯露出來。

　　父母唾洟不見。[一]冠帶垢，和灰請漱；衣裳垢，和灰請澣；[二]衣裳綻裂，[三]紉箴請補綴。五日則燂湯請浴，[四]三日具沐。其間面垢，燂潘請靧；[五]足垢，燂湯請洗。少事長，賤事貴，共帥時。

【注釋】

〔一〕見：現的本字。　　〔二〕澣：音緩。　　〔三〕裳：音常。　綻：音站。　　〔四〕燂：音前。　　〔五〕潘：音攀。靧：音會。

【譯解】

　　父母的口水鼻涕不要任其出現於外，須隨手爲之擦拭。老人冠帶衣裳髒了，調和草木灰，請老人家脫下來，爲了洗濯。衣裳開了綫，扯了口子，紉上針，請老人脫下來，爲了縫補。每五天，就燒些熱水請老人洗澡，每三天就準備水請老人洗頭。這期間，見老人臉上髒了，就溫些淘米水請老人洗臉；脚髒了，就燒些熱水請老人洗脚。年輕的事奉年長的，僕妾事奉主子，都應該遵循這樣的規矩。

　　男不言內，女不言外。非祭非喪，不相授器。其相授，則女受以篚。[一]其無篚，則皆坐奠之而后取之。外內不共井，不共湢浴，不通寢席，不通乞假。男女不通衣

裳。内言不出，外言不入。男子入内，不嘯不指，[二]夜行
以燭，無燭則止。女子出門，必擁蔽其面，夜行以燭，
無燭則止。道路，男子由右，女子由左。

【注釋】

〔一〕筐：音匪。　　〔二〕嘯：音赤，通叱。鄭玄云："嘯讀
爲叱。"

【譯解】

男人主外，不過問家庭瑣事；女人操持家務，不過問家外公
事。即使是一家人，男女也要彼此檢點，除了祭事、喪事，男女
不能相互親手遞交器物。必須遞交器物的時候，女人就用竹筐來
接；手邊沒有筐子，就要跪坐把東西放在地上，然後對方跪坐下
來再取。外院和内宅不同用一口井打水，男女不同用一個浴室，
不混着使用寢席，不要互相要東西、借東西。男女衣服不能混着
穿用。閨内的話不傳出門外，外面的話不傳入閨中。男子進入内
宅，要端莊穩重，不要大聲喝斥，不要指指點點；夜裏出行要點
燃燭火，沒有燭火就不要出門。女子出門，必須遮掩着面龐；夜
裏行路要點燃燭火，沒有燭火就不要出門。在道路上也要彼此迴
避，男人由右邊走，女人由左邊走。

　　子婦孝者敬者，父母、舅姑之命勿逆勿怠。若飲食
之，[一]雖不耆，[二]必嘗而待；加之衣服，雖不欲，必服而
待。加之事，人代之，己雖弗欲，姑與之而姑使之，而
后復之。

【注釋】

〔一〕飲食：動詞，音印四。　　〔二〕耆：音士，通嗜。

【譯解】

　　孝敬父母公婆的兒子、媳婦們，父母公婆有什麼吩咐，不要違背，也不要懈怠。老人如果賞賜某種飲食，即使不喜歡吃，也一定要嚐一點，等待老人發話讓自己退下，才再離去。老人賜給衣服，即使不想要，也一定要穿上，等待老人發話讓自己退下，才再走開。老人交給自己辦的事，中間又叫別人代替，自己雖然不願意，也姑且把事交給他，而教他去做，等他做完了，自己再來妥善的料理。

　　子婦有勤勞之事，雖甚愛之，姑縱之，而寧數休之。〔一〕子婦未孝未敬，勿庸疾怨，姑教之。若不可教，而後怒之；不可怒，子放婦出而不表禮焉。

【注釋】

〔一〕 數：音朔。

【譯解】

　　兒子、媳婦做着勤勞辛苦的家務，父母公婆即使心裏挺憐愛、疼惜他們，也姑且任他們去做，而寧可多次叮囑他們休息。兒子、媳婦如果不孝敬，也別表示怨恨，姑且耐心的教導，如果不聽教誨，然後再正色譴責。譴責實在無效，那只得趕出兒子，休出媳婦，但也不向外人公開他們不孝不敬的行爲。

　　父母有過，下氣怡色柔聲以諫。諫若不入，起敬起孝，說則復諫；〔一〕不說，與其得罪於鄉黨州閭，〔二〕寧孰諫。〔三〕父母怒，不說，而撻之流血，〔四〕不敢疾怨，起敬起孝。

【注釋】

〔一〕說：音月，通悅。下同。　　〔二〕閭：音驢。

〔三〕孰：音贖。　　〔四〕撻：音踏。

【譯解】

　　父母有了過錯，做兒女的要低聲下氣和顏悅色的進行規勸。如果老人家不聽規勸，那就要越發恭敬，越發孝順。等老人家心情和悅了，再來勸說。老人家還是不高興採納，與其因父母過錯而得罪鄉里街坊，不如再進行深刻透徹的規勸。父母被惹得惱怒了，將自己鞭打得流血，自己也不敢心生怨恨，對父母更要恭敬孝順。

　　父母有婢子若庶子庶孫，甚愛之，雖父母沒，〔一〕沒身敬之不衰。子有二妾，父母愛一人焉，子愛一人焉，由衣服飲食，由執事，毋敢視父母所愛，雖父母沒不衰。子甚宜其妻，父母不說，出。子不宜其妻，父母曰“是善事我”，子行夫婦之禮焉，沒身不衰。

【注釋】

〔一〕沒：音末。下同。

【譯解】

　　父母對某個賤妾或者庶子庶孫，非常寵愛，即使父母過世，作爲嫡系的兒女也要順承父母的遺願終身敬重他們，感情不稍減弱。兒子有兩個小妾，父母喜愛一個，兒子喜愛另一個，兒子所喜愛的那一個，在衣服、飲食方面，在家務勞動方面，都不敢跟父母所喜愛的那一個相比，即使父母過世後，做兒子的也要順承父母的意願，待遇不敢變更或削減。如果兒子很愛自己的妻子，

而父母不喜歡她，就該休妻。如果兒子不愛自己的妻子，而父母
誇她善於服事我們，當兒子的就得跟她一起過夫妻生活，終身禮
遇不減。

父母雖没，將爲善，思貽父母令名，[一]必果；將爲不
善，思貽父母羞辱，必不果。

【注釋】

〔一〕貽：音移。

【譯解】

父母雖然不在了，當兒子的將要做善事，考慮到會給父母帶
來好名聲，就下定決心去做；將要做不善的事情，考慮到這樣會
給父母留下恥辱，就下定決心不去做。總之，孝子做人做事，首
先要考慮到父母的意願、榮辱。

舅没則姑老，冢婦所祭祀、賓客，每事必請於姑，
介婦請於冢婦。舅姑使冢婦，毋怠、不友無禮於介婦。
舅姑若使介婦，毋敢敵耦於冢婦，不敢並行，不敢並命，
不敢並坐。

【譯解】

公公去世以後，當婆婆的就告老，把她主管的家事傳給長房
媳婦掌管。每逢祭祀和接待賓客的時候，遇有重要事宜，長房兒
媳一定還要向婆婆請示，衆兒媳向長房兒媳請示。公婆讓長房兒
媳辦事，長房兒媳身份雖高，也不要懈怠，不要對妯娌們不友好、
無禮。公婆如果讓某兒媳操辦什麼事，某兒媳也不敢跟長房兒媳
持身份相等的態度，不敢跟她並肩而行，不敢跟她一起吩咐下人，

不敢跟她平起平坐。

　　凡婦，不命適私室不敢退。婦將有事，大小必請於舅姑。子婦無私貨，無私畜，〔一〕無私器，不敢私假，不敢私與。〔二〕婦，或賜之飲食、衣服、布帛、佩帨、茞蘭，〔三〕則受而獻諸舅姑。舅姑受之，則喜，如新受賜；若反賜之，則辭，不得命，如更受賜，藏以待乏。婦若有私親兄弟，將與之，則必復請其故，賜而后與之。

【注釋】

〔一〕畜：音處。　　〔二〕與：音雨。　　〔三〕茞：拆的上聲。

【譯解】

　　凡是當兒媳婦的，公婆不發話讓你回自己居室，就不敢擅自退出。兒媳婦將辦什麼事，大小都必須請示公婆。當兒子的，當兒媳婦的，沒有屬於個人的財貨、牲畜、器具，不敢私自把東西借人，更不敢私自把東西送人。當兒媳婦的，如果有親友贈送她什麼飲食、衣服、布帛、佩巾、香草，她接受之後，就要獻給公婆。公婆接受了，兒媳婦滿心歡喜，其心情如同日前接受親友的饋贈一樣。如果公婆把禮物回賜給兒媳婦，兒媳婦就該謝辭不受；得不到公婆的許可，非接受不可，那就如同更受公婆的賞賜，收藏起來，等待公婆缺乏時再恭敬獻出。兒媳婦要是想送禮物給娘家、親戚、兄弟，就必須先向公婆說明原因，請求允許，公婆將所需東西賜給兒媳婦，兒媳婦再拿去送人。

　　適子、庶子祇事宗子、宗婦。〔一〕雖貴富，不敢以貴富

入宗子之家；雖衆車徒，舍于外，以寡約入。子弟猶歸
器、衣服、裘衾、車馬，則必獻其上，而后敢服用其次
也。若非所獻，則不敢以入於宗子之門，不敢以貴富加
於父兄宗族。若富，則具二牲，獻其賢者於宗子，夫婦
皆齊而宗敬焉，[二]終事而后敢私祭。

【注釋】

〔一〕適：音笛，通嫡。　　袛：音之。　　〔二〕齊：音摘，
通齋。

【譯解】

　　小宗的嫡長子及其弟弟們，都要敬重奉事大宗的嫡長子、嫡
長婦。即使富貴了，也不敢用富貴的排場進入宗子的家裏，不管
你有多少車馬隨從，要停在門外，自己僅帶一二隨從進去拜見。
子弟有被賞賜器物、衣服、裘皮、被子、車輛、馬匹的，那就必
須把其中上等的獻給宗子，然後自己才敢使用次等的。假如某些
器物不適合宗子的身份，非所當獻，就不敢將之帶進宗子的大門，
更不敢依仗富貴而凌駕於父兄宗族之上。小宗子如果家境富裕，
每逢祭祖的時候，那就該準備兩個祭牲，把最好的獻給大宗子，
小宗夫婦都進行齋戒，屆時到大宗廟中去助祭致敬，等大宗祭祀
完畢，才敢回小宗廟裏祭祖或祭禰。

　　飯：黍、稷、稻、粱、白黍、黃粱，稰、穛。[一]膳：
膷、臐、膮、醢、牛炙，[二]醢、牛胾、醢、牛膾，[三]羊
炙、羊胾、醢、豕炙，醢、豕胾、芥醬、魚膾，雉、兔、
鶉、鷃。[四]飲：重醴，[五]稻醴清、糟，黍醴清、糟，粱醴

清、糟。或以酏爲醴。黍酏、漿、水、醷、濫。〔六〕酒：清、白。羞：糗餌粉酏。〔七〕食：蝸醢而苽食、雉羹，麥食、脯羹、雞羹，〔八〕析稌、犬羹、兔羹，〔九〕和糝不蓼。〔一〇〕濡豚包苦實蓼，〔一一〕濡雞醢醬實蓼，濡魚卵醬實蓼，〔一二〕濡鼈醢醬實蓼。腶脩、蚳醢，〔一三〕脯羹、兔醢，麋膚、魚醢，魚膾、芥醬，麋腥、醢醬，桃諸、梅諸、卵鹽。

【注釋】

〔一〕稰：音許。 穛：音捉。 〔二〕薌：音香。 臐：音熏。 膮：音消。 醢：鄭玄云：“衍字也。” 炙：音至。

〔三〕胾：音字。 膾：音快。 〔四〕鶉：音純。 鷃：音硯。 〔五〕重：音蟲。 〔六〕醷：音意。 濫：音覽。

〔七〕糗餌粉酏：鄭玄云：“糗，擣熬穀也，以爲粉餌與餈。此説似脱。周禮羞籩之實，糗餌粉餈，羞豆之實，酏食糝食。此酏當爲餰。” 糗：求的上聲。 酏：鄭玄云：“此酏當爲餰”。 餰：音沾。 〔八〕蝸：音羅，通螺。 苽：音孤。 〔九〕稌：音途。 〔一〇〕和：音賀。 糝：音傘。 蓼：音了。

〔一一〕濡：音而，通胹。 〔一二〕卵：音昆。鄭玄云：“卵讀爲鯤。” 〔一三〕蚳：音池。

【譯解】

　　一般飲食的種類。米飯類有黃黍米飯、糜子米飯、大米飯、白粱米飯、白黍米飯、黃粱米飯六種，六種米都各有未熟透收穫的和熟透收穫的。貴族食禮中的用膳：第一行是牛肉羹、羊肉羹、豬肉羹、烤牛肉；第二行是肉醬、切牛肉、肉醬、牛肉絲兒；第三行是烤羊肉、切羊肉、肉醬、烤豬肉；第四行是肉醬、切豬肉、芥末醬、魚肉絲。以上是下大夫的食禮規格。再加上野雞、野兔、鵪鶉和鷃鳥四種排在第五行，就是上大夫的食禮規格了。飲料：每種醴都有清糟兩樣，不帶糟的是清醴，帶糟的是糟醴。稻米釀造的醴，有經過過濾的清醴，有未經過濾的糟醴；黍米釀造的醴、黃粱米釀造的醴也都各有清糟兩樣。也有熬粥做的甜酒。飲料裏還有黍米稀粥、酸米湯、水、酸梅湯、炒米水飯。酒有清酒和白酒。清酒是冬釀夏成的酒，白酒釀製的時間較清酒短，這白酒和後世的烈性白酒不同。禮中加進一對籩豆所盛的食品是：蒸熟的米面糕外蘸着炒米粉，煮熟的米面餅外蘸着炒豆粉。貴族平常吃的膳食有：蝸牛醬配合着菰米飯、野雞肉羹；麥飯跟乾肉羹、雞肉羹配食；大米飯同狗肉羹、兔肉羹配食；做以上各種肉羹都要調上佐料，勾上芡，而不加蓼菜。煮小猪時，身外包上甘草，肚裏填上蓼菜。煮雞時，攔上醬，填上蓼菜。煮魚時，加上魚子醬，魚肚裏填上蓼菜。煮甲魚時放上醬，填上蓼菜。吃乾肉條要配食蟻子醬，吃肉羹要配食兔肉醬，吃麋鹿肉要配食魚醬，吃魚肉絲要配食芥子醬，吃生麋鹿肉要配食醬，吃桃乾、梅乾要配食大鹽。

　　凡食齊視春時，[一]羹齊視夏時，醬齊視秋時，飲齊視冬時。凡和，[二]春多酸，夏多苦，秋多辛，冬多鹹，調以滑甘。牛宜稌，羊宜黍，豕宜稷，犬宜粱，鴈宜麥，魚宜苽。春宜羔、豚，膳膏薌；[三]夏宜腒、鱐，[四]膳膏臊；秋宜犢、麛，[五]膳膏腥；冬宜鮮、羽，膳膏羶。

【注釋】

〔一〕齊：音劑。下同。　　〔二〕和：音賀。　　〔三〕薌：音香。　　〔四〕腒：音居。　鱐：音蕭。　　〔五〕麛：音迷。

【譯解】

　　享用飲食的溫度，因物而異。飯食比照春天的氣溫，要溫；羹湯比照夏天的氣溫，要熱；醬比照秋天的氣溫，要涼；飲料比照冬天的氣溫，要冷。食品的調味也隨季節而有所側重，春天多用酸味，夏天多用苦味，秋天多用辣味，冬天多用鹹味，都要調上柔滑甜美的滋味。飯食要注意主食和肉食的搭配。牛肉適宜搭配大米飯，羊肉適宜搭配黍米飯，豬肉適宜搭配糜子米飯，狗肉適宜搭配黃粱米飯，鴈肉適宜搭配麥飯，魚肉適宜搭配菰米飯。春季適宜吃羊羔、小豬，用牛油烹調，取其香味；夏季適宜吃乾雉、乾魚，用狗油烹調，取其臊味；秋季適宜吃牛犢、小鹿，用雞油烹調，取其腥味；冬季適宜吃鮮魚、大鴈，用羊油烹調，取其羶味。

　　牛脩、鹿脯、田豕脯、麋脯、麕脯；〔一〕麋、鹿、田豕、麕，皆有軒；〔二〕雉、兔，皆有芼。爵、鷃、蜩、范、芝栭、菱、椇、棗、栗、榛、柿、瓜、桃、李、梅、杏、柤、棃、薑、桂。〔三〕

【注釋】

〔一〕麕：音軍。　　〔二〕軒：音憲。　　　〔三〕爵：音確，通雀。　蜩：音條。　栭：音而。　菱：同菱。　椇：音舉。柿：音士，柿的本字。　柤：音渣。

【譯解】

　　國君平時食用的美味有：乾牛肉條、鹿肉乾、野豬肉乾、麋鹿肉乾、獐子肉乾。麋鹿、鹿、野豬、獐子的鮮肉，都可以切成薄片食用。野雞、野兔做的肉羹，都加上芼菜。此外還有雀、鷃、蟬、蜂、芝栭、菱角、枳椇、棗、栗子、榛子、柿子、瓜、桃、李子、梅、杏、酸梨、甜梨、薑、桂花。

大夫燕食，有膾無脯，有脯無膾。士不貳羹胾。庶人耆老不徒食。[一]

【注釋】

〔一〕耆：音其。

【譯解】

大夫平時用餐，有肉絲就沒有乾肉，有乾肉就沒有肉絲。士平時用餐，能吃肉羹、肉塊，但不能同時並設。平民年滿六十，每頓飯都要有肉，不能光吃主食和素菜。

膾，春用蔥，秋用芥。豚，春用韭，秋用蓼。脂用蔥，膏用薤。[一]三牲用藙，[二]和用醯，[三]獸用梅。鶉羹、雞羹、鴽，[四]釀之蓼。魴、鱮烝，[五]雛燒，雉薌，無蓼。

【注釋】

〔一〕薤：音謝。　　〔二〕藙：音毅。　　〔三〕和：音賀。醯：音西。　　〔四〕鶉：音純。　鴽：音如。　　〔五〕魴：音房。　鱮：音許。

【譯解】

做肉絲，春天用蔥搭配，秋天用芥末醬搭配。烹小豬，春天用韭菜搭配，秋天用蓼菜搭配。凝固的脂肪用蔥做佐料，液化的油膏用薤頭做佐料。烹煮牛、羊、豕三牲要配上食茱萸，調上醋，烹煮其他獸肉要用酸梅調味。鵪鶉羹、雞羹、蒸鴽鳥都要攙雜上蓼菜。蒸鯿魚、鰱魚，燒烤雛鳥、野雞，要撒上香料，都用不着蓼菜。

不食雛鼈。狼去腸，狗去腎，狸去正脊，兔去尻，^[一]狐去首，豚去腦，魚去乙，鼈去醜。

【注釋】

〔一〕尻：考的陰平聲。

【譯解】

有些動物或有些動物的器官不能食用。不要吃小甲魚。狼要去掉腸子，狗要去掉腎，狸要去掉脊骨，兔子要去掉臀部，狐要去掉頭，小豬要去掉腦子，魚要去掉頰骨，鼈要去掉肛門。

肉曰脫之，魚曰作之，棗曰新之，栗曰撰之，桃曰膽之，柤、梨曰攢之。^[一]

【注釋】

〔一〕攢：音鑽。

【譯解】

收拾各種食物都有專用的動詞，剔除牲肉的筋骨叫"脫"，刮去魚鱗叫"作"，弄淨棗上的塵土叫"新"，篩選好栗子叫"撰"，擦掉桃上的茸毛叫"膽"，挑出帶蟲孔的梨子叫"攢"。

牛夜鳴則庮；^[一]羊泠毛而毳，^[二]羶；狗赤股而躁，臊；鳥麜色而沙鳴，^[三]鬱；^[四]豕望視而交睫，^[五]腥；^[六]馬黑脊而般臂，漏。^[七]雛尾不盈握，弗食。舒鴈翠，鵠、鴞胖，〔八〕舒鴈翠，〔九〕雞肝，鴈腎，鴰奧，〔一〇〕鹿胃。

【注釋】

〔一〕腐：音由。　　〔二〕泠：音零。　毳：音翠。

〔三〕臕：票的上聲。　　〔四〕鬱：音育。　　〔五〕睫：音捷。　　〔六〕腥：鄭玄云："腥當爲星，聲之誤也。"

〔七〕漏：音樓。鄭玄云："漏當爲螻。"　　〔八〕鵠：音胡。

鴞：音消。　胖：音判。　　〔九〕鴈：音浮。

〔一〇〕鴰：音保。　奧：音育。

【譯解】

　　發現家畜有下列情況，就不宜宰殺食用。牛在夜裏鳴叫，它的肉準有股子惡臭味；羊的毛稀稀零零而糾纏聚結，它的肉味一定特羶；狗腿裏側沒毛、發紅而表現急躁，它的肉一定特臊；鳥的毛色暗淡沒有光澤，而叫聲沙啞，它的肉一定有股子腐朽的臭味；豬總呆望遠處而睫毛相交，它的肉裏一定有星星點點的小疙瘩，肉有怪味不能吃；馬的脊背發黑，前腿又有雜色斑點，它的肉準有股子螻蛄般的臭味。尾毛還不滿把的小鳥不要食用。還有些禽獸的器官也不能吃，像鵝的尾部肉，天鵝、貓頭鷹的兩肋薄肉，野鴨子的尾部肉，雞肝，鴈腎，地鴰的脾，鹿胃。

　　肉腥，細者爲膾，大者爲軒。〔一〕或曰：麋、鹿、魚爲菹，〔二〕麕爲辟雞，〔三〕野豕爲軒，兔爲宛脾，〔四〕切葱若薤，〔五〕實諸醢以柔之。

【注釋】

〔一〕軒：音憲。下同。　　〔二〕菹：音租。　　〔三〕麕：音軍。　辟：音必。　　〔四〕宛：音晚。　　〔五〕薤：音謝。　　〔六〕醯：音西。

【譯解】

各種鮮肉，切成絲的叫膾，切成片的叫軒。也有這種説法：麋鹿、鹿、魚等肉都該切成大片，獐子肉則該細切成絲，野猪肉該切成片，兔肉則該細切成絲，再切上葱或者薤白，分別放在醋裏來浸透去腥。

羹食，自諸侯以下至於庶人，無等。

【譯解】

菜湯和飯食，從諸侯到平民百姓都食用，不論貴賤等級。

大夫無秩膳，大夫七十而有閣。天子之閣，左達五，右達五。公侯伯於房中五，大夫於閣三，士於坫一。〔一〕

【注釋】

〔一〕坫：音店。

【譯解】

五六十歲的大夫没有常備美食，七十歲的大夫才開始置備專供存放美食的櫃櫥。天子的食櫥，在寢室的左夾室裏有五個，右夾室裏有五個；公爵、侯爵、伯爵的食櫥，均爲五個，放在寢室旁的房中；七十歲的大夫有三個食櫥；上歲數的士只在室中築個土臺放置食物。

凡養老，<u>有虞氏</u>以燕禮，<u>夏后氏</u>以饗禮，殷人以食禮，〔一〕周人脩而兼用之。〔二〕凡五十養於鄉，六十養於國，七十養於學，達於諸侯。八十拜君命，一坐再至，瞽亦如之；九十者使人受。五十異粻，〔三〕六十宿肉，七十貳膳，八十常珍，九十飲食不違寢，膳飲從于遊可也。六十歲制，七十時制，八十月制，九十日脩，唯絞、紟、衾、冒，〔四〕死而后制。五十始衰，六十非肉不飽，七十非帛不煖，八十非人不煖，九十雖得人不煖矣。五十杖於家，六十杖於鄉，七十杖於國，八十杖於朝，九十者，天子欲有問焉，則就其室，以珍從。七十不俟朝，八十月告存，九十日有秩。五十不從力政，六十不與服戎，〔五〕七十不與賓客之事，八十齊喪之事弗及也。〔六〕五十而爵，六十不親學，七十致政。凡自七十以上，唯衰麻爲喪。〔七〕

【注釋】

〔一〕食：音寺。　　〔二〕脩：蓋“循”字之形訛。

〔三〕粻：音張。　　〔四〕絞：音消。　紟：音今。

〔五〕與：音預。　　〔六〕齊：音摘，通齋。

〔七〕衰：音崔。

【譯解】

凡人君養老之禮，各朝方式略有不同。<u>虞代</u>用在正寢中舉行酒會的形式——燕禮，<u>夏代</u>用在朝中舉行隆重酒會的形式——饗禮，<u>殷代</u>用以食爲主的宴會形式——食禮，<u>周代</u>遵循三代禮節，而分別用於不同季節。人到了五十歲就有資格在鄉中參加養老禮，六十歲在國中參加養老禮，七十歲在大學裏參加養老禮。這項禮規，自天子通於諸侯，都適用。人到了八十歲，如果國君派人來饋送慰問，跪拜一次就行了，盲人也是這樣。九十歲的人，無須親自接待君使，使人代替接受就行了。五十歲以上的人可以自己吃些細糧，六十歲以上的人可以常預備些肉食，七十歲以上的人可以吃兩樣好菜，八十歲的人可以常吃些珍貴美食，九十歲的人飲食可以不離開寢室，偶爾出門散逛，從人携帶飲食隨時供奉。人到六十歲，應該着手準備一年内才能做好的喪具，七十歲應該着手置備一季内能够製成的喪具，八十歲應該着手置備一個月内可以製成的喪具，九十歲應該爲他隨時修整加工已經準備的喪具。只有入斂時包裹尸體用的束帶、單被、囊袋，不要預先做好，人死了再來縫製。人到了五十歲開始衰老，六十歲的人不吃點兒肉就覺得不飽，七十歲的人不穿絲綿就覺得不暖和，八十歲的人没人伴睡就不暖和，到了九十歲，即使有人伴睡，也感不到温暖了。五十歲的人可以在家裏拄拐杖，六十歲的人可以在鄉裏拄拐杖，七十歲的人可以在國都裏拄拐杖，八十歲的人可以在朝廷裏拄拐杖；九十歲的人，天子有事打算請教他，就該到他家去，帶着珍貴食品。朝廷官員到了七十歲，早朝見君後就退下，不等議事完畢；八十歲的退休官員，天子每月派人問候；九十歲的退休官員，天子每天派人饋送食品。人到五十歲就不服力役了，六十歲就不服兵役了，七十歲就不參加接待賓客的事了，八十歲的人，齋戒、喪事也就不參與了。官員到了五十歲，有才德的，能够得到大夫爵位；六十歲了，就不要到學校當學生去了；到了七十歲，就該移交工作退休了，近親死了，穿上該穿的衰麻喪服就是了，喪期中其他飲食居處的禮規就無須照行了。

　　凡三王養老，皆引年。八十者一子不從政，九十者其家不從政，瞽亦如之。凡父母在，子雖老不坐。<u>有虞氏</u>養國老於上庠，〔一〕養庶老於下庠；<u>夏后氏</u>養國老於東序，養庶老於西序；殷人養國老於右學，養庶老於左學；周人養國老於東膠，養庶老於虞庠，虞庠在國之西郊。有虞氏皇而祭，深衣而養老；夏后氏收而祭，燕衣而養老；殷人冔而祭，〔二〕縞衣而養老；〔三〕周人冕而祭，玄衣而養老。

【注釋】

〔一〕庠：音祥。　　〔二〕冔：音須。　　〔三〕縞：音稿。

【譯解】

　　夏殷周三代舉行的養老禮會，與會老人，在年齡、品德方面，都是經過選擇，符合標準的。八十歲的老人，可以有一個兒子不應國家力役徵召，免服力役。九十歲的老人，他全家人都可以不應徵召，照看老人。對盲人也是這樣優待。凡是有父母在堂的家庭，當兒子的即使老邁年高，也不敢陪坐，只能站立陪侍。虞代在其大學——上庠裏舉行敬養國家退休老人的禮會，在其小學——下庠舉行敬養民間高齡老人的禮會。夏代在其大學——東序舉行敬養國家退休老人的禮會，在其小學——西序舉行敬養民間高齡老人的禮會。殷代在其大學——右學舉行敬養國家退休老人的禮會，在其小學——左學舉行敬養民間高齡老人的禮會。周代在其大學——東膠舉行敬養國家退休老人的禮會，在其小學——虞庠舉行敬養民間高齡老人的禮會。虞庠在國都的西郊。虞代戴着畫有羽毛圖案的冠冕進行祭祀，穿着衣裳相連的深衣舉行敬老禮會。夏代戴着名稱叫"收"的冠進行祭祀，穿着家居便服舉行養老禮會。殷代戴着名稱叫"冔"的冠進行祭祀，穿着白色的衣服舉行養老禮會。周代戴着冠冕進行祭祀，穿着淺黑色的禮服舉行養老禮會。

曾子曰：“孝子之養老也，樂其心，不違其志，樂其耳目，安其寢處，以其飲食忠養之，孝子之身終。終身也者，非終父母之身，終其身也。是故父母之所愛亦愛之，父母之所敬亦敬之。至於犬馬盡然，而況於人乎！”

【譯解】

曾子說：“孝子奉養父母，要使老人家心裏快樂，不違背他們的意志，讓老人聽好聽的，看好看的，起居安適，用飲食忠誠奉養，直到孝子身終。所謂終身，不是指終止於父母的一生，而是終止於孝子本身的一生。所以父母所愛的，孝子也要愛，父母所敬的，孝子也要敬。連對父母寵愛的狗、馬都是如此，更何況對人呢！”

凡養老，五帝憲，三王有乞言。[一]五帝憲，養氣體而不乞言，有善，則記之爲惇史。[二]三王亦憲，既養老而后乞言，亦微其禮，皆有惇史。

【注釋】

〔一〕有：鄭玄云：“有讀爲又。”　　　〔二〕惇：音蹲。

【譯解】

古代帝王舉行養老禮，五帝時代只是注意效法老人的德行而已，三王時代在禮中又增有向老人乞求善言一節。五帝效法老人德行，用意在敬養老人精神身體，而不主動向老人乞求善言，老人們有什麼好的言行，就記下來，成爲嘉言懿行錄。三王也效法老人德行，既舉行盛禮進行敬養，之後又請老人陳説修身治國的道理，不過，乞言之禮從容委婉，不要讓老人產生精神負擔。老人們説的話，也都要記下來，成爲嘉言懿行錄。

淳熬：〔一〕煎醢加于陸稻上，沃之以膏，曰淳熬。淳毋：〔二〕煎醢加于黍食上，沃之以膏，曰淳毋。

【注釋】

〔一〕淳：音諄。下同。　　〔二〕毋：音模。鄭玄云："毋讀曰模。"下同。

【譯解】

淳熬：熬肉醬，放在陸生稻米所做的飯上，上面再澆上油，這種食物叫做淳熬。淳毋：熬肉醬，放在黍米飯上，再澆上油，這種食物叫做淳毋。

炮：〔一〕取豚若將，〔二〕刲之刳之，〔三〕實棗於其腹中，編萑以苴之，〔四〕塗之以謹塗，〔五〕炮之。塗皆乾，擘之，〔六〕濯手以摩之，去其皽。〔七〕爲稻粉，糔溲之以爲酏，〔八〕以付豚，煎諸膏，膏必滅之。鉅鑊湯，〔九〕以小鼎薌脯於其中，使其湯毋滅鼎，三日三夜毋絕火，而后調之以醯醢。

【注釋】

〔一〕炮：音包。　　〔二〕將：鄭玄云："將當爲牂。"牂音臟。
〔三〕刲：音魁。　刳：音哭。　　〔四〕萑：音環。　苴：音居。　　〔五〕謹：音勁。鄭玄云："謹當爲墐，聲之誤也。"
〔六〕擘：音簸，去聲。　　〔七〕皽：音招。　　〔八〕糔：音朽。　溲：音叟。　酏：音移。　　〔九〕鉅：音巨。　鑊：音獲。

【譯解】

炮的做法是：取來小猪或者小公羊，剖開胸腹，挖出內臟，把紅棗填在腹中，編蘆葦把它包起來，外面塗上黏土，然後用火燒烤。泥土乾透了，把乾泥剝下來。洗乾淨手再揉莎肉身，去掉皮肉上的薄膜。做稻米粉,加水調和成麵糊,塗在烤熟的小猪身上,放進油鼎中炸一下,鼎中的油一定要漫過小猪全身。再用大鍋燒開水,把盛着小猪或小公羊香肉的小鼎放在大鍋裏,別讓開水漫進鼎中。三天三夜別停火,肉就爛透了。最後調上醋和醬,就能吃了。

搗珍:取牛、羊、麋、鹿、麕之肉,必脄,[一]每物與牛若一,捶反側之,去其餌。孰,[二]出之,去其皽,柔其肉。

【注釋】

〔一〕脄:音梅。　〔二〕孰:熟的本字。

【譯解】

搗珍的做法是:取來牛肉和羊、麋鹿、鹿、獐子的肉,一定都要脊骨兩側的肉,每種肉都跟牛肉一樣多少,一起反復捶搗,摘除肉筋。煮熟了,撈出來,去掉皮膜,再加上調料,味兒就柔美好吃了。

漬:[一]取牛肉,必新殺者,薄切之,必絶其理,湛諸美酒,[二]期朝而食之以醢,[三]若醯、醷。[四]

【注釋】

〔一〕漬:音子。　〔二〕湛:音監。　〔三〕期:音基,同朞。　朝:音招。　〔四〕醷:音意。

【譯解】

漬的做法:選取牛肉,一定要新宰殺的,切成薄片,一定要橫斷肌肉的文理。放在美酒裏,浸泡一天一夜就可以吃了,蘸着醬或者米醋、梅醬。

　　爲熬：捶之，去其皽，編萑，布牛肉焉。屑桂與薑，[一]以洒諸上而鹽之，乾而食之。施羊亦如之。施麋、施鹿、施麕皆如牛羊。欲濡肉，則釋而煎之以醢；欲乾肉，則捶而食之。

【注釋】

〔一〕屑：音謝。

【譯解】

　　熬的做法：把牛肉捶擣一番，去掉薄膜，用萑葦編成箅子，布放牛肉，碾碎桂皮與乾薑，灑在肉上，再加上鹽，晾乾了就能食用。用羊肉也是這樣做，用麋鹿肉、鹿肉、獐子肉，都是這樣做。願意吃濡肉，就加水泡軟，加醬煎着吃；願意吃乾肉，捶擣一番就能吃了。

　　糝：[一]取牛、羊、豕之肉，三如一，小切之，與稻米，稻米二，肉一，合以爲餌，煎之。

【注釋】

〔一〕糝：音傘。

【譯解】

　　糝食的做法：選取牛肉、羊肉、豬肉，三種肉分量相同，剁碎，攙上大米粉，大米粉和肉的比例是二比一，攪拌後，做成一個個的小餅，煎着吃。

肝膋：〔一〕取狗肝一，幪之以其膋，〔二〕濡炙之，舉燋其膋，〔三〕不蓼。

【注釋】

〔一〕膋：音勞。　　〔二〕幪：音蒙。　　〔三〕燋：音焦。

【譯解】

　　肝膋的做法：取狗肝一個，外面蒙上一層狗腸油，用這層油滋潤着肝，舉在火上燒烤，把這狗腸子油燒光烤盡，肝也熟了，吃的時候不要加蓼菜。

取稻米，舉糔溲之，小切狼臅膏，〔一〕以與稻米爲酏。〔二〕

【注釋】

〔一〕臅：音觸。　　〔二〕酏：鄭玄云：“此酏當從餰。”餰音沾。

【譯解】

　　用大米粉調成麵糊，碎切家畜胸腔脂肪，拌合在大米糊裏，燒成稠粥。這就是酏食。

禮始於謹夫婦。爲宮室，辨外內，男子居外，女子居內。深宮固門，閽寺守之，〔一〕男不入，女不出。

【注釋】

〔一〕閽：音昏。

【譯解】

　　禮，開始於嚴謹的夫妻關係。建造宮室，明辨內外。男子居外，女子居內。庭院深嚴，門閽牢固，各有門人和內侍把守，男人不得隨便進入，女人不得隨便外出。

男女不同椸枷。〔一〕不敢縣於夫之楎椸，〔二〕不敢藏於夫
之篋笥，〔三〕不敢共湢浴。夫不在，斂枕篋，簟席襡器而藏
之。〔四〕少事長，賤事貴，咸如之。

【注釋】

〔一〕椸：音移。　　枷：音嫁，通架。下同。　　〔二〕縣：
懸的本字。　楎：音輝。　〔三〕篋：音竊。　笥：音寺。
〔四〕襡：音獨。

【譯解】

男女不許同用一個衣架。妻子不敢把自己的衣服懸掛在丈夫
的衣架上，不敢把自己的衣物藏放在丈夫竹箱中，不敢和丈夫共
用一間浴室。丈夫不在家，把他的枕頭放在枕匣裏，把他的竹席
捲好裝在席套裏，都收藏起來。年少的事奉年長的，低賤的事奉
尊貴的，都該這樣。

夫婦之禮，唯及七十，同藏無間。〔一〕故妾雖老，年未
滿五十，必與五日之御。〔二〕將御者，齊，〔三〕漱，澣，慎衣
服，櫛，縰，笄，總角，〔四〕拂髦，衿纓，綦屨。雖婢妾，
衣服飲食必後長者。妻不在，妾御莫敢當夕。

【注釋】

〔一〕間：音劍。　　〔二〕與：音預。　　〔三〕齊：通齋。
〔四〕角：鄭玄云："角，衍字也。"

【譯解】

根據夫妻的禮規，丈夫不能總在妻子的房間安歇，只有到了七十歲的時候，才可以經常同居共寢，沒有間斷。所以姬妾即使年紀已老，只要未滿五十歲，就有生育的可能，也一定要每隔五天按時與丈夫過夜。將要陪伴丈夫過夜的妻妾，先要清心静志，洗漱乾净，小心的换好裏外衣服，梳頭，纏上髮巾，插上髮簪，繫上髮帶，安上齊眉髮飾，結上香囊，穿上鞋，繫好鞋帶。即使年輕的婢妾，衣服和飲食一定要比年長的次一些。正妻不在家，趕上該正妻陪宿的日子，姬妾們不敢去陪伴丈夫過夜。

妻將生子，及月辰，居側室。夫使人日再問之，作而自問之。妻不敢見，使姆衣服而對。至于子生，夫復使人日再問之。夫齊，[一]則不入側室之門。子生，男子設弧於門左，女子設帨於門右。三日，始負子，男射，女否。

【注釋】

〔一〕齊：音摘，通齋。

【譯解】

妻子將要生孩子，到了臨産的月份，就遷出燕寢，住在側院房間。丈夫派人每天問候兩回；得知妻子胎動，丈夫就親自去問候。妻子不敢出見，使女師穿戴整齊出來答話。及至孩子出生，丈夫又派人每天問候兩次。如果丈夫爲了祭祀而在正寢齋戒，就不再進側室之門了。孩子降生了，要是男孩兒，就在門左邊掛一張木弓，木弓是男人打獵、打仗的武器；要是女孩兒，就在門右懸掛一條佩巾，佩巾是女人事奉男人的物件。人們一看就知道生的是男是女了。過三天，開始抱小孩出房門，生的是男孩兒還要行射禮，生的是女孩兒就不行什麼禮了。

國君世子生，告于君。接以大牢，〔一〕宰掌具。三日，卜士負之。吉者宿齊，〔二〕朝服寢門外，詩負之。射人以桑弧、蓬矢六射天地四方，〔三〕保受，乃負之。宰醴負子，〔四〕賜之束帛。卜士之妻、大夫之妾，使食子。〔五〕

【注釋】

〔一〕大：通太。　　　〔二〕齊：通齋。　　　〔三〕蓬：音朋。
〔四〕醴：鄭玄云：“醴當爲禮。”　　　〔五〕食：音寺。

【譯解】

國君的嫡長子降生了，報告國君。國君用牛羊豕三牲具備的重禮迎接世子的誕生，由膳宰親自掌管禮饌的供應。降生第三天，通過龜卜選擇一位朝士來抱世子。被認爲吉利的那位朝士，經過齋戒後，穿上朝服恭候在寢門外面。雙手承接世子，讓他小臉朝外的抱在懷中。掌管朝庭射事、射儀的官員——射人，用桑木弓和六只蓬蒿所做的箭，射向天地四方，表示世子將來能上事天，下事地，旁禦四方之難。射畢，保姆才從朝士手中接過世子，抱在懷中。膳宰用醴酒酬勞那位朝士，並代表國君賞賜他五匹一綑兒的絲帛。然後通過龜卜從士妻、大夫妾中選擇一位吉利的人，做世子的乳母。

凡接子擇日，冢子則大牢，庶人特豚，士特豕，大夫少牢，國君世子大牢。其非冢子，則皆降一等。

【譯解】

凡是行禮迎接新降生的兒子，要選擇頭三天内的吉日舉行。國君的嫡長子，就用牛羊豕三牲具備的太牢禮。迎子禮用牲，視階級而異：庶民的嫡長子就用一頭小猪，士的嫡長子就用一頭大猪，大夫的嫡長子就用少牢即一羊一猪，國君的嫡長子用太牢。如果生的兒子不是嫡長子，不管生的是嫡子還是庶子，各階級用牲都要降一等：天子、諸侯的兒子用少牢，大夫的兒子用頭猪，士的兒子用頭小猪。

異爲孺子室於宫中，擇於諸母與可者，必求其寬裕、慈惠、温良、恭敬、慎而寡言者，使爲子師，其次爲慈母，其次爲保母，皆居子室。他人無事不往。

【譯解】

世子誕生後，國君特爲他在宫中騰出一處房屋，從孩子的庶母們和宫内其他婦女中，選擇够格的照看他，必定要選求爲人寬裕、慈惠、温良、恭敬、謹慎而寡言少語的人，最好的讓她做孩子的師傅，其次做慈母，再其次的做保母，都讓她們跟孩子住在一起。其他的人没事不許前往世子住處。

三月之末，擇日翦髮爲鬌，[一]男角女羈，[二]否則男左女右。是日也，妻以子見於父，貴人則爲衣服，由命士以下皆漱澣。男女夙興，沐浴，衣服，具視朔食。夫入門，升自阼階，立於阼，西鄉。[三]妻抱子出自房，當楣立，東面。姆先，相曰：[四]"母某敢用時日祗見孺子。"〔五〕夫對曰："欽有帥。"父執子之右手，咳而名之。〔六〕妻對曰："記有成。"遂左還授師子。〔七〕師辯告諸婦諸母名。〔八〕妻遂適寢。夫告宰名。宰辯告諸男名，書曰某年某月某日某生，而藏之。宰告閭史。〔九〕閭史書爲二，其一藏諸閭府，其一獻諸州史。州史獻諸州伯，州伯命藏諸州府。夫入，食如養禮。

【注釋】

〔一〕翦：同剪。　鬌：音朵。　　　〔二〕角：音決。　羈：音基。　　〔三〕鄉：通向。　　　〔四〕相：音象。

〔五〕祗：音之。　見：現的本字。　　　〔六〕咳：音孩。

〔七〕還：同旋。　　〔八〕辯：通徧。　　〔九〕閭：音驢。

【譯解】

　　小孩出生將滿三個月，選個吉日爲孩子理髮，留下一部分胎髮，男孩留下頭頂兩旁的頭髮，好象牛角，女孩頭頂上縱橫各留一條頭髮，十字相交。不然就男孩在頭頂左邊留一塊，女孩在頭頂右邊留一塊。就在這天，妻子抱着孩子出見孩子的父親。男人是身居卿大夫的貴人，夫妻就都穿上新製的衣服；男人是國君正式任命的士，或職位更低的人，夫妻就都穿上洗滌乾净的衣服。家中男女們早晨起來，沐浴後穿好衣服，準備參加見子禮。準備給夫妻今天共同進餐的食物，與他們每月初一的膳食水準相同。丈夫進入正寢之門，從東階升上堂來，站在南當阼階的主位上，面向西；妻子抱着嬰兒從房中出來，站在堂上南當西階、上當二梁的地方，面向東。保姆站在妻子的右前側，助她致辭説："孩子的母親某氏，謹以吉日良辰恭敬地出示孩兒。"丈夫回答説："要教他敬循善道。"父親握住孩兒的右手，用食指輕搔孩子的下巴，從而爲他命名。妻子對答說："謹記夫君的話，一定教他健康成長。"妻子於是由左向右轉身，把嬰兒交給女師，女師就把嬰兒的名字遍告同族晚輩婦女、長輩婦女。妻子於是離開側室返回燕寢。丈夫將孩兒的名字告訴家宰，家宰又遍告家族中的男人，同時將孩子降生的年月日登記在簡策上，收藏起來。家宰將孩兒的姓名、生日告訴閭里中的辦事員——閭史。閭史將此事寫成一式兩份，一份藏在閭里府中，一份呈交給所在州的辦事員——州史，州史又向本州長官州伯報告，州伯命令將這項户口登記藏在州府之中。丈夫行禮後也回到燕寢，與妻子一起進食，如同平時夫妻共餐的常禮一樣。

　　世子生，則君沐浴，朝服，夫人亦如之，皆立于阼階，西鄉。世婦抱子，升自西階；君名之，乃降。適子、庶子見於外寢，〔一〕撫其首，咳而名之，禮帥初，無辭。

【注釋】

〔一〕適：音笛，通嫡。

【譯解】

　　國君的世子降生三月，選擇吉日爲他剪髮、命名。那天國君沐浴後穿上朝服，夫人也沐浴後穿上禮服，都來到正寢，站立在堂上南當東階的主位上，面向西。世婦抱着世子，自西階升上堂來，面向東。國君爲世子命名後，就降堂回去。除世子外，世子的同母弟弟或者庶母的兒子降生三個月，國君就在外寢接見，撫摸孩子頭頂，手指輕搔着孩子的下巴而命名。禮節和接見世子差不多，不過，没有"欽有帥"、"記有成"叮囑對答之辭。

　　凡名子，不以日月，不以國，不以隱疾。大夫士之子，不敢與世子同名。

【譯解】

　　凡是給孩子命名，不用日月等字命名，不用國家名稱命名，不用身上的缺陷、毛病命名。大夫、士的兒子不敢與世子取相同的名字。

　　妾將生子，及月辰，夫使人日一問之。子生三月之末，漱澣，夙齊，[一]見於內寢，禮之如始入室。君已食，徹焉，使之特餕，[二]遂入御。

【注釋】

〔一〕齊：通齋。　　　〔二〕餕：音郡。

【譯解】

　　妾將生孩子，到了臨產期，夫君每天派人問候一次。孩子降生將滿三個月，妾洗漱乾净，早上齋戒。然後抱着嬰兒，與夫君在內寢相見，夫君禮待她就象她初來嫁時那樣。夫君與嫡妻共同用飯後，撤下來，讓這位生子之妾獨自食用其餘，於是當晚她就陪伴夫君過夜。

　　公庶子生，就側室。三月之末，其母沐浴、朝服見於君，擯者以其子見。[一]君所有賜，君名之。衆子，則使有司名之。

【注釋】

〔一〕擯：音鬢，通儐。

【譯解】

　　國君之妾生小孩，也要到側室去降生。將滿三個月，嬰兒的母親沐浴後穿上朝服拜見國君，保姆抱着她的嬰兒一起出見。如果國君對此妾寵幸，有所恩賜，就親自爲她生的嬰孩命名。一般賤妾生的孩子，就讓主管官員爲之命名。

　　庶人無側室者，及月辰，夫出居羣室。其問之也，與子見父之禮，無以異也。

【譯解】

　　一般平民家中沒有側室的，及至妻子臨産月份，丈夫就搬出寢室，另住別的什麼房屋。至於做丈夫的問候妻子以及子生三月父子相見之禮，就跟士大夫沒有什麼不同了。

　　凡父在，孫見於祖，祖亦名之，禮如子見父，無辭。

【譯解】

　　如果丈夫的父親健在，他是一家之主，降生三個月的孫子必要先見祖父，由祖父爲孫兒命名，禮儀略如子見父，就是沒有叮囑對答之辭。

　　食子者三年而出，〔一〕見於公宮，則劬。〔二〕大夫之子有食母，士之妻自養其子。

【注釋】

〔一〕食：音寺。　　〔二〕劬：音渠。

【譯解】

　　國君選擇士之妻或大夫之妾作爲乳母喂養國君之子，喂養三

年而出宫回家，临行时，国君在公宫接见，予以慰劳赏赐。大夫
的儿子也有乳母，士之妻地位比较低贱，要自己喂养孩子。

　　由命士以上及大夫之子，旬而见。冢子未食而见，
必执其右手；适子、庶子已食而见，[一]必循其首。

【注释】

〔一〕适：音笛，通嫡。

【译解】

　　从命士到大夫之子，父子行相见礼后，每隔十天见面一次。
嫡长子即使在吃奶期，相见时，父亲也一定要握住他的右手；嫡
子、庶子即使已经断奶，能够吃饭了，相见时，父亲也一定要抚
摩他的头顶。握住嫡长子右手，意味着他将是家业、宗权的继承
人；抚摩众子的头顶，就不过是慈爱的表示罢了。

　　子能食食，教以右手；能言，男唯女俞。男鞶革，[一]
女鞶丝。

【注释】

〔一〕鞶：音盘。

【译解】

　　孩子能够吃饭了，就教他用右手取食。孩子能够学说话了，
就教给他们回答大人的叮嘱、教导时，男孩要答"唯"，唯是恭
敬的应声；女孩要答"俞"，俞是婉顺的应声。身上的佩囊，男
孩用的是皮制的，女孩用的是丝织的。皮质坚韧，武事所需；丝
质柔韧，女红所用。

六年，教之數與方名。七年，男女不同席，不共食。八年，出入門戶及即席飲食，必後長者，始教之讓。九年，教之數日。〔一〕十年，出就外傅，居宿於外，學書計，衣不帛襦袴，〔二〕禮帥初，朝夕學幼儀，請肄簡諒。十有三年，學樂，誦詩，舞勺。〔三〕成童，舞象，學射御。二十而冠，始學禮，可以衣裘帛，舞大夏，惇行孝弟，博學不教，內而不出。三十而有室，始理男事，博學無方，孫友視志。〔四〕四十始仕，方物出謀發慮，道合則服從，不可則去。五十命爲大夫，服官政。七十致事。凡男拜，尚左手。

【注釋】

〔一〕數：音暑。　　〔二〕襦：音儒。　袴：音庫。

〔三〕勺：音卓。　　〔四〕孫：音訓，通遜。

【譯解】

孩子到了六歲，要教他們數目和方向名稱。到了七歲，男孩女孩不同席共坐，不在一起進食。到了八歲，教導他們出入門戶和入席飲食，必須在長者之後，開始教他們謙恭禮讓。到了九歲，教給他們數日子，懂得初一十五，明白天干地支。以上都是家中女師教的。到了十歲，男孩女孩學習的內容就不同了。男孩到了十歲，就出外就學，在外面居住，跟老師學習文字和計算。衣著儉樸，不穿絲綢做的衣褲，舉止謙恭之禮還遵循早先在家中所學的，從早到晚實習少年奉事長者的禮儀，要求肄習的貴在簡要而信實。到了十三歲，開始學習音樂，誦讀詩經，學習名叫"勺"的一種文舞。年到十五歲，是爲成童，開始學習名叫"象"的一種武舞，學習射箭和駕馭馬車。到二十歲，舉行加冠禮，表示已經成人，開始學習種種大的禮儀，這時可以穿皮裘和絲帛，學習名叫"大夏"的大型舞蹈，篤行孝悌之道。這時唯須博學洽聞，不可爲師教人；一意蘊藏美德，積累才能，不可炫耀表現。到了三十歲，娶妻成家，開始從事男人的工作，廣泛的學習，没有局限，謙遜地結交朋友，觀察對方的志趣思致，認真吸取。到了四十歲，開始做官任事，分辨事物的是非利害，輕重緩急，出主意，動腦筋。國家政令與道義相合，就積極服從；與道義不合，就辭職離去。年到五十歲，受命爲大夫，擔任國家某個方面的行政長官。到了七十歲，退休。凡男人行拜，左手覆在右手之上，左屬陽。

女子十年不出，姆教婉娩聽從，〔一〕執麻枲，〔二〕治絲繭，織紝組紃，〔三〕學女事以共衣服，〔四〕觀於祭祀，納酒漿籩豆菹醢，〔五〕禮相助奠。十有五年而笄，二十而嫁，有故，二十三年而嫁。聘則爲妻，奔則爲妾。凡女拜，尚右手。

【注釋】

〔一〕婉娩：二字皆音晚。　　〔二〕枲：音喜。　　〔三〕紝：音仁。　紃：音循。　　〔四〕共：音公，通供。
〔五〕菹：音租。

【譯解】

女孩到了十歲，不隨便出門，由女師教導她説話和婉，容貌柔順，聽從長者的吩咐；又教給她們緝麻紡綾，養蠶繅絲，織繒帛，織絲條——薄而寬的叫組，細而圓的叫紃，學習婦女的工作，以供製作衣服穿用；觀看家廟舉行祭祀，往廟室裏遞送酒漿、竹籩、木豆、醃菜、肉醬之類，祭禮進行時幫助奠放。女孩年滿十五歲，開始訂婚，舉行加笄禮。二十歲出嫁，如果家有了父母之喪的變故，就推遲婚期，壹俟服喪期滿，到二十三歲再出嫁。依禮聘娶的是妻，不依禮聘而往嫁的叫做奔，奔則爲妾。凡女子拜，右手覆在左手之上，右爲陰。

玉藻第十三

　　天子玉藻，十有二旒，〔一〕前後邃延，〔二〕龍卷以祭。〔三〕玄端而朝日於東門之外，〔四〕聽朔於南門之外，閏月則闔門左扉，〔五〕立于其中。皮弁以日視朝，遂以食，日中而餕，〔六〕奏而食。日少牢，朔月大牢。〔七〕五飲，上水，漿、酒、醴、酏。〔八〕卒食，玄端而居。動則左史書之，言則右史書之，御瞽幾聲之上下。〔九〕年不順成，則天子素服，乘素車，食無樂。〔一○〕

【注釋】

〔一〕旒：音流。　　〔二〕邃：音碎。　　〔三〕卷：音滾，同衮。　　〔四〕端：鄭玄云："端當爲冕，字之誤也。"

〔五〕闔：音合。　扉：音非。　〔六〕餕：音郡。

〔七〕大：通太。　〔八〕酏：音移。　〔九〕幾：音基。

〔一○〕樂：音岳。

【譯解】

　　祭天時，天子穿戴最尊貴的冕服。頭戴的冕，上面縱附着長

形的版，叫作延，前方後圓，表面玄黑，裏面朱紅，前方懸掛着
玉藻即由彩色絲繩貫穿的玉珠，一共十二串，延版前後深長；身
穿的禮衣，上面有卷曲的龍形圖案，天子就是這樣的穿戴着從事
祭天。春分的早辰，天子頭戴玄冕，身穿玄衣，在皇城東門之外，
舉行朝日禮。每月初一，天子穿戴玄冕服，在皇城南門之外的明
堂裏，舉行聽朔禮，頒布當月之政。行此禮前，先用特牲告祭太
廟。遇上閏月的初一，就閉上明堂門的左扇，唯開右扇，立在其
中行聽朔禮。皮弁服包括白鹿皮製做的皮弁和白色的絲製衣裳。
皮弁服是天子的朝服。天子每天穿戴皮弁服來視朝理政。散朝就
穿着皮弁服用早餐，到正午就食用早餐剩餘的食物，進餐時都要
奏樂。天子平日膳食用羊豬二牲，每月初一的膳食就要食用牛羊
豬三牲。天子有五種飲料，以水爲上，其次是酸米漿、酒、帶糟
的甜酒、稀粥。吃過午飯，就換上玄端服即玄冠玄衣，閑適居處。
天子的言行，設有史官記錄，行動由左史記載，言語由右史記載。
侍奉身邊的失明樂官，隨時聽察音樂聲調的高低哀樂，以防過失。
年成不好，遇有自然災害，天子就要戒懼反省，改穿素服，換乘
素車，進餐時停止奏樂助興，通過一系列自我貶損，無非是禱請
上天除災降福。

　　諸侯玄端以祭，〔一〕裨冕以朝，〔二〕皮弁以聽朔於大
廟，〔三〕朝服以日視朝於內朝。朝，辨色始入。君日出而視
之，退適路寢聽政，使人視大夫，大夫退，然後適小寢，
釋服。又朝服以食，特牲，三俎，祭肺。夕深衣，祭牢
肉。朔月少牢，五俎四簋。〔四〕子卯稷食菜羹。夫人與君
同庖。〔五〕

【注釋】

〔一〕端：<u>鄭玄</u>云：“端亦當爲冕，字之誤也。”　　〔二〕裨：
音皮。　　〔三〕大：通太。　　〔四〕簋：音鬼。
〔五〕庖：音袍。

【譯解】

　　諸侯到宗廟祭祀先君時，要穿戴玄冕服；朝天子時，要穿
戴裨冕服。天子六服，大裘而冕、衮冕、鷩冕、毳冕、希冕、
玄冕。大裘冕爲天子所獨用，後五種統稱裨冕。諸侯朝天子要
根據自己爵位來穿戴，公爵諸侯用衮冕服，侯爵、伯爵諸侯用
鷩冕服，子爵、男爵諸侯用毳冕服。諸侯穿戴皮弁服在太廟行
聽朔禮，穿戴朝服每天早晨在內朝視朝。朝服，包括玄冠、黑
綢衣、素裳。內朝，在路寢門外，是爲正朝。羣臣每天上朝，
辨別天色微明，就開始進宮等候。國君於日出時視朝。退朝後
到路寢聽政。大夫有政事就進路寢奏請。國君派人到路寢門外
視看大夫，大夫無事，全部退走，國君然後回到小寢，脫掉朝
服，更換玄端服。早飯時，再換上朝服進食，事前宰殺一隻豬，
吃飯時席上擺着三個俎即帶腿的肉案，分別放置做熟的帶骨豬
肉、魚、乾肉，豬肉俎上另放一塊熟豬肺，進食前舉起祭一下，
感謝神靈，表示飲食不忘本。晚飯時，國君穿着深衣，深衣即
衣裳相連，前後深長，是諸侯、士大夫們晚上所穿的長衣。將
進食，切一小段熟肉，舉起祭一下。每月初一，宰殺羊豬二牲，
準備五俎四簋。五俎，帶骨豬肉、魚、乾肉、帶骨羊肉、羊的
腸胃各一俎。簋是盛飯的器皿。四簋，黍米飯、穈子米飯、大
米飯、黃粱米飯各一簋。<u>商</u>王<u>紂</u>以甲子日死，<u>夏</u>王<u>桀</u>以乙卯日
亡，無道被誅，王者以爲忌日。每逢此忌日，國君只吃穈子米

飯和菜湯，表示戒懼。平時國君夫人與國君共同進餐，不另外殺牲備膳，天子與皇后也是如此。

　　君無故不殺牛，大夫無故不殺羊，士無故不殺犬、豕。〔一〕君子遠庖廚，凡有血氣之類，弗身踐也。〔二〕至於八月不雨，君不舉。年不順成，君衣布搢本，〔三〕關梁不租，山澤列而不賦，土功不興，大夫不得造車馬。

【注釋】

〔一〕豕：音史。　　〔二〕踐：<u>鄭玄</u>云：“踐當爲翦，聲之誤也。”　　〔三〕搢：音晋。

【譯解】

　　除非舉行祭祀，宴請貴賓，國君一般不無故殺牛，大夫不無故殺羊，士人不無故殺狗殺豬。君子對於禽獸也有仁愛之心，見其生不忍見其死，聞其聲不忍食其肉，所以一向遠離宰殺、烹煮牲口的場所，不僅大牲，凡是有血氣之類的小動物，都不忍親自宰殺。至於一連八個月不下雨，災情如此嚴重，國君就不再殺牲盛饌，進食也就不再奏樂了。年景不好，國君爲了自貶自責，就不穿絲綢衣裳而改穿麻布衣裳，不執玉笏而改執竹笏；爲了減輕人民負擔，關口河梁就不再收稅，山林池澤雖仍然禁止非時採獵，但不再徵收賦稅；爲了節省國用，不再大興土木，大夫、貴人們不許製造馬車。

　　卜人定龜，史定墨，君定體。

【譯解】

　　國家有要事，需要通過龜卜向神靈請示吉凶。卜人根據事情

的大小、性質而選定相應的龜甲。用火灼龜甲後，由太史詳視裂
紋大小、寬窄、縱橫、深淺、曲直而推定吉凶。墨，謂火灼龜甲
所裂之兆象。最後由國君根據太史意見，審視整個兆象，來斷定
吉凶，從而決定事情進行與否。

君羔幭虎犆，[一]大夫齊車；鹿幭豹犆，[二]朝車；士齊
車鹿幭豹犆。

【注釋】

〔一〕幭：音密。　犆：音直。　　〔二〕齊：音摘。

【譯解】

　　國君乘坐的車，覆在軾前的皮帟，有的是用羔羊皮做的，鑲
着虎皮邊，大夫的齋車也是這種皮帟。國君的車，有的皮帟是用
鹿皮做的，鑲着豹皮邊，大夫的朝車也是這種皮帟。士的齋車也
是鹿皮帟鑲着豹皮邊。

君子之居恒當戶，寢恒東首。若有疾風迅雷甚雨，
則必變，雖夜必興，衣服冠而坐。[一]日五盥，沐稷而靧
粱，[二]櫛用樿櫛，[三]髮晞用象櫛，[四]進禨進羞，[五]工乃升
歌。浴用二巾，上絺下綌。[六]出杅，[七]履蒯席，[八]連用
湯，[九]履蒲席，衣布晞身，乃屨，[一〇]進飲。

【注釋】

〔一〕衣：音益。　　〔二〕靧：音會。　　〔三〕櫛：音至。
樿：音善。　　〔四〕晞：音希。　　〔五〕禨：音紀。
〔六〕絺：音吃。　綌：音細。　　〔七〕杅：音于。

〔八〕蒯：快的上聲。　　　〔九〕連：音練。　　　〔一〇〕屨：音巨。

【譯解】

　　君子平常居處室中，一定要坐在室內東北角面對室戶，向着明亮的地方。睡覺時總是頭朝東方，東方是充滿生氣的方向。遇到天氣巨變，比如遇到刮大風、打大雷、下大雨時，那麼舉止一定要有所變動，即使在深夜，也必須起來，穿好衣服戴好冠，正襟危坐，因天變而有所敬懼。每天要洗五次手，洗頭要用糜子米湯，洗臉要用黃粱米湯，洗頭後用白理木做的木梳梳髮，頭髮乾了再用象牙梳子梳理。洗頭後氣虛，就進酒設菜，樂工升堂唱歌，邊吃邊聽。洗澡用兩條浴巾，擦洗上身用細葛巾，擦洗下身用粗葛巾。洗畢，邁出浴盆，踏上蒯草編的粗席上，搓搓腳垢，用水冲洗，然後登上蒲席，穿上浴衣，揢乾身子，穿上鞋，就飲酒聽歌。

　　將適公所，宿齊戒，〔一〕居外寢，沐浴。史進象笏，〔二〕書思對命。既服，習容觀玉聲，乃出，揖私朝，煇如也，〔三〕登車則有光矣。

【注釋】

〔一〕齊：音摘，通齋。　　　〔二〕笏：音户。　　　〔三〕煇：音灰。

【譯解】

　　大夫有事將去宮裏朝君，頭天要齊一心志地進行齋戒，獨自居處在正寢，沐浴更衣。手下小史進呈象牙笏板，大夫考慮如何對答國君，一一記在笏板上，以備遺忘。穿好朝服後，演習一下儀容舉止是否得當，聽一下走路時玉佩聲音與步伐是否和諧，都合適了，才出來在庭中揖見家臣，這時晨色微明，登車時就天光發亮了。

天子搢珽，[一]方正於天下也。諸侯荼，[二]前詘後直，[三]讓於天子也。大夫前詘後詘，無所不讓也。

【注釋】

〔一〕珽：音挺。　〔二〕荼：音書。鄭玄云："荼讀爲舒遲之舒。"　〔三〕詘：音區。

【譯解】

天子插在腰間的玉笏叫做珽，四角方正，意思是治理天下方正無私。諸侯用的笏板叫做荼，前端稍窄而圓角，下邊是方正的，意思是諸侯屈讓於天子。大夫的笏板，上端下端都稍窄而圓角，意思是對天子、對自己的國君都要謙恭屈讓。

侍坐則必退席，不退則必引而去君之黨。登席不由前，爲躐席。[一]徒坐不盡席尺。讀書、食，則齊，豆去席尺。

【注釋】

〔一〕爲：音魏。　躐：音列。

【譯解】

士大夫奉陪國君而坐時，就必須向旁側移動坐席；如果國君有命不讓將席後移，那麼入席時也要儘量往席的後邊坐，遠離國君所坐之處，不敢靠近國君。古人所坐之席本身亦有標記，分上下前後，升席必由席之下端，不得由前逕上；由前逕自升席，叫做蹳席，大爲失禮。無事而坐的時候，雙膝距離席的邊緣有一尺多遠。只有在讀書、吃飯的時候，雙膝才與席邊相齊。讀書儘量靠前，是爲了靠近尊者，便於尊者聆聽；吃飯儘量靠前，是爲了避免食物弄髒席子。盛着食物的器皿放在地面上，與坐席有一尺的距離。

　　若賜之食而君客之，則命之祭然後祭。先飯，〔一〕辯嘗羞，〔二〕飲而俟。若有嘗羞者，則俟君之食然後食，飯、飲而俟。〔三〕君命之羞，羞近者；命之品嘗之，然後唯所欲。凡嘗遠食，必順近食。君未覆手，不敢飧；〔四〕君既食，又飯飧。飯飧者，三飯也。君既徹，執飯與醬乃出授從者。

【注釋】

〔一〕飯：動詞，音反。　　〔二〕辯：同徧。

〔三〕飯：音反。　飲：音印。　　〔四〕飧：音孫。

【譯解】

　　國君賜臣食，臣可以不祭飲食神；假若國君特用客禮相待，臣進食前就要執食以祭，但也需國君發話，然後才敢舉食行祭。祭畢，臣下先動手徧嘗各種食品，喝口飲料，等待國君進食，而後再進食。國君進食前，臣下先替國君一一品嘗，這就表現了對國君的忠誠和愛護。如果有膳宰在場爲國君嘗食，那麼被賜食的臣下就無須嘗食了，要等國君進食，然後自己再進食，吃口飯，喝口飲料，等待國君再度進食。國君命臣吃菜，就先吃近處的菜；國君命臣一一品嘗，然後再隨意食用。不過，想吃遠處菜肴，也必須順序地由近及遠。如果近處菜肴不動，伸

手就够遠處的菜肴，那就顯得貪嘴了。古人飯前澆水净手，用
手從簞篋中抓飯吃。吃飯時，手掌朝上往口中送飯，吃完飯，
就翻過手掌用手背擦擦嘴角，恐有飯粒菜屑沾掛。國君還没有
翻過手背擦嘴角，臣下就不敢提前勸食。飧，勸食。國君吃罷
手中的飯，因臣下的勸侑，又抓些飯接着吃。臣下殷勤勸食，
以國君抓吃三次飯爲限。陪着國君用飯，臣不敢先國君而飽。
國君食畢，饌具由小臣撤去後，受賜食的臣下就起身親自拿起
盛飯、盛醬的器皿，出去授給自己的隨從，這表示自己十分珍
視國君的賞賜。

　　凡侑食，^{〔一〕}不盡食。食於人不飽。唯水漿不祭，若
祭，爲已傑卑。^{〔二〕}

【注釋】

〔一〕侑：音又，通宥。　　〔二〕傑：音謝。

【譯解】

　　凡是奉陪尊長吃飯，主要是勸助尊長吃飽吃好，自己不要盡
量吃喝。別人請你吃飯，不要盡情吃飽。招待你吃飯的主人和你
地位差不多，吃各種食品前你都要祭一下，表示不忘創造這種食
品的先人，也是對主人的尊重。唯有漿水是可以不祭的，如果連
喝口水都要先祭一下，那就顯得太猥瑣卑賤了。

　　君若賜之爵，則越席再拜稽首受，登席祭之，飲，
卒爵而俟，君卒爵然後授虛爵。君子之飲酒也，受一爵
而色洒如也，^{〔一〕}二爵而言言斯，^{〔二〕}禮已三爵而油油以退。
退則坐取屨，隱辟而后屨，^{〔三〕}坐左納右，坐右納左。

【注釋】

〔一〕湑：音顯。　　〔二〕言：音銀。　　〔三〕辟：音闢，通僻。

【譯解】

臣下奉陪國君飲酒，如果國君賜酒一杯，那就趕快離席再拜叩頭接受，登席先祭而後飲，乾杯後就恭敬等待，國君也乾杯了，然後再將自己手中的空杯交給贊禮小臣。明禮君子陪侍國君燕飲，接受第一杯時，表情相當的莊重摯誠；接受第二杯時，態度十分的溫和恭敬；飲完了第三杯，就歡欣謙遜的告退。臣侍奉國君宴飲，不得超過三爵。退下堂來，跪坐取鞋，拿到隱僻處，跪左腿穿右脚的鞋，跪右腿穿左脚的鞋。

凡尊必上玄酒。唯君面尊。唯饗野人皆酒。大夫側尊，用棜；〔一〕士側尊，用禁。

【注釋】

〔一〕棜：音育。

【譯解】

貴族們舉行規模較大禮儀，一般要在堂上並設兩個酒樽，一樽裏盛着玄酒，一樽裏盛着米酒。兩樽若東西並列，則玄酒樽在西，以西爲上；若南北並列，則玄酒樽在南，以南爲上。其實所謂玄酒，就是早晨在井中汲取的清水，禮中特名之爲玄酒。上古無酒，祖先唯飲清水，後世在禮中特設玄酒，表示重古昔、不忘本。玄酒設而不用，雖然不用，而其位必設在酒樽之上方。唯有國君宴請大臣時，才能將酒樽設在國君坐席的對面，意謂此酒爲國君所有，今宴賜臣子，得專施恩惠。唯有年終大祭賜飲田野農人都用米酒，不備玄酒。大夫與賓客飲酒，設酒樽於旁側，酒樽放在長方形木盤上；士與賓客飲酒，也設酒於旁側，酒樽放在有足的木盤上。設酒樽於旁側，表示與賓客共享。

始冠緇布冠，^{〔一〕}自諸侯下達，冠而敝之可也。玄冠朱組纓，天子之冠也。緇布冠繢緌，^{〔二〕}諸侯之冠也。玄冠丹組纓，諸侯之齊冠也。^{〔三〕}玄冠綦組纓，^{〔四〕}士之齊冠也。縞冠玄武，^{〔五〕}子姓之冠也。縞冠素紕，^{〔六〕}既祥之冠也。垂緌五寸，惰游之士也。玄冠縞武，不齒之服也。居冠屬武，^{〔七〕}自天子下達，有事然後緌。五十不散送。親没不髦。^{〔八〕}大帛不緌。玄冠紫緌，自<u>魯桓公</u>始也。

【注釋】

〔一〕始冠緇布冠：上“冠”動詞，音貫。　　〔二〕繢：音會。緌：音蕤。　　〔三〕齊：音摘，通齋。　　〔四〕綦：音其。　　〔五〕縞：音稿。　　〔六〕紕：音皮。

〔七〕屬：音主。　　〔八〕没：音末。　髦：音毛。

【譯解】

舉行加冠禮，禮中共有三次加冠，頭一次加冠用的是緇布冠，從諸侯下至士人都是如此。冠禮中始加用緇布冠，意在重古，臨時一用，平時不戴它。所以行完冠禮，隨它敝棄，也未嘗不可。玄冠配上朱紅絲織冠帶，是天子冠禮中第一次用的冠。緇布冠配上彩色加穗的絲織冠帶，是諸侯冠禮中第一次用的冠。玄冠配上丹紅色的絲織冠帶，是諸侯齋戒時所戴的冠。玄冠配上青黑色絲織冠帶，是士人齋戒時所戴的冠。白色生絹冠，下加玄色冠圈，這是子孫們戴的不屬純吉的冠。祖父去世一年多了，父親正在三年喪期之中猶爲之服喪，而孫子喪服已除，雖已除服，亦不敢戴用純吉之冠，所以戴縞冠玄武。縞色爲凶，玄色爲吉，縞冠在上，玄冠圈在下，意謂父仍在服喪期中，子已即吉。白色生絹冠，而用白綾子鑲邊，這是父母去世兩周年舉行大祥祭後孝子戴的冠。白色生絹冠，白綾鑲邊，冠帶結在額下，垂着五寸長的帶梢，這是強令游手好閑的懶漢戴的，讓他們頭戴凶冠，加以羞辱。玄布冠附加生絹做的冠圈，這是強令不遵守政教被流放的不齒於國人的人戴的凶冠，也是一種懲罰性的帽子。平日家居無事，頭戴玄冠，將冠帶分綴冠圈兩側，有事就結冠帶於額下，垂穗爲飾，從天子到士人都是如此。孝子年未到五十歲，在父親或母親停喪期間，腰間所繫的粗麻縷，下垂部分要各絞兩股，及至啓殯出葬，就將兩端所絞麻縷全部解開散垂。如孝子已經年及五十，開始進入老年，在某些禮數上就可以不求全責備，送喪時，可以絞絰依舊，不用散垂腰絰了。父母在世，做兒女的，頭上總插戴着一種象徵兒童所留胎髮的髮飾，及至雙親謝世，才除去這種爲人之子的裝飾。大白布冠是遭凶事時所戴之冠，既是凶冠，冠帶上就不要有帶穗做裝飾。作爲諸侯戴用玄冠應配以彩色加穗的冠帶，而配用紫色的穗帶，是從魯桓公開始的。

朝玄端，[一]夕深衣。深衣三袪，[二]縫齊倍要，[三]衽當旁，[四]袂可以回肘。[五]長、中繼揜尺，[六]袷二寸，[七]袪尺二寸，緣廣寸半。

【注釋】

〔一〕朝：音潮。　　〔二〕袪：音區。　　〔三〕齊：音資，通齎。　　〔四〕衽：音任。　　〔五〕袂：音妹。

〔六〕揜：音眼，通掩。　　　〔七〕袷：音傑。

【譯解】

　　一般説來，士大夫家居，早晨穿着玄衣玄裳，晚上穿着衣裳相連的深衣。深衣的袖口寬一尺二寸，圍長則二尺四寸。深衣的腰圍是袖圍的三倍，則是七尺二寸。深衣的下襬的圍長比腰圍又大一倍，則是一丈四尺四寸。袪即衣襟。禮衣衣短，直領而對襟；深衣衣裳相連，曲領而衣襟在旁，左襟掩住右襟。深衣衣袖寬大，但不很長，肘臂能來回運轉，穿着寬鬆舒適。做穿在外面的長衣和穿在裏面的中衣，其衣袖則要接長一尺，借以深掩雙手，這點是與深衣衣袖不同的。深衣曲領寬二寸，袖口寬一尺二寸，衣襟、袖口、下襬的鑲邊的寬度都爲一寸半。

　　以帛裏布，非禮也。士不衣織。〔一〕無君者不貳采。衣正色，裳間也。〔二〕非列采不入公門，振絺綌不入公門，〔三〕表裘不入公門，襲裘不入公門。

【注釋】

〔一〕衣：動詞，音益。　　〔二〕間：音建。　　〔三〕振：音枕，通裖。<u>鄭玄</u>云："振讀爲裖。"

【譯解】

　　外衣和中衣的質料要相稱，外面穿着麻布外衣，裏面却穿着絲帛做的中衣，是不合禮制的。士的地位較低，能穿染色的粗綢，而不能穿染絲後織成的綢緞。失位去國的士大夫，要穿玄衣玄裳，衣和裳不能穿用兩種顏色。貴族的禮服，上衣必須穿正色，下裳則可以用閒色。青赤黃白黑是正色，用其中兩種顏色混雜而成的顏色就是閒色。比如貴族穿的冕服上玄下纁，上衣爲天青正色，下裳爲纁色，而纁是赤黃相雜之色。朝見國君必須身穿朝服，不穿朝服不能進入公門。朝服玄衣素裳，是衣裳異色的，上下分列二采。夏季單穿細葛布或粗葛布衣服，是不能進入公門的；冬季外穿皮裘衣服，也是不能進入公門的。夏布衣、裘皮衣都是褻衣，必須外罩禮衣才能進入公門。內穿裘皮衣服，要外罩裼衣，裼衣外才是正服。進公門，要袒開正服，顯露裘皮外的裼衣，這樣才算對國君的禮敬，襲正服而不裼也是不能進入公門的。袒開禮服正面，露出裘皮服上的罩衣的一部分，稱作裼；穿好禮服正面，掩住裘皮服上的罩衣的全部，稱作襲。

纊爲繭，〔一〕縕爲袍，〔二〕禪爲絅，〔三〕帛爲褶。〔四〕

【注釋】

〔一〕纊：音曠。　　〔二〕縕：音運。　　〔三〕禪：音丹。絅：音迥。　　〔四〕褶：音蝶。

【譯解】

　　絮進絲綿的有裏有面的衣服叫做繭，絮進亂麻、舊絮的有裏有面的衣服叫做袍，單層的衣服叫做絅，雙層繒帛做的衣服叫做褶。

朝服之以縞也，自季康子始也。孔子曰："朝服而朝，卒朔然後服之。"曰："國家未道，則不充其服焉。"

【譯解】

　　用細白生絹做朝服，是從魯國貴族季康子開始的。孔子説："諸侯視朝，君臣同服朝服緇衣素裳。每月初一大早穿着衣裳皆白的皮弁服在祖廟祭告，完了之後，仍然換上朝服去視朝。"孔子言外之意是，作爲大夫的<u>季康子</u>擅以細白生絹做朝服，是違反禮制的。<u>孔子</u>又說："國家未走上正軌，國君在衣服制度上就不宜力求完備。"

　　唯君有黼裘以誓省，〔一〕大裘非古也。君衣狐白裘，錦衣以裼之。〔二〕君之右虎裘，厥左狼裘。〔三〕士不衣狐白。君子狐青裘豹褒，〔四〕玄綃衣以裼之；〔五〕麛裘青犴褒，〔六〕絞衣以裼之；〔七〕羔裘豹飾，緇衣以裼之；狐裘，黃衣以裼之。錦衣狐裘，諸侯之服也。犬羊之裘不裼。

【注釋】
〔一〕黼：音府。　省：音顯，通獮。<u>鄭玄</u>云："省讀爲獮。"
〔二〕裼：音西。　　〔三〕厥：音決。　　〔四〕褒：音秀，袖的本字。　　〔五〕綃：音消。　　〔六〕麛：音迷。　犴：安的陽平聲。　　〔七〕絞：消的陽平聲。

【譯解】
　　禮制上只准許國君穿上黑羔皮與狐白皮相雜成文的黼裘在秋獵前誓告軍衆。作爲諸侯穿着黑羔皮大裘，是不合古制的，黑羔皮大裘是天子祭天時穿用的。國君穿狐白裘，要外罩素錦裼衣，裼衣的顏色要依隨裘皮之色。國君右邊的衛士身着虎裘，左邊的衛士身着狼裘，表示勇猛如狼似虎。士地位較低，不能穿狐白裘。士大夫穿狐青裘，用豹皮鑲上袖口，用天青色的生絲絹做裼衣。士大夫穿幼鹿裘衣，用青色野狗皮鑲袖口，配上蒼黃色的裼衣。士大夫穿黑羔裘，用豹皮鑲袖口，配上黑色的裼衣。穿着狐裘，就配上黃色的裼衣。用織錦裼衣罩在狐裘外，這是國君之服，士大夫是不能用織錦做裼衣的。至於平民素常穿的狗皮裘、羊皮裘，就不另罩裼衣了。

　　不文飾也，不裼。裘之裼也，見美也。[一]弔則襲，不盡飾也。君在則裼，盡飾也。服之襲也，充美也。是故尸襲，執玉、龜襲。無事則裼，弗敢充也。

【注釋】

〔一〕見：現的本字。

【譯解】

　　君子行禮，或襲或裼，視情況而定。不需要表現文飾時，就不開襟顯露裼衣。身着裘服之所以有時要呈露裼衣，意在通過顯現禮服中的美飾而表達敬意。喪家小斂後，君子去弔喪，就要襲裘而往，由於心懷傷悼，就不宜竭盡文飾禮數。身往國君的住所，在國君的面前，就要顯露朝服之內、裘皮之外的裼衣，盡其文飾之道，體現敬君之心。外服掩襲裼衣，意思是讓美藏乎其內。在某些莊嚴的場合，襲衣更能顯示鄭重，所以祭禮中象徵祭享對象的尸，是要襲衣的。聘禮中聘使執玉致辭時，卜人執龜甲將卜時，也都要襲衣；事畢則又裼衣，表示在國君面前不敢掩藏內美。

　　笏，天子以球玉，諸侯以象。大夫以魚須文竹，[一]士竹，本象可也。見於天子與射，無說笏。[二]入大廟說笏，[三]非古也。小功不說笏，當事免則說之。[四]既搢必盥，雖有執於朝，弗有盥矣。凡有指畫於君前，用笏。造受命於君前，則書於笏。笏，畢用也，因飾焉。笏度二尺有六寸，其中博三寸，其殺六分而去一。[五]

【注釋】

〔一〕大夫以魚須文竹：須乃鬚的本字。而經典釋文音班。王念孫謂“須”爲“頒”字之誤，“頒”與“斑”古字通，隷書“頒”字形與“須”相似，因誤。鮫魚皮有斑，可以爲飾，故大夫用之以飾竹也。　　　〔二〕説：音托，通脱。　　　〔三〕大：通太。　　　〔四〕免：音問。　　　〔五〕殺：音曬。

【譯解】

　　笏的制度：天子的笏是用美玉做的，諸侯的笏是用象牙做的。大夫的笏是用竹子做的，用鮫魚鬚裝飾笏側，士的笏也是用竹子做的，這兩種竹笏的笏本即下面手持部分，都可用象牙製做。笏用來記事，平時，笏或持手中，或插腰間，笏不離身。諸侯、大夫朝見天子，參加射禮，都不脱離笏。進入太廟而不攜帶笏版，這是不合古制的。爲死者服小功五月喪服，這是輕喪，不要脱笏，而當參加死者小斂禮，自己頭上纏上白布條、悲哀哭踊的時候，就該笏版脱身了。插笏在身之後，必定要澆水净手，以後即使在朝廷中執笏，也就無須再洗手了。凡在國君面前回話，每當需要有所指畫時，不宜直接用手比畫，要用笏。進到國君面前接受命令時，就將國君命令要點記在笏上，以備遺忘。笏，指畫、記事，都很便於使用，因而按身份地位施以不同的裝飾。笏的長度有二尺六寸，中間寬有三寸，兩端各削減三寸的六分之一，就各寬有二寸五分了。諸侯的笏，上端削減到三寸的六分之一；大夫、士的笏，上下兩端都削減到三寸的六分之一。

　　而素帶終辟，大夫素帶辟垂，士練帶率下辟，居士錦帶，弟子縞帶，并紐約用組。鞸，君朱，大夫素，士爵韋。圜、殺、直。天子直，公侯前後方，大夫前方後挫角，士前後正。韠下廣二尺，上廣一尺，長三尺，其頸五寸，肩革帶博二寸。大夫大帶四寸。雜帶，君朱綠，大夫玄華，士緇辟，二寸，再繚四寸。凡帶有率，無箴功。一命縕韍幽衡，再命赤韍幽衡，三命赤韍葱衡。天子素帶，朱裏，終辟。王后褘衣，夫人揄狄。三寸，長齊于帶。紳長制：士三尺，有司二尺有五寸。子游曰：“參分帶下，紳居二焉。”紳、韠、結三齊。君命屈狄。再命褘衣，一命襢衣，士褖衣。唯世婦命於奠繭，其他則皆從男子。

　　按：上文多有錯簡，今依鄭玄意見，調整移正爲以下三段，每段正文之後加上譯解。

　　韠：[一]君朱，大夫素，士爵韋。圜、殺、直。[二]天子直，公侯前後方，大夫前方後挫角，士前後正。韠，下廣二尺，上廣一尺，長三尺，其頸五寸，肩革帶博二寸。一命縕韍幽衡，[三]再命赤韍幽衡，三命赤韍葱衡。

【注釋】

〔一〕韠：音必。　　〔二〕圜：音元，通圓。　殺：音曬。
〔三〕縕：音温。　韍：音符。　幽：音友，通黝。鄭玄云：“幽讀爲黝。”　衡：音横，通珩。

【譯解】

　　韠，也叫蔽膝，是繫在腰上遮前不遮後、上窄下寬的熟皮圍裙。穿玄端服時，國君的蔽膝是朱紅色的，大夫的蔽膝是素白色的，士的蔽膝是赤而微黑色的。有圜、殺、直三種樣式。天子韠的邊緣，上下都是直的，上面兩角超過九十度，下面兩角不足九十度。公侯之韠，左右斜邊近四角處都加以削減，令四角都成直角。大夫之韠，下面兩角是直角，上面稍去兩角端使之略呈圓形。士的韠上下四角也都是直角。韠，下邊寬兩尺，上邊僅寬一尺，長有三尺。上邊中間另伸出五寸寬的韠頸，上邊兩角另有寬各二寸的肩革帶。韠頸與肩革帶的上端都可繫在腰間革帶上。韠和韍同物異名，祭服用的蔽膝叫做韍，其他服用的蔽膝叫做韠。命就是官階，一命是最低的。被國君授予一命的官員，其祭服使用赤黃色的蔽膝，蔽膝旁的玉佩中使用黑色的玉珩；被國君授予二命的官員，其祭服使用赤色的蔽膝，玉佩中的玉珩也是黑色的。被授予三命的官員，其祭服也使用赤色蔽膝，而玉佩中的玉珩則是青色的了。

　　天子素帶朱裏終辟，[一]而諸侯素帶終辟，[二]大夫素帶辟垂，士練帶率下辟，[三]居士錦帶，弟子縞帶。并紐約，用組三寸，長齊於帶。紳長制，士三尺，有司二尺有五寸。子游曰：“參分帶下，紳居二焉，紳韠結三齊。”大夫大帶四寸。雜帶，君朱綠，大夫玄華，士緇辟，二寸，再繚四寸。[四]凡帶，有率無箴功。[五]肆束及帶，[六]勤者有事則收之，走則擁之。

【注釋】

〔一〕辟：音皮。下同。鄭玄云：“辟讀如禆冕之禆。”
〔二〕諸侯：此二字據興國于氏本增。　　〔三〕率：音慮，通繂。　　〔四〕繚：音了。　　〔五〕箴：同針。
〔六〕肆：音益。鄭玄云：“肆讀爲肄。”

【譯解】

腰間有兩帶，裏面是較窄的革帶，外面是較寬的大帶。天子用的是素色絲質大帶，朱紅襯裏，整個帶子都用彩繒鑲邊；諸侯也用的是素色絲質大帶，而裏外都是素色，都用彩繒鑲邊；大夫的大帶，也是絲質的，素面素裏，大帶腰後部分不鑲邊，兩側、腰前及下垂部分鑲邊；士用的是白色熟絹做的大帶，只有下垂部分鑲邊；有道藝而未出仕的居士，服用彩色絲織的錦帶；學校的弟子服用白色生絹做的大帶。各級人士用的大帶，繫結之處都用紐襻、紐帶來約束的，紐襻、紐帶都是用三寸寬的絲組做的。約束之後，下垂的紐帶與垂下的大帶長短相齊。大帶繫後垂下的部分叫紳，紳長有定制，士的紳長三尺，一般府史小吏的紳長爲二尺五寸。子游說："將腰帶至腳的下身長度均分三段，紳長佔三分之二，紳、蔽膝、組帶三者的下端是一般齊的。"大夫的大帶寬有四寸，諸侯、天子也是如此。各級大帶鑲邊的顏色不同：天子、諸侯用的是素色絲織大帶，纏腰部分用朱色鑲邊，下垂部分用綠色鑲邊；大夫的大帶素面素裏，其兩側、腰前及下垂部分，外面用天青色鑲邊，裏面用菊黃色鑲邊；士的大帶用的是白色熟絹做的，其下垂部分即紳，用黑色鑲邊。天子、諸侯、大夫的大帶，寬四寸，重疊的環腰兩繞；士的大帶寬兩寸，環腰兩繞而不重疊，其寬也是四寸。各級所用大帶都有手工緝邊，用的是暗針，從外面看不出針腳。結帶之後垂下的餘組和餘帶，勤勞從事的人，有事時就收在手裏，趨走時就擁在懷中。

王后褘衣，[一] 夫人揄狄，[二] 君命屈狄。[三] 再命褘衣，[四] 一命襢衣，[五] 士褖衣。[六] 唯世婦命於奠繭，其他則皆從男子。

【注釋】

〔一〕褘：音灰。鄭玄云：“褘讀如翬。”　　〔二〕揄：音姚。鄭玄云：“揄讀如搖。”　狄：音笛，同翟。　〔三〕屈：音缺，通闕。　〔四〕褍：鄭玄云：“褍當爲鞠，字之誤也。”鞠音菊。　〔五〕襢：音斬。　〔六〕褖：團的去聲。

【譯解】

　　王后穿的褘衣，是只有她配穿用的高級祭服，褘衣是天青色衣裳，上面畫有名叫翬的素質彩色雉鳥。侯爵夫人、伯爵夫人穿的揄狄，是天子授予的反映她們身份的青色命服，也是祭服，上面畫着名叫搖翟的青質彩色雉鳥。按：褘衣、揄狄兩種命服上的雉形圖案，都是刻繪爲雉形，施以彩色，而綴於衣上者。子爵夫人、男爵夫人被天子授予的命服爲屈狄，也是祭服，而上面所綴雉鳥之形，不施彩色。子爵、男爵諸侯之卿再命，其妻穿的命服爲鞠衣，又稱黃桑服，象桑葉始生的顏色。子爵、男爵諸侯大夫一命，其妻穿的命服爲襢衣，即展衣，白色。子爵、男爵諸侯之士不被授以封命，其妻穿褖衣，褖衣是黑衣裳，領口、袖口、衣襟、下襬都有赤色鑲邊。夫既尊於朝，妻就貴於室，都得各服其命服。唯有世婦即天子的地位較低的妾們，必須經過養蠶獻繭之後，天子親命之穿著命服，才得以穿用。其他如天子的三夫人、九嬪，諸侯的夫人，卿大夫的妻子，就都依隨自己丈夫的身份地位而穿著相應的命服。

　　凡侍於君，紳垂，足如履齊，〔一〕頤霤，〔二〕垂拱，視下而聽上，視帶以及袷，〔三〕聽鄉任左。〔四〕

【注釋】

〔一〕齊：音資，通齋。　　〔二〕頤：音疑。　霤：音六，通溜。　　〔三〕袷：音傑。　　〔四〕鄉：音象，通向。

【譯解】

　　凡陪侍國君，要恭敬地站立在國君面前，上身略向前傾，紳帶離身下垂，衣裳下襬接地，好像被腳踩住，臉頰如同屋簷般地探出，拱手下垂，目光下視，耳神上聽，視綫下不過國君的腰帶，上不過國君的衣領，國君講話，傾聽時要頭稍偏右，任用左耳。

　　凡君召，以三節，二節以走，一節以趨，在官不俟履，在外不俟車。

【譯解】

　　凡國君命使宣召臣下，共用三個符節，急事就用兩個符節，緩事就用一個符節。使人手持兩個符節來宣召，就跑步前去見君；手持一個符節來宣召，就快步前去見君。只要國君宣召，不論事情緩急，都要趕快前往，在朝廷辦公處就不等穿好鞋子，在朝廷外就不等備好車子。

　　士於大夫，不敢拜迎而拜送。士於尊者，先拜，進面，荅之拜則走。

【譯解】

　　士前去見士，作為主人的士要出大門外拜迎，大夫去見大夫亦然，身份地位相同才能出門拜迎。大夫前去見士，士則不敢出大門外拜迎，大夫走時士可以拜送。士到卿大夫家去拜謁，卿大夫得到家丁通報，就到門內等候，不該出門拜迎，士在門外先拜，然後進門見面，卿大夫答拜，士就走避，不敢當。

士於君所言，大夫沒矣，則稱諡若字，名士。與大夫言，名士，字大夫。於大夫所，有公諱，無私諱。凡祭不諱，廟中不諱，教學臨文不諱。

【譯解】

士在國君的處所談話，提到的大夫如果已經去世，就稱他的諡號，沒有諡號的就稱他的字，不能直呼其名；提到士，即使已不在世，也可稱呼其名。士與大夫談話，提到某士可以直稱其名，提到大夫就要稱呼其字。在大夫的處所談話，有公諱沒有私諱，即話語當中要避開國君的名字，而不必避父母的名字。祭祀羣神時，祭辭中不避諱。宗廟祭享時，祭祖父則祭辭中不避諱父親的名字，祭父親則祭辭中要避諱祖父的名字。教學與行文、讀法都不要避諱，以防失真誤事。

古之君子必佩玉，右徵、角，〔一〕左宮、羽，趨以采齊，〔二〕行以肆夏，周還中規，〔三〕折還中矩，進則揖之，退則揚之，然後玉鏘鳴也。〔四〕故君子在車則聞鸞和之聲，行則鳴佩玉，是以非辟之心無自入也。〔五〕君在不佩玉，左結佩，右設佩；居則設佩，朝則結佩。齊則綪結佩而爵韠。〔六〕

【注釋】

〔一〕徵：音紙。　角：音決。　　〔二〕齊：音疾。

〔三〕還：同旋。　　　〔四〕鏘：音槍。　　　〔五〕辟：音闢，
通僻。　　　〔六〕齊：音摘，通齋。　　結：音争。

【譯解】

古代的君子必定要隨身懸掛玉佩，玉象徵君子堅定、純潔、
溫潤的品德，走路時隨着步伐起伏，玉佩上的玉互相撞擊，發出
悦耳和諧的聲音，右邊的玉佩發出徵聲、角聲，左邊的玉佩發出
宮聲、羽聲。快走時要與采齊樂的節拍相和，慢走時要與肆夏樂
的節拍相應。反轉回行，要走出弧綫，可以中乎圓規；拐彎而行，
要走出直角，可以合乎矩尺。前進則身軀微俯，像是作揖，玉佩
垂在身前；後退則身軀略仰，玉佩就出現身後。這樣快走、慢行、
旋轉、拐彎、前進、後退，然後玉佩就隨之鏗鏘作響了。所以説，
君子乘車的時候，就聽到車轅前端橫木上的鸞鈴與車軾上的和鈴
互相響應，步行的時候，就聽到腰間左右懸掛玉佩的鏘鳴，聲音
都是那樣清和純正，所以種種邪思惡念就無從進入君子的心中了。
在國君面前，士大夫不要按平常那樣懸掛玉佩，要把左側的玉佩
繫結起來，不讓它再出聲，右側的玉佩仍垂設如故。士大夫平日
居處就左右都垂設玉佩，上朝時就繫結左側玉佩。齋戒的時候，
穿著上下一色的玄端服，配上黑而微赤的蔽膝，將兩側玉佩折疊
起來，牢牢繫在革帶兩側。結是如弓字形的來回折疊、屈承。

凡帶必有佩玉，唯喪否。佩玉有衝牙。君子無故玉
不去身，君子於玉比德焉。天子佩白玉而玄組綬，公侯
佩山玄玉而朱組綬，大夫佩水蒼玉而純組綬，〔一〕世子佩瑜
玉而綦組綬，〔二〕士佩瓀玫而縕組綬。〔三〕孔子佩象環五寸而
綦組綬。

【注釋】

〔一〕純：<u>鄭玄</u>云：“純當爲緇。”音資。　　〔二〕瑜：音魚。

綦：音其。　　〔三〕瑞：音頓。　玟：音民，通珉。　緼：
音温。

【譯解】

凡天子、諸侯、卿、大夫、士，革帶兩側平時必有玉佩，只
有服喪時期不懸玉佩。玉佩左右各一。玉佩之制是：每個玉佩的
絲組都懸繫着三層玉。上層左右絲組各橫貫一塊長方形的玉珩，
兩珩間略有空隙，兩珩上之絲組的上端都有環，革帶從中穿進。
每珩下各有兩根絲組，外二組直垂，末端各懸繫一個半璧形的玉
璜。兩珩的內二組，都斜向中間，同穿過中層的玭珠後，又斜向
兩側，分別繫屬兩側玉璜。玭珠另有一絲組直垂，下端橫繫一玉，
名叫衝牙。衝牙兩端略尖，行走時由於身體摇動，衝牙就衝擊左
右兩璜，發出清脆聲響。君子不逢喪、患病或遭其他灾禍變故，
總是玉佩不離身的，君子用玉來比擬堅貞、純正、温和種種優美
品德。天子佩白玉而用天青色組綬，諸侯佩山青色的美玉而用朱
紅色組綬，大夫佩水蒼色的美玉而用黑色組綬，天子的太子、諸
侯的太子佩美玉而用彩色組綬，士佩似玉般的美石而用赤黃色的
組綬。太子佩的美玉，士佩的美石，其顔色没有硬性規定。<u>孔子</u>
佩的是象牙製做的環，直徑有五寸，用的是雜彩組綬。

童子之節也，緇布衣，錦緣，錦紳幷紐，錦束髮，
皆朱錦也。肆束，及帶，勤者有事則收之，走則擁之。〔一〕
童子不裘，不帛，不屨絇，〔二〕無緦服，聽事不麻。無事則
立主人之北，南面。〔三〕見先生，從人而入。

【注釋】

〔一〕肆束及帶勤者有事則收之走則擁之：此爲錯簡。鄭玄云："宜承無箴功。"已據鄭説移前。　　　〔二〕絢：音渠。

〔三〕立主人之北南面：王念孫謂"北南"應作"南北"。

【譯解】

　　男子未到二十歲，没有行過加冠禮，即爲童子。童子的儀節以至穿著與成人多有不同。童子穿黑布麻衣，用彩色織錦鑲邊，彩色織錦的腰帶以及帶紐，彩色織錦的束髮布條，都是朱紅質地的織錦。童子崇尚儉樸，不穿皮裘，不穿絲帛，鞋頭上也不加裝飾。族中有喪事，成人根據親疏遠近穿斬衰、齊衰、大功、小功、緦麻五種喪服，童子只服前四種，而不服緦麻三月。像族曾祖父、族祖父、族父母、族昆弟，他們雖也都是高祖的子孫後代，尚未出五服，如有人去世，成人就爲之服緦麻三月，而童子就不服了，因爲童子年幼，情不及遠。童子到喪家聽受役使，頭上腰間都不加麻経。喪家主人在東階之前偏東，面向西站立，童子無事便在主人之南，面向北侍立，隨時聽候主人吩咐。童子謁見老師，要隨從成人進入，不敢獨自前往煩勞師長。

　　侍食於先生、異爵者，後祭先飯。客祭，主人辭曰："不足祭也。"客飧，主人辭以疏。主人自置其醬，則客自徹之。一室之人，非賓客，一人徹。壹食之人，一人徹。凡燕食，婦人不徹。

【譯解】

　　食禮，食前必祭食，示不忘本。一般士人陪同先生及爵位高的人用飯，尊者祭食後自己再祭，而進食則自己在先。因爲此饌不是爲自己所設，所以後祭；自己先食，則意在爲尊者嘗食。客人將祭食時，主人要謙遜推辭説："不值得行祭。"客人進食後，稱贊味道精美，主人謙辭説食物粗糙。設饌時，主人親自將盛醬的木豆放置客人面前；飯後，客人就要自己將木豆撤下。同事共居，一起吃飯，不分賓主，飯後就由年輕的一人撤去饌具。大家偶爾一聚共同進食，食畢也由年輕一人撤下饌具。一般家宴，作爲女賓的婦人就無須親撤自己面前的木豆。

食棗、桃、李，弗致于核。瓜祭上環，食中，棄所操。凡食果實者後君子，火孰者先君子。[一]

【注釋】

〔一〕孰：熟的本字。

【譯解】

吃棗、桃、李子等帶核果品時，不要啃盡果肉而見核，一副貪吝相。吃瓜前要先祭一下飲食神，祭上段，吃中段，手拿過的下段扔掉不吃。凡食用乾鮮果品，要請君子、尊者先吃，自己後吃；一般用火燒煮而熟的食物，恐怕味道不好，自己要先嘗嘗，再請君子、尊者食用。

有慶，非君賜不賀。有憂者，[一]勤者有事則收之，走則擁之。[二]

【注釋】

〔一〕有憂者：此三字下有脱文。鄭玄云："此下絶亡。"

〔二〕勤者有事則收之走則擁之：此十一字上文已見，此誤重。與上句"有憂者"意不連屬。

【譯解】

　　家中有吉慶之事，沒有國君的賞賜，不足爲榮，不值得相賀。有了憂傷之事……

　　孔子食於季氏，不辭，不食肉而飧。

【譯解】

　　孔子在季氏家中吃飯，進食前孔子執食而行祭，作爲主人的季氏並沒有依禮謙遜地致辭説不值得行祭，孔子進食當中，爲了暗示主人失禮，還未曾吃肉，就贊美主人的饌食。

　　君賜車馬，乘以拜賜；衣服，服以拜賜。君未有命，弗敢即乘、服也。君賜，稽首，據掌，致諸地。酒肉之賜，弗再拜。凡賜，君子與小人不同日。

【譯解】

　　國君派人賞賜士大夫車馬，賜至則拜受，第二天便乘此車馬，前往國君那裏去拜謝君恩。國君派人賞賜衣服，賜至則拜受，第二天便穿此衣服，前往國君那裏去拜謝君恩。這些賞賜的車馬衣服，國君再命乘坐穿用，才敢繼續乘坐穿用；如果國君沒再發話，那就再也不敢乘坐穿用了。拜謝君賜，要跪下磕頭，跪下後，左掌覆在右手背上，右掌按地，然後額頭觸地。國君派人賞賜酒肉，賜至拜受，因賜物較輕，第二天就不要進宮再次拜謝，以免煩瀆國君。國君進行賞賜，爲了慎重尊卑名分，須將有爵位的士大夫與沒有什麼爵位的小臣嚴加區分，不要在同日頒賜。

　　凡獻於君，大夫使宰，士親，皆再拜稽首送之。膳於君，有葷、桃、茢，〔一〕於大夫去茢，於士去葷，皆造於膳宰。大夫不親拜，爲君之荅己也。

【注釋】

〔一〕茢：音列。

【譯解】

凡臣下有物品貢獻國君，大夫就派家宰去進獻，士就親自去進獻，到宮門交付小臣之時，家宰與士都要再拜磕頭來敬送。獻熟食給國君，要用葱、薑、蒜之類的葷菜覆蓋食器，用桃枝和苕帚護送，據說葷菜、桃枝、苕帚都能避邪。大夫的臣吏獻熟食給大夫，除去苕帚，只用葷菜、桃枝。士的臣吏獻熟食給士，又除去葷菜，只用桃枝伴送就行了。都送交到主管飲食的官吏——膳宰的手中。大夫之所以派家宰而不親自去拜獻，是怕煩勞國君出來向自己答拜。

大夫拜賜而退。士待諾而退，又拜，弗荅拜。大夫親賜士，士拜受，又拜於其室；衣服，弗服以拜。敵者不在，拜於其室。凡於尊者有獻，而弗敢以聞。士於大夫不承賀，下大夫於上大夫承賀。親在，行禮於人稱父。人或賜之，則稱父拜之。

【譯解】

國君派人對大夫、士有所賞賜，大夫去公門拜謝國君的賞賜，拜謝後就退去，小臣進宮回稟。士也去公門拜謝，拜謝後不敢逕自離去，須等待小臣出傳表明君主已然知曉的諾報，士聽報後又跪拜，國君不需要出來向士答拜。大夫親自將物品賞賜給士，士拜受後，第二天又到大夫之家去拜謝。大夫將衣服賜給士，士翌日去拜謝時，並不需穿上這套衣服。贈物者與受贈者身份地位相同，來贈物時，彼此已經相見，受贈者當面拜謝，翌日就不需再往其家去拜謝了；如果贈物時受贈人不在家，翌日受贈人就需前往贈物者之家去拜謝。凡是卑者對尊者有所進獻，比如大夫向國君進獻，士向大夫進獻，獻辭不敢直說獻給國君、獻給大夫，要說致送給有司、致送給從者。士的家中有吉慶事，不敢承受大夫親來祝賀；下大夫家中有吉慶事，可以承受上大夫親來祝賀。士與大夫等級懸殊，士不敢勞動尊者親來祝賀自己；上大夫、下大夫爵位相近，所以下大夫可以接受上大夫的親來祝賀。父親健在，自己與人行禮，比如對別人進行慰問、饋送，要用父親的名義，說家父命我來饋問。別人對自己有所贈賜，自己也要稱說家父命我前來拜謝。

　　禮不盛，服不充，故大裘不裼，乘路車不式。

【譯解】

　　舉行隆盛的禮要穿好外面的禮服，讓裘皮及其罩衣的美充實於內，這就叫做禮盛服充。舉行不太隆盛的禮，有時就要敞開外面禮服的前襟或褪下左袖，顯露裘皮及其罩衣之美，不讓其美充實於內，這就叫做禮不盛服不充。顯露內美於外，固然也是種恭敬的表示，不過，隆盛的大禮却不崇尚這種小敬。所以天子穿黑羔大裘去南郊祭天，大裘外的袞服，其衣襟從不敞開，總讓內美充實於內。天子乘用路車即玉路，亦即祭天的專車，途經門閭可以不像平常那樣憑軾致意，這也是盛禮不崇尚小敬的意思。

　　父命呼，唯而不諾，手執業則投之，食在口則吐之，

走而不趨。親老，出不易方，復不過時。親癠，[一]色容不
盛。此孝子之疏節也。父没而不能讀父之書，手澤存焉
爾。母没而杯圈不能飲焉，[二]口澤之氣存焉爾。

【注釋】

〔一〕癠：音紀。　　〔二〕圈：音悛。

【譯解】

　　父親命人來呼喚，要疾聲應唯，不要緩聲應諾，唯和諾雖然
都是答應的聲音，而唯體現着高度的恭敬。如果當時手中正拿着
書册，那就趕快放下，嘴裏正吃着食物，那就趕快吐出，立刻跑
到父親所在的地方去，要跑，不能僅僅是快走。父母年老，兒子
更要做到出必告，返必面。出門前稟告父母自己要到哪裏去，離
家後就不要改去他處，免得家中有事找不到人；到時回家，不要
過時，免得老人牽掛。父親或母親病了，兒女憂愁得氣色不好。
以上這幾點只不過是一般孝子都能做的簡略禮節，還稱不上至孝
行爲。父親謝世之後，不要翻讀父親讀過的書册，因爲書册上存
在着父親的手澤。母親謝世之後，不要使用母親用過的杯盤，因
爲杯盤上存在着母親的口澤氣息。孝子覩物思親，不忍動用。

　　君入門，介拂闑，[一]大夫中棖與闑之間，[二]士介
拂棖。

【注釋】

〔一〕闑：音聶。　　〔二〕棖：音成。

【譯解】

　　國君出訪外國，就是所訪問國家的國賓。隨從官員則爲介，
介是輔助正賓的副賓。卿充上介，另外還有大夫介、士介。主國

之君也相應的有擯，擯是協助主君接待賓客的人員。卿充上擯，另外還有大夫擯、士擯。相見那天，主君及其擯們迎國賓於大門外，相拜、傳語之後，一同面向北進入大門。大門兩扇，門兩側所豎木柱叫棖；兩門間地上設有抵制門扇的門橛，叫闑。主君與其擯們從闑東進入，聘君與其介們從闑西進入。東爲主，西爲客。聘君走在闑與西棖之中，上介在聘君的右後方隨行，衣裳下襬的右邊擦闑而過，大夫介在聘君的後面、上介的左後方隨行，士介在大夫介的左後方隨行，衣裳下襬的左邊擦棖而過。主君走在闑與東棖之中，上擯在主君的左後方隨行，衣裳下襬的左邊擦闑而過，大夫擯在主君的後面、上擯的右後方隨行，士擯在大夫擯的右後方隨行，衣裳下襬的右邊擦東棖而過。

　　賓入不中門，不履閾，〔一〕公事自闑西，私事自闑東。

【注釋】

〔一〕閾：音域。

【譯解】

　　國君派其卿大夫出訪外國，就是所訪國家的聘賓。其進門時，不敢從闑棖之正中而進，而稍東近闑，更不得腳踩門檻。代表國家向主國國君行聘享禮的時候，用賓禮，從闑西進門。正禮畢，聘使以個人名義謁見主國國君時，用臣禮，從闑東進門；不由闑西，意思是不敢以主君之賓客自居。

　　君與尸行接武，大夫繼武，士中武。徐趨皆用是。疾趨則欲發，〔一〕而手足毋移。圈豚行，〔二〕不舉足，齊如流。〔三〕席上亦然。端行，頤霤如矢。弁行，剡剡起屨。〔四〕

執龜、玉，舉前曳踵，〔五〕蹜蹜如也。〔六〕凡行，容惕惕，〔七〕
廟中齊齊，〔八〕朝廷濟濟翔翔。〔九〕

【注釋】

〔一〕欲：<u>鄭玄</u>云：“欲或爲數。”按：作“數”是，音槊。

〔二〕圈：音倦。　豚：音屯。　　〔三〕齊：音資，通齋。

〔四〕剡：音演。　　〔五〕曳：音夜。　　〔六〕蹜：音素。

〔七〕惕：音傷。　　〔八〕齊：音其。　　〔九〕濟：音幾。

【譯解】

在宗廟中行禮的時候，由於尊卑不同，步法也不一樣。國君
和象徵受祭先人神靈的尸，走路的步伐小，後步落地的脚跟要與
前步的脚心相齊，這就叫做接武；大夫和象徵受祭先人神靈的尸，
走路的步子稍大，後步落地的脚跟要與前步的脚尖相齊，這就叫
做繼武；士和象徵受祭先人神靈的尸，步子更大些，前後兩步之
間可有一個脚印的距離，這就叫做中武。國君、大夫、士行禮時
的徐趨步法都是如此。禮中也有疾趨的儀節。疾趨就要頻數起脚，
步子大小猶如平常，而速度加快，但手足需端正，手臂不要前後
搖，脚步不要左右擺。圈豚行是周旋回轉的徐趨，猶如小猪循圈
而行，不舉足，拖着脚跟碎步徐趨，大腿直，腰身穩，衣裳下襬
不離地如水流般快而穩的行進。入席、離席的步法也是如此。直
綫疾趨時，略低頭好象屋簷，步伐不斜如箭。急切疾趨，不斷地
迅速起脚。手執神龜、寶玉的時候，要舉起鞋前，拖着鞋跟，脚
步密接而小心翼翼。君子平時在路上行走，步態要直而且快；在
宗廟中行走，步態要端恭誠懇；在朝廷上行走，步態要莊敬安詳。

君子之容舒遲，見所尊者齊遬。〔一〕足容重，手容恭，

目容端，口容止，聲容靜，頭容直，氣容肅，立容德，色容莊，坐如尸。燕居告溫溫。凡祭，容貌顏色如見所祭者。喪容纍纍，〔二〕色容顛顛，〔三〕視容瞿瞿梅梅，〔四〕言容繭繭。戎容暨暨，〔五〕言容詻詻，〔六〕色容厲肅，視容清明。立容辨卑，〔七〕毋諂，〔八〕頭頸必中。山立，時行，盛氣顛實揚休，〔九〕玉色。

【注釋】

〔一〕齊：音資。　遬：音速。　　〔二〕纍：音雷。

〔三〕顛：音田。　〔四〕瞿：音巨。　〔五〕暨：音紀。

〔六〕詻：音愕。　〔七〕辨：音扁。鄭玄云：“辨讀爲貶。”

〔八〕諂：音產，同謟。　　〔九〕顛：音田。鄭玄云：“顛讀爲闐。”

【譯解】

　　君子的容貌要從容閒雅，遇見所尊重的人，就特別謙恭拘謹。君子足的儀態要穩重，不要懈怠；手的儀態要恭慎，不要妄加比劃；目光的儀態要端正，不要斜視；嘴角的儀態要靜止，不要亂動；語調的儀態要平靜，不要隨便咳嗽發怪聲；頭的儀態要直向前方，不要歪脖回顧；氣度的儀態要嚴肅，不要輕浮；站立的儀態要身形微俯，如恭候對方授物的樣子；面色的儀態要莊重，不要鬆懈輕佻；坐的姿態要如同象徵受祭神靈的尸那樣敬慎莊嚴；君子平常家居，教人、使人時，要態度和善，不要讓人感到嚴厲、害怕。君子進行祭祀的時候，容貌臉色就如同見到所祭的先人一樣。君子爲雙親居喪的時候，姿態是那樣的削瘦疲憊，面色是那樣的憂心忡忡，眼神是那樣的驚慌不安、昏暗迷離，說話的聲氣是那樣的細微無力。君子在軍隊裏的時候，態度要果敢剛毅，發號施令要嚴明，面容要正顏厲色，眼光清亮明察。站立時要儀態謙卑，但不要低頭哈腰近乎諂媚，頭頸必定要中正，像山一般的立定，該行動時才行動，浩然盛氣充滿胸中，而其陽剛之美發揚於外，軍人的臉色剛強堅定有如玉色。

　　凡自稱，天子曰“予一人”，伯曰“天子之力臣”。諸侯之於天子，曰“某土之守臣某”；其在邊邑，曰“某屏之臣某”；其於敵以下，曰“寡人”。小國之君曰“孤”，擯者亦曰“孤”。〔一〕上大夫曰“下臣”，擯者曰“寡君之老”。下大夫自名，擯者曰“寡大夫”。世子自名，擯者曰“寡君之適”。〔二〕公子曰“臣孽”。士曰“傳遽之臣”，〔三〕於大夫曰“外私”。大夫私事使，私人擯則稱名，公士擯則曰“寡大夫”、“寡君之老”。大夫有所往，必與公士爲賓也。〔四〕

【注釋】

〔一〕擯：音鬢，通儐。　　〔二〕適：音笛，通嫡。

〔三〕傳：音賺。　遽：音巨。　　〔四〕賓：音鬢，通擯。

【譯解】

　　各種貴族的自稱：天子自稱爲“予一人”，九州各州的州伯自稱爲“天子之力臣”。諸侯對天子自稱爲某土之守臣某人；九州之外的邊境諸侯，對天子自稱爲某方屏衛之臣某人。諸侯對他國諸侯或自己的臣民，自稱爲寡人。小國國君對與自己地位相同的國君及自己的臣民自稱爲“孤”，賓主行禮，擯介爲小國國君傳話時也稱“孤”。諸侯的上大夫對自己的國君自稱“下臣”，出使他國，擯介傳話時稱之爲“寡君之老”。諸侯的下大夫對自己的國君自稱其名，出使他國，擯介傳話時稱之爲“寡大夫”。諸侯的世子對自己國君自稱其名，與他國禮節交際，擯介傳話時稱之爲“寡君之嫡”。諸侯的庶子對自己國君自稱“臣孽”。士對國君自稱爲“傳遽之臣”，意思說自己不過是國君傳遞命令、消息的驛使。士對外國大夫自稱“外私”，大夫的家臣爲“私”，士跟本國大夫說話，自己謙稱“賤私”，跟外國大夫說話，所以自稱外私。大夫因私事出使外國，其家臣傳話時，就直稱大夫之名；大夫因公事奉命出使外國，其介爲公士，傳話時，就稱大夫爲“寡大夫”，或“寡君之老”。大夫奉命出國，大聘問就命上大夫爲正使，小聘問就命下大夫爲正使，都必以公士爲擯介。

明堂位第十四

　　昔者周公朝諸侯于明堂之位：天子負斧依，〔一〕南鄉而立；〔二〕三公，中階之前，北面東上；諸侯之位，阼階之東，〔三〕西面北上；諸伯之國，西階之西，東面北上；諸子之國，門東，北面東上；諸男之國，門西，北面東上；九夷之國，東門之外，西面北上；八蠻之國，南門之外，北面東上；六戎之國，西門之外，東面南上；五狄之國，北門之外，南面東上；九采之國，應門之外，北面東上。四塞，世告至。此周公明堂之位也。明堂也者，明諸侯之尊卑也。

【注釋】

〔一〕依：音以。　　〔二〕鄉：通向。　　〔三〕阼：音作。

【譯解】

　　從前周公執政時期，在明堂接待來朝的天下諸侯，根據尊卑內外，規定了天子、諸侯以及四夷國君所站立的位置：堂上設有斧依即繪有斧形圖案的屏風，天子背對斧依面朝南站立。天子的三公立在中間台階之前，都面向北，面對天子，以東爲上，即最尊者在東，次尊者依次西立。諸侯的班位，在阼階即東階下的東邊，都面向西，以北爲上，依尊卑次第自北向南排立。伯爵諸侯的班位，在西階下的西邊，都面向東，也以北爲上。明堂四面圍牆，正中各有一門，南門內又有應門。子爵諸侯的班位，在應門內的東邊，都面向北，以東爲上。男爵諸侯的班位，在應門內的西邊，都面向北，也以東爲上。九種夷族的君長，站立在東門之外，都面向西，以北爲上。八種蠻族的君長，站立在南門之外，都面向北，以東爲上。六種戎族的君長，站立在西門之外，都面向東，以南爲上。五種狄族的君長，站在北門之外，都面向南，以東爲上。九州的州牧立在應門之外，都面向北，以東爲上。至於四方極遠的守候邊塞的小國國君，於其在位期間來朝一次就可以了。這就是周公制定的在明堂接待來朝諸侯的列位。明堂就是用以表明諸侯尊卑等次的所在。

　　昔殷紂亂天下，脯鬼侯以饗諸侯，是以周公相武王以伐紂。武王崩，成王幼弱，周公踐天子之位，以治天下。六年，朝諸侯於明堂，制禮作樂，頒度量，〔一〕而天下大服。七年，致政於成王。成王以周公爲有勳勞於天下，是以封周公於曲阜，地方七百里，革車千乘，〔二〕命魯公世世祀周公以天子之禮樂。

【注釋】
〔一〕量：音亮。　　〔二〕乘：音勝。
【譯解】
　　從前殷朝紂王殘酷暴虐，弄亂了天下，殺死鬼國國君，做成肉脯，來宴請諸侯們，所以周公輔佐武王來征討紂王。武王滅殷後，不久去世，兒子成王繼位，因年紀幼小，由周公攝政，登天子之位，行使天子權力，來治理天下。攝政六年，周公命各路諸侯來到京城的明堂朝見天子。當年周公制定了各種禮樂制度，頒布了標準的度量衡，天下切實服從。攝政七年，將政權交還給成王。成王認爲周公對天下有巨大的功勳勞績，所以分封周公於曲阜，國土方圓七百里，擁有兵車一千輛，命令後世魯國國君世世代代用天子的禮樂來祭祀周公。

是以魯君孟春乘大路，〔一〕載弧韣，〔二〕旂十有二旒，〔三〕日月之章，祀帝于郊，配以后稷，天子之禮也。季夏六月，以禘禮祀周公於大廟，〔四〕牲用白牡，尊用犧、象、山罍，〔五〕鬱尊用黃目，〔六〕灌用玉瓚大圭，〔七〕薦用玉豆、雕簋，〔八〕爵用玉琖仍雕，〔九〕加以璧散、璧角，〔一〇〕俎用梡嶡。〔一一〕升歌清廟，下管象，朱干玉戚，冕而舞大武，皮弁素積，裼而舞大夏。〔一二〕昧，東夷之樂也。任，〔一三〕南蠻之樂也。納夷蠻之樂於大廟，言廣魯於天下也。君卷冕立于阼，〔一四〕夫人副褘立於房中。〔一五〕君肉袒迎牲于門，夫人薦豆籩，卿大夫贊君，命婦贊夫人，各揚其職。百官廢職服大刑，而天下大服。是故夏礿、秋嘗、冬烝、春社、秋省而遂大蜡，〔一六〕天子之祭也。

【注釋】

〔一〕乘：音成。　　〔二〕韣：音獨。　　〔三〕旂：音旗。
旒：音流。　　〔四〕禘：音帝。　大：通太。　　〔五〕罍：

音雷。　　〔六〕鬱：音育。　　〔七〕瓚：音贊。
〔八〕箅：算的上聲。　　〔九〕琖：音展。　　〔一〇〕散：
去聲。　角：音決。　　〔一一〕梡：音款。　嶡：音決。
〔一二〕裼：音西。　　〔一三〕任：音仁。　　〔一四〕卷：
音滾，同袞。　　〔一五〕褘：音灰。　　〔一六〕礿：音藥。
省：音顯，通獮。鄭玄云："省讀爲獮。"　蜡：音乍。

【譯解】

　　因此魯國國君得以於孟春正月，乘上爲赴祭天場所而專用的
名叫大輅的車子，車上載着套上弓衣的用以舒張旗幅的竹弓，插
着附有十二個飄帶的大旗，旗上畫着日月的徽章，前去南郊祭祀
上帝，並以周民族的祖先后稷的神主配享。這原是天子的祭天禮
儀。到了夏季六月，魯國國君用禘禮即夏季的宗廟祭禮在太廟中
祭祀周公，祭牲用白色的公牛；盛酒器用的是牛形的犧尊、象形
的象尊、刻有山雲圖紋的山罍；鬱金香與黍米合釀的香酒盛在刻
畫眼目之形名叫黃目的酒樽之中；祭祀當中酳酒灌地用的是玉瓚
大圭，玉瓚是玉製的酳酒斗，大圭是玉製的斗柄；薦獻食品用的
是有玉飾的豆和加雕飾的籩，木豆竹籩都類似高腳盤，豆盛濕的
食品，如肉醬之類，籩盛乾的食品，如肉脯之類；國君獻酒的酒
杯用有雕刻圖紋的玉盞，諸臣加爵時使用璧玉緣飾杯口的名叫璧
散、璧角的酒杯；盛熟肉、熟魚的肉案用四腿帶橫木的几案。樂
工升堂歌唱清廟之詩，堂下吹奏象曲。舞隊中，國君左手執紅色
盾牌，右手執玉飾的大斧，頭戴着冠冕而舞蹈象徵武王伐紂的大
武舞；頭戴皮弁，身穿絲制素衣、腰間積褶的素裳，顯露中衣，
來舞蹈象徵文治成功的大夏舞。昧是東夷的音樂，任是南蠻的音
樂，魯國將蠻夷的音樂收入於太廟祭祀的用樂當中，表明作爲周

公後嗣的魯國，其威信已廣及天下，不比尋常。國君身穿畫着彎曲龍形的禮衣，頭戴冠冕，立在堂上東側、南當阼階的主位上，國君夫人頭上梳着攙有假髮而編成的髮髻，插上附有玉飾的髮簪，身穿畫有雉鳥圖形的禮衣，立在堂上北側的房中。將祭牲牽來時，國君袒露左臂到廟門迎接，將親自殺牲祭祖先；祭祀當中，夫人親手進薦盛着祭品的豆籩。從始至終的祭祀活動，由卿大夫們贊助國君，國君的妃嬪和卿大夫的正妻贊助國君夫人，各人擔當各自的職務。各種供事官員如果有人曠廢所負責的職務，要受到嚴懲，這樣做就會讓天下人心大服。不僅夏季的禘祭如此，魯國的其他季節性的宗廟祭祀，如夏天的礿祭，秋天的嘗祭，冬天的烝祭，以及春天祭社，秋天爲獲取祭牲而進行的圍獵，直至年終合祭萬物的蜡祭，這些本來都屬於天子的祭典。

　　大廟，[一]天子明堂。庫門，天子皋門。[二]雉門，天子應門。振木鐸於朝，[三]天子之政也。山節藻梲，[四]復廟重檐，[五]刮楹達鄉，[六]反坫出尊，[七]崇坫康圭，[八]疏屏，天子之廟飾也。

【注釋】

〔一〕大：通太。　　〔二〕皋：音高。　　〔三〕鐸：音奪。

〔四〕梲：音卓。　　〔五〕重：音蟲。　　檐：同簷。

〔六〕鄉：通向。　　〔七〕坫：音店。　　〔八〕康：音抗。

【譯解】

　　魯國的太廟略似天子的明堂。天子的皇宮，中軸綫上有五座大門，即皋門、庫門、雉門、應門、路門，魯國的王宮，中軸綫上有三座大門，即庫門、雉門、路門。魯國的庫門，相當天子的皋門；魯國的雉門，相當天子的應門。魯國朝廷上發號施令之前先搖動木舌的銅鈴以警眾，本來這是天子的布政方式。魯國的太廟，雕製山形的斗拱；彩畫水草圖紋的短柱；雙層的廟宇；重疊的屋簷；摩光打亮的殿柱；通達對稱的窗戶；堂上兩大殿柱間，當酒樽之南，築成小土臺，以備用饗禮接待來訪諸侯時獻酒後放置酒杯；又在兩大殿柱間偏北處，築成較高小土臺，以備行聘禮時，魯君接過來訪諸侯所致大圭後，將之放置於上；還有雕鏤通透的雲氣蟲獸圖案的屏風：所有這些，原本都是天子宗廟中的裝飾物。

鸞車，有虞氏之路也；鉤車，〔一〕夏后氏之路也；大路，殷路也；乘路，〔二〕周路也。

【注釋】

〔一〕鉤：音勾。　　〔二〕乘：音勝。

【譯解】

　　綴有鸞鈴、和鈴的鸞車，是虞代君主的用車；車身前欄鉤曲的鉤車，是夏代君主的用車；木質施漆的大路，是殷代君主的用車；加玉飾的乘路亦名玉路，是周代君主的用車。

有虞氏之旂，夏后氏之綏，〔一〕殷之大白，周之大赤。

【注釋】

〔一〕綏：鄭玄云："綏當爲緌。"音蕤。

【譯解】

　　虞代用的是旗竿頂上插着牦牛尾的旗幟，夏代用的是竿頭繫鈴、畫有二龍的旗幟，殷代用的是大白旗，周代用的是大紅旗。

　　夏后氏駱馬，黑鬣；^{〔一〕}殷人白馬，黑首；周人黃馬，
蕃鬣。^{〔二〕}夏后氏牲尚黑，殷白牡，周騂剛。^{〔三〕}

【注釋】

〔一〕鬣：音列。　　　〔二〕蕃：音凡。　　　〔三〕騂：音星。

【譯解】

　　夏代人崇尚乘用黑頸毛的白馬，殷代人崇尚乘用白身黑頭的
馬，周代人崇尚乘用紅頸毛的黃馬。夏代的祭牲崇尚用黑牛，殷
代的祭牲崇尚用白色公牛，周代的祭牲崇尚用赤色公牛。

　　泰，有虞氏之尊也；山罍，夏后氏之尊也；著，^{〔一〕}殷
尊也；犧象，周尊也。

【注釋】

〔一〕著：音卓。

【譯解】

　　陶製的名叫“泰”的盛酒器，是虞代的酒樽。畫有山雲花紋
名叫“山罍”的盛酒器，是夏代的酒樽。平底無足的名叫“著”
的盛酒器，是殷代的酒樽。犧牛形的和大象形的盛酒器，是周代
的酒樽。

　　爵，夏后氏以琖，殷以斝，^{〔一〕}周以爵。

【注釋】

〔一〕斝：音甲。

【譯解】

　　酒杯：夏代用的是玉飾的酒盞，殷代用的是圓口平底、上口
有兩柱、下底有三足、側有提梁名叫“斝”的銅製酒杯，周代用

的是長口圓底、上口有兩柱、下底有三足、較斝爲小名叫“爵”的銅製酒杯。

　　灌尊，<u>夏后氏</u>以雞夷，^[一]<u>殷</u>以斝，<u>周</u>以黃目。其勺，<u>夏后氏</u>以龍勺，<u>殷</u>以疏勺，<u>周</u>以蒲勺。

【注釋】

〔一〕夷：<u>鄭玄</u>云：“夷讀爲彝。”

【譯解】

　　盛鬱鬯香酒用於祭祀中灌地獻神的酒器，<u>夏代</u>用雞形的名叫“雞彝”的酒器，<u>殷代</u>用名叫“斝”的酒器，<u>周代</u>用刻畫眼目形、飾以黃金名叫“黃目”的酒器。酌酒勺，<u>夏代</u>用勺頭刻龍形花紋的龍勺，<u>殷代</u>用勺頭雕刻花紋的疏勺，<u>周代</u>用勺頭爲其口微開的鳧頭形的蒲勺。

　　土鼓、蕢桴、葦籥，^[一]<u>伊耆氏</u>之樂也；^[二]拊搏、玉磬、揩擊、大琴、大瑟、中琴、小瑟，^[三]四代之樂器也。

【注釋】

〔一〕蕢：音快。<u>鄭玄</u>云：“蕢讀爲凷，聲之誤也。”凷同塊。桴：音浮。　籥：音月。　　〔二〕樂：音岳。　　〔三〕拊：音府。　揩：音開。

【譯解】

　　用瓦框蒙皮做的鼓，用泥燒製而成的鼓槌，用葦管做的短笛，這是遠古<u>伊耆氏</u>的樂器。至於拍打節拍用的充滿穀糠的熟皮小鼓、玉磬、起樂止樂用的打擊樂器、大琴、大瑟、中琴、小瑟，那才是<u>虞</u>、<u>夏</u>、<u>殷</u>、<u>周</u>四代所傳用的樂器。

魯公之廟，文世室也；武公之廟，武世室也。

【譯解】

魯公姬伯禽的廟，相當於周朝的文王世室；魯武公姬敖的廟，相當於周朝的武王世室；都是永不遷毀的宗廟。

米廩，有虞氏之庠也；〔一〕序，夏后氏之序也；瞽宗，殷學也；頖宮，〔一〕周學也。

【注釋】

〔一〕庠：音祥。　　〔二〕頖：音判。

【譯解】

魯國有米廩、序、瞽宗、頖宮四種學校。米廩是儲存祭祀用米的倉廩，同時於此設立學校，因以爲名。序，意取次序國家政教大事。瞽宗，意謂樂師、瞽矇之所宗。頖宮，意謂頒布政教之所。其實，米廩是本自虞代的學校，序是源於夏代的序，瞽宗是沿用殷代的學校，頖宮是承襲周朝的學校。周天子有此四學，魯國得用天子禮樂，所以也有這四種學校。

崇鼎、貫鼎、大璜、封父龜，〔一〕天子之器也；越棘、大弓，〔二〕天子之戎器也。

【注釋】

〔一〕璜：音黃。　父：音府。　　〔二〕棘：音幾，通戟。

【譯解】

崇國的寶鼎，貫國的寶鼎，半璧形的大玉璜，封父的寶龜，這原是天子的寶器。越國的戟和大弓，這原是天子的兵器。

夏后氏之鼓，足，[一]殷楹鼓，周縣鼓。[二]垂之和鍾，叔之離磬，女媧之笙簧。[三]夏后氏之龍簨虡，[四]殷之崇牙，周之璧翣。[五]

【注釋】

〔一〕夏后氏之鼓足：七經孟子考文補遺曰："足利本'鼓足'作'足鼓'。"王念孫云："詩商頌那篇'置我鞉鼓'，毛傳曰：'夏后氏足鼓。'詩正義兩引明堂位皆作'足鼓'。"　　〔二〕縣：懸的本字。　　〔三〕媧：音蛙。　　〔四〕簨：音笋。　虡：音巨。　　〔五〕翣：音霎。

【譯解】

夏代的鼓平放，下有四足框架；殷代的鼓側放，鼓框兩側各鑿一孔，將鼓貫穿在竪立的柱中；周代的鼓，鼓框有環，將鼓懸在木架上。垂創作的調和編鐘音調的標準鐘，叔創作的調和編磬音調的標準磬，女媧創作的笙中的發音薄片。簨虡就是懸掛鐘磬的木架。夏代的簨虡上刻畫着龍形，殷代又在簨虡的上端刻畫着鋸齒，周代又在簨虡上端的兩角，插上用木框、畫繪做的翣扇，載小玉璧，並懸垂彩色羽毛。

有虞氏之兩敦，[一]夏后氏之四連，[二]殷之六瑚，周之八簋。[三]俎，有虞氏以梡，夏后氏以嶡，殷以椇，[四]周以房俎。夏后氏以楬豆，[五]殷玉豆，周獻豆。[六]

【注釋】

〔一〕敦：音對。　　〔二〕連：通璉。　　〔三〕簋：音鬼。
〔四〕椇：音舉。　　〔五〕楬：音洽。　　〔六〕獻：音梭。

【譯解】

敦、璉、瑚、簋，雖形製不盡相同，而都是盛黍米飯、穈子米飯的食器。虞代在大禮中用兩敦，夏代用四璉，殷代用六瑚，周代用八簋。始用兩器，後代遞增。俎是古代飲食、祭祀中置放做熟的大塊帶骨牲肉或整條魚的長方形的四足食案。虞代的俎叫做梡，梡就是有四條直腿的俎。夏代的俎叫做嶡，嶡就是每端左右兩直腿間各安上一根橫帶的俎。殷代的俎叫做椇，椇就是四條弧形腿的俎，也有兩根橫帶。周代用的是房俎，房俎每端兩條弧形腿下，不僅有橫帶，而且橫帶下是兩方腳左右對稱撇出。如果將橫帶比做堂室之前壁，而兩方腳就略似堂室的左房右房了。豆是古代的木製的高腳托盤，夏代用的是不加修飾的梮豆，殷代用的是鑲玉爲飾的玉豆，周代用的是雕刻花紋的獻豆。

有虞氏服韨，[一]夏后氏山，殷火，周龍章。

【注釋】

〔一〕韨：音符。

【譯解】

韨是祭服的熟皮製的蔽膝，虞代的祭服就有韨，夏代的韨上繪製山形圖案，殷代的韨上面繪製火形的圖案，周代的韨繪製龍形圖案。

有虞氏祭首，夏后氏祭心，殷祭肝，周祭肺。

【譯解】

虞代行祭崇尚用牲首，夏代行祭崇尚用牲心，殷代行祭崇尚用牲肝，周代行祭崇尚用牲肺，各認爲所祭部位是牲體的最重要的器官。

夏后氏尚明水，殷尚醴，周尚酒。

【譯解】

在祭祀當中，夏代崇尚用清明潔净的水，殷代崇尚用帶糟的甜酒，周代崇尚用酒。

有虞氏官五十，夏后氏官百，殷二百，周三百。

【譯解】

虞代設立職官只有五十種，夏代就增加到一百種官職，殷代發展到二百種，周代更擴充到三百種了。

有虞氏之綏，〔一〕夏后氏之綢練，〔二〕殷之崇牙，周之璧翣。

【注釋】

〔一〕綏：亦當作緌，音蕤。　　〔二〕綢：音滔，通韜。

【譯解】

各代伴隨喪車的旌旗裝飾各有不同：虞代用的是竿頂上插着牦牛尾的旗幟；夏代用綢子纏裹旗竿，又用白練布做旗子的飄帶；殷代旌旗有齒狀邊飾；周代在柩車的前後左右都有人手持附着玉璧和彩色羽毛的翣扇來遮蔽柩車。

凡四代之服、器、官，魯兼用之。是故魯，王禮也，天下傳之久矣，君臣未嘗相弑也，禮樂、刑法、政俗未嘗相變也。天下以爲有道之國，是故天下資禮樂焉。

【譯解】

　　一般説來，虞、夏、殷、周四個朝代所用禮服、禮器、職官，魯國都兼收並用。因此，魯國實行的是天子之禮，這是很久以來天下傳聞、衆所周知的。魯國的君臣没有出現過互相殺戮，禮樂、刑法、政治、風俗也没有發生過明顯變更。天下都認爲魯國是有道的國家，所以，天下對魯國的禮樂制度多有所取法。　　按：做這篇明堂位的人，意在盛誇魯國，然頗有不實之辭。東漢經學家鄭玄評論説："春秋時，魯三君弑，又士之有誄，由莊公始，婦人髽而弔，始於臺駘，云'君臣未嘗相弑'，'政俗未嘗相變'，亦近誣矣。"

喪服小記第十五

　　斬衰，[一] 括髮以麻。爲母，[二] 括髮以麻，免而以布。[三] 齊衰，[四] 帶惡笄以終喪。[五] 男子冠而婦人笄，[六] 男子免而婦人髽。[七] 其義，爲男子則免，[八] 爲婦人則髽。

【注釋】

〔一〕衰：音崔。下同。　　〔二〕爲：音魏。　　〔三〕免：音問。下同。　　〔四〕齊：音資，通齎。　　〔五〕帶惡笄以終喪：原脱“帶”，據禮記訓纂增補。王念孫云：“喪服及士虞禮疏兩引此文，皆作‘帶惡笄以終喪’。”　　笄：音基。　　〔六〕冠：音貫。　　〔七〕髽：音抓。　　〔八〕爲：音維。下同。

【譯解】

　　斬衰就是兒女爲父親穿的不緝邊的喪服，用雌株大麻纖維所織的布做的，是最爲粗惡的麻布。齊衰就是兒女爲母親穿的緝邊的喪服，用雄株大麻纖維所織的布做的，齊衰布稍細於斬衰布。父親死的第二天進行小斂，小斂後，孝子在堂上房中括髮，即摘下別髮用的簪子，解下包髮巾，另用麻縷束髮。母親死的第二天小斂後，孝子也先用麻縷括髮，及至回到堂下阼階之東的喪位時，就不復以麻縷括髮，而改用免，免就是用一個白麻布長條纏頭，纏法是：先用布條中間部分兜住腦後，經兩耳上，兩端相交於額頭，再回繞在髮髻上繫住。女兒爲母親、媳婦爲公婆穿齊衰喪服，腰上纏繫着粗麻帶，頭髮上用粗惡的榛木簪子，這樣一直到除喪的時候。作爲成人，平時男人頭戴吉冠，女人髮上插吉簪；遇上齊衰之喪，小斂後，男人頭上就去掉冠、簪子、包髮巾而改著免，女人頭上就去掉簪子、包髮巾而改用髽，髽就是用麻布條與頭髮纏束成髻。意思是，小斂後男女的髮式不同，男人就用白麻布條自脖子後邊纏向額頭再回繞髮髻，女人就用麻布條與頭髮一起盤結成個大髮髻。

　　苴杖，[一]竹也。削杖，[二]桐也。

【注釋】

〔一〕苴：音居。　　〔二〕削：音薛。

【譯解】

　　爲父親穿斬衰喪服，手執的喪杖叫苴杖，是截斷暗蒼色的竹杖而成的。爲母親穿齊衰喪服，手執的喪杖叫削杖，是刮削桐樹枝柯做成的。

　　祖父卒，而后爲祖母後者三年。[一]

【注釋】

〔一〕爲：音維。

【譯解】

　　嫡長子早死，嫡長孫就是祖父母的承重人，即擔負宗廟、宗族重任的繼承人。今祖父去世，受重於祖父的嫡孫就要爲之服斬衰三年；祖父在而祖母去世，嫡孫就要爲之服齊衰周年；祖父已不在而今祖母又死，受重於祖母的嫡孫則要爲她服齊衰三年；不得按常例只服齊衰周年。

　　爲父、母、長子稽顙。〔一〕大夫弔之，雖緦必稽顙。〔二〕婦人爲夫與長子稽顙，其餘則否。

【注釋】

〔一〕爲：音維。下同。　稽：音啓。　顙：音嗓。

〔二〕緦：音思。

【譯解】

　　爲父母或爲嫡長子服喪，遇有賓客弔唁，服喪人拜謝時要稽顙即叩頭觸及地面。大夫親自前來弔問，喪家服喪人即使與死者親屬關係較爲疏遠，僅服緦麻三月之輕服，拜謝大夫也要稽顙，不敢待以輕禮。婦女爲自己的丈夫或嫡長子服喪，對前來弔問的賓客也要稽顙拜謝；爲其他人服喪包括公婆之喪，婦女對賓客弔問答謝，只須跪拜，不要稽顙。

　　男主必使同姓，婦主必使異姓。

【譯解】

　　父母之喪，嫡子爲男主，嫡婦爲女主。死者沒有後嗣，也得有人爲喪主，一定要使同姓男人做爲男主，一定要使來嫁此的婦女做爲女主。凡婦女來嫁此宗者，自然是異姓女子了。

　　爲父後者爲出母無服。〔一〕

【注釋】

〔一〕上爲音維。下爲音魏。

【譯解】

母親先已被父親休退，今聽到她的死訊，如果父親尚健在，兒子們都該爲出母穿周年的喪服；如果這時父親已不在世，嫡長子一人就不再爲出母服喪了。因爲服喪者不祭，自己身負宗族祭祀的重任，不敢因母子的個人恩情而停廢父親所傳重的祭祀。

親親以三爲五，以五爲九，上殺、下殺、旁殺而親畢矣。〔一〕

【注釋】

〔一〕殺：音曬。

【譯解】

有血統關係的親人間的親情，是有親疏遠近的。血統越近，親情越深，親情由近而及遠。就自己而言，父親、自己、兒子這三輩最親。由愛父親而愛及父親的父親——祖父，由愛兒子而愛及兒子的兒子——孫子，從而三輩的親情擴展到了五輩。由愛祖父而愛及祖父的祖父——高祖，由愛孫子而愛及孫子的孫子——玄孫，從而五輩的親情擴展到了九輩。喪服的輕重就是根據血緣遠近而制定的。由近而及遠，親情也隨之而遞減。往上説，從父親到高祖，親情是遞減的；往下説，從兒子到玄孫，親情是遞減的；往旁親説，從兄弟到堂兄弟、同曾祖兄弟、同高祖兄弟，親情也是遞減的。此外就出了五服，親屬關係就遠了，親情就淡了，服制也就沒有了。

王者禘其祖之所自出，〔一〕以其祖配之，而立四廟。庶子王亦如之。

【注釋】

〔一〕禘：音帝。

【譯解】

天子舉行祭天的禘祭，祭祀誕育其始祖的天神，而用始祖的神主來配享。除始祖的太廟之外，要另立四親廟，即高祖廟、曾祖廟、祖廟、禰廟。如果嫡子因患頑症不可繼立，由庶子繼承王位，他祭天、立廟也是如此。

別子爲祖，〔一〕繼別爲宗，繼禰者爲小宗。〔二〕有五世而遷之宗，其繼高祖者也。是故祖遷於上，宗易於下。尊祖故敬宗，敬宗所以尊祖禰也。庶子不祭祖者，明其宗也。

【注釋】

〔一〕爲：音維。下同。　　　〔二〕禰：音你。

【譯解】

別子指王者的庶子。別子不能繼承王位，他的後代尊奉他爲祖先，繼承別子的嫡系子孫就成了大宗，繼承別子之庶子的後輩就是小宗。小宗也是嫡嫡相傳。小宗總共有四種小宗：有繼禰的小宗，有繼祖的小宗，有繼曾祖的小宗，有繼高祖的小宗。小宗傳到五世就要遷動，這是指繼高祖小宗而言。也就是說，身爲繼高祖的小宗子死了，就成爲其繼承人的禰了，原禰就上遷成了祖，原祖就上遷成了曾祖，原曾祖就上遷成了高祖，而原高祖的神主就遷附在大宗的廟裏。小宗以保持五世爲限，也就是說，不可以有繼高祖之父的小宗。因此，被宗人尊奉的高祖隨着世代的交替而遷動於上，而各小宗也隨着世代交替而在下面發生變化：不僅產生了新的繼禰的小宗，而且原來繼禰的、繼祖的、繼曾祖小宗都從而遞升。人們都是尊崇祖先的，所以人們自然也就敬重作爲祖禰正體的宗子了，而敬重宗子也正是尊崇祖禰的實際行動。庶子之所以不祭祖，明有正宗在，表明主持祖父祭祀的嫡子爲自己所宗，爲自己所敬重。

庶子不爲長子斬，[一]不繼祖與禰故也。

【注釋】

〔一〕爲：音魏。

【譯解】

庶子的長子死了，庶子只爲他服齊衰周年，不得爲他服斬衰三年，因爲庶子本身就不是父親的繼承人，其長子自然也就不是祖父的繼承人了。

庶子不祭殤與無後者，[一]殤與無後者從祖祔食。[二]

【注釋】

〔一〕殤：音傷。　　〔二〕祔：音付。

【譯解】

殤是未成人而死的，無後者指成人未婚或已婚無子而死的。庶子的長子未成人而死，庶子的兄弟無後而死，庶子都不得擅自行祭，這兩種死者的牌位應該附在祖廟，庶子陪同宗子四時祭祖時，附帶就祭他們了。

庶子不祭禰者，明其宗也。

【譯解】

庶子之所以不祭父廟，是表明主持先父祭祀的嫡子爲自己所宗，自己無權擅自行祭。

親親，尊尊，長長，男女之有別，人道之大者也。

【譯解】

熱愛雙親，尊崇祖先，敬重兄長及長輩，男女有別，這都是人倫道義中的重大事項。這在服制上也都有明確的體現。

從服者，所從亡則已。屬從者，所從雖没也服。妾從女君而出，則不爲女君之子服。

【譯解】

本人與死者没有親屬關係，只是隨從與死者有親屬關係的人而爲死者服喪，這種服制叫做從服，更準確的説，叫做“徒從”。如果所隨的人已不在世，那就停止從服了。例如：妾之子隨同母親爲嫡母的父母服喪，如果嫡母已不在世，再逢嫡母的父母之喪，妾之子就不從服了。從服中還有一種情況，就是死者與自己有間接親屬關係，自己隨從跟死者有直接親屬關係的人而爲死者服喪，這種服制叫做“屬從”，屬從的特點是，即使所隨從的人已不在世，自己仍然與其親屬保持從服關係。例如：自己隨從母親爲外祖父母服喪，即使母親已不在世，遇上外祖父母之喪，自己仍然爲之服喪，這種從服並不因所從者的不在而取消。妾隨同主婦一起被休出，後來與主婦聽到主婦之子的死訊，被休出的主婦猶爲其子服齊衰朞年的喪服，妾就不隨從主婦爲之服喪了。

禮，不王不禘。

【譯解】

禮制規定，不是王者（天子）就不得祭天配祖。

世子不降妻之父母，其爲妻也與大夫之適子同。[一]

【注釋】

〔一〕爲：音魏。　適：音笛，通嫡。

【譯解】

諸侯的嫡長子爲世子，其餘的兒子爲公子。世子爲妻的父母之喪也照喪例服緦麻三月，不因地位尊重而有所減降；公子由於受父親尊貴的制約，不得照常例爲妻的父母之喪服緦麻三月，而降爲無服。世子爲妻之喪，與大夫之嫡子爲妻之喪一樣，都是齊衰朞年；公子由於受父親尊貴的制約，不得按常例爲妻之喪服齊衰朞年，而降爲大功九月。

父爲士，[一]子爲天子、諸侯，則祭以天子、諸侯，其尸服以士服。父爲天子、諸侯，子爲士，祭以士，其尸服以士服。

【注釋】

〔一〕爲：音維。下同。

【譯解】

父親在世時是士，後來兒子做了天子或諸侯，兒子祭父要用天子、諸侯的祭禮，不過象徵父親神靈來受祭的尸仍要穿著士服。父親曾經當過天子或諸侯，後來國家廢滅，兒子幸而爲他國之士，兒子祭父要用士禮，象徵父親神靈來受祭的尸，也要穿著士服。

　　婦當喪而出，則除之。爲父母喪，[一]未練而出則三年，既練而出則已；未練而反則期，[二]既練而反則遂之。

【注釋】

〔一〕爲：音魏。　　〔二〕反：通返。　期：音基，同朞。

【譯解】

　　兒媳婦爲公婆之喪服齊衰一年，媳婦在公婆喪期中被丈夫休出，既然恩斷義絶，就除去喪服不穿了。女子未許嫁，爲父母之喪該服喪三年，已嫁女人爲父母之喪就服齊衰一年了。婦女爲自己父母服喪，還没到周年祭亦即她服喪還未滿期就被夫家休出，回到娘家來，仍然如同未許嫁女兒一樣爲父母服三年喪服；在父母的周年祭後亦即自己的服喪期滿之後被夫家休出，回到娘家就不必加服三年了。娘家還没有爲父母舉行周年祭，被休婦女又被夫家召回，那就仍然爲父母服一年喪服；如果娘家已經爲父母舉行了周年祭，被休婦女才被夫家召回，那麽這位婦女就可以爲父母盡其三年之喪了。

　　再期之喪，[一]三年也。期之喪，二年也。九月、七月之喪，三時也。五月之喪，二時也。三月之喪，一時也。故期而祭，禮也。期而除喪，道也。祭不爲除喪也。

【注釋】

〔一〕期：音基，同朞。下同。

【譯解】

　　爲父母服喪兩周年，由於服喪月數是二十五個月，實際上是跨着三年；爲祖父母、伯叔父、兄弟、妻子等服喪一周年，由於服喪月數是十三個月，實際上是跨着兩年；服大功九月或七月之喪，那就是經歷或跨到三個季節；服小功五月之喪，是跨着兩個季節；服緦麻三月之喪，就用一個季節的時間。總之，服喪的時間長短順應着年度或季節，服重的達到兩周年多，服輕的也得服滿一個季節的時間。爲親人服齊衰周年服的，到了周年舉行周年祭，悼念親人，這是合乎禮意的。到了周年，大自然循環了一周，哀情也自隨之減弱，因而除喪，這也是順乎天道的。祭是爲了悼念死者，除喪是爲了生者恢復正常生活，雖然同在周年的先後實行，但是周年祭的目的並不是爲了除喪才舉行的。

　　三年而后葬者必再祭，其祭之間不同時，而除喪。

【譯解】

　　兒女爲父母服三年之喪，在通常情況下，死後三月就埋葬，周年之際就爲之舉行小祥祭，喪服隨之轉輕，兩周年之際就爲之舉行大祥祭，然後才除服從吉。如果情況特殊，未能及時安葬，過了三年才得以舉行葬禮，那麼，葬後也必須要分期舉行小祥、大祥兩祭，不得同時，必須異月，而後再行除服。

　　大功者主人之喪，有三年者則必爲之再祭。朋友，虞祔而已。[一]

【注釋】

〔一〕虞：音魚。

【譯解】

　　死者沒有男性成人近親，爲之服大功九月的堂兄弟就出頭爲之主持喪事，死者家中有爲之服斬衰三年的妻子或幼兒，由於都不能做喪主，那麼這位堂兄弟不僅要作爲喪主幫助料理喪事，而且到周年和兩周年時，也要爲之主持小祥、大祥兩祭。至於死者的朋友，就只能爲沒有近親的死者主持葬後的安魂祭與旨在將死者神主附入祖廟的祭祀。

　　士妾有子而爲之緦，無子則已。

【譯解】

　　同是士的妾，有子的妾死了，士就爲之服緦麻三月；無子的妾死了，士就不爲她服喪。

　　生不及祖父母、諸父、昆弟，而父稅喪，[一]己則否。

【注釋】

〔一〕稅：音退。下同。

【譯解】

　　身居遠方，聞親人死訊時已過喪期，而爲之追服喪服，稱作稅喪。父親遠離家鄉，自己是在外地出生的，沒有回鄉見過祖父母、伯父、叔父及兄長，如今聽到此等朞服之親的死訊，父親就爲之追服喪服，自己就不需稅喪了。一般人對本家親屬大功以上的就要稅喪，小功親屬就不需稅喪。如果正服原是齊衰、大功的親屬，因殤因出嫁而降在小功、緦麻的，今聞其死，仍然應該稅喪，這是由於親屬關係較近的緣故。

　　爲君之父母、妻、長子，君已除喪而后聞喪，則不稅。降而在緦、小功者，則稅之。[一]近臣，君服斯服矣，其餘從而服，不從而稅。君雖未知喪，臣服已。

【注釋】

〔一〕降而在緦小功者則稅之：此十字依<u>鄭玄</u>注說，應該移在上文"父稅喪己則否"之後。譯解已見前。

【譯解】

　　君主的父母、妻子、長子死了，君主爲之服喪，做臣的要從服。如果臣在國外出使因故久留，得到君主的父母、妻子、長子的死訊時，喪期已過，君主已爲之除喪，這個使臣就無須爲之稅喪了。如果君主出國朝聘或遇險阻，沒有及時回國，及至回國才知父母、妻子或長子的死訊，君主爲之服喪，隨行的親近小臣就從君而服；其餘隨行官員，如果在君主服喪期内，就從而服喪，如果喪期已過，君主稅喪，隨行官員就不需從而稅喪。君主雖在國外不知其父母、妻子或長子的死訊，故未服喪，國内的大小官員自應依從服常例爲死者穿著喪服。

　　虞，杖不入於室；祔，杖不升於堂。

【譯解】

　　葬禮的當天，在寢室内舉行的安魂祭，就叫虞祭。虞祭時，孝子不要將喪杖帶入寢室之内。虞祭後還有卒哭祭。卒哭祭後的第二天早上，將死者神主祔入祖廟行祭，叫做祔祭。祔祭時，孝子不要將喪杖帶到廟堂之上。從喪杖攜帶處所由内到外的節限，反映了孝子哀情漸減，敬意漸增。

　　爲君母後者，〔一〕君母卒，則不爲君母之黨服。〔二〕

【注釋】

〔一〕爲：音維。　　　〔二〕爲：音魏。

【譯解】

嫡母在世，她的娘家父母、兄弟、姐妹死了，嫡子、庶子都要隨她爲之服喪。嫡母不在世，她的娘家親屬死了，她的親生兒子仍要爲之服喪，而庶子們就不再爲之服喪。即使嫡母無後，某庶子被立爲她的承重人，嫡母不在世，這位庶子也不再爲她的娘家親屬服喪了。

絰殺，〔一〕五分而去一。杖大如絰。

【注釋】

〔一〕絰：音蝶。　殺：音曬。

【譯解】

爲親屬服喪，不僅身穿喪服，而且要頭纏麻縷，腰繫麻帶。頭纏的叫首絰，腰繫的叫腰絰。服重的絰粗，服輕的絰細，首絰腰絰的粗細有一定的比例。古尺長二十三公分，約合今尺七寸。斬衰的首絰的圍長，爲古尺九寸，斬衰的腰絰的圍長是首絰圍長的五分之四。齊衰首絰的粗度和斬衰腰絰的粗度相同，而齊衰腰絰的圍長又是其首絰圍長的五分之四。大功、小功、緦麻等服的絰圍也依此比例遞減。服斬衰用的喪杖是竹杖，其粗度如同斬衰的腰絰；服齊衰用的喪杖是桐杖，其粗度如同齊衰的腰絰。

妾爲君之長子，與女君同。

【譯解】

夫君的繼承人嫡長子死了，夫君爲他服斬衰三年，作爲夫君嫡妻之女君爲他服齊衰三年，妾爲嫡長子的服制與女君相同，妾不敢用輕服服夫君的正統。

除喪者先重者，易服者易輕者。

【譯解】

男女爲父母服喪都有首絰腰絰，男人以首絰爲重，女人以腰絰爲重。死後百天，卒哭祭後，男人的首絰腰絰都由粗麻換爲葛麻，女人的首絰換爲葛麻絰，而腰麻絰仍舊不變。到練祭即周年祭之後，男人除去首絰，女人除去腰絰，就是説，除喪過程中男女分別先除其所重之絰，這就叫做“除喪者先重者”。家中連遭喪事，先遭斬衰之喪，死後百天，卒哭祭後，已經變麻服葛，這時又遭齊衰之喪，男人就用齊衰的腰絰變換斬衰的葛帶，而首絰不變，女人就用齊衰的首絰變換斬衰的葛麻首絰，而腰絰不變，這就叫做“易服者易輕者”。

無事不辟廟門，[一]哭皆於其次。

【注釋】

〔一〕辟：音闢，通闢。

【譯解】

死者病死於正寢，喪家即以此爲殯宮，葬前靈柩就停在殯宮堂上西側。這“廟”字就指殯宮而言。靈堂以幽静爲宜，無事時不開殯宮之門。除朝夕兩次入門就位例哭外，他時思念而哭，就要哭於門外東墙下所搭設的守喪的廬室之中。

復與書銘，自天子達於士，其辭一也。男子稱名，婦人書姓與伯仲，如不知姓，則書氏。

【譯解】

復就是招魂。銘也叫銘旌，就是置於靈柩之側的書寫死者姓名的旗幡。招魂與書寫旗幡，其主語用辭是一致的。男人，稱呼、書寫他的名；女人，就稱呼、書寫她的姓和排行，如果不知曉她的姓，就稱呼、書寫她的氏。氏是姓的分支，一姓的長期繁衍，爲了便於區別，自然就分爲若干"氏"。

斬衰之葛與齊衰之麻同，齊衰之葛與大功之麻同，麻同皆兼服之。

【譯解】

斬衰的麻絰，到卒哭祭後爲葛絰所取代，其圍長與服齊衰者在卒哭祭前所纏繫的麻絰相同；齊衰的麻絰，到卒哭祭後爲葛絰所取代，其圍長與服大功者在卒哭祭前所纏繫的麻絰相同。圍長相同，遇到連遭近親之喪的時候，就必有麻絰葛絰交替服用的情況。如重喪在前，卒哭祭後已經變麻服葛，由重趨輕，不料又發生了輕喪，那麼，服喪的男子就以輕喪的粗麻腰絰換下前重喪的葛麻腰絰，服喪的女子就以輕喪的粗麻首絰，換下前重喪的葛麻首絰。

報葬者報虞，〔一〕三月而後卒哭。

【注釋】

〔一〕報：音復，通赴。

【譯解】

禮中規定，親人死後要在家中停靈三月而後安葬。或有出於某種原因，不能停靈三月而必須速葬的，那麼速葬後就要迅速舉行安魂祭。至於卒哭祭則不要按常例緊接安魂祭舉行，必須行祭於三月之後。因爲卒哭祭是爲死者舉行的百日祭，此時服喪親屬

的哀情已經有所減弱，可以停止不定時的哭泣了。在服喪者哀痛
強烈時期提前舉行卒哭祭，是違乎禮意的，悖乎人情的。

父母之喪偕，先葬者不虞、祔，待後事。其葬，服
斬衰。

【譯解】

父母同月先後去世，自然都該三月而葬。根據葬先輕而後重、
虞先重而後輕的原則，即使母親去世在後，也要先安葬母親，葬
後暫且不爲她舉行虞祭和祔祭，待安葬父親之後，並且舉行了虞
祭、祔祭，再爲母親舉行虞祭、祔祭。鑒於父親在殯的緣故，爲
母親舉行葬禮時不要換穿齊衰，仍然身穿斬衰，重服可以包括
輕服。

大夫降其庶子，其孫不降其父。

【譯解】

士與大夫爲嫡長子之喪，均服斬衰三年。士爲其衆子之喪服
齊衰一年；大夫爲其衆子之喪，因自己位尊，降爲大功九月，而
其孫即衆子之子，爲其父服喪，仍要按常例服斬衰三年，不得有
所減降。

大夫不主士之喪。

【譯解】

士死，家中無人主喪，就應由族人爲之主喪。而族人有身爲
大夫者，因爲位尊，就不得爲士的主喪人。

爲慈母之父母無服。

【譯解】

某妾無子，某妾子無母，父親命二人爲母子，此母則爲慈母。父在，慈母死，此子就應該爲之服齊衰一年；父不在，慈母死，此子該爲之服齊衰三年。但不論慈母在世與否，此子都不爲她的父母之死服喪。

夫爲人後者，[一]其妻爲舅姑大功。[二]

【注釋】

〔一〕爲：音維。　〔二〕爲：音魏。

【譯解】

丈夫過繼給別人做後嗣，後來遇有本生父母之喪，他爲之服齊衰一年，他的妻子隨從丈夫爲原來的公婆服喪，例降一等，所以服大功九月。

士祔於大夫則易牲。

【譯解】

祭士用一猪，祭大夫用少牢即一羊一猪。士死安葬後，將其神主附入祖廟，合祭於先祖。如果其祖在世時是大夫，就應該改用少牢舉行祔祭，不敢用卑牲來祭尊爲大夫的先祖。

繼父不同居也者，必嘗同居。皆無主後，同財而祭其祖禰，爲同居；有主後者爲異居。

【譯解】

喪服中所謂繼父不同居，必定是指以前繼父曾經與此子一起生活過。不然，就不能稱之爲繼父了。詳言之，幼子父死家貧，隨母出嫁，而繼父既無親生兒子，也沒有堂兄弟之類的大功近親，繼父不僅與母子一起生活，盡其爲夫爲父職責，而且還爲此子另立廟來讓他祭祀其祖禰，這樣才可以稱作同居。同居期間繼父死，此子則爲他服齊衰周年。共同生活中，繼父後來有了後嗣，與此子分開另過，這就叫作異居，後來繼父死了，此子不忘舊時之恩，就爲他服齊衰三月。

哭朋友者於門外之右，南面。

【譯解】

在家聽到朋友的死訊，就到寢門外的西邊，面朝南而哭泣。

祔葬者不筮宅。〔一〕士、大夫不得祔於諸侯，祔於諸祖父之爲士、大夫者。其妻祔於諸祖姑，妾祔於妾祖姑，亡則中一以上而祔，〔二〕祔必以其昭穆。諸侯不得祔於天子，天子、諸侯、大夫可以祔於士。

【注釋】

〔一〕筮：音士。　　〔二〕亡：音吳，通無。

【譯解】

附葬於先祖塋地的，就不要通過蓍草來占問陰宅的吉凶了。因爲此地本是先人因吉而選定的，後人不容置疑。祖爲諸侯，其庶孫爲士、大夫，死後不得附葬於諸侯墓地，只可附葬於在世時身爲士、大夫的伯祖、叔祖（即此諸侯兄弟）的墓地；他的正妻附葬於諸祖姑（即伯祖、叔祖的正妻）的墓側；他的妾附葬於妾祖姑（即伯祖、叔祖的妾）的墓側。如果伯祖、叔祖沒有妾，就

中間隔一輩而附葬於妾高祖姑的墓側。附葬必須依照左昭右穆的
次序：二世、四世、六世……爲昭，在左；三世、五世、七
世……爲穆，在右。父輩附於曾祖輩，孫輩附於祖輩，不能亂。
還有，子孫當了諸侯的，不得附葬於天子的墓地，卑不能附尊；
而子孫有當了天子、諸侯、大夫的，就不妨葬於爲士的先祖的墓
地，尊可以附卑。

　　爲母之君母，母卒則不服。

【譯解】

　　母親的嫡母，就是兒子的嫡外祖母，死了，母親雖係庶出，
亦爲之服齊衰周年，兒子隨從母親爲之服小功五月；母親已不在
世，嫡外祖母死了，這外孫子就不爲之服喪了，這種從服叫作
“徒從”。母親的生身母親死了，母親爲之服齊衰周年，兒子也隨
從母親爲之服小功五月，即使母親已不在世，她的生身母親死了，
這外孫子仍然要爲之服喪，這種從服叫作“屬從”。

　　宗子，母在爲妻禫。〔一〕

【注釋】

〔一〕禫：音坦。

【譯解】

　　禫是期滿除喪從吉的祭祀，行之於直系親屬。一般做丈夫的
爲亡妻也有禫，但只要母親在世（父親就更不用説了），就不得
爲亡妻舉行禫祭。只有宗子例外，即使母親在世，也可以爲亡妻
舉行禫祭。因爲既稱宗子則其父已亡可知，父殁則子爲宗子而其
母告老，由宗子之妻伴同宗子上承宗廟，下統宗族，宗子之妻的

地位也相當尊重，她的死也是宗族的巨大變故，所以即使宗子母在，宗子也要爲她舉行禫祭。

爲慈母後者，〔一〕爲庶母可也，爲祖庶母可也。

【注釋】

〔一〕爲：音維。下同。

【譯解】

　　父親命令無子之妾與無母之妾子爲母子，此母就專心撫育此子，是爲慈母。此子長大就孝養慈母，慈母死了，此子就爲她服齊衰三年。無母之妾子因年幼小需有人撫愛關照，只要有父親的教命，不但可以與父親的無子之妾爲母子，也可以與父親的有子之妾爲母子，甚至也可以與祖父之妾爲母子，關鍵在於父命。

爲父、母、妻、長子禫。

【譯解】

　　爲去世的關係特重的直系親屬服喪期滿，除服前特舉行禫祭。爲父親，爲母親，爲妻子，爲嫡長子都要舉行禫祭。丈夫既然要爲亡妻舉行禫祭，妻子爲亡夫之有禫祭就不言而喻了。

慈母與妾母，不世祭也。

【譯解】

　　慈母之子爲去世的慈母，妾子爲其亡母，可以祭於寢，但只限他這輩。對慈母、庶母不能世代傳祭，到孫子輩就不祭了。

丈夫冠而不爲殤，婦人笄而不爲殤。

【譯解】

男子舉行過加冠禮，女子舉行過加筓禮，就表明業已成人，死了就不能按夭殤對待。

爲殤後者，以其服服之。

【譯解】

宗子夭殤，族人爲之在宗族中選立後嗣以繼承宗廟、宗族之重任，此後嗣爲夭殤宗子只服原親屬關係的喪服，不能爲之服斬衰，因爲夭殤者没有做父親的道理。

久而不葬者，唯主喪者不除，其餘以麻終月數者，除喪則已。

【譯解】

士三月而葬，大夫五月而葬。因故不能如期而葬的，只有作爲喪主的死者之子、死者之妻不除服，其餘齊衰朞年、大功九月、小功五月、緦麻三月的親屬，各服其該服的麻衣麻絰，服滿服喪月數，除喪後就算終止了。

箭筓終喪三年。

【譯解】

未許嫁的成年女子，爲父服喪三年，頭上插着實心小竹做的髮簪，名叫箭筓。爲母親服喪，頭上插着白理木做的髮簪，名叫惡筓。

齊衰三月，與大功同者繩屨。[一]

【注釋】

〔一〕屨：音巨。

【譯解】

　　將齊衰三月與大功九月兩種服制加以比較，齊衰三月服重而期短，大功九月服輕而期長，兩者相同的是都穿用麻繩編製的喪鞋。

　　練，筮日、筮尸、視濯，皆要絰、杖、繩屨，〔一〕有司告具而后去杖。筮日、筮尸，有司告事畢而后杖，拜送賓。大祥，吉服而筮尸。

【注釋】

〔一〕要：腰的本字。

【譯解】

　　練祭即小祥祭，就是服喪至十三個月爲死者舉行的周年祭。祭前，主人在廟外命筮者以蓍草莖占定吉日，另日再命筮者從晚輩族人中占定象徵死者神靈並代之受祭的尸，祭日前夕主人檢視堂上祭器洗濯乾凈沒有。主人行此三件禮事都要除去首絰，惟穿喪服，纏腰絰，持喪杖，著繩鞋。行此筮日、筮尸、視濯三事，每當執事人員稟告準備停當可以行事時，主人都要放下喪杖去主持。筮日、筮尸、視濯都有來賓參加，當禮畢執事人員稟告事畢時，主人就再手持喪杖，拜送來賓。大祥祭就是服喪至二十五個月爲死者舉行兩周年的祭祀。大祥祭前，也分別舉行筮日、筮尸、視濯之儀。主人主持這三種禮儀可以預穿吉服，即頭戴縞冠，身穿朝服，不用腰絰、喪杖、繩鞋了。

　　庶子在父之室，則爲其母不禫。庶子不以杖即位。父不主庶子之喪，則孫以杖即位可也。父在，庶子爲妻，以杖即位可也。

【譯解】

　　庶子生活在父親家裏，生身的母親死了，父親身份是士，爲她服緦麻三月，庶子爲之服齊衰周年，由於受着父尊的制約，可以爲母親行周年祭而不能舉行禫祭。兒子們有了父母之喪，嫡子可以手持喪杖即東階左前方的朝夕哭位，庶子在朝夕臨哭時，須將喪杖放在殯宮門外，再入内即位而哭。嫡子死了，父親持喪杖爲之主喪，嫡子的兒子就不能持喪杖即東階左前方的哭位。庶子死了，父親就不爲之主喪，庶子的兒子倒不受祖父尊貴的制約，可以手執喪杖在東階的左前方就位。父親在世，不爲庶子之妻主喪，庶子爲妻主喪，可以手持喪杖即東階左前方之喪位。

　　諸侯弔於異國之臣，則其君爲主。諸侯弔，必皮弁錫衰。所弔雖已葬，主人必免。〔一〕主人未喪服，則君亦不錫衰。

【注釋】

〔一〕免：音問。

【譯解】

　　諸侯作爲貴賓出國訪問期間，適逢主國大臣去世，諸侯前往弔喪，那麼主國國君就要代此大臣之子爲喪主，接受弔問，這樣賓主身份就相當了。諸侯前去弔喪，一定要穿皮弁服外罩細麻布弔服。如果聞喪較晚，來弔時，所弔者即使已經安葬，喪主爲尊重來弔貴賓，也必須頭纏白麻布條。如果聞喪較早，來弔時，喪家正在進行小斂或大斂，死者親屬們還沒有穿斬衰、齊衰等正式喪服，那麼前來弔問的國君也就不用身著細麻布弔服了。按：死者死後過了三日，即大斂完了、停柩在堂的翌日，親屬才著斬衰、齊衰等正式喪服，謂之成服，而免——頭纏白麻布條，則是小斂進行當中親屬們的喪飾。

養有疾者不喪服，遂以主其喪。非養者入主人之喪，則不易己之喪服。養尊者必易服，養卑者否。

【譯解】

本人居喪期間，一般不宜也不該去侍候關係較疏的患病族親。假如患病族親沒有近親，自己不得不去侍候照料，爲了不影響病人心緒，自己就不要身穿喪服。族親醫治無效，由於他沒有近親，自己就爲他主持喪事。本人居喪，沒有去侍候患病族親，族親去世，需要自己爲之主喪，那麼自己就無須更換原來的喪服。侍候父兄輩的患病者必定要換去自己的喪服，照料子弟輩的患病者就不要更換自己的喪服。

妾無妾祖姑者，易牲而祔於女君可也。

【譯解】

妾死後，依昭穆制，不當祔祭於妾姑（即公公之妾），而當祔祭於妾祖姑；如果沒有妾祖姑，就祔祭於嫡祖姑。這裏女君指嫡祖姑而言。祔祭要用牲。祔祭於妾祖姑如果用特牲，祔祭於嫡祖姑就要加一等，改用少牢了。

婦之喪，虞、卒哭，其夫若子主之，祔則舅主之。

【譯解】

　　媳婦們的喪事，入葬後，其虞祭即安魂祭，卒哭祭即百天祭，由她的丈夫或兒子主持。祔祭於祖姑時，就要由她的公公即丈夫的父親主持了。

　　　　士不攝大夫，士攝大夫唯宗子。

【譯解】

　　大夫無後嗣而死，親屬中爲士的，不能代爲喪主而爲之主持喪事，因爲士的地位與大夫懸殊。無後嗣的大夫之喪，能攝代喪主的士唯有宗子。因爲宗子上承宗廟，下統宗人，地位尊重，即使爲士，也有資格作爲無後大夫的喪主。

　　　　主人未除喪，有兄弟自他國至，則主人不免而爲主。

【譯解】

　　死者已經埋葬，主人還未除喪，如果有本族兄弟從外國來奔喪，主人主持奔喪禮時，不須“免”即頭纏白布條了。免是小斂當中衆主人的喪飾，原有定時。葬後，如果國君來弔，尊者禮宜文，主人仍要爲之“免”，這是爲了敬重國君的到來。而奔喪者是自己本家或本族兄弟之親，親者禮從簡，既已斂葬，主人就無須重新“免”了。

　　　　陳器之道，多陳之而省納之可也，省陳之而盡納之可也。

【譯解】

　　器指隨葬的明器。陳列明器的原則是，凡是賓客朋友贈送的，都要陳列出來，以多爲榮，及至納入墓中時，就要有所節制，不能全部附葬；凡是喪家自備的，陳列時不必一一陳列，要有所節制，以節爲禮，及至納入墓中時，就要全部附葬。

奔兄弟之喪，先之墓而後之家，爲位而哭。所知之喪，則哭於宫而后之墓。

【譯解】

士死三月而埋葬。身在遠方，聽到兄弟死訊較晚，奔喪回鄉，應該先往墓地發哀，然後回家，處在自己的喪位上痛哭。對於交往相知者之喪，如聞訊較晚，就該先到他家的殯宫，向喪主致哀，然後再到死者墓上哭悼。

父不爲衆子次於外。

【譯解】

次指喪次，即服喪人在殯宫門外東墻下搭蓋的簡陋住所。傳重的嫡長子死了，做父親的爲之服斬衰，身居喪次。其他衆子之喪，作父親的仍然居住寢室，不爲之身居殯宫門外的喪次。

與諸侯爲兄弟者服斬。

【譯解】

自己與諸侯爲兄弟，包括親兄弟、堂兄弟以至族兄弟，如果這位諸侯去世，即使自己身在國外，也要爲之服斬衰。與貴爲國君的尊者爲親，就不敢用一般的服制爲之服喪。

下殤小功，帶澡麻不絶本，詘而反以報之。〔一〕

【注釋】

〔一〕詘：音區，通屈。　報：仍音抱。

【譯解】

　　十九歲至十六歲這個時段而夭亡的爲長殤，十五歲至十二歲而夭亡的爲中殤，十一歲至八歲而夭亡的爲下殤。叔叔、弟弟成人而死，自己就爲之服齊衰周年，長殤則降服大功九月，中殤則降服大功七月，下殤則降服小功五月。叔叔、弟弟原本是齊衰近親，由於下殤才降服小功服，所以這種小功喪服有不同於成人小功者（如同曾祖兄弟），僅就腰絰而言，雖然也是經過漂洗的牡麻，但有兩處異於成人小功的腰絰，一是麻縷不斷去麻根，二是繫在腰間後，其末端不散垂，將此垂餘部分折疊回來，分股而糾合之，掖在腰絰下。報有合的意思。

　　婦祔於祖姑，祖姑有三人，則祔於親者。

【譯解】

　　丈夫健在，婦女去世埋葬之後，其神主附在廟中祖姑（即婆婆的婆婆）神主之側，祖姑假若有三人，就附在生養自己公公的那位祖姑神主之側。根據左昭右穆的原則，婦女的神主要隔輩附在奶奶婆的神主之側，而不能附在婆婆神主之側。祖姑之所以能有三人，是由於丈夫的祖父在世時嫡妻死後又先後續娶兩次的緣故。

　　其妻，爲大夫而卒，而后其夫不爲大夫，而祔於其妻，則不易牲。妻卒而後夫爲大夫，而祔於其妻，則以大夫牲。

【譯解】

　　某人的妻子是在他當大夫時期中死去的，後來此人因故不當大夫了，死後神主和他妻子神主附在一起舉行祔祭時，只得用他後來身份該用的祭牲，不得改用從前當大夫時該用的祭牲。妻子亡故，後來丈夫才當上大夫，及其死後，將其神主與他妻子神主附在一起舉行祔祭時，可以用大夫才該用的祭牲——少牢。

　　　爲父後者爲出母無服。無服也者，喪者不祭故也。

【譯解】

　　作爲父親的繼承人，爲離婚的母親不服喪。之所以不服喪，是由於服喪者不能主持宗廟祭祀的緣故。作爲先祖正體的宗子絕不能爲了爲一個與本族恩斷義絕的女人服喪，竟然放棄宗廟祭祀之重任的。

　　　婦人不爲主而杖者：姑在爲夫杖，母爲長子削杖；女子子在室爲父母，其主喪者不杖，則子一人杖。

【譯解】

　　婦女不作主喪人也有時手持喪杖的。例如自己的丈夫死了，婆婆健在婆婆爲之主喪，自己雖不是主喪人，但作爲妻子要爲丈夫服斬衰，手持竹杖。再如長子死，其母親爲之服齊衰，手持桐杖。未許嫁的女子們爲父之喪服斬衰，爲母之喪服齊衰，如果家中沒有親兄弟，由本族某男人主喪，主喪者不該執喪杖，則由長女一人執喪杖，爲父親就手執竹杖，爲母親就手執桐杖。

　　　緦、小功，虞、卒哭則免。〔一〕既葬而不報虞，〔二〕則雖主人皆冠，〔三〕及虞則皆免。爲兄弟，既除喪已，及其葬也，反服其服，報虞、卒哭則免，如不報虞則除之。遠葬者，比反哭者皆冠；及郊而后免，反哭。君弔，雖不當免時也，主人必免，不散麻。雖異國之君，免也，親者皆免。

【注釋】

〔一〕免：音問。　　　〔二〕報：音復，通赴。下同。

〔三〕冠：音貫。

【譯解】

　　死者與自己是緦麻三月之親例如同高祖兄弟，或者小功之親例如同曾祖兄弟，當葬後自己參加其近親在家爲之舉行的安魂祭和百日祭時，自己要“免”，即頭上纏着白麻布條。士死三月而葬，葬禮後的當天，親屬就在家舉行虞祭即安魂祭，如果因故不能及時舉行虞祭，需要延期，那麼，即使是喪家主人也都要戴冠，緦麻、小功之親更不用説了。及至後來舉行虞祭時，大家仍然要去冠著免。兄弟之喪，包括親兄弟、同祖兄弟、同曾祖兄弟、同高祖兄弟之喪，因故不能及時安葬，就各按服期長短到期除喪，同高祖兄弟至三月就除服，同曾祖兄弟至五月就除服，同祖兄弟至九月就除服，親兄弟滿周年就除服，及至死者舉行葬禮那天，大家又分別穿上自己該穿的喪服來參加葬禮。如果葬後就接着在家舉行安魂祭和百日祭，那麼大家就都著“免”；如果因故不能及時舉行安魂祭，那麼，葬禮後就除去喪服。出葬在遠郊之外的，葬畢準備回家返哭的男性親屬都著喪冠，及至來到近郊，然後脱去喪冠而頭纏白麻布條，回家返哭。國君前來弔喪，爲時稍晚，死者親屬爲了尊崇國君，雖在不當著免的時候，也必須著免，並要糾結腰絰末端不使散垂。著免是大斂前的頭上喪飾，不散麻是大斂後的腰上喪飾。即使是他國國君前來弔喪，凡是死者的男性親屬都要著免。

除殤之喪者，其祭也必玄。除成喪者，其祭也朝服縞冠。[一]

【注釋】

〔一〕縞：音稿。

【譯解】

爲夭殤者服喪期滿，舉行除服祭時，一定要戴玄冠，穿玄衣玄裳。爲成人而死者服喪期滿，舉行除服祭時，要身穿朝服即緇衣素裳，而頭戴白色生絹冠。

奔父之喪，括髮於堂上，袒，降，踊，襲、絰于東方。奔母之喪，不括髮，袒於堂上，降，踊，襲、免于東方，絰。即位，成踊，出門，哭止。三日而五哭三袒。

【譯解】

父親死後已經停柩在堂，兒子自遠方奔喪回來，上堂摘下髮笄，解下包髮巾，用麻縷挽束髮髻，袒露左臂，降自西階，就阼階下東南之位，痛哭跳脚，隨即到堂下東側穿好上衣，頭上加上首絰，腰上纏上腰絰；母親去世已經停柩在堂，兒子自遠方來奔喪，笄纚如故，不括髮，在堂上袒露左臂，降自西階，就阼階下東南之位，痛哭跳脚，隨即到堂下東側穿好上衣，頭纏白麻布條，身纏腰絰。然後回阼階下東南之位，又痛哭跳脚。出了殯宮門，停哭。奔喪者在三日之中共有五哭三袒：初自外來一哭，明日朝

哭、夕哭，後日朝哭、夕哭，共五哭；初來袒，其後兩天的朝哭
時都袒，共三袒。

　　適婦不爲舅後者，^{〔一〕}則姑爲之小功。^{〔二〕}

【注釋】

〔一〕適：音笛，通嫡。　　爲：音維。　　　〔二〕爲：音魏。

【譯解】

　　傳重的嫡子死了，他的父親要爲之服斬衰三年，他的母親要
爲之服齊衰三年。傳重的嫡婦死了，他的公公婆婆都要爲之服大
功九月。如果嫡婦的丈夫——嫡子身患頑症或死而無子，那麼此
嫡婦也就沒有資格承受她公公婆婆傳付的宗廟、宗族的重任了；
她死了，其身份與一般兒媳婦相同，她的公公婆婆只能爲她服小
功五月之服了。

中國古典名著譯注叢書

禮記譯解

下

王文錦 譯解

中華書局

大傳第十六

禮，不王不禘。〔一〕王者禘其祖之所自出，以其祖配之。諸侯及其大祖。〔二〕大夫、士有大事，省於其君，〔三〕干祫及其高祖。〔四〕

【注釋】

〔一〕禘：音帝。　　〔二〕大：通太。　　〔三〕省：音醒。

〔四〕祫：音洽。

【譯解】

禮制規定，不是天子就不得舉行祭天的禘祭。帝王祭祀誕育他始祖的天神，用始祖的神主來配享。諸侯祭祀祖先，能够推及最初建國的那位太祖。大夫三廟，士兩廟。大夫和士如有大事大功，爲國君省察知曉，就可請求合祭，可以祭到高祖。

牧之野，武王之大事也。既事而退，柴於上帝，祈於社，設奠於牧室，遂率天下諸侯執豆籩，逡奔走，〔一〕追王大王亶父、王季歷、文王昌，〔二〕不以卑臨尊也。

【注釋】

〔一〕逡：音郡。　　〔二〕追王：王音旺。　大：通太。　亶：音膽。　父：音府。

【譯解】

　　在牧野打敗殷朝紂王，是周武王的重大事功。戰事結束後，武王就退而焚柴祀告上帝，祈告地神，在牧野之室設放食品祭告先祖神主。當時，武王就率領天下各路諸侯手持盛着各色食品的籩豆，往來奔走供奉。封先曾祖古公亶父爲太王，先祖季歷爲王，先父姬昌爲文王，這樣，行祭時才不會以爲王之後輩祭拜没有王位的先祖、先父。

　　上治祖禰，〔一〕尊尊也。下治子孫，親親也。旁治昆弟，合族以食，序以昭繆，〔二〕别之以禮義，人道竭矣。

【注釋】

〔一〕禰：音你。　　〔二〕繆：音木，通穆。

【譯解】

　　往上端正先祖先父的名分地位，這是尊崇正統至尊。往下確定子孫的繼承關係，這是親愛骨肉至親。從旁理順兄弟的手足情誼，用聚食制度來聯合全族的感情，用左昭右穆的族規排列輩分，用禮儀來區别親疏長幼，人道倫常就都體現無遺了。

　　聖人南面而聽天下，所且先者五，民不與焉：〔一〕一曰治親，二曰報功，三曰舉賢，四曰使能，五曰存愛。五者一得於天下，民無不足，無不贍者。五者一物紕繆，〔二〕民莫得其死。聖人南面而治天下，必自人道始矣。

【注釋】

〔一〕與：音玉。　　〔二〕紕：音批。　繆：通謬。

【譯解】

聖人面南背北的治理天下，所必須首先注意的有五項事，而有關民衆的事務還不在內。第一是治理好本族的親屬，第二是酬報有功的官員，第三是選拔賢良之士，第四是任用有才幹的能人，第五是省察自己所寵信的臣佐。這五項事在全國範圍內都能做好，那麼民衆就沒有不滿足的，就沒有不富足的。這五項如果有一項出現乖謬偏差，那麼民衆就將橫受其害不得好死了。聖人面南背北的治理天下，一定要從人道倫常開始。

立權度量，〔一〕考文章，改正朔，〔二〕易服色，殊徽號，異器械，別衣服，此其所得與民變革者也。〔三〕其不可得變革者則有矣，親親也，尊尊也，長長也，男女有別，此其不可得與民變革者也。

【注釋】

〔一〕量：音亮。　　〔二〕正：音征。　朔：音碩。
〔三〕與：音雨。

【譯解】

制定度量衡，考訂禮樂法度，改革曆法，變更所推崇的顏色，採用不同於前代的徽章旗號，改良器具軍械，使之異於往昔，區別各階級各等級的衣服，這些都是能夠與民衆一起加以變革的。另有一些事情是不能夠變革的，比如熱愛自己的近親，崇敬地位尊貴的人，尊重長輩，嚴格男女關係的界限，這些是不能夠與民衆一起來加以變革的。

同姓從宗，合族屬；異姓主名，治際會。名著而男
女有別。其夫屬乎父道者，妻皆母道也；其夫屬乎子道
者，妻皆婦道也。謂弟之妻婦者，是嫂亦可謂之母乎？
名者，人治之大者也，可無慎乎！

【譯解】

同姓的人都隨從宗子，合成一個族屬。其他姓氏的女子們先
後嫁到這宗族來，就以稱謂爲主，這便於擺正宗族內各種交際聚
會中的彼此關係。稱謂明確了，從而男女之間就有了名分上的區
別了。妻子的輩分視丈夫的輩分而定。丈夫屬於父輩的，其妻子
就算是母輩的；丈夫屬於兒子輩的，其妻子就算是媳婦輩的了。
有人稱呼弟弟的妻子爲媳婦，那麼嫂子也能可以稱呼母親嗎？豈
不亂套了嗎！所以説，稱謂是人倫間的大事，能不慎重麼？

四世而緦，服之窮也。五世祖免，〔一〕殺同姓也。〔二〕六
世，親屬竭矣。其庶姓別於上而戚單於下，〔三〕昏姻可以通
乎？繫之以姓而弗別，綴之以食而弗殊，雖百世而昏姻
不通者，周道然也。

【注釋】

〔一〕免：音問。　　〔二〕殺：音曬。　　〔三〕單：音丹，
通殫。

【譯解】

高祖以下從曾祖、祖父、父親到己身爲四世。就己身而言，
爲父親服斬衰三年，爲親兄弟服齊衰周年，爲同祖兄弟服大功九
月，爲同曾祖族人服小功五月，爲同高祖族人服緦麻三月。爲同

高祖的族親服緦麻三月，就是五服的終限了。到五世，就不是同高祖的族親了，已經出了五服，遇到這種族人之喪，去參加入殮、出殯等禮時，才左袒、著免來表示哀意，這反映族屬關係的減輕、削弱。到了六世，那親屬關係就沒有了。這同姓各支從上開始分別，而休戚相關的親情就遞減以至竭盡於後代；關係既然疏遠，彼此之間可以互通婚姻嗎？同用一個姓來維繫且形諸族譜而沒有根本性的區別，又有定期宗族會餐制度的聯繫而不斷絕，那麼，即使傳到了一百世，也不能互通婚姻，周朝確定的原則就是如此。

服術有六：一曰親親，二曰尊尊，三曰名，四曰出入，五曰長幼，六曰從服。

【譯解】

服喪的對象很多，就其性質而言，大致可分爲六類。第一類是依據親親原則對有血統關係的親屬制定的，例如爲父母、丈夫、妻子、子女、兄弟、伯父、叔父等家族成員服喪。第二類是依據尊尊原則對君長制定的，例如諸侯及其卿、大夫爲天子服喪，卿、大夫、士以及百姓爲國君服喪。第三類是據名義角度制定的，例如爲伯母、叔母服喪。伯母叔母雖然與我沒有血緣關係，由於她們也是母輩，也有母的名義，所以也爲之服喪。第四類是根據家族成員的出入情況而相應制定的不同服制。例如姑、姊、妹，未嫁而死，我爲之服齊衰周年；已嫁而死，我就爲之降服大功九月了。第五類是根據長幼即成人未成人的原則制定不同的服制。例如叔父成人而死，我爲之服齊衰周年；長殤、中殤就爲之服大功九月，下殤就爲之服小功五月了。第六類統稱爲從服，死者與我沒有直接的親屬關係，我隨從親屬或尊者爲之服喪，例如妻子隨從丈夫爲丈夫的親屬服喪，丈夫隨從妻子爲妻子的父母服喪。

　　從服有六：有屬從，有徒從，有從有服而無服，有從無服而有服，有從重而輕，有從輕而重。

【譯解】

　　從服當中又有六種情況。一，屬從，即死者與我有間接的親屬關係，我隨從與我有直接血緣關係的親屬爲死者服喪。例如兒子隨從母親爲外祖父母服喪。二，徒從，即死者與我並沒有親屬關係，我隨從尊者爲之服喪。例如，臣隨從國君爲國君的親屬服喪。三，有從有服而無服，即所隨從者有服而隨從者無服。例如，按常例説，丈夫隨妻子爲岳父母服喪，妻子爲她的父母服齊衰一年，女婿爲岳父母從服緦麻三月。然而公子即國君的庶子們却對其岳父母無服。因爲國君的尊貴壓制着、制約着公子的服喪範圍，公子的妻子可以依常例爲其父母服齊衰一年，而公子無服，公子不能依常例爲岳父母從服緦麻三月。四，有從無服而有服，即所隨從者無服而隨從者反而有服。例如，按常例説，外祖父母死了，外孫子要爲之服小功五月，外孫子媳婦從服緦麻三月。而公子出於上述原因對外祖父母無服，而公子的妻子作爲從服者却仍然依照常例爲之服緦麻三月。五，有從重而輕，即所隨從者服制重，從服者服制甚輕。例如，丈夫隨從妻子爲岳父母服喪，妻子爲她的父母服齊衰一年，丈夫從服降三等，只爲岳父母服緦麻三月的輕服。六，有從輕而重，即所隨從者的服制却輕而從服者的服制反重。例如，公子的母親死了，他的母親本是國君的妾，不僅國君對她無服，而且國君的尊貴還壓制、制約着公子，使公子不能爲生自己的母親正式服喪，只允許他在葬前頭戴白練冠，身穿鑲淺紅邊的麻衣，而公子的妻子則須依常例爲婆婆服齊衰一年的重服。

自仁率親，等而上之至于祖，名曰輕；自義率祖，順而下之至于禰，名曰重。一輕一重，其義然也。

【譯解】

由愛心出發遵奉父母，一級一級的上推到祖先，可以説越遠親情越輕；由道義出發遵奉祖先，順序往下至於先父，可以説，越早地位越尊重。對於祖先，一方面是親情轉輕，一方面是地位尊重，這情理是自然而然的。

君有合族之道，族人不得以其戚戚君，位也。

【譯解】

作爲一國之君，自然有團結全族的道義，但是作爲國君的族人却不得憑着血緣關係的親情來對待國君，這是由國君所處的地位決定的。因爲國君是全國全民之主，所以族人不得將他僅僅看成爲自己的族親。

庶子不祭，明其宗也。庶子不得爲長子三年，不繼祖也。

【譯解】

庶子之所以不進行祭祀，是表明主持祭祀的嫡子爲自己所宗，自己無權擅自行祭。庶子的長子死了，庶子只爲他服齊衰周年，不得爲他服斬衰三年，因爲庶子本身就不是父親的繼承人，其長子自然也就不是祖父的繼承人。

　　別子爲祖，繼別爲宗，繼禰者爲小宗。有百世不遷
之宗，有五世則遷之宗。百世不遷者，別子之後也。宗
其繼別子之所自出者，[一]百世不遷者也。宗其繼高祖者，
五世則遷者也。尊祖故敬宗，敬宗，尊祖之義也。

【注釋】

〔一〕之所自出：朱熹疑此四字爲衍文。

【譯解】

　　別子指國王的庶子。別子不能繼承王位，他的後代尊奉他爲
祖先，繼承別子的嫡系子孫就成了大宗，繼承別子之庶子的後輩
就是小宗。有百世也不遷動的宗，是爲大宗；有到第五世就必須
遷動的宗，是爲小宗。百世不遷的大宗，是別子的正統後裔。爲
世代所有族人所宗的繼承別子的嫡嫡相傳的宗，是百世不遷的大
宗；只爲同高祖族人所宗的繼承高祖的嫡嫡相傳的宗，是到第五
世就遷動的小宗。族人尊崇祖先，所以自然也就敬重作爲祖禰正
體的宗子。敬重宗子，其實就包含着尊崇先祖的意義。

　　有小宗而無大宗者，有大宗而無小宗者，有無宗亦
莫之宗者，公子是也。

【譯解】

　　諸侯的兒子們中，除世子外，都是公子。這裏的公子專指先
君之子，現今國君的兄弟。諸侯嫡嫡相傳，自成一正統，勢須選
立一公子爲宗子，來統領羣公子。這樣就可能出現三種情況。一，
有小宗而無大宗者：國君沒有嫡兄弟，只得選一位庶兄弟爲宗子
統領羣公子，禮如小宗，這樣一來，羣公子就只有小宗而沒有大
宗了。二，有大宗而無小宗者：國君有嫡兄弟，派他作宗子統領

羣公子，此外就不另立庶兄弟爲宗子，這樣一來，羣公子就只有
大宗而沒有小宗了。三，有無宗亦莫之宗者：如果國君只有一個
兄弟，這樣一來，既沒有另外公子可做他的宗子，同時也自然沒
有另外公子以他爲宗了。

公子有宗道。公子之公，爲其士大夫之庶者宗其士
大夫之適者，〔一〕公子之宗道也。

【注釋】

〔一〕適：音笛，通嫡。

【譯解】

公子有爲宗之道。公子的國君讓那些做士大夫的庶兄弟宗奉
一位做士大夫的嫡兄弟，這就是公子的宗道。

絶族無移服，親者屬也。〔一〕

【注釋】

〔一〕屬：音主。

【譯解】

族屬關係已經斷絶，就沒有旁及的喪服了，只有有親屬關係
的，才屬於服喪範圍。如族兄弟（同高祖的兄弟）尚在五服之
內，互相爲對方服緦麻三月之喪。自此以外，族屬關係已斷，就
沒有旁及的喪服了。如族兄弟之子，已經出了五服，就不互相爲
對方之死服喪了。

自仁率親，等而上之至于祖，自義率祖，順而下之
至於禰，是故人道親親也。親親故尊祖，尊祖故敬宗，

敬宗故收族，收族故宗廟嚴，宗廟嚴故重社稷，重社稷
故愛百姓，愛百姓故刑罰中，[一]刑罰中故庶民安，庶民安
故財用足，財用足故百志成，百志成故禮俗刑，禮俗刑
然後樂。[二]詩云："不顯不承，無斁於人斯。"[三]此之
謂也。

【注釋】

〔一〕中：音仲。　　〔二〕樂：音勒。　　〔三〕斁：音益。

【譯解】

　　從愛心出發奉事雙親，愛心一級一級的上推到祖先；從道義
出發敬事祖先，順序下推到先父。所以說，人們的本性是愛雙親
的。因爲愛雙親，親情上推，也就尊崇祖先了。尊崇祖先，自然
也就敬重作爲祖先後裔的宗族了。敬重宗族，所以也就能團結聚
攏族人了。能團結聚攏廣大族人，那麼奉事的宗廟也就格外尊嚴。
宗廟尊嚴，自然國家社稷也就能夠確保威重。爲了確保國家社稷
的威重，自然也就深知熱愛百姓了。熱愛百姓，自然就能夠做到
刑罰公正。做到刑罰公正，那麼民衆就能夠安居樂業。民衆能夠
安居樂業，自然就會財用充足。財用充足，那麼各種願望也就都
能實現。願望能夠完滿實現，從而良好的禮教風俗就能夠形成。
形成了良好的禮教風俗，然後人民就生活歡樂了。詩經清廟中有
這樣的詩句："不斷地發揚光大，不斷地啓後承前，人民永遠歡
喜，從不感到厭煩。"說的就是這種情況。

少儀第十七

　　聞始見君子者，辭曰："某固願聞名於將命者。"不得階主。敵者，曰"某固願見"。罕見曰"聞名"，亟見曰"朝夕"。〔一〕瞽曰"聞名"。

【注釋】

〔一〕亟：音氣。

【譯解】

　　聽說開始謁見有地位或者有賢德的君子，應該這樣致辭說："我很願意將自己的姓名通報給您的傳達人。"不能直接說要見主人。所要會見的人與自己地位相當，就可以這樣致辭說："我很願意拜見您。"平時很少見的，就致辭說："我很願意將自己的姓名通報給您的傳達人。"經常相見的，就致辭說："我經常早晚麻煩您的傳達人。"如果是盲人，致辭時只能說："願意將自己姓名通報給傳達人。"不說拜見、謁見之類的話。

　　適有喪者曰"比"。童子，曰"聽事"。適公卿之喪，則曰“聽役於司徒”。

【譯解】

　　來到有喪事的人家，應該説：“我來是要與執事人員一起效力。”未成年人來到喪家，應該説：“我來聽候差使。”去參加公卿的喪禮，應該説：“我來聽候家宰的役使。”

　　君將適他，臣如致金玉貨貝於君，則曰“致馬資於有司”。敵者，曰“贈從者”。

【譯解】

　　國君將要前往他國朝會，臣下如果向國君進獻金玉貨幣，致辭時應該説：“這是向隨從主管庶務的人員致送的一點養馬費用。”如果出國使臣與自己地位相當，贈送財物給他，致辭時應該説：“這是贈送給隨從人員的。”

　　臣致襚於君，[一]則曰“致廢衣於賈人”。[二]敵者，曰“襚”。親者兄弟不以襚進。

【注釋】

〔一〕襚：音碎。　　　〔二〕賈：音嫁，同價。

【譯解】

　　國君去世了，大臣來贈送入殮衣服，致辭時應該説：“送交廢衣給衣物管理人員。”不得稱襚。死者和自己地位相當，致辭時可以稱襚。死者的齊衰、大功的近親，不須手執襚衣進前向喪主致辭，直接將之陳列房中就是了。

　　臣爲君喪，納貨貝於君，則曰“納甸於有司”。[一]

【注釋】

〔一〕甸：音店。

【譯解】

　　大臣爲了國君之喪，向嗣君獻納財貨助辦國喪，致辭時應該說：“謹向主管部門繳納所受田地的産物。”

　　賵馬入廟門。〔一〕賻馬與其幣，〔二〕大白兵車，不入廟門。賻者既致命，坐委之，擯者舉之，〔三〕主人無親受也。

【注釋】

〔一〕賵：音鳳。　　〔二〕賻：音付。　　〔三〕擯：音鬢。

【譯解】

　　出葬前那天，將靈柩遷到祖廟去朝廟。這時賓客前來賵賻。賵賻都是用車馬財物贈送喪家，不同的是，賵用意在送死者，賻用意在助生者。賵馬意在供駕靈車出葬，可以牽進廟門；賻馬及幣帛、插上大白旗的兵車，意在資助喪家，都不能進入廟門。在廟門外，前來賻贈財物的人，致辭後，跪坐着把財物放在地上，由喪家接待賓客的人跪坐拿起收藏，喪家主人不要親自接受。

　　受立授立，不坐。性之直者則有之矣。

【譯解】

　　接受對方禮物時，要站立接受，不要跪坐着接受，因爲你一跪坐，勢必也要煩勞對方跪坐下來授給。同樣，授給對方禮物時，也不要跪坐着授給，因爲你一跪坐，勢必也要煩勞對方跪坐來接受。不過這不是絶對的，天生高大的人，有時要跪受跪授。身材高大的卑者與身材矮小的尊者授受財物時，卑者就該跪授跪受。

不然以高大的身材俯臨矮小的尊者，就有失禮敬了。

　　始入而辭，曰"辭矣"，即席曰"可矣"。
【譯解】
　　賓客剛進入大門，主人應該致辭讓客，接待賓客的人告訴主人說："請您致辭，讓賓先入。"升堂，賓主各就其席後而立，接待賓客的人說："可以入席了。"這是賓主以禮相見設席於堂上的禮節。

　　排闔説屨於戶内者，[一]一人而已矣。有尊長在，則否。
【注釋】
〔一〕闔：音合。　説：通脱。　屨：音巨。
【譯解】
　　朋友們平常相會於室中，推開室戶在室内脱鞋的，只有一位年紀較大的，其餘的人都要把鞋脱在戶外。有尊長在場，情況就不是這樣了。尊長在堂，侍坐的晚輩們都要把鞋脱在西階下的旁側；尊長在室，侍坐的晚輩們都要把鞋脱在戶外。

　　問品味，曰："子亟食於某乎?"[一]問道藝，曰："子習於某乎?""子善於某乎?"
【注釋】
〔一〕亟：音氣。
【譯解】
　　談話中間，詢問對方嚐過没嚐過某種食品滋味，要這樣問："您常吃某種食物嗎?"詢問對方某種學問或技能，要這樣問：

"您研究某項學問嗎?""您擅長某種技能嗎?"

　　不疑在躬，不度民械，〔一〕不願於大家，不訾重器。〔二〕

【注釋】

〔一〕度：音奪。　　〔二〕訾：音紫。

【譯解】

　　不使自身存在令人生疑的地方，不猜度人家的器物，不歆羡富貴大家，不訾毀宗廟寶器。

　　氾埽曰埽，〔一〕埽席前曰拚，〔二〕拚席不以鬣，〔三〕執箕膺擖。〔四〕

【注釋】

〔一〕氾：音泛。　　〔二〕拚：音憤。　　〔三〕鬣：音列。

〔四〕膺：音英。　擖：音頁。

【譯解】

　　遍掃房裏房外稱作埽，只掃坐席前的垃圾稱作拚。掃坐席不要用掃地笤帚，拿土簸箕搓垃圾時，簸箕舌頭要朝向自己胸前，不要朝向在座的尊者。

　　不貳問，問卜筮，曰義與?〔一〕志與? 義則可問，志則否。

【注釋】

〔一〕與：音魚。下同。

【譯解】

　　通過龜甲占問吉凶叫卜，通過蓍草占問吉凶叫筮。問卜占筮要一心一意，不要三心二意。不要問完再問，占完又占。問卜占筮之前，自己要想想，問的事合乎正義嗎？還是私心雜念呢？合乎正義的就可以占問，屬於私心雜念的就不可以占問。

　　尊長於己踰等，不敢問其年。燕見不將命。遇於道，見則面，不請所之。喪俟事，不犆弔。〔一〕侍坐，弗使不執琴瑟，不畫地，手無容，不翣也。〔二〕寢，則坐而將命。侍射則約矢，侍投則擁矢，勝則洗而以請，客亦如之，不角，〔三〕不擢馬。〔四〕

【注釋】

〔一〕犆：同特。　　〔二〕翣：音霎。　　〔三〕角：音決。

〔四〕擢：音卓。

【譯解】

　　對比自己長一輩的尊長，不敢問他的年紀。私下拜見尊長，也不敢用賓主之禮讓擯者往來傳話。在道路上遇到尊長，他看見自己了，就上前問安答話，不要請問他上哪去。他沒看見自己，就躲開，不要上前招呼，以免煩勞尊長。尊長家中有喪事，等到大殮以後，喪家每天朝哭、夕哭時再去弔慰，其他時候不要獨自前去弔唁，這也是爲了避免煩勞尊長。陪着尊長坐談時，態度要端恭誠敬，不是出於尊長的指使，自己就不敢拿起琴瑟彈奏，不要塗畫地面，不要擺弄手指，没個樣子，熱也不要搖扇。尊長躺在席上，卑幼者不敢站立以臨尊長，就跪坐一旁伺候，爲尊長傳達吩咐。射禮中，二人爲一耦，每耦先在庭中箭架上取箭，你取一支，我取一支，每人取四支。卑幼者與尊長爲一耦，取箭時，卑幼者待尊長取完四箭，自己再一時并取四箭，叫做約矢，不敢與尊長一支一支的輪流地對取。投壺禮也是二人爲一耦，各取四矢放在面前，一一坐取，立起投壺。卑幼者奉陪尊長投壺，尊長將四矢放在地上，一一取投，卑幼者就用左手擁抱自己的四矢，右手一一投出。誰射中、投中的次數多，誰算是勝者。如果卑幼者勝了，那就洗爵酌酒，到尊長面前敬請飲用。主人與賓客較射或投壺，主人勝了也要這樣敬請飲酒。不能讓他人酌酒來罰賓客。同時用的酒杯也不是罰酒用的角，而用的是敬酒用的爵，也不爲勝方設立標誌勝利的馬形的籌碼。

　　執君之乘車則坐。[一]僕者右帶劍，負良綏，[二]申之面，扡諸幦，[三]以散綏升，執轡然後步。[四]

【注釋】

〔一〕乘：音勝。　　〔二〕綏：音隨。　　〔三〕扡：音託，同拖。　幦：音密。　〔四〕轡：音佩。

【譯解】

　　僕是爲國君駕駛馬車的官員，趕車時站在中間駕駛，國君站在左邊，作爲保衛人員的車右站在右邊。國君將出行，僕就備好馬車，手執繮繩跪坐在車裏等候。一般人佩劍都把劍佩在左側，便於右手抽拔，而僕則將劍佩在右側，因爲國君立在左邊，劍要是再佩在左側就妨礙國君了。車的左欄繫着一根備國君挽引登車的繩索——良綏，右欄繫着一根供僕和車右挽引登車的繩索——散綏。在國君登車以前，僕將良綏拿起從左腋前，搭在左肩，再由背後繞過右腋，將良綏伸到前面，搭在車前覆蓋欄杆的帷簾上。良綏之所以要繞在僕的肩背上，就是爲了國君引良綏升車時，便於僕使勁幫助往上牽引。僕升車時，是由馬車右側手引散綏上來的。國君登車以前，僕兩手分執繮繩，然後試行三四丈遠，看一切穩妥，再請國君升車。

請見不請退。朝廷曰退，燕游曰歸，師役曰罷。

【譯解】

卑幼者對於尊長，可以請求召見，陪同尊長談話後，去留取決於尊長，一般不要主動請退。從朝廷裏散朝出來稱作退，在外邊宴飲遊玩後回家稱作歸，軍事行動、勞役活動解除稱作罷。

侍坐於君子，君子欠伸，運笏，澤劍首，還履，[一]問日之蚤莫，[二]雖請退可也。

【注釋】

[一] 還：同旋。　　[二] 蚤：通早。　莫：音木，同暮。

【譯解】

陪侍君子坐談，談話中間，見到君子打哈欠，伸懶腰，或者轉弄笏版，摩挲劍柄，調轉鞋子，問天色早晚，這都表明君子已經精神鬆懈、身體疲倦，此時此刻，雖然君子未加吩咐，自己也可以請退告辭了。

事君者量而后入，[一]不入而后量。凡乞假於人，爲人從事者亦然。[二]然，故上無怨而下遠罪也。

【注釋】

[一] 量：音涼。下同。　　[二] 爲：音魏。

【譯解】

臣下事奉國君，有什麼建議，先要自己估量一番，估計能行，然後入朝奏請；不要先入朝奏請，然後再估量事情能行不能行。向別人乞求、借貸，或者替別人辦事，也要如此。能夠這樣，臣下就不會觸犯君上，從而君上也就沒有怨恨，君上不怨恨臣下，臣下就能遠離罪責了。

不窺密，[一]不旁狎，[二]不道舊故，不戲色。

【注釋】

〔一〕窺：音虧。　　〔二〕狎：音匣。

【譯解】

不要窺探別人的秘密隱私，不要胡亂跟別人套近乎、開玩笑，不要提起別人的不太光彩的舊事，不要對別人有輕慢戲弄的臉色。

爲人臣下者，有諫而無訕，[一]有亡而無疾，頌而無諂，[二]諫而無驕，怠則張而相之，[三]廢則埽而更之，[四]謂之社稷之役。

【注釋】

〔一〕訕：音善。　　〔二〕諂：音産，同諂。　　〔三〕相：音象。　　〔四〕更：音耕。

【譯解】

作爲臣下，對君主的過錯應該當面勸諫，不應該背後詆毀，勸諫不聽，應該辭職離去，不應該心生憎恨；稱頌君主要切合實情，不要諂媚討好，勸諫君主要誠心誠意，不要傲慢驕矜；君主懈怠，臣下能拿出主張來加以輔導；政令廢弛，臣下能設法清除弊端而更創立新政。這樣才稱得上是有助於國家社稷的做爲。

　　毋拔來，毋報往，〔一〕毋瀆神，毋循枉，〔二〕毋測未至。士依於德，游於藝；工依於法，游於說。毋訾衣服成器，毋身質言語。

【注釋】

〔一〕報：音復，通赴。　　〔二〕枉：音往。

【譯解】

　　不要猝然而來，不要唐突而往，這是說人們待人做事要穩重周詳，須有個漸進過程，不要浮躁衝動。不要煩瀆神明，這是說祭神自有定時，頻繁祭祀祈禱就是對神明的輕慢了。不可循着邪路來達到目的，不要妄加猜測未來的事。作爲士人要依據道德，留心六藝——禮、樂、射、御、書、數；作爲工匠要依據規矩，留心技術原理。不要非議人家的衣服、器具，不要親自去證實没有根據的言辭。

　　言語之美，穆穆皇皇；朝廷之美，濟濟翔翔；〔一〕祭祀之美，齊齊皇皇；〔二〕車馬之美，匪匪翼翼；〔三〕鸞和之美，蕭蕭雍雍。

【注釋】

〔一〕濟：音幾。　　〔二〕皇：音往。　　〔三〕匪：音非。

【譯解】

　　語言之美在於端莊大方，朝廷之美在於隆重安詳，祭祀之美在於誠敬嚮往，車馬之美在於接連挺進整飭軒昂，車轅橫木上的鸞鈴與車軾上的和鈴之美在於清脆而和諧的聲響。

　　問國君之子長幼，長，則曰“能從社稷之事矣”；

幼，則曰"能御"、"未能御"。問大夫之子長幼，長，則曰"能從樂人之事矣"；[一]幼，則曰"能正於樂人"、"未能正於樂人"。問士之子長幼，長，則曰"能耕矣"；幼，則曰"能負薪"、"未能負薪"。

【注釋】

〔一〕樂：音岳。

【譯解】

有人向國君詢問他的兒子的年紀，如果已經成人，就回答說："能够從事國家的政事了。"如果年紀尚幼，而已是成童，就回答說："已經能够駕馭車馬。"如果年紀很小，就回答說："還不能駕馭車馬。"有人向大夫詢問他的兒子的年紀，如果已經成人，就回答說："能够從事樂師的事務了。"如果年紀尚幼，而已是成童，就回答說："能够接受樂師的指正了。"如果年紀很小，就回答說："還不能接受樂師的指正。"有人向士詢問他的兒子的年紀，如果已經成人，就回答說："能够耕地了。"如果年紀尚幼，而已是成童，就回答說："能够揹柴了。"如果年紀很小，就回答說："還不能揹柴。"

執玉執龜筴不趨，[一]堂上不趨，城上不趨。武車不式，介者不拜。

【注釋】

〔一〕筴：音測，同策。

【譯解】

手中執着禮玉，執着占卜用的龜甲或占筮用的蓍策，都不要快走，怕跌倒摔壞這些貴重的器物。在堂上不要快走，堂上比較

狹窄。在城上也不要快走，以免城下人望而生疑。在兵車上不憑
軾致敬，軍人不用常禮。頂盔擐甲的將士不向人拜，甲胄在身，
勢亦不能下跪。

　　婦人，吉事，雖有君賜，肅拜；爲尸坐，則不手拜，
肅拜；爲喪主，則不手拜。葛絰而麻帶。[一]

【注釋】

〔一〕絰：音蝶。

【譯解】

　　肅拜就是跪下來直身低頭引手而拜。手拜就是跪下來俯身雙
手至地而低頭至手之拜。肅拜輕，手拜重。婦人以肅拜爲正。婦
人平時當拜時，即使遇上國君賞賜，都用肅拜。祖姑（奶奶婆）
去世，舉行安魂祭時，選個孫媳婦爲尸，即象徵死者神靈並代之
受祭者，席地而坐，該拜時不用手拜而用肅拜。唯丈夫或長子去
世時，婦人作爲喪主，行拜時就不手拜，更不用肅拜，而要磕
頭——額頭觸地。婦女爲親人服喪，百日祭後脱去其粗首絰改用
葛麻首絰，唯其腰絰却仍用粗麻腰絰不變。因爲婦女以腰爲重，
其腰絰到服喪期滿時才除去，百日祭、周年祭時仍然繫用粗麻腰
絰，而不用葛麻腰絰替換。總之，婦人的腰絰有除而無變。

　　取俎進俎不坐。

【譯解】

　　俎是用於宴享、祭祀的置放熟肉熟魚的帶腿几案。堂下取俎
升堂，到堂上設俎於席前，都不要跪坐，因爲站着便於取放。

執虚如執盈，入虚如有人。

【譯解】

　　手執空虚的器皿，就如同捧着盛滿東西的器皿一樣的小心；進入空房就如同進入有人的房屋一樣的鄭重。這是説，恭敬謹慎的心情不隨外在條件的不同而有所鬆懈。

凡祭於室中、堂上，無跣。〔一〕燕則有之。

【注釋】

〔一〕跣：音險。

【譯解】

　　凡舉行家祭，不論在室中還是在堂上，都不脱鞋，這是由於祭祀主敬。唯有燕飲時，可以脱鞋於堂下，再升堂暢飲，這是由於燕飲主歡。

未嘗不食新。

【譯解】

　　秋收之際，在未舉行嘗祭即秋季祭祖以前，就不該食用新穀。

僕於君子，君子升、下則授綏，始乘則式，〔一〕君子下行，然後還立。〔二〕

【注釋】

〔一〕乘：音成。　　　〔二〕還：同旋。

【譯解】

　　駕駛人員爲有地位的君子駕駛馬車，君子升車下車，就要主動把挽索遞給君子，便於他挽引上下。君子開始乘車，駕駛人要手扶車前橫木俯身至敬。君子下車步行，駕駛人就旋轉車身，站立等待。

乘貳車則式，[一]佐車則否。貳車者，諸侯七乘，[二]上大夫五乘，下大夫三乘。

【注釋】

〔一〕乘：音成。　　〔二〕乘：音勝。下同。

【譯解】

　　國君、大夫乘車出行，另有副車陪同。陪同去朝覲、祭祀的副車，稱作貳車；陪同作戰、打獵的副車，稱作佐車。隨從官員乘坐貳車，有時要憑軾致敬，因爲貳車是禮車，禮車崇尚恭敬。乘坐佐車就不要憑軾致敬，因爲佐車是兵車，兵車崇尚威武。陪同國君、大夫去朝覲、祭祀的副車，數量因人而異，諸侯有七輛，上大夫有五輛，下大夫有三輛。

有貳車者之乘馬、服車不齒，[一]觀君子之衣服、服劍、乘馬弗賈。[二]

【注釋】

〔一〕乘：音勝。　服車：王引之謂此二字當在下文“乘馬”之下。　　〔二〕賈：音嫁，同價。

【譯解】

　　對附有貳車的乘馬、用車，也就是國君、大夫本人的乘馬、用車，不要議論老幼、新舊。觀看有爵位君子的衣服、佩劍、乘馬，不要估價。

　　其以乘壺酒、束脩、一犬賜人若獻人，〔一〕則陳酒執脩以將命。亦曰“乘壺酒、束脩、一犬”。其以鼎肉，則執以將命。其禽加於一雙，則執一雙以將命，委其餘。犬則執緤，〔二〕守犬、田犬則授擯者，既受乃問犬名。牛則執紖，〔三〕馬則執靮，〔四〕皆右之，臣則左之。車則説綏，〔五〕執以將命。甲，若有以前之，則執以將命；無以前之，則袒櫜奉胄。〔六〕器則執蓋。弓則以左手屈韣執拊。〔七〕劍則啓櫝，〔八〕蓋襲之，加夫襓與劍焉。〔九〕笏、書、脩、苞苴、弓、茵、席、枕、几、潁、杖、琴、瑟、戈有刃者櫝、莢、籥，〔一〇〕其執之皆尚左手。刀却刃授潁，削授拊。〔一一〕凡有刺刃者，以授人則辟刃。〔一二〕

【注釋】

〔一〕乘：音勝。下同。　　〔二〕緤：音謝。　　〔三〕紖：音振。　　〔四〕靮：音笛。　　〔五〕説：通脱。

〔六〕櫜：音高。　　〔七〕韣：音獨。　　拊：音府。

〔八〕櫝：音讀。　　〔九〕夫：音扶。　　襓：音饒。

〔一〇〕苞：音包。　　苴：音居。　　枕几潁杖：潁音迥。王引之謂“潁”字當在“几”字之上。　　籥：音月。　　〔一一〕削：音薛。　　〔一二〕辟：音必，通避。

【譯解】

　　用四大壺酒、一緶（十條）乾肉條，一隻食用狗派人賜送或奉獻給人，來到對方門外，就把酒壺陳列在地上，手捧一緶乾肉條來向接待客人的擯者説明自己奉命而來致送禮物。致辭中也言及四壺酒，一緶肉條，一隻狗。鼎肉指大塊帶骨肉，可以直接入鼎烹煮，無須另收拾加工。如果送來的不是乾肉而是鼎肉，就手執鼎肉來向擯者傳達辭命。如果送來的禽鳥其數量多於一雙，就手執一雙來表明來意，其餘的放在門外地上。送來的狗就要手裏牽着拴狗的繩索。如果所送的是看家狗、獵狗就把繩索交給擯者，擯者接過之後，就問狗叫什麼名字。送牛就牽着牛繩，送馬就拽住馬韁，都用右手。送來的是俘虜，就用左手攦住他的右袖，右手防備他抗拒。贈送乘車，就解下車欄上用以登車的挽繩，手捧着傳達辭命。贈送盔甲，如果另有分量較輕的財物，就將盔甲放置地上，手持較輕財物傳命致辭；如果沒有其他財物，就把盛着鎧甲的袋子打開，手捧頭盔致辭傳命。贈送有底有蓋而分量較重的器皿，就執蓋致辭傳命。送弓，來人就將持有折疊弓衣的左手同時攦着弓把，右手執着弓角一端傳命致辭。送劍，來人就打開劍匣，將上蓋套在劍匣的下面，再把劍衣放在劍匣裏，劍壓在劍衣上，捧起致送。笏版、書册、乾肉條、裹魚肉的蒲包、弓、墊子、席子、枕頭、几案、警枕、手杖、琴、瑟、裏面放着帶鋒刃的戈頭的木盒、占問吉凶用的蓍策、如笛而三孔的籥，這十六樣東西，雙手拿着遞送時，都要左手在外、在前或在上。送刀時，鋒刃朝後，把刀鐶朝前遞送。送彎刀，要將刀柄朝前遞送。凡是帶尖刃的傢伙，遞給對方時，都要避開鋒刃部分。

乘兵車，[一]出先刃，入後刃。軍尚左，卒尚右。

【注釋】

〔一〕乘：音成。

【譯解】

乘在兵車上的戰士，出城時兵刃朝前，入城時兵刃向後。軍隊中，將軍的位置以左爲上，士卒的隊列以右爲上。

賓客主恭，祭祀主敬，喪事主哀，會同主詡。[一]

【注釋】

〔一〕詡：音許。

【譯解】

接待賓客以容貌恭謹爲主，進行祭祀以內心誠敬爲主，操辦喪事以悲哀爲主，國際上的聚會談判以言辭敏捷、態度果敢爲主。

軍旅思險，隱情以虞。

【譯解】

行軍打仗首先要考慮到可能出現的危險，隱蔽自己的軍情，而揣度對方的意圖。

燕侍食於君子，則先飯而後已，[一]毋放飯，毋流歠，[二]小飯而亟之，[三]數噍，[四]毋爲口容。客自徹，辭焉則止。

【注釋】

〔一〕飯：動詞，音反。下同。　　〔二〕歠：音輟。

〔三〕亟：音極。　　〔四〕數：音槊。　噍：音叫。

【譯解】

平時奉陪有德有位的君子吃飯，爲了嘗食，要先君子而吃；爲了勸食，要後君子而止。不要把手裏的飯再放回盛飯的器皿，不要仰脖張嘴往裏灌湯。要小口吃飯而速嚼速咽，這樣才能及時回答君子的問話。咀嚼要快，但不要鼓嘴、努嘴、吧唧嘴。飯後，

作爲奉陪君子的客人，動手撤去食具，主人發話勸阻，客人也就
停止收拾。

　　客爵居左，其飲居右。介爵、酢爵、僎爵皆居右。[一]
【注釋】
〔一〕酢：音作。　僎：音尊，通遵。
【譯解】
　　古時鄉學，每三年推舉賢能，薦送給國君。行前由鄉大夫作
主人，舉行鄉飲酒禮，以最賢者爲賓，次賢者爲介。禮中，主人
酌酒敬賓叫獻；賓飲後酌酒回敬主人叫酢；主人飲後，酌酒先自
飲一杯，再酌酒敬賓叫酬。賓接過酬爵不飲，將之奠放在自己坐
席左側，這就是所謂客爵居左。開始，主人獻賓的酒杯，賓接過
來奠放自己坐席右側，祭肺祭酒後就一飲而盡，這就是所謂其飲
居右。主人獻給介即次賓的酒爵，賓回敬主人的酒爵，主人敬獻
前來觀禮的鄉大夫的酒爵，都分別放在其坐席右側。僎同尊，指
前來觀禮的鄉大夫。

　　羞濡魚者進尾，[一]冬右腴，[二]夏右鰭，[三]祭膴。[四]
【注釋】
〔一〕濡：音儒。　　〔二〕腴：音於。　　〔三〕鰭：音其。
〔四〕膴：音呼。
【譯解】
　　平時吃飯，往坐席上放置帶汁熬魚時，要把魚尾朝前。冬季
要讓魚腹朝着人的右側；夏季要讓魚脊朝着人的右側，因爲冬季
魚腹肥厚，夏季魚脊肥厚，便於人右手取用。食用前拿着食物祭

一下，表示不忘最初創製此種食物的先人。祭魚時，切取大塊魚肉，舉以行祭。

凡齊，〔一〕執之以右，居之以左。

【注釋】

〔一〕齊：音紀。

【譯解】

　　凡是用鹽、梅等調味的食羹醬飲，盛在器皿中端上來時，用右手執持，而托在左手之上。

贊幣自左，詔辭自右。

【譯解】

　　國君貴重，與人交際時，由贊禮的近臣協助。國君將授幣帛，贊禮的近臣由國君身左代國君授出幣帛；國君有所吩咐，贊禮的近臣由國君身右代國君傳達辭命。

酳尸之僕，如君之僕。其在車，則左執轡，右受爵，祭左右軌、范，乃飲。

【譯解】

　　國君將舉行大祭，請同姓族人為尸，即象徵所祭神靈而代之享祭的人。國君派人迎尸，出發前，為了平安，要祭路神。酳酒給尸的駕車人，其禮儀如同酳酒給國君的駕車人。如果尸的駕車人已立在車上，就左手執繮，右手接受酒杯，滴酒祭過車輪的左右軸頭，又祭車軾前面，求神佑助平安行駛，然後喝盡餘酒。

凡羞有俎者，則於俎內祭。

【譯解】

凡進上的食物，有用俎盛放的肉食，食前就在俎內持之祭一下飲食神。

君子不食圂腴。[一]

【注釋】

〔一〕圂：音換，通豢。　腴：音于。

【譯解】

君子不吃豬狗的腸胃，嫌其髒臭。

小子走而不趨，舉爵則坐祭立飲。

【譯解】

未成人的弟子參加禮會，只供支使奔走，而不用頻張兩臂頻張兩足的禮步，舉杯時就跪坐行祭，立起飲用。

凡洗必盥。

【譯解】

凡獻酒前必先洗杯，洗杯前必先洗手。

牛羊之肺，離而不提心。[一]

【注釋】

〔一〕提：音底。

【譯解】

煮熟的牛羊肺，四周切離，中心部分不過刀，便於食前撕下舉祭。

凡羞有湇者，^{〔一〕}不以齊。^{〔二〕}

【注釋】

〔一〕湇：音氣。　　〔二〕齊：音紀。

【譯解】

凡所進菜肴有調和過的湯汁，食用前就不要再撒放鹽、梅之類來調味。

爲君子擇葱薤，^{〔一〕}則絕其本末。

【注釋】

〔一〕薤：音謝。

【譯解】

爲君子、尊長選擇大葱、薤菜，就要去掉根梢，因爲根上帶土，梢上枯萎。

羞首者，進喙，^{〔一〕}祭耳。

【注釋】

〔一〕喙：音會。

【譯解】

所進膳羞有牲頭的，要牲嘴朝前，食前割耳行祭，祭一祭飲食神。

尊者以酌者之左爲上尊。尊壺者面其鼻。

【譯解】

堂上行賓禮、祭禮，事前並設兩個酒樽，一個盛酒，一個盛清水，後者名之爲玄酒。玄酒爲不忘古而設，設而不用，雖不用，與酒樽並列且爲上樽。在堂上設置酒樽的人，當其並設兩樽時，就預先考慮到屆時近前酌酒人的左方之樽爲上樽，用心置放妥當，以免誤酌。壺是盛酒的帶鼻飾的大型器皿，酌酒時也用木勺從壺中往酒爵裏酌。壺肚上有個獸面裝飾，設壺樽時讓獸鼻朝前。

飲酒者、禨者、醮者，[一]有折俎不坐。

【注釋】

〔一〕禨：音紀，通饑。　醮：音叫。

【譯解】

相聚飲酒，洗頭後飲酒，冠禮中向加冠後的青年敬酒，只要席前設有折俎，是不能坐飲的。折俎就是放着將熟牲體折成帶骨肉塊的俎。折俎是尊貴的禮食，將折俎撤去，人們才能坐飲。

未步爵，不嘗羞。

【譯解】

主人與賓客敬酒、回敬酒、酬酒時，也就是説還未到行爵暢飲的時候，不能吃用菜肴。

牛與羊、魚之腥，聶而切之爲膾。[一]麋鹿爲菹，[二]野豕爲軒，[三]皆聶而不切。麇爲辟雞，[四]兔爲宛脾，[五]皆聶

而切之。切葱若薤實之醢以柔之。〔六〕

【注釋】

〔一〕聶：音折。　膾：音快。　　〔二〕菹：音租。

〔三〕豕：音史。　軒：音憲。　　〔四〕麕：音君。　辟：音
必。　　〔五〕宛：音晚。　脾：音皮。　　〔六〕醢：音西。

【譯解】

　　牛、羊、魚的生肉，切成薄片，再細切成絲，就成爲膾了。
麋鹿肉切成大片上叫菹，野猪肉切成大片醢上叫軒，都切成片，
不再細切成絲。獐子肉切成肉絲醢上叫做辟雞，兔肉切成肉絲醢
上叫做宛脾，都是切成片後再細切成絲。把這些肉分別切上大葱
和薤菜，放在醋裹，以殺腥氣並使之變得柔頓。

　　其有折俎者，取祭肺，反之，〔一〕不坐，燔亦如之。〔二〕
尸則坐。

【注釋】

〔一〕反：通返。　　〔二〕燔：音凡。

【譯解】

　　如果禮中設有折俎，因爲折俎尊貴，所以從俎中取祭肺行祭，
祭後又把肺放回俎中，都是站着取出、放回，只有行祭時才跪坐
在席上。從俎中取烤肉行祭也是如此。惟有象徵先人神靈並代之
享祭的尸，從折俎中取肺、祭肺、返肺，都是坐而不立的。

　　衣服在躬而不知其名，爲罔。〔一〕

【注釋】

〔一〕罔：音亡。

【譯解】

古時什麼階級、階層，在什麼時候，什麼場合，該穿什麼衣服，都有規定。衣服穿在自己身上，而不知道它的名稱，不啻忘了自己的身份，忘了自己所處的場合，自然就是無知了。

其未有燭，而有後至者，則以在者告，道瞽亦然。

【譯解】

人們薄暮聚會，還沒有點上燭火，有人後來，主人就該把已在場的人告訴給他。白天聚會，導引盲人入室，也是這樣。

凡飲酒，爲獻主者執燭抱燋，[一]客作而辭，然後以授人。執燭，不讓、不辭、不歌。

【注釋】

〔一〕燋：音焦。

【譯解】

凡賓主飲酒，作爲獻酒敬賓的主人，到傍晚時分，一手執着點燃的火炬，一手抱着未點燃的火炬，來留賓勸酒，客人起身辭謝，獻主然後將火炬都交給下人。執燭飲酒，儀節比白天飲酒有所減省，不再相互謙讓，不再起身辭謝，不再唱歌表達情意。

洗、盥、執食飲者勿氣，有問焉，則辟咡而對。[一]

【注釋】

〔一〕辟：通避。　咡：音而。

【譯解】

爲尊長冲洗酒杯，爲尊長沃水洗手，爲尊長執送食物飲料，要控制呼氣，不要使氣息觸及尊長與其器皿。接近尊長時，尊長有所詢問，就要轉臉側避嘴角來回答。

　　爲人祭曰致福，爲己祭而致膳於君子曰膳，祔、練曰告。

【譯解】

　　代人作主祭，將所餘祭肉送一部分給君子，致辭中就說是來“致福”，意思是將那家祭祀得來的福分送給君子。自家進行祭祀後，將所餘祭肉分送給君子，致辭時不敢說福，而說是膳，意思是將些善食美味送給君子。祔和練都是喪禮中的祭祀名稱。死者埋葬後，舉行虞禮、卒哭祭，卒哭祭之次日即奉死者神主祭於祖廟，謂之祔祭。練祭就是爲死者舉行的周年祭，主人頭戴練冠，所以周年祭即小祥祭也稱作練祭。喪家舉行祔祭或練祭後，將所餘祭肉的一部分送給君長，致辭時不說福，也不說膳，只說“告”，意思是今來告知君長自己已經爲先人舉行了祔祭或練祭。

　　凡膳告於君子，主人展之，以授使者于阼階之南，南面，再拜稽首送。〔一〕反命，主人又再拜稽首。其禮，大牢則以牛左肩、臂、臑折九個，〔二〕少牢則以羊左肩七個，牷豕則以豕左肩五個。〔三〕

【注釋】

〔一〕稽：音起。　　〔二〕臑：音鬧。　　〔三〕牷：同特。

【譯解】

　　凡是向君長致送吉祭的祭肉或送喪祭的祭酒，送前，主人都要親自檢視，然後在東階之南授與自己派遣的使者，面向南再拜

磕頭送行。使者從君長處回來轉達君長的辭命，主人在堂下聽受
後又再拜磕頭。所致送祭肉的禮數是：祭祀用太牢（牛羊豬三牲
具備爲太牢）的，就將牛的左前腿折爲九段置於俎中致送；祭祀
用少牢（有羊有豬爲少牢）的，就將羊的左前腿折爲七段置於俎
中致送；祭祀用一隻豬的，就將豬的左前腿折爲五段放在俎中致
送。禮中用牲，常將其前腿分成肩、臂、臑三個部分，最上爲肩，
肘上爲臂，肘下爲臑。

　　國家靡敝，則車不雕幾，[一]甲不組縢，[二]食器不刻
鏤，君子不履絲屨，馬不常秣。[三]

【注釋】

〔一〕幾：音七。　　　〔二〕縢：音騰。　　　〔三〕秣：音末。

【譯解】

　　當國家財政拮据、人民生活困難的時期，國君製造乘車就不
要雕畫花紋，製造鎧甲就不要用絲組來連綴裝飾，製作飲食器皿
就不要雕鏤圖案，君子不穿絲組製造的鞋，馬不常用糧食喂養。

學記第十八

　　發慮憲，求善良，足以謏聞，[一]不足以動衆。就賢體遠，足以動衆，未足以化民。君子如欲化民成俗，其必由學乎！

【注釋】

〔一〕謏：音小。　聞：音問。

【譯解】

　　發動思慮，招求善良，這樣做可以有小小的聲譽，還不足以感動羣衆；親近賢能，體恤疏遠，這樣做可以感動羣衆，還不足以化育人民。君子如果打算化育人民，形成美好的風俗，一定要由教學入手哇。

　　玉不琢，不成器；人不學，不知道。是故古之王者建國君民，教學爲先。兌命曰：[一]“念終始典于學。”其此之謂乎！

【注釋】

〔一〕兑：音月，通悦。下同。

【譯解】

　　玉不雕琢，就不會成爲器物；人不學習，就不會明白道理。所以古代君王建立國家，治理人民，總以教學爲首務。尚書兑命中説："念頭要始終經常地在學習上。"大概説的就是這個意思吧！

　　雖有嘉肴，〔一〕弗食，不知其旨也；雖有至道，弗學，不知其善也。是故學然後知不足，教然後知困。知不足，然後能自反也；知困，然後能自强也。故曰，教學相長也。〔二〕兑命曰"學學半"，〔三〕其此之謂乎！

【注釋】

〔一〕肴：音姚。　　〔二〕長：音掌。　　〔三〕學學半：上學音效。

【譯解】

　　雖然有好菜，不吃就不知道它的美味；雖然有最善的道理，不學就不明白它的好處。所以經過學習然後才知道自己的不足，通過教學然後才知道自己的貧乏。知道不足然後才能够自我反省，知道貧乏然後才能够奮發自强。所以説教與學是互相長進的。尚書兑命中説："教别人，自己也能收到一半成效。"大概説的就是這個意思吧！

　　古之教者，家有塾，黨有庠，〔一〕術有序，〔二〕國有學。比年入學，〔三〕中年考校。〔四〕一年視離經辨志，三年視敬業樂羣，五年視博習親師，七年視論學取友，謂之小成；

九年知類通達，强立而不反，謂之大成。夫然後足以化民易俗，〔五〕近者説服而遠者懷之，〔六〕此大學之道也。〔七〕記曰："蛾子時術之。"〔八〕其此之謂乎！

【注釋】

〔一〕庠：音祥。　　〔二〕術：音碎，通遂。　　〔三〕比：音必。　　〔四〕中：音仲。　　〔五〕夫：音扶。下同。

〔六〕説：音月，通悦。　　〔七〕大：通太。下同。

〔八〕蛾：音以，同蟻。

【譯解】

　　古時候的教學場所，家族中有塾，五百家爲一黨，黨中有庠，一萬二千五百家爲一遂，遂中有序，國都中有學。每年都有學生入學，隔一年就做一次考察。第一年考察學生點讀經文的能力，辨別學生的志向；第三年考察學生是否重視學業，熱愛集體；第五年考察學生是否學習廣博，親近老師；第七年考察學生討論學術的水準高低，選取學友的良莠。達到目標了，叫做小成。第九年做到學識明達，觸類旁通，堅强自立而不違反師教，叫做大成。教育成效如此，才可以化育人民，移風易俗，附近的人民都心悦誠服，遠方的人民都懷德嚮往，這就是大學教育的途徑、步驟。古籍上説，螞蟻時時學習銜土，久而成垤。説的就是這種積微成著的道理吧！

　　大學始教，皮弁祭菜，示敬道也。宵雅肄三，〔一〕官其始也。入學鼓篋，〔二〕孫其業也。〔三〕夏楚二物，〔四〕收其威也。未卜禘不視學，〔五〕游其志也。時觀而弗語，〔六〕存其心也。幼者聽而弗問，學不躐等也。〔七〕此七者，教之大倫也。記曰："凡學，官先事，士先志。"其此之謂乎！

【注釋】

〔一〕宵：音曉，通小。　　〔二〕篋：音竊。　　〔三〕孫：通遜。下同。　　〔四〕夏：音甲，通檟。　　〔五〕禘：音帝。　　〔六〕語：音玉。　　〔七〕躐：音列。

【譯解】

　　大學開學時，天子諸侯派官員身著白色的皮弁禮服，用水芹水藻祭奠先聖先師，這是表示尊師重道。演習小雅中鹿鳴、四牡、皇皇者華三首反映君臣宴樂相互勞問的樂章，這是從開始就勉勵學生準備做官奉上。通過擊鼓召集學生進入教室，打開書箱，這樣做是讓學生恭順地對待學業。用來鞭策違紀學生的兩種體罰工具——檟木條、荊條，目的是要收到威嚴整肅的效果，防止怠惰。天子諸侯通過龜卜確定吉日舉行宗廟夏祭之前，就不去學校視學考察，這樣做是爲了使學生們得以優遊心志，從容向學，而不致於迫蹙緊張。教師時常觀察學生而不要動輒講說，要讓學生用心思考，主動鑽研。至於年幼學生要讓他們專心聽講，而不要脫離課程地亂問，因爲學習要循序漸進，不能越等進行。這七項是教學的大道理。古籍上說："凡學習，做官的先學辦事，上學的先要立志。"說的就是這種情況吧！

　　大學之教也，時教必有正業，退息必有居學。不學操縵，〔一〕不能安弦；不學博依，〔二〕不能安詩；不學雜服，不能安禮；不興其藝，不能樂學。故君子之於學也，藏焉，脩焉，息焉，游焉。夫然，故安其學而親其師，樂其友而信其道，是以雖離師輔而不反也。兌命曰："敬孫務時敏，厥脩乃來。"〔三〕其此之謂乎！

【注釋】

〔一〕縵：音曼。　　〔二〕依：音以。　　〔三〕厥：音決。

【譯解】

大學的教育，因時施教必有正式課程，下課休息必有複習作業。不學操理彈撥的基本技能，就不能妥善地彈琴。不學習廣泛的比喻，就不能妥善地理解詩。不學習各種禮服、燕服的形製、用場及其穿著儀容，就不能妥善地行禮。不喜歡學習課程中各種技藝，就不能提起學習興趣。所以君子對於學業知識，要積累，要練習，勞作休息時要體味，閑暇無事時要涵泳。能够這樣，所以才能安心學習而親近師長，友愛學友而篤信正理。所以即使離開師長學友，也不會違反道義。尚書兌命中説："恭敬謙遜地致力於及時勤學，其進修成果才能到來。"説的就是這種情況吧！

今之教者，呻其佔畢，〔一〕多其訊言，及于數進而不顧其安，〔二〕使人不由其誠，教人不盡其材，其施之也悖，〔三〕其求之也佛。〔四〕夫然，故隱其學而疾其師，苦其難而不知其益也。雖終其業，其去之必速。教之不刑，其此之由乎！

【注釋】

〔一〕佔：音攙，通覘。　　〔二〕數：音粟，通速。

〔三〕悖：音背。　　〔四〕佛：音浮。

【譯解】

今天教學的人，只知誦讀課本，多加曉告解説，汲汲於加速進度而不顧是否穩妥。對待學生不從誠心實意出發，教學生不能儘量針對學生的材質。措施反情悖理，要求乖戾失常。這樣，所以學生痛恨學習而厭惡老師，苦惱於學習困難，而不知道學習有什麼益處；即使勉强讀完課業，那丟掉的也必快速。教育的不成功，就是這個原由吧！

　　大學之法，禁於未發之謂豫，當其可之謂時，不陵節而施之謂孫，相觀而善之謂摩。此四者，教之所由興也。

【譯解】

　　大學的教育方法：邪惡的念頭未發生之前，就通過教育加以禁止，叫做預防；當學生可以接受教育的時期而加以教導，叫做時宜；不超越學生的學習階段而講授，叫做循序；組織學生互相觀看學習方法、成績，從而吸取別人優點，叫做觀摩。這四項，就是促使教育興盛的原由。

　　發然後禁，則扞格而不勝；[一]時過然後學，則勤苦而難成；雜施而不孫，則壞亂而不脩；獨學而無友，則孤陋而寡聞；燕朋逆其師；燕辟廢其學。[二]此六者，教之所由廢也。

【注釋】

〔一〕扞：音汗。　　〔二〕辟：音譬，通癖。

【譯解】

　　罪過已經發生，然後加以禁止，那教育就格格不入，不能戰勝邪惡；就學時期已過，然後才去學習，那麼就相當勞苦而難有成就；雜亂施教而不遵循進度，那就破壞了知識的系統性而不可收拾；獨自學習而沒有學友一起切磋、交流，那勢必造成孤陋寡聞；結交不正派的朋友，會違背老師的訓誨；染上不良的癖好，會荒廢自己的學業。這六項，是致使教育失敗的原由。

君子既知教之所由興，又知教之所由廢，然後可以爲人師也。故君子之教喻也，道而弗牽，〔一〕强而弗抑，開而弗達。道而弗牽則和，强而弗抑則易，〔二〕開而弗達則思。和易以思，可謂善喻矣。

【注釋】

〔一〕道：音倒，通導。　　〔二〕强：音搶。

【譯解】

君子既知道教育因何而興盛，又知道教育因何而荒廢，然後才可以爲人師表。所以君子的教學是曉喻別人，引導而不牽强，勉勵而不壓制，啓發而不逕直表達。引導而不牽强，自然就態度溫和；勉勵而不壓制，自然就作風平易；啓發而不逕直表達，自然就引人思考。溫和、平易而又引人思考，可以稱得上是善於曉喻了。

學者有四失，教者必知之。人之學也，或失則多，或失則寡，或失則易，或失則止。此四者，心之莫同也。知其心，然後能救其失也。教也者，長善而救其失者也。

【譯解】

學習的人可能有四種過失，教學的人必須知道。人們學習當中，有人的過失在於多，貪多嚼不爛；有人的過失在於少，學習面窄，不知開闊眼界；有人的過失在於易，輕易對待學業，不知深入研討；有人的過失在於止，滿足現狀而不求上進。這四種人心理狀態不相同。了解他們的心態，然後才能挽救他們的過失。所謂教育，就是助長學生的優點而匡救學生的過失。

　　善歌者使人繼其聲，善教者使人繼其志。其言也約而達，微而臧，〔一〕罕譬而喻，可謂繼志矣。

【注釋】

〔一〕臧：音髒。

【譯解】

　　善於唱歌的，能使人樂於仿傚，接續他的歌聲；善於教學的，能使人樂於進修，繼承他的志向。教師的語言，簡約而通達，精微而完美，比喻雖少而意思明瞭，可以稱得上能讓人繼承他的志向了。

　　君子知至學之難易，而知其美惡，然後能博喻，能博喻然後能爲師，能爲師然後能爲長，能爲長然後能爲君。故師也者，所以學爲君也。是故擇師不可不慎也。記曰：“三王四代唯其師。”此之謂矣。

【譯解】

　　君子知道進學的深淺難易，同時知道學生的資質優劣美惡，然後能針對不同的階段、不同的學生而進行廣泛的曉喻。能夠廣泛的曉喻然後才能做老師，能夠做老師然後才能做官長，能夠做官長然後才能做君主。師德與君德是相通的。所以老師麼，就是用以學做君主的，因此選擇老師不可以不慎重。古籍上説：“夏商周三王上加虞朝爲四代，全都是以老師爲重的。”説的就是這個意思呀！

凡學之道，嚴師爲難。師嚴然後道尊，道尊然後民知敬學。是故君之所不臣於其臣者二，當其爲尸則弗臣也，當其爲師則弗臣也。大學之禮，雖詔於天子，無北面，所以尊師也。

【譯解】

一般學習的規矩，最難做到的是崇敬老師。老師受到崇敬，然後知識、義理才受到尊重；知識、義理受到尊重，然後人民才知道嚴肅對待學習。所以君主不以對待臣子的態度來對待臣子的情況有兩種：一種是請臣子在祭祀中充當被祭神靈的時候，不把他當臣子對待；另一種是臣子做老師的時候，也不把他當臣子對待。大學之禮規定，天子前來視學，老師即使對天子講授，也不面朝北的陳説。這項禮規就是用以尊重老師的。

善學者，師逸而功倍，又從而庸之；不善學者，師勤而功半，又從而怨之。善問者，如攻堅木，先其易者，後其節目，及其久也，相説以解；[一]不善問者反此。善待問者，如撞鐘，叩之以小者則小鳴，叩之以大者則大鳴，待其從容，然後盡其聲；不善答問者反此。此皆進學之道也。

【注釋】

〔一〕相：音香。　說：音托，通脫。

【譯解】

　　善於學習的人，老師安逸而功效加倍，學生又從而歸功於老師；不善於學習的人，老師辛勤而功效只有一半，學生又從而埋怨老師。善於提問的人，如同砍伐堅硬的大樹，先砍伐平易的地方，最後砍伐疙里疙瘩紋理不順的地方，時間長了，根幹自然脫離分解；不善於提問的人，其做法恰恰相反。善於答問的人，如同被撞的鐘，用小力敲打，響聲就小，用大力敲打，響聲就大，敲打得從容不迫，然後鐘才緩緩盡其餘音；不善於回答問題的人，其做法與此恰恰相反。這都是增進學問的方式。

　　記問之學，不足以爲人師。必也其聽語乎！力不能問，然後語之；〔一〕語之而不知，雖舍之可也。

【注釋】

〔一〕語：動詞，音育。下同。

【譯解】

　　自己沒有心得見解，只靠預先記誦一些問題資料，到時爲學生講說，這種學問，當老師是不夠格的。一定要講的話，也要聽到學生的提問再來講說。學生面有疑色，又沒有能力提問，然後可以直接講說曉告。經過講說告喻，學生仍然不理解，說明他們目前程度尚低，那麼，即使將這問題姑且置而不論，也是可以的。

　　良冶之子必學爲裘，良弓之子必學爲箕，始駕馬者反之，車在馬前。君子察於此三者，可以有志於學矣。

【譯解】

　　優秀鐵匠的兒子，開始必先學習補綴獸皮以成裘衣。鐵匠冶鐵補治破器，使之完好。其子弟通過綴皮成裘，先練習拼補手藝，再學補治鐵器就比較容易了。優秀弓匠的兒子，開始必先學習輮化柳條編製簸箕。弓匠柔屈竹木做弓，其子弟通過輮化柳條做簸箕，先練習矯揉手藝，再學做弓就比較容易了。剛學駕車的小馬，先將它拴繫在馬車後，車在小馬前，讓小馬隨車而行，逐漸適應，日子長了，再讓它駕車，就不會驚慌不安了。君子觀察這三件事，領悟到由淺入深、循序漸進的道理，可以立志向學了。

　　古之學者，比物醜類。鼓無當於五聲，[一]五聲弗得不和；水無當於五色，五色弗得不章；學無當於五官，五官弗得不治；師無當於五服，五服弗得不親。

【注釋】

〔一〕當：去聲，音蕩。下同。

【譯解】

　　古代的學者，能夠排比事物，爲之分類，有了綜合歸納，學習自然深入。鼓音不相當於宮商角徵羽五音的任何一音，然而五音演奏，如果沒有鼓點調節就得不到和諧。水不相當於青黃赤白黑五色的任何一色，然而五色相配，如果沒有水爲之化解，色彩就得不到鮮明。學者不相當於司徒、宗伯、司馬、司寇、司空五官的任何一官，然而任何官長如果沒有學識，公事就得不到良好的治理。老師不相當於斬衰、齊衰、大功、小功、緦麻五服中的任何親屬，然而五服親屬如果沒有老師的教導，也就得不到應有的親情。

　　君子曰：大德不官，大道不器，大信不約，大時不齊。察於此四者，可以有志於學矣。〔一〕

【注釋】

〔一〕學：孫希旦禮記集解、朱彬禮記訓纂此字皆作“本”。

【譯解】

　　君子説：大的才德不僅能專治一種官務，大的道理不僅能涵蓋一種事物，大的信用不須體現在文約上，大的天時，春温夏熱秋凉冬寒，並不整齊一樣。觀察到這四種情況，就能從大處着眼以立志向學爲本了。

　　三王之祭川也，皆先河而後海，或源也，或委也。此之謂務本。

【譯解】

　　夏商周三代君王祭祀河川時，都是先祭河而後祭海，一個是水流的源頭，一個是水流匯聚的所在，先本後末，這就叫做“務本”。

樂記第十九

凡音之起，由人心生也。人心之動，物使之然也。感於物而動，故形於聲。聲相應，[一]故生變，變成方，謂之音。比音而樂之，[二]及干戚羽旄，[三]謂之樂。[四]

【注釋】

〔一〕應：音硬。　　〔二〕比：音必。　　〔三〕旄：音毛。

〔四〕樂：音岳。以下凡不標音之樂字，皆音岳。

【譯解】

大凡音的興起，是由人心發生的。人心的活動，又是外界事物使之如此的。人心有感於外界事物而活動，故爾表現於聲。聲互相應和，就產生了變化。變化形成一定的方式，就叫做“音”。排比音節而用樂器演奏，又用盾牌、斧鉞、雉尾、犛牛尾進行舞蹈，就叫做“樂”。

樂者，音之所由生也，其本在人心之感於物也。是故其哀心感者，其聲噍以殺，[一]其樂心感者，[二]其聲嘽以

緩；〔三〕其喜心感者，其聲發以散；其怒心感者，其聲粗以
厲；其敬心感者，其聲直以廉；其愛心感者，其聲和以
柔。六者非性也，感於物而後動。是故先王慎所以感之
者。故禮以道其志，〔四〕樂以和其聲，政以一其行，刑以防
其姦。禮樂刑政，其極一也，所以同民心而出治道也。

【注釋】

〔一〕噍：音焦。　殺：音曬。　　〔二〕樂：音勒。
〔三〕嘽：音產。　　〔四〕道：通導。

【譯解】

　　樂是由聲音所產生的，其根本在於人心之有感於外界事物。
人們心中起了悲哀的感應的，發出的聲音就顯得焦急而衰微；心
中起了快樂的感應的，發出的聲音就顯得寬綽而徐緩；心中起了
喜悅的感應的，發出的聲音就顯得悠揚而舒暢；心中起了憤怒的
感應的，發出的聲音就顯得粗猛而凌厲；心中起了恭敬的感應的，
發出的聲音就顯得正直而清明；心中起了愛戀的感應的，發出的
聲音就顯得平和而溫柔。這六種心情並非天性自發的，而是有感
於外界事物而後萌動的。因此，古代聖君賢王很重視引起人們感
觸的外界事物。所以就用禮來引導人們的心志，用樂來調和人們
的歌聲，用政治來統一人們的行動，用刑法來防止人們的姦邪。
禮樂刑政的終極目標是一致的，都是用以和同人心從而走向國家
大治的正道。

　　凡音者，生人心者也。情動於中，故形於聲，聲成
文，謂之音。是故治世之音安以樂，〔一〕其政和；亂世之音
怨以怒，其政乖；亡國之音哀以思，其民困。聲音之道

與政通矣。宮爲君，商爲臣，角爲民，〔二〕徵爲事，〔三〕羽爲物。五者不亂，則無怗懘之音矣。〔四〕宮亂則荒，其君驕；商亂則陂，〔五〕其官壞；角亂則憂，其民怨；徵亂則哀，其事勤；羽亂則危，其財匱。五者皆亂，迭相陵，〔六〕謂之慢。如此則國之滅亡無日矣。鄭衛之音，亂世之音也，比於慢矣。〔七〕桑間、濮上之音，〔八〕亡國之音也，其政散，其民流，誣上行私而不可止也。

【注釋】

〔一〕樂：音勒。　　〔二〕角：音決。　　〔三〕徵：音紙。

〔四〕怗：音沾。　懘：音至。　　〔五〕陂：音必。

〔六〕迭：音蝶。　　〔七〕比：音必。　　〔八〕濮：音葡。

【譯解】

　　大凡音樂，都是產生於人心。情感活動於心中，就在聲音上加以體現。聲音形成文理，就叫做音樂。所以，治世的音樂安適而歡樂，反映政治祥和。亂世的音樂怨恨而憤怒，反映政治乖戾。亡國之音悲哀而憂慮，反映人民困苦。聲音的道理是與政治相通的。宮商角徵羽五音分別象徵君、臣、民、事、物。宮音爲君，商音爲臣，角音爲民，徵音爲事，羽音爲物。五音協調不亂，就不會出現不和諧的聲音了。宮音亂，整個音樂就顯得荒散，反映國君驕縱。商音亂，整個音樂就顯得頹廢，反映官務敗壞。角音亂，整個音樂就顯得憂愁，反映人民怨恨。徵音亂，整個音樂就顯得悲哀，反映國事勞苦。羽音亂，整個音樂就顯得危急，反映物資匱乏。如果五音全部紊亂，相互侵陵，這就叫做慢音，慢音是極端放肆沒有規矩的音樂。這樣，國家就面臨滅亡沒有幾天了。古代鄭衛兩國的音樂，就是亂世的音樂，接近於慢音了。濮水之上有個地方叫<u>桑間</u>，那裏的音樂是<u>殷紂王</u>的亡國靡靡之音，反映着國政荒散、人民流離、欺騙上司、各行私欲而不可禁止的時代。

　　凡音者，生於人心者也。樂者，通倫理者也。是故知聲而不知音者，禽獸是也。知音而不知樂者，衆庶是也。唯君子爲能知樂。是故審聲以知音，審音以知樂，審樂以知政，而治道備矣。是故不知聲者不可與言音，不知音者不可與言樂，知樂則幾於禮矣。〔一〕禮樂皆得，謂之有德。德者，得也。

【注釋】

〔一〕幾：音基。

【譯解】

　　一般説來，音是産生於人心的，樂是通於人情事理的。所以，禽獸只懂得聲，而不懂得有節奏文理的音；民衆只懂得有節奏文理的音，而不懂得反映人情事理的樂；只有君子才能够懂得反映人情事理的樂。所以，審察一般聲借以進而了解有節奏文理的音，審察有節奏文理的音借以進而了解反映人情事理的樂，審察反映人情事理的樂借以進而了解國政民風，從而也就具備了治理的途徑。所以，不懂得聲的就不可以與他研討音，不懂得音的就不可以與他研討樂。理解樂的功效，就接近於理解禮的真諦了。對於禮樂都深有所得，就可以稱作有德。德的意義就是在精神、理智上的完美獲得。

　　是故樂之隆，非極音也；食饗之禮，〔一〕非致味也。清

廟之瑟，朱弦而疏越，壹倡而三歎，有遺音者矣。大饗
之禮，尚玄酒而俎腥魚，大羹不和，〔二〕有遺味者矣。是故
先王之制禮樂也，非以極口腹耳目之欲也，將以教民平
好惡而反人道之正也。〔三〕

【注釋】

〔一〕食：音嗣。　　　〔二〕大：通太。　和：音賀。

〔三〕好：音浩。　惡：音物。　反：通返。

【譯解】

　　所以隆重的音樂，並非極其動聽的音樂。貴族們舉行的食
禮、饗禮，即隆重的宴會、酒會，也並非最精美的滋味。周代
宗廟大祭，用以伴奏清廟樂歌的瑟，張上朱紅絲弦而疏通瑟的
底孔，一人領唱而三人應和，用樂十分質樸簡單，自然有許多
美調遺而不用了。宗廟合祭先王的大饗禮，玄酒即清水與醴酒
並設，而玄酒設在上位，俎中置放未經烹煮的生魚，鉶中的肉
湯不加鹽、菜調和，這樣安排，自然有許多美味遺而未用了。
由此可見，古聖先王制禮作樂，目的不是極力滿足人們口腹耳
目的欲望，將用以教導人民擺正好惡之心從而返回做人的
正道。

　　人生而靜，天之性也。感於物而動，性之欲也。物
至知知，〔一〕然後好惡形焉。好惡無節於內，知誘於外，不
能反躬，天理滅矣。夫物之感人無窮，〔二〕而人之好惡無
節，則是物至而人化物也。人化物也者，滅天理而窮人
欲者也。於是有悖逆詐偽之心，〔三〕有淫泆作亂之事。〔四〕是

故强者脅弱，衆者暴寡，知者詐愚，^{〔五〕}勇者苦怯，^{〔六〕}疾病不養，老幼孤獨不得其所。此大亂之道也。

【注釋】

〔一〕知知：上知同智。　　〔二〕夫：語助詞，音扶。下同。

〔三〕悖：音背。　　〔四〕泆：音益。　　〔五〕知：同智。

〔六〕怯：音竊。

【譯解】

　　人生來就心静，這是天生的本性。感受外界事物而心動，這是本性派生出的情慾。外界事物紛至沓來，心智加以感知，然後心中形成了愛好和憎惡兩種情慾。如果愛好和憎惡在心中没有適當的節制，而爲人感知的外界事物又不斷的誘惑，不能反躬自省，那麼天生的理性就要滅絶了。外界事物無窮無盡地撼動人心，而人的好惡的情慾又不能加以節制，那麼就等於外界事物的到來而竟人隨物化了。所謂人隨物化，就是滅絶天理而盡情人慾。這樣一來，人們就要產生悖亂忤逆、欺詐虛僞的念頭，就要發生縱情放蕩、爲非做歹的事情。因而强者脅迫弱者，多數欺侮少數，聰明的詐騙愚昧的，膽大的苦害膽小的，疾病的人得不到調養，老幼孤獨得不到應有的照顧。這種滅絶天理、放縱人慾的做法，是導致社會大亂的歪道。

　　是故先王之制禮樂，人爲之節。衰麻哭泣，^{〔一〕}所以節喪紀也。鐘鼓干戚，所以和安樂也。^{〔二〕}昏姻冠笄，^{〔三〕}所以別男女也。射鄉食饗，^{〔四〕}所以正交接也。禮節民心，樂和民聲，政以行之，刑以防之。禮樂刑政，四達而不悖，則王道備矣。

【注釋】

〔一〕衰：音崔。　　　〔二〕樂：音勒。　　　〔三〕昏：婚的本字。　　冠：音貫。　　笄：音基。　　　〔四〕食：音嗣。

【譯解】

　　爲了防止人欲橫流而釀成大亂，所以古聖先王制禮作樂，人爲的加以節制。喪服的等次，哭泣的禮數，是用以節度喪事的。設置鐘鼓和作爲舞具的盾牌、巨斧，是用以協調宴樂的。制定婚姻制度以及男子成人加冠、女子成人加笄的典禮，是用以章明男女各自的本分的。制定射禮、鄉飲酒禮、食禮、饗禮，是用以規範人們交際接觸的。用禮來調節民心，用樂來協和民聲，用政令來推行，用刑罰來防奸。禮樂刑政四事通行而不相悖，那麼君王的治道就完備了。

　　樂者爲同，禮者爲異。同則相親，異則相敬。樂勝則流，禮勝則離。合情飾貌者，禮樂之事也。禮義立，則貴賤等矣。樂文同，則上下和矣。好惡著，則賢不肖別矣。刑禁暴，爵舉賢，則政均矣。仁以愛之，義以正之。如此則民治行矣。

【譯解】

　　樂是爲了和同人們的情感，禮是爲了區別等級的差異。情感和同就能互相親近，等級差異就能互相尊敬。不過，樂過分了就會招致放蕩，禮過分了就會產生隔閡。聯合人們的情感，整飾人們的儀容，這都是禮樂方面的事宜。禮儀建立了，就顯示了貴賤的等級；樂章相同，上下情感得到交流也就互相和睦了。好惡的標準昭明彰著了，那賢人與不肖之徒就有了顯然的區別。用刑罰嚴禁兇暴，以官位拔舉賢能，政治就均平公正了。憑着仁心來愛民，依據道義來匡正，仁義並施，這樣，民衆大治的局面就得以實現了。

樂由中出，禮自外作。樂由中出，故靜；禮自外作，故文。大樂必易，大禮必簡。樂至則無怨，禮至則不爭。揖讓而治天下者，禮樂之謂也。暴民不作，諸侯賓服，兵革不試，五刑不用，百姓無患，天子不怒，如此則樂達矣。合父子之親，明長幼之序，以敬四海之內，天子如此，則禮行矣。

【譯解】

樂從人的內心發出，禮在人的外表興作。樂從內心發出，所以顯得平靜；禮在外表興作，所以就有文飾性的姿態。隆重的音樂必定平易，盛大的禮儀必定簡約。樂教通行了，就彼此無怨；禮教通行了，就彼此不爭。所謂揖讓而治天下，就指這禮樂的效用說的。暴民不作亂，諸侯恭順服從，兵器不使，各種刑罰不用，百姓沒有憂患，天子不再惱怒，能够這樣，就是樂教通行了。四海之內，融洽父子的親情，顯明長幼的次序，都來敬奉天子，能够這樣，就是禮教通行了。

大樂與天地同和，大禮與天地同節。和，故百物不失；節，故祀天祭地。明則有禮樂，幽則有鬼神。如此則四海之內合敬同愛矣。禮者，殊事合敬者也。樂者，異文合愛者也。禮樂之情同，故明王以相沿也。[一]故事與時並，名與功偕。

【注釋】

〔一〕沿：同沿。

【譯解】

　　盛大的樂與天地有同樣的和氣，盛大的禮與天地有同樣的節序。有了和氣，所以萬物才不喪失生長本性；有了節序，所以才按時祭祀天地，來報答天地生成萬物的功德。明處有禮樂教化，暗中有鬼神監護，這樣，四海之內就能相敬相愛了。所謂禮，就是通過各種不同的儀節形式使人互敬的活動；所謂樂，就是通過各種不同的樂曲形式使人互愛的活動。禮樂教育人們互敬互愛，基本情致是相同的，所以歷代明王聖主都相沿遵用。因而，所規定的禮事與其時代相符，所命名的樂曲與其功業相稱。

　　故鐘鼓管磬，羽籥干戚，〔一〕樂之器也；屈伸俯仰，綴兆舒疾，〔二〕樂之文也。簠簋俎豆，〔三〕制度文章，禮之器也；升降上下，周還裼襲，〔四〕禮之文也。故知禮樂之情者能作，識禮樂之文者能述。作者之謂聖，述者之謂明。明聖者，述作之謂也。

【注釋】

〔一〕籥：音月。　　〔二〕綴：音贅。　　〔三〕簠：音府。簋：音鬼。　　〔四〕還：同旋。裼：音西。襲：音席。

【譯解】

　　因此，鐘鼓管磬等樂具和雉尾、笛形的六孔籥、盾牌、巨斧等舞具，是樂的用器；屈伸、俯仰、舞蹈的隊列、舒緩急速的動作，是樂的表現形式。盛稻飯粱飯的簠，盛黍飯稷飯的簋，盛牲

肉的俎，盛肉醬、醃菜的豆，各種規格、文飾，是禮的用器；升
階降階、上堂下堂、轉身行走、袒開外衣、掩住外衣等等，是禮
的表現形式。所以，理解禮樂的情實的人，能夠制禮作樂；懂得
禮樂表現形式的人，能夠傳述禮樂。能夠制作的人稱作聖，能夠
傳述的人稱作明。所謂明聖，就是指傳述和制作說的。

樂者，天地之和也。禮者，天地之序也。和，故百
物皆化；序，故羣物皆別。樂由天作，禮以地制，過制
則亂，過作則暴。明於天地，然後能興禮樂也。

【譯解】

樂體現天地的和氣，禮體現天地的秩序。有了和氣，所以
萬物化生；有了秩序，所以萬物又都顯出區別。樂是依從天的
和氣化育萬物的道理而制作的，禮是根據地的高低上下生成萬
物的道理而制作的。制禮產生偏差，就會造成混亂；作樂發生
了過錯，就會導致暴慢。認清天地的道理，然後才能夠制禮
作樂。

論倫無患，樂之情也；欣喜歡愛，樂之官也。中正
無邪，禮之質也；莊敬恭順，[一]禮之制也。若夫禮樂之施
於金石，越於聲音，用於宗廟社稷，事乎山川鬼神，則
此所與民同也。

【注釋】

〔一〕莊敬恭順：劉台拱云："'順'疑'慎'字之誤。"王引之
云："正義曰'謙恭謹慎'，則所據本作'慎'不作'順'可知。"

【譯解】

符合倫常而無害，是樂的情理；欣喜歡愛，是樂的職能。中正無邪，是禮的本質；莊敬恭慎，是禮的準則。至於君主將禮樂通過鐘磬，播出聲音，用於祭祀宗廟社稷，事奉山川鬼神，這便是與民衆所共同應用的了。

王者功成作樂，治定制禮。其功大者其樂備，其治辯者其禮具。〔一〕干戚之舞，非備樂也；孰亨而祀，〔二〕非達禮也。五帝殊時，不相沿樂；三王異世，不相襲禮。樂極則憂，禮粗則偏矣。及夫敦樂而無憂，禮備而不偏者，其唯大聖乎！

【注釋】

〔一〕辯：通徧。　　〔二〕孰：熟的本字。　亨：通烹。

【譯解】

帝王創業成功就制作音樂，政治安定就製作禮儀。那功業大的，所作的樂就完備；那治績廣的，所制的禮就周全。單用盾、斧的舞，不能算是完備的樂；僅用熟牲的祭祀，不能算是完具的禮。五帝彼此時代不同，不相沿用前代的樂；三王各自朝代有異，不相因襲前王的禮。嗜樂過分了，就會有沉迷廢事的憂患；行禮粗略了，就會發生不誠不信的偏差。至於厚愛樂而沒有沉湎之憂，完備禮而沒有徒具形式的偏差，那只有大聖人才能做得到吧！

天高地下，萬物散殊，而禮制行矣。流而不息，合同而化，而樂興焉。春作夏長，〔一〕仁也。秋斂冬藏，義也。仁近於樂，義近於禮。樂者敦和，率神而從天；禮者別宜，居鬼而從地。故聖人作樂以應天，制禮以配地。禮樂明備，天地官矣。

【注釋】

〔一〕長：音掌。

【譯解】

　　天高在上，地低在下，萬物散布而品類殊異，禮制就依據這種尊卑差別而實行的。天地萬物，流動不息，和合化育，樂就依據這種合同變化而興作的。春生夏長，這體現着天地的慈愛——仁；秋收冬藏，這體現着天地的嚴正——義。仁和樂的性質相近，義和禮的性質相近。樂貴在和同，遵循聖人的精神而順從天道；禮重在區別事宜，遵守賢人的精神而順從地道。所以聖人作樂來順應天，制禮來配合地。禮樂昭明完備，猶如天地各盡其職了。

　　天尊地卑，君臣定矣。卑高已陳，貴賤位矣。動靜有常，小大殊矣。方以類聚，物以羣分，則性命不同矣。在天成象，在地成形，如此，則禮者天地之別也。地氣上齊，〔一〕天氣下降，陰陽相摩，天地相蕩，鼓之以雷霆，奮之以風雨，動之以四時，煖之以日月，〔二〕而百化興焉。如此，則樂者天地之和也。

【注釋】

〔一〕齊：音基，通躋。　　　〔二〕煖：音宣。

【譯解】

　　依照天尊地卑的現象，君臣的關係就確定了。依照高低地勢的陳列分布，貴賤也就定位了。依照自然界運動靜止的常態，大小事物也就有了區別。動物各依種類相聚，植物各依羣體相分，那麼它們的稟性、生命也就各自不同了。在天上形成日月星辰風雲雷電各種現象，在地上形成山川草木動物植物各種形體。這樣，所謂禮，就是要反映天地萬物的這種區別。地氣上升，天氣下降，陰陽相互摩擦，天地相互沖盪，雷霆來鼓動，風雨來振奮，四時交替運轉，日月光華照耀，從而萬物興旺生長。這樣，所謂樂，就是要反映天地間的這種諧和。

　　化不時則不生，男女無辨則亂升，天地之情也。及夫禮樂之極乎天而蟠乎地，〔一〕行乎陰陽而通乎鬼神，窮高極遠而測深厚。樂著大始，〔二〕而禮居成物。著不息者天也，著不動者地也。一動一靜者，天地之間也。故聖人曰禮樂云。

【注釋】

〔一〕蟠：音盤。　　　〔二〕大：通太。

【譯解】

　　化育不合天時就不能生長，男女無別就要造成淫亂，這是天地間的情理。至於禮樂，就能依照天地的情理，上達於天而下據於地，隨陰陽並行，與鬼神相通，窮盡極高極遠的地方，探測極深極厚的所在。樂昭示天的最初的和合化育之功，禮處於地的生成萬物之位。昭示運動不息的是天，昭示靜止不動的是地。由這一動一靜而產生的就是天地之間的萬物。所以聖人常常提起效天法地的禮樂。

　　昔者舜作五弦之琴以歌南風，夔始制樂以賞諸侯。[一]
故天子之爲樂也，以賞諸侯之有德者也。德盛而教尊，
五穀時孰，[二]然後賞之以樂。故其治民勞者，其舞行綴
遠；[三]其治民逸者，其舞行綴短。故觀其舞，知其德；聞
其謚，[四]知其行也。大章，章之也。咸池，備矣。韶，[五]
繼也。夏，大也。殷周之樂盡矣。

【注釋】

〔一〕夔：音奎。　　〔二〕孰：熟的本字。　　〔三〕行：音
杭。　　〔四〕謚：音士。　　〔五〕韶：音勺。

【譯解】

　　從前舜制作五弦琴，用來伴奏南風歌，命夔開始制樂，用來
賞賜諸侯。所以天子制樂，就是用來賞賜有德諸侯的。諸侯德行
盛大而教化尊嚴、五穀豐登的，然後天子將樂賞賜給他。因此，
諸侯治理無方、人民勞苦的，其宮廷的舞列就疏而遠；諸侯治理
有方、人民安逸的，其宮廷的舞列就密而近。所以觀看諸侯舞列
的疏密，就能了解他德行的大小；聽到給他擬定謚號的褒貶，就
能知道他一生行爲的善惡了。同樣，聆聽各代音樂，也能知道各
代的功德特徵。大章是堯的樂名，反映了堯德彰明昭著；咸池是
黃帝的樂名，所映了黃帝的德政完備；韶是舜的樂名，反映了舜
能繼承堯的美德；夏是禹的樂名，反映禹能將堯舜之德發揚光大；
殷周的樂也表明了當時執政者能夠盡心竭力。

　　天地之道，寒暑不時則疾，風雨不節則饑。教者，
民之寒暑也，教不時則傷世；事者，民之風雨也，事不

節則無功。然則先王之爲樂也，以法治也，善則行象德矣。

【譯解】

按天地常理來説，寒暑不應時當令就要發生疾病，風雨没有調節就會造成饑荒。教化對於人民來説，猶如寒暑一樣，不合時宜就會傷害世道人心。政事對於人民來講，猶如風雨一樣，不加節度就會勞而無功。由此可知，先王作樂，用以效法政治；成績良好，那麼人民的行爲就都體現高尚的道德了。

夫豢豕爲酒，[一]非以爲禍也，而獄訟益繁，則酒之流生禍也。是故先王因爲酒禮。壹獻之禮，賓主百拜，終日飲酒而不得醉焉，此先王之所以備酒禍也。故酒食者，所以合歡也。樂者，所以象德也。禮者，所以綴淫也。[二]是故先王有大事，必有禮以哀之；有大福，必有禮以樂之。[三]哀樂之分，皆以禮終。樂也者，聖人之所樂也，而可以善民心。其感人深，其移風易俗，[四]故先王著其教焉。

【注釋】

〔一〕豢：音換。　　　〔二〕綴：音綽，通輟。　　　〔三〕樂：音勒。下同。　　　〔四〕其移風易俗：王念孫謂"俗"字下當從漢書樂志補"易"字。

【譯解】

本來養豬釀酒，並非用來製造灾禍，而争訟案件的日益增多，那是由於縱酒無度而滋生的禍端。所以先王爲此制定了飲酒禮。

包括敬酒、回敬酒、酬酒的壹獻之禮，賓主雙方需要許多次跪拜，這樣，即使整天飲酒，也不至於喝醉，這就是先王防備酗酒肇禍的辦法。所以說，酒食是用來聯歡的，樂是用來體現道德的，禮是用來制止過分的。因此，先王遇有死喪大事，必有一定的喪禮來表達悲哀；遇有吉慶大事，必有一定的吉禮來表達歡樂。悲哀與歡樂的限度，都依禮來終結。樂是聖人所喜歡的事，樂可以改善民心，它感人至深，它能移風易俗，所以先王努力彰明樂教。

夫民有血氣心知之性，〔一〕而無哀樂喜怒之常，〔二〕應感起物而動，〔三〕然後心術形焉。是故志微、噍殺之音作而民思憂，嘽諧、慢易、繁文、簡節之音作而民康樂，〔四〕粗厲、猛起、奮末、廣賁之音作而民剛毅，〔五〕廉直、勁正、莊誠之音作而民肅敬，寬裕、肉好、順成、和動之音作而民慈愛，〔六〕流辟、邪散、狄成、滌濫之音作而民淫亂。〔七〕

【注釋】

〔一〕知：同智。　　〔二〕樂：音勒。　　〔三〕應：音硬。

〔四〕嘽：音產。　　〔五〕賁：音奮，通憤。　　〔六〕好：音浩。　　〔七〕辟：音譬，通僻。　狄成：王引之謂"成"字爲"戉"字之訛。

【譯解】

人民都有血氣心智的天性，而哀樂喜怒却變化無常，必定有感於外界事物而引起活動，然後才形成各種心理。所以，奏起細微而急促的音樂，人民聽了，就將引起憂愁；奏起舒暢、平易、音調豐富多彩而節奏簡明的音樂，人民聽了，就會產生康樂的情緒；奏起粗獷嚴厲、發聲猛烈、收尾亢奮、廣闊而憤激的音樂，人民聽了，就會滿懷剛毅之情；奏起廉直剛正、莊重真誠的音樂，人民聽了，就會肅然起敬；奏起寬裕、圓潤、平順、成熟、諧和、生動的音樂，人民聽了，就會滋生慈愛的情感；奏起浮躁、怪僻、邪惡、散慢、輕佻、放蕩的音樂，人民聽了，就會萌發淫亂的情慾。

是故先王本之情性，稽之度數，制之禮義，合生氣之和，道五常之行，〔一〕使之陽而不散，陰而不密，剛氣不怒，柔氣不懾，〔二〕四暢交於中而發作於外，皆安其位而不相奪也。然後立之學等，廣其節奏，省其文采，〔三〕以繩德厚，律小大之稱，〔四〕比終始之序，〔五〕以象事行，使親疏、貴賤、長幼、男女之理皆形見於樂，〔六〕故曰"樂觀其深"矣。

【注釋】

〔一〕道：通導。　　〔二〕懾：音射。　　〔三〕省：音醒。
〔四〕稱：音趁。　　〔五〕比：音必。　　〔六〕見：現的本字。

【譯解】

因此，先王作樂，根據人們的性情，考求音律的度數，用禮義加以節制，符合生氣的和暢，遵循五行的運轉，使氣質屬陽的不至於散慢，氣質屬陰的不至於閉塞，氣質屬剛的不至於暴怒，氣質屬柔的不至於怯懦，陰陽剛柔四種氣質和暢地交流於心中而抒發興作於身外，都各安其位而不相互侵奪。然後訂立學習的等級，逐步增廣節奏練習，審查表現色彩，用以衡量品德深厚程度，規範大小音律的匀稱性，排比樂章的先後次序，用以模擬事功、作爲，務使親疏、貴賤、長幼、男女的倫理，都體現在樂舞之中。所以古有"樂要觀察其中深義"的話了。

土敝則草木不長，水煩則魚鱉不大，氣衰則生物不遂，世亂則禮慝而樂淫。^{〔一〕}是故其聲哀而不莊，樂而不安；^{〔二〕}慢易以犯節，流湎以忘本；^{〔三〕}廣則容姦，狹則思欲；感條暢之氣，而滅平和之德。是以君子賤之也。

【注釋】

〔一〕慝：音特。　　〔二〕樂：音勒。　　〔三〕湎：音勉。

【譯解】

地力乏敝，就長不出草木；水域煩擾，就養不大魚鱉；節氣衰竭，生物就不能長成；世道濁亂，禮就荒穢，樂就淫邪。所以這種亂世之音，悲哀而不莊重，歡樂而不安詳，緩慢平易而凌犯節奏，放縱沉迷而忘了本性。音調寬闊時就包藏著姦邪，音調窄迫時就思慕著情欲。這種靡靡之音，撼動人們通暢的正氣，泯滅人們平和的品德，因此君子是鄙視它的。

凡姦聲感人而逆氣應之，逆氣成象而淫樂興焉。正聲感人而順氣應之，^{〔一〕}順氣成象而和樂興焉。倡和有應，^{〔二〕}回邪曲直各歸其分，^{〔三〕}而萬物之理各以類相動也。

【注釋】

〔一〕應：音硬。下同。　　〔二〕和：音賀。　　〔三〕分：音份。

【譯解】

凡是姦邪的聲音感動人們時，人們就以悖逆的心氣應和，悖逆的心氣成爲形象，淫樂就興起來了。純正的聲音感動人們時，人們就以和順的心氣應和，和順的心氣成爲形象，和樂就興起來了。一唱一和必有反應，邪僻曲直各自歸入善惡的分限，萬物的情理原都是同類相互呼應、觸動的。

是故君子反情以和其志，比類以成其行，姦聲亂色不留聰明，淫樂慝禮不接心術，惰慢邪辟之氣不設於身體，〔一〕使耳目鼻口心知百體皆由順正以行其義。〔二〕

【注釋】

〔一〕辟：音譬，通僻。　　〔二〕知：同智。

【譯解】

所以君子收斂情慾從而調和自己的心志，比附善類從而成全自己的德行，姦邪淫亂的聲色不讓經耳過目，淫樂穢禮不讓接觸思路，怠惰、驕慢、邪僻的習氣不讓附加於身體，使自己的耳目鼻口、思想以及全身各處，都由順正方向來實行合乎道義的舉措。

然後發以聲音，而文以琴瑟，動以干戚，飾以羽旄，從以簫管，奮至德之光，動四氣之和，以著萬物之理。是故清明象天，廣大象地，終始象四時，周還象風雨，〔一〕五色成文而不亂，八風從律而不姦。百度得數而有常，小大相成，終始相生，倡和清濁，〔二〕迭相爲經。故樂行而倫清，耳目聰明，血氣和平，移風易俗，天下皆寧。

【注釋】

〔一〕還：同旋。　　　〔二〕和：音賀。

【譯解】

　　然後用聲音來抒發，用琴瑟來表現，用盾牌、斧鉞來舞蹈，用雉雞翎、犛牛尾來裝飾，用簫管來伴奏。發揚最高德性的光輝，調動陰陽剛柔四氣的和諧性，來昭示萬物之理。因此，這種正樂清明像天，廣大像地，終而復始像四時，周旋迴轉像風雨。這種正樂，五色繽紛形成文彩而有條不紊，金石絲竹革木土匏八音依從音律協奏而不相干擾，一切律度都得當而有常規，大小音調相輔相成，前後樂章相續相生，有唱有和，有清有濁，交替爲基調，變化無窮。所以這種正樂一經流行，人倫之道從而大清，它能使人耳目聰明，血氣和平，它能移風易俗，使普天之下都得到安寧。

　　故曰："樂者，樂也。"〔一〕君子樂得其道，小人樂得其欲。以道制欲，則樂而不亂；以欲忘道，則惑而不樂。是故君子反情以和其志，廣樂以成其教。樂行而民鄉方，〔二〕可以觀德矣。德者，性之端也。樂者，德之華也。金石絲竹，樂之器也。詩，言其志也。歌，詠其聲也。舞，動其容也。三者本於心，然後樂氣從之。〔三〕是故情深而文明，氣盛而化神，和順積中而英華發外，唯樂不可以爲僞。

【注釋】

〔一〕樂者樂也：上樂音岳。下樂音勒，下同。　　〔二〕鄉：通向。　　〔三〕氣：<u>王引之</u>謂"氣"即"器"之假借。

【譯解】

　　老話説："音樂就是娛樂。"不過，君子的娛樂在於得到道德的提高，小人的娛樂在於得到情欲的滿足。用道德制約情欲，那麼就能享受娛樂而不至於淫亂；爲了滿足情欲而忘記道德，那麼就會被聲色迷惑而得不到真正的娛樂。因此，君子抑止情慾而調和自己的心志，推廣正樂借以完成它的教育作用。樂教推行，從而人民歸向正道，可以觀看到德教的成效了。德是人性的根本，樂是德的花朵，金石絲竹是樂的器具。詩是表達人們志趣的，歌是吐露人們心聲的，舞是用動作表現儀容姿態的。詩、歌、舞三者都是本自人的内心，然後樂器隨從伴奏。因此感情深厚而形象鮮明，氣勢旺盛而出神入化。和順的精神厚積在心中，絢麗的光彩才能迸發在外面，唯有音樂是不可以作僞的。

　　樂者，心之動也。聲者，樂之象也。文彩節奏，聲之飾也。君子動其本，樂其象，然後治其飾。是故先鼓以警戒，三步以見方，〔一〕再始以著往，復亂以飭歸，〔二〕奮疾而不拔，極幽而不隱，獨樂其志，〔三〕不厭其道，備舉其道，不私其欲。是故情見而義立，樂終而德尊，君子以好善，〔四〕小人以聽過。故曰："生民之道，樂爲大焉。"

【注釋】

〔一〕見：現的本字。下同。　　〔二〕飭：音翅。

〔三〕樂：音勒。　　〔四〕好：音浩。

【譯解】

　　音樂出自内心的感動，聲音是音樂的表象，文彩節奏是聲音的裝飾。君子創作音樂，先從内心所受的感動這個根本出發，再用音樂手法形成表象，然後對這表象進行加工修飾。反映<u>武王</u>伐<u>紂</u>的<u>大武舞</u>，首先擊鼓警戒舞蹈人員注意，三次踏步表示隊伍出發，第一章舞畢，再度開始起舞，來表明軍隊再次前往出征，又通過樂舞的末章來表現勝利的軍隊整飭而歸。舞列的動作極其迅速而不偏斜，樂曲極爲幽深而不隱晦。整個樂舞，表現了<u>武王</u>欣悅於志願的實現，又不損害仁義之道；完備地實行了仁義之道，且不放任個人私欲。因此<u>大武舞</u>體現感情的同時又確立了道義，樂曲告終的同時也顯出了道德的崇高。欣賞這樣的樂舞，君子會更加好善，小人會省察自己的過錯。所以有這樣的話："養民之道，音樂是重大的事項。"

樂也者，施也。禮也者，報也。樂，樂其所自生，〔一〕而禮反其所自始。〔二〕樂章德，禮報情、反始也。

【注釋】

〔一〕樂：音勒。　　〔二〕反：通返。

【譯解】

樂貴感人，樂有施予的性質；禮尚往來，禮有報答的性質。樂，歌頌今天自己生活的時代、環境；而禮，追念往昔先人生活的本始。作樂是爲了彰明德性，制禮是爲了報答恩情、追念本始。

所謂大輅者，〔一〕天子之車也。龍旂九旒，〔二〕天子之旌也。〔三〕青黑緣者，天子之寶龜也。從之以牛羊之羣，則所以贈諸侯也。

【注釋】

〔一〕輅：音路。　　〔二〕旂：音奇。　旒：音流。

〔三〕旌：音京。

【譯解】

所謂大輅，本是天子的車。龍旂附有九個飄帶，本是天子使用的旗幟。邊甲呈青黑色，本是天子的寶龜。隨從着成羣的牛羊，這些都是天子用來答報有功諸侯的贈品。

樂也者，情之不可變者也。禮也者，理之不可易者也。樂統同，禮辨異。禮樂之説，管乎人情矣。窮本知變，樂之情也；著誠去僞，禮之經也。禮樂偵天地之情，〔一〕達神明之德，降興上下之神，而凝是精粗之體，領父子君臣之節。

【注釋】

〔一〕偵：音副。

【譯解】

樂反映内心的感情，這種感情是不可以改變的。禮反映社會的倫理，這種倫理是不可以移換的。樂的功用在於統一、協同人們的情感，禮的功用在於辨别身份的差異，禮樂的學説包涵着人情。窮究人們的本心，通曉聲音的變化，這是樂的實質；顯明誠敬，除去虚僞，這是禮的原則。禮樂順從天地的情理，通達神明的恩德，升降上下的神祇，而凝結成這種精妙義藴與繁縟表現手段相結合的體式，統理着父子、君臣間的法度。

是故大人舉禮樂，則天地將爲昭焉。天地訢合，〔一〕陰陽相得，煦嫗覆育萬物，〔二〕然後草木茂，區萌達，〔三〕羽翼奮，角觡生，〔四〕蟄蟲昭蘇，〔五〕羽者嫗伏，〔六〕毛者孕鬻，〔七〕胎生者不殰，〔八〕而卵生者不殈，〔九〕則樂之道歸焉耳。

【注釋】

〔一〕訢：音西。　　〔二〕煦：音許。　嫗：音羽。

〔三〕區：音溝，通勾。　　〔四〕角：音決。　觡：音格。

〔五〕蟄：音折。　〔六〕嫗：音羽。　伏：音復。

〔七〕鬻：音玉，通育。　　〔八〕殰：音讀。

〔九〕殈：音序。

【譯解】

所以聖人興舉禮樂，那天地的情理就將爲之昭著。天地之氣欣然交合，陰陽相得，化育撫養萬物，於是草木茂盛，蜷曲的萌芽破土而出，飛禽奮起羽翼，走獸長出犄角，冬眠的蟲類蘇醒，鳥類孵卵育雛，獸類懷孕生子，胎生的不流產，卵生的不破裂，而樂的精神正歸屬於這種天地和合、萬物各得其所的境界哩！

樂者，非謂黃鐘、大呂、弦歌、干揚也，樂之末節也，故童者舞之。鋪筵席，〔一〕陳尊俎，列籩豆，以升降爲禮者，禮之末節也，故有司掌之。樂師辨乎聲詩，故北面而弦；宗祝辨乎宗廟之禮，故後尸；商祝辨乎喪禮，故後主人。是故德成而上，藝成而下，行成而先，事成而後。是故先王有上有下，有先有後，然後可以有制於天下也。

【注釋】

〔一〕鋪：音撲。　筵：音延。

【譯解】

　　所謂樂，並非僅指黃鐘、大呂等樂律、彈弦歌唱、執盾舞蹈而言，這些不過是樂的末節，所以少年就能歌舞。鋪設筵席，陳置酒樽肉俎，擺列竹籩木豆，以升堂降階作爲禮儀的，這些都是禮的末節，所以讓有關執事人員掌管。樂師清楚地懂得聲律詩歌，因屬末節，所以只能在下位面朝北向人演奏。宗祝清楚地懂得宗廟祭祀的禮節，因屬末節，所以只能站在象徵受祭神靈之人的後面贊助。熟悉商禮的商祝，清楚地懂得喪禮，因屬末節，所以只能站在主人的後面輔導。由此可知，道德方面有成就的人應該處在上位，技藝方面有成就的人應該處在下位；品行方面有成就的人應該位居於前，事務方面有成就的人應該位居於後。因此，先王通曉天地萬物有上下先後的道理，然後才可以制禮作樂，推行於天下。

　　魏文侯問於子夏曰："吾端冕而聽古樂，則唯恐臥；聽鄭衛之音，則不知倦。敢問古樂之如彼何也？新樂之如此何也？"子夏對曰："今夫古樂，進旅退旅，和正以廣；弦匏笙簧，〔一〕會守拊鼓；〔二〕始奏以文，復亂以武；治亂以相，〔三〕訊疾以雅；君子於是語，於是道古，脩身及家，平均天下。此古樂之發也。今夫新樂，進俯退俯，姦聲以濫，溺而不止；及優侏儒，〔四〕獶雜子女，〔五〕不知父子；樂終，不可以語，不可以道古。此新樂之發也。今君之所問者樂也，所好者音也。〔六〕夫樂者，與音相近而不同。"

【注釋】

〔一〕匏：音袍。　　〔二〕拊：音府。　　〔三〕相：音象。

〔四〕傮：音如，同儒。　　〔五〕獶：音撓，又音優，同猱。

〔六〕好：音浩。

【譯解】

　　魏文侯問子夏說："我身穿玄端禮服，頭戴玄冕，聆聽古樂，就唯恐睡着。聽鄭衛兩國的新樂時，就不知道疲倦。請問古樂爲什麼會讓我那樣，新樂又爲什麼叫我這樣呢？"子夏回答說："現在演奏的古樂，舞列同進同退，動作嚴整，舞曲和平中正而情境寬廣；琴瑟笙簧等管弦樂器，都會合、遵守拊（拍打節樂的填糠皮囊）和鼓的節拍；開始演奏時擊鼓，樂曲結束時鳴鐃（鈴狀有柄無舌的打擊樂器），用相（即拊）調節最後的樂章，用雅（筒狀的打擊樂器）督導快速的舞步；演奏結束，君子們在那裏談論，在那裏稱道古代事迹，有助於修身齊家治國平天下。這些都是由古樂引發的。現在演奏的新樂，舞蹈人員進也哈着腰，退也哈着腰，樂曲邪惡又放蕩，使人沉溺而不能自控；加上優伶、侏儒，男女混雜，不知父子尊卑的禮義；樂曲結束了，既不能供人座談，也不能通過它稱述古代事迹。這些都是由新樂引發的。現在您所問的是音。樂和音只是相近，其實是不相同的。"

　　文侯曰："敢問何如？"子夏對曰："夫古者天地順而四時當，〔一〕民有德而五穀昌，疾疢不作而無妖祥，〔二〕此之謂大當。然後聖人作爲父子君臣以爲紀綱，紀綱既正，天下大定；天下大定，然後正六律，和五聲，弦歌詩頌。此之謂德音，德音之謂樂。詩云：'莫其德音，其德克明。克明克類，克長克君。王此大邦，〔三〕克順克俾。〔四〕俾於文王，其德靡悔。既受帝祉，〔五〕施於孫子。'〔六〕此之謂也。今君之所好者，其溺音乎?"

【注釋】

〔一〕當：音宕。　　〔二〕疢：音趁。　　〔三〕王：音旺。
〔四〕俾：音筆。鄭玄云："俾當爲比。"下同。　　　〔五〕祉：音止。　　〔六〕施：音益。

【譯解】

　　魏文侯說："請問這是怎麼回事?"子夏回答說："古代的時候，天地和順，四時得當，人民有德，五穀豐登，不發生疾疫，不出現怪異，這就叫做大順當。然後聖人興起，制定父子、君臣的名分，作爲人際關係的綱常。綱常端正之後，天下就大大安定了。天下大定了，然後就考正黃鐘、太蔟、姑洗、蕤賓、夷則、無射六種樂律，調和宮、商、角、徵、羽五聲，彈奏歌唱詩頌，這就叫做德音，德音才能稱作樂。詩經皇矣篇中說：'王季靜穆的德音，他的美德能夠是非分明。能夠是非分明，能夠善惡分清；能夠充當官長，能夠作爲國君。統治這塊廣大的國土，能夠順依百姓，能夠擇善而從。及至文王繼位，他的德行沒有遺憾悔恨。不但受到上帝的賜福，並且施及他的子孫。'說的就是這種德音。現在您所愛好的，大概是那些使人消沉迷惑的溺音吧!"

　　文侯曰："敢問溺音何從出也?"子夏對曰："鄭音好濫淫志，〔一〕宋音燕女溺志，衛音趨數煩志，〔二〕齊音敖辟喬志。〔三〕此四者，皆淫於色而害於德，是以祭祀弗用也。詩云：'肅雍和鳴，先祖是聽。'夫肅肅，敬也。雍雍，和也。夫敬以和，何事不行？爲人君者，謹其所好惡而已矣。君好之，則臣爲之；上行之，則民從之。詩云：'誘民孔易。'此之謂也。然後聖人作爲鞉、鼓、椌、楬、壎、篪，〔四〕此六者，德音之音也。然後鐘、磬、竽、瑟以和之，干、戚、旄、狄以舞之。此所以祭先王之廟也，所以獻、酬、酳、酢也，〔五〕所以官序貴賤各得其宜也，所以示後世有尊卑長幼之序也。鐘聲鏗，〔六〕鏗以立號，號以立橫，〔七〕橫以立武。君子聽鐘聲，則思武臣。石聲磬，〔八〕磬以立辨，辨以致死。君子聽磬聲，則思死封疆之臣。絲聲哀，哀以立廉，廉以立志。君子聽琴瑟之聲，則思志義之臣。竹聲濫，〔九〕濫以立會，會以聚衆。君子聽竽笙簫管之聲，則思畜聚之臣。〔一〇〕鼓鼙之聲讙，〔一一〕讙以立動，動以進衆。君子聽鼓鼙之聲，則思將帥之臣。君子之聽音，非聽其鏗鎗而已也，彼亦有所合之也。"

【注釋】

〔一〕好：音浩。　　〔二〕趣：音促。　數：音速。

〔三〕敖：通傲。　辟：通僻。　喬：通驕。　　〔四〕鞉：音桃。　椌：音腔。　楬：音洽。　壎：音勳，通塤。　篪：音池。

〔五〕酳：音印。　酢：音作。　　〔六〕鏗：音坑。

〔七〕橫：音逛。　　〔八〕磬：音罄。下同。　　〔九〕濫：音覽。下同。　　〔一〇〕畜：音旭，通蓄。　　〔一一〕鼙：音皮。　讙：音歡。下同。

【譯解】

　　魏文侯說："請問溺音是從何而出的呢？"子夏回答說："鄭

國的音調放蕩，使人心志淫邪；宋國的音調柔媚，使人心志沉溺；衛國的音調急促，使人心志煩亂；齊國的音調傲慢怪僻，使人心志驕肆。這四種音樂都側重於色情而有害於道德，所以祭祀當中是不使用的。詩經有瞽篇中説：'肅穆而雍和的合奏，才是先祖要聽的樂聲。'所謂肅，就是誠敬的意思；所謂雍，就是祥和的意思。能夠誠敬祥和，還有什麼事情不能實行呢！作國君的要謹慎地對待自己的好惡就是了。國君喜好什麼，臣下就做什麼；上面怎樣行事，百姓就跟着去做。詩經板篇中説：'誘導人民很容易。'説的就是這個意思。然後聖人製作鞉（帶柄小鼓）、鼓、椌（即柷，打擊樂器，形如方桶，樂開始時，先用小槌敲擊左右桶壁）、楬（即敔，木製伏虎，背上刻二十七個鋸齒，樂結束時，用長尺速掠木齒而衆音止）、壎（吹奏樂器，大如鵝卵，上尖下平中空，頂上一孔，前四孔，後二孔）、篪（吹奏樂器，形如笛，橫吹），這六種都是能發出德音的樂器。然後用鐘、磬、竽、瑟來和奏，執干（盾牌）、戚（斧鉞）、旄（氂牛尾）、狄（山雞尾）來舞蹈。這些誠敬祥和的音樂，可以用於先王宗廟的祭禮當中，可以用於包括獻酒、酬酒、安食酒、回敬酒等儀節的賓禮當中，可以用來區分官職高低、身份貴賤使之各得其宜，可以用來昭示後世使人們懂得尊卑長幼的次序。鐘聲鏗鏘，鏗鏘的聲音可以作爲號令，號令一出使人精神振奮飽滿，精神振奮飽滿就能够建立武功，所以君子聽到鐘聲就會聯想起武臣。石磬的聲音剛勁，剛勁的聲音令人樹立明辨是非善惡的品格，明辨是非善惡就能够盡忠效死，所以君子聽到磬聲就會聯想起死守邊疆的忠臣。絲弦的聲音悲哀，悲哀的聲音令人心地廉直，廉直就能立志行義，所以君子聽到琴瑟的聲音，就會聯想起立志行義的臣下。竹管的聲音收攏，收攏的聲音能够樹立會合意識，有了會合意識就能够團結民衆，所以君子聽到笙管笛簫的聲音，就會聯想起容民親衆的臣下。大鼓小鼓的聲音喧騰，喧騰的聲音能够鼓動人心，羣情激動就可以奮勇前進，所以君子聽到鼓鼙的聲音，就會聯想起善於統率軍隊的將帥。總之，君子聆聽音樂，並非只聆聽鏗鏘的聲音而已，那各種音調也總有與自己的思想意識合拍的東西。"

　　賓牟賈侍坐於孔子，孔子與之言，及樂，曰："夫武之備戒之已久，何也？"對曰："病不得其衆也。""咏歎之，淫液之，何也？"對曰："恐不逮事也。""發揚蹈厲之已蚤，〔一〕何也？"對曰："及時事也。""武坐，致右憲左，〔二〕何也？"對曰："非武坐也。""聲淫及商，何也？對曰："非武音也。"子曰："若非武音，則何音也？"對曰："有司失其傳也。若非有司失其傳，則武王之志荒矣。"子曰："唯。丘之聞諸萇弘，〔三〕亦若吾子之言是也。"

【注釋】

〔一〕蚤：通早。下同。　　〔二〕憲：音宣。鄭玄云："憲讀爲軒。"　　〔三〕萇：音常。

【譯解】

　　賓牟賈陪同孔子坐着，孔子跟他談話，涉及樂舞，孔子提問："那武舞開始前長時間的擊鼓警戒，這是什麼意思？"賓牟賈回答說："這是表現周武王出兵伐紂前憂慮得不到士衆的擁護，需要長時間的準備。"孔子問："長聲咏歎，連綿不絶，又是什麼意思呢?”賓牟賈回答説:“這是表現武王擔心諸侯不能及時到達,失去戰機。”孔子又問:“戰舞一開始就迅速激烈地手舞足蹈,這是什麽意思呢?”賓牟賈回答説:“這象徵及時地發起軍事行動。”孔子又問:“武舞中的跪,爲什麽只跪右腿而支起左腿?”賓牟賈回答説:“這不是武舞中的跪法。”孔子又提問:“武舞的聲樂過度地涉及充滿殺氣的商調,這是爲什麽?”賓牟賈回答説:“這不是武舞應有的音調。”孔子又問:“如果不是武舞的音調,那該是什麽音調?”賓牟賈回答説:“這是樂官們傳授的失誤。如果不是樂官們傳授失誤,那豈不是説武王的心志迷亂了。”孔子説:“是的。我以前從周大夫萇弘那裏聽到的,也像你説的一樣。”

賓牟賈起,免席而請曰:“夫武之備戒之已久,則既聞命矣。敢問遲之遲而又久,何也?”子曰:“居,吾語女。〔一〕夫樂者,象成者也。揔干而山立,〔二〕武王之事也。發揚蹈厲、大公之志也。〔三〕武亂皆坐,周、召之治也。〔四〕且夫武,始而北出,再成而滅商,三成而南,四成而南國是疆,五成而分,〔五〕周公左,召公右,六成復綴,以崇天子。夾振之而駟伐,〔六〕盛威於中國也。分夾而進,事蚤濟也。久立於綴,以待諸侯之至也。且女獨未聞牧野之語乎?武王克殷反商,〔七〕未及下車而封黄帝之後於薊,〔八〕封帝堯之後於祝,封帝舜之後於陳;下車而封夏后氏之後於杞,〔九〕投殷之後於宋,封王子比干之墓,釋箕子之囚,使之行商容而復其位。〔一〇〕庶民弛政,庶士倍禄。濟河而西,馬散之華山之陽而弗復乘,〔一一〕牛散之桃林之野而弗復服，車甲衅而藏之府庫而弗復用，〔一二〕倒載干戈，包之以虎皮，將帥之士使爲諸侯，名之曰建橐。〔一三〕然後天下知武王之不復用兵也。散軍而郊射，左射貍首，〔一四〕右射騶虞，〔一五〕而貫革之射息也。裨冕搢笏，〔一六〕而虎賁之士說劍也。〔一七〕祀乎明堂，而民知孝。朝覲，〔一八〕然後諸侯知所以臣。耕藉，〔一九〕然後諸侯知所以敬。五者，天下之大教也。食三老五更於大學，〔二〇〕天子袒而割牲，執醬而饋，〔二一〕執爵而酳，冕而摠干，所以教諸侯之弟也。〔二二〕若此，則周道四達，禮樂交通，則夫武之遲久不亦宜乎！"

【注釋】

〔一〕語：音玉。　女：通汝。下同。　　〔二〕摠：同總。

〔三〕大：通太。　　〔四〕召：音邵。　　　〔五〕五成而分：史記樂書"分"字下尚有"陝"字。　　　〔六〕駟：鄭玄云："駟當爲四。"　　〔七〕反：鄭玄云："反當爲及，字之誤也。"

〔八〕薊：音紀。　　〔九〕杞：音起。　　〔一〇〕行：音杏。

〔一一〕華：音化。　乘：音成。　　〔一二〕衅：音信。

〔一三〕建：鄭玄云："建讀爲鍵。"　橐：音高。

〔一四〕貍：音離。　　〔一五〕騶：音鄒。　　〔一六〕裨：音皮。　搢：音晋。　　〔一七〕賁：音奔。　說：音托，通脫。　　〔一八〕覲：音勁。　　〔十九〕藉：音吉。

〔二〇〕食：音嗣。　大：通太。　　〔二一〕饋：音愧。

〔二二〕弟：音替，通悌。

【譯解】

賓牟賈站起，離開席位，向孔子請教說："那武舞開始前長時

間擊鼓警戒的準備活動，已經承您提問，領教過了。請問舞人站
在舞位，長久的等待，這是什麼意思呢？"孔子説："請坐，我來
告訴你。樂舞是象徵已經成功的事業的。手執盾牌，如山般的屹
立，象徵武王的穩重從事。忽然迅速激烈地手舞足蹈，猶如投入
戰鬥，這表現姜太公的雄心壯志。武舞的末章，演員全體整齊跪
坐，這反映偃武修文，周公姬旦、召公姬奭共同輔政的治績。再
說武舞的章節，第一章表示武王出師北上，第二章表示武王滅商，
第三章表示武王領兵南下，第四章表示開拓南方疆土，第五章表
示以陝縣為界，分中國為兩部，周公治理東方，召公治理西方。
第六章演員都回到原來舞位，表示諸侯會聚京都，尊崇天子。表
演當中武王與大將夾着隊伍振動金鐸，戰士們手執戈矛隨着節奏，
每回進行四次擊刺（一擊一刺為一伐，每回四伐），顯示了周武
王的軍隊威震中國。繼而又分列前進，表示戰事早已成功，由周
公、召公分治全國。至於最初，扮演戰士的演員們停在原位歌舞，
久不移動，那就是表示武王等待各路諸侯前來會師。再說，你難
道就沒有聽過牧野戰役的傳說嗎？武王打敗殷王紂，駕臨商都。
還沒等下車，就分封黃帝的後裔去統治薊地，分封帝堯的後裔去
統治祝地，分封帝舜的後裔去統治陳地。下車之後，又分封夏禹
的後裔去統治杞地，將殷商的後裔遷徙到宋地。增修王子比干的
墓地，釋放被囚禁的箕子，讓他看望商容並恢復商容的官職。為
民眾廢除舊時的苛政，給官吏成倍地增加俸祿。接着渡河而西行，
將駕車的戰馬都散放在華山的南面而不再乘用，將拉輜重的牛都
散放在桃林的原野而不再驅使；將戰車、鎧甲塗上牲血而收藏於
府庫，不再使用；將盾牌、矛戈倒放着，用虎皮包紮起來；將帶
兵的將帥封為諸侯：總稱之為"鍵櫜"——封存戰備。這樣一

來，天下的人就知道周武王不再用兵打仗了。然後解散軍隊而在
郊區學宮舉行射禮，在東郊學宮習射的時候，奏貍首樂章來節射，
在西郊學宮習射的時候，奏騶虞樂章來節射，從而停止了貫穿鎧
甲的射擊；身穿禮服，頭戴玄冕，腰插笏版，從而勇猛如虎的戰
士就解除了佩劍；在明堂祭祀上帝而以文王配享，從而民衆懂得
了孝道；定期朝見天子，然後諸侯知道了如何做臣；天子初春在
專供祭祀用糧的藉田中舉行耕種儀式，然後諸侯就知道了如何敬
奉祖先。以上五件事，就是天下的重大政教。定期在大學舉行食
禮，隆重接待從退休官員中選出年高德劭的三老、五更各一人，
天子親自袒露左臂而切割牲肉，捧着盛醬的木豆，請他們食用，
食畢，天子親自執酒爵請他們净口安食，親自頭戴冠冕，手執盾
牌，舞蹈慰問，這個典禮是用以教導諸侯懂得敬老的道理。像這
樣，周朝的政教就暢達四方，禮樂各處通行。那麽，表現這種文
治武功的武舞，佔用很長時間，不也是理所應該的嗎？"

　　君子曰：禮樂不可斯須去身。致樂以治心，則易直
子諒之心油然生矣。[一]易直子諒之心生則樂，[二]樂則安，
安則久，久則天，天則神。天則不言而信，神則不怒而
威，致樂以治心者也。致禮以治躬則莊敬，莊敬則嚴威。
心中斯須不和不樂，而鄙詐之心入之矣。外貌斯須不莊
不敬，而易慢之心入之矣。故樂也者，動於內者也。禮
也者，動於外者也。樂極和，禮極順，內和而外順，則
民瞻其顔色而弗與爭也，望其容貌而民不生易慢焉。故
德煇動於內而民莫不承聽，[三]理髮諸外而民莫不承順。故

曰：致禮樂之道，舉而錯之，天下無難矣。

【注釋】

〔一〕子：音磁，通慈。　　〔二〕樂：音勒。下同。

〔三〕煇：音灰。

【譯解】

　　君子説：禮樂片刻也不能離開身心。通過致力於樂來調理心靈，那麼，平易、正直、慈愛、誠信的心態就自然而然的產生了。平易、正直、慈愛、誠信的心態產生了，就能心情和樂。心情和樂了，心裏就能安定舒暢。心裏安定舒暢了，性命就能長久。性命長久了，就能合乎天道。合乎天道了，就能通乎神明。合乎天道就能不言而信，通乎神明就能不怒而威。致力於樂就是用以調理心靈的。致力於禮來調理身形舉止，那麼態度就會端莊恭敬。態度端莊恭敬了，就會顯得氣度威嚴。心中只要有片刻不和不樂，那麼卑鄙欺詐的念頭就會乘虛而入了。外貌只要有片刻不莊不敬，那麼輕易怠慢的念頭就會乘虛而入了。所以，樂是活動於内心的，禮是發動於外貌的。樂的極致是和悦，禮的極致是恭順，内心和悦而外貌恭順，那麼，人們只要看到他的臉色，就不跟他相爭了；只要望見他的容貌，就不會對他產生輕忽怠慢的心思了。因此，道德的光輝焕發自内心，而人們就沒有不聽受的；情理體現在外表，而人們就沒有不順從的。所以說，致力於禮樂的道理，提出措施推行，那天下就沒有什麼難事了。

　　樂也者，動於内者也。禮也者，動於外者也。故禮主其減，樂主其盈。禮減而進，以進爲文；樂盈而反，以反爲文。禮減而不進則銷，樂盈而不反則放，故禮有

報而樂有反。禮得其報則樂，樂得其反則安。禮之報，
樂之反，其義一也。

【譯解】

　　樂是活動於內心的，禮是發動於外貌的。所以禮側重謙讓收
斂，樂側重豐滿充盈。禮謙讓收斂而又能勉力進行，以勉力進行
爲善；樂豐滿充盈而又能反躬自制，以反躬自制爲善。禮一味謙
讓收斂而不能勉力進行，那麼禮就會導至消亡；樂一味豐滿充盈
而不能反躬自制，那麼樂就會流於放縱。故此禮有勉力答報的因
素，而樂有反躬自制的因素。禮能够勉力答報，那麼就會產生和
悦；樂能够反躬自制，那麼就會獲得安適。禮的勉力答報與樂的
反躬自制，從心安理得方面來講，其意義是一致的。

　　夫樂者，樂也，人情之所不能免也。樂必發於聲音，
形於動靜，人之道也。聲音動靜，性術之變盡於此矣。
故人不耐無樂，〔一〕樂不耐無形。形而不爲道，不耐無亂。
先王恥其亂，故制雅頌之聲以道之，〔二〕使其聲足樂而不
流，使其文足論而不息，使其曲直、繁瘠、廉肉、節奏
足以感動人之善心而已矣，〔三〕不使放心邪氣得接焉。是先
王立樂之方也。

【注釋】

〔一〕耐：通能。下同。　　　〔二〕道：通導。　　　〔三〕繁瘠：
荀子樂論、史記樂書並作“繁省”，義長。

【譯解】

　　所謂樂就是快樂，是人情所不能避免的。人有了快樂，必定

通過聲音抒發，通過動作表現，這是人性的自然之道。聲音動作把人的性情、心理的變化完全表達出來了。所以人不能没有快樂，快樂不能没有表現形式；表現形式不得其道，就不能不淫亂。先王厭惡這種淫亂，所以制定雅頌的聲樂來加以引導，使它的聲音足以供人快樂而不流於放縱，使它的文辭足以供人討論而不至於無話可説，使它的曲折或平直、繁富或簡約、瘦硬或豐滿的節奏足以感動人們的善心就行了，不讓放蕩、邪惡的念頭接觸人心，這就是先王制定音樂的方針。

　　是故樂在宗廟之中，君臣上下同聽之則莫不和敬；在族長鄉里之中，長幼同聽之則莫不和順；在閨門之内，父子兄弟同聽之則莫不和親。故樂者，審一以定和，比物以飾節，〔一〕節奏合以成文，所以合和父子君臣、附親萬民也。是先王立樂之方也。

【注釋】

〔一〕比：音必。

【譯解】

　　因此先王的音樂在宗廟之中演奏，君臣上下一同聆聽，就没有不和洽誠敬的；在宗族鄉里中演奏，長幼老少一同聆聽，就没有不和洽恭順的；在家庭閨門之内演奏，父子兄弟一同聆聽，没有不和洽親愛的。因爲這種音樂，審明一個感情基調，來確定樂曲前後的應和，配合各種樂器來裝飾節奏，組合節奏而構成完整的文藝形式。用它來融洽調和父子、君臣的感情，使萬民親附，這就是先王制樂的方針。

　　故聽其雅頌之聲，志意得廣焉。執其干戚，習其俯仰詘伸，[一]容貌得莊焉。行其綴兆，[二]要其節奏，[三]行列得正焉，[四]進退得齊焉。故樂者，天地之命，[五]中和之紀，人情之所不能免也。

【注釋】

〔一〕詘：通屈。　　〔二〕綴：音墜。　　〔三〕要：音邀。
〔四〕行：音杭。　　〔五〕天地之命："命"，荀子樂論、史記樂書並作"齊"，義長。

【譯解】

　　所以聆聽雅頌的樂聲，會使人的心胸得以寬廣；手執那盾、斧之類的舞具，演習俯仰屈伸的姿勢，從而容貌得以端莊；行走在舞列中舞位上，趁着節奏，會使人們在行列裏能夠端正，進退行動能夠整齊。所以説，樂是天地和合之道的表現，中和之氣的條理化，人情之所不能缺少的。

　　夫樂者，先王之所以飾喜也。軍旅鈇鉞者，[一]先王之所以飾怒也。故先王之喜怒皆得其儕焉。[二]喜則天下和之，怒則暴亂者畏之。先王之道，禮樂可謂盛矣。

【注釋】

〔一〕鈇：同斧。　鉞：音越。　　〔二〕儕：音柴。

【譯解】

　　所謂樂，就是先王用以彰明喜悦的；軍旅和斧鉞，是先王用以彰明憤怒的。所以先王的喜怒都能得到相類的反應。他歡喜的時候，天下的百姓就跟着和悦；他憤怒的時候，暴亂的人們就因而畏懼。先王的治國之道，在禮樂方面可以説是相當隆盛的了。

　　子贛見師乙而問焉，曰：“賜聞聲歌各有宜也。如賜
者宜何歌也？”師乙曰：“乙，賤工也，何足以問所宜。
請誦其所聞，而吾子自執焉。愛者宜歌商。溫良而能斷
者，宜歌齊。夫歌者，直己而陳德也，動己而天地應焉，
四時和焉，星辰理焉，萬物育焉。故商者，五帝之遺聲
也。寬而靜，柔而正者，宜歌頌；廣大而靜，疏達而信
者，宜歌大雅；恭儉而好禮者，宜歌小雅；正直而靜，
廉而謙者，宜歌風。肆直而慈愛，商之遺聲也，商人識
之，故謂之商。齊者，三代之遺聲也，齊人識之，故謂
之齊。明乎商之音者，臨事而屢斷；明乎齊之音者，見
利而讓。臨時而屢斷，勇也。見利而讓，義也。有勇有
義，非歌孰能保此？故歌者，上如抗，下如隊，曲如折，
止如槀木，倨中矩，句中鉤，纍纍乎端如貫珠。故歌之
爲言也，長言之也。說之，故言之；言之不足，故長言
之；長言之不足，故嗟歎之；嗟歎之不足，故不知手之
舞之、足之蹈之也。”子貢問樂。

　　按：此段中自“愛者宜歌商”至“商人識之故謂之商”，有
錯簡及衍文。今據史記樂書、鄭玄禮記注移正刪定如下，然後
譯解。

　　子贛見師乙而問焉，[一]曰：“賜聞聲歌各有宜也。如
賜者宜何歌也？”師乙曰：“乙，賤工也，何足以問所宜。
請誦其所聞，而吾子自執焉。寬而靜，柔而正者，宜歌
頌；廣大而靜，疏達而信者，宜歌大雅；恭儉而好禮

者，〔二〕宜歌小雅；正直而靜，廉而謙者，〔三〕宜歌風；肆直而慈愛者，宜歌商；溫良而能斷者，宜歌齊。夫歌者，〔四〕直己而陳德也，動己而天地應焉，四時和焉，星辰理焉，萬物育焉。故商者，五帝之遺聲也，商人識之，〔五〕故謂之商；齊者，三代之遺聲也，齊人識之，故謂之齊。明乎商之音者，臨事而屢斷；明乎齊之音者，見利而讓。臨事而屢斷，勇也；見利而讓，義也。有勇有義，非歌孰能保此？故歌者上如抗，下如隊，〔六〕曲如折，止如槀木，〔七〕倨中矩，〔八〕句中鉤，〔九〕纍纍乎端如貫珠。〔一〇〕故歌之爲言也，長言之也。說之，〔一一〕故言之；言之不足，故長言之；長言之不足，故嗟歎之；〔一二〕嗟歎之不足，故不知手之舞之、足之蹈之也。”——子貢問樂。

【注釋】

〔一〕贛：通貢。　　〔二〕好：音浩。　　〔三〕正直而靜廉而謙者：史記樂書作“正直清廉而謙者”。　　〔四〕夫：音扶。
〔五〕識：音至，通誌。下同。　　〔六〕隊：音綴，同墜。
〔七〕槀：音稿，同槁。　　〔八〕倨：音巨。　中：音仲。下同。　　〔九〕句：音溝。　　〔一〇〕纍：音雷。
〔一一〕說：音月，通悅。　　〔一二〕嗟：音撅。

【譯解】

　　子貢去見師乙，向他討教，說：“我聽說唱的歌要適合各自的性格，像我端木賜這樣性格的人，應該唱什麼歌呢？”師乙說：“我是個微賤的樂工，怎麼配讓您來垂詢該唱什麼歌曲。請允許我陳述我所聽到的知識，您自己拿主意吧！聽說寬厚而文靜、溫柔

而端正的人，適合歌唱周頌；心胸廣大而沉静、開朗通達而誠信
的人，適合歌唱大雅；恭慎儉樸而好禮的人，適合歌唱小雅；正
直而安静、清廉而謙遜的人，適合歌唱國風；直率而慈愛的人，
適合歌唱商頌；温良而能決斷的人，適合歌唱齊風。唱歌這事就
是直接抒發自己情感，敷陳某種品德。歌聲感動自己的同時，從
而覺得天地響應了，四時調和了，星辰理順了，萬物發育了。由
於商頌是五帝時遺留下的聲調，商人記錄下來，所以稱它爲商頌；
齊風是三代時遺留下的聲調，齊人記錄下來，所以稱它爲齊風。
通曉商頌的人，遇事常能決斷；通曉齊風的人，見利而能推讓。
遇事常能決斷，這是勇敢；見利而能推讓，這是義氣。商頌中含
有臨事能斷的品格，齊風中含有見利能讓的品格，除了這些詩歌，
還有什麼手段能將古人的這些品格保留下來呢！唱歌的，嗓音上
揚時如同極力高舉，嗓音下放時如同物體墜落，彎曲時如同走路
拐角，終止時如同枯樹般的沉寂，硬拐彎時其方整合乎矩尺，頓
拐彎時其弧度合乎帶鉤，音調接連不斷好像一串珍珠。原來歌字
從語言意義上講，就是拖長聲音説話。心裏欣悦，所以就説出來
了；光説還不够盡興，所以就拉長聲調來説；拉長聲調説還不够
盡興，所以就吁嗟咏歎起來；吁嗟咏歎還不够盡興，所以就不知
不覺地手舞足蹈起來了。”以上是子貢問樂。

雜記上第二十

諸侯行而死於館，則其復如於其國。如於道，則升其乘車之左轂，〔一〕以其綏復。〔二〕其輔有裧，〔三〕緇布裳帷，素錦以爲屋而行。至於廟門，不毀墙，遂入，適所殯，唯輔爲説於廟門外。〔四〕

【注釋】

〔一〕乘：音勝。 轂：音古。 〔二〕綏：鄭玄云："綏當爲綏，字之誤也。"音蕤，即瑞的陽平聲。 〔三〕輔：音倩。裧：音攙。 〔四〕説：音托，通脱。

【譯解】

諸侯出行國外，而死於外國的賓館，那麼隨行官員對他進行的招魂，也如同死在本國所行的招魂儀式一樣，即招魂人手執他的禮服，登梯從寢室東簷角上房，登上屋脊，面朝北長聲呼喚。如果死在路上，那麼招魂人就登上他所乘車的左輪的中心圓木端上，舉起死者生時上車用的挽索來招魂。喪車安裝上赤色頂蓋，四周有垂邊，頂蓋下是黑布車帷，車帷內另有素錦做的帷幄罩在尸體上，就這樣向本國運行。回到京城，來到準備辦喪事的殯宮門外，不拆毀車帷就進入門內，停放在堂上兩楹之間，等候入殮，唯把尸車的頂蓋卸下放在殯宮門外。

　　大夫士死於道，則升其乘車之左轂，以其綏復。如於館死，則其復如於家。大夫以布爲輤而行，至於家而說輤，載以輇車，〔一〕入自門，至於阼階下而說車，舉自阼階，升適所殯。士輤葦席以爲屋，蒲席以爲裳帷。

【注釋】

〔一〕輇：音船。

【譯解】

　　大夫、士出國死在路上，也登上他們所乘車的左輪的中心圓木端上，也用他們生時上車用的挽索來招魂。如果在賓館死的，那招魂儀式與死在自家的招魂儀式一樣。運送大夫尸體的車，用白布做頂蓋、車帷，載尸體往本國運行。來至家門之外，解下白布帷蓋，將尸體抬放在無輻的四輪車上，進入大門，拉到東階之下，去車不用，喪家人共舉尸體，自東階升堂，停放兩楹之間，等候入殮。士死在外國，喪車的裝飾是，用葦席做屋罩尸，用蒲席做車帷。

　　凡訃於其君，〔一〕曰“君之臣某死”。父、母、妻、長子，曰“君之臣某之某死”。君訃於他國之君，曰“寡君不禄，敢告於執事”。夫人，曰“寡小君不禄”。大子之喪，〔二〕曰“寡君之適子某死”。〔三〕大夫訃於同國，適者，

曰“某不禄”；訃於士，亦曰“某不禄”；訃於他國之君，
曰“君之外臣寡大夫某死”；訃於適者，曰“吾子之外私
寡大夫某不禄，使某實”；[四]訃於士，亦曰“吾子之外私
寡大夫某不禄，使某實”。士訃於同國，大夫，曰“某
死”；訃於士，亦曰“某死”；訃於他國之君，曰“君之
外臣某死”；訃於大夫，曰“吾子之外私某死”；訃於士，
亦曰“吾子之外私某死”。

【注釋】

〔一〕訃：音復。　　　〔二〕大：通太。　　　〔三〕適：音笛。
下同。　　　〔四〕實：鄭玄云：“實當爲至，聲之誤也。”下同。

【譯解】

　　臣死了，他的家屬向國君告喪，就説“君的臣某某死了”。
如果是父、母、妻或長子死了，告喪時就説“君的臣名某某的什
麽人死了”。國君死了，派使臣向外國的國君報喪，就説“寡君
不禄，謹告知您的執事人員”。夫人死了，向外國的國君報喪，就
説“寡小君不禄”。太子死了，向外國的國君報喪，就説“寡君
的嫡子某某死了”。大夫死了，向同國與其地位相同的官員報喪，
就説“某某不禄”；向士報喪，也説“某某不禄”；向外國的國君
報喪，就説“君的外臣寡大夫某某死了”；向外國的大夫即與死
者地位相同的人報喪，就説“您的國外的好友寡大夫某某不禄，
喪家命我前來報喪”；向外國之士報喪，也説“您的國外好友寡
大夫某某不禄，喪家命我前來報喪”。士死了，向同國大夫報喪，
説“某某死了”；向士報喪，也説“某某死了”；向外國的國君報
喪，就説“君的外臣某某死了”；向外國的大夫報喪，就説“您
的國外好友某某死了”；向外國之士報喪，也説“您的國外好友

某某死了"。

　　大夫次於公館以終喪，士練而歸，士次於公館。大
夫居廬，士居堊室。〔一〕
【注釋】
〔一〕堊：音餓。
【譯解】
　　國君死了，大夫、士要爲之服斬衰三年。大夫要停留在國君
的館舍守喪，喪期終了再回家；士也停留國君的館舍，守喪周年，
練祭後，就回家去服喪。在國君的館舍守喪，大夫居處在倚木於
東墻下的草廬之中，士處在用磚坯壘的土室之中。

　　大夫爲其父母、兄弟之未爲大夫者之喪服如士服，〔一〕
士爲其父母、兄弟之爲大夫者之喪服如士服。大夫之適
子，〔二〕服大夫之服。大夫之庶子爲大夫，則爲其父母服大
夫服，其位與未爲大夫者齒。士之子爲大夫，則其父母
弗能主也，使其子主之；無子則爲之置後。
【注釋】
〔一〕爲：上爲音魏，下爲音唯。下同。　　〔二〕適：音笛，
同嫡。
【譯解】
　　身爲大夫，遭遇身爲士的父母或兄弟之喪，就依士禮爲之
服喪，不因自己身份尊貴而對父母兄弟之喪有所降禮。庶子身
爲士，遭遇身爲大夫的父母或兄弟之喪，仍依士禮爲之服喪，

因爲自己身份本低，不敢僭行大夫之禮。大夫的作爲繼承人的
嫡長子，即使未入仕爲官，遭遇父母之喪，則爲喪主，也要依
大夫之禮服喪。大夫的庶子當上了大夫，遭遇父母之喪，就爲
父母用大夫之禮服喪，而所處喪位就要與沒有當大夫的兄弟依
年齒排先後。士的兒子身爲大夫，死了，他的身份低的父母不
能爲之主喪，要使他的兒子當喪主，如果他沒有兒子，就要爲
他立個後嗣，來當喪主。

　　大夫卜宅與葬日，有司麻衣、布衰、布帶，〔一〕因喪
履，緇布冠不蕤，〔二〕占者皮弁。如筮，〔三〕則史練冠長衣以
筮，〔四〕占者朝服。

【注釋】

〔一〕衰：音崔。　　　〔二〕蕤：瑞的陽平聲。　　　〔三〕筮：
音士。　　〔四〕史：鄭玄注作“筮史”。

【譯解】

　　大夫出葬前，須通過龜卜擇定陰宅即葬地和下葬日期。在墓
地卜宅，在殯宮門外卜葬日。屆時，主人、主婦身穿喪服，親臨
現場。鑽灼龜甲的卜人身穿白布麻衣，當胸處縫綴着衰，即長六
寸寬四寸的粗麻布塊，腰繫布帶，仍舊穿着麻繩編的喪鞋，頭戴
緇布冠，冠纓不垂纓爲飾。占視吉凶的人員穿戴皮弁服——一種
較爲尊貴的白色吉禮服。死者身爲下大夫或士，應該通過蓍策來
擇定葬地，筮人頭戴白練冠，身穿素色長衣，分撲五十根蓍草莖
來形成卦象，占視卦象吉凶的人員身穿朝服——玄冠、玄衣、緇
帶、素裳、素韠、白履。

　　大夫之喪，既薦馬，薦馬者哭踊，出，乃包奠，而讀書。

【譯解】

　　大夫之喪，葬前一日，將靈柩先遷往家廟朝祖；葬日，靈車出發前，又薦馬若干匹於廟庭南部，這些馬是用來牽引死者平時所乘用車輛的，不是爲拉靈柩而來的，因載靈柩之車由人執紼挽引。薦馬後，庭中東側預陳的大夫在世時所乘用的車輛，由人挽引隨馬出廟，駕車於廟門之外，這些車用來出葬導行，供死者靈魂憑依。引馬入廟庭時，主人痛哭跳脚，哀親人將出葬。馬匹及車輛出廟門後，執事人員割下大遣奠中所陳熟牲的肢體，用葦苞包裹以備隨葬；之後，主人的掌管記事的下屬在靈車東側，面向西，高聲宣讀國君、僚友、親朋等所贈送助喪財物的清單。

　　大夫之喪，大宗人相，小宗人命龜，卜人作龜。

【譯解】

　　大夫的喪事，葬前必須卜葬地，擇葬期。在墓地卜葬地，在殯宮門外卜葬日。都由大宗之人來涖卜，輔助主人行事，由小宗之人受命後而命龜，讓它兆示吉凶，然後由卜人給龜甲鑽孔，再用細梶火頭灼燙，使之出現裂紋——兆象，最後由三位占人占視兆象，定吉凶，三人意見如果不一致，那麼三人占則從二人之言。

　　內子以鞠衣、襃衣，素沙。下大夫以襢衣。其餘如士。復，諸侯以襃衣、冕服、爵弁服；夫人稅衣揄狄，狄稅素沙。復西上。

　　按：此段各句前後顛倒，今據鄭玄注，移正如下。

復：諸侯，以襃衣、冕服、爵弁服。〔一〕夫人，税衣揄狄，〔二〕狄税素沙。内子，以鞠衣、襃衣，素沙；〔三〕下大夫，以禮衣；〔四〕其餘如士。復西上。

【注釋】

〔一〕襃：音包。　　〔二〕税：團的去聲。下同。　揄：音姚。

〔三〕鞠：音菊。　　〔四〕禮：音展。

【譯解】

人剛咽氣，就要招魂。諸侯死了，招魂就用天子所賜的命服，還有冕服，玄衣纁裳的爵弁服；諸侯夫人死了，招魂用衣，從較卑的税衣——一種黑色禮服，到最尊的揄狄——一種刻青繒爲山雞形，加畫五彩，綴於衣上的禮服，都可以，税衣、揄狄等禮服都用白紗縠做裏子。卿的正妻死了，招魂時用鞠衣——一種黃綠色的禮服，還有國君所賜的命服，都用白紗縠做裏子。下大夫的正妻死了，招魂用禮衣——一種白色禮服，其餘招魂用服，如士妻招魂所用的税衣——黑色禮服。兩人以上一處招魂的，都要面向北，而以西爲上位。

大夫不揄絞屬於池下。〔一〕

【注釋】

〔一〕絞：音消。　屬：音主。

【譯解】

國君靈車的棺罩上，左、右、前三面上端橫有象徵承接簷水木槽的“池”，池下懸綴着畫着山雞的青黃色彩綢；大夫靈車的棺罩上，前後有池，而池下不懸綴畫着山雞的青黃色彩綢。

大夫附於士。〔一〕士不附於大夫，附於大夫之昆弟，無昆弟則從其昭穆。雖王父母在亦然。婦附於其夫之所附之妃，無妃則亦從其昭穆之妃。妾附於妾祖姑，無妾祖姑則亦從其昭穆之妾。男子附於王父則配，女子附於王母則不配。公子附於公子。

【注釋】

〔一〕附：鄭玄云：“附讀爲祔。”下同。

【譯解】

根據昭穆原則，死者的神主入廟要隔輩相附。附在一處時，要舉行祔祭。父附祭於曾祖，子附祭於祖。不過，大夫死後，其神主可以附於身份爲士的祖父的神主之後，而士死後，其神主就不能附於身份爲大夫的祖父的神主之後，而要附於祖父的身份爲士的兄弟的神主之後，祖父的兄弟對此士來説自然也屬祖輩。如果身爲大夫的祖父沒有身份爲士的兄弟，那麽此士的神主依從昭穆原則，就要附於身份爲士的高祖的神主之後。即使祖父母尚健在，其死去的身份爲士之孫，也要附於祖父的已故而身份爲士的兄弟。祖父如果沒有已故兄弟，那麽就附於身份爲士的高祖。婦女死了，其神主要附於她丈夫所附祭者的配偶即祖姑；如果那個祖輩的配偶尚在，那麽此婦女也依從昭穆原則，附於身份爲士的高祖的配偶，即高祖姑。妾死了，其神主要附於妾祖姑，即丈夫的祖父之亡妾；如果沒有妾祖姑，或者妾祖姑尚在世，那麽也依從昭穆原則，附於丈夫的某祖輩之妾。男子死了，附祭於祖父的，就要並祭祖母；未嫁女子死了，附祭於祖母的，就無須並祭祖父。國君的庶子是爲公子。公子死了，不能附祭於在世時爲國君的祖父，只能附祭於在世時爲公子的祖輩。

君薨,〔一〕大子號稱子,〔二〕待猶君也。

【注釋】

〔一〕薨：音轟。　　　〔二〕大：通太。

【譯解】

　　國君逝世未滿周年，繼位的太子稱子，雖然稱子，實際上本國人、諸侯都待之如正式國君一樣。

　　有三年之練冠，則以大功之麻易之，唯杖屨不易。

【譯解】

　　父母之喪，兒子爲之服喪三年。服喪之初，喪冠與喪服都是粗麻布的，而喪冠用布例細於喪服。周年祭時，哀情轉輕，孝子改戴白布練冠，除去首絰，喪服用布也相應轉細。此後一段期間，孝子倘若遭遇大功九月之喪，例如堂兄弟之喪、出嫁姐妹之喪，就要用大功的喪冠、麻絰、喪服替換父母周年祭後自己所穿戴的練冠和喪服，唯喪杖、喪鞋不改變。因爲大功的親情較疏，服喪例無喪杖，不發生變換問題。喪鞋之不變易，因爲周年祭後孝子所穿的喪鞋與大功之喪的喪鞋相同，都是用麻繩編製的，無須變換。

　　有父母之喪尚功衰，而附兄弟之殤則練冠。附於殤，稱陽童某甫，不名，神也。

【譯解】

　　自己有父母之喪，在周年祭後，身上還穿着與大功喪服粗度相同的喪服，而要爲同祖兄弟或同曾祖兄弟未成年而死者主持附祭於已故祖輩的禮節，就仍戴練冠，不改易喪服。爲未成年而死的本家兄弟主持附祭時，祭辭稱他爲陽童字某某，用新給他起的字，而不稱他的原名，這是表示用鬼神之道待他。

凡異居，始聞兄弟之喪，唯以哭對可也。其始麻，散帶絰。[一]未服麻而奔喪，及主人之未成絰也，疏者與主人皆成之，親者終其麻帶絰之日數。

【注釋】

〔一〕絰：音蝶。

【譯解】

凡異地而居的兄弟，初聽到兄弟的死訊，不以言辭爲禮，唯痛哭着面對報喪人就可以了；聞喪者開始爲死者頭纏麻絰、腰束麻絰時，腰絰之端要散垂，不要糾絞，以示哀痛。除去死的那天不算，第一天小斂後，死者家屬才纏首絰、束腰絰，第二天大斂入棺，第三天家屬們才穿戴正式喪服，謂之三日成服。外地兄弟聞喪後，未服首絰、腰絰而前往奔喪，如果趕上主人還沒有穿上正式喪服而糾絞腰絰之餘端，較疏遠的兄弟，即同曾祖兄弟、同高祖兄弟，就與主人都在同日成服；較親的兄弟，即親兄弟、堂兄弟，就在到達那天加麻絰散帶，從這天算起，到第三天而後成服。

主妾之喪，則自附至於練祥，皆使其子主之。其殯、祭，不於正室。

【譯解】

士的正妻不在世，或由一長妾主持家務，謂之主妾。主妾並不是繼室。主妾之喪，士只爲之服緦麻三月。三月而葬，葬後的附於妾祖姑的祭祀，十一月的練祭即周年祭，十三月的祥祭即除

喪祭，都讓她的兒子主持。她停殯與安魂祭、練祭、祥祭的地點
都在側室，不能在正室。正妻之喪才能在正室停殯，才能在正室
爲之舉行安魂祭、練祭、祥祭。

君不撫僕、妾。

【譯解】

小斂、大斂時，親屬都撫尸而痛哭、跳脚。臣僕、賤妾死了，
入斂時，君主是不撫尸而哭的。

女君死，則妾爲女君之黨服；攝女君，則不爲先女
君之黨服。

【譯解】

女君指一家的主婦、主人的正妻。女君已死，衆妾遇到女君
娘家父母之喪，仍然要爲之服喪。代理女君的貴妾，因爲有了主
子的身份，遇到前女君的父母之喪，就不再爲之服喪了。

聞兄弟之喪，大功以上，見喪者之鄉而哭。

【譯解】

聽到兄弟的死訊而前去奔喪，該服大功九月的堂兄弟、該服
齊衰周年的親兄弟，遠望見死者的家鄉就開始痛哭了。

適兄弟之送葬者弗及，遇主人於道，則遂之於墓。

【譯解】

前往送葬的兄弟，包括同曾祖兄弟、同高祖兄弟，因故没有

及時隨靈車送葬，半路上遇見葬畢歸來的喪主，不能就隨之歸來，而要獨自前往墓地致哀。

凡主兄弟之喪，雖疏亦虞之。

【譯解】

死者沒有近親，由本家兄弟爲之主持喪事，即使關係疏遠，埋葬後回來也要爲之舉行安魂祭。

凡喪服未畢，有弔者，則爲位而哭，拜踊。

【譯解】

凡是服喪期尚未結束，若有人來弔唁，喪家就要站在規定的位置上痛哭，拜謝弔賓，哭踊。

大夫之哭大夫，弁絰；大夫與殯，〔一〕亦弁絰。

【注釋】

〔一〕與：音預。

【譯解】

大夫前往悼哭大夫，要身穿弔服，頭戴素弁，弁上加纏環狀麻絰。大夫前往參加大殮停柩禮時，也是這種打扮。

大夫有私喪之葛，則於其兄弟之輕喪則弁絰。

【譯解】

大夫的妻子死了，大夫該爲之服齊衰周年，五月埋葬後，舉行虞祭、卒哭祭。此時換下粗麻喪服，改穿葛麻喪服。此後一段期間，如果遭遇遠房兄弟緦麻輕喪，大夫就改穿弔服，頭戴素弁，素弁上加纏環狀麻経，前往悼哭。

爲長子杖，則其子不以杖即位。爲妻，父母在，不
杖，不稽顙。[一]母在，不稽顙。稽顙者，其贈也拜。

【注釋】

〔一〕稽：音起。　顙：音嗓。

【譯解】

長子死了，他父親按禮應該爲之執喪杖，那麼死者的兒子爲
了避免與祖父同時執杖，就不要手執喪杖來即孝子的喪位。爲妻
子服喪，因父母尚在，就不得執喪杖，就不得拜賓時以頭額觸地。
如果父親已不在世，唯有母親健在，那麼爲妻子服喪就可以手執
喪杖，而拜謝弔賓時一般也不以頭額觸地；也有以頭額觸地的時
候，來賓贈送助喪財物，就要叩頭拜謝。

違諸侯，之大夫，不反服。違大夫，之諸侯，不
反服。

【譯解】

喪服規定，作臣的要爲舊君服齊衰三月。指的是，先給甲諸
侯爲臣，後來離開了甲諸侯，去給乙諸侯爲臣，聽到甲諸侯的死
訊，此人就一定要爲舊君甲諸侯服齊衰三月；還有，先給甲大夫
做家臣，後來離開了甲大夫，去給乙大夫做家臣，聽到甲大夫的
死訊，此人就一定要爲舊君甲大夫服齊衰三月。如果是，先給諸
侯爲臣，後來離開了諸侯，去給大夫做家臣，那諸侯去世了，此
人就不須爲舊君反服齊衰三月了；同樣，先給大夫做家臣，後來
離開了大夫，去給諸侯做臣，那大夫去世了，此人就不須爲舊君

反服齊衰三月了：這是因爲舊君新君尊卑懸殊的緣故。

喪冠條屬，[一]以別吉凶。三年之練冠，亦條屬右縫。小功以下左，總冠繰纓。[二]

【注釋】

〔一〕屬：音主。　　　〔二〕繰：鄭玄云：“繰當爲澡，聲之誤也。”音早。

【譯解】

　　冠由冠布、冠梁、冠圈、冠纓組成。吉冠的冠圈、冠纓是兩種材料。吉冠的冠纓是兩根絲組做的，每一端分別縫在冠圈左右兩側，戴冠後，將兩組纓交繫於頷下，垂繐爲飾。喪冠的冠圈、冠纓是一種材料，即用一條麻繩或布繩繞做冠圈，餘下部分垂在右邊作爲冠纓，繞頷下而上結於冠圈左側，這就叫做條屬。喪冠之有條屬，是用來區別吉凶的。三年之喪，至周年祭，改戴練冠，也是條屬之制，也像以前一樣，附在冠梁上的冠布，豎着由左向右打三個褶子縫起來。小功五月和緦麻三月的親屬，所戴喪冠雖也是條屬，而冠梁上的布是從右向左打三個豎褶縫起來的。緦麻之親的喪冠，又用經過加工澡治的布帶子來做冠纓。

大功以上散帶。

【譯解】

　　死者死後翌日進行小斂。小斂後，大功以上的親屬，頭纏首絰，腰束腰絰，腰絰結餘部分散垂着，至三日成服，才糾絞腰絰的結餘部分。小功以下親屬在死者小斂後束腰絰，當時就糾絞其結餘部分。

朝服十五升，去其半而緦，加灰，錫也。

【譯解】

朝服是用十五升的細布做的。古代布幅古尺二尺二寸寬。經綫八十縷爲一升，十五升的布爲一千二百縷經綫。十五升的布抽去一半經綫，就剩下六百縷，用六百縷經綫織成同樣寬的布，就是細而疏的緦麻布，也就是五服中最輕的喪服用布。將緦麻布再用灰來加工使之柔滑，就成了錫布，錫布是用來做弔喪服的麻布。

諸侯相襚以後路與冕服，〔一〕先路與褒衣不以襚。

【注釋】

〔一〕襚：音碎。

【譯解】

諸侯贈送去世諸侯用以入殮下葬的衣物，要用自己乘車中的等級較後的車輅與冕服，自己乘坐的等級最尊的車輅，與天子賞賜的命服，是不能將之贈送死者的。

遣車視牢具。疏布輤，四面有章，〔一〕置於四隅。

【注釋】

〔一〕章：音帳，同障。

【譯解】

送葬時載運熟牲肢體之車的數量，要視遣奠的牲體多少而定。天子太牢，用九個包裝熟牲肢體的葦苞，就用遣車九輛；諸侯太牢，用七個葦苞，就用遣車七輛；大夫太牢，用五個葦苞，就用遣車五輛。士用少牢，葦苞三個，人力持送，不用遣車。遣車上用粗布做頂蓋，四面設障蔽，以避塵土。入葬下棺後，將牢肉放在棺外椁中的四角。

載粻，〔一〕<u>有子</u>曰："非禮也。喪奠脯醢而已。"

【注釋】

〔一〕粻：音張。

【譯解】

　　有用遣車載運糧米的，<u>孔子</u>的弟子<u>有子</u>說："這是不合禮制的，因爲喪中之奠除牲牢之外，一般只用乾肉、肉醬。"隨葬物雖有盛在筥中的黍、稷、麥，又不應當放在遣車上運載。

　　祭稱"孝子"、"孝孫"，喪稱"哀子"、"哀孫"。

【譯解】

　　每年按時祭祖祭父，屬於吉祭，祭辭中自稱孝子、孝孫。而居喪當中行祭時就自稱哀子、哀孫。

　　端衰、喪車，皆無等。

【譯解】

　　喪主穿的喪服、乘用的喪車，都沒有等級上的差異，由於對父母的哀情是一樣的。喪服上衣的式樣與吉服玄端略同，故謂之端衰。

　　大白冠、緇布之冠，皆不蕤。委武玄縞而后蕤。

【譯解】

　　白布冠、黑布冠，冠緌一端縫在左側，兜住下巴往上，將另一端繫在冠的右側，領下都沒有垂緌。有着冠圈的玄冠和縞冠，兩側各有一條冠緌，冠罩住髮髻後，兩條冠緌繫在頷下，垂着緌緫。

大夫冕而祭於公，弁而祭於己。士弁而祭於公，冠而祭於己。士弁而親迎，然則士弁而祭於己可也。

【譯解】

大夫頭上戴冕，身穿冕服，參加國君舉行的祭祀；頭戴爵弁，身穿爵弁服，在自己的家廟中進行祭祀。士頭戴爵弁，身穿爵弁服，參加國君舉行的祭祀；頭戴玄冠，身穿玄冠服，在自己家廟中進行祭祀。據儀禮士婚禮，士既然穿戴爵弁服去親自迎娶新娘，那麼，穿戴爵弁服在家廟中舉行祭祀，也是可以的了。

暢，〔一〕臼以椈，〔二〕杵以梧。枇以桑，〔三〕長三尺，或曰五尺。畢用桑，長三尺，刊其柄與末。

【注釋】

〔一〕暢：音唱，通鬯。　　　〔二〕椈：音局。　　　〔三〕枇：音比，通朼。

【譯解】

國王或王后死了，小斂前要用鬱金香草調和黑黍子米釀製的酒來浴尸。擣鬱金香草的臼，是用柏木做的，杵是用梧桐木做的。小斂奠和大斂奠時，都是兩人提鼎入庭，用枇撈出鼎中的牲體，放置俎上，以備祭奠。枇是大木勺，長三尺，或說長五尺，用桑木做的。畢是挑牲肉的木叉，也是用桑木做的，長三尺，木叉的把手和叉尖都刮去外皮。按：吉祭中用的枇和畢，都是用酸棗木做的。

率帶，〔一〕諸侯大夫皆五采，士二采。

【注釋】

〔一〕率：音律。

【譯解】

爲死者沐浴穿衣後，腰束暗針縫邊的大帶，諸侯、大夫都用五彩裝飾，士用朱綠兩色裝飾。

醴者，稻醴也。甕、甒、筲、衡，〔一〕實見間，而后折入。

【注釋】

〔一〕甕：翁的去聲。　甒：音武。　筲：音稍。　衡：鄭玄云："衡當爲桁。"

【譯解】

隨葬的醴，是用稻米釀製的。將棺下入墓坑槨中後，要加上"見"，見就是布質棺罩。把盛醋、醬的甕，盛醴、酒的甒，盛黍、稷、麥的筲，分別擱在矮架上，放在棺罩與槨之間。之後，在棺槨的上面扣上"折"。折是長方形的厚木板，大如牀，板面左右各鑿四個大方孔，作囯狀，如疊兩田字。折上再加兩縱三橫的五條長方的抗木，抗木上再鋪三張抗席，最後就可以填土了。

重，〔一〕既虞而埋之。

【注釋】

〔一〕重：音蟲。

【譯解】

爲死者沐浴穿衣後，殯宮的庭院南部正中設"重"，即豎一根上端鑿孔的木杠，士的長三尺，大夫的長五尺，諸侯的長七尺，用細皮繩穿孔，皮繩兩端各懸繫一個盛粥的瓦鬲，爲的是使死者靈魂有所憑依。出葬前日，靈柩離開殯宮去家廟朝祖，此重也隨設於廟庭南部。翌日出葬，就將重移倚在廟門外東側北壁。死者入葬後，喪家於殯宮爲死者舉行幾次安魂祭。祭後，就在"重"所倚的地方掘坑，將重掩埋。

　　凡婦人，從其夫之爵位。

【譯解】

　　凡婦女之喪，爲她舉行喪禮的規格，都依從她丈夫的爵位而定。

　　小斂、大斂、啓，皆辯拜。[一]

【注釋】

〔一〕辯：通徧。

【譯解】

　　當小斂、大斂或啓殯的時刻，有賓客前來，等事畢，喪家主人下堂就東階前的喪位，徧拜來賓。

　　朝夕哭不帷，無柩者不帷。

【譯解】

　　停殯期間，堂上無事就拉上帷幕，因爲鬼神願意幽暗清静。喪家每天早晚兩次定時哭奠，就要拉開帷幕，因爲哭靈就要見到停殯之處。出殯後，殯宮堂上自然就不施帷幕了。

　　君若載而后弔之，則主人東面而拜，門右北面而踊，出待，反而后奠。

【譯解】

　　靈柩朝祖後，將靈柩從廟堂上移到堂下兩階間，裝載在靈車上，紮束停當。倘若這時國君前來弔喪，那麼，國君就站在靈車之東，面朝西；喪家主人先站在靈車之西，面朝東而跪拜，再站到廟門內右側，面朝北痛哭、跳腳。接着出廟門等待君出，意思是不敢讓國君久留。於是國君派人出門傳命主人返回喪位主持喪事，然後就開始設"祖奠"。按：生活中，人將遠行，有餞行禮，叫做"祖"。今死者將出葬，也爲之設奠餞行，所以叫做"祖奠"。

　　子羔之襲也，繭衣裳與税衣纁袡爲一，[一]素端一，皮弁一，爵弁一，玄冕一。曾子曰："不襲婦服。"

【注釋】

〔一〕税：團的去聲。　　纁：音薰。　　袡：音然。

【譯解】

　　子羔之喪，家人爲他沐浴穿衣，共穿了五套衣服。第一套是一件絮着絲綿的長袍，外罩一件鑲着赤黄色滾邊兒的黑色衣裳；第二套是白布衣、素裳，用於齋戒祈禱的服裝；第三套是皮弁服，即一種上衣下裳都是白色的絲質禮服；第四套是爵弁服，即一種黑色上衣、赤黄色下裳的絲質禮服；第五套是玄冕服，也是一種上衣黑色下裳赤黄色的高級禮服。曾子説："赤黄色滾邊兒的黑色長衣，是女人穿的衣服，男人死後不該穿用。"

　　爲君使而死，公館復，私館不復。公館者，公宮與
公所爲也。私館者，自卿大夫以下之家也。

【譯解】

　　作爲國君的使者出訪外國，而病死在外國的公館，就可以在
那裏招魂。如果死在私人館舍，就不能在那裏招魂。所謂公館，
指的是外國國君的宮室以及國君所建造的公家房舍。所謂私館，
指的是外國卿大夫以下的私人住宅。

　　公七踊，大夫五踊，婦人居間；士三踊，婦人皆
居間。

【譯解】

　　諸侯死了，除去咽氣那天不算，第五日入棺停殯，其間家屬
進行多次喪事活動，總共痛哭跳脚七回；大夫死了，三日入棺停
殯，其間家屬進行喪事活動時，共痛哭跳脚五回。每回痛哭跳脚，
男女不同時，賓主也不同時，都是男女各就其位更迭而行，男人
們哭踊在先，婦女們居中，賓客們最後哭踊。士死了，也是三日
入棺停殯，家屬進行喪事活動時，共痛哭跳脚三回，婦女哭踊的
時節也是居於主人、賓客的哭踊的中間。

　　公襲，卷衣一，〔一〕玄端一，朝服一，素積一，纁裳
一，爵弁二，玄冕一，褒衣一，朱綠帶，申加大帶於上。

【注釋】

〔一〕卷：音滾。

【譯解】

　　國君死了，沐浴後，爲之穿上九套衣服。第一套是有滾龍圖

案的禮服；第二套是玄衣朱裳的燕居服裝；第三套是朝服，即緇衣素裳的制服；第四套是皮弁服，即下裳腰間打褶兒的白色絲質禮服；第五套是玄色上衣，赤黃色下裳，並畫着鳥獸圖案的絲質禮服；第六套、第七套都是爵弁服，即玄衣赤黃裳，一般貴族所穿的禮服；第八套是玄冕服，即玄衣赤黃裳，裳上刺繡着青黑相間㠵形花紋；第九套是天子賜給的命服。腰間束上一條素色帶，纏腰部分用朱色布鑲邊，下垂部分用綠色鑲邊，另外又加束一條五彩爲飾的大帶。

　　小斂環経，公、大夫、士一也。

【譯解】

　　小斂之後，死者家屬都在頭上纏上一股麻縷，這一點，國君、大夫、士各階級都是一樣的。

　　公視大斂，公升，<u>商祝鋪席</u>，〔一〕乃斂。

【注釋】

〔一〕鋪：音撲。

【譯解】

　　大夫、士死了，當天沐浴穿衣，上身下身分別用布套套上繫妥；第二天小斂，即在室內用衣衾包裹紮束後，停放在堂上兩楹之間；第三天大斂。如果國君親自臨視大斂，及至國君升堂，操辦喪事的神職人員——<u>商祝</u>就在東序西開始鋪席，席上縱橫放好用於紮束的長布條，鋪上單被、裌被，然後從堂中移來昨天已經包裹的尸體，用包括國君贈送在內的各種衣服，再度進行包裹，紮束停當，衆人將之抬入西序東預先安置的棺材當中，加蓋並泥封，這就是大斂。

魯人之贈也，三玄二纁，廣尺，長終幅。

【譯解】

魯國風俗，死者出葬下棺後，喪主哭踊畢，爲了表示最後送別，贈給將被掩埋的尊親五塊絹帛，三塊玄色的，兩塊赤黃色的，每塊僅僅一尺寬，二尺四寸長，這是與古禮不合的。據士喪禮記載，下棺後，喪主“贈用制幣玄纁束”。絹帛幅寬二尺四寸，長一丈八尺，爲一制；二制合之對捲，十制合爲五捲。三捲玄色的，兩捲赤黃色的，是爲一束，共長十八丈。

弔者即位於門西，東面。其介在其東南，北面西上，西於門。主孤西面。相者受命，曰：“孤某使某請事。”客曰：“寡君使某，如何不淑。”相者入告，出曰：“孤某須矣。”弔者入。主人升堂，西面。弔者升自西階，東面，致命曰：“寡君聞君之喪，寡君使某，如何不淑。”子拜稽顙。弔者降，[一]反位。[二]

【注釋】

[一] 弔者降：鄭玄謂“降”下脫“出”字。　　[二] 反：通返。

【譯解】

諸侯去世，外國諸侯派遣使者前來弔喪。使者站立在殯宮門外西邊，面朝東。他的隨從官員站在他的東南側，都面朝北，以西爲上，使者及其隨從官員都站在門西。作爲喪主的孤哀子站在殯宮東階之下的喪位上，面朝西。贊禮傳話的人接受喪主的吩咐，走出門外對使者説："孤哀子某某命我出來請示何事。"使者説："鄙國國君派遣我來對貴國極大的不幸前來弔唁。"贊禮傳話人入門轉告喪主，受命後又出門向使者説："孤哀子已經在裏面等候了。"弔使進門。喪主從東階升堂，面朝西而立。弔使自西階升堂，面朝東而立，致辭説："鄙國國君驚悉貴國國君之喪，鄙國國君派遣使者某某前來，對貴國極大的不幸謹致弔唁。"喪主即死者的嗣子跪拜磕頭。弔使降階，出門，返回門西的客位。

　　含者執璧將命，〔一〕曰："寡君使某含。"相者入告，出曰："孤某須矣。"含者入，升堂致命。再拜稽顙。含者坐委於殯東南，有葦席，既葬蒲席。降出，反位。宰夫朝服，〔二〕即喪屨，升自西階，西面坐取璧，降自西階，以東。

【注釋】

〔一〕含：音漢。　　　〔二〕宰夫：<u>孔穎達</u>謂"夫"爲衍字。

【譯解】

　　正使的隨行官員中的一位，作爲致含者表達君命説："鄙國國君派遣我某某人致送含玉。"國君去世的那天，沐浴後，其嗣子往他口中填米填玉，叫做含。外國聽到死訊，遣使前來，主國早已行過含禮，早已裝殮入棺，所贈含玉雖不及用，而行這致含之禮，也是表達誠意之一端。贊禮傳話人入門回報喪主，受命後出門跟致含者説："孤哀子已經在裏面等候了。"致含者進入殯宮門，由西階升堂，面對靈柩致辭轉達君命。喪主再拜磕頭。致含者在靈柩東南側，跪着把玉璧放在葦席上。如果使團到來較晚，死者已經埋葬，行致含禮時，主國就準備蒲席用以承放玉璧。致含者自西階下，出門，返回原位。主國的小宰改著朝服，仍穿喪鞋，由西階升堂，面朝西跪坐取璧，從西階降下，拐向東方，把玉璧收藏在該收藏的地方。太宰爲國家執政長官，小宰是他的高級助手。

　　襚者曰：“寡君使某襚。”相者入告，出曰：“孤某須矣。”襚者執冕服，左執領，右執要，〔一〕入，升堂致命，曰：“寡君使某襚。”子拜稽顙。委衣於殯東。襚者降，受爵弁服於門內霤，〔二〕將命，子拜稽顙如初。受皮弁服於中庭，自西階受朝服，自堂受玄端，將命，子拜稽顙皆如初。襚者降，出，反位。宰夫五人舉以東，降自西階。其舉亦西面。

【注釋】

〔一〕要：腰的本字。　　〔二〕霤：音六。

【譯解】

　　正使的隨行官員中的另一位作爲致襚者，表達君命說：“鄙國國君派遣我某某人爲貴國辭世國君致送衣服。”贈送給死者的衣服叫做襚。贊禮傳話人入門回報喪主，受命後出門跟致襚者說：“孤哀子已經在裏面等候了。”致襚者手執冕服，左手執衣領，右手執衣裳腰部，入門，自西階升堂，面對靈柩致辭轉達君命說：“鄙國國君派遣我某某人前來贈送衣服。”嗣子跪拜磕頭。致襚者將冕服放在靈柩東側的席上。致襚者自西階降下，來到大門門廊內簷下，由從人手裏接過爵弁服，升堂致命、嗣子磕頭等等儀節如前。致襚者下堂，在庭院中間由從人手裏接過皮弁服升堂致命，在西階下接過朝服升堂致命，在堂上接過玄端服致命，嗣子跪拜磕頭，等等儀節都與初次相同。最後，致襚者降自西階，出門，返回西邊原位。本國宰夫五人先後升自西階，依次在靈柩東側席前，面向西跪坐，拿起襚衣，自西階降下，拐向東方去收藏。宰夫也是太宰的屬官，級別低於小宰。

上介賵，[一]執圭將命，曰："寡君使某賵。"相者入告，反命曰："孤某須矣。"陳乘黃、大路於中庭，[二]北輈。[三]執圭將命。客使自下由路西。子拜稽顙。坐委於殯東南隅。宰舉以東。凡將命，鄉殯將命。[四]子拜稽顙。西面而坐委之。宰舉璧與圭，宰夫舉襚，升自西階，西面坐取之，降自西階。賵者出，反位于門外。

【注釋】

〔一〕賵：音鳳。　　〔二〕乘：音勝。　　〔三〕輈：音舟。
〔四〕鄉：通向。

【譯解】

上介致賵。上介即正使的首席隨從官員。將車馬財帛贈送給喪家作爲助喪費用，叫做賵。上介手執玉圭轉達君命説："鄙國國君派遣我某某人前來致賵。"贊禮傳話人入殯宮，向東階前站立的喪主回報，受命後出門，跟致賵者説："孤哀子已經在裏面等候了。"於是對方從人將四匹黃馬和一輛上等乘車陳列庭中，馬在車西，馬首、車轅都朝北。上介手執玉圭由車馬之西走向西階，升堂，傳致其國君的教命。嗣子跪拜磕頭。上介在靈柩東南側跪坐，將玉圭置放席上。主國小宰跪坐取玉圭，降自西階，拐向東方去收藏。凡外國使人升堂致辭表明來意，都要面向停殯所在致辭，而嗣子就跪拜磕頭。使者在靈柩東南側安放禮物，都要面朝西跪

坐安放。收取禮物，由本國的小宰收取玉璧和玉圭，由宰夫收取
襚衣，也都是升自西階面向西跪坐收取，再降自西階。上介致賵
後，降自西階，出門，返回門西原來的北面之位。

　　　上客臨，曰：“寡君有宗廟之事，不得承事，使一介
老某相執綍。”〔一〕相者反命曰：“孤某須矣。”臨者入門
右，介者皆從之，立于其左，東上。宗人納賓，升，受
命于君，降曰：“孤敢辭吾子之辱，請吾子之復位。”客
對曰：“寡君命，某毋敢視賓客，敢辭。”宗人反命曰：
“孤敢固辭吾子之辱，請吾子之復位。”客對曰：“寡君
命，某毋敢視賓客，敢固辭。”宗人反命曰：“孤敢固辭
吾子之辱，請吾子之復位。”客對曰：“寡君命，使臣某
毋敢視賓客，是以敢固辭，固辭不獲命，敢不敬從。”客
立于門西，介立于其左，東上。孤降自阼階，拜之，升，
哭，與客拾踊三。〔二〕客出，送于門外，拜稽顙。

【注釋】

〔一〕相：音象。　綍：音符，同紼。　　〔二〕拾：音傑。

【譯解】

　　　上客即正使親自行臨哭禮，站在門外西方面朝東的客位上，
說：“鄰國國君身有宗廟社稷要務，不能前來承當助喪之事，特派
一個老臣我某某人前來執繩幫助牽引喪車。”贊禮傳話人聽畢入門
向嗣子回報，受命出門向上客說：“孤哀子已經恭候了。”臨哭者
自門東側進入，面朝北而立，隨行官員都跟從進入，立在上客的
左邊，以東爲上。主國掌管禮事的官員——宗人接納賓客們入門，

然後升堂接受嗣君之命，下堂來到客使面前，轉達嗣君的話說：
"你們屈辱地站在了臣屬的位置上，孤哀子推辭不受，請你們回到
門內西方的客位上。"上客答對說："奉鄙國國君之命而來，我不
敢將自己比做賓客。膽敢辭受您的教命。"宗人升堂回報，受命後
又下堂直行，來到客使面前，再次轉達嗣君的話說："你們屈辱地
站在了臣屬的位置上，孤哀子堅決推辭不受，請你們回到客位上
去。"客使仍然回答說："奉鄙國國君之命而來，我不敢以賓客自
居。膽敢堅辭您的教命。"宗人又升堂回報，受命後又下堂再次來
到客使面前，傳達嗣君的話說："孤哀子堅決辭而不受你們站在臣
屬位置的屈辱，請你們站到客位上去。"客使對答說："奉鄙國國
君之命而來，使臣我某某人來到貴國不敢自視爲賓客，所以膽敢
堅辭您的謙讓。堅辭既然得不到您的允許，怎敢不恭敬的服從
呢！"於是客使由門內東側，移立於作爲客位的門內西側，仍然面
朝北，他的隨員序立於他的左邊，以東爲上。嗣君從阼階下來，
向之跪拜。然後嗣君上阼階，客使上西階，升堂面向停殯處而大
哭，嗣君與客使輪流哭着跳腳三回，每回三跳。之後，使者降階
出門，隨員從出。嗣君送於門外，跪拜磕頭。

　　其國有君喪，不敢受弔。

【譯解】

　　國裏有國君之喪，臣下又有私親之喪，應以對國君的哀痛爲
主，所以此有私喪之臣就不敢接受別人的弔唁。

　　外宗房中南面，小臣鋪席，<u>商祝鋪絞</u>、紟、衾。〔一〕士
盥于盤北，〔二〕舉遷尸于斂上。卒斂，宰告，子馮之踊，〔三〕

夫人東面坐馮之，興踊。〔四〕

【注釋】

〔一〕絞：音消。　給：音今。　衾：音琴。　　〔二〕盥：音灌。　　〔三〕馮：音平。　　〔四〕興踊：鄭玄謂此段爲喪大記脱文，誤録於此。

【譯解】

　　將爲國君舉行大斂，嗣子穿皮弁服，皮弁上纏條麻絰，即位於堂上東序南端，面向西；父兄輩的族人站在堂下，面向北；國君的夫人及内命婦們站在堂中已經穿衣包束的尸體的西側，面向東；外宗命婦站在西房中，面朝南。小臣在阼即東序之西、南當阼階處鋪席，商祝在席上鋪長布帶、單被、袷被、衣裳。幾個士沃水洗手，用盤接水，洗後從堂上遷尸於衣衾之上，進行包裹紮束。紮束完畢，太宰報告。嗣子撫尸痛哭跳脚，夫人面朝東跪坐撫尸痛哭，站起跳脚。

　　士喪有與大子同者三：其終夜燎，〔一〕及乘人，〔二〕專道而行。

【注釋】

〔一〕燎：音料。　　〔二〕乘：音勝。

【譯解】

　　士之喪有三件事跟天子之喪一樣：出葬前夕終夜燃燒火炬，靈車由人來挽引，專道而行，行人躲避。

雜記下第二十一

　　有父之喪，如未没喪而母死，^{〔一〕}其除父之喪也，服其除服，卒事反喪服。雖諸父昆弟之喪，如當父母之喪，其除諸父昆弟之喪也，皆服其除服之服，卒事反喪服。如三年之喪，則既穎，^{〔二〕}其練祥皆行。王父死，未練祥而孫又死，猶是附於王父也。^{〔三〕}

【注釋】

〔一〕没：音末。　　〔二〕穎：音迥。　　〔三〕猶：<u>鄭玄</u>云："猶當爲由。"　附：通祔。

【譯解】

　　爲父母服喪一般都是三年。如果爲父親服喪已經過了周年，還没有滿期，而母親又去世了，就爲母親穿上重孝。到了爲父親舉行除喪祭的日子，就要換上除喪的輕服。祭祀完畢，再爲母親穿上孝服。爲叔伯或兄弟之喪服喪周年，叔伯或兄弟的喪期，如果正當父親或母親的喪期之中，那麼，到了叔伯、兄弟除喪的祭日，也都要爲之穿上除喪的輕服。祭祀完畢，再爲父親或母親穿孝服。如果父母先後亡故，那麼，後喪的百日祭後，孝子就脱掉粗麻喪服，改穿較輕的葛麻喪服，有的地區不産葛麻，就穿穎草纖維織的布衣。到了爲前喪舉行練祭即周年祭或祥祭即兩周年祭的時候，做兒女的就暫且換下爲後喪者所穿的較重的喪服，改穿練祭、祥祭當穿的衣裳。祭畢，再換上爲後喪者所穿的較重喪服。禮中規定，孫子死了，其神主要附入祖廟。如果祖父死了，卒哭祭即百日祭後神主入廟；尚未爲他舉行練祭或祥祭的時候而孫子死了，孫子三月而葬，舉行卒哭祭後，其神主仍然要附於祖父神主之後側。

有殯，聞外喪，哭之他室。入奠，卒奠出，改服即位，如始即位之禮。

【譯解】

在父親或母親停殯期間，聽到外地親屬例如兄弟的死訊，就離開殯宮，到另一房室去哭他。第二天早晨到殯宮，爲父親或母親舉行例行的朝奠。哭奠畢，出離殯宮，脱下爲父親所服的斬衰重服或爲母親所服的齊衰重服，改服素冠深衣，仍到另一房室，即哭位，如同昨日就位哭泣的禮儀一樣。

大夫士將與祭於公，[一]既視濯而父母死，則猶是與祭也。次於異宮。既祭，釋服，出公門外，哭而歸，其它如奔喪之禮。如未視濯，則使人告。告者反而后哭。如諸父、昆弟、姑、姊、妹之喪，則既宿則與祭，卒事出公門，釋服而后歸，其它如奔喪之禮。如同宮，則次于異宮。

【注釋】

〔一〕與：音預。下同。

【譯解】

　　大夫、士將參加國君舉行的祭祀，祭前，參與祭禮的臣下要在公宮齋戒三日，借以齊一心志，達到至誠至敬。祭前一日，國君拜助祭諸臣，舉行視濯儀式，檢視祭器洗濯的是否清潔。參加助祭之某臣，如果在視濯儀後聽到父親或母親的死訊，那麼，明天還是要參加祭禮的，不過當天再不能與其他參加助祭的臣僚一起居處，要到另一宮室居處。翌日祭祀之後，脫下祭祀所穿的吉服，出了國君的宮門之外，哭着回家，其他細節就跟奔喪的禮儀一樣了。如果聽到父親或母親的噩耗時，尚未舉行視濯儀式，那麼就讓人將自己的遭遇稟告國君，等稟告人回來，自己才出離宮門，哭着回家奔喪。如果已經在公宮中開始了祭前的齋戒，這時得到伯父、叔父、兄弟、姑姑、姐妹這些旁系親屬的死訊，那麼，就要繼續齋戒並屆時參加祭祀。祭畢，出了國君的宮門，脫下祭服而後回家，其他細節就跟奔喪之禮一樣了。如果這些旁系親屬在世時與自己同住在一個院裏，那麼，自己就要到另一個院裏居處，這是因爲自己剛剛參加了國君舉行的祭典、吉凶不雜處的緣故。

　　曾子問曰：“卿大夫將爲尸於公，受宿矣，而有齊衰內喪，〔一〕則如之何？”孔子曰：“出舍乎公宮以待事，禮也。”孔子曰：“尸弁冕而出，卿、大夫、士皆下之。尸必式，必有前驅。”

【注釋】

〔一〕齊：音資。　衰：音崔。

【譯解】

　　曾子問道："國君將要在宮中舉行祭祀，事前請同族的某卿大夫充當受祭先人的神靈來受享，祭前三天得到國君的再次約告，此卿大夫忽然家中發生了該服齊衰周年即伯父、叔父、兄弟、姑、姐妹等旁系親屬的内喪，那該怎麼辦？"孔子説："應該離家居處於公宮之中齋戒，等待舉行祭祀，這是合乎禮的。"孔子説："充當國君宗廟祭祀之尸的人乘車行在街上，卿大夫遇到了，都要下車致敬，尸在車上也要憑軾致意。尸乘車去公宮的路上，必定有人在前開路，讓車馬行人避開。"

　　父母之喪，將祭而昆弟死，既殯而祭。如同宮，則雖臣妾，葬而后祭。祭，主人之升降散等，執事者亦散等，雖虞、附亦然。

【譯解】

　　在父親或母親的喪期中，將要爲之舉行練祭即周年祭或祥祭即兩周年祭的時刻，而有另院分居兄弟死了，那麼就要等到爲此兄弟入棺停殯之後，再爲父母舉行練祭或祥祭。如果居處同宮一起生活的親屬，即使是臣妾死了，也要等到將之埋葬之後再爲父母舉行練祭或祥祭。在這種比較特殊的情況下，爲父親或母親舉行練祭或祥祭，主人上下臺階時要"散等"而升降，即一脚踩一級臺階，執事人員升降臺階也是這種走法。即使是在爲此死去兄弟舉行虞祭、附祭之後而爲父母舉行練祭或祥祭，主人暨執事人員升降臺階也要用這種散等的走法。在通常的情況下，爲父母舉行練祭、祥祭時，主人暨執事人員上下臺階，都要像吉禮、賓禮中的規矩一樣，用聚足式的走法，即前足走一級，而後足隨前足並立，然後前足再走一級，後足又隨之聚足並立。

自諸侯達諸士，小祥之祭，主人之酢也嚌之，〔一〕衆賓、兄弟皆啐之。〔二〕大祥，主人啐之，衆賓、兄弟皆飲之可也。

【注釋】

〔一〕酢：音作。　嚌：音紀。　　　〔二〕啐：音翠。

【譯解】

從諸侯到士，父母死後周年爲之舉行小祥祭即練祭，正祭之後，主人舉酒獻賓長，賓長酌酒回敬主人，主人只用唇抿一下；衆賓、本族兄弟輪到受酒時，就都嚌一點。父母死後兩周年爲之舉行大祥祭即祥祭，正祭之後，主人接受賓長回敬酒時，可以嚌一點；而衆賓、本族兄弟輪到受酒時，就都可以整杯飲用。

凡侍祭喪者，告賓祭薦而不食。

【譯解】

凡是陪侍喪家舉行練祭、祥祭的贊禮人，正祭之後，主人獻酒給賓長，賓長受酒，主人又爲之設乾肉條和肉醬，贊禮者告訴賓長持乾肉條蘸醬祭一下，而不要食用。按：吉祭當中，賓長祭薦後食用；喪祭當中賓長祭薦而不食。古人食前必舉祭一下，祭誰呢？祭創製這種食品的先人，表示不忘古。

子貢問喪，子曰："敬爲上，哀次之，瘠爲下。顔色稱其情，〔一〕戚容稱其服。"請問兄弟之喪，子曰："兄弟

之喪，則存乎書策矣。君子不奪人之喪，亦不可奪
喪也。”

【注釋】

〔一〕稱：音趁。下同。

【譯解】

　　子貢請問如何居父母之喪，孔子説：“以誠敬爲上，其次是哀
情，不盡其敬，不致其哀，光有黑瘦憔悴的模樣爲最下。容顏要
和哀情相稱，悲戚的容貌要和所穿的喪服相稱。”子貢請問如何居
兄弟之喪，孔子説：“關於如何行兄弟之喪，書籍上有所記載，照
着做就行了。作爲君子，是不該仗勢剥奪別人的喪禮的；作爲孝
子，自己居喪之禮也是不可以讓人剥奪的。”

　　孔子曰：“少連、大連善居喪，〔一〕三日不怠，三月不
解，〔二〕期悲哀，〔三〕三年憂，東夷之子也。”

【注釋】

〔一〕少：音紹。　　　〔二〕解：音謝，通懈。　　　〔三〕期：
音基，同朞。下同。

【譯解】

　　孔子説：“少連、大連二人都善於居父母之喪，父母死後頭
三天，沐浴、穿衣、小斂、大斂，毫不怠惰；停殯三月期間，
朝夕哭奠，悲至則哭，毫不鬆懈；周年前後，仍然心懷悲哀；
跨入第三年，還是滿臉憂戚。他們是東夷人的子弟，却很懂得
禮哩。”

　　三年之喪，言而不語，對而不問。廬、堊室之中，〔一〕

不與人坐焉。在堊室之中，非時見乎母也不入門。疏衰皆居堊室，〔二〕不廬。廬，嚴者也。

【注釋】

〔一〕堊：音餓。　　〔二〕衰：音崔。下同。

【譯解】

　　孝子在爲父親服喪期間，必要時說個一言半語，而不主動跟人談論；有人問話，簡單的答對，而不主動向人發問。在守喪的倚廬、堊室之中，不和別人共坐在一起。爲父親舉行練祭後，孝子改居堊室，除非按時謁見母親，就不進入內宅門。開始守喪，凡是服齊衰周年的男性親屬都居堊室，不居倚廬。居倚廬是相當嚴格的，不是親兒子是不能居處的。

　　妻視叔父母，姑、姊、妹視兄弟，長、中、下殤視成人。

【譯解】

　　妻子之喪，爲她服齊衰周年，哀容居處，大體上猶如對待叔父、叔母之喪。對待未出嫁的姑、姊、妹之喪，哀容居處，猶如對待兄弟之喪，服制上也都是齊衰周年；對待已出嫁的姑、姊、妹之喪，雖然降服大功九月，而其哀情也猶如對待兄弟之喪。年十六歲到十九歲而死者爲長殤，十二歲到十五歲而死者爲中殤，八歲到十一歲而死者爲下殤。爲長殤、中殤、下殤的服制、服期雖然有不同程度的減降，而對他們的哀情，猶如對待同等親屬的成人之喪。

　　親喪外除，兄弟之喪內除。

【譯解】

爲父母雙親服喪期滿，外在喪服雖除，而內心哀戚猶存。爲兄弟、同祖兄弟、同曾祖兄弟、同高祖兄弟服喪期滿，外在喪服既除，內心的哀情也隨之而盡。

視君之母與妻，比之兄弟，發諸顏色者亦不飲食也。

【譯解】

作臣的爲國君的母親、爲國君的正妻服喪，大體上猶如對待兄弟之喪，食用後能夠形諸容顏的醇酒美味也是不飲用的。

免喪之外，行於道路，見似目瞿，〔一〕聞名心瞿，弔死而問疾，顏色戚容必有以異於人也。如此而后可以服三年之喪，其餘則直道而行之是也。

【注釋】

〔一〕瞿：音巨。

【譯解】

除喪之後，走到道路上，看見面貌和死去親人相似的，睜目驚視；聽到名字和親人相同的，心中驚愕。往人家去弔喪或者去探問病情，臉色憂戚的樣子必定有跟別人不同的地方。這都表明，爲父母雖已除服，而哀意猶存。這樣才能算是能夠服三年之喪的。其餘爲齊衰以下親屬服喪，就可以直依服喪道理而行就是了，服除而哀情也隨之解除。

祥，主人之除也，於夕爲期，朝服。祥因其故服。

【譯解】

　　祥祭即大祥祭，是孝子爲父母服滿二十五個月而舉行的除服祭。祭祀前夕，召集家人，預告明天爲祥祭日期，主人頭戴縞冠即細白生絹之冠，身穿緇衣素裳的朝服。翌日早晨舉行祥祭時，主人仍然穿上這身朝服。練祭時不穿祭服，祥祭時才開始正式穿上祭服。祥祭之後，由於哀情未已，換上素帛鑲邊兒的縞冠、細麻布衣。滿二十七月，舉行禫祭之後，才穿日常冠服，完全從吉。

　　子游曰："既祥，雖不當縞者必縞,〔一〕然後反服。"

【注釋】

〔一〕縞：音稿。

【譯解】

　　子游說："舉行祥祭後，有人過了日期才來送禮慰問，雖然沒有正當主人縞冠朝服行祭的時日，主人也必須換上縞冠朝服來接待，事後再穿戴素帛緣邊的縞冠、細麻布衣。"

　　當袒，大夫至，雖當踊，絶踊而拜之，反,〔一〕改成踊，乃襲。於士，既事成踊，襲而后拜之，不改成踊。

【注釋】

〔一〕反：通返。

【譯解】

　　正值喪家主人袒露左臂，人們爲死者小斂或大斂完畢之際，有大夫此時才來，即使主人正在哭踊，爲了尊重大夫，主人也要暫停哭踊，而先去迎拜他，拜後返回原位，重新完成哭踊，踊畢穿好上衣。所謂成踊，就是哭着跳脚三節，每節哭跳三次，一共哭跳九次。對於晚到的士，小斂或大斂事畢，主人哭踊三節九次之後，穿好上衣，而後再去拜士，拜完了自然無須返位重新成踊。

上大夫之虞也少牢，〔一〕卒哭成事、附皆大牢。〔二〕下大夫之虞也牺牲，〔三〕卒哭成事、附皆少牢。

【注釋】

〔一〕少：音紹。　　〔二〕大：通太。　　〔三〕牺：同特。

【譯解】

死者埋葬後，家屬在家裏爲之舉行幾次虞祭即安魂祭。虞祭後就舉行卒哭祭，卒哭祭的性質略如百日祭，意思是家屬終止不定時之哭，只保留每天朝夕二奠之哭。卒哭祭後舉行祔祭，就是把死者神主附入祖廟之祭。死者是上大夫，爲之舉行虞祭就用少牢即羊豬二牲，卒哭祭、祔祭都用太牢即牛羊豬三牲。死者是下大夫，爲之舉行虞祭就用豬一牲，卒哭祭、祔祭都用少牢即羊豬二牲。

祝稱卜葬、虞，子孫曰“哀”，夫曰“乃”，兄弟曰“某”，卜葬其兄弟曰“伯子某”。

【譯解】

卜葬日及虞祭時，作爲神職人員的祝，致辭中對主喪者的稱謂因人而異。主喪者是死者的兒子，卜葬日時祝就說“哀子某來日某卜葬其父某甫”；主喪者是死者的孫子，卜葬日時祝就說“哀孫某來日某卜葬其祖某甫”。主喪者是夫，祝就說“乃某來日某卜葬其妻某氏”。主喪者是死者的兄弟，就直稱主喪者之名，根據死者的排行就稱呼死者爲"伯子某"、"仲子某"、"叔子某"，例如"弟某來日某卜葬伯子某"。

古者貴賤皆杖。<u>叔孫武叔</u>朝，見輪人以其杖關轂而輠輪者，〔一〕於是有爵而后杖也。

【注釋】

〔一〕關：音灌，通貫。　轂：音古。　輠：音會。

【譯解】

手杖是用以扶持病弱身體的，古時候無論貴賤，都可以挂杖。後來，<u>魯國大夫叔孫武叔</u>上朝，路上看見有個製造車輪的工匠，用他的手杖貫穿車轂，來驗看車輪的滾動，<u>叔孫武叔</u>認爲這是褻慢行爲，於是建議有爵位的人才能用杖。

鑿巾以飯，〔一〕<u>公羊賈</u>爲之也。

【注釋】

〔一〕飯：動詞。音反。

【譯解】

死者死的當天，爲他沐浴後，穿套貼身衣服，在死者臉上覆蓋一塊方巾。主人揭開方巾，將米和貝填入死者口中，這就是飯唅之禮。據說，<u>公羊賈</u>怕見其親的面孔，於是事前把方巾當口處剪個洞，然後再飯含。"鑿巾以飯"的錯誤做法就是從這開始的。

冒者何也？所以揜形也。〔一〕自襲以至小斂，不設冒則形，是以襲而后設冒也。〔二〕

【注釋】

〔一〕揜：音眼，通掩。　　〔二〕是以襲而后設冒也：鄭玄謂
“后”爲衍字。

【譯解】

　　爲死者飯含後，另給他穿上三套禮服，並束帶搢笏，這叫做
襲。襲畢取來兩個形製、顏色、大小都不相同的布袋，大的從頭
往下套，小的從脚往上套，於腰胯處將兩布袋口的幾條帶子上下
繫緊結牢。這種套尸的布袋，上袋叫做質，下袋叫做殺，總稱爲
冒。冒是用來遮掩死者形體的。從死的當天穿衣三套，以至第二
天小斂即衣裳被子包裹紮束，這段時間內，如果不設冒，那就顯
露了死者可怕的身形，所以爲死者穿衣的當天就外加布袋套起。

　　或問於曾子曰：“夫既遣而包其餘，〔一〕猶既食而裹其
餘與？〔二〕君子既食則裹其餘乎？”曾子曰：“吾子不見大
饗乎？夫大饗，既饗，卷三牲之俎，〔三〕歸于賓館。父母而
賓客之，所以爲哀也。子不見大饗乎？”

【注釋】

〔一〕夫：音扶。下同。　　〔二〕與：音魚。　　〔三〕卷：
通捲。

【譯解】

　　有人問曾子說：“出葬那天早晨，在祖廟靈車前陳設大遣奠，
然後取所陳熟牲之下體用葦苞包裹，載以遣車，隨靈柩入葬，這
猶如吃過飯食又包裹剩餘東西帶走吧？作爲君子，吃過人家的飯
食就包裹其餘帶走嗎？”曾子說：“你沒有見過國君舉行大饗禮招
待國賓嗎？按大饗禮的規定，禮後就用葦苞捲起俎中牛羊豬三牲

的肢體送往賓館。父母將入葬，孝子將包裹的牲體隨之入葬，在這最後告別的時刻，不得不把自己的父母當作貴賓看待，所以這是極其悲哀的事呀！你沒有看見過大饗禮嗎?"

非爲人喪，問與、賜與:〔一〕三年之喪，以其喪拜;非三年之喪，以吉拜。三年之喪，如或遺之酒肉，〔二〕則受之，必三辭。主人衰絰而受之。〔三〕如君命，則不敢辭，受而薦之。喪者不遺人。人遺之，雖酒肉，受也。從父昆弟以下，〔四〕既卒哭，遺人可也。

【注釋】

〔一〕與:音雨。　　　〔二〕遺:音魏。下同。　　　〔三〕衰:音崔。　絰:音蝶。　　〔四〕從:音縱。

【譯解】

不是爲了人家的喪事而進行的探問和饋贈，居喪者接受時，身有父母之喪的人就用喪拜來拜謝，喪拜就是右手在上的拱手跪拜;不是三年之喪的居喪人就用吉拜來拜謝，吉拜就是左手在上的拱手跪拜。身居父母之喪，如果有人來饋送酒肉，雖可接受，喪家也必定要再三推辭，主人仍然穿孝服、戴首絰、束腰絰親自接受。如果是國君命人來賜送的，主人就不敢推辭，接受後就先給死者供上。居喪的人，特別是居斬衰、齊衰的人，亦即爲父母、伯父、叔父、兄弟守喪的人，是不饋贈別人食品財物的，重喪哀深，也沒那心思。別人饋送居喪人，即使是酒肉，也可接受。死者的堂兄弟以下的親屬，即大功九月以下的親屬，在卒哭祭即百日祭之後才可以饋送別人。

縣子曰:〔一〕"三年之喪如斬,期之喪如剡。"〔二〕

【注釋】

〔一〕縣:音玄。　　〔二〕期:音基,同朞。下同。　剡:音眼。

【譯解】

縣子說:"三年之喪痛如刀斬,周年之喪痛如刀割。"

期之喪,十一月而練,十三月而祥,十五月而禫。〔一〕三年之喪,雖功衰,不弔,自諸侯達諸士。如有服而將往哭之,則服其服而往。練則弔。既葬,大功弔,哭而退,不聽事焉。期之喪未葬,弔於鄉人,哭而退,不聽事焉。功衰弔,待事,不執事。小功、緦執事,不與於禮。〔二〕

【注釋】

〔一〕期之喪十一月而練十三月而祥十五月而禫:鄭玄謂此十八字當在下文"練則弔"之上。　禫:音坦。又音淡。

〔二〕與:音預。

【譯解】

本身有三年之喪,即使已過周年,換穿了大功布的喪服,也不該到別姓人家裏去弔喪,上自諸侯下至士,都是一樣的。如果遇到還沒有出五服的親屬死了,應去哭他,就要穿上該為他穿的喪服前往。　父親在世而母親死了,兒女就為她服齊衰周年;妻子死了,丈夫也為她服齊衰周年。這兩種周年之喪,滿十一個月為之舉行練祭,滿十三個月為之舉行祥祭,滿十五個月舉行禫祭即除喪從吉之祭。練祭之後,兒子、丈夫可以到別姓人家裏去弔喪。　死者埋葬之後，爲死者服大功九月的親屬可以去別姓人家裏去弔喪，哭畢就退出，不要等待喪家爲死者沐浴、穿衣或小斂、大斂等喪事活動。　姑姑、姐妹已嫁而死，侄兒、兄弟本當爲她服大功九月，倘若她婆家没有近親主喪，情可哀憐，娘家的侄兒、兄弟就爲她服齊衰周年。這樣的姑姑、姐妹尚未出葬，侄兒、兄弟就可以往別姓人家裏去弔喪，哭畢就退出，不等喪家進行某種喪事活動。爲什麽此等親屬未葬就可以往鄉中人家去弔喪呢？這是因爲姑姑、姐妹的靈柩並不停殯在本族的緣故。這種婆家没有近親的姑姑、姐妹入葬後，其娘家侄兒、兄弟改穿大功布喪服，不僅可以往別人家裏去弔喪，而且可以等待喪家進行某項喪事活動，只是不能充當執事人員。　而身居小功五月或緦麻三月之喪的人，不僅可以到別人家裏去弔喪，還可以充當人家喪事中的執事人員，只是不能參加喪家對死者的饋奠活動。

相趨也，出宮而退。相揖也，哀次而退。相問也，既封而退。相見也，反哭而退。〔一〕朋友，虞、附而退。〔二〕

【注釋】

〔一〕反：通返。　　〔二〕虞附而退：王引之謂“附”爲衍字。

【譯解】

　　死者出殯那天，賓客前來送葬。聞知死者姓名而來的人，靈車出了廟門就可以退去了。曾與死者在某種場合點頭作揖的人，靈車來到大門外的喪帳時，就可以退去了。曾與死者相互有所饋贈的人，等送到墓地下棺封土之後再回去。曾與死者彼此携帶禮物到對方家中拜會的人，葬後孝子返哭隨之到家時再告退。死者在世時的朋友，就要等到孝子舉行安魂禮之後再告退。

弔非從主人也，四十者執綍。[一]鄉人五十者從反哭，四十者待盈坎。

【注釋】

〔一〕綍：音符，同綍。

【譯解】

出殯那天去弔唁的人，不僅僅是跟從主人送葬而已，四十歲以下的壯年要手執靈車的繩索幫助挽引。到墓地下棺填土時，孝子返哭，同鄉年到五十歲的人可以隨從在後，提前回去。四十歲以下的壯年留下來，幫助把土填滿，封實後再回去。

喪食雖惡，必充飢。飢而廢事，非禮也。飽而忘哀，亦非禮也。視不明，聽不聰，行不正，不知哀，君子病之。故有疾飲酒食肉，五十不致毀，六十不毀，七十飲酒食肉，皆爲疑死。[一]

【注釋】

〔一〕爲：音魏。

【譯解】

居喪期間的食物雖然粗惡，但必須用來充飢。餓得不能操辦喪事，是失禮的。飽食而忘記悲哀，也是失禮的。因哀傷飢餓而弄得視不明，聽不清，走不正，精神恍惚，不知悲哀，這都是君子所擔心憂慮的。所以禮中規定，患病的居喪者可以飲酒吃肉，年到五十不要極度哀傷憔悴，年到六十不要哀傷憔悴，年到七十照常飲酒吃肉。這些規定都是爲了怕人們特別是年老人遭遇親屬喪事而因哀致死。

　　有服，人召之食，〔一〕不往。大功以下，既葬適人，人食之，〔二〕其黨也食之，非其黨弗食也。

【注釋】

〔一〕召：音照。　　　〔二〕食：音嗣。

【譯解】

　　有喪服在身，別人邀請吃飯，不要前往。死者安葬後，大功以下的親屬可以到別人家去；人家請吃飯，如果是親族，就可以吃；如果不是親族，就不能在那兒吃。

　　功衰食菜果，飲水漿，無鹽酪。〔一〕不能食食，鹽酪可也。

【注釋】

〔一〕酪：音澇。

【譯解】

　　身居喪事的人，經過了周年祭，換穿了大功布喪服，可以吃蔬菜水果，飲用開水漿湯，但沒有鹹味酸味。如果沒有鹽和醋就吃不下去飯，也可以用些。

　　孔子曰：“身有瘍則浴，〔一〕首有創則沐，〔二〕病則飲酒食肉。毀瘠爲病，君子弗爲也。毀而死，君子謂之無子。”

【注釋】

〔一〕瘍：音羊。　　　〔二〕創：通瘡。

【譯解】

　　孔子說：“居喪期間，身上有瘡就要洗澡，頭上有瘡就要洗頭，有病就可以飲酒吃肉。過度悲傷消瘦以至重病，君子是不這樣做的。因悲哀過度而致死，君子認爲背離父母遺願，就等於沒有這麼個兒子。”

非從柩與反哭，無免於堩。〔一〕

【注釋】

〔一〕免：音問。　堩：音更。

【譯解】

孝子穿孝服出入，除非送葬隨從靈車之後以及入葬後返哭回家，就不可以在道路上著“免”而行。免是一種頭上的喪飾，將一長白布條先以其中部兜住脖項，再把兩端交於額上，又向後纏結於髮髻。進行某項喪事活動時才著免。

凡喪，小功以上，非虞、附、練、祥無沐浴。

【譯解】

凡服喪，爲死者服小功、大功、齊衰、斬衰的各級親屬，除非遇到虞祭、袝祭、練祭、祥祭的日子，通常都是不洗頭、不洗澡的。

疏衰之喪既葬，人請見之則見，不請見人。小功，請見人可也。大功不以執摯。〔一〕唯父母之喪，不辟涕泣而見人。〔二〕

【注釋】

〔一〕摯：音至，通贄。　〔二〕辟：音必，通避。

【譯解】

身居齊衰之喪的人，於死者入葬之後，如果有人前來求見，就接見他，而自己不主動到別人家去求見。身居小功之喪的人，跟死者關係比較疏遠，死者埋葬後，就可以到別人家去求見。身居大功之喪的人，在死者入葬後，可以與人相見，但不要手執相見禮物。唯有身居父母之喪的人，不避自己滿面淚水來接見來人。

三年之喪，祥而從政。期之喪，卒哭而從政。九月之喪，既葬而從政。小功、緦之喪，既殯而從政。

【譯解】

身服三年之喪的人，舉行祥祭即兩周年祭之後，就可以去服公務了。身服齊衰周年的人，舉行卒哭祭即百日之後，就可以去服公務了。身服大功九月之喪的人，死者入葬之後，就可以去服公務了。身服小功五月或緦麻三月之喪的人，死者大斂入棺之後，就可以去服公務了。

曾申問於曾子曰：“哭父母有常聲乎？”曰：“中路嬰兒失其母焉，何常聲之有！”

【譯解】

曾子的兒子曾申問曾子說：“父母去世，兒子哭父母有一定的聲調嗎？”曾子說：“小孩子在半路上丟失了母親，號哭起來，那還有什麼一定的聲調嗎！”

卒哭而諱。王父母、兄弟、世父、叔父、姑、姊、妹，子與父同諱。母之諱，宮中諱。妻之諱，不舉諸其側。與從祖昆弟同名，[一]則諱。

【注釋】

〔一〕從：音縱。

【譯解】

　　舉行卒哭祭時，就開始避稱死者之名。父親避稱他的已故的祖父母、兄弟、伯父、叔父、姑姑、姐妹之名，作爲兒子也要隨從父親避開他的這些親屬的名諱。母親爲其娘家已故親屬所避的名諱，兒女們在家裏也跟着避諱。妻子爲其娘家已故親屬所避的名諱，作丈夫的就不要在她身邊提；如果妻子爲之避諱的親屬與自己已故同曾祖兄弟（堂兄弟、親兄弟就更不用説了）同名，那麼全家人就都要避諱。

　　以喪冠者，〔一〕雖三年之喪可也。既冠於次，入哭踊三者三，乃出。

【注釋】

〔一〕冠：音貫。下同。

【譯解】

　　男子年滿二十，就要舉行加冠禮。遇到喪事，可以因穿喪服而加冠，即使遇到三年之喪，也可以因而加冠。在喪次即倚廬、堊室等守喪的所在加冠後，就進入殯宮，面向靈柩哭踊，每哭一節而三踊，共三節九踊，哭踊畢退出。

　　大功之末，可以冠子，可以嫁子。父小功之末，〔一〕可以冠子，可以嫁子，可以取婦。己雖小功，既卒哭，可以冠、取妻，下殤之小功則不可。

【注釋】

〔一〕父小功之末：王引之云：“小當爲大，因下文兩言小功而誤也。”存參。

【譯解】

　　自己身居大功之喪，及至即將除服之時，可以爲兒子舉行冠禮，可以將女兒嫁出。做父親的身居小功之喪，及至將除服之時，不但可以爲兒子舉行冠禮，可以將女兒嫁出，也可以娶兒媳婦。其實，自己即使有小功之喪，比如爲同曾祖兄弟服喪，卒哭祭即百日祭後，也是可以加冠、可以娶妻的；不過，倘若是因下殤而爲之降服小功的，如爲八歲到十二歲間夭亡的親弟弟服喪，卒哭祭後自己就不得加冠、不得娶妻了。因爲這個夭亡的少年本是自己的齊衰近親，雖因下殤而降服小功，而哀情却遠重於正服小功的同曾祖兄弟。哀情深重，短期内不能舉行嘉禮。

　　凡弁絰，其衰侈袂。〔一〕

【注釋】

〔一〕衰：音崔。　袂：音妹。

【譯解】

　　凡穿戴弁絰服，其服都是寬大衣袖。頭戴素弁，加纏麻絰，身穿弔服，這是大夫以上階級往人家弔喪時的穿戴。

　　父有服，宮中子不與於樂。〔一〕母有服，聲聞焉，不舉樂。妻有服，不舉樂於其側。大功將至，辟琴瑟。〔二〕小功至，不絕樂。

【注釋】

〔一〕與：音預。　　　〔二〕辟：音必，通避。

【譯解】

　　父親有喪服在身，與父親同住一院的兒子，不得參與娛樂活動。母親有喪服在身，作兒女的在她能聽到範圍內不彈奏樂器。妻子有喪服在身，作丈夫的不可在她身旁奏樂。身居大功九月之喪的人將要來訪，主人要收起琴瑟之類的樂器。身居小功五月之喪的人來訪，主人無須爲之斷絶音樂。

　　姑、姊、妹其夫死，而夫黨無兄弟，使夫之族人主喪。妻之黨，雖親弗主。夫若無族矣，則前後家，東西家；無有則里尹主之。或曰：主之，而附於夫之黨。

【譯解】

　　已出嫁的姑、姐、妹，無子而死，她的丈夫早已謝世，而丈夫的親族又沒有未出五服的本家兄弟，只得使丈夫的已出五服的本族人爲她主喪。作爲他姓之妻的姑、姐、妹，其娘家親屬即使跟她關係親近，也不能爲她主喪，因爲她已經屬於外姓的人了。她死去的丈夫倘若沒有族人了，那就由他家前後東西的鄰居來主喪。如果沒有合適的鄰居，那就得由里長主喪了。也有人說，娘家人可以主喪，但要將她的神主附入她丈夫的家廟裏，即附在她的奶奶婆的神主之側。

　　麻者不紳，執玉不麻，麻不加於采。

【譯解】

　　首纏麻絰，腰束麻帶，就不得再繫吉服所用的大帶。手執禮玉就不得戴麻絰、束麻帶。麻絰麻帶不能加在吉服之上。按：采指吉服而言，吉服是用染色的布帛做的。

國禁哭則止，朝夕之奠即位，自因也。

【譯解】

國有大祭，禁止哭泣，喪家就要停止號哭，而每天朝奠、夕奠以及在堂下東階前即位，自然都因循不變。

童子哭不偯，〔一〕不踊，不杖，不菲，〔二〕不廬。

【注釋】

〔一〕偯：音以。　　〔二〕菲：音肺，通扉。

【譯解】

一般兒童在服喪期內，哭起來不必拉長聲，哭時不須跳腳，不持喪杖，不穿草編的喪鞋，不住倚廬。總之，不能用成人應履行的禮節，來要求孩子。

孔子曰：“伯母、叔母疏衰，踊不絕地。姑、姊、妹之大功，踊絕於地。如知此者，由文矣哉！由文矣哉！”

【譯解】

孔子說：“爲伯母、叔母雖服齊衰周年重服，而哀情較輕，所以哭踊的時候，腳前掌不離地；爲已嫁而死的姑、姐、妹雖服大功九月之服，而哀情較重，所以哭踊的時候，腳掌腳跟都離地。如果懂得其中道理，就能應用禮文啦！就能應用禮文啦！”

世柳之母死，相者由左；世柳死，其徒由右相。由右相，世柳之徒爲之也。

【譯解】

世柳是魯穆公時的賢人。他母親死的時候，相禮者由主人的左側贊導主人；及至世柳之喪，相禮者竟由主人的右側贊導主人，這個錯誤是世柳的門徒造成的。

天子飯九貝，[一]諸侯七，大夫五，士三。士三月而葬，是月也卒哭。大夫三月而葬，五月而卒哭。諸侯五月而葬，七月而卒哭。士三虞，大夫五，諸侯七。

【注釋】

〔一〕飯：音反。

【譯解】

古時天子死了，行飯含禮時，用九個貝殼，諸侯用七個，大夫用五個，士用三個。士停殯三個月而埋葬，就在當月舉行卒哭祭；大夫死了，也停殯三個月而埋葬，滿五個月而舉行卒哭祭；諸侯停殯五個月而埋葬，滿七個月而舉行卒哭祭。士入葬後家中舉行三次安魂祭，大夫葬後家中舉行五次安魂祭，諸侯葬後宮中舉行七次安魂祭。

諸侯使人弔，其次含、襚、賵、臨，[一]皆同日而畢事者也，其次如此也。

【注釋】

〔一〕其次：王引之謂此二字爲衍文。　含：音漢。　襚：音碎。

賵：音鳳。

【譯解】

諸侯派使者弔喪，其次致送用以飯含之璧，致送供死者裝殮的衣服，致送助喪用的財物，最後正使親自臨哭，都是在同一天做完這五件事的，進行的先後次序也是如此。

卿大夫疾，君問之無筭；〔一〕士壹問之。君於卿大夫，比葬不食肉，〔二〕比卒哭不舉樂；爲士，〔三〕比殯不舉樂。

【注釋】

〔一〕筭：同算。　　〔二〕比：音必。下同。　　〔三〕爲：音魏。

【譯解】

卿大夫有病，國君遣使探問，沒有固定次數；士有病，就遣使探問一次。國君對於卿大夫之喪，及至出葬的那天，不吃肉食；及至舉行卒哭祭的那天，宮中不動用音樂。對於士之喪，及至大斂入棺停靈的那天，宮中不動用音樂。

升正柩，諸侯執紼五百人，四紼皆銜枚，司馬執鐸，〔一〕左八人，右八人，匠人執羽葆御柩。〔二〕大夫之喪，其升正柩也，執引者三百人，〔三〕執鐸者左右各四人，御柩以茅。

【注釋】

〔一〕鐸：音奪。　　〔二〕葆：音保。　　〔三〕引：音印。

【譯解】

諸侯出殯，先將靈柩移到廟中朝祖，靈車升自西階，擺正靈柩於廟堂兩楹之間，頭朝北。牽引諸侯靈車的有五百人，用四根大繩挽車，爲了保持肅静、防止喧嘩，牽引人全部口銜略如筷子粗細的枚；司馬手執警衆用的大鈴，左右各八人；工匠手執木柄上端捆紮一束雉尾稱作羽葆的物件來指揮人們牽引靈車。大夫之喪，出葬前也要朝祖於家廟，靈車升階正柩，執牽引繩索的有三百人，執警衆大鈴的左右各四人，工匠手執木柄上端捆紮一束白茅來指揮人們牽引。

孔子曰：“管仲鏤簋而朱紘，〔一〕旅樹而反坫，山節而藻梲，〔二〕賢大夫也，而難爲上也。晏平仲祀其先人，豚肩不揜豆，〔三〕賢大夫也，而難爲下也。君子上不僭上，〔四〕下不偪下。”〔五〕

【注釋】

〔一〕鏤：音漏。　簋：音鬼。　紘：音宏。　　〔二〕梲：音卓。　　〔三〕豚：音屯。　揜：通掩。　　〔四〕僭：音建。〔五〕偪：同逼。

【譯解】

孔子説：“管仲盛飯的器皿雕鏤花紋，繫冕的組帶使用朱紅色，大門前樹立影壁，堂上兩楹間設置放回酒杯的土臺，宮室雕刻山形的斗拱，彩畫水藻於短柱。他固然是位賢能大夫，但如此奢僭，做他的君上是很爲難的了。晏嬰祭祀他的先人，只用一個小猪肘子，小得不能掩蓋木豆的上口。他固然是位賢能大夫，但如此過度節儉，做他的下屬也是很爲難的了。作爲君子，對上應該不僭擬君上，對下應該不困逼屬下。”

　　婦人非三年之喪，不踰封而弔，如三年之喪，則君夫人歸。夫人，其歸也以諸侯之弔禮，其待之也若待諸侯然。夫人至，入自闈門，〔一〕升自側階，君在阼。〔二〕其他如奔喪禮然。

【注釋】

〔一〕闈：音圍。　　　〔二〕阼：音作。

【譯解】

　　除非父母之喪，婦女不能越過國境去弔喪。如果遭遇父母之喪，國君夫人就要回歸父母之國奔喪。國君夫人歸來時，用諸侯級別的弔禮；主國對待她就像接待諸侯一樣。夫人回到娘家，自旁側小門進入殯宮，從側階升堂。主國國君立在堂上東序前的主位上。其他哭踊等儀節就同奔喪禮一樣了。

　　嫂不撫叔，叔不撫嫂。

【譯解】

　　爲死者進行小斂和大斂的時刻，死者的男女親屬都先後撫尸哭踊。但是，作嫂子的就不能憑撫小叔子尸體而哭，作小叔子的也不能憑撫嫂子的尸體而哭。同樣，弟婦與大伯子彼此也是不能撫尸而哭的。

　　君子有三患：未之聞，患弗得聞也；既聞之，患弗得學也；既學之，患弗能行也。君子有五恥：居其位，無其言，君子恥之；有其言，無其行，君子恥之；既得之而又失之，君子恥之；地有餘而民不足，君子恥之；

衆寡均而倍焉，君子恥之。

【譯解】

　　君子有三種憂慮：没聽過的知識，憂慮聽不到；聽到了，又憂慮學不到手；學到手了，憂慮不能付諸實踐。君子有五種羞恥：身居某種職位，而無所建言，君子感到羞恥；有所建言，而不能實行，君子感到羞恥；獲得了工作成果，而又因故喪失，君子感到羞恥；土地有餘而人民並不富足，君子感到羞恥；物力人力多少相同，而別人的效益高出自己一倍，君子感到羞恥。

　　孔子曰："凶年則乘駑馬，[一] 祀以下牲。"

【注釋】

〔一〕乘：音成。　駑：音奴。

【譯解】

　　孔子説："遇到荒歉年頭，貴族們就要乘用劣馬，祭祀時就要降下一等用牲。"例如：天子、諸侯祭祀該用太牢，改用少牢；大夫祭祀該用少牢，改用·猪；士祭祀該用一猪，改用一小猪。

　　恤由之喪，哀公使孺悲之孔子學士喪禮，士喪禮於是乎書。

【譯解】

　　魯國士人恤由去世，魯哀公派遣孺悲到孔子那裏學習士喪禮，士喪禮從此就記録成書了。

　　子貢觀於蜡，[一] 孔子曰："賜也樂乎?"[二] 對曰："一國之人皆若狂，賜未知其樂也。"子曰："百日之蜡，一

日之澤，非爾所知也。張而不弛，〔三〕<u>文武</u>弗能也。弛而不
張，<u>文武</u>弗爲也。一張一弛，<u>文武</u>之道也。”

【注釋】

〔一〕蜡：音乍，同褚。　　〔二〕樂：音勒。下同。

〔三〕弛：音史。

【譯解】

　　<u>端木賜</u>字<u>子貢</u>，是<u>孔子</u>的弟子。<u>子貢</u>觀看了年終蜡祭的狂歡
活動。<u>孔子</u>説：“<u>端木賜</u>！快樂嗎？”<u>子貢</u>對答説：“一國的人都
像瘋子一樣，我不知道這有什麼快樂。”<u>孔子</u>説：“人民辛苦了一
年，才滋潤一天，其中道理不是你所能了解的。光讓人民緊張而
不讓鬆弛，即使<u>文王</u>、<u>武王</u>也是不能做到的；光讓人民鬆弛而不
讓緊張，<u>文王</u>、<u>武王</u>是不會這樣做的。有時緊張，有時鬆弛，勞
逸結合，這才是<u>文王</u>、<u>武王</u>的治民之道哩！”

　　<u>孟獻子</u>曰：“正月日至，〔一〕可以有事於上帝；七月日
至，可以有事於祖。”七月而禘，〔二〕<u>獻子</u>爲之也。

【注釋】

〔一〕正：音征。　　〔二〕禘：音帝。

【譯解】

　　<u>魯</u>國大夫<u>孟獻子</u>説：“<u>周</u>曆正月冬至，可以在南郊祭祀上帝；
<u>周</u>曆七月夏至，可以在宗廟祭祀祖先。”<u>周</u>曆七月祭祖，是<u>孟獻子</u>
倡行的。按：<u>周</u>曆的正月即<u>夏</u>曆的十一月，<u>周</u>曆的七月即<u>夏</u>曆的
五月。

　　夫人之不命於天子，自<u>魯昭公</u>始也。

【譯解】

　　諸侯夫人不經過天子禮命的，是從魯昭公娶吳國公主開始的。按：周制，同姓雖百世不婚。魯昭公娶吳國之女，稱她爲吳孟子。因魯、吳兩國都姓姬，魯昭公就沒有也無法上報周天子，所以天子也沒頒賜給魯國夫人相應的命玉和命服。

　　外宗爲君、夫人，〔一〕猶內宗也。

【注釋】

〔一〕爲：音魏。

【譯解】

　　在國內的國君外親的女婦爲國君、國君夫人服喪，如同國君同宗的女婦一樣，爲國君服斬衰三年，爲國君夫人服齊衰周年。按：外宗，與國君異姓。內宗，與國君同姓。外宗指國君的姑、姊、妹之女，舅之女，姨母等。內宗指國君同姓之女而未出五服者。

　　厩焚，〔一〕孔子拜鄉人爲火來者。拜之，士壹，大夫再。亦相弔之道也。

【注釋】

〔一〕厩：音就。

【譯解】

　　馬厩失火，孔子拜謝那些因火災而前來慰問的鄉里人，向士一拜，向大夫兩拜。慰問馬棚失火，這也是相互弔問的意思。

　　孔子曰："管仲遇盜，取二人焉，上以爲公臣，曰：

'其所與遊，辟也。〔一〕可人也。'管仲死，桓公使爲之服。宧於大夫者之爲之服也，自管仲始也，有君命焉爾也。"

【注釋】

〔一〕辟：音譬，通僻。

【譯解】

孔子説："從前管仲遇到一夥盜賊，從中挑取二人，進薦給齊桓公，任用他們爲臣，説：'他們所交遊的人是邪惡的，其實二人是可用的人材。'後來管仲死了，齊桓公命令那二人爲管仲服喪。在大夫手下當差做事從而爲大夫服喪的成例，就是自管仲開始的，這是有國君命令讓這樣做的。"

過而舉君之諱，則起。與君之諱同，則稱字。

【譯解】

談話中不慎涉及國君的名諱，就要趕緊起立，借以表示不安和自責。臣與國君的名相同，就要改稱表字。

內亂不與焉，〔一〕外患弗辟也。〔二〕

【注釋】

〔一〕與：音預。　　〔二〕辟：音必，通避。

【譯解】

國有內亂，不可參與；國有外患，不要逃避。

贊大行曰："圭，公九寸，侯伯七寸，子男五寸，博三寸，厚半寸，剡上，〔一〕左右各寸半，玉也。藻，三采六等。"

【注釋】

〔一〕剡：音眼。

【譯解】

贊大行上說："玉圭，上尖下方，公爵的長九寸，侯爵、伯爵的長七寸，子爵、男爵的長五寸，都寬三寸，厚半寸，上端兩旁各斜磨去一寸半，呈◻狀。圭是玉製禮器。承玉的墊板，上畫朱白蒼朱白蒼，共三采六行。"

哀公問子羔曰："子之食奚當？"對曰："文公之下執事也。"

【譯解】

魯哀公問孔子弟子、原衛國大夫子羔說："你的先人做官食祿正當何時？"子羔對答說："在衛文公時任下級官吏。"

成廟則釁之，〔一〕其禮：祝、宗人、宰夫、雍人皆爵弁純衣。雍人拭羊，宗人視之，宰夫北面于碑南，東上。雍人舉羊升屋，自中，中屋南面剉羊，〔二〕血流于前，乃降。門、夾室皆用雞，先門而後夾室。其衈皆于屋下。〔三〕割雞，門當門，夾室中室。有司皆鄉室而立，〔四〕門則有司當門北面。既事，宗人告事畢，乃皆退。反命于君曰："釁某廟事畢。"反命于寢，君南鄉于門內，朝服。既反命，乃退。路寢成，則考之而不釁。釁屋者，交神明之道也。凡宗廟之器，其名者成，則釁之以豭豚。〔五〕

【注釋】

〔一〕釁：音信。　〔二〕刉：音魁。　〔三〕衈：音耳。

〔四〕鄉：通向。　〔五〕豭：音家。　豚：音屯。

【譯解】

　　建成廟宇就舉行釁廟禮。供神靈使用的器物造成後，爲了尊而神之，就塗以牲血，叫做釁。釁廟的禮儀是：祝、宗人、宰夫、雍人都頭戴爵弁，身穿絲質的玄衣纁裳。祝是掌管祭告的神職官員，宗人是主持宗廟禮事的族臣，宰夫是執政長官太宰的助理官員，雍人是宮中廚師。在廟門外，雍人將活羊擦拭乾净，宗人檢視。宰夫帶領衆人入廟，都站在碑的南邊，面朝北，依尊卑順序自東往西站，以東爲上。碑是用以觀測日影從而知曉時辰早晚的豎石，植在三分庭一的北側。雍人提羊登梯，從前簷正中上屋，走到屋頂中間，轉身面向南，將羊按在屋脊上，加以宰殺，令血流在屋的前坡，之後提死羊順梯下屋。至於血祭廟的門廡和夾室，就都用活雞血。用雞血灑祭叫衈。先衈門廡而後衈夾室。衈在廡下、室下進行。宰雞，衈門就當門進行，衈夾室就在夾室內當中進行。衈夾室時，執事人員都面向夾室站立；衈門時，執事人員都當門面向北站立。血祭完了，宗人向宰夫報告事畢，於是就都退出。宗人向國君回報説："釁某廟之事已經完畢。"回報在國君的寢宮，國君在寢門內面朝南站立，身穿朝服。回報後宗人就退出。國君的大寢竣工後，就設宴舉行落成典禮，而不用釁禮，因爲大寢是供人居住的。而釁屋是與神明辦交接手續的一種方式。凡是宗廟中的禮器，其重要的器物製成之後，就要用小公豬的鮮血塗祭。

諸侯出夫人，夫人比至于其國，^{〔一〕}以夫人之禮行。至，以夫人入，使者將命曰：“寡君不敏，不能從而事社稷、宗廟，使使臣某敢告於執事。”主人對曰：“寡君固前辭不教矣，寡君敢不敬須以俟命。”有司官陳器皿，主人有司亦官受之。

【注釋】

〔一〕比：音必。

【譯解】

諸侯休出他的夫人，派遣使臣將她遣送回國，一路之上以至到達她的本國，都待以國君夫人之禮。到了王宮，也以夫人的身份進入。護送使者致辭傳命說：“鄙國國君不聰敏，不能同她一起事奉社稷宗廟，派遣使臣某某，膽敢告知左右執事。”擯者傳達主人的答辭說：“鄙國國君本來在以前納采時就說過她沒有教養了。今果然如此，鄙國國君怎敢不恭敬地聽候吩咐。”隨使者前來的有關官員將她以前隨嫁帶走的器皿一一陳列歸還，主人方面的有關官員也一一接收。

妻出，夫使人致之，曰：“某不敏，不能從而共粢盛，^{〔一〕}使某也敢告於侍者。”主人對曰：“某之子不肖，不敢辟誅，^{〔二〕}敢不敬須以俟命。”使者退，主人拜送之。如舅在則稱舅，舅没則稱兄，^{〔三〕}無兄則稱夫。主人之辭曰：“某之子不肖。”如姑、姊、妹，亦皆稱之。

【注釋】

〔一〕共：音恭，通供。 粢：音資。 盛：音成。

〔二〕辟：音必，通避。　　〔三〕没：音末。

【譯解】

　　妻子被休出，丈夫派人遣送，致辭說："某不聰敏，不能同她一起用祭品供奉祖先，某派我來膽敢告知您的侍從。"主人回答說："我的孩子不像樣，不敢逃避責罰，怎敢不恭敬地聽候吩咐。"使者退出，女方主人拜送於門外。如果被迫離婚女人的公公即原夫的父親尚在世，男方使者就以公公的名義致辭。公公不在世，就以丈夫之兄長的名義致辭。沒有兄長，就只得以丈夫本人的名義致辭。女方主人致答辭時所說的"某之子不肖"，子指他的女兒。如果被休回的女人是主人的姑姑或姐妹，致答辭時自然就各用其該用的稱謂了。

　　孔子曰："吾食於<u>少施氏</u>而飽，〔一〕<u>少施氏</u>食我以禮。〔二〕吾祭，作而辭曰：'疏食不足祭也。'吾飧，〔三〕作而辭曰：'疏食也，不敢以傷吾子。'"

【注釋】

〔一〕少：音紹。　　〔二〕食：音嗣。　　〔三〕飧：音孫。

【譯解】

　　孔子說："我在<u>少施氏</u>家裏作客吃得很飽，<u>少施氏</u>是根據禮來接待我吃飯的。當我吃前祭食的時候，他就站起辭謝說：'粗食，不值得行祭呀！'當我吃飯的時候，他又站起辭謝說：'這是粗食呀！不敢讓它來傷您。'"

　　納幣一束，束五兩，兩五尋。

【譯解】

婚前，男方送給女方家中一束幣帛，作爲定聘禮物。幣帛二丈爲一端；將二端叠合爲一，兩頭對捲，爲一兩，一兩就是一匹；將五兩紮綑一起，是爲一束。一束共有五兩，亦即十端，而十端共爲二十丈。八尺爲一尋，每兩五尋，五尋爲四丈；五兩爲二十五尋，亦合二十丈。

婦見舅姑，兄弟、姑、姊妹皆立于堂下，西面北上。是見已。見諸父各就其寢。

【譯解】

新媳婦婚後第一天，清晨起來，沐浴更衣，就去公婆所住庭院拜見公婆。丈夫的兄弟、姑姑、姐妹都站在堂下東側，面向西，依尊卑以北爲上。新媳婦從南門進來，經過丈夫的兄弟姐妹之前，就算見過了，然後升堂拜見公婆。拜見丈夫的伯父、叔父們，要分別到他們的寢院去拜見。

女雖未許嫁，年二十而笄，〔一〕禮之。婦人執其禮。燕則鬈首。〔二〕

【注釋】

〔一〕笄：音基。　　〔二〕鬈：音權。

【譯解】

女子即使尚未訂婚，到了二十歲，也要行結髮加簪儀式，待以成人之禮，由婦女主持加笄禮。禮後，女子平常在家，就中分頭髮，梳做雙鬈，仍是女孩打扮。

韠長三尺,〔一〕下廣二尺,上廣一尺,會去上五寸。〔二〕
紕以爵韋六寸,〔三〕不至下五寸。純以素,〔四〕紃以五采。〔五〕

【注釋】

〔一〕韠：音必。　　〔二〕會：音快。　　〔三〕紕：音皮。

〔四〕純：音準。　　〔五〕紃：音循。

【譯解】

韠,也叫蔽膝,是繫在腰帶上的遮前不遮後的上窄下寬的皮
圍裙。蔽膝長三尺,下寬二尺,上寬一尺,呈△形。蔽膝的上部
鑲上皮子,皮子底縫距上邊五寸。蔽膝中部左右兩邊各鑲上赤黑
色的皮子,每邊六寸對摺,夾邊而縫,表裏各三寸。兩邊所鑲皮
塊,距下部五寸處而止。蔽膝的下部鑲上白綾,高五寸。上部、
兩側、下部所鑲皮帛彼此接縫的地方,都嵌上五色絲縧。會是上
部皮塊的底縫。鑲邊在旁叫做紕,在下叫做純。紃是圓形細絲帶。

喪大記第二十二

　　疾病，外内皆埽，君、大夫徹縣，〔一〕士去琴瑟。寝東首於北牖下。〔二〕廢牀，徹褻衣，〔三〕加新衣，體一人。男女改服。屬纊以俟絶氣。〔四〕男子不死於婦人之手，婦人不死於男子之手。君、夫人卒於路寝，大夫、世婦卒於適寝，〔五〕内子未命則死於下室，遷尸於寝，士、士之妻皆死於寝。

【注釋】

〔一〕縣：音玄，懸的本字。　　〔二〕北牖下：鄭玄云："或爲'北墉下'。"按：作"墉"是，儀禮既夕禮即作"墉"。

〔三〕褻：音謝。　　〔四〕屬：音主。　纊：音曠。　俟：音似。　　〔五〕適：音笛。

【譯解】

　　病危時，内外都打掃乾浄，身份爲諸侯或大夫，要撤去所懸鐘磬之類的樂器；身份爲士，家中要收起琴瑟。將病人頭朝東的放在正寝的北墻下，去掉牀，給他脱去内衣，換上新衣，脱換時病人四肢各有一人把持。男女親屬都改穿衣裳相連的深衣。將一塊絲綿放在病人鼻下，等他斷氣。伺候更衣諸事的人必須與病人性別相同，男人不可以死在婦人的手裏，婦人也不可以死在男人的手裏。國君、國君夫人應該死在大寢中，大夫、命婦應該死在正寢。卿的正妻如果尚未經國家頒賜爵命，就該死於她自己的寢室，小斂後再將之遷往正寢。士和士的正妻都該死於正寢。

　　復，有林麓則虞人設階，〔一〕無林麓則狄人設階。小臣復，復者朝服。君以卷，〔二〕夫人以屈狄，〔三〕大夫以玄赬，〔四〕世婦以襢衣，〔五〕士以爵弁，士妻以稅衣，〔六〕皆升自東榮，中屋履危，北面三號，〔七〕捲衣投于前，司服受之，降自西北榮。其爲賓，則公館復，私館不復。其在野，則升其乘車之左轂而復。〔八〕復衣不以衣尸，〔九〕不以斂。婦人復不以袡。〔一〇〕凡復，男子稱名，婦人稱字。唯哭先復，復而後行死事。

【注釋】

〔一〕麓：音鹿。　　〔二〕卷：音滾，通袞。　　〔三〕屈：音缺，通闕。　　〔四〕赬：音稱。　　〔五〕襢：音展。
〔六〕稅：團的去聲。　　〔七〕號：音豪。　　〔八〕乘：音勝。　轂：音古。　　〔九〕復衣不以衣尸：下“衣”音益。
〔一〇〕袡：音然。

【譯解】

　　招魂，如果領地內有山林，就由掌管山林的虞人在正寢的東簷下設置木梯；如果沒有山林，就由狄人即低賤的樂吏在正寢的東簷下安設木梯。由死者的近臣招魂。招魂人身穿朝服，用死者的上等禮服招魂。爲公爵諸侯招魂用的是畫着彎曲龍形圖案的禮服，爲男爵諸侯夫人招魂用的是畫有不施彩色的山雞圖案的禮服。根據周禮中司服與內司服兩職文推定，爲公爵諸侯夫人招魂用的是畫有五色具備而以白色爲主的山雞圖案的禮服，爲侯爵諸侯、伯爵諸侯招魂用的是畫有五色具備而以赤色爲主的山雞圖案的禮服，爲侯爵夫人、伯爵夫人用的是畫有五色具備而以青色爲主的山雞圖案的禮服，爲子爵諸侯、男爵諸侯招魂用的是畫有虎、猴圖案的禮服。爲大夫招魂用的是玄衣赤裳，爲其命婦招魂用的是一種白色禮服。爲士招魂用的是爵弁服即緇衣淺絳裳，爲士妻招魂用的是鑲赤邊的黑色衣裳。招魂者都以左肩荷衣，從東簷下所豎木梯升屋，斜着走向屋脊正中，面朝北呼喊三聲死者的名字，然後捲起衣裳投下，司服官員用竹箱承接，招魂者從正寢的西北簷角下屋。作爲外國國賓的出訪使者，如果死在外國公館中，他的隨行人員就可以在所住之處招魂；如果死在外國的卿大夫的私宅中，他的隨行人員就不能在人家私宅招魂。如果死在郊野路途之上，其隨行人員就登上使者乘車的左輪軸頭木上招魂。招魂用過的衣服，不能給尸體穿上，也不能用來裝殮入棺。爲婦人招魂，不能使用她出嫁時所穿的結婚禮服。凡招魂，死者是男人就喊他的名，死者是婦女就喊她的字。病人停止呼吸後，唯有哭號在招魂以前，招魂後才開始辦喪事。

　　始卒，主人啼，兄弟哭，婦人哭，踊。既正尸，子坐于東方；卿、大夫、父、兄、子姓立于東方；有司庶士哭于堂下，北面；夫人坐于西方，内命婦、姑、姊、

妹、子姓立于西方；外命婦率外宗哭于堂上，北面。大
夫之喪，主人坐于東方，主婦坐于西方，其有命夫、命
婦則坐，無則皆立。士之喪，主人、父、兄、子姓皆坐
于東方，主婦、姑、姊、妹、子姓皆坐于西方。凡哭尸
于室者，主人二手承衾而哭。

【譯解】

　　病人剛咽氣，兒子們哽咽哀啼哭不成聲，兄弟們痛哭，婦女
們痛哭，全都跳脚頓足。國君死後，把尸體頭朝南的正放在室內
南窗之下，世子坐在尸體的東方，卿大夫、父輩、兄輩、子孫們
站立在東方。在場有職務的衆士哭於堂下，面向北。夫人坐在尸
體的西方，死者的內命婦即有地位的妃嬪、姑姑、姐妹、女兒、
孫女們站立在西方。外命婦即卿大夫之妻率領外宗即姑、姐、妹
的女兒們哭於堂上，面向北。大夫死後，也將尸體移到室內南窗
之下，主人即嫡長子坐在東方，主婦即嫡長婦坐在西方。在場家
屬中有命夫、命婦就坐下，沒有大夫級爵命的就都站立。士死了，
也將尸身移到南窗下，主人、父輩、兄輩、子孫們都坐在東方，
主婦、姑姑、姐妹、女兒、孫女們都坐在西方。凡在寢室內哭死
者，主人兩手捧着覆蓋尸體的被子而哭號。

　　君之喪未小斂，爲寄公、國賓出；大夫之喪未小斂，
爲君命出；士之喪，於大夫，不當斂則出。凡主人之出
也，徒跣，〔一〕扱袵，〔二〕拊心，〔三〕降自西階。君拜寄公、國
賓於位。大夫於君命，迎于寢門外，使者升堂致命，主
人拜于下。士於大夫親弔，則與之哭，不逆於門外。夫

人爲寄公夫人出，命婦爲夫人之命出，士妻不當斂則爲
命婦出。

【注釋】

〔一〕跣：音顯。　　〔二〕扱：音插。　衽：音任。

〔三〕拊：音府。

【譯解】

　　國君之喪，在小斂以前，如果有寄公即失去國土而寄住本國
的諸侯、國賓即訪問本國的諸侯前來弔唁，作爲主人的世子就要
爲之出拜；大夫之喪，在小斂以前，如果國君派遣使臣前來弔唁，
作爲主人的嗣子就要爲之出拜；士之喪，大夫親來弔唁，只要不
是喪家正在進行小斂的時候，主人就要出拜。凡是喪家主人出迎
貴賓，都是赤腳，將深衣前襟扱在腰帶下，手撫胸口，從西階下
堂。不從東階降堂，因爲東階是主階，父親剛死，自己不敢以主
人自居。寄公立位在寢門內西方，國賓立位在寢門內東方，都面
向北，主人行至中庭，面朝南，分別向他們跪拜。大夫的嗣子對
於國君派遣前來的使臣，要出迎於寢門之外，使者不答拜，入門
升堂，傳達國君之命，主人在堂下面朝北拜謝。作爲主人的士的
嫡子對於親自前來弔喪的大夫，要降自西階，面向大夫而跪拜，
此時大夫位在西階之南，面向北，主人在西階下即位，面向東，
與大夫一起哭而不踊，主人不須到寢門外去迎接大夫。國君之喪，
未小斂時，寄公夫人來弔，國君夫人爲之出室，迎拜於堂上；大
夫之喪，未小斂時，國君夫人命人來弔，命婦出室，迎拜使人於
堂上；士之喪，只要是命婦來弔不正當小斂之時，士之妻就該爲
之出室迎拜於堂上。

　　小斂，主人即位于户内，主婦東面，乃斂。卒斂，主人馮之踊，[一]主婦亦如之。主人袒，説髦，[二]括髮以麻；婦人髽，[三]帶麻于房中。徹帷，[四]男女奉尸夷于堂，降拜。君拜寄公、國賓。大夫士拜卿大夫於位，於士旁三拜。夫人亦拜寄公夫人於堂上。大夫内子、士妻特拜命婦、氾拜衆賓於堂上。[五]主人即位，襲，帶，絰，[六]踊，母之喪，即位而免，[七]乃奠。弔者襲裘，加武，帶，絰，與主人拾踊。[八]

【注釋】

〔一〕馮：音平。下同。　　〔二〕説：音托，通脱。　髦：音毛。　　〔三〕髽：音抓。　　〔四〕徹：通撤。

〔五〕氾：音泛。　　〔六〕絰：音蝶。　　〔七〕免：音問。

〔八〕拾：音劫。

【譯解】

　　小斂就是在寢室中對昨天已經穿衣、裝袋的尸體，再用衣衾、布帶進行包裹紮束，然後移到堂中，以待大斂。小斂時，主人在寢室户内即位，面向西，主婦立於尸體之西，面向東，於是執事人員進行小斂。小斂畢，主人憑尸哭踊，之後主婦也是如此。主人褪下深衣左袖，將左袖掖在腰帶右側，摘下髦，解下髮巾，用麻縷纏起頭髮。髦是年幼時用剪下的胎髮做的髮飾，年長時仍然垂在頭的兩側，表示人子事親還保持着孩童那樣的純真。父親死了就摘下左髦，母親死了就摘下右髦。婦人在西房中摘下簪子，解下髮巾，挽個大髻，用麻縷繫住，頭纏麻絰，腰束麻帶。堂上撤去帷幕，死者的男女親屬幫助執事人員抬尸，從室内移到室外堂中兩楹之間，頭朝南的安放在牀上。小斂完畢，主人才可以下堂拜賓。此刻各階級喪主拜賓的儀式是：國君小斂後，嗣君自西階下堂，走到中庭，分別向門內西邊的寄公、門內東邊的國賓跪拜；大夫、士之喪，小斂後，主人從西階下堂，對弔賓中的卿大夫，各近其位一一行拜，對來數衆多的士們，就每個方向拜三拜；國君小斂後，國君夫人在堂上拜寄公夫人；大夫、士小斂後，大夫的正妻、士的正妻在堂上對來弔喪的命婦一一行拜，對來賓中的士妻們泛泛行拜。拜賓之後，主人在東階前即喪位，左臂伸進袖內，穿好衣服，纏束首経、腰経，痛哭跳腳。如果是母親之喪，此刻不復以麻括髮，改以長白布條纏頭繫髻，也是麻経哭踊。接着爲死者擺上小斂奠祭食品。前來弔喪的賓客掩妥皮裘的外衣前襟，在冠圈上加麻経，腰束麻帶，與主人、主婦更迭哭踊。

　　君喪，虞人出木、角，〔一〕狄人出壺，雍人出鼎，司馬縣之，〔二〕乃官代哭。大夫官代哭，不縣壺。士代哭不以官。

【注釋】

〔一〕角：音決。　　〔二〕縣：音玄，懸的本字。

【譯解】

　　國君之喪小斂後，由掌管山林的虞人提供柴木與角製舀水勺，由狄人即低賤的樂吏拿出計時用的漏水壺，由宮中廚師抬出燒水的銅鼎，由掌管軍政的司馬懸起漏壺，於是官員們按時更代而哭。尸未入棺停殯，就要哭不絕聲，爲了減輕嗣君及其近親的悲苦，就由官員們按時輪哭。如果時在嚴冬，爲防水凍，所以燒水灌壺滴漏。大夫之喪小斂後，就由大夫的家臣們幫助家屬輪哭，唯不懸壺滴水計時。士之喪，由親屬輪哭，不用官屬。

君堂上二燭，下二燭。大夫堂上一燭，下二燭。士堂上一燭，下一燭。賓出，徹帷。

【譯解】

國君之喪，爲了照明，在殯宮的堂上堂下各設置兩把火炬；大夫之喪，堂上設置一把火炬，堂下設置兩把火炬；士之喪，堂上堂下各設置一把火炬。士之喪，小斂畢就撤去堂上帷幕；國君與大夫之喪，小斂後拜賓，賓出了寢門，堂上才撤去帷幕。

哭尸于堂上，主人在東方，由外來者在西方，諸婦南鄉。[一]婦人迎客送客不下堂，下堂不哭。男子出寢門見人，不哭。

【注釋】

〔一〕鄉：通向。

【譯解】

小斂後，包紮的尸體停放在堂中兩楹之間的牀上，南首。有新從外來奔喪的親屬哭尸於堂上，主人仍然立在尸的東方，面向西；由外來的親屬站在尸的西方，面向東；婦女們本來在西方，面向東，此刻就移立於北方，面向南。有賓客前來弔喪，喪家婦女迎客、送客一般都不下堂。只有國君夫人，親自前來弔唁，主婦才下堂，來到中庭，向她磕頭，但不許哭。喪家男人對於弔喪賓客，一般不出寢門去迎。只有國君派使者來弔唁，才出寢門迎使者，也不許哭。總之，喪家婦女不哭於堂下，喪家男子不哭於寢門之外。

其無女主，則男主拜女賓於寢門內。其無男主，則女主拜男賓於阼階下。子幼，則以衰抱之，[一]人爲之拜。[二]爲後者不在，[三]則有爵者辭，無爵者人爲之拜。在竟内則俟之，[四]在竟外則殯葬可也。喪有無後，無無主。

【注釋】

〔一〕衰：音催。　　〔二〕爲：音魏。　　〔三〕爲：音惟。

〔四〕竟：同境。下同。

【譯解】

　　喪家如果没有主婦，那就由男主人在寢門内拜女賓；如果没有男主人，那就由主婦在阼階下主人之位拜男賓。如果作爲喪主的嫡子年尚幼小，就用喪服裹起抱着他，由一近親替他施禮行拜。如果死者的嫡長子因故不在家，那麼，有大夫爵位的賓客前來弔喪，喪家就必須向貴賓説明主人不在；没有高級爵位的賓客前來弔喪，就由主人的近親替他拜賓。如果嫡長子在國境内，就等他回來主持喪事；如果嫡長子在國外，短期不能回來，那麼就可以按時入棺，按時埋葬。辦喪事，可能没有嫡子甚至没有子孫主喪，但不能没人主喪。

　　君之喪三日，子、夫人杖；五日既殯，授大夫、世婦杖。子、大夫寢門之外杖，寢門之内輯之；[一]夫人、世婦在其次則杖，即位則使人執之。子有王命則去杖，國君之命則輯杖，聽卜、有事於尸則去杖。大夫於君所則輯杖，於大夫所則杖。

【注釋】

〔一〕輯：音吉。

【譯解】

　　國君之喪，死後的第三天，他的兒子們和國君夫人開始挂喪杖；第五天入棺停殯後，嗣君授予大夫、命婦喪杖。衆子、大夫們在殯宮門外挂着喪杖，進入殯宮門內就要提起喪杖。夫人、命婦在他們守喪處所時挂着喪杖，在殯宮之中各就喪位時，就教人拿着喪杖。世子接受天子使者傳致弔問之命時，就該去掉喪杖；接待外國國君的使者傳致弔問之命時，就提着喪杖；占卜葬地、葬日時，虞祭、卒哭祭、祔祭中事奉象徵死者神靈代之受祭的人時，都要去掉喪杖。大夫在嗣君的處所就要提起喪杖，在大夫的處所就可以挂杖。

　　大夫之喪，三日之朝既殯，主人、主婦、室老皆杖。大夫有君命則去杖，大夫之命則輯杖。內子爲夫人之命去杖，爲世婦之命授人杖。

【譯解】

　　大夫之喪，在死後的第三天早晨，入棺、加蓋、塗泥、停殯後，主人、主婦和家相都開始挂着喪杖。大夫的嗣子接受國君派使傳致弔問之命時，就去掉喪杖；接待大夫派使傳致弔問之命時，就可以提着喪杖。大夫之妻接受國君夫人派人傳致弔問之命時，就該去掉喪杖；接待命婦派人傳致弔問之命時，就教人拿着喪杖。

　　士之喪，二日而殯，三日之朝，主人杖，婦人皆杖。於君命、夫人之命如大夫，於大夫、世婦之命如大夫。

【譯解】

　　士之喪，死後的第二天入棺停殯，第三天早晨，主人手挂喪

杖，死者的妻妾、女兒也都拄起喪杖。主人接受國君派使傳致弔
問之命，主婦接受國君夫人派使傳致弔問之命，也像大夫、命婦
那樣去掉喪杖；主人接待大夫派使傳致弔問之命，也像大夫那樣
提着喪杖；主婦接待命婦派使傳致弔問之命，也像命婦那樣敎人
拿着喪杖。

　　子皆杖，不以即位。大夫士哭殯則杖，哭柩則輯杖。
弃杖者，斷而弃之於隱者。

【譯解】

　　國君、大夫、士的衆子們，守喪期間也都用喪杖，唯不能像
嫡長子那樣手執喪杖在殯宮東階前就喪位；需就喪位行禮時，就
先去掉手中喪杖。大夫、士之喪，入棺加蓋塗泥後，大夫、士之
子向殯而哭，就該拄着喪杖；及至出殯時，剗去塗泥，露出靈柩，
大夫、士之子向靈柩而哭，就該提着喪杖。大祥祭之後，該將喪
杖抛棄，要將喪杖折斷，扔在隱密的地方，不可令人耍弄，或做
他用。

　　君設大盤，造冰焉。大夫設夷盤，造冰焉。士併瓦
盤，[一]無冰。設牀，禮箦，[二]有枕。含一牀，[三]襲一牀，
遷尸于堂又一牀，皆有枕席，君、大夫、士一也。[四]

【注釋】

〔一〕併：同並。　　〔二〕禮：音坦，同袒。　箦：音子。
〔三〕含：音汗。　　〔四〕君大夫士一也：<u>鄭玄</u>謂此段爲錯簡，
應移在下文“濡濯弃於坎”之下。

【譯解】

　　國君死的當天，爲之沐浴穿上内衣，爲了延緩腐化，就在牀下設置木製長形塗漆的大盤，並裝上冰塊。死者爲大夫，就用形製較小的夷盤，也放上冰。死者爲士，就在牀下並設兩個裝水的瓦盤，没有冰。所設停尸的牀祖露竹編牀屉，有枕頭。病人死後，在飯含的時刻用一牀，襲即穿禮服的時刻換用一牀，小斂後將包裹紮束的尸體遷移到堂中兩楹之間停放，又換用一牀。含、襲、小斂各用一牀，都有枕頭和席子，這幾項對剛死去的國君、大夫、士來説，都是一樣的。

　　始死，遷尸于牀，幠用斂衾，[一] 去死衣，小臣楔齒用角柶，[二] 綴足用燕几，[三] 君、大夫、士一也。

【注釋】

〔一〕幠：音呼。　　　〔二〕楔：音歇。　　　〔三〕綴：音墜。

【譯解】

　　病人剛死，就從室内北墻下將他遷到南窗下的牀上，南首。蓋上大斂時將用以包裹尸體的被子，再爲死者脱掉衣服，小臣用角質湯匙撑着死者牙齒，以防緊閉不便於飯含，用平日燕居所用几案制約着死者雙足。這幾項對才死去的國君、大夫、士來説，都是一樣的。

　　管人汲，[一] 不説繘，[二] 屈之，盡階不升堂，授御者。御者入浴。小臣四人抗衾，御者二人浴。浴水用盆，沃水用枓，[三] 浴用絺巾，[四] 挋用浴衣，[五] 如它日。小臣爪足。浴餘水弃于坎。其母之喪，則内御者抗衾而浴。

【注釋】

〔一〕汲：音吉。　　　〔二〕説：通脱。　　繘：音橘。

〔三〕枓：音主。　　　〔四〕絺：音吃。　　〔五〕抎：音震。

【譯解】

　　掌管房舍的管人用汲水瓶從井裏打上水來，不解下繋在瓶耳的繩子，將繩屈盤在手中，捧着汲水瓶，走到正寢西階之上，但不跨入堂内，把汲水瓶交給侍者。侍者捧瓶穿堂入室，爲死者洗身。小臣四人站在尸牀的四角，各持蓋尸被子的一角高舉，另外兩名侍者擦洗尸身。洗澡水用盆盛着，用水舀子舀水冲澆尸身，擦澡用細葛巾，蘸乾身子用浴衣，就如同往日洗澡一樣。小臣爲死者修脚趾甲。洗澡用過的水都倒在堂下兩階間特意挖掘的坑裏。如果是主人的母親死了，就由内宅的女侍們舉起被子，爲她洗澡。

　　管人汲，授御者。御者差沐于堂上，[一]君沐粱，大夫沐稷，士沐粱。甸人爲垼于西墙下，[二]陶人出重鬲。[三]管人受沐，乃煮之。甸人取所徹廟之西北厞薪，[四]用爨之。[五]管人授御者沐，乃沐。沐用瓦盤，抎用巾，如它日。小臣爪手翦須。[六]濡濯弃于坎。[七]

【注釋】

〔一〕差：音搓。　　〔二〕垼：音役。　　〔三〕重：音蟲。

鬲：音歷。　　〔四〕厞：音非。　　〔五〕爨：音竄。

〔六〕須：鬚的本字。　　〔七〕濡：音暖，同㬉。

【譯解】

　　管人汲水捧瓶升西階交給侍者。侍者在堂上淘米，在水中揉搓米，準備用淘米水來爲死者洗頭。國君用淘黄粱米的水洗頭，大夫用淘糜子米的水洗頭，士也用淘黃粱米的水洗頭。掌管公田的甸人在庭中西墙下壘個土竈，掌管製造陶器的陶人提供懸在重木上的用以盛粥讓死者魂靈憑依的一對瓦鬲。管人升階從侍者手中接過淘米水去土竈上燒煮，甸人拆取正寢西北角隱蔽地方的一些木料，作爲薪柴燒竈。淘米水燒熱後，管人再升西階交給侍者，侍者就用熱淘米水爲死者洗頭。洗頭用瓦盤接洗頭水，擦乾頭髮用麻布巾，如同往常一樣。小臣爲死者修指甲，剪鬍鬚。洗頭用過的髒水就倒在兩階之間的坑裏。

　　君之喪，子、大夫、公子、衆士皆三日不食。子、大夫、公子食粥，納財，朝一溢米，莫一溢米，〔一〕食之無筭。〔二〕士疏食水飲，食之無筭。夫人、世婦、諸妻皆疏食水飲，食之無筭。大夫之喪，主人、室老、子姓皆食粥，衆士疏食水飲，妻妾疏食水飲。士亦如之。

【注釋】

〔一〕莫：同暮。　　〔二〕食：音嗣。下同。　　筭：同算。

【譯解】

　　國君之喪，世子、大夫、庶子、衆士都要頭三天不吃東西。三天以後，世子、大夫、庶子才能喝粥，每人每天有一定的糧份，早晨一把米，晚上一把米，喝粥沒有固定頓數。衆士吃粗米飯，喝白水，也沒固定頓數。國君夫人、世婦、妻妾都吃粗米飯，喝白水，吃喝沒有準頓數。大夫之喪，作爲喪主的嗣子、家相、子孫們都喝粥，衆家臣吃粗米飯，喝白水，死者的妻妾們也吃粗米飯，喝白水。士之喪，其親屬下屬的飲食也是如此。

　　既葬，主人疏食水飲，不食菜果，婦人亦如之，君、大夫、士一也。練而食菜果，祥而食肉。食粥於盛，〔一〕不盥，食於篹者盥。〔二〕食菜以醢醬。〔三〕始食肉者先食乾肉，始飲酒者先飲醴酒。

【注釋】

〔一〕盛：音成。　　　〔二〕篹：酸的上聲。　　　〔三〕醢：音西。

【譯解】

　　三年之喪，死者埋葬後，主人可以吃粗米飯、喝白水了，但還不能吃蔬菜水果，婦女也是這樣。這個飲食規矩對於爲國君、大夫、士守喪的直屬親屬來說，都是一樣的。練祭即周年祭後，兒女們可以吃蔬菜水果；祥祭即兩周年祭後，兒女們才可以吃肉。喝放在容器裏的粥就不用洗手，從竹編飯器裏抓飯吃就要先洗手。吃蔬菜只用醋和醬當佐料。祥祭後，開始吃肉時，先要吃乾肉；開始喝酒時，先要喝甜酒。

　　期之喪，〔一〕三不食，食疏食，水飲，不食菜果。三月既葬，食肉飲酒。期，終喪不食肉，不飲酒，父在爲母爲妻。〔二〕

【注釋】

〔一〕期：音基，同朞。下同。　　　〔二〕爲：音魏。

【譯解】

　　服齊衰周年之喪，不吃頭三頓飯，之後就吃粗米飯，喝白水，不吃蔬菜水果。及至停殯期滿三月將死者埋葬之後，服齊衰的親屬就可以吃肉喝酒了。服齊衰周年而一直到終喪也不能吃肉、不能喝酒的，有兩種服例，一是父親在世做兒女的爲母親服齊衰周年，二是做丈夫的爲妻子服齊衰周年。

九月之喪，食飲猶期之喪也。食肉飲酒，不與人樂之。〔一〕五月、三月之喪，壹不食、再不食可也。比葬，〔二〕食肉飲酒，不與人樂之。

【注釋】

〔一〕樂：音勒。　　〔二〕比：音必。

【譯解】

服大功九月之喪，飲食規矩猶如服齊衰周年之喪，死者入葬後亦可以吃肉喝酒了，就是不能和別人一起同吃同樂。服小功五月之喪，服緦麻三月之喪，開始時不吃一兩頓就行了。從死者入棺停殯一直到出殯入葬，服小功、緦麻的親屬都可以吃肉喝酒，只是不能和別人一起同吃同樂罷了。

叔母、世母、故主、宗子，食肉飲酒。

【譯解】

伯母、叔母、往日的君主、宗子死了，雖然都該爲之服齊衰重服，但親情較疏，所以服喪期間是可以吃肉喝酒的。

不能食粥，羹之以菜可也。有疾，食肉飲酒可也。

【譯解】

父母停殯期間，兒女們要喝粥，如果實在喝不慣，也可以吃些粗飯菜湯。守喪期間有病了，也可以吃肉喝酒，增加營養。

五十不成喪，七十唯衰麻在身。

【譯解】

年紀到了五十歲，已入老境，居喪之禮酌予從簡，不必事事嚴守成規。年紀到了七十歲，已經衰老，居喪時只要身穿喪服就可以了。

既葬，若君食之則食之，〔一〕大夫、父之友食之則食之矣。不辟粱肉，〔二〕若有酒醴則辭。

【注釋】

〔一〕君食之則食之：上食音嗣。　　　〔二〕辟：音必，通避。

【譯解】

身居父母之喪，入葬後，倘若國君賜食，就可以吃，大夫、父親的朋友命食，也可以吃。吃的時候也不避精糧美肉，不過，若有酒類，那就要謝辭不喝了。

小斂於戶內，大斂於阼。〔一〕君以簟席，〔二〕大夫以蒲席，〔三〕士以葦席。小斂，布絞，〔四〕縮者一，橫者三。君錦衾，大夫縞衾，〔五〕士緇衾，皆一，衣十有九稱。〔六〕君陳衣于序東，大夫士陳衣于房中，皆西領北上，絞、紟不在列。〔七〕

【注釋】

〔一〕阼：音作。　　〔二〕簟：音店。　　〔三〕蒲：音葡。

〔四〕絞：音消。　　〔五〕縞：音稿。　　〔六〕稱：音趁。

〔七〕紟：音今。

【譯解】

　　小斂在室户内進行，大斂在堂上南當阼階的主位上進行。凡斂，先鋪席於地，國君用細竹席，大夫用蒲席，士用葦席。小斂所用的衣物是：麻布束帶四條，竪着紮束用的一條，橫着紮束用的三條；袂被一牀，國君用錦衾即彩色絲織面的被子，大夫用縞衾即細白生絹面的被子，士用緇衾即黑色麻布面的被子；各種衣裳十九套。小斂前，死者爲國君，就在堂上東序之東陳列各種衣裳；死者爲大夫、士，就在東房中陳列各種衣裳。陳列時，都衣領在西，按衣服尊卑次序自北往南上陳列，以北爲上。束帶、被子不在陳列之中。

　　大斂，布絞，縮者三，橫者五，布紟，二衾，君、大夫、士一也。君陳衣于庭，百稱，北領西上。大夫陳衣于序東，五十稱，西領南上。士陳衣于序東，三十稱，西領南上。絞、紟如朝服。絞一幅爲三，不辟。[一]紟五幅，無紞。[二]

【注釋】

〔一〕辟：音襞，去聲，通擘。　　　〔二〕紞：音膽。

【譯解】

　　大斂所用的衣物有，麻布束帶八條，竪着紮束用的三條，橫着紮束用的五條，單被一牀，袂被二牀，這兩項國君、大夫、士都是一樣的。死者是國君，就在殯宫庭中陳列各種衣裳一百套，衣領在北，按衣裳尊卑次序由西往東陳列，以西爲上；死者是大夫，就在堂上東序之東——東堂陳列各種衣裳五十套，衣領在西，按衣裳尊卑次序由南往北陳列，以南爲上。死者是士，爲之在東序之東——東堂陳列各種衣裳三十套，衣領在西，按衣裳尊卑次序自南往北陳列，以南爲上。束帶、單被用布的規格與朝服用布相同，都是十五升。每升八十縷，十五升則爲一千二百縷，就是說，二尺二寸寬的布幅有一千二百縷經綫。一端布長兩丈，幅寬二尺二寸。一端布撕成三條束帶，每條束帶約寬七寸。小斂用的束帶都在兩頭剪開一二尺，大斂用的束帶的兩頭就不用剪開。單被用五幅布拼縫而成，但不用鑲上表示被頭的絲帶。

小斂之衣，祭服不倒。

【譯解】

小斂時，在室户内停尸牀之東鋪好席，在席上先南北向放一條豎帶，東西向有距離地放三條橫帶，再鋪上一牀薄被。接着將十九套衣裳或正或倒或縱或橫地在被子上鋪成略小於席的正方形。然後將昨天已經穿衣、裝袋的尸體放在上面。依次兜起四個被角連同所鋪衣服把袋中尸體緊緊裹起。最後，先一一繫牢三條橫帶，再繫緊最外那條豎帶。斂畢，將之抬到堂上兩楹之間的牀上。在席上鋪那十九套衣裳時，要求呈方形，厚薄勻稱，其中祭服要最後南北方向的正放，不要倒放橫放，以求與尸體貼近並上下相應。爲了使鋪的衣裳既方且平，其他衣裳就斟酌側放、倒放。

君無襚。[一]大夫士畢主人之祭服，親戚之衣受之，不以即陳。小斂，君、大夫、士皆用複衣、複衾。大斂，君、大夫、士祭服無筭。君褶衣、褶衾，[二]大夫士猶小斂也。

【注釋】

〔一〕襚：音碎。　　　〔二〕襵：音碟。

【譯解】

　　小斂用的十九套衣裳，國君都用自己的，不用別人所贈的衣裳。大夫、士要儘量用本人的祭服，不夠數再用賓客所贈的衣裳；本家大功以上的近親所贈入斂衣服，雖接受，主人不使人將之陳列。凡小斂，國君、大夫、士都是用絮着絲綿的衣服和被子。大斂時，國君、大夫、士所用祭服沒有限定數額，以用盡爲止。爲國君大斂，因用衣數量大，所以都用袷衣、袷被；爲大夫、士大斂，因用衣數量較少，可以像小斂那樣，用絮着絲綿的衣被。

　　袍必有表，不襌，〔一〕衣必有裳，謂之一稱。凡陳衣者實之篋，〔二〕取衣者亦以篋，升降者自西階。凡陳衣不詘，〔三〕非列采不入，絺、綌、紵不入。〔四〕

【注釋】

〔一〕襌：音丹。　　〔二〕篋：音竊。　　〔三〕詘：通屈。
〔四〕綌：音細。　紵：音柱。

【譯解】

　　凡入斂用的長袍，一定要配上罩衣，不能單件；入斂用的上衣，一定要配有下裳：這才能叫做一套。凡入斂前陳列衣裳的時候，要將衣服放在小竹箱裏送去，取衣裳來入斂時，也要放在小竹箱裏取來，都從西階上下。凡陳列衣裳不要將衣裳屈捲折疊，不是正色的衣裳不要拿來陳列，暑天穿的各種麻織衣裳也不要拿來陳列。

凡斂者袒，遷尸者襲。

【譯解】

凡是進行小斂、大斂之時，主人和執事人員都要褪下左袖，袒露左臂；斂畢移動尸體之前，即小斂包束完畢準備把尸體搬到堂上兩楹間的牀上，大斂包束完畢準備把尸體搬入棺中，主人和執事人員都先要左臂伸進左袖，穿好衣服。

君之喪，大胥是斂，[一]衆胥佐之。大夫之喪，大胥侍之，衆胥是斂。士之喪，胥爲侍，士是斂。

【注釋】

〔一〕胥：鄭玄云：“胥當爲祝，字之誤也。”下同。

【譯解】

國君之喪，由太祝動手小斂、大斂，衆祝佐助。大夫之喪，由太祝監臨指導，衆祝動手小斂、大斂。士之喪，由祝監臨指導，由士人動手小斂、大斂。祝是國家的神職官員。

小斂、大斂，祭服不倒，皆左衽，結絞不紐。

【譯解】

舉行小斂、大斂，往被子上鋪各種衣裳時，唯鋪祭服必須南北向放正，求與尸身上下順應，而不可鋪放顛倒。上衣的前襟都向左掩。被子連同斂衣裹緊尸體後，用束帶繫牢，都打上死結，不採用一端做紐鼻而另一端穿入打活結的繫法。

斂者既斂必哭，士與其執事則斂，[一]斂焉則爲之壹不食。凡斂者六人。

【注釋】

〔一〕與：音預。　其：王引之疑爲“共”字之訛。

【譯解】

　　動手小斂、大斂的人員，斂事完畢必定要哭死者。凡士曾與所死之士共過事，就可以幫助動手小斂、大斂，參加了斂事，那就要爲之停食一頓。凡是爲死者入斂，不論死者貴賤，都由六個人動手去做。

　　君錦冒，黼殺，〔一〕綴旁七。大夫玄冒，黼殺，綴旁五。士緇冒，赬殺，〔二〕綴旁三。凡冒，質長與手齊，殺三尺。自小斂以往用夷衾，夷衾質殺之裁猶冒也。

【注釋】

〔一〕黼：音府。　殺：音曬。　　〔二〕赬：音稱。

【譯解】

　　死者咽氣那天，爲死者沐浴、飯含、穿衣後，就用兩個特製的囊把尸體套上，一個從頭往下套，一個從脚往上套，兩個囊口在臂下相接，就用囊口的綴帶繫牢。上囊叫質，也叫冒，下囊叫殺，冒又是質殺的合稱。國君用的上囊是彩色絲帛做的，下囊上畫着黑白相間的斧形花紋，兩囊邊口各有七條綴帶。大夫用的上囊是天青色的絹帛做的，下囊上也有黑白相間的斧形花紋，兩囊邊口各有五條綴帶。士用的上囊是黑色絹帛做的，下囊是紅色的，兩囊邊口各有三條綴帶。凡韜尸所用之冒，上囊的長度，依死者身長而定，囊底兜住頭頂，囊的邊口要與兩手垂下的地方相齊；而下囊一律長三尺。從小斂以後覆蓋尸體的“夷衾”，雖然是被子的形製，但其長度以及上部、下部用的材料、顔色、花紋都是和質殺相似的。

君將大斂，子弁絰，即位于序端；卿大夫即位于堂
廉，楹西，北面東上；父兄堂下北面；夫人、命婦尸西，
東面；外宗房中，南面。小臣鋪席，商祝鋪絞、紟、衾、
衣。士盥于盤上。士舉遷尸于斂上。卒斂，宰告，子馮
之踊，〔一〕夫人東面亦如之。

【注釋】

〔一〕馮：音平。下同。

【譯解】

　　將爲國君舉行大斂，世子頭戴上加麻絰的素弁，站立在堂上
東序的南頭，面向西；卿大夫們即位於堂上南邊，北當東楹之西，
面向北，以東爲上；父輩兄輩站在堂下，面向北；國君夫人、命
婦站在兩楹間停尸牀之西，面向東；國君外親的女婦們站在西房
之中，面向南。由小臣在堂上東序前、南當阼階的主位上鋪席，
由熟習商禮的喪祝順照次序鋪好束帶、單被、袷被、衣裳，士六
人先在盤上沃水洗手，然後從兩楹之間的牀上，將日前已經包裹
紮束的尸體，抬起東行，移到阼位上剛剛鋪妥的衣衾之上，仍然
南首。包裹紮束完畢，太宰報告世子，世子面朝西憑着包束的尸
包的當胸處哭踊，國君夫人也走上前來仍然面向東的憑尸哭踊。
哭踊後，就將尸包抬入棺中。

大夫之喪，將大斂，既鋪絞、紟、衾、衣，君至，
主人迎，先入門右，〔一〕巫止于門外。君釋菜。祝先入，升

堂。君即位于序端，卿大夫即位于堂廉，楹西，北面東上，主人房外南面，主婦尸西東面。遷尸。卒斂，宰告，主人降，北面于堂下。君撫之，主人拜稽顙。君降，升主人馮之，命主婦馮之。

【注釋】

〔一〕先入門右：<u>七經孟子考文</u>云：“古本無‘門’字。”<u>王引之</u>謂古本無“門”字爲是。

【譯解】

　　大夫之喪，將舉行大斂，鋪上束帶、單被、被子、衣裳之際，國君到來。主人即大夫的嗣子，就出大門外迎接。之後，主人先入，立於門東。陪護國君前來的男巫就停留在大門外。國君入大門之前，先行釋菜禮，就是用水芹、水藻禮敬門神。禮中規定，除非探病、弔喪，國君不得擅入諸臣之家；有事來臣家，必先禮敬門神。禮畢，祝在前引導國君進入，自阼階升堂，站立在東序的南端，面向西。卿大夫們即位於堂上南側，北當東楹之西，面向北，以東爲上。主人站立在東房戶外，面向南。主婦站立在兩楹間停着尸體的木牀之西，面向東。喪祝們將尸體遷移到東序前所鋪的衣衾之上。包裹紮束完畢，家宰向主人報告，主人自西階降堂，東行至阼階前，面向北的站在堂下。國君撫尸，主人在堂下拜謝磕頭。國君從阼階下堂，命主人升堂憑尸而哭，以盡人子之哀情，並命主婦憑尸而哭。

　　士之喪，將大斂，君不在，其餘禮猶大夫也。

【譯解】

　　士之喪，將進行大斂，若國君不親臨視斂，主人自當站在東

序南端，其餘鋪放衣衾、主婦及卿大夫等立位都猶如大夫大斂的
儀節。

　　鋪絞紟踊，鋪衾踊，鋪衣踊，遷尸踊，斂衣踊，斂
衾踊，斂絞紟踊。

【譯解】

　　爲父母進行小斂、大斂，鋪束帶、被單時孝子們要哭踊，鋪
衣裳時要哭踊，往衣衾上遷尸時要哭踊。包裹衣裳時要哭踊，包
裹被子時要哭踊，包裹被單、綑紮束帶時也要哭踊。

　　君撫大夫，撫內命婦。大夫撫室老，撫姪、娣。[一]
君、大夫馮父、母、妻、長子，不馮庶子。士馮父、母、
妻、長子、庶子；庶子有子，則父母不馮其尸。凡馮尸
者，父、母先，妻、子後。君於臣撫之，父母於子執之。
子於父母馮之，婦於舅姑奉之，[二]舅姑於婦撫之，妻於夫
拘之，夫於妻、於昆弟執之。馮尸不當君所。凡馮尸，
興必踊。

【注釋】

〔一〕娣：音弟。　　〔二〕奉：同捧。

【譯解】

　　小斂或大斂綑紮完畢，親屬都要馮尸、撫尸致哀。馮尸是手
抱尸體而上身俯在尸胸處，撫尸是手按尸的胸口處，馮重於撫。
國君撫大夫，撫內命婦即有爵位的妃嬪。大夫撫其家相，撫其貴
妾。國君、大夫馮父、母、正妻、長子，不馮其餘衆子。士馮父、

母、正妻、長子、庶子。這裏的庶子，不單指姬妾所生之子，包括除嫡長子外的其餘衆子。如果某個死去的庶子已有兒子，那麼身份爲士的父母就不憑其尸身。凡憑尸，一定要死者的父母先憑，死者的妻子、兒女後憑。國君對於他死去的臣，用手撫按尸身胸口之處。父母對於死去的兒子，憑尸時手執其胸口處。兒子對於死去父母，要上身俯在死者胸口處。兒媳婦對於死去的公婆，要雙手捧着尸身胸口處。公婆對於死去的兒媳婦，要撫按其胸口處。妻子對於死去的丈夫，要牽扯尸身胸口處。男子對於死去的妻子、兄弟，要手執尸身胸口處。國君撫臣尸後，死者親屬憑尸時要稍避開國君所撫之處。凡憑尸必定要跪坐地上俯身憑哭，站起後必定要哭踊。按：小斂以前即已爲死者穿衣裝進囊中，小斂時又將尸身用衣衾層層包裹，那麼所謂憑尸、撫尸，只是當其胸口之處憑撫而已，執、奉、拘等動作亦然。

父母之喪，居倚廬，不塗，寢苫枕凷，[一]非喪事不言。君爲廬，宮之，大夫士襢之。[二]既葬，柱楣，[三]塗廬，不於顯者。君、大夫、士皆宮之。

【注釋】

〔一〕苫：音山。　枕：動詞，音震。　凷：同塊。

〔二〕襢：音坦，同袒。　　〔三〕柱：動詞，音主，通拄。

【譯解】

父母之喪，孝子守喪必居倚廬，倚廬不塗泥，睡在草墊上，枕着土塊，除非處置喪事是不說話的。所謂倚廬，就是在殯宮門外東墻上斜倚幾根椽木，另用一木南北向橫放地上。將幾根椽木觸地一端牢縛於橫木，斜頂與兩側都用草遮蓋，北側開戶。嗣君爲先君守喪之廬，另用帷幕圍起；而大夫、士的倚廬就顯露，不另施圍障。死者埋葬後，孝子守喪之廬就略加改善，將地上橫木兩端用木柱支起，上頂及三側用草木遮蔽，西面開户，都從裏面塗泥，泥不塗在明面上。此時大夫、士也可以在廬外加施圍障。

凡非適子者，[一]自未葬，以於隱者爲廬。

【注釋】

〔一〕適：音笛，通嫡。

【譯解】

凡非死者正妻所生之子，從死者入棺停殯時，就在殯宮門外東南隱蔽之處做倚廬守喪，不欲令人矚目。

既葬，與人立，君言王事，不言國事；大夫士言公事，不言家事。

【譯解】

父母入葬後，孝子雖然可以與別人一起站立説話，不過，國君只該談天子的政事，不該談本國的政事；大夫、士只該談國事，而不該談自己的家事。

君既葬，王政入於國，既卒哭而服王事。大夫士既葬，公政入於家；既卒哭，弁、絰、帶，金革之事無辟也。[一]

【注釋】

〔一〕辟：音必，通避。

【譯解】

國君埋葬後，天子的政令可以下達於其國；卒哭祭後，嗣君就該服行天子頒布的政事。大夫、士爲父母下葬後，國君的政令可以進入其家；卒哭祭後，雖然頭戴喪弁喪冠，上纏葛絰，腰束葛帶，尚有喪服在身，但遇到戰爭，是不得逃避兵役的。

既練，居堊室，^{〔一〕}不與人居，君謀國政，大夫士謀家事。既祥，黝堊。^{〔二〕}祥而外無哭者，禫而內無哭者，^{〔三〕}樂作矣故也。^{〔四〕}禫而從御，吉祭而復寢。

【注釋】

〔一〕堊：音餓。　　〔二〕黝：音友。　　〔三〕禫：音坦。

〔四〕樂：音岳。

【譯解】

爲父母服喪滿十三個月舉行練祭之後，就改倚廬爲堊室，即用磚坯壘成不加塗飾之室，不與人同住。此時，國君可以謀劃國事，大夫、士可以謀劃家事。滿二十五個月舉行祥祭，之後就翻修殯宮地面使成黑色，粉刷殯宮牆壁使成白色。滿二十七個月舉行禫祭即除服祭禮。祥祭以後，孝子搬進正寢即原殯宮，門外再沒有哭的人了。禫祭以後，寢門內也沒有哭泣的人了，因爲這時可以奏樂了。主人行過禫祭後，就可以到燕寢和婦女過夜；禫祭後又在家廟行過季節性的吉祭，就可以搬離正寢即原殯宮，回到自己寢室去住了。

期，^{〔一〕}居廬，終喪不御於內者，父在爲母、爲妻。齊衰期者，^{〔二〕}大功布衰九月者，皆三月不御於內。

【注釋】

〔一〕期：音基。下同。　　〔二〕齊：音資。　衰：音崔。

【譯解】

　　服齊衰周年而守喪在倚廬之中，並且一直到終喪也不到內宅和婦女過夜的，只有兩種服例是這樣的：一是父親健在，兒子爲母親服齊衰周年，二是丈夫爲其正妻服齊衰周年。爲其他親屬服齊衰周年的，或服大功布衰九月的，都是頭三個月不到內宅和婦女過夜。

　　婦人不居廬，不寢苫；喪父母，既練而歸；期、九月者，既葬而歸。

【譯解】

　　婦女體弱，爲父母、丈夫居喪，不住倚廬，不睡草墊。已嫁婦女得到父母去世的噩耗，就回娘家奔喪，舉行過練祭即周年祭再回婆家。遇上娘家親屬齊衰周年、大功九月之喪，也去奔喪，三月停殯期滿，送葬以後就回婆家。

　　公之喪，大夫俟練，士卒哭而歸。

【譯解】

　　遇到國君之喪，做臣的也要守喪，異姓大夫等到練祭後回家；異姓之士等到卒哭祭後回家。

　　大夫士，父母之喪既練而歸，朔月、忌日則歸哭于宗室；諸父、兄弟之喪，既卒哭而歸。

【譯解】

　　禮中規定，命士以上，父子異宮而居。身爲大夫或士的庶子，遭遇父親或母親之喪，就在父母的殯宮門外的喪次中守喪，及至練祭之後再回自家去住。此後每逢初一、十五與父母忌日，仍然回到宗子即父母的嫡長子家中去哭悼。爲伯父、叔父、兄弟居喪，及至卒哭祭後就可以回歸自家。

　　父不次於子，兄不次於弟。

【譯解】

　　庶子之喪，做父親的不在其殯宮門外搭蓋喪次去住宿守喪；弟弟之喪，做兄長的不在其殯宮門外搭蓋喪次去住宿守喪。此喪次指堊室而言。

　　君於大夫、世婦，大斂焉；爲之賜，[一]則小斂焉。於外命婦，既加蓋而君至。於士，既殯而往；爲之賜，大斂焉。夫人於世婦，大斂焉；爲之賜，小斂焉。於諸妻，爲之賜，大斂焉。於大夫、外命婦，既殯而往。

【注釋】

〔一〕爲：音魏。下同。

【譯解】

　　國君對於死去的大夫、死去的内命婦，參加其大斂，出於特恩，就參加其小斂；對於死去的外命婦，要在大斂入棺加上棺蓋之後，國君才來到；對於士，要在靈柩塗泥停殯之後，國君才前往，出於特恩，國君才去參加士的大斂。國君夫人對於死去的内命婦，參加她的大斂，出自特恩，就參加其小斂；對於國君的御

妻，出於特恩，參加其大斂；對大夫、外命婦，要在靈柩塗泥停
殯後，國君夫人才前往。

　　大夫士既殯而君往焉，使人戒之。主人具殷奠之禮，
俟于門外，見馬首，先入門右。巫止于門外，祝代之先。
君釋菜于門內。祝先，升自阼階，負墉南面。[一]君即位于
阼，小臣二人執戈立于前，二人立于後。擯者進，[二]主人
拜稽顙。君稱言，視祝而踊，主人踊。大夫則奠可也。
士則出俟于門外，命之反奠，[三]乃反奠。卒奠，主人先俟
于門外。君退，主人送于門外，拜稽顙。
【注釋】
〔一〕墉：音庸。　　　〔二〕擯：音鬢。　　　〔三〕反：通返。
【譯解】
　　大夫、士大殮入棺之後，國君欲前往致哀，先要派人告知。
主人爲死者準備好帶有牲體的盛奠，然後親到大門外候駕。主人
看見國君乘車的馬頭時，自己就先進入大門之內，立於右側——
門東。陪同國君前來的男巫停留在門外。由喪祝替代男巫先行導
引。國君在大門內放置水芹、水藻禮敬門神。喪祝先自殯宮阼階
升堂，徑直走到東房房戶之東，背墻而立，面向南。國君從阼階
升堂，在東序前、南當阼階的主位上即位，面向西。小臣二人執
戈立在國君身前左右，另二人執戈立在國君身後左右。喪家的贊
禮人進前，贊導主人行禮，主人在堂下阼階前面向北跪拜磕頭。
國君稱舉弔唁之辭，喪祝先哭踊，國君視祝哭踊畢，隨即哭踊，
最後主人哭踊於堂下。如果喪家是大夫階級，此時就可以使人到
堂上室中西墻下設席位，爲死者設下奠品；如果喪家是士階級，

此時主人就不敢留君待奠，而先自出立於殯宮門外，恭候國君離去。國君使人傳命，命主人回來爲死者設奠，於是主人遵命回來設奠。設奠完畢，主人又先自出立於殯宮門外。國君退出，主人送至大門之外，跪拜磕頭。

君於大夫疾，三問之；在殯，三往焉。士疾，壹問之；在殯，壹往焉。

【譯解】

國君對於患病的大夫，要去探視三次；大夫死了，在停殯期間，國君要去致哀三次。國君對於患病的士，要去探問一次；士死了，停殯期間，國君也要去致哀一次。

君弔，則復殯服。

【譯解】

大夫、士死的當天就沐浴、飯含、穿衣。除死日不算，死後第一天小斂，第二天大斂，第三天成服。所謂成服，就是死者親屬在大斂的翌日穿上正式喪服，喪禮中稱之爲“三日成服”。如果國君在大夫或士的小斂、大斂期間因故未能前來弔喪，在停殯後而且主人已經穿上了正式喪服的時候才來弔喪，主人爲尊重國君親來弔喪，就特意恢復入斂裝棺之際尚未成服的裝束，即腦後額頭兜住白布條，身穿深衣。

夫人弔於大夫士，主人出迎于門外，見馬首，先入門右。夫人入，升堂即位，主婦降自西階，拜稽顙于下。夫人視世子而踊，奠如君至之禮。夫人退，主婦送于門內，拜稽顙，主人送于大門之外，不拜。

【譯解】

　　大夫、士停殯之後，國君夫人前往弔喪，先派人告知，主人出迎於門外，主人看見國君夫人乘車的馬頭，就先進入大門，立於門內之東側來恭候。國君夫人在世子的陪同下，進入大門，進入殯宮門，從阼階升堂，站立在東序前、南當阼階的主位上。主婦由西階下堂東行，來到阼階之前，跪拜磕頭於堂下。陪同而來的世子，先已在堂上東房房戶之東背牆面向南站立，國君夫人看見世子哭踊後，隨即哭踊，然後主婦哭踊於堂下。此時喪家設奠之法，也如同上文所記國君到來設奠之禮，視喪家的階級而異。國君夫人退出，主婦送至殯宮門內，跪拜磕頭；主人送出大門之外，不拜，因爲剛才主婦已拜過了。

　　大夫君，不迎于門外，入即位于堂下。主人北面，衆主人南面，婦人即位于房中。若有君命，命夫、命婦之命，四鄰賓客，其君後主人而拜。

【譯解】

　　凡有邑地臣民的即爲君。大夫對其家臣而言，爲大夫君。死去的家臣已入棺停殯，大夫君到來，喪家主人不迎於門外。大夫君進入殯宮，即位於堂下阼階之前，面向西。主人即死者之長子站在大夫君的左前方，面向北；衆主人在堂基之東，南端，面向南而立；婦人在堂上房中就位，面向南。倘若此時有使人奉國君之命前來弔問，或秉命夫、命婦之命前來弔問，或四鄰賓客來弔問，大夫君就命主人陪其後而自己代表主人拜謝。

君弔，見尸、柩而後踊。

【譯解】

國君去大夫、士之家弔喪，見到堂上大斂前的停尸或大斂後的靈柩而後哭踊。

大夫士若君不戒而往，不具殷奠，君退必奠。

【譯解】

大夫、士死後停殯期間，倘若國君未派人預告就前來致哀，喪家自然不能爲死者具備帶有牲體的豐盛奠品。國君走後，喪家必設奠稟告死者。

君大棺八寸，屬六寸，〔一〕椑四寸。〔二〕上大夫大棺八寸，屬六寸。下大夫大棺六寸，屬四寸。士棺六寸。君裏棺用朱、綠，〔三〕用雜金鐕。〔四〕大夫裏棺用玄、綠，用牛骨鐕。士不綠。

【注釋】

〔一〕屬：音主。下同。　　〔二〕椑：音必。　　〔三〕綠：段玉裁云："綠爲誤字，古本作祿。"下同。祿音弔。

〔四〕鐕：音簪。

【譯解】

國君的棺材有三層，外層大棺厚八寸，中層屬棺厚六寸，內層椑棺厚四寸。大夫的棺材有兩層：上大夫的大棺厚八寸，屬棺厚六寸；下大夫的大棺厚六寸，屬棺厚四寸。士只有大棺，厚六寸。國君的內棺用紅綢祿裏，釘上各色金屬釘；大夫的內棺用玄色綢子祿裏，釘上牛骨釘；士的棺材不祿裏。

君蓋用漆，三衽三束。大夫蓋用漆，二衽二束。士蓋不用漆，二衽二束。

【譯解】

國君的棺材加蓋時，棺蓋與棺口交合處都刷上漆，蓋嚴後又刷漆塗縫。衽是使棺蓋與棺口牢固聯結的木楔，兩頭寬，中間稍窄，呈Ⅹ形；先分別在棺蓋與棺口各刻上半槽，加蓋後就成爲完整的衽槽，將衽嵌牢在衽槽中，塗上漆。國君的棺材上蓋與棺口吻合的左右兩側，各有距離勻稱的三個衽，共六個衽，而六衽也兩兩對稱。鑲妥六衽，然後又用三根長牛皮條分別壓在兩側衽上，兜底綑束棺身。大夫的棺材加蓋前後也用漆，棺木兩側接口後各有二衽，也兩兩對稱，用兩根長牛皮條壓衽牢束棺身。士的棺材加蓋時不用漆，也是兩側各嵌二衽，用兩根長牛皮條分別左右壓衽紮束棺身。

君、大夫鬊爪實于綠中，[一]土埋之。

【注釋】

〔一〕鬊：音順。　綠：鄭玄云：“綠當爲角，聲之誤也。”按：角，古音祿。

【譯解】

國君、大夫死後，爲之沐浴，剪指甲、趾甲，梳洗下的亂髮及剪下的指甲、趾甲，裝在小布袋內，放在棺中角落。士的亂髮、指甲、趾甲就埋在堂下兩階間臨時挖掘的小坑中。

君殯用輴，[一]欑至于上，[二]畢塗屋。大夫殯以幬，[三]欑置于西序，塗不暨于棺。[四]士殯見衽，[五]塗上。帷之。

【注釋】

〔一〕輴：音春。　　〔二〕欑：竄的陽平聲，同攢。

〔三〕幬：音道。　　〔四〕塈：音既。　　〔五〕見：現的
本字。

【譯解】

　　停柩叫做殯。國君、大夫、士大斂裝棺後，都將靈柩停在殯宮堂上西序前、南當西階之處。停殯數月後才出殯埋葬。國君的靈柩放在載柩車上，頭朝南的停在堂上西序前，四面積壘長方木頭，至上部壘成屋頂形狀，全部用泥塗封起來，以防火災。大夫的靈柩覆蓋着被巾，也放在西序牆下，東南北三面壘積長短方木，到棺上鋪平，然後塗泥，泥不沾及棺木。士殯，先在堂上西序前挖掘可容棺材的淺坑，將靈柩頭南足北的放進淺坑，棺蓋與棺口的接榫露出地面，也壘積長方木材，並加以泥封。由於鬼神尚幽暗，無事時，停殯都圍上帳幔。

　　熬，君四種八筐，大夫三種六筐，士二種四筐，加魚、腊焉。〔一〕

【注釋】

〔一〕腊：音西。

【譯解】

　　熬就是炒熟的糧食粒。停殯後，殯側放幾筐炒熟的糧食。國君的殯側安放炒熟的黍子、糜子、黃粱、稻子四種糧食，每種兩筐，共八筐。大夫的殯側放炒熟的黍子、糜子、黃粱三種糧食，每種兩筐，共六筐。士的殯側放炒熟的黍子、糜子兩種糧食，每種兩筐，共四筐。每筐上都再放些魚和乾肉。爲什麼殯側放幾筐

炒糧並且加上魚和乾肉呢？<u>東漢</u>經師<u>鄭玄</u>説，用糧香和魚肉腥氣吸引蟲蟻，爲了使之不去接近棺柩，侵蝕尸體。<u>元代</u>學者<u>敖君善</u>則認爲殯側放糧食魚肉，也是對死者表示愛敬的奠品。

飾棺，君龍帷，三池，振容，黼荒，火三列，黻三列，素錦褚，〔一〕加僞荒，〔二〕纁紐六，〔三〕齊五采，五貝，黼翣二，〔四〕黻翣二，畫翣二，皆戴圭，魚躍拂池。君纁戴六，纁披六。〔五〕大夫畫帷，二池，不振容，畫荒，火三列，黻三列，素錦褚，纁紐二，玄紐二，齊三采，三貝，黻翣二，畫翣二，皆戴綏，〔六〕魚躍拂池。大夫戴前纁後玄，披亦如之。士布帷，布荒，一池，揄絞，〔七〕纁紐二，緇紐二，齊三采，一貝，畫翣二，皆戴綏。士戴前纁後緇，二披，用纁。

【注釋】

〔一〕褚：音煮。　　〔二〕僞：<u>鄭玄</u>云：“僞當爲帷，聲之誤也。”　　〔三〕纁：音薰。　　〔四〕翣：音霎。

〔五〕披：音必。　　〔六〕綏：<u>鄭玄</u>云：“綏當爲緌。”緌音蕤。

〔七〕揄：音姚。

【譯解】

國君、大夫、士出葬時，棺材都加上裝飾。主要是用棺罩將棺材罩起來。棺罩是用木料做骨架，上頂和四周釘附着帷幔。上頂叫做荒，四周叫做帷。荒中央安設一個彩綢縫合的瓜狀圓頂，叫做齊。棺罩象徵宮室，荒的邊緣橫懸着象徵接屋簷雨水的承霤，叫做池。池是半筒形的長槽，用竹條編架，外面附上青布。池下懸掛畫着山雞圖案的幡狀絲帛，叫做振容，靈車行走振容就飄動。
國君用的是畫龍的帷；荒的前面、左右兩側各橫懸一池，池下掛
着振容；緣邊畫着斧形花紋的荒，中間還畫着三行火形花紋。三
行弜形花紋；棺罩內靈柩外另覆罩一個素錦製的小屋，也有荒有
帷；用以連結荒和帷的赤黃色紐帶，六條；齊用五色絲帛縫製，
五串貝殼交絡其上；畫有斧形花紋的翣扇兩把，畫有弜形花紋的
翣扇兩把，畫有雲氣花紋的翣扇兩把，翣扇的兩角都附上圭玉，
翣形似扇，用木條做框，張上白布，翣寬三尺，高二尺四寸，兩
角方，柄長五尺，行路以障靈車，入葬以障靈柩；池下懸掛銅魚，
靈車走動，銅魚就跳躍拂池；用以連結牢繫棺束和棺罩木架的赤
黃色紐帶，六條，左右各三條。用以一端牢繫帷內赤黃紐帶，其
餘伸出帷外兩側，供人牽掣以防靈車傾覆的赤黃披帶，六條，左
右各三條。　　大夫用的是畫雲氣的帷；荒的前後各有一池，池下
不掛振容；緣邊畫着雲氣的荒，中間也畫着三行火形花紋，三行
弜形花紋；棺罩內靈柩外也覆罩素錦小屋；赤黃色紐帶兩條，天
青色紐帶兩條；齊用三色絲帛縫製，上絡三串貝殼；弜形花紋的
翣扇兩把，雲氣花紋的翣扇兩把，翣扇的兩角都插上彩色羽毛；
池下都有銅魚躍動拂池的裝飾；牢繫棺束與棺罩木架的紐帶，前
面兩條是赤黃色的，後面兩條是天青色的；車帷兩側供人牽掣用
的披帶，左右各兩條，前後顏色猶如紐帶，也是前赤黃，後天
青。　　士用的是白色布帷、白色布荒，只是荒的前面橫懸一池，
池下掛着畫山雞的長帛；赤黃色的紐帶左右各一，在前，黑色的
紐帶左右各一，在後；齊用三色絲帛縫製，上絡一串貝殼；畫着
雲氣花紋的翣扇兩把，兩角都插上彩色羽毛；連結牢繫棺束與棺
罩的紐帶，前邊兩條是赤黃色的，後邊兩條是黑色的；供人制約

靈車以防傾倒的長披，左右各兩條，都是赤黃色的。

君葬用輴，[一]四綍，[二]二碑，御棺用羽葆。大夫葬用輴，[三]二綍，二碑，御棺用茅。士葬用國車，二綍，無碑，比出宮，[四]御棺用功布。

【注釋】

〔一〕輴：音春。　　〔二〕綍：音符，同紼。　　〔三〕大夫葬用輴：鄭玄云："輴當爲輇，聲之誤也。"輇音全。

〔四〕比：音必。

【譯解】

　　國君出葬時，用輴車裝載靈柩；下棺時，用四條大繩，兩座安裝着轆轤的木碑；指揮靈車進止用羽葆，羽葆是種儀仗，木柄上端牢縛一束山雞尾毛。大夫出葬時，用輇車裝載靈柩；下棺時，用兩條大繩，兩座安裝着轆轤的木碑；指揮靈車進止用茅，即木柄上端牢縛一束白茅。士出葬時，用國車裝載靈柩；下棺時，用兩條大繩，直接用手引繩下棺，沒有木碑；靈車出宮時，指揮靈車進止用塊大功布。按：輴車、輇車、國車都是載柩車，因死者身份不同，其載柩用車自有等級差異，從而異稱。大繩，出葬時縛在柩車兩側，供人挽引，此時叫做引。來到墓地，卸下靈柩，解下大繩，各將其一端牢縛棺木兩頭棺束，用以下棺，此時就叫做綍：因其場合及作用的不同而異名，其實是一件東西。

凡封，[一]用綍，去碑負引。君封以衡，大夫、士以咸。[二]君，命毋譁，以鼓封；大夫，命毋哭；士，哭者相止也。

【注釋】

〔一〕封：音貶。鄭玄云：“周禮作窆。”　　〔二〕咸：音兼。
鄭玄云：“咸讀爲緘。”

【譯解】

　　凡用綍和碑下棺入壙，人們都是在碑外背向碑負綍拉引。具
體做法是：分別將兩座木碑牢植墓坑上南北兩側，安上轆轤，將
綍繞過轆轤幾匝，各把綍的一頭繫住棺束，南北兩邊各有若干人
在碑外背碑負引大繩，在統一指揮下慢慢拉起鬆放，將靈柩放進
墓穴。凡是用碑下棺一般都是這樣。國君下棺時，先用大木橫貫
棺蓋上的三道棺束之下，兩綍分別牢縛木頭兩端；另兩綍分繫靈
柩東西兩側中央，若干人持手大繩配合南北兩側轆轤引放。大夫、
士下棺時，不用大木，兩條大繩各將一端直接繫在棺束。死者爲
國君，下棺時，命令不許喧嘩，用鼓點節制人們合力下棺；死者
爲大夫，下棺時，命令停哭；死者爲士，下棺時，死者親屬們互
相勸止號哭。

　　君松椁，〔一〕大夫柏椁，士雜木椁。棺椁之間，君容
枳，〔二〕大夫容壺，士容甒。〔三〕君裏椁、虞筐，〔四〕大夫不裏
椁，士不虞筐。

【注釋】

〔一〕椁：音果。　　〔二〕枳：音祝。　　〔三〕甒：音武。
〔四〕虞：音魚。　筐：通框。

【譯解】

　　下葬前，不但先要挖好墓坑，並且坑裏還要壘好棺外之椁。
國君用的是松木椁，大夫用的是柏木椁，士用的是雜木椁。棺椁

之間有一定距離，留一定空間。國君的棺椁之間要能容得狀如漆桶名叫柷的打擊樂器；大夫的棺椁之間要能容得名叫壺的較大的裝酒瓦器，士的棺椁之間要能容得名叫甒的略小的裝酒瓦器。國君的椁衶上襯裏，安上框子；大夫的椁安上框子，不加襯裏；士的椁既不衶襯裏，也不安框子。

祭法第二十三

祭法：有虞氏禘黃帝而郊嚳，〔一〕祖顓頊而宗堯。〔二〕夏后氏亦禘黃帝而郊鯀，〔三〕祖顓頊而宗禹。殷人禘嚳而郊冥，〔四〕祖契而宗湯。〔五〕周人禘嚳而郊稷，祖文王而宗武王。

【注釋】

〔一〕禘：音帝。　嚳：音庫。　　〔二〕顓：音專。　頊：音虛。　　〔三〕鯀：音滾。　　〔四〕冥：音明。

〔五〕契：音謝。

【譯解】

虞、夏、殷、周四代對祖先的祭法是：有虞氏禘禮時配以黃帝，而郊禮時配以帝嚳，廟祭當中以顓頊爲祖，而以堯爲宗；夏后氏禘禮時配以黃帝，而郊禮時配以鯀，廟祭當中以顓頊爲祖，而以禹爲宗；殷人禘禮時配以帝嚳，而郊禮時配以冥，廟祭當中以契爲祖，而以湯爲宗；周人禘禮時配以帝嚳，而郊禮時配以稷，廟祭當中以文王爲祖，而以武王爲宗。禘是祭天，郊是祭上帝。

祭天要用始祖之所自出即民族共祖來陪天享祭，祭上帝要用本族始祖來陪上帝享祭。祖即指本族創國開業的太祖，宗即本朝德高功大因而其廟永不遷毀的先君。

　　燔柴於泰壇，〔一〕祭天也。瘞埋於泰折，〔二〕祭地也。用騂犢。〔三〕埋少牢於泰昭，祭時也。相近於坎壇，祭寒暑也。王宮，祭日也。夜明，祭月也。幽宗，〔四〕祭星也。雩宗，〔五〕祭水旱也。四坎壇，祭四方也。山林、川谷、丘陵能出雲，爲風雨，見怪物，〔六〕皆曰神。有天下者祭百神。諸侯，在其地則祭之，亡其地則不祭。〔七〕

【注釋】

〔一〕燔：音凡。　　〔二〕瘞：音益。　　〔三〕騂：音星。

〔四〕幽宗：鄭玄云：“宗當爲禜，字之誤也。”禜音永。

〔五〕雩：音于。　宗：亦當爲禜。　　〔六〕見：現的本字。

〔七〕亡：音吳，通無。

【譯解】

　　在大而圓名叫泰壇的土壇上積柴，將玉和犧牲放上焚燒，這是祭天。在大而方叫泰折的土壇上掘坑，將玉和犧牲放入掩埋，這是祭地。犧牲是赤黃色的牛犢。在名叫泰昭的土壇上掘坑，掩埋一羊一豬，這是祭四時。那土坎、土壇互相接近的，是祭寒暑的所在。坎壇都是祭祀場所，坎是掘出來的，壇是堆起來的。名叫王宮的土壇，那是祭日用的。名叫夜明的土壇，那是祭月用的。名叫幽禜的土壇，那是祭星用的。名叫雩禜的土壇，那是用來祭水旱之災的。在四方分別挖坎、築壇，那是祭四方神用的。凡是山林川谷丘陵能够生出雲氣、興風降雨、顯現不尋常事物的，都可以稱之爲神。據有天下的天子才可以祭祀天地百神。而諸侯只能祭祀各自國境之内的神，不在其領地上的山林川谷丘陵等各種神靈，就不能擅自祭祀。

大凡生於天地之間者皆曰命，其萬物死皆曰折，人死曰鬼，此五代之所不變也。七代之所更立者，禘、郊、宗、祖，其餘不變也。

【譯解】

總的説來，凡是生存在天地之間的生物，都稱之爲“命”，萬物的死亡都稱之爲“折”，人死亡了就稱之爲“鬼”。這些名稱<u>唐</u>、<u>虞</u>、<u>夏</u>、<u>殷</u>、<u>周</u>五代是一直相承不變的。<u>顓頊</u>、<u>帝嚳</u>、<u>唐</u>、<u>虞</u>、<u>夏</u>、<u>殷</u>、<u>周</u>七代之所變更確立的，只是在禘郊大祭中改易了配享的始祖，宗廟裏改易了祭享的祖宗，其餘天地神祇的祭祀就都相沿不變。

天下有王，分地建國，置都立邑，設廟祧壇墠而祭之，[一]乃爲親疏多少之數。是故王立七廟、一壇、一墠。曰考廟，曰王考廟，曰皇考廟，曰顯考廟，曰祖考廟，皆月祭之。遠廟爲祧，有二祧，享嘗乃止。去祧爲壇，去壇爲墠。壇、墠，有禱焉祭之，無禱乃止。去墠曰鬼。諸侯立五廟、一壇、一墠。曰考廟，曰王考廟，曰皇考廟，皆月祭之。顯考廟、祖考廟，享嘗乃止。去祖爲壇，去壇爲墠。壇、墠，有禱焉祭之，無禱乃止。去墠爲鬼。大夫立三廟、二壇。曰考廟，曰王考廟，曰皇考廟，享

嘗乃止。顯考、祖考無廟，有禱焉，爲壇祭之。去壇爲
鬼。適士二廟、一壇。〔二〕曰考廟，曰王考廟，享嘗乃止。
顯考無廟，〔三〕有禱焉，爲壇祭之。去壇爲鬼。官師一廟，
曰考廟。王考無廟而祭之。去王考爲鬼。庶士、庶人無
廟，死曰鬼。

【注釋】

〔一〕祧：音挑。　墠：音善。　　〔二〕適：音笛。
〔三〕顯考：鄭玄云：“當爲‘皇考’字之誤。”

【譯解】

天下有帝王統治，劃分土地，建國分封諸侯，又在王畿之内
與諸侯國中爲公卿大夫設置都邑，建設廟祧壇墠進行祭祀，規定
各個階級祭祖的遠近、廟壇多少的數目。天子建立五廟二祧共七
廟，另有一壇一墠。壇是聚土築成的，而墠只是整平的地面。五
廟由近及遠的次序是：一爲考廟即父廟，二爲王考廟即祖父廟，
三爲皇考廟即曾祖廟，四爲顯考廟即高祖廟，五爲祖考廟即始祖
廟，這五廟都是每月祭祀一次。遠祖廟爲祧，二祧是爲四親廟之
上的兩世而設，一爲高祖之父，一爲高祖之祖。二祧廟只是每季
度進行一次祭祀，春祭稱爲享，夏祭稱爲禘，秋季稱爲嘗，冬祭
稱爲蒸。比祧祭更遠的尚有壇祭，祭高祖的曾祖就是壇祭；比壇
祭還遠的尚有墠祭，祭高祖的高祖就是墠祭。壇墠之祭只是對這
兩位遠祖有所祈禱時，才在壇或墠行祭，沒有祈禱就不祭。比壇
墠受祭祖先更遠的祖先，就叫做鬼了。其神主放在石匣中，只是
遇到幾年一度的祫祭時，才把所有祖先的神主取出合祭。諸侯建
立五廟，另有一壇一墠。五廟中的考廟即父廟、王考廟即祖父廟、
皇考廟即曾祖廟，這三個廟都是每月祭祀一次。顯考廟即高祖廟、

祖考廟即始祖廟，這兩個廟都是每季度祭祀一次。而高祖之父祭
於壇，高祖之祖祭於墠，也是對他們有所祈禱就祭，沒有祈禱就
不祭。高祖之曾祖離開了墠祭，就名之爲鬼了。大夫建立三廟，
另設兩壇。三廟是考廟即父廟、王考廟即祖父廟、皇考廟即曾祖
廟，這三廟都是每季度各祭一次。高祖、始祖無廟，對他們有所
祈禱，才分別在壇上祭祀。高祖以上的祖先就離開了壇祭，名之
爲鬼了。嫡士即上士建立二廟一壇。二廟是考廟即父廟、王考廟
即祖父廟，只是每個季度各祭一次。曾祖沒有廟，對他有所祈禱，
就做個土壇祭祀他。高祖就離開了壇祭，名之爲鬼了。官師即中
士、下士，只許建立一廟，就是考廟，亦即父廟。王考即祖父雖
然無廟，却可在考廟中祭他。離開王考的輩分，到了皇考即曾祖
的輩分，就名之爲鬼了。庶人身份低賤不立廟，死即爲鬼，不祭，
可以按時在寢室中爲死者上點兒供。

　　王爲羣姓立社，[一]曰大社；王自爲立社，曰王社。諸
侯爲百姓立社，曰國社；諸侯自爲立社，曰侯社。大夫
以下成羣立社，曰置社。

【注釋】

〔一〕爲：音魏。下同。

【譯解】

　　社是祭祀土地神的所在。帝王爲天下各個族姓總立一社，叫
做大社；帝王爲自己立一個社，叫做王社。諸侯爲國内百姓總立
一社，叫做國社；諸侯爲自己立一個社，叫做侯社。大夫以下各
在其聚居的邑里設立一個社，叫做置社。

王爲羣姓立七祀，曰司命，曰中霤，[一]曰國門，曰國行，曰泰厲，曰户，曰竈；王自爲立七祀。諸侯爲國立五祀，曰司命，曰中霤，曰國門，曰國行，曰公厲；諸侯自爲立五祀。大夫立三祀，曰族厲，曰門，曰行。適士立二祀，曰門，曰行。庶士、庶人立一祀，或立户，或立竈。

【注釋】

〔一〕霤：音六，通溜。

【譯解】

帝王爲天下各種族姓設立七種與人們生活起居密切相關的祭祀，一是督察小過的司命神，二是管堂室居處的中霤神，三是管出入國門的國門神，四是管道路交通的國行神，五是古代帝王没有後裔而好給人們製造禍害的厲鬼，名叫泰厲，六是户神，七是竈神；帝王爲自己也設立這七祀。諸侯爲他的國民設立五種與生活起居密切相關的祭祀，一是司命，二是中霤，三是國門，四是國行，五是古諸侯没有後代的厲鬼——公厲；諸侯爲自己也設立這五祀。大夫設立三祀，一是大夫無後者的厲鬼——族厲，二是門神，三是行神。嫡士即上士設立二祀，一是門神，二是行神。庶士及庶人的家中只立一祀，有的立户神，有的立竈神。

王下祭殤五：適子、適孫、適曾孫、適玄孫、適來孫。[一]諸侯下祭三，大夫下祭二，適士及庶人祭子而止。

【注釋】

〔一〕適：音笛，通嫡。下同。

【譯解】

　　帝王下祭其五世夭亡的嫡系子孫：嫡子、嫡孫、嫡曾孫、嫡玄孫、嫡來孫。諸侯下祭其三世夭亡的嫡系子孫：嫡子、嫡孫、嫡曾孫。大夫下祭其兩世夭亡的嫡系子孫：嫡子、嫡孫。上士以及庶人只祭其夭亡的嫡子而已。由此可知，各個階級都極重視血緣正統，而重視程度因社會地位高低而有所差異。

　　夫聖王之制祭祀也，〔一〕法施於民則祀之，以死勤事則祀之，以勞定國則祀之，能禦大菑則祀之，〔二〕能捍大患則祀之。是故厲山氏之有天下也，其子曰農，能殖百穀。夏之衰也，周弃繼之，故祀以爲稷。共工氏之霸九州也，〔三〕其子曰后土，能平九州，故祀以爲社。帝嚳能序星辰以著衆，堯能賞均刑法以義終，舜勤衆事而野死，鯀鄣鴻水而殛死，〔四〕禹能脩鯀之功，黃帝正名百物以明民共財，顓頊能脩之，契爲司徒而民成，冥勤其官而水死，湯以寬治民而除其虐，文王以文治，武王以武功去民之菑，此皆有功烈於民者也。及夫日月星辰，〔五〕民所瞻仰也，山林、川谷、丘陵，民所取財用也。非此族也，不在祀典。

【注釋】

〔一〕夫：音扶。　　〔二〕菑：同灾。　　〔三〕共：音公。

〔四〕鄣：障的本字。　殛：音極。　　〔五〕夫：音扶。

【譯解】

　　聖明帝王規定祭祀對象，有下列標準：其良政善法施行於人

民的，就祭祀他；效死盡力於國家事業的，就祭祀他；勞苦卓絕
的定國安邦者，就祭祀他；能抵禦重大災害的，就祭祀他；能捍
衛人民、解除大禍的，就祭祀他。因此，厲山氏統治天下的時候，
他的兒子名叫農，能夠種植並豐產各種穀物，及至夏代衰亡，周
人名弃的繼續大興農業，所以後世聖王祭祀稷神亦即穀神時，就
將農和弃的神主來配享；共工氏稱霸九州的時候，他的兒子名叫
后土，能夠掌握九州各種土壤的性能，人民從而受益，所以後世
聖王祭祀社神亦即地神時，就用后土的神主來配享。還有，帝嚳
能夠根據星辰位置，排列節候，昭示人民，從而勞作不失時機；
堯能公平的賞功罰罪，又讓位給舜，將傳位大事做出正義的了結；
舜服勤公衆事業而死在蒼梧之野；鯀爲堵塞洪水失敗，被流放而
死，禹能夠繼修父業而取得成功；黃帝爲各種事物規定名分、制
度，借以彰明人民的地位、職責，共同開發和享受大地財富，顓
頊能夠又給以增修發展；契作爲舜的司徒，對民衆的教導獲得成
功；冥勤奮的擔任水利長官而以身殉職；湯用寬厚政策來治理人
民，並清除了夏桀的暴虐政令；周文王用文教治國，周武王伐紂，
用武功去掉了人民的禍害。這都是對人民有着豐功偉績的人。至
於日月星辰，是人民所日常瞻視仰賴的天體，山林川谷丘陵，是
人民獲取生活資料的地方，自然都應該進行祭祀。凡不屬於這類
的事物，就不能列在祭典之中了。

祭義第二十四

　　祭不欲數，〔一〕數則煩，煩則不敬。祭不欲疏，疏則怠，怠則忘。是故君子合諸天道，春禘秋嘗。〔二〕霜露既降，〔三〕君子履之，必有悽愴之心，〔四〕非其寒之謂也。春雨露既濡，〔五〕君子履之，必有怵惕之心，〔六〕如將見之。樂以迎來，〔七〕哀以送往，故禘有樂而嘗無樂。

【注釋】

〔一〕數：音朔。　　〔二〕禘：音帝。　　〔三〕霜露：鄭玄謂二字上脫"秋"字。　　〔四〕愴：音創。　　〔五〕濡：音儒。　　〔六〕怵：音處。　　〔七〕樂：音岳。下同。

【譯解】

　　祭祀不要次數頻繁，頻繁就顯得煩擾了，煩擾就是對神靈不恭敬了。祭祀也不要次數稀疏，稀疏就顯得怠慢了，怠慢就是對神靈遺忘了。遺忘與不敬是最爲悖禮的行爲。所以君子配合天地四時的變化而行祭，譬如春季舉行禘禮，秋季舉行嘗禮。秋天，霜露降臨大地之後，君子走在上面，必然有一種悽涼悲愴的心情，這不是指感到寒意說的。春天，雨露濕潤大地之後，君子走在上面，必然有一種震驚的心情，萬物復甦，好像將要見到逝去的親人。以歡樂的心情迎接親人的到來，以悲哀的心情送走親人的長往，所以春天的禘祭有音樂，而秋天的嘗祭没有音樂。

　　致齊於内，[一]散齊於外。齊之日，思其居處，思其笑語，思其志意，思其所樂，[二]思其所嗜。齊三日，乃見其所爲齊者。[三]

【注釋】

〔一〕齊：通齋。　　　〔二〕樂：音勒。　　　〔三〕爲：音魏。

【譯解】

　　爲了至誠至敬的進行祭祀，主人事前必須獨處一室，從生活上心理上做出充分的準備，這就是齋。齋十天，其中散齋七天，致齋三天。散齋着重檢束生活，比如不弔喪，不娛樂，不和女人過夜等等，致齋着重於齊一心志。致齋可在内宅進行，散齋可在外舍進行。致齋的日子裏，要時刻思念着死者在世時的生活起居，思念着他的談笑，思念着他的心意，思念着他的喜愛，思念着他的嗜好。致齋三天，心目中就能浮現出所爲之致齋者的形象。

　　祭之日，入室，僾然必有見乎其位；[一]周還出户，[二]肅然必有聞乎其容聲；出户而聽，愾然必有聞乎其歎息之聲。[三]是故先王之孝也，色不忘乎目，聲不絕乎耳，心志嗜欲不忘乎心。致愛則存，致慤則著。[四]著存不忘乎心，夫安得不敬乎！[五]

【注釋】

〔一〕僾：音愛。　　〔二〕還：音玄，同旋。　　〔三〕愾：開的去聲。　　〔四〕慤：音確。　　〔五〕夫：音扶。

【譯解】

　　經過散齋、致齋，祭祀的那天，當主人進入廟堂室中的時候，隱約地必定見到了親人安處在神位上；當主人轉身走出室戶的時候，肅穆地必定聞見了親人的音容；主人出戶而聆聽，傷感地必定聽到了親人的歎息之聲。所以，往昔帝王對已逝雙親的孝心是，父母的容顏永不從眼中消失，他們的聲音永不從耳中斷絕，他們的心意和嗜好永不從心中遺忘。由於極為熱愛，雙親就永遠存活在心中；由於極為摯誠，雙親的形象就永遠顯著。顯著的形象、生存的風貌在心目中永不淡忘，那怎能對他們不恭敬呢？

　　君子生則敬養，死則敬享，思終身弗辱也。君子有終身之喪，忌日之謂也。忌日不用，非不祥也，言夫日，〔一〕志有所至，而不敢盡其私也。

【注釋】

〔一〕夫：音扶。

【譯解】

　　君子對於父母，活着的時候就恭敬的奉養，死後的時候就誠敬的祭享，總考慮自己畢生不使父母蒙受恥辱。所謂君子有終生之喪，那就是指父母的忌日說的，因為每年都要遇到父母去世的那天。每逢父母忌日，就不去做別的事情，倒並非因為那天不吉利，而是說那天自己的心思有所專注，深切地懷念父母，而不敢也沒有心思去辦個人事情。

　　唯聖人爲能饗帝，孝子爲能饗親。饗者鄉也，〔一〕鄉之然後能饗焉。是故孝子臨尸而不怍。〔二〕君牽牲，夫人奠盎；〔三〕君獻尸，夫人薦豆；卿大夫相君，〔四〕命婦相夫人。齊齊乎其敬也！愉愉乎其忠也！勿勿諸其欲其饗之也！

【注釋】

〔一〕鄉：音象，通嚮。　　〔二〕怍：音作。　　〔三〕盎：昂的去聲。　　〔四〕相：音象。

【譯解】

　　唯有聖人才能够真誠地祭饗上帝，唯有孝子才能够真誠地祭饗亡親。饗字有嚮的意思，誠心嚮往，一心歸嚮，然後才能進行饗祭，才能使神靈接受饗祭。誠敬如此，所以孝子面臨象徵死者神靈並代之受祭的人，就不會有不和悦的表情。國家的宗廟祭禮中，作爲祭禮主人的國君親自牽入犧牲，作爲祭禮主婦的國君夫人親自置放白色米酒；國君獻酒給象徵死者神靈的人，國君夫人隨之進上盛着乾濕食品的籩豆；卿大夫輔助國君行禮，命婦們輔助國君夫人行禮。整個行祭場面，整整齊齊地那樣恭敬，愉愉快快地那樣忠誠，勤勤勉勉地那樣熱望神靈享用。

　　文王之祭也，事死者如事生，思死者如不欲生，忌日必哀，稱諱如見親。祀之忠也，如見親之所愛，如欲色然，其文王與？〔一〕詩云：“明發不寐，有懷二人。”文王之詩也。〔二〕祭之明日，明發不寐，饗而致之，又從而思之。祭之日，樂與哀半：〔三〕饗之必樂，已至必哀。

【注釋】

〔一〕與：音魚。　　〔二〕文王之詩也：王念孫云："'詩'當作'謂'。孔子家語哀公問政：'詩云："明發不寐，有懷二人。"則文王之謂與！'"　　〔三〕樂：音勒。

【譯解】

　　文王舉行祭祀的時候，事奉雙親的神靈就如同事奉在世的父母一樣，深切思念死者好像不想獨自生活在世上，每逢父母的忌日必定悲哀，提到父母的名字就如同見到雙親一樣。祭祀時的忠誠，就如同見到了雙親所喜愛的事物，如同見到了雙親嗜好的神色，這就是文王啊。詩經小雅小宛篇有這麼兩句："明發不寐，有懷二人。"這就是描寫文王的詩句。說他在祭祀後的第二天，東方發曉，還沒有睡着，饗祭時將父母神靈請來，祭祀之後又從而思念不已。祭祀那天，快樂與悲哀是一樣一半，饗祭雙親一定欣喜，而神靈來到還將離去，又必然哀傷。

　　仲尼嘗，奉薦而進，其親也愨，其行也趨趨以數。〔一〕已祭，子贛問曰：〔二〕"子之言祭，濟濟漆漆然。〔三〕今子之祭，無濟濟漆漆，何也？"子曰："濟濟者，容也遠也。漆漆者，容也自反也。容以遠，若容以自反也，夫何神明之及交？〔四〕夫何濟濟漆漆之有乎？反饋樂成，薦其薦俎，序其禮樂，備其百官，君子致其濟濟漆漆，夫何慌惚之有乎？〔五〕夫言豈一端而已，夫各有所當也。"

【注釋】

〔一〕趨：音促。　數：音素，通速。　　〔二〕贛：同貢。
〔三〕濟：音幾。　漆：音切。　　〔四〕夫：音扶。下同。

〔五〕慌：音謊。

【譯解】

孔子爲亡親舉行秋祭，手捧祭品進獻，他親自執事，容貌質樸，他行走往來，步伐急促。祭後，門人子贛問道：“您曾説祭祀時樣子要儀態端莊，容貌修整。今天您的祭祀却没有端莊修整的樣子，這是什麽緣故？”孔子説：“所謂濟濟，儀容是疏遠的；所謂漆漆，儀容是自我矜持的。疏遠的儀容以及自我矜持的神情，那怎能與親人的神靈交互感通呢？親自祭祀父母，哪能有什麽濟濟漆漆的儀容呢？天子諸侯的宗廟大祭，先在廟堂之上薦血腥，向尸主獻酒，再返於廟室中舉行饋食禮，樂舞合成，進薦籩豆和肉俎，有順序安排禮樂，具備助祭的百官。作爲助祭的君子，身處這種隆重場面，自然應該表現出儀態端莊，容貌修整，哪能有什麽與神明交相感應的‘慌惚’心境呢？我説那話，豈可一概而論，什麽儀態神情都是各有其適當場合的。”

孝子將祭，慮事不可以不豫，比時具物不可以不備，〔一〕虚中以治之。宫室既脩，墻屋既設，百物既備，夫婦齊戒、沐浴、盛服，〔二〕奉承而進之，洞洞乎，屬屬乎，〔三〕如弗勝，〔四〕如將失之，其孝敬之心至也與！〔五〕薦其薦俎，序其禮樂，備其百官，奉承而進之，於是諭其志意，以其慌惚以與神明交，庶或饗之。庶或饗之，孝子之志也。

【注釋】

〔一〕比：音必。　　〔二〕齊：通齋。　　〔三〕屬：音主。

〔四〕勝：音升。　　〔五〕與：音魚。

【譯解】

　　孝子將舉行祭祀，各種事情不可以不預先考慮，及時準備祭祀用物不可以不周全，虛心靜意地加以治辦。宮室修飾完畢，墻屋設置妥當，百物籌備齊全，之後，主祭夫婦齋戒、沐浴，穿上莊重禮服，手捧祭品而進薦，恭恭敬敬地，摯摯誠誠地，好像沉重得將捧持不住，好像沉重得將要失手，這是孝敬的心情到了極點了吧！進薦那籩豆牲俎，井然有序地安排那禮樂，具備助祭的百官，捧着各種祭品而進薦，於是致祭辭表達虔誠的心意，以慌惚癡迷的心境與神明交相感通，熱望神靈能夠享用祭品。熱望神靈能夠享用祭品，這是孝子的心意呀。

　　孝子之祭也，盡其慤而慤焉，盡其信而信焉，盡其敬而敬焉，盡其禮而不過失焉。進退必敬，如親聽命，則或使之也。孝子之祭可知也：其立之也敬以詘，[一]其進之也敬以愉，其薦之也敬以欲，退而立，如將受命，已徹而退，敬齊之色不絕於面。[二]孝子之祭也：立而不詘，固也；進而不愉，疏也；薦而不欲，不愛也；退立而不如受命，敖也；已徹而退無敬齊之色，而忘本也。如是而祭，失之矣。

【注釋】

〔一〕詘：通屈。　　〔二〕齊：音摘。

【譯解】

　　孝子的祭祀，要盡其篤實的心意而體現其篤實，要盡其誠信的心意而體現其誠信，要盡其恭敬的心意而體現其恭敬，要盡其禮節而不發生過失。孝子行祭當中，一進一退都要畢恭畢敬，就如同親自聽受神靈的教命，或有所指使。孝子的祭祀是可以知曉的：他站立時，恭敬的屈身；他進前時，恭敬而愉悦；他進薦祭品時，恭敬的希望神靈享用；獻後退立時，如同將要聽受教命；撤下祭品而退時，恭敬莊重的神色一直留在臉上。孝子祭祀的時候，如果站立不屈身，那就顯得粗鄙了；進前而不愉悦，那就顯得疏遠了；薦獻祭品而不流露希望神靈享用的表情，那就顯得不够敬愛了；薦後退立而不像聆聽吩咐的樣子，那就顯得傲慢了；撤下祭品退走時而沒有恭敬虔誠的神色，那就顯得忘本了。如此進行祭祀，那就失去意義了。

孝子之有深愛者必有和氣，有和氣者必有愉色，有愉色者必有婉容。孝子如執玉，如奉盈，洞洞屬屬然如弗勝，如將失之。嚴威儼恪，[一]非所以事親也，成人之道也。

【注釋】

〔一〕儼：音眼。　恪：音客。

【譯解】

孝子對於雙親有着深沉的愛，必然胸中就有一團和氣；有了和氣，必然就有愉悦的神色；有了愉悦神色，必然就會有婉順的儀容。孝子行祭，其神態如同手執寶玉，如同手捧盛滿湯水的器皿，恭恭敬敬地，摯摯誠誠地，如同承受不住祭品的沉重，如同將要失手。威嚴莊重的儀容，不是用來事奉父母的，那是成人在某些場合的儀容形態，而孝子在雙親面前總該保持着孺慕、純真。

先王之所以治天下者五：貴有德，貴貴，貴老，敬長，慈幼。此五者，先王之所以定天下也。貴有德何爲也？爲其近於道也。貴貴，爲其近於君也。貴老，爲其近於親也。敬長，爲其近於兄也。慈幼，爲其近於子也。是故至孝近乎王，[一]至弟近乎霸。[二]至孝近乎王，雖天子必有父；至弟近乎霸，雖諸侯必有兄。先王之教，因而弗改，所以領天下國家也。

【注釋】

〔一〕王：音旺。　　　〔二〕弟：音替，通悌。下同。

【譯解】

先代聖王用來治理天下的有五項：尊重有德的人，尊重地位高貴的人，尊重老年人，敬重年長的人，愛護孩子。這五項是先代聖王用以安定天下的。爲什麼尊重有德的人呢？因爲有德的人最接近做人的正道。尊重地位高貴的人，因爲地位高貴的人最近似自己的國君。尊重老人，因爲老人近似自己的雙親。敬重年長的人，因爲年長的人近似自己的兄長。愛護兒童，因爲兒童近似自己的兒女。所以，最孝順的人最接近天下歸心的帝王，最友愛兄弟的人最接近各國歸服的霸主。說最孝順的人最接近帝王，因爲雖然貴爲天子，也必然有父親，有父親就應該盡孝道；說最友愛兄弟的人最接近霸主，因爲雖然貴爲國君，也必然有兄長，有兄長就應該友愛。先王的政教因循這個倫理而不加更改，用以領導天下國家。

子曰：“立愛自親始，教民睦也。立敬自長始，教民

順也。教以慈睦而民貴有親，教以敬長而民貴用命。孝
以事親，順以聽命，錯諸天下，〔一〕無所不行。"

【注釋】

〔一〕錯：通措。

【譯解】

　　<u>孔子</u>説："人君確立愛心要從愛父母開始，這就是教導人民慈
睦了。人君確立敬心要從敬年長的開始，這就是教導人民恭順了。
教以慈睦，人民自然就各自重視自己的雙親了；教以敬長，人民
自然就重視服從命令了。用孝敬的心意來事奉雙親，用恭順的態
度來聽從教命，將這兩條措置於天下所有的地方，没有行不
通的。"

　　郊之祭也，喪者不敢哭，凶服者不敢入國門，敬之
至也。祭之日，君牽牲，穆答君，卿大夫序從。既入廟
門，麗于碑；卿大夫袒，而毛牛尚耳；鸞刀以刲，〔一〕取膟
膋，〔二〕乃退；燔祭、祭腥而退：〔三〕敬之至也。

【注釋】

〔一〕刲：音奎。　　〔二〕膟：音律。　膋：音遼。

〔三〕燔：音前。

【譯解】

　　天子舉行郊天大祭的時候，有喪之家不敢啼哭，穿着喪服的
人不敢進入國門，不能因爲個人喪事干擾天子的祭天大事，這是
對天極爲尊敬的表現。國君舉行宗廟大祭的那天，酌鬱鬯香酒獻
神主後，國君親自牽引上牲，嗣子與國君相對牽引下牲，卿大夫
們依序跟從。進入廟門之後，將犧牲繫於庭中近北用以辨識日影

的豎石上；卿大夫袒露左臂，割取牛毛，以取牛耳之毛爲貴，用以薦獻神主，告以毛色純正；用帶鈴的鸞刀宰割犧牲，取血和腸間脂肪，用以薦獻，然後退去；薦毛血之後，還進行腥祭，即將剛宰割的帶骨牲肉放在俎中，端上廟堂行祭；腥祭後還進行爓祭，即將半生不熟的帶骨牲肉放在俎中，端上廟堂行祭，然後退去。用毛色純正，臕滿腸肥的犧牲獻祭祖先，而又有薦毛血、祭腥、祭爓等等儀節，這也是對祖宗極爲尊敬的表現。按：這裏"穆"字指國君的子輩而言。宗廟有左昭右穆之制，即太祖爲一世，二世、四世、六世以下爲昭，三世、五世、七世以下爲穆。若父爲昭，則子輩必爲穆。

　　郊之祭，大報天而主日，配以月。夏后氏祭其闇，[一]殷人祭其陽，周人祭日以朝及闇。[二]祭日於壇，祭月於坎，以別幽明，以制上下。祭日於東，祭月於西，以別外内，以端其位。日出於東，月生於西，陰陽長短，終始相巡，[三]以致天下之和。

【注釋】

〔一〕闇：音暗。　　　〔二〕朝：音招。　　　〔三〕巡：音言，通沿。

【譯解】

　　舉行郊天的祭祀，是大報天恩而以日神爲主，配以月神。夏代在凌晨天尚黑暗的時候行祭，殷代人在中午行祭，周代人從日出祭到黃昏。祭日神是在壇上祭，祭月神是在坎中祭，用以區別明暗，用以制定上下。堆土成壇，挖地成坎，凸凹不同，壇用以祭陽性神靈，坎用以祭陰性神靈。祭日在京城的東方，祭月在京城的西方，用以區別內外，用以端正各自的位置。太陽升出於東方，月亮始現於西方，不論白天與黑夜，不論晝夜的長短，日月始終相互循行，以導致天下氣候的諧和。

天下之禮，致反始也，致鬼神也，致和用也，致義也，致讓也。致反始，以厚其本也。致鬼神，以尊上也。致物用，以立民紀也。致義，則上下不悖逆矣。〔一〕致讓，以去爭也。合此五者以治天下之禮也，雖有奇邪，〔二〕而不治者則微矣。

【注釋】

〔一〕悖：音被。　　〔二〕奇：音基。

【譯解】

天下之禮的目標，一是達到不忘本始，二是達到敬事鬼神，三是達到財用豐足，四是達到人倫正義，五是達到謙恭禮讓。達到不忘本始，用以增厚做人的根基；達到敬事鬼神，用以尊崇天地君親；達到財用豐足，用以牢立民眾綱常；達到人倫正義，那麼上下就不悖逆；達到謙恭禮讓，用以消除爭端。合起這五種致用的功能來治理天下之禮，即使還有邪惡，然而不能治理的就很微少了。

宰我曰：“吾聞鬼神之名，不知其所謂。”子曰：“氣也者，神之盛也。魄也者，鬼之盛也。合鬼與神，教之至也。

【譯解】

宰我說：“我常聽說鬼和神的名稱，可不知道它們指什麼說的。"孔子説："氣是神的充盛的外現形式，魄是鬼的充盛的外現形式。合鬼與神而祭祀，這是教化的極致。

　　"衆生必死，死必歸土，此之謂鬼。骨肉斃于下，陰爲野土。〔一〕其氣發揚于上，爲昭明，焄蒿悽愴，〔二〕此百物之精也，神之著也。因物之精，制爲之極，明命鬼神，以爲黔首則，〔三〕百衆以畏，萬民以服。聖人以是爲未足也，築爲宮室，設爲宗祧，以別親疏遠邇，〔四〕教民反古復始，不忘其所由生也。衆之服自此，故聽且速也。二端既立，報以二禮。建設朝事，燔燎羶薌，〔五〕見以蕭光，〔六〕以報氣也，此教衆反始也。薦黍稷，羞肝肺首心，見間以俠甒，〔七〕加以鬱鬯，〔八〕以報魄也。教民相愛，上下用情，禮之至也。

【注釋】

〔一〕陰：音印，通蔭。　　〔二〕焄：音勛。　　〔三〕黔：音前。　　〔四〕邇：音耳。　　〔五〕燔：音凡。　燎：音了。　羶：鄭玄云："羶當爲馨，聲之誤也。"馨：音新。　薌：通香。　　〔六〕見：鄭玄注："見當爲覵，字之誤也。"覵：音建。　　〔七〕見間：鄭玄謂二字當合爲一"覵"字。　俠：音家，通夾。　甒：音武。　　〔八〕鬱：音育。　鬯：音暢。

【譯解】

　　"芸芸衆生必有死亡，死後必定歸還土中，這就叫做鬼。骨肉在地下腐壞，化爲土壤。而其魂氣發揚浮動在上面，成爲各種可見的昭明的光影，發出各種可以嗅到的氣息，令人悽愴感傷，這就是種種生物的精氣，神的顯著的體現。聖王依循生物的精氣，制定標準的名稱，明確的命名爲鬼神，作爲庶民崇拜的規範，讓百姓畏懼，讓萬民敬服。聖人認爲僅將氣魄尊名之爲神鬼是不够的，所以爲之建築宮室，設立宗廟祧廟，用以區別親疏遠近，教育人民追懷往古，回念本始，使人們不忘記自身生命的由來。民衆的服從由這根本的認識開始，所以能够迅速地聽受教命。既然氣與魄分別尊立爲神與鬼兩個名稱，於是在宗廟的祭祀中就相應地制定兩種禮節來報祭氣與魄。一是朝事之禮，用以報氣；一是饋食之禮，用以報魄。設置朝事禮，薦獻帶着腥氣的牲血和剛宰殺的牲肉，將犧牲的腸間脂肪放在爐炭上燔燒，發出羶味、香味，火上同時夾雜着艾蒿的光燄，這多種氣味是用來報祀祖先的氣即神的，這是教導衆人反思本始的。之後，進行饋食禮，薦上黍米飯、穈子米飯，進上煮熟的肝、肺、首、心，夾雜兩罐醴酒，另加用鬱金香草汁釀製的黍米酒，這多種飲食是用來報祀祖先的魄即鬼的。這是教導本族人們彼此相愛，上下用情相親。報氣報魄的朝事、饋食二禮，殷勤周慎，用意深長，可謂禮的極致。

　　"君子反古復始，不忘其所由生也，是以致其敬，發其情，竭力從事以報其親，不敢弗盡也。是故昔者天子爲藉千畝，〔一〕冕而朱紘，〔二〕躬秉耒；〔三〕諸侯爲藉百畝，冕而青紘，躬秉耒。以事天地、山川、社稷、先古，以爲醴酪齊盛，〔四〕於是乎取之，敬之至也。

【注釋】

〔一〕藉：音吉。　　〔二〕紘：音宏。　　〔三〕耒：音壘。
〔四〕酪：音澇。　齊：音資。　盛：音成。

【譯解】

"君子反思遠古，追懷本始，不忘自己生命的由來，所以要表達敬意，抒發摯情，竭力做事，來報答生育自己的尊親，不敢不盡心盡力。因爲這個緣故，從前，天子特意闢出藉田千畝，每到春天，天子頭戴繫着朱紅組帶的冠冕，親執翻土農具耕地；諸侯闢出藉田百畝，每到春天，諸侯頭戴繫着青色組帶的冠冕，親執翻土農具耕地。用自己的勞動收穫來事奉天地、山川、社稷等神祇和先祖，所製造的甜酒、酸漿、盛在祭器中的米飯，全都取給於這藉田，這是至誠至敬的表現。

"古者天子諸侯必有養獸之官，及歲時，齊戒沐浴而躬朝之，〔一〕犧牷祭牲必於是取之，〔二〕敬之至也。君召牛，納而視之，擇其毛而卜之，吉，然後養之。君皮弁素積，朔月、月半，君巡牲，所以致力，孝之至也。

【注釋】

〔一〕齊：通齋。　　〔二〕牷：音全。

【譯解】

"古代的天子諸侯必定專有牧養畜牲的官員。及至每年一定時候，天子諸侯齋戒沐浴後，親自巡視所特別圈養備用的犧牲，毛色純正、身體完具的祭牲，一定在國家牧養場選取，這是至誠至敬的表現。國君命人擇牛牽來，入城加以檢視，選擇毛色最爲純正、膘滿無傷的牛進行占卜，卜得吉兆，然後單獨加意餵養。喂養期間，每逢初一十五，國君身穿皮弁禮服即頭戴白色皮弁，身穿白色上裝，下穿腰間打褶的素裳，親自巡視，爲的是盡心盡力，這是至孝的表現。

　　"古者天子諸侯必有公桑、蠶室，近川而爲之，築宮，仞有三尺，^{〔一〕}棘墙而外閉之。^{〔二〕}及大昕之朝，^{〔三〕}君皮弁素積，卜三宮之夫人、世婦之吉者，使入蠶于蠶室，奉種浴于川，^{〔四〕}桑于公桑，風戾以食之。^{〔五〕}歲既單矣，^{〔六〕}世婦卒蠶，奉繭以示于君，遂獻繭于夫人。夫人曰：'此所以爲君服與！'^{〔七〕}遂副褘而受之，^{〔八〕}因少牢以禮之。古之獻繭者，其率用此與？及良日，夫人繅，^{〔九〕}三盆手，遂布于三宮夫人、世婦之吉者，使繅。遂朱綠之，玄黃之，以爲黼黻文章。^{〔一〇〕}服既成，君服以祀先王、先公，敬之至也。"

【注釋】

〔一〕仞：音刃。　　〔二〕棘：音吉。　　〔三〕昕：音欣。朝：音招。　　〔四〕種：音腫。　　〔五〕戾：音立。　食：音嗣。　　〔六〕單：音丹，通殫。　　〔七〕與：音魚。〔八〕褘：音灰。　　〔九〕繅：音搔。　　〔一〇〕黼：音府。黻：音符。

【譯解】

　　"古代的天子諸侯必定專有公家桑園和蠶室，靠近河邊建置的。築成房院，圍墙高有一丈，墙頭密插酸棗樹枝，門扇在外鎖閉。及至三月初一的早晨，國君穿戴白色的皮弁禮服，通過占卜選定三宮裏的夫人、世婦們中的吉利人，派她們去蠶室養蠶。先捧持蠶種在河水裏浸泡一下，蠶生出後，在公家桑園採桑，晾乾桑葉來飼養。飼養期盡，世婦結束喂蠶之事，手捧蠶繭請國君驗看，之後就將全部蠶繭獻給國君夫人。國君夫人說：'這是用來給國君做祭服用的吧！'國君夫人就頭上梳着加編假髮橫貫玉笄的髮式，身穿綴有山雞圖案的高級禮服，來接受世婦的獻繭，並用少牢即備具羊猪二牲的食禮款待世婦。古昔獻繭之禮，大概都用這種儀式吧！及至選定的吉日良辰，國君夫人就帶頭繰絲，取一些蠶繭放在水盆中，用手淹繭入水振動，弄出頭緒，共做三盆。然後將全部蠶繭分發給三宮裏的夫人、世婦們中的吉利人，讓他們繰絲。繰絲完畢，就令染工分批染成紅綠玄黃各色，再令織工織成絹帛，畫繢工分別畫上黼黻文章各種圖案花紋：白色與黑色相間的圖案花紋叫做黼，黑色與青色相間的圖案花紋叫做黻，青色與赤色相間的圖案花紋叫做文，赤色與白色相間的圖案花紋叫做章。禮服做成後，國君穿上這種由工料到成品完全是自家製作的禮服，到宗廟去祭祀先王先公，這是最爲恭敬的了。"

君子曰："禮樂不可斯須去身。致樂以治心，則易直子諒之心油然生矣。易直子諒之心生則樂，樂則安，安則久，久則天，天則神。天則不言而信，神則不怒而威，致樂以治心者也。致禮以治躬則莊敬，莊敬則嚴威。心中斯須不和不樂，而鄙詐之心入之矣；外貌斯須不莊不敬，而慢易之心入之矣。故樂也者，動於內者也；禮也者，動於外者也。樂極和，禮極順，內和而外順，則民瞻其顏色而不與爭也，望其容貌而眾不生慢易焉。故德輝動乎內而民莫不承聽，理發乎外而眾莫不承順。故曰：'致禮樂之道而天下塞焉，舉而錯之無難矣。'樂也者，動於內者也。禮也者，動於外者也。故禮主其減，樂主其盈。禮減而進，以進爲文；樂盈而反，以反爲文。禮減而不進則銷，樂盈而不反則放，故禮有報而樂有反。禮得其報則樂，樂得其反則安。禮之報，樂之反，其義一也。”

這一節共二百八十七字，已見於樂記篇中，見本書五七六至五七八頁，這裏不再譯解。

曾子曰：“孝有三：大孝尊親，其次弗辱，其下能養。”公明儀問於曾子曰：“夫子可以爲孝乎？”[一]曾子曰：“是何言與！[二]是何言與！君子之所爲孝者，[三]先意承志，諭父母於道。參直養者也，[四]安能爲孝乎！”

【注釋】

〔一〕爲：音魏，通謂。　　〔二〕與：音魚。下同。

〔三〕爲：通謂。　　〔四〕參：音深。

【譯解】

曾子說：“孝有三等，大孝能使雙親受到社會上的尊重，其次是孝子爲人處世能不讓父母蒙受恥辱，最下等的只是能養活父母而已。”公明儀問老師曾子說：“老師您可以稱得上孝了吧？”曾子說：“這是哪兒的話！這是哪兒的話！君子所謂的孝，就是：父母還沒想到的，兒子就先爲他們想到並做到了；父母有什麼心思，兒子又能秉承意旨去做了；同時還能夠讓父母曉得事情的正理。至於我曾參，不過是能養活父母的人罷了，怎能稱得上孝呢！”

曾子曰：“身也者，父母之遺體也。行父母之遺體，敢不敬乎？居處不莊，非孝也。事君不忠，非孝也。涖官不敬，[一]非孝也。朋友不信，非孝也。戰陳無勇，[二]非孝也。五者不遂，烖及於親，[三]敢不敬乎！亨孰羶薌，[四]嘗而薦之，非孝也，養也。君子之所謂孝也者，國人稱願，然曰'幸哉有子'，如此，所謂孝也已。衆之本教曰孝，其行曰養。養可能也，敬爲難；敬可能也，安爲難；安可能也，卒爲難。父母既没，[五]慎行其身，不遺父母惡名，可謂能終矣。仁者，仁此者也。禮者，履此者也。義者，宜此者也。信者，信此者也。強者，強此者也。樂自順此生，[六]刑自反此作。"

【注釋】

〔一〕涖：音立。　　〔二〕陳：音振，同陣。　　〔三〕烖：同灾。　　〔四〕亨：通烹。　孰：熟的本字。　羶：鄭玄云："羶當爲馨。"　薌：通香。　〔五〕没：音末。

〔六〕樂：音勒。

【譯解】

　　曾子説："人們的身軀都是父母留傳下的身體。用父母給的身體來生活行動，怎敢不敬慎呢？生活起居不莊重，就是不孝；事奉君主不忠實，就是不孝；居官不敬慎，就是不孝；跟朋友不講信用，就是不孝；在戰場上不勇敢，就是不孝。莊、忠、敬、信、勇這五點做不到，灾禍就要連及雙親，怎敢不敬慎呢！煮熟牲肉，香氣噴噴，嘗一下進獻給父母，這並不是孝，只是供養。君子所説的孝，就是國裏人稱羡，而且説：'多幸福呀，有這樣的兒子！'被人歆羡如此，這才算是孝。民衆的根本教育就是孝，其具體行爲就稱做養。供養是可能做到的，恭敬地供養就難了；恭敬地供養是可能做到的，心安理得地敬養就難了；心安理得地敬養是可能做到的，而終己一生不論父母在世去世，總是心安理得地敬養敬享就難了。父母過世之後，仍然謹慎地檢束自己的身心，不給父母帶來惡名，可以稱得上能終生行孝了。所謂仁，就是用愛心考慮這點；所謂禮，就是用禮儀履行這點；所謂義，就是用道義適應這點；所謂信，就是用誠信保證這一點；所謂强，就是用强毅堅定這一點。快樂就是由於順應這種篤孝而產生的，刑罰就是由於違反這種篤孝而發作的。”

曾子曰：“夫孝，〔一〕置之而塞乎天地，〔二〕溥之而横乎四海，〔三〕施諸後世而無朝夕，推而放諸東海而準，推而放諸西海而準，推而放諸南海而準，推而放諸北海而準。詩云：‘自西自東，自南自北，無思不服。’此之謂也。”

【注釋】

〔一〕夫：音扶。　　〔二〕塞：音澀。　　〔三〕溥：音夫，同敷。

【譯解】

曾子説：“這孝道，竪植起來就充塞於天地之間，陳布下來就横貫於四海之内，施行於後世就不分早晚地永行不止，推行到東海可以作爲道德準則，推行到西海可以作爲道德準則，推行到南海可以作爲道德準則，推行到北海可以作爲道德準則。詩經大雅文王有聲篇説：‘自西自東，自南自北，沒有不服的。’説的就是這種情況。”

　　曾子曰："樹木以時伐焉，禽獸以時殺焉。夫子曰：
'斷一樹，殺一獸，不以其時，非孝也。'孝有三：小孝
用力，中孝用勞，大孝不匱。〔一〕思慈愛忘勞，可謂用力
矣。尊仁安義，可謂用勞矣。博施備物，可謂不匱矣。
父母愛之，嘉而弗忘；父母惡之，〔二〕懼而無怨。父母有
過，諫而不逆。父母既没，必求仁者之粟以祀之。此之
謂禮終。"

【注釋】

〔一〕匱：音愧。　　　〔二〕惡：音物。

【譯解】

　　曾子說："樹木要根據一定的時節進行砍伐，禽獸要根據一定
的時節進行捕殺。我的老師孔夫子說過：'砍斷一棵樹，捕殺一隻
獸，如果不根據一定的時候，就不合乎孝道。'孝道有三等，小孝
用體力，中孝用勞，就是動心思行孝，大孝不匱，就是孝心誠篤，
永不竭盡。思念着父母的慈愛，努力供養而忘記勞苦，可以稱得
上用力了；尊崇仁道，安心行義，使父母不因自己而蒙受恥辱，
可以稱得上用勞了；普施德政，萬民受惠，及至父母辭世，四海
之內各備財物來助祭，可以稱得上不匱了。父母疼愛自己，欣喜
而永不忘懷；父母厭惡自己，心中戒懼而沒有怨意。父母有了過
失，要和顏悅色地解勸而不能抗拒頂撞。父母過世，即使家境貧
困，也必求仁人的糧米來祭祀，不苟取不義之財物來奉事亡親。
這就叫做'禮終'——孝道上的善始善終。"

　　樂正子春下堂而傷其足，〔一〕數月不出，猶有憂色。門

弟子曰："夫子之足瘳矣,〔二〕數月不出,猶有憂色,何也?"樂正子春曰："善如爾之問也!善如爾之問也!吾聞諸曾子,曾子聞諸夫子曰:'天之所生,地之所養,無人爲大。父母全而生之,子全而歸之,可謂孝矣。不虧其體,不辱其身,可謂全矣。故君子頃步而弗敢忘孝也。'〔三〕今予忘孝之道,予是以有憂色也。壹舉足而不敢忘父母,壹出言而不敢忘父母。壹舉足而不敢忘父母,是故道而不徑,舟而不游,不敢以先父母之遺體行殆。〔四〕壹出言而不敢忘父母,是故惡言不出於口,忿言不反於身。〔五〕不辱其身,不羞其親,可謂孝矣。"

【注釋】

〔一〕樂:音岳。　　〔二〕瘳:音抽。　　〔三〕頃:音愧的上聲,同跬。　　〔四〕殆:音代。　　〔五〕忿言不反於身:"反",王引之云:"正義定本作'及'。當以作'及'爲是。"

【譯解】

　　樂正子春下堂階踤傷了脚,幾個月没出門,還面有憂色。他的門人弟子說:"老師的脚已經痊癒,幾個月不出門,還面帶憂色,這是何故?"樂正子春說:"你問得好哇!你問得好哇!我聽我老師曾子說過,曾子聽孔夫子說:'天之所生,地之所養,没有比人更重大的了。父母完完全全地生下你來,你做兒子的就該完完全全地歸還給他們,才可以稱得上孝了。不虧損這個形體,不污辱這個身軀,可以稱得上完全了。因此,君子邁出一腿,跨出一步,都不敢忘記這項保全身體的孝道。'現今我忘記了保全身體的孝道,所以我心有煩惱,面有憂色。做兒子的應該一抬腿都不敢忘記父母，一出言都不敢忘記父母。由於一抬腿都不敢忘記父母，所以走路要走平坦大路，而不走不安全的小道，過河要乘船，而不要游水，不敢用父母賜給我們的身體去做危險的行動。由於一出言都不敢忘記父母，所以惡言惡語不出於自己口中，從而忿怒難聽的語言也不會回罵在自己的身上。自身不受污辱，父母也就不會蒙受羞恥，這可稱得上孝了。"

　　昔者有虞氏貴德而尚齒，夏后氏貴爵而尚齒，殷人貴富而尚齒，周人貴親而尚齒。虞、夏、殷、周，天下之盛王也，未有遺年者。年之貴乎天下久矣，次乎事親也。是故朝廷同爵則尚齒。七十杖於朝，君問則席，八十不俟朝，君問則就之，而弟達乎朝廷矣。〔一〕行，肩而不併，〔二〕不錯則隨，見老者則車、徒辟，〔三〕斑白者不以其任行乎道路，而弟達乎道路矣。居鄉以齒，而老窮不遺，強不犯弱，衆不暴寡，而弟達乎州巷矣。古之道，五十不爲甸徒，〔四〕頒禽隆諸長者，而弟達乎搜狩矣。〔五〕軍旅什伍，同爵則尚齒，而弟達乎軍旅矣。孝弟發諸朝廷，行乎道路，至乎州巷，放乎搜狩，〔六〕脩乎軍旅，〔七〕衆以義死之而弗敢犯也。

【注釋】

〔一〕弟：音替，通悌。　　〔二〕併：同並。　　〔三〕辟：音必，通避。　　〔四〕甸：音田。　　〔五〕搜：音搜。狩：音受。　　〔六〕放：音紡。　　〔七〕脩乎軍旅：王念孫云："脩當作循，孔子家語正論篇正作'循于軍旅'。"

【譯解】

從前，<u>虞代</u>重視道德的同時也崇尚年齒，<u>夏代</u>重視爵位的同時也崇尚年齒，<u>殷代</u>重視富有的同時也崇尚年齒，<u>周代</u>重視近親的同時也崇尚年齒，<u>虞</u>、<u>夏</u>、<u>殷</u>、<u>周</u>同是天下隆盛的王朝，都没有遺忘、忽視年齒。年長人之被天下重視已經相當長久了，僅僅次於事奉雙親了。因此，朝廷上凡爵位相同的，就以年齡大的爲上；七十歲的官員可以扶持手杖上朝，國君有所咨詢，就要爲之鋪設席位；八十歲的官員，不等候早朝，國君有所咨詢，便親至其家就問：這就是敬長之道實行在朝廷之上了。行路時，不要同年長者並肩，陪同兄輩的年長者要錯肩鴈行，陪同父輩的年長者要跟隨其後；見老人走來，車和行人就要避讓；通過幫助而不讓頭髮花白的老人挑擔或負重走在道上：這就是敬長之道實行於道路之上了。居住在鄉村裏，根據年齡論尊卑先後，年老而貧窮的人不被遺棄，强不凌弱，衆不欺寡，這就是敬長之道貫徹在里巷之中了。古代的規矩，年到五十就不再充任驅獸圍獵的徒役，而分配獵獲禽獸還要優待年長的人，這就是敬長之道貫徹到狩獵活動當中了。在軍隊基層組織裏，級別相同就以年紀較高者爲上，這就是敬長之道貫徹到軍隊之中了。孝悌之道發起於朝廷，施行於道路，到達於州巷，推行到狩獵，遵循於軍隊，民衆憑着道義以死捍衛孝悌之道，而不敢違犯。

祀乎明堂，所以教諸侯之孝也。食三老、五更於大學，[一]所以教諸侯之弟也。[二]祀先賢於西學，所以教諸侯之德也。耕藉，[三]所以教諸侯之養也。朝覲，[四]所以教諸侯之臣也。五者，天下之大教也。

【注釋】

〔一〕食：音嗣。　更：音耕。　大：通太。　　〔二〕弟：音替，
通悌。　　〔三〕藉：音吉。　　〔四〕朝：音潮。　覲：音進。

【譯解】

　　周人在明堂祭祀<u>文王</u>，這是用以教導諸侯行孝；在太學舉行
食禮敬待年高德劭的三老五更，這是用以教導諸侯敬長；在西郊
的小學祭祀先代賢人，這是用以教導諸侯尊重有德的人；天子親
自在藉田中耕作，這是教導諸侯祭養亡親；設立春朝秋覲制度，
這是教導諸侯臣服天子。這五項典禮是天下重大的政教。按：天
子從退休官員中選兩個年高德重的人，最尊的名之爲三老，次尊
的名之爲五更，天子特用養老禮招待，禮中天子還恭請老人賜教。

　　食三老、五更於大學，天子袒而割牲，執醬而饋，〔一〕
執爵而酳，〔二〕冕而揔干，〔三〕所以教諸侯之弟也。是故鄉里
有齒，而老窮不遺，强不犯弱，衆不暴寡，此由大學來
者也。

【注釋】

〔一〕饋：音愧。　　〔二〕酳：音印。　　〔三〕揔：同總。

【譯解】

　　在太學宴請三老五更，天子褪下外衣的左袖，親自切割煮熟
的牲肉，親自手執盛醬的木豆請三老五更進食，親自手執酒杯請
老人漱飲安食，天子穿戴冕服，手執盾牌，親就舞列舞蹈，對老
人們表示慰問，這個典禮是用以教導諸侯懂得敬老道理的。因此，
鄉里間有敬老尚齒的禮俗，從而窮困老人不被遺棄，强不犯弱，
衆不欺寡，這種教化是由太學裏傳播來的。

天子設四學，當入學而大子齒。[一]

【注釋】

〔一〕大：通太。

【譯解】

天子在京都四郊設立四學，當入學的時候，雖貴爲太子，也要與同學們一樣依年齡大小排定次序。

天子巡守，諸侯待于竟，[一]天子先見百年者。

【注釋】

〔一〕竟：同境。

【譯解】

天子到各國視察，諸侯在國境上迎候，天子到諸侯國中，先要往見百歲老人。

八十、九十者東行，西行者弗敢過；西行，東行者弗敢過。欲言政者，君就之可也。

【譯解】

八九十歲的老人在道路上往東行走，往西去的行人見老人走來，就駐足敬待，等老人走過再走，不敢逕自前行；同樣，老人往西行走，往東去的行人見老人走來，也要駐足敬候，等老人走過再走，不敢逕自前行。八九十歲的老人打算談論政事，國君可到他家去聽取。

壹命齒于鄉里，再命齒于族，三命不齒。族有七十者弗敢先。

【譯解】

命，指官階。周代官階從一命到九命。一命爲最低一級官階。每命都有相應的禄米、車服、儀物種種特定待遇。一命官員在鄉里交際場合，與鄉人依年齡大小爲上下次序；再命官員在本族聚會時，與族人依年齡大小爲上下次序；三命官員地位較尊，參加鄉飲酒禮、祭祀等集會活動時，一般都不與鄉人、族人依年齡論前後上下。本族有年及七十歲以上的老人，自己雖有三命之尊，也不敢出入居老人之先、座次在老人之上。

七十者不有大故不入朝。若有大故而入，君必與之揖讓，而后及爵者。

【譯解】

七十歲的退休官員，沒有大事不入朝面君。倘有大事而入朝，國君必定要先同他揖讓，然後再揖在朝的卿、大夫、士。

天子有善，讓德於天。諸侯有善，歸諸天子。卿大夫有善，薦於諸侯。士、庶人有善，本諸父母，存諸長老。〔一〕禄爵慶賞，成諸宗廟，所以示順也。

【注釋】

〔一〕存諸長老：王念孫云："'存'亦當爲'薦'。'薦'或作'荐'，因譌而爲'存'。管子君臣篇：'民有善，本於父，薦之於長老。'"

【譯解】

天子有了良好的政績，應該將這功德歸讓給上天，説是上天的祐助；諸侯有了良好的政績，應該歸功於天子；卿大夫有了良好的政績，應該推功於諸侯；士、庶人有了良好的成績，應該説本於父母的教誨，推功於長輩的訓導。國君頒爵授禄以及進行重大獎賞，其儀式須在宗廟完成，爲的是表示順從祖宗的旨意，不敢自專；而受到爵禄獎賞的卿大夫士，也須祭告家廟，表示自己得到國家的重用或重獎都因順從父祖之教所致。

昔者聖人建陰陽天地之情，[一]立以爲易。易抱龜南面，天子卷冕北面。[二]雖有明知之心，[三]必進斷其志焉，示不敢專，以尊天也。善則稱人，過則稱己，教不伐以尊賢也。

【注釋】

〔一〕昔者聖人建陰陽天地之情：王引之云：“‘建’字不可通，當爲‘達’字。” 〔二〕卷：音滾，通袞。 〔三〕知：同智。

【譯解】

從前，聖人通曉陰陽天地運動變化的情況，創立爲易。遇有大事，在宗廟門外，掌易的官員手抱寶龜，面朝南而立，天子頭戴冠冕，身穿曲龍圖案的禮服，面朝北而立。雖然天子有聰明智慧之心，也必定要親自進至寶龜之前，請它決斷自己的意圖是否可行，表示不敢自專，尊重天意。作爲君主，有了好事，就稱道別人的作用，有了過失，就稱説自己的責任，教導人們不要妄自尊大，而要尊重賢能。

孝子將祭祀，必有齊莊之心以慮事，[一]以具服物，以脩宮室，以治百事。及祭之日，顏色必温，行必恐，如懼不及愛然。其奠之也，容貌必溫，身必詘，〔二〕如語焉而未之然。〔三〕宿者皆出，其立卑静以正，如將弗見然。及祭之後，陶陶遂遂，〔四〕如將復入然。是故慤善不違身，耳目不違心，思慮不違親。結諸心，形諸色，而術省之，〔五〕孝子之志也。

【注釋】

〔一〕齊：音摘。　　〔二〕詘：通屈。　　〔三〕語：音育。
〔四〕陶：音遥。　遂：音碎。　　〔五〕術：通述。　省：音醒。

【譯解】

孝子將要舉行祭祀，必須有恭敬的内心，來考慮祭事，來籌備祭服、祭物，來修飾宮室，來治理各種有關事務。及至祭祀那天，臉色一定要温和，行動一定要戒懼，好像恐怕看不到親人的樣子。當奠放祭品時，容貌一定要温順，身子一定要卑屈，好像要告訴親人什麼話而還没有説出的樣子。請來助祭的人們退出廟門時，孝子躬身端正的静立，好像即將看不見親人的樣子。及至祭祀之後，相隨而出，好像還將進入廟中的樣子。因此，誠篤純善的情態一直没有離開身體，耳神目光一直没有離開心境，思慮一直没有離開亡親，情結於内心，表現於顔色，而反覆的思念，這就是孝子的心態。

建國之神位，右社稷而左宗廟。

【譯解】

建立國家的神位，社神和稷神的祭壇要建在王宫内的右方，而宗廟要建在王宫内的左方。

祭統第二十五

　　凡治人之道，莫急於禮；禮有五經，莫重於祭。夫祭者，[一]非物自外至者也，自中出，生於心也。心怵而奉之以禮。[二]是故唯賢者能盡祭之義。

【注釋】

〔一〕夫：音扶。下同。　　　〔二〕怵：音處。

【譯解】

　　凡治理人民的途徑，沒有比禮更急要的了。禮有吉、凶、賓、軍、嘉五個義類，沒有比屬於吉禮的祭禮更重要的了。所謂祭祀，並非什麼事物自外而至使人做的，而是出自人們的內心。人們懷念亡親，怵然心動，而用禮來奉行祭祀。因此，唯有有賢德的人才有念親的真情，能夠透徹理解和充分體現祭祀的意義。

　　賢者之祭也，必受其福。非世所謂福也。福者，備也。備者，百順之名也。無所不順者謂之備，[一]言內盡於己而外順於道也。忠臣以事其君，孝子以事其親，其本一也。上則順於鬼神，外則順於君長，内則以孝於親，如此之謂備。唯賢者能備，能備然後能祭。是故賢者之祭也，致其誠信與其忠敬，奉之以物，道之以禮，[二]安之以樂，參之以時，明薦之而已矣，不求其爲。此孝子之心也。

【注釋】

〔一〕無所不順者謂之備："謂之"，孔疏、禮記集解、禮記訓纂作"之謂"。　　〔二〕道：同導。

【譯解】

賢人舉行祭祀，必然受福。這福並不是世俗所謂的福。從音訓上説，福是備的意思，而備乃是百順的名稱。無所不順就稱之爲備，意思是在内盡自己的愛心，在外順從着道義。忠臣用以事奉他的君主，孝子用以事奉他的雙親，忠和孝的根本是一致的，都是内盡其心，外順於道。對上就恭順鬼神，對外就敬順君長，對内就孝順父母，像這樣就叫做備。唯有賢人才能做到備，能做到備，然後才能真誠地行祭。因此，賢人進行祭祀時，能表達他的誠信與忠敬，用器物來奉事，依禮節來進行，將聲樂來安慰神靈，參照季節而進薦鮮潔的祭品，如此而已，此外並不請求鬼神給自己什麼祐助，降什麼福祉。這就是孝子的心意。

祭者，所以追養繼孝也。孝者，畜也。順於道，不逆於倫，是之謂畜。是故孝子之事親也，有三道焉：生則養，没則喪，[一]喪畢則祭。養則觀其順也，喪則觀其哀也，祭則觀其敬而時也。盡此三道者，孝子之行也。

【注釋】

〔一〕没：音末。下同。

【譯解】

所謂祭祀，就是用來追補生時的供養，繼續生時的孝道。所謂孝，從音訓上説，就是畜的意思，對父母的敬愛至情畜積於心就是孝。順從道義，不悖倫常，這就叫做畜。因此，孝子事奉雙親有三項階段要求：父母在世時要供養，父母去世要服喪，服喪期畢要祭祀。供養時看他是否恭順，服喪時看他是否悲哀，祭祀時看他是否誠敬與及時。能够盡心致力地做到這三項，才算是孝子的行爲。

既内自盡，又外求助，昏禮是也。〔一〕故國君取夫人之辭曰：〔二〕"請君之玉女與寡人共有敝邑，事宗廟、社稷。"此求助之本也。夫祭也者，必夫婦親之，所以備外内之官也。官備則具備。水草之菹，〔三〕陸産之醢，〔四〕小物備矣。三牲之俎，八簋之實，〔五〕美物備矣。昆蟲之異，草木之實，陰陽之物備矣。凡天之所生，地之所長，苟可薦者，莫不咸在，示盡物也。外則盡物，内則盡志，此祭之心也。是故天子親耕於南郊以共齊盛，〔六〕王后蠶於北郊以共純服；諸侯耕於東郊亦以共齊盛，夫人蠶於北郊以共冕服。天子、諸侯非莫耕也，王后、夫人非莫蠶也，身致其誠信，誠信之謂盡，盡之謂敬，敬盡然後可以事神明。此祭之道也。

【注释】

〔一〕昏：婚的本字。　　〔二〕取：通娶。　　〔三〕菹：音租。　　〔四〕醢：音海。　　〔五〕簋：音鬼。

〔六〕共：音工，通供。　　齊：音資，通齋。　　盛：音成。

【譯解】

　　在内既已自盡其誠意，在外又求助於異姓，婚禮便是這樣。所以國君聘娶夫人，向異姓諸侯致辭説："請君的德貌如玉般的女兒與寡人結爲夫婦，一起領有鄙國的城邑和土地，共同奉事宗廟、社稷。"這是求助的本旨。那宗廟大祭，必須夫婦親自主祭，用以備齊内外的職能，職能齊備那供祭的物品也就能齊備了。有各種水產植物做的醃菜，各種陸產動物做的肉醬，小食物齊備了。有盛着牛、羊、猪三牲的肉俎，盛在八個飯器裏的各種米飯，美味食物齊備了。此外還有昆蟲的異味，草木的果實，那麽陰性陽性的食物也齊備了。凡天所生的，地所長的，凡是可以進薦的，没有不在的，這就顯示竭盡物品之所有了。外盡其物，内盡其誠，這就是祭祀的用心。所以，天子親自在京都南郊的藉田裏耕種，來供應祭祖用的飯食；王后親自在京都北郊的桑園蠶室採桑喂蠶，來供應祭祀時穿用的絲質禮服。諸侯親自在東郊的藉田裏耕種，也來供應祭祖用的飯食；諸侯夫人親自在北郊的桑園蠶室採桑喂蠶，來供應祭祀時穿用的冕服。貴爲天子、諸侯，並非没有人爲他們耕種，貴爲王后、諸侯夫人，並非没有人替她們採桑養蠶，而他們之所以這樣做，就是爲了親身表達誠信。有了誠信才能算是盡心，盡心才能算是敬，做到誠敬而盡心盡意，然後才可以事奉神明，這是祭祀的道義原則。

及時將祭，君子乃齊。[一]齊之爲言齊也，[二]齊不齊以致齊者也。[三]是以君子非有大事也，非有恭敬也，則不齊。不齊則於物無防也，嗜欲無止也。及其將齊也，防其邪物，訖其嗜欲，耳不聽樂。故記曰"齊者不樂"，言不敢散其志也。心不苟慮，必依於道；手足不苟動，必依於禮。是故君子之齊也，專致其精明之德也。故散齊七日以定之，致齊三日以齊之。[四]定之之謂齊，齊者，精明之至也，然後可以交於神明也。

【注釋】

〔一〕齊：音摘，通齋。下文此字不另標音者皆音摘。

〔二〕齊之爲言齊也：下齊音其。 〔三〕齊不齊以致齊者也：前二"齊"字音其。 〔四〕致齊三日以齊之：下"齊"字音其。

【譯解】

及至將要舉行祭祀的時候，有地位的大人君子就先進行齋戒。從語言角度說，齋就是齊，意謂通過齋戒來整齊身心。未齋之前，心有雜念，身有嗜欲，心思舉止，散漫不齊。齋就是要整齊種種不齊的思慮言行，以達到生活、心境的齊一。所以君子沒有祭祀大事的時候，沒有需要表達大恭大敬的時候，就不進行齋戒。不齋戒，事情就不妨去做，嗜欲就不加禁止。及至將行齋戒的時候，就要嚴防褻事瑣務，禁斷嗜好情慾，耳不聽音樂，所以古書說："齋者不樂。"意思是不敢使自己的心志散亂。心裏不胡想，必須要依順道義；手足不亂動，必須要依從禮規。所以君子齋戒的時候，要專心致志地盡其精明的德性。因此，先進行七天散齋，來安定身心；再進行三天致齋，來齊一心志。這種安定身心的功夫就稱之為齋。齋戒者達到心志精明的境界，然後才可以去祭祀，與神明交相感通。

　　是故先期旬有一日，宮宰宿夫人，夫人亦散齊七日，致齊三日。君致齊於外，夫人致齊於內，然後會於大廟。〔一〕君純冕立於阼，〔二〕夫人副褘立於東房。〔三〕君執圭瓚祼尸，〔四〕大宗執璋瓚亞祼。及迎牲，君執紖，〔五〕卿大夫從，士執芻，〔六〕宗婦執盎從夫人薦涚水。〔七〕君執鸞刀羞嚌，〔八〕夫人薦豆。此之謂夫婦親之。

【注釋】

〔一〕大：通太。下同。　　　〔二〕阼：音作。　　　〔三〕褘：音灰。　　〔四〕圭：音歸。　瓚：音贊。　祼：音罐。

〔五〕紖：音震。　　〔六〕芻：音除。　　〔七〕盎：昂的去聲。　涚：音稅。　　〔八〕嚌：音濟。

【譯解】

　　因此，在祭日的前十一天，主管內宮事務的宮宰預告夫人，請夫人也散齋七天，致齋三天。國君致齋在外面的路寢，夫人致齋在裏面的正寢。致齋三天，到了祭祀正日，然後國君和夫人相會於太廟。國君穿戴上玄下纁的絲質冕服，端立在廟堂東序前、南當阼階的主位上；國君夫人頭上梳着編有假髮並橫插玉笄的大髮髻，身穿綴着山雞圖案的高級禮服，端立於廟堂東房。國君祼尸即國君手執呈◢形的玉圭做柄的勺狀酒器，盛着伴和鬱金香草汁釀製的黍米酒，來獻給尸即充當先祖神靈並代之受祭的人，尸受酒不飲，將酒灌在地上。掌管國禮的長官大宗伯手執呈◢形的玉璋做柄的勺狀酒器，盛着鬱鬯，第二次獻尸，尸受酒灌地如初。

及至迎接祭牲入廟時，國君親自牽引牛鼻繩，卿大夫跟從，士抱穀稭隨入，供殺牛墊地，以免牲血過多污染地面。同宗之婦手執盛着白色帶糟米酒的容器跟在夫人之後，届時夫人將一些清水兑入帶糟米酒，攪和澄清，將清酒濾出注入杯中，薦獻給尸。國君親執帶鈴的鸞刀，切割煮熟牲肉，進獻給尸嚌用，夫人薦上盛着肉醬的木豆。這就叫做夫婦親自行祭。

　　及入舞，君執干戚就舞位，君爲東上，冕而摠干，[一]率其羣臣，以樂皇尸。[二]是故天子之祭也，與天下樂之；諸侯之祭也，與竟内樂之。[三]冕而摠干，率其羣臣以樂皇尸，此與竟内樂之之義也。

【注釋】

〔一〕摠：同總。　　〔二〕樂：音勒。　　〔三〕竟：同境。下同。

【譯解】

　　及至入廟樂舞時，國君手執作爲舞蹈道具的盾牌、巨斧，親就舞列，站在東邊上位，頭戴玄冕而執盾牌，率領他的羣臣起舞，來娛樂皇尸即充當父祖神靈並代之享祭的族人。所以，天子舉行祭祀是與天下人民同樂，諸侯舉行祭祀是與境内人民同樂。戴着玄冕，手握盾牌，率領羣臣用歌舞來娛樂皇尸，這就是與境内人民同樂的意思。

　　夫祭有三重焉：獻之屬莫重於祼，聲莫重於升歌，舞莫重於武宿夜，此周道也。凡三道者，所以假於外而以增君子之志也，故與志進退，志輕則亦輕，志重則亦重。輕其志而求外之重也，雖聖人弗能得也。是故君子之祭也，必身自盡也，所以明重也。道之以禮，[一]以奉三重而薦諸皇尸，此聖人之道也。

【注釋】

〔一〕道：同導。

【譯解】

祭禮當中有三項重要儀節：獻酒之類的儀節，沒有比祼獻更重要的了；聲樂項目中，沒有比樂工升堂歌唱清廟之詩更重要的了；舞蹈項目中，沒有比舞蹈反映武王伐紂、師次孟津而宿的武宿夜更爲重要的了。這是周朝的方式。這三種方式，都爲的是憑借外在事物的運動形式來加強君子的致敬心意。所以，這些外在運動形式與行祭者的心志同進同退，視行祭者的心志爲轉移。行祭人的心志輕忽，那麼表現形式也就相應的輕浮；行祭人的心志鄭重，表現形式也就相應的莊重。心志輕忽而要求表現形式莊重，即使是聖人也是做不到的。所以君子行祭的時候，必定要親身盡誠盡敬，用以顯明鄭重。根據禮的要求引導人們奉行三項重要儀式而敬獻給皇尸，這是聖人的行祭規矩。

夫祭有餕，[一]餕者，祭之末也，不可不知也。是故古之人有言曰：“善終者如始，餕其是已。”是故古之君子曰：“尸亦餕鬼神之餘也，惠術也，可以觀政矣。”是故尸謖，[二]君與卿四人餕。君起，大夫六人餕，臣餕君之餘也。大夫起，士八人餕，賤餕貴之餘也。士起，各執其具以出，陳于堂下，百官進，[三]徹之，下餕上之餘也。凡餕之道，每變以衆，所以別貴賤之等而興施惠之象也，是故以四簋黍見其脩於廟中也。〔四〕廟中者，竟内之象也。祭者，澤之大者也。是故上有大澤則惠必及下，顧上先下後耳，非上積重而下有凍餒之民也。〔五〕是故上有大澤，則民夫人待于下流，〔六〕知惠之必將至也，由餕見之矣。故曰"可以觀政矣"。

【注釋】

〔一〕餕：音郡。　　〔二〕速：音速。　　〔三〕進：鄭玄云："進當爲餕，聲之誤也。"　　〔四〕見：現的本字。　脩於廟中也：經典釋文云："一本脩作'徧'。"王念孫云："作'徧'者是也。徧於廟中謂神惠徧及於廟中也。"　　〔五〕重：音蟲。餒：内的上聲。　　〔六〕夫：音扶。

【譯解】

　　吃用剩餘的飯菜叫餕，禮中的餕通常指卑幼吃用尊長的剩餘飯菜。祭祀也有餕，餕是祭禮中的最末一項，它的意義不可不知。所以古人有這樣的話："好的終結如同好的開始，餕就是如此。"所以古時候的君子說："人們在祭祀中奉事的尸也吃鬼神吃剩下的祭品，這是種施惠的方法，從中可以觀察到國家的政教。"正祭完畢，皇尸起身離席，國君與四位卿一起吃用皇尸所吃剩下的祭品。國君吃畢起身，又由六位大夫來餕，這就是臣吃國君的剩餘。大夫吃畢起身，又由八位士來餕，這是低賤官員吃用高貴官員的剩餘。士吃畢起身，各執籩豆俎簋種種食具出來，將之陳放在堂下，由各種執事人員來餕，然後徹去，這是底下人吃上邊人的剩餘。大凡祭祀中餕的方式，每換一次人，人數就多於上次，這是用以區別貴賤的等級，同時也顯出了由上而下、由貴而賤、由少而多的施惠特徵。所以僅用四件盛着黍米飯的飯器就體現了普遍地在廟中施惠，而廟中又是國境之內的象徵。祭祀神靈，而神靈不獨自享用，還使大家自上而下地輪流享用剩餘祭食，這是一種大的恩澤活動。所以上層人有了大的恩澤，那恩惠必定要普遍地施及下層民衆，只不過先上後下而已，並非上層人物大量積畜財物而使下層有受凍挨餓的人民。因此，每當上層有了大恩澤，那麼人民就各自在下面等待，知道恩惠必將到來，由祭祀中輪流餕食制度就可以看出這點，所以說"由餕可以觀察到國家的政教"。

　　夫祭之爲物大矣，其興物備矣，順以備者也，其教之本與！[一]是故君子之教也，外則教之以尊其君長，內則教之以孝於其親。是故明君在上，則諸臣服從；崇事宗廟社稷，則子孫順孝。盡其道，端其義，而教生焉。是故君子之事君也，必身行之。所不安於上，則不以使下；所惡於下，[二]則不以事上。非諸人，行諸己，非教之道也。是故君子之教也，必由其本，順之至也，祭其是與！故曰：祭者，教之本也已。

【注釋】

〔一〕與：音魚。下同。　　〔二〕惡：音物。

【譯解】

　　那祭祀作爲一種禮事活動是相當大的了，祭祀興辦的物品是相當完備的了，祭祀是順情順禮而祭品又十分完備的活動，大概是政教的根本吧！所以君子的政教，對外就教育人們尊敬君長，對內就教育人們孝順雙親。因此明君在上，那臣屬們就能服從；
崇敬地事奉宗廟社稷，那子孫們就能孝順。盡心於尊君孝親之道，
端正君臣上下之義，從而就產生了政教。所以，君子事奉君長必
須親身去實踐。凡上級對待自己而自己有所不安的，自己就不用
同樣的方式去對待下屬；凡下屬事奉自己而自己有所憎惡的，自
己就不用同樣的態度去事奉上級。非議別人不該做的事，而自己
却去做，那不是推行政教的途徑。所以君子的政教，必由根本做
起，那才最爲順當，祭祀大概就是如此吧！所以說祭祀是政教的
根本。

　　夫祭有十倫焉：見事鬼神之道焉，〔一〕見君臣之義焉，
見父子之倫焉，見貴賤之等焉，見親疏之殺焉，〔二〕見爵賞
之施焉，見夫婦之別焉，見政事之均焉，見長幼之序焉，
見上下之際焉。此之謂十倫。

【注釋】

〔一〕見：現的本字。下同。　　　〔二〕殺：音曬。下同。

【譯解】

　　祭祀具有十種倫常意義：體現了奉事鬼神的方式，體現了君
臣的身份、名義，體現了父子的倫理，體現了貴賤的等級，體現
了親疏的等差，體現了爵賞的施與，體現了夫婦的區別，體現了
政事的均平，體現了長幼的次序，體現了上下的分際。這就叫做
十倫。

　　鋪筵，〔一〕設同几，爲依神也。〔二〕詔祝於室而出于
祊。〔三〕此交神明之道也。

【注釋】

〔一〕鋪：音撲。 筵：音延。 〔二〕爲：音魏。

〔三〕祊：音崩。

【譯解】

將祭，在廟堂的室中鋪放一席，安設一几，供先考先妣神靈就座憑依；在室中向神靈詔告、祝請，又出室下堂到門旁詔告、祝請。由於難定神靈所在，所以不只是在一處求之，室内門旁都詔告、祝請。這是交接神明的方式。

君迎牲而不迎尸，別嫌也。尸在廟門外則疑於臣，[一] 在廟中則全於君；君在廟門外則疑於君，入廟門則全於臣，全於子。是故不出者，明君臣之義也。

【注釋】

〔一〕疑：音你，通擬。

【譯解】

國君出廟迎接祭牲而不出迎充當受祭先君神靈的尸，這是爲了避嫌。因爲尸在廟外，那身份仍然屬臣，進入廟門就完全代表作爲廟主的先君了；國君在廟外，其身份仍然屬君，進入廟門，對於作爲廟主的先君來説，就完全是臣子的身份了。所以，國君不出廟門迎尸，是爲了顯明君臣的身份、名義，不使淆混。

夫祭之道，孫爲王父尸，所使爲尸者，於祭者子行也。[一] 父北面而事之，所以明子事父之道也。此父子之倫也。

【注釋】

〔一〕行：音杭。

【譯解】

祭祀的規矩，兒子不能爲亡父充當尸，孫子才能爲亡祖父充當尸。所選使充當尸的人，對主祭人來說自然是兒子輩的了。父親作爲主祭人，在祭祀當中面向北的事奉尸，用來顯明兒子事奉父親的道理，從而使充當尸的子輩以及廟中助祭的子輩都受到了敬父教育。這反映的是父子的倫理關係。

尸飲五，君洗玉爵獻卿；尸飲七，以瑤爵獻大夫；尸飲九，以散爵獻士及羣有司。皆以齒，〔一〕明尊卑之等也。

【注釋】

〔一〕皆以齒：王引之云："'皆以齒'三字，蓋涉下文'凡羣有司皆以齒'而誤衍。"

【譯解】

國君舉行備有九獻之禮的宗廟大祭時，及至第五次獻酒給尸，尸飲畢，國君沖洗玉爵，酌酒獻給卿。及至第七次獻酒給尸，尸飲畢，國君用瑤爵酌酒獻給大夫。及至第九次獻酒給尸，尸飲畢，國君用散爵即比較普通的酒杯酌酒獻給士以及衆執事人員，皆依年齡大小先後受酒。這就表明了尊卑的等級。

夫祭有昭穆。昭穆者，所以別父子、遠近、長幼、親疏之序而無亂也。是故有事於大廟，〔一〕則羣昭羣穆咸在而不失其倫。此之謂親疏之殺也。

【注釋】

〔一〕大：通太。

【譯解】

　　祭祀有昭穆制度，即除太祖外，二、四、六等雙數世代爲昭，三、五、七等單數世代爲穆。所謂昭穆，就是用以區別父輩子輩、遠近、長幼、親疏的次序而使之不至紊亂的制度。所以國君在太祖廟舉行合祭的時候，無論受祭的先人們，還是助祭的族人們，羣昭羣穆統統在場，而都不失其輩分倫次。這反映的是親疏關係的等差。

　　古者明君爵有德而祿有功，必賜爵祿於大廟，示不敢專也。故祭之日，一獻，君降立于阼階之南，南鄉，〔一〕所命北面，史由君右執策命之；再拜稽首，〔二〕受書以歸，而舍奠于其廟。〔三〕此爵賞之施也。

【注釋】

〔一〕鄉：通向。　　　〔二〕稽：音起。　　　〔三〕舍：音世，通釋。

【譯解】

　　古代的明君對有德的人頒以爵位，對有功之臣賜以俸祿，必定在太廟中頒爵賜祿，表示自己不敢專擅。所以祭祀那天，向皇尸第一次獻酒之後，國君從廟堂上降立在阼階的南邊，面向南。受賞人面朝北，向君站立。主管文書誥命的内史由國君的右側手執册書宣讀君命。受賞人再拜磕頭，接受册書而歸，在家廟中置放供品，報告先人。這反映的是爵賞的實施。

　　君卷冕立于阼，〔一〕夫人副褘立于東房。〔二〕夫人薦豆執校，〔三〕執醴授之執鐙；〔四〕尸酢夫人執柄，〔五〕夫人受尸執足。夫婦相授受，不相襲處，酢必易爵，明夫婦之別也。

【注釋】

〔一〕卷：音滾，通袞。　　〔二〕褘：音輝。　　〔三〕校：音消。　　〔四〕鐙：音登。　　〔五〕酢：音作。

【譯解】

　　國君頭戴玄冕，身穿畫有曲龍圖案的禮服，站在廟堂上東序前、南當阼階的主位上，面向西；國君夫人頭上梳着加編假髮、橫插玉笄的髮髻，身穿縫綴山雞圖案的禮服，站立在廟堂上的東房之中，面向南。夫人給皇尸進薦盛着食品的高腳木豆時，手握着木豆的高腳柱，而當執醴的贊禮人遞給她這木豆時，是手托着木豆的圓底兒遞進的。皇尸回敬夫人酒時，手執酒爵的把柄，夫人接受這酒爵，就用手執着酒爵的底足。不僅如此，即使夫婦相互授受酒器，也不先後手執酒器的同一部位，彼此回敬酒時，必定另換酒爵。這表明了男女有別、夫婦有別。

　　凡爲俎者，以骨爲主。骨有貴賤。殷人貴髀，〔一〕周人貴肩，凡前貴於後。俎者，所以明祭之必有惠也。是故貴者取貴骨，賤者取賤骨，貴者不重，〔二〕賤者不虛，示均也。惠均則政行，政行則事成，事成則功立。功之所以立者，不可不知也。俎者，所以明惠之必均也。善爲政者如此。故曰“見政事之均焉”。〔三〕

【注釋】

〔一〕髀：音必。　　　〔二〕重：音蟲。　　　〔三〕見：現的本字。

【譯解】

俎是盛放煮熟牲肉的木製食具，長方形，有足。凡設俎，以帶肉的骨爲主。骨體有貴賤之分。殷人以胯骨爲貴，周人以肩骨爲貴。周人認爲，牲身的骨體都是前部比後部尊貴，不僅前肢比後肢尊貴，脊骨、肋骨也都是前部貴於後部。設俎分配骨肉，用以表明參加祭祀者一定都能人人受惠。所以，貴人分取貴骨，賤人分取賤骨，貴人雖貴但不能得雙份，賤人雖賤也不至於一無所得，顯示分惠均平。分惠均平政令就能實行，政令實行事情就能辦成，事情辦成就能立功。所以，立功的緣由不可以不知道。祭中設俎分肉，用以顯明有了福利、恩惠必須做到人人均霑。善於行政的人能夠如此。所以說祭祀體現了政事的均平。

凡賜爵，昭爲一，穆爲一，昭與昭齒，穆與穆齒。凡羣有司皆以齒。此之謂長幼有序。

【譯解】

祭畢賜酒，昭輩族人站立一列，穆輩族人另站立一列，昭輩人與昭輩人按年齡爲序相互酬飲，穆輩人與穆輩人按年齡爲序相互酬飲。異姓執事人員都按年齡爲序相互酬飲。這反映的是長幼有序。

夫祭有畀煇、胞、翟、閽者，〔一〕惠下之道也。唯有德之君爲能行此。明足以見之，仁足以與之。畀之爲言與也，能以其餘畀其下者也。煇者，甲吏之賤者也。胞者，

肉吏之賤者也。翟者，樂吏之賤者也。閽者，守門之賤
者也。古者不使刑人守門。此四守者，吏之至賤者也。尸
又至尊，以至尊既祭之末而不忘至賤，而以其餘畀之，是
故明君在上，則竟内之民無凍餒者矣。〔二〕此之謂上下之際。

【注釋】

〔一〕畀：音必。　煇：音運，同韗。　胞：音袍，通庖。　翟：
音笛。　閽：音昏。　〔二〕竟：同境。　餒：内的上聲。

【譯解】

　　祭祀過後有給與煇、胞、翟、閽四種人飲食的，這是施惠下
人的方式。唯有有德的君主才能够做到這點。有德的君主，他的
聖明能够看到這層，他的仁心能够做到賜與。畀就是給與的意思，
能够將自己的剩餘給與下人。所謂煇，就是掌管皮甲吏人中的賤
工；所謂胞，就是掌管屠宰吏人中的賤工；所謂翟，就是樂吏中
教羽舞的賤吏；所謂閽，就是守門人員中的賤者，古代不讓受過
刑罰的人守門。做這四種職務的，是小吏中最低賤的人了。皇尸
在祭禮中身份最尊，今以最尊身份既享受祭品，臨了却不忘最賤
的員工，而把享用的剩餘給與他們。有了這種精神，所以明君在
上，那境内的民衆就没有受凍挨餓的人了。這反映的是上下的人
際關係。

　　凡祭有四時，春祭曰礿，〔一〕夏祭曰禘，〔二〕秋祭曰嘗，
冬祭曰烝。〔三〕礿、禘，陽義也。嘗、烝，陰義也。禘者，
陽之盛也。嘗者，陰之盛也。故曰"莫重於禘、嘗"。古
者於禘也，發爵賜服，順陽義也。於嘗也，出田邑，發

秋政，順陰義也。故記曰：“嘗之日，發公室，示賞也。
草艾則墨，〔四〕未發秋政，則民弗敢草也。”〔五〕故曰禘嘗之
義大矣，治國之本也，不可不知也。明其義者，君也。
能其事者，臣也。不明其義，君人不全；不能其事，爲
臣不全。

【注釋】

〔一〕礿：音藥。　　〔二〕禘：音帝。　　〔三〕烝：音征。

〔四〕艾：音益，通刈。　　〔五〕則民弗敢草也：王引之云：“‘弗
敢’下脱‘艾’字。承上文草艾而言艾草。但曰草則文不成義。”

【譯解】

　　大凡宗廟都有四時之祭，春祭叫礿，夏祭叫禘，秋祭叫嘗，
冬祭叫烝。春温夏熱，所以礿祭、禘祭都是依順陽的意義；秋凉
冬冷，所以嘗祭、烝祭都是依順陰的意義。禘祭在夏，夏日炎暑，
陽氣最盛；嘗祭在秋，秋成萬物，陰功最盛。所以説，四時之祭
以禘嘗二祭爲重。古代在舉行禘祭的時候，國君頒爵位，賜命服，
這是依順陽的意義；在舉行嘗祭的時候，國君出田邑行賞，發布
秋季政令，這是依順陰的意義。所以記中説：“嘗祭那天，頒發公
家財物，這是表示行賞。到了割草的節氣，就可以執行額上刺字
的墨刑。國家未曾頒布秋季政令，人民就不敢割草。”所以説禘
祭、嘗祭的意義是相當重大的，是治國的根本，不可以不知。明
了這意義的，其責在君；能辦這祭事的，其責在臣。不明了這意
義，是當君的缺陷；不能辦這祭事，是做臣的缺陷。

　　夫義者，所以濟志也，諸德之發也。是故其德盛者
其志厚，其志厚者其義章，其義章者其祭也敬，祭敬則

竟內之子孫莫敢不敬矣。是故君子之祭也，必身親涖之，[一]有故則使人可也。雖使人也，君不失其義者，君明其義故也。其德薄者其志輕，疑於其義而求祭，使之必敬也弗可得已。祭而不敬，何以爲民父母矣。

【注釋】

〔一〕涖：音力。

【譯解】

　　這裏所説的義，是用以成就心志的，是各種品德的出發點。所以，德行盛大的，他的心志就深厚；心志深厚的，他的道義就彰明；道義彰明的，他的祭祀就誠敬；國君祭祀誠敬，那麼境內的子孫們就沒有敢不誠敬的了。所以君子舉行祭祀，必須親自臨祭，有特殊事故，就派人攝代行祭，國君之所以並未因此而在道義上有所損失，這是由於國君深明祭祀的重要意義的緣故。道德淺薄的人，他的心志也必輕浮，懷疑祭祀的意義而有所私求的去行祭，讓他必有至誠至敬之心，那是不可能的。祭祀而沒有誠敬，如何去做人民的父母呢？

　　夫鼎有銘，銘者，自名也，自名以稱揚其先祖之美，而明著之後世者也。爲先祖者，莫不有美焉，莫不有惡焉。銘之義，稱美而不稱惡，此孝子孝孫之心也。唯賢者能之。銘者，論譔其先祖之有德善、功烈、勳勞、慶賞、聲名，[一]列於天下，而酌之祭器，自成其名焉，以祀其先祖者也。顯揚先祖，所以崇孝也。身比焉，[二]順也。明示後世，教也。夫銘者，壹稱而上下皆得焉耳矣。是故君子之觀於銘也，既美其所稱，又美其所爲。爲之者，明足以見之，[三]仁足以與之，知足以利之，[四]可謂賢矣。賢而勿伐，可謂恭矣。

【注釋】

〔一〕譔：同撰。　　〔二〕比：音必。　　〔三〕見：現的本字。　　〔四〕知：同智。

【譯解】

　　鼎有帶銘文的。所謂銘，就是自己留下聲名。詳言之，自己在銅器上留下姓名，來稱譽贊揚自己先祖的美德美行，使之彰明昭著的傳流後世。做祖先的，沒有沒美德的，也沒有沒缺點的，而銘的意義就在於稱道美德而不稱述缺點，這是孝子孝孫的心意，唯有賢人能夠做到。所謂銘，就是撰述先祖具有的德善、功業、勳勞、獎賞、聲名且已陳布於天下的，斟酌文辭而鑄之於祭器之上，並自附其名於銘文之中，用以祭祀其先祖。顯揚先祖，是用以推崇孝道的。自己名字比附銘中，這是孝順行爲。明示後世，這就起了教育作用。這種銘，一經稱述而祖上和子孫都能得益。所以君子觀看銘文的時候，既贊美銘中所稱頌者的品德，又贊美製此銘文者的做爲。鑄造銘文的人，他的聰明能夠顯現先人的美德，他的愛心能夠給先人做銘，他的智慧能夠利用這個方式利己利人，可以稱得上賢明了。賢明而又不自詡，可以稱得上謙恭了。

　　故衛孔悝之鼎銘曰：[一]"六月丁亥，公假于大廟。[二]公曰：'叔舅！乃祖莊叔左右成公。成公乃命莊叔隨難于漢陽，[三]即宮于宗周，奔走無射。[四]啓右獻公，獻公乃命成叔纂乃祖服。[五]乃考文叔，興舊耆欲，[六]作率慶士，躬恤衛國,〔七〕其勤公家，夙夜不解,〔八〕民咸曰休哉！'公曰：'叔舅！予女銘,〔九〕若纂乃考服。'悝拜稽首，曰：'對揚以辟之。'〔一〇〕勤大命，施于烝彝鼎。"〔一一〕此衛孔悝之鼎銘也。古之君子論譔其先祖之美而明著之後世者也，以比其身，以重其國家如此。子孫之守宗廟社稷者，其先祖無美而稱之，是誣也；有善而弗知，不明也；知而弗傳，不仁也。此三者，君子之所恥也。

【注釋】

〔一〕悝：音盔。　　〔二〕假：音格。　大：通太。

〔三〕難：去聲。　　〔四〕射：音亦，通斁。　　　〔五〕纂：音纘。　　〔六〕耆：音士，通嗜。　　〔七〕恤：音旭。

〔八〕夙：音素。　解：音謝，通懈。　　〔九〕女：通汝。

〔一〇〕辟：音必。　　〔一一〕彝：音移。

【譯解】

　　從前衛國大夫孔悝爲他先祖鑄了個帶銘文的禮鼎，其銘文是："六月丁亥那天，衛莊公來到太廟。莊公說：'小舅！你的七世祖莊叔，輔佑我祖先成公。成公曾命莊叔隨他避難在漢水之北，後來又隨成公到宗周就居，長期奔走，不知厭倦。上天保佑我先祖獻公返國，獻公就命你的高祖成叔繼承其祖父的職事。你父親文叔興起舊時志願，率領卿士們，親身憂恤衛國，勤勞奉公，日夜不懈，民衆都說好哇！'莊公又說：'小舅！賜予你據此製銘。你繼承你父親的職事。'孔悝跪拜叩頭說：'敬承君命，來顯明我先祖的美德。'於是殷勤遵奉大命，施鑄銘文於冬祭用的禮鼎之上。"這就是衛國大夫孔悝所鑄鼎上的銘文。古代有地位的君子論述他們先祖的美德，使之彰明昭著地流傳後世，並用以比附自己的名字，用以推重自己的國家，是如此的盡心盡力。子孫們之中掌管宗廟社稷的人，他的祖先沒有美德美行而妄加稱頌，那就是撒謊；有善事而子孫竟不知曉，那就是愚昧不明；知曉而不設法爲之傳揚，那就是沒有愛心。撒謊、愚昧不明、沒有愛心，這三點都是君子的恥辱。

　　昔者<u>周公旦</u>有勳勞於天下，<u>周公</u>既没，[一]<u>成王</u>、<u>康王</u>追念<u>周公</u>之所以勳勞者，而欲尊<u>魯</u>，故賜之以重祭，外祭則郊、社是也，內祭則大嘗、禘是也。夫大嘗禘，升歌<u>清廟</u>，下而管<u>象</u>，朱干玉戚以舞<u>大武</u>，八佾以舞<u>大夏</u>，[二]此天子之樂也。康<u>周公</u>，故以賜<u>魯</u>也。子孫纂之，至于今不廢，所以明<u>周公</u>之德，而又以重其國也。

【注釋】

〔一〕没：音末。　　　〔二〕佾：音益。

【譯解】

　　從前，<u>周公姬旦</u>對<u>周</u>王朝統治天下有巨大功勳。<u>周公</u>死後，<u>周成王</u>、<u>周康王</u>追念<u>周公</u>所做出的功勳勞績，而打算提高他的封地<u>魯國</u>的地位，所以特准<u>魯國</u>可以舉行隆重大祭。外祭可以祭天祭地，內祭即宗廟祭祀可以舉行大嘗、大禘。那大規模的嘗祭和禘祭當中，可以讓樂工升堂歌唱讚美<u>文王</u>的<u>清廟</u>詩篇，堂下可以在管樂伴奏下舞蹈<u>象</u>舞，可以手執朱色盾牌、手握玉斧來舞蹈<u>大武</u>之舞，可以用八列舞隊來舞蹈<u>大夏</u>之舞。以上這些本是天子大祭時使用的樂舞，爲了褒揚<u>周公</u>，所以把<u>周</u>王朝這些特權也賜給了<u>魯國</u>。<u>魯國</u>子孫一直繼承使用，至今尚未廢止，用以顯明<u>周公</u>的功德，同時又用以增重其國家地位。

經解第二十六

　　孔子曰：“入其國，其教可知也。其爲人也，温柔敦厚，詩教也；疏通知遠，書教也；廣博易良，樂教也；絜静精微，〔一〕易教也；恭儉莊敬，禮教也；屬辭比事，〔二〕春秋教也。故詩之失愚，書之失誣，樂之失奢，易之失賊，禮之失煩，春秋之失亂。其爲人也，温柔敦厚而不愚，則深於詩者也；疏通知遠而不誣，則深於書者也；廣博易良而不奢，則深於樂者也；絜静精微而不賊，則深於易者也；恭儉莊敬而不煩，則深於禮者也；屬辭比事而不亂，則深於春秋者也。”

【注釋】

〔一〕絜：同潔。　　〔二〕屬：音主。　比：音必。

【譯解】

　　孔子説：“進入一個國家，對這個國家的教化就可以知曉了。國民們的爲人，如果辭氣温柔，性情敦厚，那是屬於詩的教化；如果通達時政，遠知古事，那是屬於書的教化；如果心胸寬廣，和易善良，那是屬於樂的教化；如果安詳沉静，推測精微，那是屬於易的教化；如果謙恭節儉，莊重誠敬，那是屬於禮的教化；如果善於連屬文辭，排比事例，那是屬於春秋的教化。各種教化節制失宜，掌握不妥，也容易產生各自的偏向。詩教的流弊在於愚昧不明，書教的流弊在於言過其實，樂教的流弊在於奢侈浪費，易教的流弊在於迷信害人，禮教的流弊在於煩苛瑣細，春秋教的流弊在於亂加褒貶。爲人既能温柔敦厚，又不愚昧不明，那就是深於詩教的人了；爲人既能通達知遠，又不言過其實，那就是深於書教的人了；爲人既能潔静精微，又不迷信害人，那就是深於易教的人了；爲人既能恭儉莊敬，又不煩瑣苛細，那就是深於禮教的人了；爲人既能屬辭比事，又不亂加褒貶，那就是深於春秋教的人了。"

天子者，與天地參，[一]故德配天地，兼利萬物，與日月並明，明照四海而不遺微小。其在朝廷則道仁聖禮義之序，燕處則聽雅、頌之音，[二]行步則有環佩之聲，升車則有鸞和之音。居處有禮，進退有度，百官得其宜，萬事得其序。詩云："淑人君子，其儀不忒。[三]其儀不忒，正是四國。"此之謂也。

【注釋】

〔一〕參：通三。　　〔二〕處：音杵。　　〔三〕忒：音特。

【譯解】

天子與天地並列而爲三。所以天子的功德比配天地，兼施恩惠於萬物，與日月一併發光，明照天下而不遺細小。他在朝廷上，就講求仁聖禮義的實施次序；閒居時，就聆聽雅頌正音；步行時，身上就有玉環玉佩撞碰的聲響；乘車時，車上就有鸞鈴、和鈴呼應的樂音。居處有一定的禮節，進退有一定的法度，所任百官各得其宜，所做萬事各得其序。詩經曹風鳲鳩篇中說："善人君子，儀態沒有差錯。儀態沒有差錯，正確領導四方各國。"說的就是這種情況。

發號出令而民說謂之和，[一]上下相親謂之仁，民不求其所欲而得之謂之信，除去天地之害謂之義。義與信，和與仁，霸王之器也。[二]有治民之意而無其器，則不成。

【注釋】

〔一〕說：通悅。　　〔二〕王：音旺。

【譯解】

發號施令而人民喜悅，這就叫作"和"；上下相親，這就叫作"仁"，人民尚未提出自己的需求就讓他們得到滿足，這就叫作"信"；清除天地之間的禍害，這就叫作"義"。義與信，和與仁，這是霸主、王者的工具。有治理人民的心意而沒有相應的工具，就不能成功。

禮之於正國也，猶衡之於輕重也，繩墨之於曲直也，規矩之於方圜也。[一]故衡誠縣，[二]不可欺以輕重；繩墨誠陳，不可欺以曲直；規矩誠設，不可欺以方圜；君子審禮，不可誣以姦詐。是故隆禮、由禮謂之有方之士，不隆禮、不由禮謂之無方之民，敬讓之道也。故以奉宗廟則敬，以入朝廷則貴賤有位，以處室家則父子親、兄弟和，以處鄉里則長幼有序。孔子曰：“安上治民，莫善於禮。”此之謂也。

【注釋】

〔一〕圜：通圓。　　　〔二〕縣：懸的本字。

【譯解】

　　禮之用於整治國家，猶如用秤來稱量輕重，用墨繩來校正曲直，用圓規、矩尺來做圓畫方。所以，只要將秤老老實實地懸起，就不能在輕重上騙人；只要將墨繩老老實實地伸開，就不能在曲直上騙人；只要將圓規和矩尺老老實實地擺設，就不能在方圓上騙人；大人君子深明禮義，就不能用姦詐來騙他。故此，尊崇禮、遵循禮的，就叫作有道義之士；不尊崇禮、不遵循禮的，就叫作無道之人。禮實際上就是敬讓之道。所以，據禮奉事宗廟，就會誠敬；據禮進入朝廷，就會貴賤各宜其班位；依禮來處家庭關係，就會父子相親，兄弟和洽；依禮來處鄉里關係，就會長幼有序。孔子在孝經中說：“安定君上，治理下民，沒有比禮更好的了。”說的就是這種情況。

　　故朝覲之禮，〔一〕所以明君臣之義也；聘問之禮，所以使諸侯相尊敬也；喪祭之禮，所以明臣子之恩也；鄉飲酒之禮，所以明長幼之序也；昏姻之禮，〔二〕所以明男女之別也。夫禮禁亂之所由生，〔三〕猶坊止水之所自來也。〔四〕故以舊坊爲無所用而壞之者，必有水敗；以舊禮爲無所用而去之者，必有亂患。

【注釋】

〔一〕覿：音進。　　〔二〕昏：婚的本字。　　〔三〕夫：音扶。　　〔四〕坊：音房。

【譯解】

　　所以，諸侯按期朝見天子之禮，是用以表明君臣間的道義的；諸侯與諸侯按期互相聘問之禮，是用以促使諸侯互相尊敬的；居喪、祭祀之禮，是用以表明爲臣爲子的情分的；鄉飲酒之禮，是用以表明長幼順序的；婚姻之禮，是用以表明男女區別的。用禮來禁斷禍亂發生的根由，猶如用隄防阻止洪水的到來一樣。所以，如果認爲舊隄沒用而加以毀壞，必定會有水災；如果認爲舊禮沒用而加以廢棄，必定會有禍亂。

　　故昏姻之禮廢，則夫婦之道苦，而淫辟之罪多矣。〔一〕鄉飲酒之禮廢，則長幼之序失，而爭鬥之獄繁矣。喪祭之禮廢，則臣子之恩薄，而倍死忘生者衆矣。〔二〕聘覿之禮廢，則君臣之位失，諸侯之行惡，而倍畔侵陵之敗起矣。

【注釋】

〔一〕辟：音譬，通僻。　　〔二〕倍死忘生：王念孫云：“‘生’當爲‘先’。漢書禮樂志、論衡薄葬篇均作‘倍死忘先’。”倍：通背。

【譯解】

　　因此，如果廢棄婚姻之禮，那麼夫妻的結合方式就將流於粗濫，從而姦淫邪僻的罪惡必然增多；如果廢棄鄉飲酒之禮，那麼就將失掉長幼的次序，從而爭鬥的案件必然頻繁；如果廢棄喪禮和祭禮，那麼爲臣爲子的就將變得寡恩薄情，從而背叛死者、忘記祖先的人必然衆夥；如果廢棄聘問、朝覲之禮，那麼君臣不同的身份就將消失，諸侯的行徑就將惡劣，從而背叛、侵略的壞事必然發生。

　　故禮之教化也微，其止邪也於未形，使人日徙善遠罪而不自知也，是以先王隆之也。易曰：“君子慎始，差若豪氂，〔一〕繆以千里。”〔二〕此之謂也。

【注釋】

〔一〕豪：通毫。　氂：音離，通釐。　　　〔二〕繆：通謬。

【譯解】

　　所以，禮對教化的作用是隱微的，它能在邪惡尚未形成的時候就加以防止，它能使人們不知不覺地日趨善良、遠離罪過。因此，以前的聖王特別重視它。有關易經的著作曾説：“大人君子慎重地對待開始，開頭如有毫釐的差錯，往後就會錯有千里之遠了。”説的正是這個意思。

哀公問第二十七

　　哀公問於孔子曰："大禮何如？君子之言禮，何其尊也？"孔子曰："丘也小人，不足以知禮。"君曰："否。吾子言之也。"孔子曰："丘聞之，民之所由生，禮爲大。非禮無以節事天地之神也，非禮無以辨君臣、上下、長幼之位也，非禮無以別男女、父子、兄弟之親，昏姻、疏數之交也。〔一〕君子以此之爲尊敬然。然後以其所能教百姓，不廢其會節。有成事，然後治其雕鏤、文章、黼黻以嗣。〔二〕其順之，然後言其喪筭，〔三〕備其鼎俎，設其豕腊，〔四〕脩其宗廟，歲時以敬祭祀，以序宗族，即安其居，節醜其衣服，卑其宮室，車不雕幾，〔五〕器不刻鏤，食不貳味，以與民同利。昔之君子之行禮者如此。"公曰："今之君子胡莫之行也？"孔子曰："今之君子好實無厭，〔六〕淫德不倦，荒怠敖慢，〔七〕固民是盡，午其衆以伐有道，〔八〕求得當欲不以其所。〔九〕昔之用民者由前，今之用民者由後。今之君子莫爲禮也。”

【注釋】

〔一〕昏：婚的本字。　數：音朔。　　〔二〕黼：音府。　黻：
音符。　　〔三〕筭：同算。　　〔四〕豕：音史。　腊：音
西。　　〔五〕幾：音其。　　〔六〕好：音浩。
〔七〕敖：通傲。　　〔八〕午：通忤。　　〔九〕當：音蕩。

【譯解】

　　魯哀公問孔子説：“大禮是怎麼樣的？君子談起禮來，爲什麼把它説得那麼尊貴、重要呢？”孔子説：“我孔丘是個平凡的小人物，還不够懂禮。”哀公説：“不！我的先生，還是請你説説吧。”孔子説：“我孔丘聽説，人民在生活中該遵循的，禮是最重大的。除非禮，就不能有節制地事奉天地的神靈；除非禮，就不能辨明君臣、上下、長幼的身份地位；除非禮，就不能區別男女、父子、兄弟的親情以及婚姻親疏的交際關係；君子因此尊敬、重視這禮。然後盡其所能來教導百姓，不廢棄會聚行禮的時節。教導之事有了成效，然後置辦雕鏤的禮器，繪繡各種色彩圖案花紋的禮服，來繼續推行禮教。百姓順應了，然後言明居喪的月數，具備鼎俎之類的祭器，設置生猪、乾肉，修建宗廟，按年按季的來虔敬行祭，來按輩分、長幼、親疏序會宗族。同時在生活方面，安心於自己的居處環境，有節制地穿用衣服，住低矮的宫室，日常乘車不雕飾花紋，生活器物不鏤刻圖案，每頓飯不吃兩味菜肴，來與民衆同享物利。從前的大人君子就是這樣行禮的。”哀公説：“如今的君子爲什麼没有這樣行禮的呢？”孔子説：“如今的君子，貪好財貨而不知滿足，過分獲取而不知厭倦，荒淫怠惰而態度傲慢，頑固地要刮盡民財，違逆衆心地去侵犯有道的國家，爲了追求獲

得，爲了滿足私慾，不擇手段。從前統治民衆的君子是依前面所
說的行禮，如今統治民衆的君子是按後面所說的行事。如今的大
人君子，沒有肯認真行禮的了。”

孔子侍坐於哀公。哀公曰：“敢問人道誰爲大？”孔
子愀然作色而對曰：〔一〕“君之及此言也，百姓之德也，固
臣敢無辭而對。人道政爲大。”公曰：“敢問何謂爲政？”
孔子對曰：“政者，正也。君爲正，則百姓從政矣。君之
所爲，百姓之所從也。君所不爲，百姓何從。”公曰：
“敢問爲政如之何？”孔子對曰：“夫婦別，父子親，君臣
嚴。三者正，則庶物從之矣。”公曰：“寡人雖無似也，
願聞所以行三言之道，可得聞乎？”孔子對曰：“古之爲
政，愛人爲大。所以治愛人，禮爲大。所以治禮，敬爲
大。敬之至矣，大昏爲大，大昏至矣。大昏既至，冕而
親迎，親之也。親之也者，親之也。是故君子興敬爲親，
舍敬是遺親也。〔二〕弗愛不親，弗敬不正。愛與敬，其政之
本與！”〔三〕

【注釋】

〔一〕愀：音巧。　　〔二〕舍：通捨。　　〔三〕與：音魚。

【譯解】

孔子在魯哀公身旁陪坐。哀公說：“請問人生之道何事最爲重
大？”孔子肅然正色地回答說：“國君您提到這個話題，真是百姓
的福分，鄙臣怎敢無辭答對。人生之道，政務最爲重大。”哀公
說：“請問什麼叫做爲政？”孔子對答說：“政就是正的意思。國

君做得正，百姓就聽從政令了。國君的所作所爲，就是百姓所隨從效法的。國君不作不爲的，百姓怎能隨從效法？”哀公説：“請問怎麼樣爲政？”孔子對答説：“夫妻有分限，父子相親愛，君臣相敬重。這三項做得正，那麼其他衆事也就都能跟着做好了。”哀公説：“寡人雖然不肖，不過，願意恭聽如何實行這三句話的途徑，能夠聽聽麼？”孔子回答説：“古代行政，以愛人最爲重大。用來做到愛人的，禮最爲重大。用來行禮的，敬最爲重大。能夠盡敬的，以國君的大婚禮最爲重大。國君的大婚禮最能盡敬了。婚期既到，國君頭戴冠冕，身穿冕服，親自去迎娶，這是爲了親近她。親近她，就是親愛她呀！所以君子興起敬慕之心爲的是和她相親，捨棄敬心那就丟掉親愛的誠意了。不愛慕就不能親密，不尊敬就是不正道。愛和敬，大概就是國政的根本了吧！”

公曰：“寡人願有言然。冕而親迎，不已重乎？”孔子愀然作色而對曰：“合二姓之好，以繼先聖之後，以爲天地、宗廟、社稷之主，君何謂已重乎？”公曰：“寡人固。不固，焉得聞此言也？寡人欲問，不得其辭，請少進。”孔子曰：“天地不合，萬物不生。大昏，萬事之嗣也，君何謂已重焉！”孔子遂言曰：“內以治宗廟之禮，足以配天地之神明；出以治直言之禮，足以立上下之敬。物恥足以振之，國恥足以興之。爲政先禮，禮其政之本與！”孔子遂言曰：“昔三代明王之政，必敬其妻子也有道。妻也者，親之主也，敢不敬與？子也者，親之後也，敢不敬與？君子無不敬也，敬身爲大。身也者，親之枝也，敢不敬與？不能敬其身，是傷其親；傷其親，是傷其本；傷其本，枝從而亡。三者，百姓之象也。身以及身，子以及子，妃以及妃，君行此三者，則愾乎天下矣，〔一〕大王之道也。〔二〕如此則國家順矣。”

【注釋】

〔一〕愾：音細，通迄。　　　〔二〕大：通太。

【譯解】

　　哀公說：“寡人想插問一句。國君穿戴冕服親自去迎娶，不太過於隆重了嗎？”孔子蕭然正色地回答說：“結合兩個族姓的婚姻，來接續先代聖王的後嗣，成爲天地、宗廟、社稷的主人，國君您怎麽說太隆重了呢？”哀公說：“寡人鄙陋。不鄙陋，怎能聽到這些話呢！寡人想問，一時找不到適當的措辭，請你再稍作進一步的解釋。”孔子說：“天地之氣不融合，萬物就不能生長。國君大婚，將傳後嗣於萬世，君主您怎麽說冕而親迎太隆重了呢！”孔子於是接着說：“國君夫婦在内雙雙主持宗廟的祭禮，可以比配天地的神明；出外主持頒布政令的大禮，可以建立上下的敬心。職事的失誤，用禮可以振救；國政的失敗，用禮可以復興。國君施政，以禮爲先，禮大概是國政的根本吧！”孔子又接着說：“從前夏商周三代聖主明王的政教，都必定敬重他們的妻和子，這自有道理。妻麽，與自己在一起，同是祭祀亡親的主人，怎敢不敬重她呢！兒子麽，是亡親的後代，怎敢不敬重他呢！君子處世無所不敬，而敬重自身更爲大事。因爲個人的身軀，原是雙親的分枝，怎敢不自敬自重呢！不能敬重自身，就等於是傷害雙親。傷害雙親，就是傷害了根本。傷害了根本，那分枝也就從而枯死了。國君本身與妻、子這三者組成的家庭，也是百姓家庭的基本模式。

國君由敬重自身推及百姓之身，由敬重自己的兒子推及百姓的兒子，由敬重自己的配偶推及百姓的配偶，國君施行這三敬教化，就能推廣到天下了，這是<u>周代</u>祖先<u>太王</u>的教育路綫哩！這樣，整個國家就和順了。"

公曰："敢問何謂敬身?"<u>孔子</u>對曰："君子過言則民作辭，過動則民作則。君子言不過辭，動不過則，百姓不命而敬恭。如是，則能敬其身；能敬其身，則能成其親矣。"

【譯解】

<u>哀公</u>說："請問什麼叫做敬身?"<u>孔子</u>對答說："君子說錯了話，人民仍然稱道他那言辭；君子錯誤的行動，人民猶且奉爲準則。所以，君子說話沒有錯誤的言辭，行動沒有錯誤的準則，不用發布命令，百姓就畢恭畢敬了。這樣，就能敬重自身了。能夠敬重自身，也就能成就其親了。"

公曰："敢問何謂成親?"<u>孔子</u>對曰："君子也者，人之成名也。百姓歸之名，謂之君子之子，是使其親爲君子也，是爲成其親之名也已。"<u>孔子</u>遂言曰："古之爲政，愛人爲大。不能愛人，不能有其身；不能有其身，不能安土；不能安土，不能樂天；不能樂天，不能成其身。"公曰："敢問何謂成身?"<u>孔子</u>對曰："不過乎物。"

【譯解】

<u>哀公</u>說："請問什麼叫做成就其親?"<u>孔子</u>對答說："所謂君

子，是人的道德成就的美名。百姓送給他的名稱，稱他是君子之子，這就使他的父親成爲君子了，也就是成就了他父親的聲名了。"孔子接着說："古代頒政施教，總以博愛人羣爲大事。不能博愛人羣，就不能保有自身。不能保有自身，就不能安居鄉土。不能安居鄉土，就不能樂循天理。不能樂循天理，就不能成就自身。"哀公說："請問什麼叫做成就自身？"孔子對答說："行動不要越過事理。"

公曰："敢問君子何貴乎天道也？"孔子對曰："貴其不已。如日月東西相從而不已也，是天道也。不閉其久，是天道也。無爲而物成，是天道也。已成而明，是天道也。"

【譯解】

哀公問："請問君子爲什麼要尊重天道呢？"孔子對答說："尊重它的運動不息。比如日月東西相從而運轉不已，這是天道。既不閉塞，又能長久，這是天道。無所作爲，而萬物生成，這是天道。萬物既已生成，功績才從而明著，這是天道。"

公曰："寡人憃愚冥煩，〔一〕子志之心也。"孔子蹴然辟席而對曰：〔二〕"仁人不過乎物，孝子不過乎物。是故仁人之事親也如事天，事天如事親，是故孝子成身。"公曰："寡人既聞此言也，無如後罪何？"孔子對曰："君之及此言也，是臣之福也。"

【注釋】

〔一〕愡：音冲。 冥：音明。 〔二〕蹳：音醋。 辟：音必，通避。

【譯解】

哀公説："寡人愚蠢不明，您心裏是知道的。"孔子恭敬不安地離開了席位，對答説："仁人不越過事理，孝子不越過事理。所以，仁人敬奉雙親如同敬奉上天，敬奉上天如同敬奉雙親，所以孝子能成就自身。"哀公説："寡人已經聽取了您的這番高論，惟恐日後還有過失，那該如何？"孔子説："君主您能提及這話，那是臣下的福分哪！"

仲尼燕居第二十八

　　仲尼燕居，子張、子貢、言游侍，縱言至於禮。子曰：“居！女三人者。〔一〕吾語女禮，〔二〕使女以禮周流，無不徧也。”〔三〕子貢越席而對曰：“敢問何如?”子曰：“敬而不中禮謂之野，〔四〕恭而不中禮謂之給，〔五〕勇而不中禮謂之逆。”子曰：“給奪慈仁。”子曰：“師！爾過而商也不及。子產猶衆人之母也，能食之，〔六〕不能教也。”子貢越席而對曰：“敢問將何以爲此中者也?”子曰：“禮乎禮！夫禮所以制中也。”〔七〕

【注釋】

〔一〕女：通汝。下同。　　〔二〕語：音玉。下同。

〔三〕徧：同遍。　　〔四〕中：音仲。下二中字音同。

〔五〕給：音幾。　　〔六〕食：音嗣。　　〔七〕夫：音扶。

【譯解】

　　孔子在家休息，弟子子張、子貢、子游陪侍，漫談中間談到了禮。孔子説：“坐下，你們三人。我給你們講講禮，使你們將禮周詳地運用各處，無所不遍。”子貢起立離席回話說：“請問禮該如何？”孔子說：“虔敬而不合乎禮，叫做土氣；謙恭而不合乎禮，叫做巴結；勇敢而不合乎禮，叫做乖逆。”孔子說：“巴結淆亂了仁慈。”孔子說：“子張做得有些過頭，子夏又嫌做得不够。子產像是一般人的母親，能够喂養而不能够教育。”子貢又離席答對說：“請問憑借什麼才能做到適中？”孔子說：“禮呀禮呀！這禮就是用來節制行爲使之適中的。”

子貢退，言游進曰：“敢問禮也者，領惡而全好者與？”〔一〕子曰：“然。”“然則何如？”子曰：“郊社之義，所以仁鬼神也。嘗禘之禮，所以仁昭穆也。饋奠之禮，所以仁死喪也。射鄉之禮，所以仁鄉黨也。食饗之禮，〔二〕所以仁賓客也。”子曰：“明乎郊社之義，嘗禘之禮，治國其如指諸掌而已乎！是故以之居處有禮，故長幼辨也；以之閨門之內有禮，故三族和也；以之朝廷有禮，故官爵序也；以之田獵有禮，故戎事閑也；以之軍旅有禮，故武功成也。是故宮室得其度，量鼎得其象，〔三〕味得其時，樂得其節，車得其式，鬼神得其饗，喪紀得其哀，辨説得其黨，〔四〕官得其體，政事得其施，加於身而錯於前，〔五〕凡衆之動得其宜。”

【注釋】

〔一〕與：音魚。　　〔二〕食：音嗣。　　〔三〕量：音亮。
〔四〕辨：通辯。　　〔五〕錯：通措。

【譯解】

子貢退後，子游進前說：“請問，所謂禮是不是治理惡劣習性、保全良好品行的呢？”孔子說：“是的。”子遊說：“那麼，該怎麼做呢？”孔子說：“郊天、祭社的意義，是用以致仁愛於鬼神的；嘗、禘等大規模的宗廟祭禮，是用以致仁愛於各輩祖先的；饋食祭奠的禮儀，是用以致仁愛於死喪的；鄉中習射、鄉中飲酒的禮儀，是用以致仁愛於鄉里的；食宴酒會的禮儀，是用以致仁愛於賓客的。”孔子說：“明白了祭天、祭社的意義，懂得宗廟的祭禮，那麼治理國家就了如指掌了吧！所以，這樣一來，居家處室有禮，從而長幼就分辨清楚了；這樣一來，家族門中有禮，從而父、子、孫三輩族人就和睦了；這樣一來，朝廷上有禮，從而官爵上下就井然有序了；這樣一來，田獵有禮，從而軍事演習就嫻熟了；這樣一來，軍隊有禮，從而就能建立武功了。因爲有了禮，宮室得以有了制度，量器、鼎類得以有了式樣，飲食滋味得以各適其時，音樂得以有了節制，馬車得以有了不同的級別形式，鬼神得以各受其該有的祭享，喪事能夠得到適度的表哀，辯說能夠得到自己的同志，百官得以各守其職分，政事得以順利實施。加在身上的，擺在面前的，人們的種種行爲舉動都能夠適宜得當。”

子曰：“禮者何也？即事之治也。君子有其事必有其治。治國而無禮，譬猶瞽之無相與！[一] 悵悵乎其何之？[二] 譬如終夜有求於幽室之中，非燭何見？若無禮，則手足無所錯，耳目無所加，進退揖讓無所制。是故以之居處，長幼失其別，閨門、三族失其和，朝廷官爵失其序，田獵戎事失其策，軍旅武功失其制，宮室失其度，量鼎失其象，味失其時，樂失其節，〔三〕車失其式，鬼神失其饗，喪紀失其哀，辨說失其黨，官失其體，政事失其施，加於身而錯於前，凡衆之動失其宜。如此，則無以祖洽於衆也。”

【注釋】

〔一〕相：音象。　　〔二〕倀：音昌。　　〔三〕樂：音岳。

【譯解】

孔子說：“禮是什麼呢？禮就是對事務的治理。君子有什麼事務，必有相應的治理手段。治理國家倘若沒有禮，就猶如盲人沒有扶助引導的人吧！茫茫然地要往哪裏去呢？就譬如整夜在暗室中有所尋求，沒有燭光怎能看得見呢？沒有禮，那手腳就不知所措，那耳目就不知怎用，進退揖讓就沒有規矩。所以，這樣一來，居家處室就會沒大沒小，長幼無別；家族門內，父子孫三輩族人就要失去和睦；朝廷之上，官爵上下就要喪失秩序；田獵當中就將失掉策略，軍隊攻守就將失掉控制，宮室建造就將喪失制度，量器、鼎類就要喪失式樣，飲食滋味就要失其時宜，音樂就將喪失節制，用車就要喪失定式，鬼神就要失去適宜的祭享，喪事就要失掉合度的致哀，辯說失去了聽衆，百官失去了職守，政事失去了順利實施。凡加在身上的和擺在面前的，所有種種的舉動都失其所宜。這樣，就沒法倡導羣衆、團結羣衆了。”

子曰：“慎聽之，女三人者！吾語女禮，猶有九焉，大饗有四焉。苟知此矣，雖在畎畝之中，〔一〕事之，聖人已。兩君相見，揖讓而入門，入門而縣興，〔二〕揖讓而升

堂，升堂而樂闋，〔三〕下管象武，夏籥序興，〔四〕陳其薦俎，
序其禮樂，備其百官，如此而後君子知仁焉。行中規，
還中矩，〔五〕和鸞中采齊，〔六〕客出以雍，徹以振羽，是故君
子無物而不在禮矣。入門而金作，示情也。升歌清廟，
示德也。下而管象，示事也。是故古之君子不必親相與
言也，以禮樂相示而已。”

【注釋】

〔一〕畎：音犬。　　〔二〕縣：懸的本字。　　〔三〕闋：音
確。　　〔四〕籥：音月。　　〔五〕還：同旋。
〔六〕齊：音濟。

【譯解】

　　孔子説：“認真聽着，你們三人！我告訴你們的禮，還有下面
九事，其中四事（金奏肆夏，升歌清廟，堂下吹奏象舞曲、武舞
曲，舞蹈大夏舞）是大饗禮所特有的。如果通曉這些禮意，即使
是身在田間的農民，只要按此禮意行事，也是聖人了。外國國君
來正式訪問，本國國君在祖廟中舉行饗禮接待貴賓。兩國國君相
見：相互揖讓而進入廟門；入門時，樂師用庭中所懸的樂鐘奏起
肆夏；賓主踩着節拍分別走到堂前西階東階之下，揖讓而升堂；
堂上各就各位的同時，鐘樂正好停止；堂下樂工用笙吹奏象舞和
武舞兩支舞曲；接下來，執籥的舞列起舞大夏；擺設籩豆與牲俎；
按序安排禮樂；備齊各種執事人員。這樣做了之後，來訪國君就
感覺到了主國的盛情厚意。禮中人們來往走動，周旋時步子要合
乎圓規的弧綫，折行時步子要合乎矩尺的方度；乘車來時，衡上
鸞鈴與軾前和鈴的聲響要合乎采齊樂章的節拍；禮畢，貴賓走出，
堂下奏起雍的樂章；撤去席上的食具時，奏起振羽的樂章。由此

可見，君子的一舉一動，沒有任何事不在禮樂之中了。主人陪同貴賓剛進廟門的時候，庭中鐘聲莊重響起，這是表示主人歡迎的情意；樂工登堂歌唱<u>清廟</u>詩章，是表示國君景仰<u>文王</u>的美德；堂下笙奏<u>象</u>、<u>武</u>兩支舞曲，表示國君崇敬<u>文王</u>、<u>武王</u>的功業。由此可見，古代的大人君子相見時，不必互相說話，只憑禮樂就可以傳示情意了。”

子曰：“禮也者，理也。樂也者，節也。君子無理不動，無節不作。不能<u>詩</u>，於禮繆。〔一〕不能樂，於禮素。薄於德，於禮虛。”子曰：“制度在禮，文爲在禮，行之其在人乎！”<u>子貢</u>越席而對曰：“敢問夔其窮與？”〔二〕子曰：“古之人與？古之人也。達於禮而不達於樂，謂之素；達於樂而不達於禮，謂之偏。夫夔，〔三〕達於樂而不達於禮，是以傳於此名也，古之人也。”

【注釋】

〔一〕繆：通謬。　　〔二〕夔：音魁。　　〔三〕夫：音扶。

【譯解】

孔子說：“禮有理的意思，樂有節的意思。君子沒有道理的事不爲，沒有節制的事不做。不能習<u>詩</u>，則情意隔絕，行禮就難免錯謬；不能習樂，則質樸無文，行禮就顯得單調；道德淺薄，則氣質輕浮，行禮就流於空虛。”孔子說：“一切制度都在乎禮，一切文飾作爲都在乎禮，行禮就在乎人了吧！”<u>子貢</u>離席對話，說：“請問，<u>夔</u>對禮的理解是不是很貧乏呢？”孔子說：“是古代的人吧？是古代的那人。通曉禮而不通曉樂，叫作素；通曉樂而不通曉禮，叫作偏。那位<u>夔</u>由於通曉樂而不甚通曉禮，因而就傳留下這麼個意謂單一的名兒，他畢竟是位古代的賢人。”按：夔本是獸名，一足。

　　子張問政。子曰：“師乎！前！吾語女乎！君子明於禮樂，舉而錯之而已。”子張復問。子曰：“師！爾以爲必鋪几筵，升降酌獻酬酢，〔一〕然後謂之禮乎？爾以爲必行綴兆，〔二〕興羽籥，作鍾鼓，然後謂之樂乎？言而履之，禮也。行而樂之，〔三〕樂也。君子力此二者，以南面而立，夫是以天下大平也。〔四〕諸侯朝，萬物服體，而百官莫敢不承事矣。禮之所興，衆之所治也；禮之所廢，衆之所亂也。目巧之室則有奧阼，〔五〕席則有上下，車則有左右，行則有隨，立則有序，古之義也。室而無奧阼，則亂於堂室也。席而無上下，則亂於席上也。車而無左右，則亂於車也。行而無隨，則亂於塗也。〔六〕立而無序，則亂於位也。昔聖帝、明王、諸侯辨貴賤、長幼、遠近、男女、外内，莫敢相踰越，皆由此塗出也。”三子者既得聞此言也於夫子，昭然若發矇矣。〔七〕

【注釋】

〔一〕酢：音作。　　〔二〕綴：音墜。　　〔三〕樂：音勒。

〔四〕大：通太。　　〔五〕阼：音作。　　〔六〕塗：同途。

〔七〕矇：音蒙。

【譯解】

　　子張（顓孫師）問施政的道理。孔子説：“子張啊！上前來！我告訴你吧！君子通曉禮樂，拿來放在政治裏面就行了。”子張又問怎麼回事。孔子說：“子張！你以爲一定要鋪席設几，升階降階，酌酒獻酬、回敬，那才叫作禮嗎？你以爲一定要行動在舞列舞位中，揮動雉羽竹籥、鳴鐘打鼓，那才叫作樂嗎？不僅僅如此。說了而能履行，就是禮；履行了而感到愉快，就是樂。君子勉力於禮樂二項，站在面南背北的天子的地位，這樣就天下太平了。諸侯前來朝覲，萬事順應得體，百官沒有誰敢不奉公從事。禮的興盛之時，就是民衆大治之日；禮的敗壞之時，就是民衆大亂之日。一座但憑巧妙眼力設計修建的堂室，室中也必有奧（室中西南隅，生活中，尊長居處所在），堂上也必有阼（堂上東序西、南當阼階之處，行禮時，爲主人之位）；坐席本身就有上有下；車輪本身就有左有右；一起走路，總該有先有隨；一起站立，總該有個秩序：這是自古就有的道理。如果修建的堂室沒有奧和阼，那麼尊卑長幼的位置在堂室中就亂了。如果席子本身不分上下，那麼人們同坐一席時，尊卑長幼的位置在席上就亂了。如果車子本身不分左右，那麼人們同乘一車時，尊卑長幼的位置在車上就亂了。如果走路不分先後，那麼人們一起出門，尊卑長幼的次序就亂在路上了。如果站立沒有次序，那麼尊卑長幼就亂在立位上了。從前，聖帝、明王、諸侯分辨貴賤、長幼、遠近、男女、內外，誰也不敢超規越分，都是由上面所說的途徑出發的。”子張、子貢、子游三人從老師這裏聽到這番言論，眼界豁然開朗，就好像被撥開了眼翳一樣。

孔子閒居第二十九

　　孔子閒居，子夏侍。子夏曰：“敢問詩云‘凱弟君子，[一]民之父母’，何如斯可謂民之父母矣?”孔子曰：“夫民之父母乎，[二]必達於禮樂之原，以致五至，而行三無，以橫於天下，四方有敗，必先知之。此之謂民之父母矣。”

【注釋】

〔一〕凱：通愷。　弟：通悌。　　〔二〕夫：音扶。

【譯解】

　　孔子閒居在家，弟子子夏陪侍。子夏説：“請問，詩經大雅泂酌篇中説，‘善良和樂的君子，是人民的父母’。怎麼樣才可以稱作人民的父母呢?”孔子説：“那人民的父母麼，必須通曉禮樂的原旨，達到‘五至’，實行‘三無’，以此精神擴充於天下，四方有了灾禍，必先預知，這樣就稱得上民之父母了。”

　　子夏曰：“民之父母既得而聞之矣，敢問何謂五至?”

孔子曰：“志之所至，詩亦至焉；詩之所至，禮亦至焉；禮之所至，樂亦至焉；樂之所至，哀亦至焉。哀樂相生。〔一〕是故正明目而視之，不可得而見也；傾耳而聽之，不可得而聞也；志氣塞乎天地。〔二〕此之謂五至。”

【注釋】

〔一〕樂：音勒。　　　〔二〕塞：音色。

【譯解】

子夏說：“民之父母的意思已經聽懂了，請問什麼叫作‘五至’呢？”孔子說：“君王的情意所至之處，謳歌也隨之而至；謳歌所至之處，禮也隨之而至；禮所至之處，樂也隨之而至；樂所至之處，哀也隨之而至。君王與人民休戚相關，哀樂相生。所以，這種痛癢一體的感情，雖然擦亮眼睛看也看不見，側着耳朵聽也聽不着，然而這種情意確確實實地充滿了天地之間。這就叫作‘五至’。”

子夏曰：“五至既得而聞之矣，敢問何謂三無？”孔子曰：“無聲之樂，無體之禮，無服之喪，此之謂三無。”

【譯解】

子夏說：“五至的意思已經聽懂了，請問什麼叫作‘三無’呢？”孔子說：“沒有聲音而有着和悅的樂，沒有儀節而有着誠敬的禮，沒有服制而有着同情的喪。這就叫做‘三無’。”

子夏曰：“三無既得略而聞之矣，敢問何詩近之？”孔子曰：“‘夙夜其命宥密’，〔一〕無聲之樂也。‘威儀逮

逮,〔二〕不可選也’，無體之禮也。‘凡民有喪，匍匐救
之’,〔三〕無服之喪也。”

【注釋】

〔一〕夙：音素。　其：音基。　宥：音右。　　〔二〕逮：音
地。　　〔三〕匍：音葡。　匐：音福。

【譯解】

　　子夏説：“‘三無’的意思已經簡略地聽到了，請問有什麼詩
句接近三無的意思?”孔子説：“詩經周頌昊天有成命篇説：‘日
夜謀劃政教以安民。’這詩句的意思接近無聲之樂。詩經邶風柏舟
篇説：‘威儀安詳和易，人們無可挑剔。’這詩句的意思接近無體
之禮。詩經邶風谷風篇説：‘凡是人家有了死喪，我就竭力趕去幫
忙。’這詩句的意思接近無服之喪。”

　　子夏曰：“言則大矣，美矣，盛矣！言盡於此而已
乎?”孔子曰：“何爲其然也！君子之服之也，猶有五起
焉。”子夏曰：“何如?”孔子曰：“無聲之樂，氣志不違；
無體之禮，威儀遲遲；無服之喪，内恕孔悲。無聲之樂，
氣志既得；無體之禮，威儀翼翼；無服之喪，施及四
國。〔一〕無聲之樂，氣志既從；無體之禮，上下和同；無服
之喪，以畜萬邦。無聲之樂，日聞四方；無體之禮，日
就月將；無服之喪，純德孔明。無聲之樂，氣志既起；
無體之禮，施及四海；無服之喪，施于孫子。”

【注釋】

〔一〕施：音益。下同。

【譯解】

　　子夏説："這話太偉大了！太美了！太豐富了！話説到這步就到了盡頭了吧？"孔子説："怎麽會這樣呢！君子從事'三無'，還有五個層次哩！"子夏説："詳細情況如何？"孔子説："第一層次：無言之樂，不違心意；無體之禮，威儀從容；無服之喪，心內同情很悲傷。第二層次：無聲之樂，心滿意得；無體之禮，威儀莊敬；無服之喪，恩意遍及四方。第三層次：無聲之樂，民意順從；無體之禮，上下和睦同心；無服之喪，得以撫養萬邦。第四層次：無聲之樂，日益傳聞四方；無體之禮，日有所進，月有所成；無服之喪，純德十分顯明。第五層次：無聲之樂，民心奮發興起；無體之禮，普及天下；無服之喪，愛心延及子孫。"

　　子夏曰："三王之德參於天地。〔一〕敢問何如斯可謂參於天地矣？"〔二〕孔子曰："奉三無私以勞天下。"〔三〕子夏曰："敢問何謂三無私？"孔子曰："天無私覆，地無私載，日月無私照。奉斯三者以勞天下，此之謂三無私。其在詩曰：'帝命不違，至于湯齊。〔四〕湯降不遲，聖敬日齊。〔五〕昭假遲遲，〔六〕上帝是祇。〔七〕帝命式于九圍。'是湯之德也。天有四時，春秋冬夏，風雨霜露，無非教也。地載神氣，神氣風霆，〔八〕風霆流形，庶物露生，無非教也。清明在躬，氣志如神，耆欲將至，〔九〕有開必先，天降時雨，山川出雲。其在詩曰：'嵩高惟嶽，〔一○〕峻極于天。〔一一〕惟嶽降神，生甫及申。惟申及甫，惟周之翰。〔一二〕四國于蕃，〔一三〕四方于宣。'此文武之德也。三代之王也，必先令聞。〔一四〕詩云：‘明明天子，令聞不已。’三代之德也。‘弛其文德，〔一五〕協此四國。’大王之德也。”〔一六〕子夏蹙然而起，〔一七〕負墻而立，曰：“弟子敢不承乎！”

【注釋】

〔一〕參：同三。　　〔二〕敢問何如斯可謂參於天地矣：阮元禮記校勘記云：“唐石經無於字。宋岳珂刻本、明嘉靖本同。石經考文提要云：‘宋大字本、宋本九經、南宋巾箱本、余仁仲本無於字。’”　　〔三〕勞：音潦。　　〔四〕齊：音基，通躋。

〔五〕齊：音摘。　　〔六〕假：音格。　　〔七〕祇：音芝。

〔八〕霆：音庭。　　〔九〕耆：音士，通嗜。　　〔一○〕嵩：音松。　嶽：音岳。　　〔一一〕峻：音郡。　　〔一二〕翰：音寒。　　〔一三〕蕃：音帆，通藩。　　〔一四〕聞：音問。下同。　　〔一五〕弛：音池，又音史。　　〔一六〕大：通太。　　〔一七〕蹙：音貴。

【譯解】

　　子夏說：“夏禹、商湯、周文王三王的道德，配天地而爲三。請問，怎麼樣才可以稱作德配天地而爲三呢？”孔子說：“要遵奉三無私的精神來勞倈勸勉天下。”子夏說：“請問什麼叫作三無私呢？”孔子說：“天宇無私地覆罩萬物，大地無私地承載萬物，日月無私地臨照萬物，遵奉這三種無私精神來勞倈勸勉天下，這就叫作三無私。這種精神在詩經商頌長發篇中有所反映：‘上帝的命令不可背離，至於成湯與天意齊一。成湯謙卑而不敢怠慢，聖德敬意日益累積。光明磊落而從容不迫，全心全意敬畏上帝。上帝命他統理九州的地域。’這是商湯的無私之品德。上天無私，四季循環，春生夏長，秋收冬藏，風雨霜露，養育萬物，這都是聖王該當效法的教化。大地無私，負載神妙的氣層，神妙的氣層醞釀風雷，風雷鼓盪流行，萬物顯露滋生，都是聖王該當效法的教化。聖王身有清明品德，氣質心態如神，熱望的事將要到來，必先有神明開導，猶如上天將降應時之雨，山川必先生雲。這層意思在詩經大雅嵩高篇中有所反映：‘山大而高的是嶽，高峻得上達天空。山嶽降下了神靈，誕生了甫侯和申伯二人。唯有申伯和甫侯，才是周朝的幹臣。四周國家得到了保衛，四方部族得到了撫問。’這說的是周文王、周武王的功德。夏商周三代的聖王，必定先有了美好的聲名。詩經大雅江漢篇說：‘英明的天子，美名盛傳不已。’這說的是三代聖王的功德。詩中又說：‘施布他的文德，協和四方諸國。’這說的是周朝的太王的功德。”子夏快速站起，背牆而立，說：“弟子我怎敢不奉承您的教導呢！”

坊記第三十

子言之："君子之道辟則坊與![一]坊民之所不足者也。大爲之坊，民猶踰之，[二]故君子禮以坊德，刑以坊淫，命以坊欲。"

【注釋】

〔一〕辟：音僻，通譬。　坊：音房，通防。　與：音余。

〔二〕踰：音俞，通逾。

【譯解】

孔子這樣説："君子的治國之道，譬如隄防吧！是用以防範人民品德行爲之所不足的。君子大設禮防，人們尚且踰越作惡，何況不設防呢！所以君子用禮教來防止缺德，用刑法來防止淫邪，用政令來防止貪欲。"

子云："小人貧斯約，富斯驕。約斯盜，驕斯亂。禮者，因人之情而爲之節文，以爲民坊者也。故聖人之制富貴也，使民富不足以驕，貧不至於約，貴不慊於上，[一]

故亂益亡。"〔二〕

【注釋】

〔一〕慊：音淺。　　〔二〕亡：音吳，通無。

【譯解】

　　孔子説："小人生活貧窮就心態困窘，生活富有就作風驕縱。心態困窘就將偷盜，作風驕縱便要亂來。所謂禮，就是順應人情而擬定的節制形式，用來作爲人民的隄防。所以聖人制定禮法，使人民富有的不至於驕縱，貧窮的不至於困窘，尊貴的不怨恨君上，因而亂子日益減少以至消亡。"

　　子云："貧而好樂，〔一〕富而好禮，衆而以寧者，天下其幾矣。詩云：'民之貪亂，寧爲荼毒。'〔二〕故制國不過千乘，〔三〕都城不過百雉，家富不過百乘。以此坊民，諸侯猶有畔者。"〔四〕

【注釋】

〔一〕樂：音勒。　　〔二〕荼：音途。　　〔三〕乘：音勝。下同。　　〔四〕畔：音判，通叛。

【譯解】

　　孔子説："貧窮而能自得其樂，富有而能謙恭好禮，族人衆多而能安寧本分的，天下能有幾人哪！詩經大雅桑柔説：'人們貪圖作亂，安心製造苦難。'因此規定，諸侯的國家不能超過一千輛兵車，都市的城牆不能超過百雉（城牆高一丈長三丈爲一雉），大夫之家富有的程度不能超過百輛兵車。用這種制度來防範人們，諸侯仍然有背叛造反的。"

子云："夫禮者,〔一〕所以章疑別微,以爲民坊者也。故貴賤有等,衣服有別,朝廷有位,則民有所讓。"

【注釋】

〔一〕夫:音扶。

【譯解】

孔子說:"禮麼,就是用來章明疑似不清,辨別隱微不明,作爲人們隄防的事物。所以,貴賤有等級,衣服有差別,朝廷上有定位,這樣人們才能有所謙讓。"

子云："天無二日,土無二王,家無二主,尊無二上,示民有君臣之別也。春秋不稱楚、越之王喪。禮,君不稱天,大夫不稱君,恐民之惑也。詩云:'相彼盍旦,〔一〕尚猶患之。'"

【注釋】

〔一〕相:音象。 盍:音何。

【譯解】

孔子說:"天上沒有兩個太陽,地上沒有兩個帝王,家中沒有兩個主人,至尊不能同時有二位,這是向人民顯示有君臣的分別。春秋由於楚、越兩國僭越稱王,所以不稱舉楚、越兩國國王喪葬之事;禮法規定,對諸侯國君不稱天,以避天子之名;對大夫不稱君,以避諸侯之名:這都是恐怕迷惑人民的視聽。有這樣的詩句說:'看那夜鳴求旦的盍旦鳥,人們尚且厭惡它。'何況那僭越分的人呢!"

子云："君不與同姓同車,與異姓同車不同服,示民

不嫌也。以此坊民，民猶得同姓以弒其君。”〔一〕

【注釋】

〔一〕弒：音式。

【譯解】

　　孔子説：“國君不與同姓的人共乘一輛車，如果與異姓的人共乘一輛車，也要穿着不同的衣服，讓人民看到而不生疑。這樣來隄防人們，人們還有同姓族人殺害國君的。”

　　子云：“君子辭貴不辭賤，辭富不辭貧，則亂益亡。〔一〕故君子與其使食浮於人也，寧使人浮於食。”

【注釋】

〔一〕亡：通無。

【譯解】

　　孔子説：“君子推辭尊貴而不推辭卑賤，推辭富有而不推辭貧窮，那麼，禍亂就日益減少以至没有了。所以，作爲君子與其使所得俸禄超出個人的才能、貢獻，寧願使自己的才能、貢獻超出自己所得的俸禄。”

　　子云：“觴酒豆肉，〔一〕讓而受惡，民猶犯齒。衽席之上，〔二〕讓而坐下，民猶犯貴。朝廷之位，讓而就賤，民猶犯君。詩云：‘民之無良，相怨一方。受爵不讓，至於己斯亡。’”〔三〕

【注釋】

〔一〕觴：音傷。　　〔二〕衽：音任。　　〔三〕亡：通忘，音王。

【譯解】

孔子說："一杯酒，一碗肉，經過推讓而接受較差的，即使如此，而人們還有侵犯年長的；宴享席上，一再推讓而坐在下位，即使如此，而人們還有侵犯尊貴的；朝廷的班位，一再推讓而站在較爲卑賤之位，即使如此，而人們還有侵犯君主的。詩經小雅角弓說：'人們那樣的不善良，互相抱怨於一方；接受爵位而不相讓，輪到自己就這樣善忘。'"

子云："君子貴人而賤己，先人而後己，則民作讓。故稱人之君曰君，自稱其君曰寡君。"

【譯解】

孔子說："君子尊重別人而抑制自己，讓別人居先而自己居後，人們就會興起謙讓。所以，外交場合稱呼別人的國君爲君，稱呼自己的國君爲寡君。"按：寡君意謂鄙國國君。

子云："利禄先死者而後生者，則民不偝；〔一〕先亡者而後存者，則民可以託。詩云：'先君之思，以畜寡人。'以此坊民，民猶偝死而號無告。"〔二〕

【注釋】

〔一〕偝：同背。　　〔二〕號：音毫。

【譯解】

孔子說："財利榮禄，先給死者而後給生者，這樣化育人民，人民就能不背棄死者；先給爲國事奔波在外的人，後給生活國內的人，這樣化育人民，人民就可以信託。詩經邶風燕燕篇中說：

‘以對先君的思慕，來勉勵寡人。’用這種精神規範人們，人們還有背棄死者，致使其老弱哀號而無處投告。”

子云：“有國家者貴人而賤祿，則民興讓；尚技而賤車，則民興藝。故君子約言，小人先言。”

【譯解】

孔子說：“據有國家的人，尊重人才而不吝惜爵祿，人民便會興起謙讓；崇尚技能而不吝惜車服，人民便會興起技藝。所以君子做得多，講得少，小人沒做事先說大話。”

子云：“上酌民言，則下天上施。上不酌民言，則犯也；下不天上施，則亂也。故君子信讓以泣百姓，[一]則民之報禮重。詩云：‘先民有言，詢於芻蕘。’”[二]

【注釋】

〔一〕泣：音立。　　〔二〕詢：音循。　芻：音除。　蕘：音饒。

【譯解】

孔子說：“君上施政酌取人民的意見，那下層人民就尊重君上的措施；君上施政不酌取人民的意見，就違犯民心。下層人民不尊重君上的措施，就要出亂子。所以君子用誠信謙讓的態度來對待百姓，人民也必定厚重地以禮相報。詩經大雅板篇中說：‘古人有過這樣的話，國君要向樵夫咨詢。’”

子云：“善則稱人，過則稱己，則民不爭。善則稱

人，過則稱己，則怨益亡。[一]詩云：'爾卜爾筮，[二]履無咎言。'"[三]

【注釋】

〔一〕亡：通無。　〔二〕筮：音士。　〔三〕咎：音就。

【譯解】

孔子説："有了功善就稱道別人的作用，有了過錯就稱説自己的責任，那麼人民就會不争了。有了功善就稱道別人的作用，有了過錯就稱説自己的責任，那麼怨恨就會日益消失。詩經衛風氓篇説：'你曾經誠摯地進行卜筮，行爲上本無錯誤可言。'"

子云："善則稱人，過則稱己，則民讓善。詩云：'考卜惟王，度是鎬京。[一]惟龜正之，武王成之。'"

【注釋】

〔一〕度：音奪。　鎬：音浩。

【譯解】

孔子説："有了功善就稱道別人，有了過錯就稱説自己，那麼人民就會推功讓善。詩經大雅文王有聲篇説：'武王向神問卜，謀劃定居鎬京。神龜將它卜定，武王將它築成。'"

子云："善則稱君，過則稱己，則民作忠。君陳曰：'爾有嘉謀嘉猷，[一]入告爾君于内，女乃順之于外，[二]曰："此謀此猷，惟我君之德。"於乎！[三]是惟良顯哉！'"

【注釋】

〔一〕猷：音油。　〔二〕女：通汝。　〔三〕於：音屋。

【譯解】

孔子說："有了功善就稱頌君主的領導，有了過錯就稱舉自己的責任，那麼人民就會興起忠心。尚書君陳篇中說：'你有好的謀劃，好的方法，就入宮告訴你的君主，君主採納實施了，你在外面就謙遜地說："這謀劃，這方法，都出自我們君主的盛德。"啊！這是善良的顯現呀！'"

子云："善則稱親，過則稱己，則民作孝。大誓曰：[一]'予克紂，非予武，惟朕文考無罪。[二]紂克予，非朕文考有罪，惟予小子無良。'"

【注釋】

〔一〕大：通太。　　〔二〕朕：音震。

【譯解】

孔子說："有了功善就稱道父母，有了過錯就稱說自己，那麼人民就會興起孝心。尚書太誓篇記載周武王的誓師辭說：'我戰勝商紂，並非我的武勇，是因爲我的父親沒有罪過；如果商紂戰勝我，不是我父親有罪過，而是因爲我小子不好。'"

子云："君子弛其親之過而敬其美。"[一]論語曰："三年無改於父之道，可謂孝矣。"高宗云："三年其惟不言，言乃讙。"[二]

【注釋】

〔一〕弛：音池，又音史。　　〔二〕讙：通歡。

【譯解】

孔子說："君子要忘却父母的過錯，而敬重他們的美德。"論語説："兒子居喪三年期間，仍然不改變父親在世時的處事原則，可以稱得上是孝了。"尚書高宗之訓篇説："高宗居父喪三年時，不言政教；喪期過後發布政令，人民都歡欣接受。"

子云："從命不忿，〔一〕微諫不倦，勞而不怨，可謂孝矣。詩云：'孝子不匱。'"〔二〕

【注釋】

〔一〕從命不忿：陳可大云："一説忿當作惌。"王念孫云："一説是也。大戴禮曾子立孝篇曰：'微諫而不倦，聽從而不怠。'語意正與此同。"　　〔二〕匱：音愧。

【譯解】

孔子説："遵從父母的命令，而不心懷氣忿；父母有過失，要下氣柔聲的勸諫，而不生厭倦；事奉父母即使勞苦，而不埋怨：可以稱得上孝順了。詩經大雅既醉篇中説：'孝子的愛親精神永不匱乏。'"

子云："睦於父母之黨，可謂孝矣。故君子因睦以合族。詩云：　'此令兄弟，綽綽有裕。'〔一〕不令兄弟，交相爲瘉。'"〔二〕

【注釋】

〔一〕綽：音輟。　　〔二〕瘉：音玉。

【譯解】

孔子説："與父母的族親和和睦睦，可以稱得上孝了。所以君子就依靠這種親睦之情來聯合宗族。詩經小雅角弓篇中説：'這是善良兄弟，大家寬容融洽；不是善良兄弟，互相厭惡責駡。'"

子云："於父之執，可以乘其車，〔一〕不可以衣其衣，〔二〕君子以廣孝也。"

【注釋】

〔一〕乘：音成。　　〔二〕衣其衣：前"衣"音益。

【譯解】

　　孔子説："對於父親的同志、朋友，其地位如和自己相等，自己就可以乘用他的馬車，但不可穿用他的衣服。因爲車在身外可以用，衣服貼身不敢穿。君子以敬父之心敬父的同志、朋友，這樣來推廣孝道。"

子云："小人皆能養其親，君子不敬何以辨?"

【譯解】

　　孔子説："小人都能養活雙親。如果君子供養雙親而不恭敬，那同小人用什麼來區別呢?"

子云："父子不同位，以厚敬也。書云：'厥辟不辟，〔一〕忝厥祖。'"〔二〕

【注釋】

〔一〕厥：音決。　辟：音必。　　〔二〕忝：音舔。

【譯解】

　　孔子説："各種場合或坐或立，父親與兒子不同處在尊卑相等的位置上，來增厚敬心。尚書太甲篇中説：'身爲君主而沒有君主的尊嚴，那就污辱了他的祖先。'"

子云："父母在，不稱老，言孝不言慈。閨門之内，戲而不歎。君子以此坊民，民猶有薄於孝而厚於慈。"

【譯解】

　　孔子説："父母健在，兒子不敢自稱年老，只談如何盡孝，不談如何疼兒愛女。家庭之中可以談笑，而不可憂歎。君子用這禮法來規範人民，人民還是有孝心淡薄而疼愛子女之情深厚的。"

　　子云："長民者，〔一〕朝廷敬老，則民作孝。"

【注釋】

〔一〕長：音掌。

【譯解】

　　孔子説："統治民衆的君長能在朝廷上尊敬老人，那麼民衆就會興起孝順的風氣。"

　　子云："祭祀之有尸也，宗廟之有主也，示民有事也。脩宗廟，敬祀事，教民追孝也。以此坊民，民猶忘其親。"

【譯解】

　　孔子説："祭祀時設有尸，宗廟裏設有神主，是向人民顯示有所尊事的對象。修立宗廟，敬事祭祀，是教導人民追孝先人。用這樣方式規範人民，人民還有忘記自己雙親的。"

　　子云："敬則用祭器，故君子不以菲廢禮，〔一〕不以美没禮。〔二〕故食禮，〔三〕主人親饋則客祭，〔四〕主人不親饋則客不祭。故君子苟無禮，雖美不食焉。易曰：'東鄰殺牛，不如西鄰之禴祭寔受其福。'〔五〕詩云：'既醉以酒，既飽以德。'以此示民，民猶爭利而忘義。"

【注釋】

〔一〕菲：音匪。　　〔二〕没：音末。　　〔三〕食：音嗣。

〔四〕饋：音愧。　　〔五〕禴：音藥。　寔：音石。

【譯解】

　　孔子説："敬饗貴賓就使用祭祀所用器皿。所以君子不因物品菲薄而廢棄了禮，也不因物品豐美而掩蓋了禮。所以食禮中的規矩是，主人親自致送的食物，客人食前就祭一下飲食神；主人不親自致送的食物，客人食前就無須祭飲食神。所以，君子對待不具備一定禮數的他人的食物，即使豐美，也不嚐用。易經既濟爻辭説：'東鄰殺牛舉行大祭，不如西鄰殺猪舉行禴祭能切實受到福祐。'詩經大雅既醉篇説：'已經醉人的是酒，已經飽人的是德。'以此來教示人民，人民還有爭利而忘義的。"按：東鄰指商紂之國，奢而慢禮，故無福；西鄰指周文王之國，儉而恭敬，故受福。禴祭是古代四時祭祀之一，殷代稱春祭爲禴，屬於規模較小的祭祀。

　　子云："七日戒，三日齊，〔一〕承一人焉以爲尸，過之者趨走，以教敬也。醴酒在室，醍酒在堂，〔二〕澄酒在下，示民不淫也。尸飲三，衆賓飲一，示民有上下也。因其酒肉，聚其宗族，以教民睦也。故堂上觀乎室，堂下觀乎上。詩云：'禮儀卒度，笑語卒獲。'"

【注釋】

〔一〕齊：音摘，通齋。　　〔二〕醍：音體。

【譯解】

孔子説："國君祭祀之前要齋戒，七日散齋，三日致齋，屆時來奉事一位尸即象徵先君神靈的族人，士大夫在路上遇見尸乘車而來，就下車回避，這是用以教導人民敬事父祖的。祭祀當中，將盛甜味醴酒的酒樽設在室中，盛着紅色酒的酒樽設在堂上，而將盛着清酒的酒樽設在堂下，酒味越濃位越在下，這是教示人民不要貪酒。尸飲三杯，衆賓才飲一杯，這是向人民顯示有尊卑上下的分別。憑借祭祀的酒肉，會聚宗族，來教導人們和睦相處。所以祭祀當中，堂上人觀摩室內人的禮儀，堂下人觀摩堂上人的禮儀。詩經小雅楚茨篇中説：'禮儀都合乎法度，談笑都很相得。'"

子云："賓禮每進以讓，喪禮每加以遠。浴於中霤，[一] 飯於牖下，[二] 小斂於戶內，大斂於阼，[三] 殯於客位，[四] 祖於庭，葬於墓，所以示遠也。殷人弔於壙，[五] 周人弔於家，示民不偝也。"子云："死，民之卒事也，吾從周。以此坊民，諸侯猶有薨而不葬者。"[六]

【注釋】

〔一〕霤：音六，通溜。　　〔二〕飯：音反。　牖：音友。
〔三〕阼：音作。　　〔四〕殯：音鬢。　　〔五〕壙：音曠。
〔六〕薨：音轟。

【譯解】

孔子説："賓禮，主人迎賓，每進至門，進至拐彎處，進至堂階，都來揖讓；喪禮，對死者每進行一項喪事活動，尸身就離原寢處更遠。人死在室內北墙下牀上，爲死者沐浴則在室中央，爲死者口中填米就在室内南窗下，爲死者小斂就在室户内包裹紮束，爲死者大斂就在堂上東序西的主位上，入棺停殯則在堂上西序東的客位上，將出葬，在宗廟庭中調轉靈車，作爲出行的開始，埋葬則在城外墓地，都是用以表明死者離原居寢處越來越遠了。殷人在墓地上弔慰孝子，周人在孝子由墓地返回家中而哭時進行弔慰，這是教示人民不背棄死者。"孔子説："死是人的最終之事，於孝子返家而哭時進行弔慰，更切情理，我依從周人的做法。用這種制度規範人們，諸侯還有死後而不據禮成葬的。"

子云："升自客階，受弔於賓位，教民追孝也。未没喪，不稱君，示民不争也。故魯春秋記晋喪曰：'殺其君之子奚齊，及其君卓。'以此坊民，子猶有弑其父者。"

【譯解】

孔子説："入葬後，嗣子返家而哭時，從西階升堂，在西序東的客位上接受弔慰，不敢遽居東序西的主位，這是教導人民追孝亡親。服喪未終，嗣子不敢稱君，守喪踰年，其臣下則可稱之爲君，這是向人們表示自己不争君位。所以魯國的春秋記載晋國的喪事説：'里克殺了他的國君之子奚齊，里克殺了他的國君卓。'用這樣的制度防範人們，當兒子的還有殺父親的。"按：春秋僖公九年冬："晋里克弑其君之子奚齊。"奚齊不稱君而稱君之子，因他嗣立尚未踰年。春秋僖公十年春正月："里克弑其君卓。"卓被稱君，因他即位已踰一年。

子云："孝以事君，弟以事長，[一] 示民不貳也。故君子有君不謀仕，唯卜之日稱二君。喪父三年，喪君三年，示民不疑也。父母在，不敢有其身，不敢私其財，示民有上下也。故天子四海之内無客禮，莫敢爲主焉。故君適其臣，升自阼階，即位於堂，示民不敢有其室也。父母在，饋獻不及車馬，示民不敢專也。以此坊民，民猶忘其親而貳其君。”

【注釋】

〔一〕弟：音替，通悌。

【譯解】

　　孔子説：“用事奉父親的孝心來事奉君主，用事奉兄長的悌心來事奉官長，這是教示人民對君長一心不二。所以，君主的兒子當君主在世時，不謀求官職，不急於從政，唯有代替君主問卜時，在命龜辭中可以自稱爲君主的副貳。爲父親居喪三年，同樣，爲君主也居喪三年，這是向人民顯示對君主的尊崇是不容置疑的。父母在世時，做兒女的不敢專有自身，不敢私存財物，這是向人民顯示有尊卑上下的統屬關係。所以天子在天下没有做客的禮節，因爲天下屬於他，没有誰敢做他的主人。所以君主來到臣子家中，逕由主階升堂，在堂上主位就位，這是向人民顯示做臣子的不敢私有自己的宫室。父母在世，做兒子的饋贈、奉獻給别人的物品，不能涉及車馬之類的貴重財物，這是向人民顯示做兒子的不敢專擅家産。用這些禮法來防範人民，人民還有忘記父母、懷二心於君主的。”

　　子云：“禮之先幣帛也，欲民之先事而後禄也。先財而後禮則民利，無辭而行情則民争，故君子於有饋者弗

能見，則不視其饋。易曰：‘不耕穫，〔一〕不菑畬，〔二〕凶。’
以此坊民，民猶貴禄而賤行。”〔三〕

【注釋】

〔一〕穫：音或。　　　〔二〕菑：音兹。　畬：音余。

〔三〕行：音杏。

【譯解】

　　孔子説：“先行相見之禮，然後奉上幣帛以通情意，這是希望
人民先做事而後受利禄。先奉進財物而後行禮，人民就會貪利；
没有交際辭讓之禮，而逕用財物通情，人民就會争利。所以君子
當有人來饋送禮物時，如果不能與他見面，那麽就不要收納他那
禮物。易經無妄爻辭説：‘不耕種而有收穫，不開墾而有良田，不
吉利。’用這樣的道理來規範人民，人民還是重視利禄而輕視
德行。”

　　子云：“君子不盡利，以遺民。詩云：‘彼有遺秉，此
有不斂穧，〔一〕伊寡婦之利。’故君子仕則不稼，田則不漁，
食時不力珍。大夫不坐羊，士不坐犬。詩云：‘采葑采
菲，〔二〕無以下體。德音莫違，及爾同死。’以此坊民，民
猶忘義而争利，以亡其身。”

【注釋】

〔一〕穧：音濟。　　　〔二〕葑：音封。　菲：音匪。

【譯解】

　　孔子説：“君子不盡取物利，而留些物利給與民衆。詩經小雅
大田篇説：‘那裏有掉下來的穀把，這裏有没斂束的穀物，這是留
給寡婦的利益。’所以，君子做官就不種莊稼，種田就不捕魚，食

用時令所産，不力求珍羞美味。大夫不坐羊皮——大夫不可無故殺羊；士不坐狗皮——士不可無故殺狗。詩經邶風谷風篇説：‘採摘葑菜菲菜，不可連根拔起；道德的聲音莫要違背，人民能與你同生共死。’用這樣的道理來規範人們，人們還有忘義而争利以致喪身的。”

子云：“夫禮，〔一〕坊民所淫，章民之别，使民無嫌，以爲民紀者也。故男女無媒不交，無幣不相見，恐男女之無别也。以此坊民，民猶有自獻其身。詩云：‘伐柯如之何？匪斧不克。取妻如之何？〔二〕匪媒不得。蓺麻如之何？〔三〕横從其畝。〔四〕取妻如之何？必告父母。’”

【注釋】

〔一〕夫：音扶。　　〔二〕取：通娶。　　〔三〕蓺：音益。
〔四〕從：通縱。

【譯解】

孔子説：“禮是用來防止人們淫縱，顯明男女有别，使人不産生兩性關係上的懷疑，而作爲人們生活紀律的。所以男女不經過媒人就不相交際，没有納禮幣訂婚，彼此不得私自相見，這就是恐怕男女無别，分限不清。用這些禮法規範人民，民女還有置之不顧而自獻其身的。詩經齊風南山篇説：‘砍伐枝柯怎麽辦？没有斧頭不行。娶妻該當怎麽辦？没有媒人不成。種麻怎麽辦？田壠要竪直横平。娶妻該當怎麽辦？必須要向父母稟明。’”

子云：“取妻不取同姓，以厚别也。故買妾不知其姓，則卜之。以此坊民，魯春秋猶去夫人之姓，曰‘吴’，其死，曰‘<u>孟子</u>卒’。”

【譯解】

　　<u>孔子</u>説：“娶妻不娶同姓女子，是爲了加強血緣的區別。所以買妾時如果不知道她的姓氏，就要通過占卜決定取捨。用這禮法規範人們，<u>魯昭公</u>還是不顧<u>魯</u>、<u>吴</u>兩國同爲姬姓，而娶了<u>吴</u>國女子。而<u>魯國</u>春秋記載此事，去掉了夫人的姓，只説來自<u>吴國</u>；及至她去世，只稱名字不道姓地説‘<u>孟子</u>卒’。”

　　子云：“禮，非祭，男女不交爵。以此坊民，<u>陽侯</u>猶殺<u>繆侯</u>而竊其夫人，〔一〕故大饗廢夫人之禮。”

【注釋】

〔一〕繆：音木，通穆。

【譯解】

　　<u>孔子</u>説：“禮中規定，除非祭禮，男女不得交相獻酒。用這禮法防範人們，<u>陽侯</u>還殺了<u>繆侯</u>而强佔了他的夫人，所以此後諸侯舉行饗禮接待前來訪問的諸侯時，就不讓自己夫人參加了。”

　　子云：“寡婦之子，不有見焉，則弗友也，君子以辟遠也。〔一〕故朋友之交，主人不在，不有大故，則不入其門。以此坊民，民猶以色厚於德。”

【注釋】

〔一〕辟：音必，通避。

【譯解】

　　<u>孔子</u>説：“寡婦的兒子，如果不是見到他確有才藝，就不要跟他做朋友，君子用以遠避嫌疑。所以朋友之間的交往，如果男主

人不在家，没有死喪之類的大變故，就不要進入他的家門。用這
禮法防範人們，人們還是以爲美色重於美德。”

　　子云：“好德如好色。〔一〕諸侯不下漁色，故君子遠色
以爲民紀。故男女授受不親。御婦人則進左手。姑、姊、
妹、女子子已嫁而反，男子不與同席而坐。寡婦不夜哭。
婦人疾，問之，不問其疾。以此坊民，民猶淫泆而亂
於族。”〔二〕

【注釋】

〔一〕好：音浩。　　　〔二〕泆：音益。

【譯解】

　　孔子說：“人們喜好美德應該如同喜好美色一樣。諸侯不能在
自己的國中網羅美色。因此，君子遠離美色來作爲人民的榜樣。
男女不親手授受物品。爲婦女駕御馬車，駕馭人坐在女子之右，
雙手攬着繮繩而左手在前，身子要稍微背着女子。姑姑、姐姐、
妹妹、女兒出嫁後回到娘家，家裏男子們就不要跟她們同席而坐。
寡婦不要在夜晚哭泣，免招非議。婦女有病，問候她時，不要問
她得的是什麼病。用這些規矩防範人們，人們還有荒淫放縱而在
家族中亂倫的。”

　　子云：“昏禮，〔一〕壻親迎，見於舅姑，舅姑承子以授
壻，恐事之違也。以此坊民，婦猶有不至者。”

【注釋】

〔一〕昏：婚的本字。

【譯解】

　　孔子説：“婚禮規定，女婿親自前來迎娶新娘，拜見岳父岳母，岳父岳母手牽女兒來交給女婿，怕她事奉丈夫、公婆有什麼違誤。用這種禮法防範人們，媳婦還有做不到的。”

中庸第三十一

　　天命之謂性，率性之謂道，脩道之謂教。道也者，不可須臾離也，〔一〕可離非道也。是故君子戒慎乎其所不睹，恐懼乎其所不聞。莫見乎隱，〔二〕莫顯乎微，故君子慎其獨也。喜怒哀樂之未發謂之中，發而皆中節謂之和。〔三〕中也者，天下之大本也；和也者，天下之達道也。致中和，天地位焉，萬物育焉。

【注釋】

〔一〕臾：音余。　　〔二〕見：現的本字。　　〔三〕中節：此中音仲。

【譯解】

　　天所給與人的秉賦叫作性，遵循天性而行叫作道，修明此道而加以推廣叫作教。道是不可以片刻離開的，可以離開的那就不是道了。所以君子警戒謹慎於別人看不到的地方，小心畏懼於別人聽不到的地方。沒有比在隱暗的處所更容易表現的了，沒有比在細微的事情上更容易顯露的了。因此，君子特別謹慎個人獨處的時候。人們喜怒哀樂的感情未曾發生叫作中，發露出來而都合宜叫作和。中是天下的根本，和是天下的通道。達到中和，天地就各正其位，萬物就發育成長。

仲尼曰："君子中庸，小人反中庸。君子之中庸也，君子而時中；小人之中庸也，小人而無忌憚也。"〔一〕

【注釋】

〔一〕憚：音旦。

【譯解】

孔子説："君子的言行符合中庸之道，小人的言行違反中庸之道。君子之中庸，是因爲君子的言行時時刻刻合宜適中；小人之反中庸，是因爲小人的言行肆無忌憚。"

子曰："中庸其至矣乎！民鮮能久矣。"〔一〕

【注釋】

〔一〕鮮：音顯。

【譯解】

孔子説："中庸的品德大概是至高無上的啦！極少有人能够做到，已經很久了。"

子曰："道之不行也，我知之矣：知者過之，〔一〕愚者不及也。道之不明也，我知之矣：賢者過之，不肖者不及也。人莫不飲食也，鮮能知味也。"子曰："道其不行矣夫！"

【注釋】

〔一〕知：同智。

【譯解】

　　孔子説：“中庸之道之所以不能實行，我知道其中緣由了：聰明人的言行越過了中道，愚笨人的言行又達不到中道。中庸之道之所以不能昌明，我知道其中緣由了：有才德之人的認識越過了中道，無才德之人的認識又達不到中道。這猶如人們没有不吃不喝的，却很少有人能真正辨知滋味。”孔子説：“中庸之道恐怕不能廣泛推行了吧！”

　　子曰：“舜其大知也與！〔一〕舜好問而好察邇言，〔二〕隱惡而揚善，執其兩端，用其中於民，其斯以爲舜乎！”

【注釋】

〔一〕知：同智。　與：音余。　　〔二〕好：音浩。　邇：音耳。

【譯解】

　　孔子説：“舜大概算得上極其明智的人吧！舜喜好請問别人，並且愛好考察那些淺近語言，對别人能隱藏其過錯而表揚其功善，他掌握了人們過與不及的兩種極端，而對人民採用中庸之道。這就是舜之所以成爲舜的原因吧！”

　　子曰：“人皆曰予知，〔一〕驅而納諸罟擭陷阱之中，〔二〕而莫之知辟也。〔三〕人皆曰予知，擇乎中庸而不能期月守也。”〔四〕

【注釋】

〔一〕知：同智。　　〔二〕罟：音古。　攫：音或。　阱：音
井，同穽。　　〔三〕辟：通避。　　〔四〕期：音基，同朞。

【譯解】

　　孔子説："人們都説'我是明智的'，可是被利欲驅使，像禽
獸般的進入捕網、木籠、陷阱之中，而沒有知道躲避的。人們都
説'我是明智的'，可是選擇了中庸之道，連一個整月也不能够
堅守。"

　　子曰："回之爲人也，擇乎中庸，得一善，則拳拳服
膺而弗失之矣。"〔一〕

【注釋】

〔一〕膺：音英。

【譯解】

　　孔子説："顔回的爲人，選擇了中庸之道，每得一個好的道
理、好的思想，就牢牢地記在心中，衷心信服，永不丢失了。"

　　子曰："天下國家可均也，爵禄可辭也，白刃可蹈也，
中庸不可能也。"

【譯解】

　　孔子説："天下國家是可以平治的，官爵俸禄是可以辭掉的，
利刃是可以踩上去的，而中庸之道完全做到却不可能。"

　　子路問强，子曰："南方之强與？北方之强與？抑而
强與？寬柔以教，不報無道，南方之强也，君子居之。

衽金革，[一]死而不厭，北方之強也，而強者居之。故君子和而不流，強哉矯；中立而不倚，強哉矯；國有道不變塞焉，[二]強哉矯；國無道至死不變，強哉矯。"

【注釋】

〔一〕衽：音任。　　　〔二〕塞：音色。

【譯解】

　　子路問怎樣才稱得上堅強。孔子説："你問的是南方人的堅強呢，北方人的堅強呢，還是你這樣的堅強呢？用寬厚溫和的態度去教導人們，不報復蠻橫無理的行爲，這是南方人的堅強，君子處於這種堅強。經常枕着刀槍、穿着盔甲睡覺，死而無悔，這是北方人的堅強，强悍人處於這種堅強。所以，君子能與人和睦相處而不同流合污，是堅強的矯矯者！君子確立中道而不偏不倚，是堅強的矯矯者！國家有道，君子不改變窮困時的操守，是堅強的矯矯者！國家無道，至死也不改變平生的氣節，是堅強的矯矯者！"

　　子曰："素隱行怪，[一]後世有述焉，吾弗爲之矣。君子遵道而行，半塗而廢，吾弗能已矣。君子依乎中庸，遯世不見知而不悔，[二]唯聖者能之。"

【注釋】

〔一〕素：朱熹云："素當作索，字之誤也。"　　　〔二〕遯：遁的本字。

【譯解】

　　孔子説："尋求隱僻的道理，做些怪異的事情，即便後代有人稱述，我絕不這樣做的。君子遵循正道而行，往往半途而廢，我

絕不能中途停止的。君子依從中庸之道，即使避開人世而不被理
解，也不懊悔，唯有聖人才能做得到。"

　　君子之道費而隱，夫婦之愚可以與知焉；[一]及其至
也，雖聖人亦有所不知焉。夫婦之不肖，可以能行焉；
及其至也，雖聖人亦有所不能焉。天地之大也，人猶有
所憾。故君子語大，[二]天下莫能載焉；語小，天下莫能破
焉。詩云："鳶飛戾天，[三]魚躍于淵。"言其上下察也。
君子之道，造端乎夫婦，及其至也，察乎天地。

【注釋】

〔一〕與：音預。　　〔二〕語：音預。　　〔三〕鳶：音淵。
戾：音立。

【譯解】

　　君子的中庸之道，功用廣大而本體細微。匹夫匹婦雖然愚昧，
也可以知曉其中的淺近道理；涉及道理極其深奧之處，即使聖人
也會有所不知。匹夫匹婦雖然沒有德才，一般的道理也是能够實
行的；涉及道理極其深奧之處，即使聖人也會有不能做到的地方。
以天地之大，人們對之尚有遺憾，何況聖人也不是全知全能。所
以，君子所信守的中庸之道，說它大，天下沒有什麼東西能够把
它裝載得了的；說它小，天下沒有什麼東西能够把它剖析得開的。
詩經大雅旱麓篇說："鷂鷹飛上高天，魚兒躍在深淵。"詩意喻示
持守中庸之道的人能够上下明察。君子的中庸之道，開始於匹夫
匹婦，淺顯易懂，及至達到最深造詣，就能明察天地。

　　子曰："道不遠人，人之爲道而遠人，不可以爲道。

詩云：‘伐柯伐柯，其則不遠。’執柯以伐柯，睨而視之，〔一〕猶以爲遠。故君子以人治人，改而止。忠恕違道不遠，施諸己而不願，亦勿施於人。君子之道四，丘未能一焉。所求乎子，以事父未能也；所求乎臣，以事君未能也；所求乎弟，以事兄未能也；所求乎朋友，先施之未能也。庸德之行，庸言之謹，有所不足，不敢不勉，有餘，不敢盡，言顧行，行顧言，君子胡不慥慥爾。”〔二〕

【注釋】

〔一〕睨：音膩。　　〔二〕慥：音造。

【譯解】

孔子說：“中庸之道並不是遠離人們的，有人行道而使道遠離人們，那就不可以謂之中庸之道了。詩經豳風伐柯篇說：‘砍斧把啊砍斧把，那斧把的樣式並不遠。’手執斧把來砍斧把，斜下眼睛就看得見樣子，還以爲遠麼。所以君子就用做人之道治理有過錯的人們，直到他們改正爲止。做到忠和恕，那就離中庸之道不遠了，施加在自己身上而自己不願意的事，自己也不施加給別人。君子之道有四條，我孔丘一條也未能做到。我要求做兒子的該當如何盡孝，可我自己未能完全這樣地事奉我的父親；我要求做臣子的該當如何盡忠，可我自己未能完全這樣地事奉我的國君；我要求做弟弟的該當如何敬重兄長，可我自己未能完全這樣地事奉我的哥哥；我要求朋友該當如何講求信義，可我自己未能首先去這樣對待朋友。平常道德方面的實踐，平常言論方面的謹慎，做得有不足的地方，我不敢不勉力去彌補，做得有餘裕的地方，我不敢認爲到了盡頭。言語要顧及行動，行動要顧及言語，君子怎能不老老實實地言行一致呢！”

　　君子素其位而行，不願乎其外。素富貴行乎富貴，素貧賤行乎貧賤，素夷狄行乎夷狄，素患難行乎患難，君子無入而不自得焉。在上位，不陵下；在下位，不援上。正己而不求於人，則無怨。上不怨天，下不尤人。故君子居易以俟命，[一]小人行險以徼幸。[二]子曰："射有似乎君子，失諸正鵠，[三]反求諸其身。"

【注釋】

〔一〕俟：音似。　　　〔二〕徼：音絞。　　　〔三〕鵠：音古。

【譯解】

　　君子守着自己現時所處的地位而行事，不羨慕行其地位以外的事。現時處在富貴的地位，就做富貴地位上該做的事；現時處在貧賤的地位上，就做貧賤地位上該做的事；現時處在夷狄的地位上，就做夷狄地位上該做的事；現時處在患難之中，就做患難中該做的事：君子沒有進入某種處境而感到不自得的。君子身在上位，不欺凌壓迫下面的人；身居下位，不攀援、巴結上面的人。端正自己而不乞求於人，那就無所怨恨了，上不怨恨天命，下不責怪別人。所以，君子居心平易來等待天命，小人進行冒險來妄求幸運。孔子説："射箭很有些類似君子端正自己的功夫，射不中靶子，要回過頭來尋求自身技藝上的失誤。"

　　君子之道，辟如行遠必自邇，[一]辟如登高必自卑。詩曰："妻子好合，如鼓瑟琴。兄弟既翕，[二]和樂且耽。[三]宜爾室家，樂爾妻帑。"[四]子曰："父母其順矣乎！"

【注釋】

〔一〕辟：通譬。　　〔二〕翕：音西。　　〔三〕耽：音丹。
〔四〕帑：音奴。同孥。

【譯解】

　　實習君子之道，譬如遠行，一定要從近處起步；譬如登高，一定要從低處開始。詩經小雅棠棣篇說："與妻子相好相合，如同鼓瑟彈琴。兄弟盡皆相聚，和樂而且情深。安排好你的家裏，熱愛着你的妻子兒女。"孔子說："這樣，父母就順心了吧！"

　　子曰："鬼神之爲德其盛矣乎！視之而弗見，聽之而弗聞，體物而不可遺，使天下之人齊明盛服以承祭祀，〔一〕洋洋乎如在其上，如在其左右。詩曰：'神之格思，不可度思，〔二〕矧可射思。'〔三〕夫微之顯，〔四〕誠之不可揜如此夫！"〔五〕

【注釋】

〔一〕齊：音摘。　　〔二〕度：音奪。　　〔三〕矧：音審。
射：音亦，通斁。　　〔四〕夫：音扶。下同。　　〔五〕揜：通掩。

【譯解】

　　孔子說："鬼神所發揮的功德，那真是盛大恢宏啊！雖然看他看不見，聽也聽不着，但他的功德體現在萬物上却無所遺漏。使得天下的人們，歲時齋戒，整潔地穿上莊重禮服，來奉事祭祀，鬼神的形象恍恍惚惚地如同臨在人們的上方，如同處在人們的左右。詩經大雅抑篇說：'神的降臨，不可測度，怎能厭倦呢！'鬼神從情狀隱微而至功德顯著，其誠信是這樣地不可掩蔽呀！"

子曰：“舜其大孝也與！德爲聖人，尊爲天子，富有四海之内，宗廟饗之，子孫保之。故大德必得其位，必得其禄，必得其名，必得其壽。故天之生物，必因其材而篤焉，故栽者培之，傾者覆之。詩曰：‘嘉樂君子，憲憲令德。宜民宜人，受禄于天。保佑命之，自天申之。’故大德者必受命。”

【譯解】

孔子説：“舜真是大孝啊！講德行他是聖人，講尊貴他是天子，講財富他據有整個天下，後世在宗廟祭享他，子子孫孫永保祭祀他。所以有大德的人，必定得到相應的地位，必定得到相應的利禄，必定得到相應的名聲，必定得到相應的壽數。所以天生萬物，必定依照各自材質而篤實對待，因而，來栽種的就幫他培養，要傾倒的就讓他覆滅。詩經大雅假樂篇説：‘快樂的君子，顯著的美德。善處黎民善處官人，承受福禄于天神。保佑並授命給他，由上天鄭重地交給他。’所以説，有大德的人必定能秉受天命。”

子曰：“無憂者其惟文王乎！以王季爲父，以武王爲子，父作之，子述之。武王纘大王、王季、文王之緒，〔一〕壹戎衣而有天下，〔二〕身不失天下之顯名，尊爲天子，富有四海之内，宗廟饗之，子孫保之。武王末受命，周公成文武之德，追王大王、王季，〔三〕上祀先公以天子之禮。斯禮也，達乎諸侯、大夫及士、庶人。父爲大夫，子爲士，葬以大夫，祭以士；父爲士，子爲大夫，葬以士，祭以大夫。期之喪達乎大夫，〔四〕三年之喪達乎天子，父母之喪無貴賤，一也。"

【注釋】

〔一〕纘：音纂。　大：通太。　　　〔二〕壹戎衣：即尚書康誥之"殪戎殷"。　壹：音益，通殪。　衣：鄭玄云："衣讀爲殷，聲之誤也。"　　　〔三〕追王：王音旺。　大：通太。

〔四〕期：音基，同朞。

【譯解】

孔子說："沒有憂愁的人，那只有周文王了吧！他有王季做父親，有武王做兒子，父親開創在前，兒子接續在後。武王繼承太王、王季、文王的功業，滅掉了大殷而據有天下，武王本身沒有失掉顯赫天子的美名，說尊貴，做了天子，論財富，擁有四海之內的疆土，後世建宗廟祭享他，子子孫孫永保祭祀不絕。武王晚年才承受天命，及至周公，方始完成文王、武王的德業，追尊太王、王季爲王，又用天子之禮上祭歷代祖先，並將這種追祭禮節，通行到諸侯、大夫以及士人與平民。同時規定，如果父親身爲大夫，兒子身爲士，父親死後，應用大夫禮安葬，用士禮祭祀；如果父親身爲士，兒子身爲大夫，父親死後，就用士禮安葬，用大夫禮祭祀。服喪一周年的喪制，從平民、士通行到大夫爲止，因爲諸侯、天子不爲旁親服喪。服喪三年的喪制，從下一直通行到天子，因爲爲父母服喪，不論身份貴賤，服期都是一樣的。"

子曰："武王、周公其達孝矣乎！夫孝者，善繼人之志、善述人之事者也。春秋脩其祖廟，陳其宗器，設其裳衣，〔一〕薦其時食。宗廟之禮，所以序昭穆也。序爵，所以辨貴賤也。序事，所以辨賢也。旅酬下爲上，所以逮賤也。燕毛，所以序齒也。踐其位，行其禮，奏其樂，敬其所尊，愛其所親，事死如事生，事亡如事存，孝之至也。郊社之禮，所以事上帝也。宗廟之禮，所以祀乎其先也。明乎郊社之禮、禘嘗之義，治國其如示諸掌乎！"

【注釋】

〔一〕裳：音常。

【譯解】

孔子說："周武王和周公，大概是最孝的人了吧！這種孝，指的是善於繼承先人的遺志，善於續成先人的事業。每逢春秋季節，整修祖廟，陳列祭器，擺設先人的衣裳，供奉時令食品。宗廟中的祭禮，是用以序列左昭右穆各個輩分的；序列爵位，是用以辨別身份貴賤的；安排祭中各種職事，是用以分別子孫才能的；祭後衆人輪流酬酒，最卑幼者舉杯於稍尊長於自己的，自己先飲一杯，然後酌酒勸飲，這樣自下而上地遞相勸酬，是將情意、恩惠施及地位卑下者的身上；祭畢的燕飲依照髮色而定座次，是用以排列年齡大小的。站在一定的位置上，舉行祭祀的禮節，奏起祭祀的音樂，敬那該敬的祖先，愛那該愛的近親，事奉死者如同事奉他生時一樣，事奉亡故的如同事奉他在世時一樣，這就是孝敬的極致。祭祀天地的禮節，是用來事奉上帝的；宗廟中的禮節，是用來祭祀自己祖先的。明白了祭天祭地的禮節，懂得了四時進行的禴、禘、嘗、烝諸祭的意義，那麼，治理國家就如同觀看掌中事物一樣的清楚簡易了。"

　　哀公問政。子曰："文武之政，布在方策，其人存則其政舉，其人亡則其政息。人道敏政，地道敏樹。夫政也者，蒲盧也。故爲政在人，取人以身，脩身以道，脩道以仁。仁者，人也，親親爲大；義者，宜也，尊賢爲大。親親之殺，[一]尊賢之等，禮所生也。在下位不獲乎上，民不可得而治矣。[二]故君子不可以不脩身，思脩身不可以不事親，思事親不可以不知人，思知人不可以不知天。天下之達道五，所以行之者三。曰君臣也，父子也，夫婦也，昆弟也，朋友之交也，五者天下之達道也。知、仁、勇三者，[三]天下之達德也，所以行之者一也。或生而知之，或學而知之，或困而知之，及其知之，一也。或安而行之，或利而行之，或勉强而行之，[四]及其成功，一也。"

【注釋】

〔一〕殺：音曬。　　〔二〕在下位不獲乎上民不可得而治矣：此十四字本篇後文亦見，鄭玄云："誤重在此。"　　〔三〕知：同智。　　〔四〕强：音搶。

【譯解】

　　魯哀公向孔子詢問政治。孔子說："周文王、周武王的政法，刊布在木板、竹簡之上了。這樣的賢人在世，那政法就能實行；這樣的賢人亡故，那政法也就停息了。人的性能可以勉力推行政法，地的性能可以勉力生殖草木。這國政猶如蒲葦一般，蒲葦得了地力就能成長，國政得了人才就有成效。所以治理國政在於得人。國君要取得賢人，必須以身作則；要修養自身，必須以道德

爲準則；要修養道德，必須以仁義爲根本。所謂仁，就是愛人的
意思，親愛雙親是爲大仁。所謂義，就是合宜的意思，尊重賢人
是爲大義。對親屬們的親情，因遠近有異而有親疏的差別，對賢
人們的尊重，因尊卑不同而有大小的等次，反映這種親疏尊卑關
係的禮就從而產生了。所以君子不可以不修身。想要修身，不可
以不事奉雙親；想敬事雙親，不可以不知曉人道；想要知曉人道，
不可以不知曉天理。天下共通的人道有五條，用來履行這五條人
道的品德有三種。君臣之道，父子之道，夫婦之道，兄弟之道，
朋友交往之道，這五條就是天下共通的人道。智、仁、勇，這三
種是天下共通的品德，用以履行五條人道，三者是一致的。對於
五道三德的道理，有的人生來就知曉，有的人學習了才知曉，有
的人經歷了困苦才知曉，及至他們都知曉了，却是一樣的了。對
於五道三德的實踐，有的人心安理得地去做，有的人爲了名利才
去做，有的人勉勉强强地去做，及至他們都成功的時候，却是一
樣的了。"

　　子曰：好學近乎知，[一]力行近乎仁，知恥近乎勇。知
斯三者，則知所以脩身；知所以脩身，則知所以治人；
知所以治人，則知所以治天下國家矣。凡爲天下國家有
九經：曰脩身也，尊賢也，親親也，敬大臣也，體羣臣
也，子庶民也，來百工也，柔遠人也，懷諸侯也。脩身
則道立，尊賢則不惑，親親則諸父昆弟不怨，敬大臣則
不眩，[二]體羣臣則士之報禮重，子庶民則百姓勸，來百工
則財用足，柔遠人則四方歸之，懷諸侯則天下畏之。

【注釋】

〔一〕好：音浩。　　　知：同智。　　　〔二〕眩：音絢。

【譯解】

　　孔子說：愛好學習就接近智了，努力行善就接近仁了，知道羞恥就接近勇了。知道這三項的人，就知道怎樣修身了；知道怎樣修身，就知道怎樣治理別人了；知道怎樣治理別人，就知道怎樣治理天下國家了。總的說來，治理天下國家有九條綱要，就是：修養自身，尊重賢人，親愛親人，尊敬大臣，體恤羣臣，愛護平民，招致各種工匠，優待遠方之人，安撫各路諸侯。修養自身，那麼道德就能確立；尊重賢人，那麼遇事就不會迷惑；親愛親人，那麼伯叔、兄弟就會無怨；尊敬大臣，那麼做事就不會紊亂；體恤羣臣，那麼士臣們答報的禮數就會厚重；愛護平民，那麼百姓就會互相勸勉奉事君上；招致各種工匠，那麼財用就會充足；優待遠方之人，四方之人就會聞風歸順；安撫各路諸侯，那麼天下的人就會敬畏。

　　齊明盛服，〔一〕非禮不動，所以脩身也。去讒遠色，賤貨而貴德，所以勸賢也。尊其位，重其祿，同其好惡，〔二〕所以勸親親也。官盛任使，所以勸大臣也。忠信重祿，所以勸士也。時使薄斂，所以勸百姓也。日省月試，〔三〕既廩稱事，〔四〕所以勸百工也。送往迎來，嘉善而矜不能，〔五〕所以柔遠人也。繼絕世，舉廢國，治亂持危，朝聘以時，厚往而薄來，所以懷諸侯也。

【注釋】

〔一〕齊：音摘。　　〔二〕好：音浩。　　惡：音物。

〔三〕省：音醒。　　〔四〕廩：音凛。　　〔五〕矜：音今。

【譯解】

　　整潔的身着盛裝，不合禮法的不去妄動，這是用以修身的；摒去讒言，遠離女色，輕財貨而重道德，這是用以勸勉賢能的；提高親人們的爵位，加厚他們的俸祿，統一他們的好惡觀念，這是用以勸勉他們親愛親人的；屬官盛多，足供任使，這是用以獎勸大臣的；對忠信者，加厚俸祿，這是用以獎勸士人的；徭役不違農時，薄收賦税，這是用以獎勸百姓的；每天省察，每月測試，使其所得糧米稱其功效，這是用以獎勸各種工匠的；派人送往迎來，嘉獎良善而憐恤無能，這是用以優待遠方來人的；延續絕嗣的諸侯，興舉廢亡的小國，爲之平治内亂，扶持危弱，讓諸侯按時來朝見聘問，諸侯回國時，天子賜與的財物要豐厚，諸侯前來時，貢獻的禮物要薄收，這是用以安撫諸侯的。

　　凡爲天下國家有九經，所以行之者一也。凡事豫則立，不豫則廢。言前定則不跲〔一〕，事前定則不困，行前定則不疚，〔二〕道前定則不窮。

【注釋】

〔一〕跲：音袷。　　〔二〕疚：音救。

【譯解】

　　大凡治理天下國家有九條綱要，而用以實行這九條綱要的方法却只有一個。凡做大事，預先有了準備就能立住，預先没有準備就將廢止。講話須先有定準，到時就不會語言澀滯；做事須先有定準，到時就不會困窘；行動須先有定準，到時就不會出毛病；做人之道須先有定準，到時就不會路盡途窮。

　　在下位不獲乎上，民不可得而治矣。獲乎上有道，不信乎朋友，不獲乎上矣。信乎朋友有道，不順乎親，不信乎朋友矣。順乎親有道，反諸身不誠，不順乎親矣。誠身有道，不明乎善，不誠乎身矣。

【譯解】

　　處在下位的人，如果不能獲得上面的信任，那就不可能治理好人民了。獲得上面的信任有一定的途徑，不能取信於朋友，那就不能獲得上面的信任了。取信於朋友有一定的途徑，不能讓父母順心，那就不能取信於朋友了。讓父母順心有一定的途徑，反省自身不能至誠，那就不能讓父母順心了。誠實自身有一定的途徑，不明白什麼是善，那就不能誠實自身了。

　　誠者，天之道也。誠之者，人之道也。誠者，不勉而中，〔一〕不思而得，從容中道，聖人也。誠之者，擇善而固執之者也。博學之，審問之，慎思之，明辨之，篤行之。有弗學，學之弗能弗措也。有弗問，問之弗知弗措也；有弗思，思之弗得弗措也；有弗辨，辨之弗明弗措也；有弗行，行之弗篤弗措也。人一能之，己百之；人十能之，己千之。果能此道矣，雖愚必明，雖柔必強。

【注釋】

〔一〕中：音仲。

【譯解】

　　誠，是天賦的道理；學習誠，是做人的道理。天生至誠的人，不用勉強而處事就能合理，不加思索而言行就能得當，從從容容的就能符合中庸之道，這是聖人啊！至於一般學習誠的人，就是擇取善事善理而牢牢掌握的人。這種人就要廣博的學習，詳細的探究，謹慎的思考，明晰的分辨，篤實的履行。有的知識不學則已，學了，學不成就不放下；有的問題不問則已，問了，不理解就不放下；有的事情不思索則已，思索了，沒有所得就不放下；有的疑點不分辨則已，分辨了，不明白就不放下；有的工作不做則已，做了，不切實就不放下。別人一次能做到的，我要做它一百次；別人十次能做到的，我要做它一千次。如果能照這個路數做去，那麼，即使是愚昧的人也一定會變得聰明，即使是柔弱的人也一定會變得剛强。

自誠明謂之性，自明誠謂之教。誠則明矣，明則誠矣。

【譯解】

基於天賦誠實從而明達事理，這稱作本性；由於明達事理從而導致誠實，這稱作教化。秉性誠實就能明達事理，而明達事理也能導致誠實。

唯天下至誠爲能盡其性，能盡其性則能盡人之性，能盡人之性則能盡物之性，能盡物之性則可以贊天地之化育，可以贊天地之化育則可以與天地參矣。〔一〕

【注釋】

〔一〕參：同三。

【譯解】

唯有天下至誠的人，才能充分發揮自我的本性；能够充分發

揮自己的本性，就能够充分發揮人類的本性；能够充分發揮人類
的本性，就能够充分發揮萬物的本性；能够充分發揮萬物的本性，
就可以贊助天地化育萬物；能够贊助天地化育萬物，就可以與天
地並立爲三了。

　　其次致曲。曲能有誠，誠則形，形則著，著則明，
明則動，動則變，變則化，唯天下至誠爲能化。

【譯解】

　　那些次於聖人的賢人，能够推致局部事理。推致局部事理也
能獲有誠心，有了誠心就會有所體現，有所體現就會日益顯著，
日益顯著就會更加昭明，昭明彰著就能感動人心，感動人心就能
使人轉變，使人們轉變就能完成教化，唯有天下至誠的人才能完
成教化。

　　至誠之道，可以前知。國家將興，必有禎祥；〔一〕國家
將亡，必有妖孽。〔二〕見乎蓍龜，〔三〕動乎四體。禍福將至，
善必先知之，不善必先知之。故至誠如神。

【注釋】

〔一〕禎：音貞。　　　〔二〕孽：音聶。　　　〔三〕見：現的本
字。　著：音師。

【譯解】

　　掌握至誠之道，就可以預知未來。國家將要盛興，必定先有
吉兆；國家將要滅亡，必定先有妖異。這些預兆，表現在卜筮時
的蓍草、龜甲之上，活動於人們的四肢舉止之中。禍福將要到來，
好的一定能預先知曉，不好的也一定預先知曉。所以説，掌握至

誠的人就如同神明一樣。

　　誠者自成也，而道自道也。誠者物之終始，不誠無物，是故君子誠之爲貴。誠者非自成己而已也，所以成物也。成己，仁也；成物，知也。〔一〕性之德也，合外内之道也，故時措之宜也。

【注釋】

〔一〕知：同智。

【譯解】

　　誠是自我完成的，而道是自己履行的。誠的精神通貫萬物的始終，不誠就沒有事物了，所以君子最珍視誠。至誠的人不僅自我完成而已，還要用以成就外物。成就自己屬於仁，成就外物屬於智。仁和智都是本性固有的品德，成己成物是内外結合的方式，所以隨時應用都能適宜。

　　故至誠無息。不息則久，久則徵，〔一〕徵則悠遠，悠遠則博厚，博厚則高明。博厚所以載物也，高明所以覆物也，悠久所以成物也。博厚配地，高明配天，悠久無疆。如此者，不見而章，不動而變，無爲而成。

【注釋】

〔一〕徵：鄭玄云：“徵或爲徹。”下同。

【譯解】

　　所以至誠沒有停息的時候。不停息就能持久，持久就能驗證，能驗證就能悠長久遠，悠長久遠就能廣博深厚，廣博深厚就能高大光明。廣博深厚能以承載萬物，高大光明能以覆蓋萬物，悠長久遠能以成就萬物。廣博深厚可以與地相配，高大光明可以與天相配，悠長久遠猶如時間的無盡無窮。這樣的至誠，不須表現而自然彰明，不須行動而自然變化，無所做爲而自然成功。

天地之道可壹言而盡也。其爲物不貳，則其生物不測。天地之道，博也，厚也，高也，明也，悠也，久也。今大天，斯昭昭之多，及其無窮也，日月星辰繫焉，萬物覆焉。今夫地，一撮土之多，[一]及其廣厚，載華嶽而不重，[二]振河海而不洩，萬物載焉。今夫山，一卷石之多，[三]及其廣大，草木生之，禽獸居之，寶藏興焉。[四]今夫水，一勺之多，及其不測，黿鼉鮫龍魚鱉生焉，[五]貨財殖焉。詩曰“惟天之命，於穆不已”，[六]蓋曰天之所以爲天也。“於乎不顯，文王之德之純”，蓋曰文王之所以爲文也，純亦不已。

【注釋】

〔一〕撮：音搓。　　〔二〕華：音化。　嶽：音月。
〔三〕卷：音全，通拳。　　〔四〕藏：音葬。　　〔五〕黿：音元。　鼉：音駝。　鮫：音交，通蛟。　　〔六〕於：音烏。下同。

【譯解】

天地的道理可以用一句話概括盡了，天地作爲事物來講是誠一不貳的，那麼其化生萬物的奧秘就深不可測了。天地的道理，廣博、深厚、高大、光明、悠長、久遠。現在講這天空，說小，就這麽一塊昭明的所在，而論及它的無窮，上面懸掛着日月星辰，下面覆蓋着神州萬物。現在講這大地，說小，就這麽一把土的大小，論及它的廣闊和深厚，承載華山而不覺沉重，容納黃河、大海而不會泄漏，上面承載着萬物。現在講這山，說小，就這麽拳頭般大小的石頭，論及它的高大，草木在山上生長，禽獸在山中居住，寶藏從山內開發。現在講這水，說小，就這麽小小的一勺，論及它的深廣不測，生養着黿鼉鮫龍魚鼈，生殖着種種財富。詩經周頌惟天之命篇開始就說：“只有上天的道理，莊嚴肅穆地運轉不已。”這是說天之所以成爲天的道理。此詩接着說：“啊！這豈不顯明，文王道德的精純。”這是說周文王之所以名爲文王的道理，他的純德也像天一樣地運行不已。

　　大哉聖人之道，洋洋乎發育萬物，峻極于天，優優大哉！禮儀三百，威儀三千，待其人然後行，故曰“苟不至德，至道不凝焉”。故君子尊德性而道問學，致廣大而盡精微，極高明而道中庸，溫故而知新，敦厚以崇禮。是故居上不驕，爲下不倍，[一]國有道其言足以興，國無道其默足以容。詩曰“既明且哲，以保其身”，其此之謂與！

【注釋】

〔一〕倍：通背。

【譯解】

　　偉大呀聖人之道，洋洋灑灑地發育萬物，它高峻達天，充裕寬和偉大呀！大的禮儀約有三百，細的儀節約有三千，等待那有德之人出來然後才能施行。所以說，假如不是具備最高德行的人，那最偉大的道理就不會凝聚形成。因此君子一定要尊重德性而從事學問，致力於廣博而又盡心於精微，達到高明境界而又遵循中庸之道，温習已知而又增進新知，敦實篤厚用以崇尚禮義。所以君子身居上位而不驕傲，身爲臣下而不悖逆，國家有道時，他的言論足以振興社會，國家無道時，他的沉默足以避禍容身。詩經大雅烝民篇中説："既聰明又有見識，可以保全自身。"大概説的就是這個意思吧！

子曰："愚而好自用，賤而好自專，生乎今之世，反古之道，如此者，裁及其身者也。"〔一〕非天子不議禮，不制度，不考文。今天下車同軌，書同文，行同倫，雖有其位，苟無其德，不敢作禮樂焉。雖有其德，苟無其位，亦不敢作禮樂焉。

【注釋】

〔一〕裁：同灾。

【譯解】

孔子説："愚昧而好剛愎自用，卑賤而好獨斷專行，生於現在的時代，偏要返回古代的治國路綫，像這樣的人，灾禍就要降到他的身上了。"不是天子就不該議定禮儀，不得創制法度，不得考定字體。即便如今天下一統，車轍的距離相同，書寫的文字相同，行爲的倫理觀念相同，雖然身有天子之位，如果沒有聖人之德，仍然是不敢制禮作樂的；雖然有聖人之德，如果沒有天子之位，也同樣是不敢制禮作樂的。

子曰："吾説夏禮，杞不足徵也。〔一〕吾學殷禮，有宋存焉。吾學周禮，今用之，吾從周。"

【注釋】

〔一〕杞：音起。

【譯解】

孔子説："我述説夏代的禮法，可是作爲夏朝後裔的杞國，却不足以驗證；我學習殷朝的禮法，如今還有殷朝後裔宋國存在；我學習周朝的禮法，今天我們魯國還在使用，所以我遵從周禮。"

王天下有三重焉，〔一〕其寡過矣乎！上焉者雖善無徵，無徵不信，不信民弗從；下焉者雖善不尊，不尊不信，不信民弗從。故君子之道，本諸身，徵諸庶民，考諸三王而不繆，〔二〕建諸天地而不悖，〔三〕質諸鬼神而無疑，百世以俟聖人而不惑。質諸鬼神而無疑，知天也。百世以俟聖人而不惑，知人也。是故君子動而世爲天下道，行而世爲天下法，言而世爲天下則，遠之則有望，近之則不厭。詩曰："在彼無惡，在此無射。〔四〕庶幾夙夜，〔五〕以永終譽。"君子未有不如此而蚤有譽於天下者也。〔六〕

【注釋】

〔一〕重：音衆。　　〔二〕繆：通謬。　　〔三〕悖：音被。
〔四〕射：音亦，通斁。　　〔五〕夙：音素。　　〔六〕蚤：通早。

【譯解】

君臨天下有議定禮法、創立制度、考定字體三件重大事情，如果做得好，那就很少過錯了吧！身在上位的人，三事所做雖好，但没有徵驗，而没有徵驗就不能取信，不能取信，那人民就不肯遵從了。身在下位的人，三事所做雖好，但自己地位不尊，而地位不尊也就不能取信，不能取信，那人民也就不肯遵從了。所以君王創立禮法制度的途徑，要根據於本身，徵驗於庶民，查考夏商周三代的制作而没有謬誤，建立於天地之間而不悖逆自然，質正於鬼神而心無疑慮，等候百世後之聖人的審議而心不惶惑。之所以質正於鬼神而心無疑慮，這是由於自己通曉天理；之所以等候百世後之聖人的審議而心不惶惑，這是由於自己通曉人情。因此之故，君王的舉動能够世世代代地作爲天下的常規，君王的行爲能够世世代代地作爲天下的法度，君王的語言能够世世代代地作爲天下的準則。離君王遠的人常有仰望之情，離君王近的人永無厭倦之意。詩經周頌振鷺篇中説："在那邊没人怨恨，在這裏没人厭惡。希望早起晚睡，借以永保榮譽。"身居上位的君子從没有不這樣做而能早有名譽於天下的。

仲尼祖述堯舜，憲章文武，上律天時，下襲水土。辟如天地之無不持載，〔一〕無不覆幬；〔二〕辟如四時之錯行，如日月之代明。萬物並育而不相害，道並行而不相悖，小德川流，大德敦化，此天地之所以爲大也。

【注釋】

〔一〕辟：通譬。　　〔二〕幬：音道。

【譯解】

孔子遠承並稱述唐堯、虞舜的傳統，近效並彰明文王、武王的法度，上順天時變化規律，下依水土沿襲所宜。聖人之德好比天地那樣，無不維持承載，無不覆蓋遮護；好比四季的交替運行，猶如日月的更迭照耀。萬物共同發育而不互相妨害，事理一並施行而不互相違背；小德像河水長流，不息不止，大德總敦實化育，無盡無窮：這便是天地之所以偉大的緣故。

　　唯天下至聖，爲能聰明叡知足以有臨也，〔一〕寬裕溫柔足以有容也，發強剛毅足以有執也，齊莊中正足以有敬也，〔二〕文理密察足以有別也。溥博淵泉而時出之，〔三〕溥博如天，淵泉如淵。見而民莫不敬，言而民莫不信，行而民莫不說。〔四〕是以聲名洋溢乎中國，施及蠻貊，〔五〕舟車所至，人力所通，天之所覆，地之所載，日月所照，霜露所隊，〔六〕凡有血氣者莫不尊親，故曰配天。

【注釋】

〔一〕叡：音瑞，同睿。　知：同智。　〔二〕齊：音摘。

〔三〕溥：音普。　〔四〕說：通悅。　〔五〕貊：音末。

〔六〕隊：同墜。

【譯解】

　　唯有天下最聖明的人，才能做到聰明智慧，足以監臨下民；寬裕溫柔，足以包容天下；精神奮發，剛強堅毅，足以操持決斷國政；儀態端莊，秉心中正，足以敬業敬賢；文字條理縝密明察，足以辨別是非曲直。聖人之德廣博深沉，而隨時出現於外，廣博得如同天空，深沉得如同潭水。每當有所表現，人民沒有不崇敬的；說話，人民沒有不信服的；行事，人民沒有不欣悅的。因此，他的聲名洋溢於中國，傳播到南蠻北狄。凡是車船能到的地方，人力能通的地方，天所覆蓋的地方，地所承載的地方，日月所照臨的地方，霜露所降落的地方，凡是有血氣的人，沒有不尊崇他、不愛戴他的。所以說，聖人之德可以與天相配。

　　唯天下至誠爲能經綸天下之大經，立天下之大本，知天地之化育。夫焉有所倚？肫肫其仁，[一]淵淵其淵，浩浩其天。苟不固聰明聖知達天德者，[二]其孰能知之？

【注釋】

〔一〕肫：音諄。　　〔二〕知：同智。

【譯解】

　　唯有天下最誠的人，才能經理天下的大綱，確立天下的大本，知曉天地的化育之功，這樣怎能有什麼偏頗呢？他的仁心是那麼懇摯真誠，他的思想像潭水般的深沉，他的胸襟像藍天般的浩瀚。假如不是確實聰明聖智通達天德的人，誰又能够真正理解他呢？

　　詩曰“衣錦尚絅”，[一]惡其文之著也。[二]故君子之道闇然而日章，[三]小人之道的然而日亡。君子之道，淡而不厭，簡而文，溫而理，知遠之近，知風之自，知微之顯，可與入德矣。詩云：“潛雖伏矣，亦孔之昭。”故君子內省不疚，[四]無惡於志。君子所不可及者，其唯人之所不見乎！詩云：“相在爾室，尚不愧于屋漏。”故君子不動而敬，不言而信。詩曰：“奏假無言，[五]時靡有爭。”是故君子不賞而民勸，不怒而民威於鈇鉞。[六]詩曰：“不顯惟德，百辟其刑之。”[七]是故君子篤恭而天下平。詩云：“予懷明德，不大聲以色。”子曰：“聲色之於以化民，末也。”詩曰“德輶如毛”，[八]毛猶有倫；“上天之載，無聲無臭”，[九]至矣。

【注釋】

〔一〕衣：音益。　絅：音迥。　　〔二〕惡：音物。

〔三〕闇：音暗。　　〔四〕省：音醒。　　〔五〕假：音閣，通格。　　〔六〕鈇：音府。　鉞：音月。　　〔七〕辟：音必。　　〔八〕輶：音尤。　　〔九〕臭：音秀。

【譯解】

　　詩經衛風碩人篇説："身穿錦服，尚罩單衣。"這是厭惡錦服的文彩過於顯著。所以，君子之道表面暗淡，而日益彰明；小人之道表面漂亮，而日漸消亡。君子之道，清淡而令人不厭，簡樸而有文彩，温和而有理致，知道遠是從近開始的，知道風氣來自何處，知道隱微會趨向明顯，這樣，可以進入盛德的境界。詩經小雅正月篇説："雖然深入水底潛伏，但也被看得清清楚楚。"所以，君子反省自己沒有内疚，也就無愧於心了。君子之所以使人趕不上的，大概就在這種別人看不見的地方吧！詩經大雅抑篇説："看你獨處室中的時刻，尚且無愧於西北角落。"所以，君子未曾舉動就得到人們的崇敬，未曾發言就得到人們的信任。詩經商頌烈祖篇説："進迎神至無言無聲，此刻大家没有喧争。"所以，君子不須行賞而人民就相互勸勉，不必發怒而人民畏懼甚於斧鉞的刑罰。詩經周頌烈文篇説："大大顯揚天子之德，諸侯都要以之爲楷模。"所以，君子篤實恭敬就能天下太平。詩經大雅皇矣篇説："我懷念文王的美德，他從不厲聲厲色。"孔子説："將厲聲厲色用於教化人民，那是末節下策。"詩經大雅烝民篇説"道德輕如毛髮"，然而毛髮畢竟是具體的物類，不足以形容玄妙的大德；詩經大雅文王篇説："上天的化生萬物，無聲無嗅。"這才是對大德的最確切的描述。

表記第三十二

子言之：“歸乎！君子隱而顯，不矜而莊，[一]不厲而威，不言而信。”

【注釋】

〔一〕矜：音今。

【譯解】

孔子周游列國，道不行而思歸，説：“回去吧！君子身雖隱居而德名顯著，不須矜持而神情莊重，不曾嚴厲而自有威儀，不待發言而就取得信任。”

子曰：“君子不失足於人，不失色於人，不失口於人。是故君子貌足畏也，色足憚也，[一]言足信也。甫刑曰：‘敬忌而罔有擇言在躬。’”

【注釋】

〔一〕憚：音旦。

【譯解】

孔子説：“君子對人的手足舉止没有失禮的地方，對人的神色没有失禮的地方，對人的言談没有失禮的地方。所以，君子的體貌足以令人畏服，神色足以令人敬憚，言談足以令人信任。尚書甫刑篇説：‘恭敬戒慎，要使自己没有被人挑剔的語言加在身上。’”

子曰：“裼襲之不相因也，^{〔一〕}欲民之毋相瀆也。”

【注釋】

〔一〕裼：音西。

【譯解】

孔子説：“行禮當中，或以敞開禮服顯露皮裘的罩衣爲敬，或以掩實裼衣外面的禮服爲敬，不相因循，爲了使人們不要相互輕慢。”

子曰：“祭極敬，不繼之以樂。^{〔一〕}朝極辨，^{〔二〕}不繼之以倦。”

【注釋】

〔一〕樂：音勒。　　〔二〕朝：音潮。

【譯解】

孔子説：“祭祀要極盡誠敬，所以不能祭罷就接着盡情歡樂；朝廷處理國政要極力辦好，然而不能疲倦了還繼續勉强從事。”

子曰：“君子慎以辟禍，^{〔一〕}篤以不揜，^{〔二〕}恭以遠恥。”

【注釋】

〔一〕辟：音必，通避。　　〔二〕撜：音眼。

【譯解】

　　孔子説：“君子用謹慎來避免禍患，用篤厚來不遭困迫，用恭敬來遠離恥辱。”

　　子曰：“君子莊敬日强，安肆日偷。君子不以一日使其躬儳焉如不終日。”〔一〕

【注釋】

〔一〕儳：音蟬。

【譯解】

　　孔子説：“君子端莊誠敬，從而德業日益增强；晏安放肆，從而品行日益苟且。君子絶不讓自己的身心有一天苟且散亂，像是惶惶不可終日的樣子。”

　　子曰：“齊戒以事鬼神，〔一〕擇日月以見君，恐民之不敬也。”

【注釋】

〔一〕齊：音摘，通齋。

【譯解】

　　孔子説：“齋戒之後來奉事鬼神，選擇吉日來謁見國君，這是恐怕人們的不恭敬。”

　　子曰：“狎侮死焉而不畏也。”〔一〕

【注釋】

〔一〕狎：音匣。

【譯解】

　孔子説："有人唯好輕狎侮慢，至死也不知道畏懼。"

　子曰："無辭不相接也，無禮不相見也，欲民之毋相褻也。易曰：'初筮告，〔一〕再三瀆，瀆則不告。'"

【注釋】

〔一〕筮：音士。

【譯解】

　孔子説："没有言辭就不互相接待，没有禮物就不互相接見，這樣規定，爲了使人們不互相輕慢。易經蒙卦説：'初來占問，筮者就告訴他吉凶，再三來占問就是褻瀆神靈了，既然褻瀆神靈，筮者就不用再告訴他了。'"

　子言之："仁者，天下之表也。義者，天下之制也。報者，天下之利也。"

【譯解】

　孔子説："仁是天下的標準，義是天下的裁斷原則，回報是天下的公利。"

　子曰："以德報德，則民有所勸。以怨報怨，則民有所懲。〔一〕詩曰：'無言不讎，〔二〕無德不報。'大甲曰：〔三〕'民非后，無能胥以寧；〔四〕后非民，無以辟四方。'"〔五〕

【注釋】

〔一〕懲：音成。　　〔二〕讎：音綢。　　〔三〕大：通太。

〔四〕胥：音須。　　〔五〕辟：音必。

【譯解】

孔子説："用德惠來報答別人對自己的恩惠，人民就會有所勸勉；用怨恨來報復別人對自己的仇怨，人民就會有所懲戒。詩經大雅抑篇説：'沒有得不到酬答的語言，沒有得不到回報的恩德。'尚書太甲篇説：'人民沒有帝王不能相互安寧，帝王沒有人民不能君臨四方。'"

　　子曰："以德報怨，則寬身之仁也。〔一〕以怨報德，則刑戮之民也。"〔二〕

【注釋】

〔一〕仁：鄭玄云："仁亦當爲民，聲之誤。"　　〔二〕戮：音路。

【譯解】

孔子説："用德惠來回報別人對自己的仇怨，這是苟求容身的人；用怨恨來回報別人對自己的恩德，這是應該刑殺的惡人。"

　　子曰："無欲而好仁者，〔一〕無畏而惡不仁者，〔二〕天下一人而已矣。是故君子議道自己，而置法以民。"

【注釋】

〔一〕好：音浩。　　〔二〕惡：音物。

【譯解】

孔子説："心無私欲而愛好仁德的，無所畏懼而憎惡不仁的，天下就那麼個把人而已。因此，君子議論道德應該從自己出發，而設置法律就要根據人民的實情。”

子曰：“仁有三，與仁同功而異情。與仁同功，其仁未可知也。與仁同過，然後其仁可知也。仁者安仁，知者利仁，〔一〕畏罪者强仁。〔二〕仁者右也，道者左也。仁者人也，道者義也。厚於仁者薄於義，親而不尊；厚於義者薄於仁，尊而不親。道有至、義，有考。〔三〕至道以王，〔四〕義道以霸，考道以爲無失。”

【注釋】

〔一〕知：同智。　　〔二〕强：音搶。　　〔三〕道有至義有考：鄭玄云：“此讀當言‘道有至有義有考’，字脱一‘有’耳。”

〔四〕王：音旺。

【譯解】

孔子説：“仁有三種情況，施行仁道時功效相同而動機各異。行仁的功效相同，從效果上看，就不能知道他們各自行仁的動機。施行仁道時都犯了過錯，然後才能知道他們各自行仁的動機。有道德的仁人自覺地安於行仁，有智謀的人有目的地利用仁，怕犯罪的人被動地勉强行仁。仁爲主，好比人的右手；道爲輔，好比人的左手。仁就是人情，道就是道義。厚於仁情的人薄於義理，令人親愛而不甚尊敬；厚於義理的人薄於仁情，令人尊敬而不甚親愛。道，有極爲精當的至道，有斷制得宜的義道，有盡心稽察的考道。實行至道可以爲天下之王，實行義道可以稱霸諸侯，實行考道可以避免過失。”

　　子言之："仁有數，義有長短小大。中心憯怛，[一]愛人之仁也。率法而强之，資仁者也。詩云：'豐水有芑，[二]武王豈不仕？詒厥孫謀，[三]以燕翼子。武王烝哉！'[四]數世之仁也。國風曰：'我今不閱，皇恤我後。'[五]終身之仁也。"

【注釋】

〔一〕憯：音慘。　怛：音達。　　〔二〕芑：音起。

〔三〕詒：音夷。　　厥：音决。　　〔四〕烝：音征。

〔五〕恤：音旭。

【譯解】

　　孔子説："仁有程度高低，義也有長短大小。發自内心的悲痛，這是愛人的仁。依循善法而强力推行，這是取仁爲手段的仁。詩經大雅文王有聲篇説：'豐水中還生有芑菜，武王難道無事可做？他留給了子孫良謀善策，用來幫助子孫安樂。武王真是英明的君主喲！'這就是惠及幾代的仁。詩經邶風谷風篇説：'我自身今天尚且不能見容，哪有工夫憂慮我的以後。'這説的是有關終生的仁。"

　　子曰："仁之爲器重，其爲道遠，舉者莫能勝也，[一]行者莫能致也。取數多者，仁也。夫勉於仁者不亦難乎！[二]是故君子以義度人，[三]則難爲人；以人望人，則賢者可知已矣。"

【注釋】

〔一〕勝：音升。　　〔二〕夫：音扶。　　〔三〕度：音奪。

【譯解】

孔子説："仁猶如一件沉重的器具，一條遥遠的道路，提舉的人没有誰能勝任的，行走的人没有誰能到頭的，只能取其數量較多的算作仁。那勉力行仁不是很難的嗎！因此，君子從義理上去衡量人，就很難找到合乎標準的人；如果用人和人比較，那麽就可以知道誰是賢者了。"

子曰："中心安仁者，天下一人而已矣。大雅曰：'德輶如毛，〔一〕民鮮克舉之。〔二〕我儀圖之，惟仲山甫舉之，愛莫助之。'"

【注釋】

〔一〕輶：音由。　　〔二〕鮮：音顯。

【譯解】

孔子説："從内心裏安於行仁的人，普天之下不過個把人而已。詩經大雅烝民篇説：'道德輕如毛髮，很少有人能舉它。我認真揣摩此事，惟有仲山甫能舉起它，可惜没人幫助他。'"

小雅曰："高山仰止，景行行止。"〔一〕子曰："詩之好仁如此。〔二〕鄉道而行，〔三〕中道而廢，忘身之老也，不知年數之不足也，俛焉日有孳孳，〔四〕斃而后已。"

【注釋】

〔一〕景行行止：上"行"名詞，音杏。下同。　　〔二〕好：音浩。　　〔三〕鄉：通向。　　〔四〕俛：音免，通勉。孳：音兹。

【譯解】

詩經小雅車舝篇説：“高山爲大家所仰望，大道爲民衆所共行。”孔子説：“詩人愛好仁德如此強烈。面向大道而行，走到半路因力盡而暫停，忘記了本身的衰老，不知道在世年限已經不多了，仍然奮勉向前，日日勤勞不懈，死而後已。”

子曰：“仁之難成久矣！人人失其所好，故仁者之過易辭也。”子曰：“恭近禮，儉近仁，信近情。敬讓以行，此雖有過，其不甚矣。夫恭寡過，情可信，儉易容也。以此失之者，不亦鮮乎！詩云：‘温温恭人，惟德之基。’”

【譯解】

孔子説：“行仁道難以成功，由來已久了！從而人人對所愛好的仁道在理解和實踐上未免存在偏失，所以履行仁道者的過錯，因爲不屬於品德問題，容易談論解説。”孔子説：“恭敬接近禮，儉樸接近仁，誠信接近人情。恭敬謙讓地做人行事，這樣即使有過錯，也不會是嚴重的了。恭敬能够少過，真情可以令人信任，儉樸就易於容身。因此而失敗的，不是少有的嗎！詩經大雅抑篇説：‘態度温和，恭謹待人，才是道德的根基。’”

子曰：“仁之難成久矣，惟君子能之。是故君子不以其所能者病人，不以人之所不能者愧人。是故聖人之制行也，不制以己，使民有所勸勉愧恥，以行其言。禮以節之，信以結之，容貌以文之，衣服以移之，朋友以極

之，欲民之有壹也。小雅曰：'不愧于人，不畏于天。'
是故君子服其服則文以君子之容，有其容則文以君子之
辭，遂其辭則實以君子之德。是故君子恥服其服而無其
容，恥有其容而無其辭，恥有其辭而無其德，恥有其德
而無其行。是故君子衰絰則有哀色，[一]端冕則有敬色，甲
冑則有不可辱之色。詩云：'惟鵜在梁，[二]不濡其翼。[三]
彼記之子，不稱其服。'"[四]

【注釋】

〔一〕衰：音崔。　絰：音蝶。　　〔二〕鵜：音題。

〔三〕濡：音儒。　　〔四〕稱：音趁。

【譯解】

　　孔子說："行仁道的難以成功，由來已久了！只有君子才能成
功。所以，君子不用自己所能做到的責怪別人，不用別人所不能
做到的羞辱別人。因此，聖人制定行爲準則，不根據自己的水準
來制定，而是促使人民有所勸勉，有所羞愧，來實行他的訓導。
用禮儀來節制他們，用誠信來團結他們，用容貌來文飾他們，用
衣服來改變他們，用朋友來提高他們，希望人民專心壹意的向善。
詩經小雅何人斯篇說：'對人既問心無愧，對天也心中無畏。'所
以君子穿上他們的衣服，就要以君子的儀容來文飾；有了君子的
儀容，就要以君子的言辭來文飾；練就了君子的言辭，就要以君
子的品德來充實。因此，君子羞愧於身穿君子之服而沒有君子的
儀容，羞愧於有着君子的儀容而沒有君子的語言，羞愧於有了君
子的語言而沒有君子的品德，羞愧於有了君子的品德而沒有君子
的實際行動。因此，君子身著喪服就有悲哀的神色，身穿禮服就
有恭敬的神色，頂盔貫甲就有不可侵犯、不可侮辱的神色。詩經

曹風候人篇説：‘鵜鶘在水梁上停立，還能够不沾濕它們的羽翼；那些無德之徒，不配穿上那樣的官服。’”

子言之：“君子之所謂義者，貴賤皆有事於天下。天子親耕，粢盛秬鬯以事上帝，〔一〕故諸侯勤以輔事於天子。”

【注釋】

〔一〕粢：音咨。　盛：音成。　秬：音巨。　鬯：音唱。

【譯解】

孔子説：“君子所謂的義，意思是説，不論尊卑貴賤，在天地間都要有所尊事。例如：天子親耕籍田，用祭器中盛着籍田穀物做的米飯，用鬱金香草汁和黑黍米釀製的香酒，來尊事上帝；所以各路諸侯也勤勉地輔事天子。”

子曰：“下之事上也，雖有庇民之大德，〔一〕不敢有君民之心，仁之厚也。是故君子恭儉以求役仁，信讓以求役禮，不自尚其事，不自尊其身，儉於位而寡於欲，讓於賢，卑己而尊人，小心而畏義，求以事君，得之自是，不得自是，以聽天命。詩云：‘莫莫葛藟，〔二〕施于條枚。〔三〕凱弟君子，〔四〕求福不回。’其舜、禹、文王、周公之謂與？〔五〕有君民之大德，有事君之小心。詩云：“惟此文王，小心翼翼。昭事上帝，聿懷多福。〔六〕厥德不回，以受方國。’”

【注釋】

〔一〕庇：音必。　　〔二〕藟：音壘。　　〔三〕施：音益。

〔四〕弟：音替。　　〔五〕與：音余。　　〔六〕聿：音育。

【譯解】

孔子説："在下位的公侯事奉在上位的天子，在下位的卿大夫事奉在上位的國君，即使自己有庇護人民的大德，也不敢有統領人民的心意，這是仁德的深厚。所以，君子恭敬儉樸以求服務於仁，誠信謙讓以求服務於禮，不自推尚自己的工作，不自尊崇自己的身份，對地位不奢求，對慾望很寡少，遜讓賢人，謙卑自己而尊重别人，小心謹慎而敬畏道義，要求自己用這樣的態度事奉君王，得意時是這樣，不得意時也是這樣，聽天由命。詩經大雅旱麓篇説：'茂密的野葡萄，爬上了大樹的枝條。和樂平易的君子，求福不走邪道。'這説的是舜、禹、文王、周公吧？他們都有統理人民的大德，都有敬事君王的小心。詩經大雅大明篇説：'啊！這位文王，爲人小心翼翼。昭明地事奉上帝，招致了許多福利。他的德行一點不壞，受到四方諸侯的擁戴。'"

子曰："先生諡以尊名，節以壹惠，恥名之浮於行也。是故君子不自大其事，不自尚其功，以求處情；〔一〕過行弗率，以求處厚；彰人之善而美人之功，以求下賢。是故君子雖自卑而民敬尊之。"子曰："后稷，天下之爲烈也，豈一手一足哉！唯欲行之浮於名也，故自謂便人。"

【注釋】

〔一〕處：音杵。

【譯解】

孔子説："先王按例爲死去的公侯卿大夫擬定諡號，借以尊崇死者的名譽，只節取死者一項突出優點來定謚，恥於讓死者的聲名超過實際品行。所以，君子不自己誇大自己的事業，不自己推崇自己的功績，以求處於情實之中；有了過失行為，不復因循，以求處於仁厚之道；表彰別人的優點而贊美別人的功績，以求屈己尊賢。因此，君子雖然自己謙卑，而人民却尊敬他。"孔子說："后稷創始農業，這本是天地間的偉大功業，受惠的豈只是一兩個人呢！但他只想使自己的行為超出名聲，所以就自稱是個熟悉農事的人。"

子言之："君子之所謂仁者，其難乎！詩云：'凱弟君子，民之父母。'凱以強教之，弟以說安之。[一]樂而毋荒，有禮而親，威莊而安，孝慈而敬。使民有父之尊，有母之親。如此而后可以為民父母矣，非至德其孰能如此乎？今父之親子也，親賢而下無能；母之親子也，賢則親之，無能則憐之。母親而不尊，父尊而不親。水之於民也，親而不尊，火尊而不親。土之於民也，親而不尊，天尊而不親。命之於民也，親而不尊，鬼尊而不親。"

【注釋】

〔一〕弟：音替，通悌。　說：音月，通悅。

【譯解】

孔子說："君子所說的仁，那是很難做到的！詩經大雅泂酌篇說：'和樂平易的君子，是人民的父母。'君子用和樂教育人，使人自強；用平易感化人，使人安悅。做到快樂而不荒廢事務，有禮而相親，威嚴莊重而相安，孝順慈愛而相敬。任使人民既有父親般的尊嚴，又有母親般的親切，如此而後可以作爲人民的父母了。除非具有最高品德的人，誰能這樣呢？現在做父親的愛兒子，情況是，親愛賢能的，鄙視無能的；做母親的愛兒子，情況是，親愛賢能的，憐愛無能的。母親親切而不够尊嚴，父親尊嚴而不够親切。一般説來，水對於人民可親近而不尊嚴，火尊嚴而不可親近；土地對於人民可親近而不尊嚴，天尊嚴而不可親近；政令對於人民可親近而不尊嚴，鬼神尊嚴而不可親近。”

子曰：“夏道尊命，事鬼敬神而遠之，近人而忠焉，先禄而後威，先賞而後罰，親而不尊；其民之敝，惷而愚，〔一〕喬而野，〔二〕朴而不文。〔三〕殷人尊神，率民以事神，先鬼而後禮，先罰而後賞，尊而不親；其民之敝，蕩而不静，勝而無恥。周人尊禮尚施，事鬼敬神而遠之，近人而忠焉，其賞罰用爵列，親而不尊；其民之敝，利而巧，文而不慙，〔四〕賊而蔽。”

【注釋】

〔一〕惷：音冲。　　〔二〕喬：音交，通驕。　　〔三〕朴：通樸。　　〔四〕慙：同慚。

【譯解】

孔子説：“夏代的治國之道是尊崇政令，敬事鬼神而使之遠離政教，接近人民而情意忠實，以俸禄待遇爲先而以嚴格要求爲後，以獎賞爲先而以刑罰爲後，所以他們的政風是親切而不尊嚴；夏代人民的流弊是，拙笨而愚昧，驕傲而粗野，質樸而不文雅。殷代人尊崇鬼神，君主率領人民來事奉鬼神，以鬼神爲先而以禮教爲後，以刑罰爲先而以獎賞爲後，所以他們的政風是尊嚴而不親切；殷代人民的流弊是，放蕩而不安靜，爭強好勝而不知羞恥。周代人尊崇禮法，推尚施與，敬事鬼神而使之遠離政教，接近人民而情意忠實，其行賞施罰的輕重視爵位尊卑而定，所以他們的政風是親切而不尊嚴；周代人民的流弊是，趨利而取巧，文過飾非而大言不慚，害人敗事而手法隱蔽。"

　　子曰："夏道未瀆辭，不求備，不大望於民，民未厭其親；殷人未瀆禮，而求備於民；周人強民，[一]未瀆神，而賞爵刑罰窮矣。"

【注釋】

〔一〕強：音搶。

【譯解】

　　孔子說："夏代行政之道未嘗煩瀆言辭，不求全責備，不過大地向人民責求賦稅，人民還沒有厭棄親上的感情。殷代統治者還未煩瀆禮儀，但對人民求全責備。周代統治者勉強人民奉行政教，雖未煩瀆鬼神，然而獎賞進爵、施刑處罰方面已經到了盡頭了。"

　　子曰："虞夏之道，寡怨於民；殷周之道，不勝其敝。"[一]子曰："虞夏之質，殷周之文，至矣。虞夏之文不勝其質，殷周之質不勝其文。"

【注釋】

〔一〕勝：音升。

【譯解】

　　孔子說："虞代、夏代的治國之道，民怨尚少；殷代、周代的

治國之道，有着不能克服的流弊。"孔子說："虞代、夏代的質
樸，殷代、周代的文采，都到頂點了。虞代、夏代的文采勝不過
他們的質樸，而殷代、周代的質樸却又勝不過他們的文采。"

子言之曰："後世雖有作者，虞帝弗可及也已矣。君
天下，生無私，死不厚其子，子民如父母，有憯怛之愛，
有忠利之教，親而尊，安而敬，威而愛，富而有禮，惠
而能散。其君子尊仁畏義，恥費輕實，忠而不犯，義而
順，文而靜，寬而有辨。甫刑曰：'德威惟威，德明惟
明。'非虞帝其孰能如此乎？"

【譯解】

　　孔子說："後世即使有創造良政的明王，也趕不上虞帝大舜
了。虞舜君臨天下，在世時心底無私，死後也不厚待自己的兒
子，慈愛人民猶如父母對待子女，有憂傷痛苦的熱愛，有忠實
利人的教誨，親切而尊嚴，安詳而恭敬，威嚴而又仁愛，富足
而有禮，施惠於人而能散布得宜。虞舜的士大夫們，尊崇仁德，
敬畏道義，既恥於浪費又輕視錢財，忠誠而不犯上，堅持正義
而又態度恭順，文雅而穩重，寬弘而明辨。尚書甫刑篇說：'道
德的威嚴令人敬畏，道德的光明令人英明。'除非虞舜，誰能做
到這樣呢？"

子言之："事君先資其言，拜自獻其身，以成其信。
是故君有責於其臣，臣有死於其言。故其受祿不誣，其
受罪益寡。"

【譯解】

　　孔子説："事奉國君，先要借助於自己的建議，國君採納，自己拜受君命，獻身性地去工作，來成全個人的忠信。所以國君對他的臣下有責成的權力，臣下對自己的建議有效死實現的決心。因此臣下居官受禄就不會虛妄無實，他們因失職瀆職而受罰得罪的自必日益寡少。"

　　子曰："事君，大言入則望大利，小言入則望小利。故君子不以小言受大禄，不以大言受小禄。易曰：'不家食，吉。'"

【譯解】

　　孔子説："事奉國君，進納大的建議，就能期望給國家帶來大利益，進納小的建議就能期望給國家帶來小利益。所以君子不因爲小建議的實施而接受大的俸禄，也不會因爲大建議的實現而只受到小的俸禄，俸禄大小視功德大小而定。易經大畜卦説：'國君有大的積蓄，不僅與家人共同食用而已，應當招賢授禄，這才吉利。'"

　　子曰："事君不下達，不尚辭，非其人弗自。小雅曰：'靖共爾位，〔一〕正直是與。〔二〕神之聽之，式穀以女。'"〔三〕

【注釋】

〔一〕靖：音静。　共：音工，通恭。　　　〔二〕與：音雨。
〔三〕女：通汝。

【譯解】

　　孔子説："事奉國君，不將内容低下的事情通稟，不崇尚浮華辭令，不是正派人就不由他舉薦進用。詩經小雅小明篇説：'安詳恭謹地守位盡職，與正直的人在一起；神明視聽不爽，會將好處給你。'"

子曰："事君遠而諫則諂也，[一]近而不諫則尸利也。"子曰："邇臣守和，[二]宰正百官，大臣慮四方。"子曰："事君欲諫不欲陳。詩云：'心乎愛矣，瑕不謂矣？中心藏之，何日忘之。'"[三]

【注釋】

〔一〕諂：音産。　　〔二〕邇：音耳。　　〔三〕忘：音王。

【譯解】

孔子説："事奉國君，如果是與國君疏遠的小臣而强行諫争，那就是巴結諂佞；如果是國君的近臣而不進行勸諫，那就是尸位素餐空受利禄。"孔子説："國君的左右近臣謹守調和君德之職，宰相端正百官，大臣們謀慮國家四方大事。"孔子説："事奉國君，國君有了過失，作爲臣下要勸諫，而不要在外張揚。詩經小雅隰桑篇説：'心裏將他敬愛，何不給予忠告？衷心將他喜好，何時能够忘掉。'"

子曰："事君難進而易退，則位有序；易進而難退，則亂也。故君子三揖而進，一辭而退，以遠亂也。"子曰："事君三違而不出竟，[一]則利禄也。人雖曰不要，[二]吾弗信也。"

【注釋】

〔一〕竟：同境。　　〔二〕要：音邀。

【譯解】

　　孔子説：“君子事奉國君，要難於接受進升而易於主動辭職，務使德位相稱，那麼各個官位就位得其人，井然有序了。如果貪圖權名利祿，輕易地追求進升而難於主動引退，致使德位不相稱，那就造成混亂了。所以君子賓主相見時，三次作揖而進入，一次告辭而退出，就是用以遠離混亂。”孔子説：“事奉國君，三次政見不合而不辭職出境，那就是貪圖俸禄。別人即使説他無所企求，我也是不相信的。”

　　子曰：“事君慎始而敬終。”

【譯解】

　　孔子説：“事奉國君，要以謹慎開始，要以恭敬告終。”

　　子曰：“事君可貴可賤，可富可貧，可生可殺，而不可使爲亂。”

【譯解】

　　孔子説：“事奉國君，國君可以使臣下尊貴，可以使臣下卑賤，可以使臣下富有，可以使臣下貧窮，可以使臣下生，可以使臣下死，就是不可以使臣下違乎禮義地亂來。”

　　子曰：“事君，軍旅不辟難，〔一〕朝廷不辭賤。處其位而不履其事，則亂也。故君使其臣，得志則慎慮而從之，否則孰慮而從之，終事而退，臣之厚也。易曰：‘不事王侯，高尚其事。’”

【注釋】

〔一〕辟：通避。　難：去聲。

【譯解】

孔子説："事奉國君，在軍隊中不逃避危難，在朝廷上不推辭卑賤職務。處在某種職位而不履行其職事，那就亂了。所以，國君任使臣下辦事，臣下覺得合乎心願，慎重考慮之後就積極從事；臣下覺得不合乎心願，深思熟慮之後再積極從事，事情辦完而後引退，這是臣下應有的忠厚。易經蠱卦説：'不是事奉王侯，而是崇尚事業。'"

子曰："唯天子受命于天，士受命于君。故君命順則臣有順命，君命逆則臣有逆命。詩曰：'鵲之姜姜，鶉之賁賁。〔一〕人之無良，我以爲君。'"

【注釋】

〔一〕鶉：音純。　賁：音奔。

【譯解】

孔子説："唯有天子受命於天，官吏受命於君主。所以，君主的命令順應天命，臣下就順從君命；君主的命令背逆天命，臣下就背逆君命。詩經鶉之奔奔篇説：'喜鵲雙雙地飛翔，鶉鶉對對地依傍。這個人没有天良，却做了我們的國王。'"

子曰："君子不以辭盡人。故天下有道，則行有枝葉；天下無道，則辭有枝葉。是故君子於有喪者之側，不能賻焉，〔一〕則不問其所費；於有病者之側，不能饋焉，則不問其所欲；有客不能館，則不問其所舍。故君子之

接如水，小人之接如醴。君子淡以成，小人甘以壞。小雅曰：‘盜言孔甘，亂是用餤。’”〔二〕

【注釋】

〔一〕賻：音附。　　〔二〕餤：音談。

【譯解】

　　孔子說：“君子不根據一個人的某些言辭就斷定他的整個爲人。天下有道時期，人們美好的行爲多如枝葉；天下無道時期，人們漂亮的言辭多如枝葉。所以，君子在有喪事人的旁側，如果不能資助他，就不問人家要用多少花費；在病人的旁側，如果不能饋贈他，就不問人家需要什麼；有遠客來訪，如果不能讓客人留住，就不問人家住在何處。所以，君子之間的交際清淡如水，小人之間的交際濃如甜酒。君子之交雖淡，却因而成事；小人之交雖甜，倒因而壞事。詩經小雅巧言篇說：‘壞人的話聽來很甜，端來禍亂請你進餐。’”

　　子曰：“君子不以口譽人，則民作忠。故君子問人之寒則衣之，〔一〕問人之飢則食之，〔二〕稱人之美則爵之。國風曰：‘心之憂矣，於我歸說。’”〔三〕

【注釋】

〔一〕衣：音益。　　〔二〕食：音嗣。　　〔三〕說：音稅。

【譯解】

　　孔子說：“君子不用空話稱贊人，那人民就會興起忠實的風氣。所以君子向人問寒，就送衣服給人穿；向人問飢，就送食物給人吃；稱贊人的美德，就要給以爵位。詩經曹風蜉蝣篇說：‘你使我心很憂慮，跟我回家去歇息。’”

子曰："口惠而實不至，怨菑及其身。[一]是故君子與
其有諾責也，寧有已怨。國風曰：'言笑晏晏，信誓旦
旦。不思其反。反是不思，亦已焉哉！'"

【注釋】

〔一〕菑：同灾。

【譯解】

　　孔子説："口説給人恩惠而實際恩惠不至，怨恨甚至灾禍就要
臨到他的身上。因此，君子與其有因應諾不兑現而受到的指責，
不如有因不應諾而受到的埋怨。詩經衞風氓篇説：'當初談笑和和
悦悦，賭咒發誓懇懇切切，而今他不反思過去的歲月。他連往日
的諾言想都不想，那也只好恩斷義絶。'"

子曰："君子不以色親人。情疏而貌親，在小人則穿
窬之盗也與?"[一]

【注釋】

〔一〕窬：音俞。

【譯解】

　　孔子説："君子不光用臉色向人表示親熱。感情疏遠而外貌裝
出親熱，這在平民百姓當中不就是掏墻洞的盗賊嗎?"

子曰："情欲信，辭欲巧。"

【譯解】

　　孔子説："感情要誠信，言辭要有技巧。"

子言之：“昔三代明王，皆事天地之神明，無非卜筮之用，不敢以其私褻事上帝。是故不犯日月，不違卜筮。卜、筮不相襲也。大事有時日，小事無時日，有筮。外事用剛日，內事用柔日。不違龜筮。”

【譯解】

孔子說：“從前夏商周三代聖明的帝王都事奉天地神明，做大事沒有不用占卜決定的，不敢憑私意輕慢地事奉上帝。所以不衝犯不吉利的日月，不違背龜甲、蓍莖所顯示的吉凶。用龜甲卜了就不用蓍莖再筮，用蓍莖筮了就不用龜甲再卜，卜筮不相重複。大的祭事有固定的時日，但祭前也卜，示不敢專；小的祭事沒有固定的時日，用筮決定。祭祀天地神祇選用剛日，即一旬中的甲丙戊庚壬等單數日；祭祀宗廟選用柔日，即一旬中的乙丁己辛癸等偶數日。不違背龜卜蓍筮的指示。”

子曰：“牲牷、禮樂、齊盛，〔一〕是以無害乎鬼神，無怨乎百姓。”

【注釋】

〔一〕牷：音全。 齊：音資，通齋、粢。 盛：音成。

【譯解】

孔子說：“祭祀當中，祭牲毛色純正，禮樂齊備，黍飯、稷飯精潔，因此對鬼神都適宜無害，使百姓都滿意無怨。”

子曰：“后稷之祀易富也。其辭恭，其欲儉，其祿及子孫。詩曰：‘后稷兆祀，庶無罪悔，以迄于今。’”〔一〕

【注釋】

〔一〕迄：音氣。

【譯解】

　　孔子說："對后稷的祭祀是容易備辦的。因爲他的言辭謙恭，他的欲望儉素，他的福祿施及子孫。詩經大雅生民篇說：'從后稷開始的祭典，幾乎沒有什麼遺憾，一直到了今天。'"

　　子曰："大人之器威敬。天子無筮，諸侯有守筮。天子道以筮。諸侯非其國不以筮，卜宅寢室。天子不卜處大廟。"〔一〕

【注釋】

〔一〕大：通太。

【譯解】

　　孔子說："身居大位之人的器物，很有威嚴，很受敬重。天子在京師用卜不用筮，諸侯有守國之筮。天子出行，在道途中有小事就用筮。諸侯不在自己的國內不用筮，在外國，要卜所住寢室。天子來到諸侯的國家，必住在諸侯的太廟中，無須卜問吉凶。"

　　子曰："君子敬則用祭器。是以不廢日月，不違龜筮，以敬事其君長；是以上不瀆於民，下不褻於上。"

【譯解】

　　孔子說："君子敬重貴賓，宴饗時就使用祭祀的器皿。所以，在下位的人都能不曠廢規定的日月，不違背卜筮的指示，來恭敬地奉事自己的君長；所以，上面的人不煩瀆人民，下面的人不敢輕慢上面的人。"

緇衣第三十三

子言之曰："爲上易事也，爲下易知也，則刑不煩矣。"

【譯解】

　　孔子說："做君上的寬厚，臣下容易事奉，做臣下的忠誠，君上容易瞭解，那麼刑罰就不煩多了。"

子曰："好賢如緇衣，〔一〕惡惡如巷伯，〔二〕則爵不瀆而民作愿，〔三〕刑不試而民咸服。大雅曰：'儀刑文王，萬國作孚。'"〔四〕

【注釋】

〔一〕好：音浩。　緇：音兹。　　〔二〕惡惡：上音物，下音餓。　　〔三〕愿：音院。　〔四〕孚：音浮。

【譯解】

　　孔子說："愛好賢人如同詩經鄭風緇衣篇所講的那樣，憎恨惡人如同詩經小雅巷伯篇所講的那樣，那麼，爵位就不會濫授而人民也就興起了謹厚的風氣，刑罰不須動用而人民就都會服從了。詩經大雅文王篇說：‘效法文王，萬國興起誠信。’”

　　子曰：“夫民教之以德，〔一〕齊之以禮，則民有格心。教之以政，齊之以刑，則民有遯心。〔二〕故君民者子以愛之，〔三〕則民親之；信以結之，則民不倍；〔四〕恭以涖之，〔五〕則民有孫心。〔六〕甫刑曰：‘苗民匪用命，制以刑，惟作五虐之刑，曰法。’是以民有惡德，而遂絕其世也。”

【注釋】

〔一〕夫：音扶。　　〔二〕遯：遁的本字。　　〔三〕子：音磁，通慈。　　〔四〕倍：通背。　　〔五〕涖：音立。
〔六〕孫：音訓，通遜。

【譯解】

　　孔子說：“人民，用道德教育他們，用禮義整頓他們，那人民就有進取向上之心；用政令來教導他們，用刑罰來整頓他們，那人民就有逃避罪責之心。所以，統治人民的人，像愛護兒女般的愛護人民，人民就親近他；用誠信來團結人民，人民就不背叛他；用恭敬的態度接待人民，人民就有順從之心。尚書甫刑篇說：‘苗人不聽從命令，就用刑罰管制他們，製做了五種酷刑，而稱之爲法。’因此苗人的品德日益惡劣，而終於絕了後代。”

　　子曰：“下之事上也，不從其所令，從其所行。上好是物，下必有甚者矣。故上之所好惡不可不慎也，〔一〕是民之表也。”

【注釋】

〔一〕好：音浩。　惡：音物。

【譯解】

　　孔子説："下面的人事奉上面的人，不是聽從他的命令，而是追隨他的行爲。君上愛好這項事物，下面的臣民一定比他愛好得更甚。所以君上的愛好和憎惡不可以不慎重，因爲他是人民的表率。"

　　子曰："禹立三年，百姓以仁遂焉，豈必盡仁？詩云：'赫赫師尹，民具爾瞻。'甫刑曰：'一人有慶，兆民賴之。'大雅曰：'成王之孚，下土之式。'"

【譯解】

　　孔子説："禹即位才三年，人民的仁德就有了成就，難道他們原來就一定都有仁德嗎？不過是受了禹的感化。詩經小雅節南山篇説：'地位顯赫的尹太師，人民都在注視着你。'尚書甫刑篇説：'天子一人有了善德，千萬人民就有了依賴。'詩經大雅下武篇説：'成王的誠信，就是大地人民的法式。'"

　　子曰："上好仁，則下之爲仁争先人。故長民者章志、貞教、尊仁以子愛百姓，〔一〕民致行己以説其上矣。〔二〕詩云：'有梏德行，〔三〕四國順之。'"

【注釋】

〔一〕長：音掌。　子：通慈。　　〔二〕説：通悦。

〔三〕梏：音决。　行：音杏。

【譯解】

孔子説："上面的人喜好仁，那麼下面的人就會争先行仁，唯恐落後。所以，統治人民的人應該彰明心志，端正教化，尊崇仁德，來慈愛百姓，人民就會致力於修養自己來取悦於他們的君上。詩經大雅抑篇説：'有了正大的德行，四方國家都會順從。'"

子曰："王言如絲，其出如綸；〔一〕王言如綸，其出如綍。〔二〕故大人不倡游言。可言也，不可行，君子弗言也；可行也，不可言，君子弗行也。則民言不危行，而行不危言矣。詩云：'淑慎爾止，不愆于儀。'"〔三〕

【注釋】

〔一〕綸：音輪。　　〔二〕綍：音符，同紼。　　〔三〕愆：音千，古愆字。

【譯解】

孔子説："君王説的話本來如同蠶絲那麼細，傳出之後，臣民聽來就如同綬帶那麼粗了；君王説的話本來如同綬帶那麼細，傳出之後，臣民聽來就如同引棺大繩那麼粗了。所以，身居大位的人不該倡導虚浮不實的言論。可以説説而不可以實行的話，君子不説；可以做而不可以説出的事，君子不做。那麼，人民就會言行相符，言論既不會高出行爲，行爲也不會超越言論。詩經大雅抑篇説：'好好的慎重你的舉止，不要在禮儀上出現過失。'"

子曰："君子道人以言，〔一〕而禁人以行，故言必慮其所終，而行必稽其所敝，〔二〕則民謹於言而慎於行。詩云：

'慎爾出話，敬爾威儀。'大雅曰："穆穆<u>文王</u>，於緝熙敬<u>止</u>。'"〔三〕

【注釋】

〔一〕道：音倒，通導。　　　〔二〕稽：音基。　　　〔三〕於：音烏。　緝：音氣。

【譯解】

　　<u>孔子</u>説："君子用語言教導人們向善，用行動禁止人們作惡。所以，説話必須要考慮它的後果，行動必須要核查它的弊端，那麼人民就會謹言慎行了。詩經大雅抑篇説：'慎重你的發話，敬謹你的威儀。'詩經大雅文王篇説：'端莊肅穆的<u>文王</u>啊！不斷地走向光明，敬慎自己所處的地位。'"

　　子曰："長民者衣服不貳，從容有常，以齊其民，則民德壹。詩云：'彼都人士，狐裘黃黃。其容不改，出言有章。行歸于<u>周</u>，萬民所望。'"

【譯解】

　　<u>孔子</u>説："作爲人民的君長，服裝樣式不變，舉止具有常規，用以整齊他的人民，那麼，人民的德行才會劃一。詩經小雅都人<u>士</u>篇説：'那些京都人士，狐皮裘色黃黃。他們的儀容不改，他們出口成章。將要歸往<u>周</u>京，實爲萬民仰望。'"

　　子曰："爲上可望而知也，爲下可述而志也，則君不疑於其臣，而臣不惑於其君矣。尹吉曰：〔一〕'惟<u>尹</u>躬及<u>湯</u>，咸有壹德。'詩云：'淑人君子，其儀不忒。'"〔二〕

【注釋】

〔一〕吉：鄭玄云：“吉當爲告。告，古文誥字之誤也。”

〔二〕忒：音特。

【譯解】

　　孔子説：“作爲君上可以一望而知他的心態，作爲臣下可以循其言貌而認識他的心情，那麽，君上就不懷疑他的臣下，而臣下也就不疑惑他的君上了。尹誥説：‘惟有我伊尹和湯都有純一的道德。’詩經曹風鳲鳩篇説：‘善人君子，他的儀態没有差錯。’”

　　子曰：“有國者章義癉惡，〔一〕以示民厚，則民情不貳。詩云：‘靖共爾位，〔二〕好是正直。’”〔三〕

【注釋】

〔一〕癉：音膽。　　　〔二〕共：音工，通恭。　　　〔三〕好：音浩。

【譯解】

　　孔子説：“據有國家的人，表彰正義，痛恨邪惡，來向人民昭示政教立意的深厚，這樣，民情才能專一不貳。詩經小雅小明篇説：‘安詳恭謹地守位盡職，愛好的就是這種正直。’”

　　子曰：“上人疑則百姓惑，下難知則君長勞。〔一〕故君民者章好以示民俗，〔二〕慎惡以御民之淫，〔三〕則民不惑矣。臣儀行，〔四〕不重辭，不援其所不及，不煩其所不知，則君不勞矣。詩云：‘上帝板板，下民卒癉。’小雅曰：‘匪其止共，〔五〕惟王之邛。’”〔六〕

【注釋】

〔一〕長：音掌。　　〔二〕好：音浩。　　〔三〕惡：音物。
〔四〕儀：鄭玄云："儀當爲義，聲之誤也。"　　〔五〕共：通
恭。　　〔六〕邛：音窮。

【譯解】

　　孔子說："君上的態度遲疑，那百姓就會迷惑；臣下難以理
解，那君長就會勞神。所以統治人民的人，要彰明良好的品德，
用以教示民俗，要禁戒罪惡的行爲，來制約人民的貪淫，那麼人
民就不迷惑了。臣下依道而行，不注重浮華辭令，國君能力所做
不到的事，不去支持他，國君智力所不能知曉的事，不去煩擾他，
那麼國君就不勞苦了。詩經大雅板篇說：'上帝乖戾暴橫，下民全
都困病。'詩經小雅巧言篇說：'臣下並非舉止謙恭，只讓國王勞
苦大增。'"

　　子曰："政之不行也，教之不成也，爵禄不足勸也，
刑罰不足恥也，故上不可以褻刑而輕爵。康誥曰：'敬明
乃罰。'甫刑曰：'播刑之不迪。'"〔一〕

【注釋】

〔一〕播刑之不迪：鄭玄云："'不'，衍字耳。"

【譯解】

　　孔子說："政令之不能推行，教化之不能成功，是由於頒爵授
禄不能令人勸勉，處罰施刑不能令人羞恥。所以君上不可以濫用
刑罰而輕易授爵。尚書康誥說：'敬慎公明地施用你的刑罰。'尚
書甫刑說：'頒布刑罰要合道理。'"

子曰："大臣不親，百姓不寧，則忠敬不足而富貴已過也。大臣不治，而邇臣比矣。〔一〕故大臣不可不敬也，是民之表也；邇臣不可不慎也，是民之道也。君毋以小謀大，毋以遠言近，毋以內圖外，則大臣不怨，邇臣不疾，而遠臣不蔽矣。葉公之顧命曰：〔二〕'毋以小謀敗大作，毋以嬖御人疾莊后，〔三〕毋以嬖御士疾莊士、大夫、卿士。'"

【注釋】

〔一〕邇：音耳。　　　〔二〕葉：音設。　　　〔三〕嬖：音必。

【譯解】

孔子説："大臣不親附國君，從而百姓不得安寧，這是由於大臣對國君的忠誠不足，國君對大臣的敬重不够，而他們的富貴又已經超過了限度。大臣不治理國政，而國君身邊的近臣就私相比附欺騙國君了。所以國君對於大臣不可不敬重，因為大臣是民衆的表率；國君對於近臣不可不審慎的選擇，因為近臣是人民聯繫國君的途徑。國君不要和小臣謀慮大臣的事，不要和遠臣談論近臣的事，不要和內臣圖謀外臣的事，這樣，大臣就不會抱怨，近臣就不會嫉妒，而遠臣也不會受到壅蔽。葉公的遺囑説：'不要用小臣的計謀來敗壞大臣的作爲，不要因寵幸的賤妾而忌恨莊重的皇后，不要因寵幸的小臣而憎惡莊重的士、大夫、卿。'"

子曰："大人不親其所賢，而信其所賤，民是以親失，而教是以煩。詩云：'彼求我則，如不我得。執我仇仇，〔一〕亦不我力。'君陳曰：'未見聖，若己弗克見；既見聖，亦不克由聖。'"

【注釋】

〔一〕仇：音求。

【譯解】

孔子說："執政大人不親近那些賢人，而信任那些卑鄙小人，那麼，人民因此會失去所當親近的人，而教化也會由此煩亂了。詩經小雅正月篇說：'當初那君王禮求於我，好像唯恐求而不得。招致我後反而怠慢，也不讓我的才力得以展現。'尚書君陳篇說：'未曾見到聖道，好像自己不可能見到；見到聖道之後，却又不能應用聖道。'"

子曰："小人溺於水，君子溺於口，大人溺於民，皆在其所褻也。夫水近於人而溺人，〔一〕德易狎而難親也，〔二〕易以溺人。口費而煩，易出難悔，易以溺人；夫民閉於人而有鄙心，可敬不可慢，易以溺人。故君子不可以不慎也。大甲曰：〔三〕'毋越厥命以自覆也。'〔四〕'若虞機張，往省括于厥度則釋'。〔五〕兌命曰：〔六〕'惟口起羞，惟甲胄起兵，惟衣裳在笥，〔七〕惟干戈省厥躬。'大甲曰：'天作孽，可違也；自作孽，不可以逭。'〔八〕尹吉曰：〔九〕'惟尹躬天見于西邑夏，〔一〇〕自周有終，相亦惟終。'"〔一一〕

【注釋】

〔一〕夫：音扶。　　〔二〕狎：音匣。　　〔三〕大：通太。
〔四〕厥：音決。　　〔五〕省：音醒。下同。　　〔六〕兌：音月。鄭玄云："兌當爲說。"說音悅。　　〔七〕裳：音常。笥：音寺。　　〔八〕逭：音喚。　　〔九〕吉：亦告字之誤。

〔一〇〕天：<u>鄭玄</u>云：“天當爲先，字之誤。”　　〔一一〕相：音象。

【譯解】

　　<u>孔子</u>説：“小人淹死在水裏，君子淹死在嘴裏，執政大人淹死在人民的洪流裏，都是在於他們有所輕慢。那水接近人而能淹死人；道德的微小淺近處容易狎習，而博大精深處難以親近，容易令人有沉溺於大水之感。説空話而且絮煩，話容易出口而難以追悔，容易招致滅頂之災；那一般民衆閉塞於人情事理，而有卑鄙之心，對他們只可敬重，不可怠慢，他們容易把大人淹死。所以君子是不可以不慎重的。尚書太甲篇説：‘不要使你的教命越出正軌而自取覆敗。就像獵人把弩機張開，省視箭頭對準那獵物再放箭。’尚書兑命篇説：‘嘴是説話的，而能引起羞辱；盔甲是禦敵的，而能引起戰爭；朝服祭服是穿着行禮的，不用就妥放在竹箱之中；盾牌和矛戈是用來征討的，當反省自身，不可妄加無辜。’尚書太甲篇説：‘上天作孽，尚可離去；自己作孽，無處逃避。’<u>尹誥</u>説：‘<u>伊尹</u>先前親身見到<u>夏</u>代<u>西邑</u>的政局，國君以忠信治國多有成就，輔助大臣也有成就。’”

　　子曰：“民以君爲心，君以民爲體。心莊則體舒，心肅則容敬。心好之，〔一〕身必安之；君好之，民必欲之。心以體全，亦以體傷；君以民存，亦以民亡。詩云：‘昔吾有先正，〔二〕其言明且清，國家以寧，都邑以成，庶民以生。’‘誰能秉國成？不自爲正，卒勞百姓。’君雅曰：〔三〕‘夏日暑雨，小民惟曰怨；資冬祁寒，〔四〕小民亦惟曰怨。’”

【注釋】

〔一〕好：音浩。　　　〔二〕正：音征。　　　〔三〕雅：音芽，通牙。　　　〔四〕資：鄭玄云："資當爲至，聲之誤也。"　　祁：音其。

【譯解】

　　孔子說："人民把君主當作心臟，君主把人民當作身體。心情莊重，那身體就安舒；心情嚴肅，那容貌就恭敬。心中有所喜好，那身體必定適應。君主喜好的，人民必定照樣希求。心因身體而獲得保全，也因身體而受到傷害；君主因爲民衆的擁戴而得以生存，也因爲人民的不滿而導致滅亡。古詩曰：'從前我們有位先世的賢臣，他的言談明達而且公平，國家得以安寧，城市得以建成，民衆得以安生。'詩經大雅節南山篇說：'誰能執掌國政？自己居官不正，結果勞苦了百姓。'尚書君雅篇說：'夏天暑熱陰雨，小民滿口抱怨，及至冬季嚴寒，小民也是滿口抱怨。'"

　　子曰："下之事上也，身不正，言不信，則義不壹，行無類也。"〔一〕

【注釋】

〔一〕行：音杏。

【譯解】

　　孔子說："下面人事奉上面人，如果本身不正，言而無信，那麼，情義就不專一，行爲就不像樣了。"

　　子曰："言有物而行有格也，是以生則不可奪志，死則不可奪名。故君子多聞，質而守之；多志，質而親之；

精知，略而行之。君陳曰：‘出入自爾師虞，庶言同。’詩
云：‘淑人君子，其儀一也。’”

【譯解】

孔子說：“說話是要有事驗的，而行爲是要有規格的，因此，
活着時不可被剝奪志向，死後不可被剝奪名聲。所以，君子要多
聞往事，選擇主要的而牢守不失；要多多結識人才，選擇主要的
而加以親近；知識要博大精深，擇取要略而付諸行動。尚書君陳
篇說：‘政教出入，由你的臣衆來謀度，大家意見相同再實施。’
詩經曹風鳲鳩篇說：‘善人君子，他們的儀度純一。’”

子曰：“唯君子能好其正，〔一〕小人毒其正。故君子之
朋友有鄉，〔二〕其惡有方。〔三〕是故邇者不惑而遠者不疑也。
詩云：‘君子好仇。’”〔四〕

【注釋】

〔一〕好：音浩。　　〔二〕鄉：通向。　　〔三〕惡：音物。
〔四〕好：音浩。　仇：音求。

【譯解】

孔子說：“唯有君子能够喜好正直、正派，而小人憎恨正直、
正派。所以君子交的朋友有同樣的志向，他所厭惡的也有一定的
原則。因此，接近他的人對他無所迷惑，而遠離他的人也不生懷
疑。詩經周南關雎篇說：‘君子喜好品德相當的朋友。’”

子曰：“輕絕貧賤而重絕富貴，則好賢不堅而惡惡不
著也。〔一〕人雖曰不利，吾不信也。詩云：‘朋友攸攝，〔二〕

攝以威儀。’”

【注釋】

〔一〕惡惡：上音物，下音餓。　　〔二〕攸：音優。

【譯解】

　　孔子說：“輕易地和貧賤的朋友絕交，而難於和富貴的朋友絕交，就是好賢之心不堅定，嫉惡之心不顯著。即使有人說他不是為了私利，我也不信。詩經大雅既醉篇說：‘朋友之間所相互牽引的，就是以美德威儀來維繫。’”

　　子曰：“私惠不歸德，君子不自留焉。詩云：‘人之好我，〔一〕示我周行。’”〔二〕

【注釋】

〔一〕好：音浩。　　〔二〕行：音杭。

【譯解】

　　孔子說：“私自施惠而不歸依公德的，君子一定不收留不接受的。詩經小雅鹿鳴篇說：‘人們愛護我，指示我大道。’”

　　子曰：“苟有車，必見其軾；苟有衣，必見其敝；人苟或言之，必聞其聲；苟或行之，必見其成。葛覃曰：〔一〕‘服之無射。’”〔二〕

【注釋】

〔一〕覃：音談。　　〔二〕射：音亦。

【譯解】

　　孔子說：“他果真有車，必能見到那車前的橫木；他果真有衣，必能見到他穿到破舊；果真有人說話，必定能聽到聲音；果真有人做事，定會見到成效。詩經周南葛覃篇説：‘穿上它從不厭惡。’”

子曰：“言從而行之，則言不可飾也；行從而言之，則行不可飾也。故君子寡言而行以成其信，[一]則民不得大其美而小其惡。詩云：‘白圭之玷，[二]尚可磨也；斯言之玷，不可爲也。’小雅曰：‘允也君子，展也大成。”君奭曰：[三]‘昔在上帝，周田觀文王之德，[四]其集大命于厥躬。’”

【注釋】

〔一〕寡：鄭玄云：“寡當爲顧，聲之誤也。”　　〔二〕玷：音店。　　〔三〕奭：音釋。　　〔四〕田觀：鄭玄謂古文作“申勸”。

【譯解】

孔子説：“説了話跟着就做，那麼所説的話就不能誇飾；做了事跟着就説，那麼所做的事就不能掩飾。所以君子顧及自己的言論而行事，來成全個人的威信，那麼人民就不能誇大自己的功善而縮小自己的過錯。詩經大雅抑篇説：‘白玉圭的斑點，還可以磨；這語言的污點，却無可奈何。’詩經小雅車攻篇説：‘誠信的君子，確實大有成就。’尚書君奭篇説：‘從前上帝周詳反覆地觀察文王的德行，就將偉大的天命降在他的身上。’”

子曰：“南人有言曰：‘人而無恒，不可以爲卜筮。’古之遺言與！[一]龜筮猶不能知也，而況於人乎！詩云：

‘我龜既厭，不我告猶。’〔二〕兌命曰：‘爵無及惡德，民立而正。’‘事純而祭祀，〔三〕是爲不敬。事煩則亂，事神則難。’易曰：‘不恒其德，或承之羞。’‘恒其德偵，〔四〕婦人吉，夫子凶。’”

【注釋】

〔一〕與：音魚。　　〔二〕猶：通猷。　　〔三〕純：鄭玄云：“純或爲煩。”按：作“煩”爲是。　　〔四〕偵：音貞。

【譯解】

　　孔子説：“南方人有句話説：‘人要是性行無常，就不可爲他卜筮。’這大概是古代留下的話吧！這種人的吉凶連神龜靈蓍都不知道，何況是人呢！詩經小雅小旻篇説：‘我們的神龜已經厭倦，不再告訴我們謀劃的吉凶。’尚書兌命篇説：‘爵位不要賜及德行惡劣的人，否則，人民將樹立爲倣效的目標。’‘事情煩雜而進行祭祀，這就是對鬼神的不敬。事務煩雜那就亂了，事奉鬼神就難以得福。’易經恒卦説：‘不能恒久保持美德，有時就要承受羞辱。’‘恒久保持柔德，每每問人求正，婦女這樣可獲吉祥，男人這樣當有凶險。’”

奔喪第三十四

奔喪之禮。始聞親喪，以哭荅使者，盡哀；問故，又哭盡哀。遂行。日行百里，不以夜行。唯父母之喪見星而行，見星而舍。若未得行，則成服而后行。過國至竟，〔一〕哭，盡哀而止。哭辟市朝。〔二〕望其國竟哭。

【注釋】

〔一〕竟：同境。　　〔二〕辟：音必，通避。　朝：音潮。

【譯解】

奔喪之禮：身在外地的兒子剛聽到父親或母親去世的噩耗，以痛哭來回答使者的報喪，極盡悲哀；然後詢問去世緣故，聽完，又痛哭極盡悲哀。於是上路奔喪，每日行程一百里，不用夜間趕路。唯有爲父母奔喪，一大早天空尚有星星時就出行，晚上見到星星出現時才止宿。如果聞喪時尚有公事不能立刻動身，那麼，三天之後穿上正式喪服而後成行。每過一國，來到邊境，就停步痛哭，盡哀而止。哭時要避開集市、官府，以免驚動民衆。望見本國邊境，邊哭邊走。

至於家，入門左，升自西階，殯東西面坐，[一]哭盡哀，括髮，袒，降堂，東即位；西鄉哭，[二]成踊，[三]襲、絰于序東，[四]絞帶，反位；[五]拜賓，成踊，送賓，反位。有賓後至者，則拜之、成踊、送賓皆如初。眾主人、兄弟皆出門，出門哭止，闔門，[六]相者告就次。[七]於又哭，括髮，袒，成踊。於三哭，猶括髮，袒，成踊。三日成服，拜賓送賓皆如初。

【注釋】

〔一〕殯：音鬢。 〔二〕鄉：通向。 〔三〕踊：音勇。

〔四〕絰：音蝶。 〔五〕反：通返。 〔六〕闔：音合。

〔七〕相：音象。

【譯解】

孝子奔喪到家，從殯宮門左側進去，自西階升堂，在停於西序下的尸柩之東側，面朝西跪坐，痛哭盡哀。之後摘簪去冠，解下包髮巾，改用粗麻縷挽束髮髻，解上衣，褪左袖，袒露左臂。然後自西階降堂，拐彎東行，來到阼階下東南丈餘處，就主人之位，面朝西而痛哭跳腳。哭踊畢，就到堂基之東穿好上衣，頭纏粗麻縷即首絰，腰束兩股相絞的粗麻帶即腰絰。之後就返回主人之位，跪拜弔賓，痛哭跳腳。送賓到殯宮門口，又返回原位。這時如有後到的賓客，那麼拜送、哭踊、送賓就都像剛才所做一樣。眾孝子以及本家兄弟都走出殯宮門，出了殯宮門就停止哭泣。闔上殯宮門，贊禮者告訴主人們各就門外東牆下所搭設的喪次。奔喪者第二天早晨哭靈的時候，也要用麻縷挽束髮髻、袒露左臂、痛哭跳腳。第三天早晨哭靈，仍然要以麻束髮、袒露左臂、跳腳痛哭。三日之後就穿上正式喪服，拜賓送賓都和原來一樣。

　　奔喪者非主人，則主人爲之拜賓、送賓。[一]奔喪者自齊衰以下入門左，[二]中庭北面哭盡哀，免麻于序東，[三]即位袒，與主人哭，成踊。於又哭、三哭皆免、袒。有賓，則主人拜賓、送賓。丈夫、婦人之待之也，皆如朝夕哭位，[四]無變也。

【注釋】

〔一〕爲：音魏。　　〔二〕齊：音資，通齎。　衰：音崔。

〔三〕免：音問。下同。　　〔四〕朝：音招。

【譯解】

　　奔喪者如果不是主人，那麽主人就爲他拜賓、送賓。奔喪者如果是死者齊衰以下的親屬，即兄弟、侄子以下的親屬，自殯宮門左進入，來到庭院中間，面向北痛哭盡哀。之後到堂基東側，在頭上做成"免"的喪飾，即取一寸多寬的白麻布條，用布條中部兜住後頸上頭髮，兩端分別纏過兩耳之上，交結於前額髮上，繫其餘布於髮髻，腰間束上腰絰，返回中庭之位，袒露左臂，與主人一起痛哭跳腳。在第二天、第三天哭靈的時候，都要做出"免"的喪飾和袒露左臂。如有弔慰來賓，就由主人拜賓、送賓。主人、主婦對待奔喪者，都仍然像平日朝哭、夕哭時那樣，男人站在阼階下東南丈餘處面朝西之位，婦人站在堂上東序前、面朝西之位，位置上並沒有改變。

　　奔母之喪，西面哭盡哀，括髮，袒，降堂，東即位，西鄉哭，成踊，襲、免、絰于序東，拜賓、送賓皆如奔父之禮。於又哭，不括髮。

【譯解】

爲母親奔喪的人，自西階升堂，在尸柩之東，面朝西跪坐痛哭，極盡悲哀，用粗麻縷挽束髮髻，袒露左臂，自西階降堂，拐彎東行，到阼階下東南丈餘處，就孝子之位，面朝西而痛哭跳脚，之後到堂基之東，穿好上衣，頭上做出“免”的喪飾，腰束麻絰，以及拜賓、送賓等等禮節，都和爲父親奔喪之禮相同。只是第二天朝哭時，不再用麻縷挽束髮髻，而惟做“免”的喪飾。

婦人奔喪，升自東階，殯東西面坐，哭盡哀，東髽，〔一〕即位，與主人拾踊。〔二〕

【注釋】

〔一〕髽：音抓。　〔二〕拾：音傑。

【譯解】

婦人奔喪，從東階升堂，來到停在西序的靈柩之東側，面朝西跪坐，痛哭盡哀。然後站起轉身走到東序，摘下髮簪，解下包髮巾，將長髮用麻縷挽個大髻，就位於東序前，與站在東階下東南丈餘處的男主人輪番痛哭跳脚。

奔喪者不及殯，先之墓，北面坐，哭盡哀。主人之待之也，即位於墓左，婦人墓右。成踊，盡哀，括髮，東即主人位，絰，絞帶，哭，成踊。拜賓，反位，成踊。相者告事畢。遂冠，歸。入門左，北面哭盡哀，括髮，袒，成踊，東即位，拜賓，成踊。賓出，主人拜送。有賓後至者，則拜之、成踊、送賓如初。衆主人、兄弟皆出門，出門哭止，相者告就次。於又哭，括髮，成踊。
於三哭，猶括髮、成踊。三日成服。於五哭，相者告事
畢。爲母所以異於父者，[一]壹括髮，其餘免以終事。他如
奔父之禮。

【注釋】

〔一〕爲：音魏。

【譯解】

　　爲父親奔喪的人如果沒有趕上停殯期，就先到墓地去。在墓
前，面朝北跪坐，痛哭盡哀。主人對待他的禮節是，男人們在墓
的左前方即位，面向西；婦人們在墓的右前方即位，面向東。奔
喪者跳脚痛哭盡哀，然後摘簪去冠，解下包髮巾，用麻縷挽束頭
髮，到東側男主人的行列中就位，戴上首經，束上兩股相絞的腰
經，痛哭跳脚。拜謝來賓，返回原位，又痛哭跳脚。贊禮人報告
禮事完畢。於是戴冠而歸，從原殯宮門之左側進入，站在庭中面
向北痛哭盡哀，去冠，用麻縷挽束髮髻，解上衣，褪左袖，袒露
左臂，痛哭跳脚。到東階東南丈餘處即位，拜謝來賓，痛哭跳脚。
賓客出門，主人拜送。有後來的賓客，向他們拜謝，痛哭跳脚，
拜送賓客，都和原先一樣。孝子們和本家兄弟都走出原殯宮的宮
門，出門後就停止哭泣，贊禮人告知請就喪次。在第二天朝哭時，
還要以麻挽束髮髻，痛哭跳脚；在第三天朝哭時仍然要以麻束髮，
痛哭跳脚。三天之後，穿上正式喪服。在第五天哭靈後，贊禮人
宣告奔喪哭踊之禮事完畢。爲母親奔喪與爲父親奔喪相異的地方，
只是頭一天進家哭靈，用麻縷挽束髮髻，以後哭靈就用白麻布條
做成"免"的喪飾，一直到奔喪哭靈禮的結束，其他儀節就與爲
父親奔喪之禮一樣。

齊衰以下不及殯，先之墓，西面哭盡哀。免、麻于東方，即位，與主人哭，成踊，襲。有賓，則主人拜賓、送賓。賓有後至者，拜之如初。相者告事畢。遂冠，歸。入門左，北面哭盡哀，免，袒，成踊，東即位，拜賓，成踊。賓出，主人拜送。於又哭，免，袒，成踊。於三哭，猶免、袒、成踊。三日成服。於五哭，相者告事畢。

【譯解】

爲齊衰以下各等親屬奔喪的人，如果沒有趕上停殯期，就先到墓地去，面朝西痛哭盡哀。在墓前東側，袒露左臂，去冠，頭上做出"免"的喪飾，腰束麻絰，就位，與主人一起痛哭跳腳，之後穿好上衣。若有來弔賓客，就由主人拜賓、送賓；賓客有後來的，主人拜送和原先一樣。贊禮人宣告墓前奔喪的禮節完畢。於是戴冠而歸，從原殯宮宮門之左側進入，站在庭中面向北痛哭盡哀；去冠，用白麻布條在頭上做成"免"的喪飾，袒露左臂，痛哭跳腳。然後去庭中東側就位，拜謝弔賓，痛哭跳腳；賓客辭出，由主人拜送。第二天朝哭，還是去冠，做出"免"的喪飾，袒露左臂，痛哭跳腳。第三天朝哭時，仍然是免、袒、成踊。三天之後，穿戴正式喪服。在第五天哭靈後，贊禮人宣告奔喪哭靈禮事完畢。

聞喪不得奔喪，哭盡哀；問故，又哭盡哀。乃爲位，[一]括髮，袒，成踊；襲，絰，絞帶，即位；拜賓，反位，成踊。賓出，主人拜送于門外，反位。若有賓後至者，拜之、成踊、送賓如初。於又哭，括髮，袒，成踊。

於三哭，猶括髮、袒、成踊。三日成服。於五哭，拜賓、送賓如初。

【注釋】

〔一〕爲：音惟。

【譯解】

在外地、外國的人，聽到父親或母親去世的噩耗，因故不能奔喪的，痛哭盡哀；詢問父母去世的病由，聽了使者的回稟，又痛哭盡哀。就於東階下東南丈餘處設孝子之位，摘簪去冠，解下包髮巾，用麻縷挽束髮髻，褪下左袖，袒露左臂，痛哭跳腳；然後穿好上衣，頭戴麻絰，腰束兩股糾合的麻帶，即位；出位拜謝弔賓，之後返回原位，痛哭跳腳。弔賓辭出，主人拜送於寢門之外，返回原位。如果有後到的賓客，主人拜謝、哭踊、送賓，像原先一樣。在第二天朝哭時，也是以麻束髮，袒露左臂，痛哭跳腳；第三天朝哭時，仍然以麻束髮，袒露左臂，痛哭跳腳。三天之後，穿戴正式喪服。第五天朝哭，拜賓、送賓的禮儀和前幾天是一樣的。

若除喪而后歸，則之墓，哭，成踊；東括髮，袒，絰；拜賓，成踊，送賓；反位，又哭盡哀，遂除。於家不哭。主人之待之也，無變於服，與之哭，不踊。自齊衰以下，所以異者免、麻。

【譯解】

一般情況下，兒子要爲父母服喪二十五個月而除喪。假若除喪之後才回來，那就先往墓地去，痛哭跳腳；在墓前東側去冠，用麻縷斂束髮髻，袒露左臂，戴首絰，束腰絰；拜謝來賓，痛哭

跳脚，送走賓客；返回原位，又痛哭盡哀，於是就在墓側解除喪
服。回到家中就不再哭。原來主喪人對待此時才歸來奔喪的兄弟，
不必改穿喪服，仍穿戴除喪後的吉服；只與奔喪兄弟一起哭，而
不跳脚。齊衰以下各等親屬，在自己的除服期之後始來奔喪的，
其禮節所不同的地方是，在墓前不以麻括髮，不袒露左臂，唯用
白麻布條在頭上做出"免"的喪飾，腰束麻帶而已。

　　凡爲位，非親喪，齊衰以下皆即位，哭盡哀，而束
免、絰，即位，袒，成踊；襲，拜賓，反位，哭，成踊；
送賓，反位。相者告就次。三日五哭，卒，主人出送賓。
衆主人、兄弟皆出門，哭止。相者告事畢。成服，拜賓。
若所爲位家遠，則成服而往。

【譯解】

　　凡不能奔喪而設哭位的，即使不是父母之喪，齊衰以下各等
親屬也都要在爲哭位之家的中庭東側就哭位，痛哭盡哀，而後去
堂基之東，用白麻布條在頭上做出"免"的喪飾，腰束麻絰，再
就原位，袒露左臂，痛哭跳脚；之後穿好上衣，離位拜賓，返回
原位，又痛哭跳脚；拜送賓客，返回原位。此時贊禮人告請居處
喪次。從開始聞喪那天傍晚爲位而哭，到第二天、第三天朝哭、
夕哭各一次。三天共五次爲位哭悼，至第五次而止，仍然由主人
出門送賓。衆主人和本家兄弟都出寢門，哭聲停止。贊禮人宣告
哭喪禮畢。翌日，分別穿戴各自所該穿的正式喪服，聚於所爲哭
位之家，拜謝來賓。如有的親屬與死者血緣關係較疏，而離所爲
哭位之家又較遠，那就可以三日之後穿上自己該穿的喪服，再去
爲哭位之家。

齊衰望鄉而哭，大功望門而哭，小功至門而哭，緦麻即位而哭。

【譯解】

各種親屬由外地前來奔喪，齊衰近親望見家鄉時就開始哭了，大功近親望見家門而哭，小功之親來至家門才哭，緦麻之親進入殯宮就位才哭。

哭父之黨於廟，母、妻之黨於寢，師於廟門外，朋友於寢門外，所識於野張帷。

【譯解】

聽說出了五服的同族人死了，就到祖廟去為之一哭；聽說母親或妻子的族人死了，就在寢室裏哭他；聽說老師死了，就到廟門外去哭；聽說朋友死了，就到寢門外去哭；聽說相識的人死了，就到野外張設帷幕哭他。

凡為位不奠。

【譯解】

凡在遠地聞喪設哭位而痛悼親人的，一概不設酒食致奠，因為死者的神魂不在這裏。

哭天子九，諸侯七，卿大夫五，士三。

【譯解】

遠方公侯大臣聞知天子之喪，因故不能奔喪，就設哭位而哭悼九天；遠方卿大夫聞知諸侯之喪，因故不能奔喪，就設哭位而

哭悼七天；遠方家臣聞知卿大夫之喪，因故不能奔喪，就設哭位
而哭悼五天；士的家臣、屬吏在遠地聞知士之喪，因故不能奔喪，
就設哭位而哭悼三天。

　　大夫哭諸侯，不敢拜賓。諸臣在他國，爲位而哭，
不敢拜賓。與諸侯爲兄弟，亦爲位而哭。

【譯解】

　　大夫在別國爲位哭舊君，自己不是喪主，不敢拜送賓客。出
使外國的卿大夫，聞知本國國君之喪，爲位而哭，自己不是喪主，
所以不敢拜送賓客。諸侯在國外的包括兄弟姐妹在內的族親，聽
到諸侯去世的消息，也爲位而哭，但不敢拜賓送賓。按：國君去
世，其世子爲喪主。

　　凡爲位者壹袒。

【譯解】

　　凡在國外聞喪爲位而哭悼的，除聞父母之喪的接連三日哭悼
都要袒露左臂外，其他人之喪，只在聞喪當天哭悼時袒露左臂，
其餘日哭悼就不袒臂了。

　　所識者弔，先哭于家而後之墓，皆爲之成踊，〔一〕從主
人北面而踊。

【注釋】

〔一〕 爲：音魏。

【譯解】

　　死者在世相識的人從外地前來弔喪，沒有趕上停殯期，就先

到喪家去哭弔，而後再往墓地哭悼，都要爲之痛哭跳腳，隨從主人輪番痛哭跳腳。在喪家哭悼，主人在阼階下左前方，面向西；所識者在寢堂下正前方，面向北。在墓地哭悼，主人在墓地左前方，面向西；所識者在墓的正前方，面向北。

凡喪，父在，父爲主；[一]父没，兄弟同居，各主其喪；親同，長者主之；不同，親者主之。

【注釋】

〔一〕爲：音惟。

【譯解】

凡家中喪事，父親健在就由父親做喪主。父親已不在世，而兄弟們同居的，就各自主持自己妻子兒女的喪事。跟死者的親疏關係相同的，就由年長者主喪；跟死者的親疏關係不同的，就由親屬關係最近的主喪。

聞遠兄弟之喪，既除喪而后聞喪，免，袒，成踊，拜賓則尚左手。

【譯解】

遠房兄弟去世的消息是在除喪之後才聽到的，哭悼時，還要用白麻布條在頭上做成“免”的喪飾，袒露左臂，痛哭跳腳，而拜謝來賓時用左手在右手之上的吉禮。

無服而爲位者，唯嫂、叔及婦人降而無服者麻。

【譯解】

没有喪服關係，聞喪後而爲之設哭位來哭悼的，只有嫂子與小叔子之間及本族侄子、兄弟與出嫁的族姑、族姐妹之間是這樣。設位哭悼時，身著弔服，而另加緦麻服的首絰腰絰。按：族姑、族姐妹未婚而死，應爲她們服緦麻三月的喪服；已婚而死，則降而無服，雖不服喪服，猶設哭位，著弔服，加麻絰，進行哭悼。她們爲族侄族兄弟之喪也是這樣。

　　凡奔喪，有大夫至，袒，拜之，成踴而后襲；於士，襲而后拜之。

【譯解】

　　凡是士人奔喪到家行哭悼禮時，有大夫來弔慰，主人袒露左臂，拜謝大夫，哭踴之後再穿好外衣。對於來弔慰之士，穿好外衣之後再拜謝他。

問喪第三十五

　　親始死，雞斯，[一]徒跣，[二]扱上衽，[三]交手哭。惻怛之心，[四]痛疾之意，傷腎乾肝焦肺，水漿不入口，三日不舉火，故鄰里爲之糜粥以飲食之。[五]夫悲哀在中，[六]故形變於外也；痛疾在心，故口不甘味、身不安美也。

【注釋】

〔一〕雞斯：<u>鄭玄</u>云：“雞斯當爲笄纚，聲之誤也。”笄：音基。纚：音史。　　〔二〕跣：音顯。　　〔三〕扱：音叉。衽：音任。　　〔四〕惻：音側。怛：音達。　　〔五〕糜：音迷。飲：音印。食：音寺。　　〔六〕夫：音扶。

【譯解】

　　父親或母親剛去世時，孝子就摘下冠來，頭上留下簪子和裹髮巾，光着兩脚，將深衣下裳的前襬提起掖進腰帶，兩手交叉在胸前痛哭。那憂傷之情，劇痛之意，使得腎臟損傷，肝臟乾枯，肺臟焦熱，連點兒水也不想入口，三天不生火做飯，所以街坊鄰里們就煮些粥給他吃。那悲哀在心中，所以形貌就從而變化在外面，劇痛在心中，所以嘴裏就不願進食嚐味，身上就不安於穿戴得美觀舒適。

　　三日而斂，[一]在牀曰尸，在棺曰柩。[二]動尸舉柩，哭踊無數。惻怛之心，痛疾之意，悲哀志懣氣盛，[三]故袒而踊之，所以動體安心下氣也。婦人不宜袒，故發胷擊心爵踊，[四]殷殷田田如壞牆然，[五]悲哀痛疾之至也。故曰："辟踊哭泣，[六]哀以送之。"送形而往，迎精而反也。

【注釋】

〔一〕斂：音練。　　〔二〕柩：音舊。　　〔三〕懣：音悶。

〔四〕胷：同胸。　爵：音確，通雀。　　〔五〕殷：音隱。

〔六〕辟：音臂，通擗。

【譯解】

　　人死三天而大斂裝棺，死人在牀上叫尸，裝入棺材叫柩。移動尸體進棺的時候，舉動靈柩出殯的時候，親人們就盡情痛哭跳脚，沒有限數。憂傷之心，劇痛之意，悲哀得心志忿懣，火氣太盛，所以袒露肢體而痛哭跳脚，這是用來活動身體、安定心緒、降下火氣的。婦女不適宜裸肩露臂，所以就敞開一點胸口，捶打心胸，像麻雀般地雙脚齊跳，砰砰噔噔地，就像打築土牆一般，悲哀痛苦到了極點。所以孝經上說："捶胸跳脚、痛哭流涕地哀送死者。"將形體送往墓地，迎接精魂返回家中。

　　其往送也，望望然、汲汲然如有追而弗及也。其反哭也，皇皇然若有求而弗得也。故其往送也如慕，其反也如疑。求而無所得之也，入門而弗見也，上堂又弗見也，入室又弗見也，亡矣喪矣，〔一〕不可復見已矣，故哭泣辟踊，盡哀而止矣。心悵焉、愴焉，〔二〕惚焉、愾焉，〔三〕心絶志悲而已矣。祭之宗廟，以鬼饗之，〔四〕徼幸復反也。〔五〕成壙而歸，〔六〕不敢入處室，居於倚廬，哀親之在外也。寢苦枕塊，〔七〕哀親之在土也。故哭泣無時，服勤三年，思慕之心，孝子之志也，人情之實也。

【注釋】

〔一〕喪：去聲。　　　〔二〕悵：音唱。　　愴：音創。

〔三〕惚：音呼。　　愾：開的去聲。　　　〔四〕饗：音想。

〔五〕徼：音絞，同僥。　　　〔六〕壙：音礦。　　　〔七〕苦：音山。　枕：音振。

【譯解】

　　孝子前往送葬的時候，眼巴巴地望着，急切切地跟着，就像有所追隨而又趕不上的樣子；葬後返回一路哭泣的時候，惶惶不安就像有所尋求而又得不到的樣子。所以説，孝子前往送葬時，就像小孩追隨父母般地啼哭愛慕；孝子葬後返回時，又像擔心神靈是否能跟着回家而容態遲疑。路上尋求而無所得，進入家門看不見了，升上寢堂也看不見了，進入寢室也看不見了，没了，死了，再也看不見了！因而，惟有痛哭、捶胸、跳脚，盡情發洩悲哀而後止了，心中唯有悵惘、悽愴、恍惚、慨歎、絶望和悲哀而已了。亡親的形體不可復見，於是在宗廟（此處指殯宮）舉行虞祭，將亡親當作鬼神來祭饗，懷着僥幸心情希望亡親的靈魂能够復返。下葬後把墓穴填平而歸來，孝子不敢入處自己的寢室，而居住在殯宮門外倚靠東墙搭蓋的草廬，這是哀痛亡親埋葬在郊外。

孝子睡在草墊上，枕着土塊，這是哀痛亡親躺在墓地的土中。所以，沒有定時的經常哭泣，服喪憂勞三年，這種思慕父母的心情，是孝子的自然心態，是人情的真實流露。

或問曰："死三日而后斂者何也?"曰："孝子親死，悲哀志懣，〔一〕故匍匐而哭之，〔二〕若將復生然，安可得奪而斂之也! 故曰，三日而后斂者，以俟其生也。〔三〕三日而不生，亦不生矣，孝子之心亦益衰矣；家室之計，衣服之具，亦可以成矣；親戚之遠者，亦可以至矣。是故聖人爲之斷決，以三日爲之禮制也。"

【注釋】

〔一〕懣：音悶。　　〔二〕匍：音葡。　匐：音符。

〔三〕俟：音似。

【譯解】

有人問："死了三天才入斂，那是爲什麼呢?"回答說："孝子父親或母親死了，悲哀心堵，所以跪爬伏地而哭喊，好像將能復活似的，怎麼可以剝奪孝子的這個心願而遽行入斂呢! 所以說死了三天才入斂，是爲了等待親人的復活。三天還不活，也就不會活了，孝子盼望亡親復活的心意也就更爲減弱了；家中辦喪事的計劃，衣服方面的準備，也可以完成了；而遠方的親屬也可以趕到了。所以聖人就爲此決定以三日入斂作爲喪禮中的一項制度。"

或問曰："冠者不肉袒，何也?"曰："冠，至尊也，

不居肉袒之體也，故爲之免以代之也。〔一〕然則禿者不免，
傴者不袒，〔二〕跛者不踊，〔三〕非不悲也，身有錮疾，〔四〕不可
以備禮也。故曰，喪禮唯哀爲主矣。女子哭泣悲哀，擊胷
傷心，男子哭泣悲哀，稽顙觸地〔五〕，無容，哀之至也。”

【注釋】

〔一〕免：音問。下同。　　　〔二〕傴：音雨。　　　〔三〕跛：
音簸，上聲。　　　〔四〕錮：音固，通痼。　　　〔五〕稽：音
起。　顙：音嗓。

【譯解】

　　有人問：“戴冠的人不袒露肢體，這是什麼緣故呢？”回答
說：“冠是最尊貴的物件，不能戴在肢體袒露者的頭上，所以袒露
肢體前先要摘冠，用‘免’來代替它。然而喪禮中禿子不免，駝
背人不袒，瘸子不跳腳，倒不是他們不悲哀，而是由於他們身有
無法醫治的殘疾，不能完成這些禮節。所以說，喪禮只是以悲哀
爲主的。女子哭泣悲哀，乃至捶胸傷心，男子哭泣悲哀，乃至額
頭碰地，失掉常態，這都是哀傷到了極點。”

　　或問曰：“免者以何爲也？”〔一〕曰：“不冠者之所服
也。禮曰：‘童子不緦，唯當室緦。’緦者其免也，當室
則免而杖矣。”

【注釋】

〔一〕免：音問。下同。

【譯解】

　　有人問：“免是做什麼用的？”回答說：“免本是未加冠即尚
未成人的孩童在喪事活動中所服用的。儀禮喪服篇中說：‘童子不

爲遠親服緦麻三月的喪服，只有無父兄而當家的孩童才爲遠親服緦麻三月的喪服。'穿緦麻喪服的人，頭上有時就要做出免的喪飾。當家的人不僅爲遠親之喪著免，居父母之喪時還要身爲喪主而手拄喪杖。"

或問曰："杖者何也?"曰："竹、桐一也。故爲父苴杖，〔一〕苴杖，竹也；爲母削杖，削杖，桐也。"

【注釋】

〔一〕苴：音居。

【譯解】

有人問："喪杖是什麼做的?"回答説："用竹竿，用桐木，作用是一樣的。父尊母卑，所以爲父親居喪用皮色粗黑的喪杖，這種喪杖是竹竿做的；爲母親居喪用削去外皮的喪杖，這種喪杖是用桐木做的。"

或問曰："杖者以何爲也?"曰："孝子喪親，哭泣無數，服勤三年，身病體羸，〔一〕以杖扶病也。則父在不敢杖矣，尊者在故也。堂上不杖，辟尊者之處也。〔二〕堂上不趨，示不遽也。〔三〕此孝子之志也，人情之實也，禮義之經也。非從天降也，非從地出也，人情而已矣。"

【注釋】

〔一〕羸：音雷。　　〔二〕辟：音必，通避。　　〔三〕遽：音巨。

【譯解】

有人問："喪杖是做什麼用的呢？" 回答說："孝子死了雙親，要無數次的啼哭，服喪憂勞三年，自然身體病弱，用喪杖就是爲了支撐病體。然而在父親面前，就不敢爲去世的母親手拄喪杖，這是因爲家裏至尊尚在的緣故。在堂上不敢手拄喪杖，這是爲了避開尊者所處的地方；在堂上也不敢趨行，用以顯示不急促慌忙。這是孝子的心願，是人情的現實，是禮義的常道，不是從天上掉下來的，不是從地下長出來的，只是人之常情而已。"

服問第三十六

傳曰“有從輕而重”，公子之妻爲其皇姑。〔一〕“有從重而輕”，爲妻之父母。“有從無服而有服”，公子之妻爲公子之外兄弟。“有從有服而無服”，公子爲其妻之父母。

【注釋】

〔一〕爲：音魏。下同。

【譯解】

大傳中提出了“從服”有幾種特殊的情況。一，“有從輕而重”，意思是所隨從者的服制却輕，而從服者的服制反重。例如：公子的母親死了，公子的母親本是國君的妾，不但國君對她不服任何喪服，而且國君的尊貴還壓制着、制約着公子，使公子不能爲自己的生身母親穿正式喪服，只允許公子在他母親葬前頭戴白練冠，身穿鑲淺紅邊的麻衣，而公子的妻子却要按常例爲婆母服齊衰一年的重服。簡言之，公子之妻隨從公子爲公子的母親服喪，而公子爲母親所服極輕，且不在五服之列，而作爲從服者的公子之妻却要爲公子之母照常例服重服。皇姑在這裏指公子的生身母親而言。二，"有從重而輕"，意思是所隨從者的服制重，而從服者的服制則甚輕。例如丈夫隨從妻子爲岳父或岳母服喪就是如此。妻子爲她的父母服齊衰一年，丈夫從服例降三等，只爲岳父母服總麻三月的輕服。三，"有從無服而有服"，意思是所隨從者却不服喪服，而從服者反而要穿喪服。例如：按常例，外祖父或外祖母死了，外孫子要爲之服小功五月，外孫子媳婦從服降一等，服總麻三月。而公子出於上述原因對外祖父母不穿喪服，而公子的妻子作爲從服者却仍然要依常例爲之服總麻三月。外兄弟在這裏就指外親而言。爾雅釋親篇說："母與妻之黨爲兄弟。"四，"有從有服而無服"，意思是所隨從者有服而隨從者無服。例如：按常例說，丈夫隨從妻子爲岳父或岳母服喪，妻子爲她的父母服齊衰一年，而女婿爲岳父母從服總麻三月。然而公子即國君的庶子却對其岳父母之喪無服，因爲國君的尊貴壓制着、制約着公子的服喪範圍。公子的妻子可以依常例爲她的父母服齊衰一年，而公子就不能依常例爲岳父母從服總麻三月，故爾無服。

傳曰："母出則爲繼母之黨服，母死則爲其母之黨服。"爲其母之黨服，則不爲繼母之黨服。

【譯解】

傳中說，如果母親被父親休出，做兒子的以後就要爲繼母的娘家親屬服喪。在通常的情況下，母親雖已去世，兒子以後仍然要爲母親的娘家親屬服喪。凡是爲母親的娘家親屬服喪的，就不再爲繼母的娘家親屬服喪了。

三年之喪既練矣，有期之喪既葬矣，[一]則帶其故葛帶，絰期之絰，[二]服其功衰。[三]有大功之喪亦如之。小功無變也。

【注釋】

〔一〕期：音基，同朞。　　　〔二〕絰：音蝶。　　　〔三〕衰：音崔。

【譯解】

　　各等親屬由於與死者親疏關係不同，親情深淺也自然有異，所以所服喪服就有粗細五種等級，越親服越粗，越疏服越細。另外，隨着歲月的推移，哀情就由深轉淡，喪服也相應地由粗變細，以至到期除服。拿三年之喪來説，在三月安葬畢卒哭祭後就改穿布縷稍細密些的葛麻服，十三月練祭後就改穿更細一些的練服，二十五月祥祭後就解除喪服而改穿深衣了。總之，卒哭祭、練祭、祥祭是三個變服的時節。三年之喪，例如爲父母之喪已經舉行過練祭了，又遭遇朞年之喪，例如伯父、叔父、兄弟之喪，也已滿三月安葬了，這時候服喪人該改穿什麼較輕的喪服呢？這時候就應該仍然腰束練祭後所換的葛帶，而頭上却戴着朞年之喪的麻絰，而身穿大功布的喪服。三年之喪已經舉行過練祭了，而又遭遇大功之喪，例如叔伯兄弟之喪，其改服情況也是如此。三年之喪已經舉行練祭了，要是遇到小功之喪，例如同曾祖兄弟之喪，由於親情較疏，就仍服練冠、練服、葛帶，都不爲之有所改變。因爲三年之喪周年後所改穿的喪服，雖較前爲輕，但也重於小功之服，重服可以包含輕服。

　　麻之有本者，變三年之葛。既練，遇麻斷本者，於免絰之，[一]既免，去絰；每可以絰必絰，既絰則去之。小

功不易喪之練冠，如免，則経其緦、小功之経，因其初葛帶。緦之麻不變小功之葛，小功之麻不變大功之葛，以有本爲稅。〔二〕

【注釋】

〔一〕免：音問。下同。　　〔二〕稅：音退。下同。

【譯解】

　　大功以上即斬衰、齊衰、大功三等親都是近親，服喪時，其首経、腰経所用的麻縷都帶根部。服三年之喪的人，在安葬死者舉行卒哭祭後，換掉粗麻做的首経、腰経，改用葛麻経帶。而服帶根首経腰経的暮功近親，到了葬後換用輕服的時候，其葛帶的粗度與居三年之喪者練祭後所束的葛帶大致相同。居三年之喪的人到了周年舉行練祭後改用練冠練服，此時又遇到首経麻経須斷根的小功之喪，當參加其入斂或出殯的喪事活動之際，頭上須做"免"的喪飾（即用一寸寬的白麻布條，以其中部兜住頸上髮，兩端分別纏過耳上，交結於額上髮，餘布結繫於髮髻），而另加上小功的首経。參加小功之喪殯殯或出殯，用過"免"了，也就隨之摘掉首経。每當重要喪事活動該用経的時候，就必定臨時加経，事後就脫下它。三年之喪練祭後，孝子改穿練冠練服，此時如果又遇上小功、緦麻之喪，居喪人就不改變所戴的練冠，只是當參加小功之喪或緦麻之喪的入斂、出殯的時候，頭上須用白麻布條做出"免"的打扮，另加上小功之親或緦麻之親該用的首経，而腰上仍然沿用練服的葛帶。不過，死者是緦麻之親，臨事時就爲之加緦麻之親的麻経，不能變用小功之親的葛経，雖然二者的粗度是相同的；同樣，死者是小功之親，臨事時就爲之加小功之麻経，不能變用大功的葛経，雖然二者的粗度是相同的。小功、緦麻都屬輕喪，麻経都没有麻根，不須變換，只有麻経有根的大功以上近親之喪，才能在變換輕服的時節，變用前此重喪之葛。

殤長、中，變三年之葛，終殤之月筭，[一]而反三年之葛。是非重麻，爲其無卒哭之稅。下殤則否。

【注釋】

〔一〕 筭：同算。

【譯解】

十六歲到十九歲而死的叫作長殤，十二歲到十五歲而死的叫作中殤，八歲到十一歲而死的叫作下殤。爲夭殤者服喪要降等，如男子爲大功之親的長殤、中殤降服小功。身居三年之喪，卒哭祭後，例應脱麻服換葛服，這時候如果又遇上大功近親的長殤或中殤，就仍須換穿麻服；及至殤服之期小功五月終了，再恢復原來三年之喪卒哭祭時所換的葛服。連服五個月麻服，這並非特別爲夭殤者加重麻服，而是由於未成人的喪禮比較簡略，没有卒哭祭，也没有服制上的變易。身居三年之喪，卒哭祭後例應脱麻服變換葛服，此時如果遇上大功近親的下殤，就服葛如故，無須爲之改穿麻服。

君爲天子三年，夫人如外宗之爲君也。世子不爲天子服。

【譯解】

天子逝世，各國國君要爲之服斬衰三年，國君夫人就比照國君的外親婦女爲國君服喪周年的成例，而爲天子服喪周年。但作爲國君繼承人的世子，就不爲天子服喪了。

君所主，夫人妻、大子、適婦。〔一〕

【注釋】

〔一〕大：通太。　適：音笛，通嫡。

【譯解】

身爲國君，爲三人主喪：他的正室夫人、太子、太子的正妻。

大夫之適子爲君、夫人、大子如士服。

【譯解】

大夫的嫡子爲國君、國君夫人、太子服喪，如同士人爲他們服喪一樣。按：士爲國君服斬衰三年，爲國君夫人、太子服齊衰朞年。

君之母非夫人，則羣臣無服，唯近臣及僕、驂乘從服，〔一〕唯君所服服也。

【注釋】

〔一〕驂：音參。　乘：音勝。

【譯解】

國君的母親如果不是國君之父的正室夫人，那麼羣臣就不爲她服喪。唯有國君身邊的小臣以及馬車駕馭人、陪乘護駕人才隨從國君服喪，國君爲她穿什麼孝服，就跟着穿什麼喪服。

公爲卿大夫錫衰以居，出亦如之，當事則弁絰。大夫相爲亦然。爲其妻，往則服之，出則否。

【譯解】

國君爲他的大臣即卿大夫們的喪事，穿細麻弔服在宮中居處，外出也是這樣；當參加死者入斂或出殯的喪事活動時，除身穿細麻布弔服外，還頭戴素弁，加纏首絰。大夫們互相服喪也是這樣。爲大夫之妻之喪，前去弔喪就頭戴素弁，加纏麻絰，出了喪家就摘下不戴了。

凡見人無免絰，[一]雖朝於君無免絰，唯公門有稅齊衰。[二]傳曰："君子不奪人之喪，亦不可奪喪也。"

【注釋】

〔一〕免：音勉，下同。按：本篇唯此段二"免"不音問。

〔二〕稅：音托，通脫。

【譯解】

凡是居喪者見人時無須摘下首絰，即使有事朝見國君，也不須摘除首絰。只有公府，進入前要脫去齊衰。傳中說："君子不應該剝奪別人守喪的權利，守喪者也不可以自己剝奪自己守喪的道義。"

傳曰："罪多而刑五，喪多而服五。上附下附，列也。"

【譯解】

傳中說："犯罪情況繁多，而刑罰只有輕重五種；服喪的對象衆多，而喪服只有輕重五種。斟酌情況，重者上附於重，輕者下附於輕，分別列入其等。"

間傳第三十七

　　斬衰何以服苴?〔一〕苴，惡貌也，所以首其内而見諸外也。〔二〕斬衰貌若苴，齊衰貌若枲，〔三〕大功貌若止，小功、緦麻容貌可也。此哀之發於容體者也。

【注釋】

〔一〕衰：音崔。　苴：音居。　〔二〕見：現的本字。

〔三〕齊：音資，通齋。　枲：音喜。

【譯解】

　　斬衰爲什麽衰裳絰帶都要用結子的雌麻呢？雌麻樣子蒼黑粗惡，所以用來標舉内心的悲痛而體現於外表。服斬衰服之人的面色就像雌麻的顏色，服齊衰喪服之人的面色就像雄麻的淺黑色，服大功喪服之人的容貌枯寂静止，服小功和服緦麻喪服之人，保持平常容貌就可以了。這是悲哀在容貌體態方面的表現。

　　斬衰之哭若往而不反，〔一〕齊衰之哭若往而反，大功之哭三曲而偯,[二]小功、緦麻哀容可也。此哀之發於聲音者也。

【注釋】

〔一〕反：通返。　　〔二〕偯：音倚。

【譯解】

斬衰之親的哭聲，好像這口聲氣一去就收不回來了；齊衰之親的哭聲，好像這口聲氣發出還能收得回來；大功之親的哭聲，拐了三個彎兒而有餘音；小功、緦麻之親哭喪時，有個悲哀的容貌就可以了。這是悲哀在聲音方面的表現。

斬衰唯而不對，齊衰對而不言，大功言而不議，小功、緦麻議而不及樂。此哀之發於言語者也。

【譯解】

服斬衰的人，別人跟他說話，只唯唯地應諾，不跟人答對；服齊衰的人，答對別人的問話，但不主動說話；服大功的人可以說話，但不發議論；服小功、緦麻的人可以議論，但不能涉及娛樂。這是悲哀在語言方面的表現。

斬衰三日不食，齊衰二日不食，大功三不食，小功、緦麻再不食，士與斂焉則壹不食。[一]故父母之喪既殯食粥,[二]朝一溢米,[三]莫一溢米;[四]齊衰之喪疏食水飲，不食菜果；大功之喪不食醯醬;[五]小功、緦麻不飲醴酒。此哀之發於飲食者也。

【注釋】

〔一〕與：音預。　斂：音練。　　〔二〕殯：音鬢。

〔三〕朝：音招。　　〔四〕莫：同暮。　　〔五〕醯：音西。

【譯解】

　　病人死了，服斬衰的人三天不吃飯，服齊衰的人兩天不吃，服大功的人三頓不吃，服小功、緦麻的人兩頓不吃，士人參與入斂就停吃一頓。身遭父母之喪，在入棺停靈之後，孝子開始吃粥，早晨用一把米，晚上用一把米；齊衰之喪，服喪者吃粗飯，喝白水，不能吃蔬菜瓜果；大功之喪，服喪者不能吃醋、醬；小功、緦麻之喪，服喪者不能飲甜酒、白酒。這是悲哀在飲食方面的表現。

　　父母之喪，既虞、卒哭，〔一〕疏食水飲，不食菜果；期而小祥，〔二〕食菜果；又期而大祥，有醯醬；中月而禫，〔三〕禫而飲醴酒。始飲酒者先飲醴酒，始食肉者先食乾肉。

【注釋】

〔一〕虞：音魚。　　〔二〕期：音基，同朞。　　〔三〕禫：音坦。

【譯解】

　　父母之喪，在舉行安魂祭、卒哭祭以後，孝子就可以吃粗飯、喝白水了，但還不可以吃蔬菜瓜果；滿周年舉行小祥祭即練祭之後，可以吃蔬菜瓜果了；滿兩周年舉行大祥祭之後，可以用醋、醬下飯了；大祥後間隔一個月就舉行旨在除服即吉的禫祭，禫祭後就可以飲甜酒、白酒了。開始喝酒要先喝甜酒，開始吃肉要先吃乾肉。

　　父母之喪，居倚廬，寢苫枕塊，[一]不說絰帶；[二]齊衰之喪，居堊室，[三]苄翦不納；[四]大功之喪，寢有席；小功、緦麻，牀可也。此哀之發於居處者也。

【注釋】

〔一〕苫：音山。　枕：音振。　　〔二〕說：音托，通脫。絰：音蝶。　　〔三〕堊：音餓。　　〔四〕苄：音下。　翦：同剪。

【譯解】

　　父母之喪，孝子住在殯宮門外倚東墻搭置的呈直角三角形的斜頂草廬裏，睡草墊，枕土塊，不脫麻絰麻帶。齊衰之喪，服喪者住在殯宮門外靠東墻用磚坯做的不加塗飾的堊室，所睡的蒲席，只剪齊四邊，而不反納蒲草編邊。大功之喪，服喪者睡覺可有平日臥席。小功、緦麻之喪，服喪人居處如常，可以睡在牀上。這是悲哀在居處方面的表現。

　　父母之喪，既虞、卒哭，柱楣翦屏，[一]苄翦不納；期而小祥，居堊室，寢有席；又期而大祥，居復寢；中月而禫，禫而牀。

【注釋】

〔一〕柱：音主，通拄。

【譯解】

　　父母之喪，舉行安魂祭、卒哭祭以後，可以加柱撐起倚廬的斜形門楣，使廬呈立方形，剪齊廬頂南、西、北三邊作爲遮蔽風雨的茅草，睡的蒲席剪齊四邊，而不反納編邊；一周年而舉行小祥祭，就可以改住堊室，睡覺有常用之席；兩周年而舉行大祥祭，

就可以回到寢室居住；間隔一個月而舉行禫祭，禫祭之後就可以
睡在牀上了。

斬衰三升，齊衰四升、五升、六升，大功七升、八
升、九升，小功十升、十一升、十二升，緦麻十五升去
其半。有事其縷，無事其布，曰緦。此哀之發於衣服
者也。

【譯解】

周代的布幅，周尺二尺二寸寬。周尺約合今尺七寸。周尺二
尺二寸，約合今市尺一尺五寸。布的經綫每八十縷爲一升。朝服、
深衣的布質較細，經綫十五升即一千二百縷。斬衰用三升的粗麻
布，即二尺二寸的布幅，經綫僅二百四十縷。即使同等喪服，也
有親疏差異，所以齊衰用布有四升、五升、六升三種，大功用布
有七升、八升、九升三種，小功用布有十升、十一升、十二升三
種。緦麻用布其綫縷細度與十五升布相同，但只取十五升布的半
數即經綫六百縷，織成細而疏的麻布，織布前麻縷經過澡治加工，
織成布後就不再用灰加工使之平滑，這種麻布就叫做緦。這是悲
哀在衣服方面的表現。

斬衰三升，既虞、卒哭，受以成布六升，冠七升。
爲母疏衰四升，[一]受以成布七升，冠八升。去麻服葛，葛
帶三重。[二]期而小祥，練冠縓緣，[三]要経不除。[四]男子除
乎首，婦人除乎帶。男子何爲除乎首也？婦人何爲除乎
帶也？男子重首，[五]婦人重帶。除服者先重者，易服者易

輕者。又期而大祥，素縞麻衣。[六]中月而禫，禫而纖，[七]
無所不佩。

【注釋】

〔一〕爲：音魏。　　　〔二〕重：音蟲。　　　〔三〕縓：音勸。
〔四〕要：腰的本字。　　〔五〕重：音衆。　　　〔六〕縞：音
稿。　　〔七〕纖：音先。

【譯解】

　　爲父親穿的斬衰，衰裳的升數爲三升，喪冠的升數爲六升，
安魂祭、卒哭祭後，該換較輕的衰裳和喪冠了，新衰裳承受原喪
冠的升數，即用六升成布爲衰裳，新喪冠的升數較原喪冠的升數
加一等，即用七升成布爲喪冠。按：三升、四升、五升之布，粗
疏不成布，六升以上方爲成布。爲母親穿的齊衰，衰裳的升數爲
四升，喪冠的升數爲七升，安魂祭、卒哭祭後，該換較輕的衰裳
和喪冠了，新衰裳承受原喪冠的升數，即用七升成布爲衰裳，新
喪冠的升數較原喪冠的升數加一等，即用八升成布爲喪冠。同時，
將原麻絰、麻帶換成葛絰、葛帶，首絰仍然兩股糾結，而葛帶則
改爲四股糾結，看似三股相重。父喪到了周年而舉行小祥祭，又
該換用更輕的喪冠、喪服了，衰裳承受原喪冠的升數，即用七升
成布爲衰裳，新喪冠的升數加一等，即用八升成布爲喪冠，而此
八升成布之喪冠爲練布所製。所謂練布就是經過澡治從而柔軟潔
白的麻布。又另用練布爲中衣，領子鑲上紅邊。此時守喪男子依
禮除去首絰，而葛帶換成較細的，還不除去。在逐漸除服的過程
中，男子要先從首絰除起，婦女先從腰絰除起。爲什麼男子先從
首絰除起而婦女先從腰絰除起呢？男子以頭爲重，故重首絰，婦
女以腰爲重，故重腰絰，所以除服當中，就先分別除去各自所重

部位的喪飾。如果身有重喪，當卒哭祭、練祭變易喪服的時節，又遭輕喪，男女就變易各自所輕部位的喪飾。滿兩周年舉行大祥祭，孝子改戴鑲着素邊兒的生絹製做的冠，改穿十五升布做的麻布深衣。大祥祭後，間隔一個月而舉行除服即吉的禫祭，禫祭後，孝子頭戴黑經白緯布做的冠，身上可以佩帶各種飾物了。

易服者何爲易輕者也？斬衰之喪既虞、卒哭，遭齊衰之喪，輕者包，重者特；〔一〕既練，遭大功之喪，麻葛重。〔二〕齊衰之喪既虞、卒哭，遭大功之喪，麻、葛兼服之。

【注釋】

〔一〕重：音衆。　　　〔二〕重：音蟲。

【譯解】

男女變易喪服如何變易各自所輕部位的喪經呢？身服斬衰之喪，安魂祭、卒哭祭後，依禮要更換較輕的喪服，而此時又遭遇齊衰之親的初喪，變易經帶的原則是“輕者包，重者特”。所謂輕者包，就是説，男子輕腰，就改束齊衰麻帶，並借以兼包斬衰的葛帶；婦女輕首，就改戴齊衰的粗麻首經，並借以兼包斬衰的葛麻首經。所謂重者特，就是説，男子重首，就專一不貳地戴用斬衰的葛麻首經；婦人重腰，就專一不貳地束用斬衰的粗麻腰經，男女各自所重部位的喪經，都不因齊衰的初喪而有所改動。斬衰之喪舉行練祭後，依禮，男子除首經了，女子除腰經了，此時若又遭遇大功之初喪，那麽，男子頭上就戴上大功的麻經，腰上改束大功的麻帶，女子腰上就束上大功的麻帶，頭上改戴大功的麻經，這是麻經麻帶的重疊而用；及至大功之喪卒哭祭後，男女又都爲之改服葛絰葛帶，這是葛絰葛帶的重疊而用。齊衰之喪舉行安魂祭、卒哭祭後，依禮該換較輕的喪服，麻絰麻帶也要換作葛絰葛帶（按：女人的腰絰有除而無變），而此時若又遭遇大功之親的初喪，男人就要麻葛兼服了，即頭上依禮仍然戴上齊衰卒哭祭後應改服的葛絰，而腰上却要改束大功的麻帶。

　　斬衰之葛與齊衰之麻同，齊衰之葛與大功之麻同，大功之葛與小功之麻同，小功之葛與緦之麻同。麻同則兼服之。兼服之服重者，則易輕者也。

【譯解】

　　斬衰的麻絰的圍長有古尺九寸，合今市尺六寸多，即常人拇指尖與中指尖相交的一把粗，斬衰的麻帶的圍長是麻絰的五分之四；卒哭祭後改用葛絰葛帶，葛絰與麻帶的粗度相同，而葛帶的圍長是葛絰的五分之四。斬衰的葛絰與齊衰卒哭祭前的麻絰粗度相同；斬衰的葛帶與齊衰卒哭祭前的麻帶的粗度相同。齊衰的葛絰與大功卒哭祭前的麻絰的粗度相同；齊衰的葛帶與大功卒哭祭前的麻帶的粗度相同。大功的葛絰與小功卒哭祭前的麻絰的粗度相同，大功的葛帶與小功卒哭祭前的麻帶的粗度相同。小功的葛絰與緦麻的麻絰的粗度相同，小功的葛帶與緦麻的麻帶的粗度相同。在重喪期中當其變換輕服之際，又遭輕喪，應換的葛絰葛帶與新喪的麻絰麻帶粗度相同的，那麼服喪者就在其所重的部位仍依用葛，而於其所輕的部位改用麻，自然是麻葛兼用了。所謂兼服，就是在所重的部位仍服用舊喪當服之葛，而於所輕的部位就改用新喪該用的麻。

三年問第三十八

　　三年之喪何也？曰：稱情而立文，[一]因以飾羣，別親疏、貴賤之節，而弗可損益也，故曰“無易之道”也。創鉅者其日久，[二]痛甚者其愈遲。[三]三年者，稱情而立文，所以爲至痛極也。斬衰苴杖，[四]居倚廬，食粥，寢苦枕塊，[五]所以爲至痛飾也。三年之喪，二十五月而畢，哀痛未盡，思慕未忘，然而服以是斷之者，豈不送死有已、復生有節也哉！

【注釋】

〔一〕稱：音趁。　　〔二〕創：音窗。　鉅：通巨。

〔三〕愈：通瘉。　　〔四〕衰：音崔。　苴：音居。

〔五〕苦：音山。　枕：音振。

【譯解】

　　規定三年的喪服有何道理？回答說：這是符合人們哀情深度而制定的禮文，並借以表明親屬關係，區別親疏貴賤的節限，而不可以隨意增減，所以說這是不可以改變的原則。創傷巨大的，那康復的日子就須長久；痛苦厲害的，那痊癒的時間就要推遲。服喪三年是符合孝子哀情深度而訂立的禮文，用以爲最悲慟者的服喪極限。身穿斬衰，手拄粗黑竹杖，居處倚墻而搭蓋的草廬，吃稀粥，睡草墊，枕土塊，這都是用來爲極度悲痛者規定的外在表示。所謂三年之喪，不過是跨着三個年度的喪期，實際上只有二十五個月就結束了，到時候，孝子的哀痛還沒有竭盡，思慕還沒有忘懷，然而服喪時期到此截止，這豈不是表明哀送死者總有結束的時候，恢復正常生活總有一定的時節嗎！

凡生天地之間者，有血氣之屬必有知，有知之屬莫不知愛其類。今是大鳥獸則失喪其羣匹，〔一〕越月踰時焉，〔二〕則必反巡，〔三〕過其故鄉，翔回焉，鳴號焉，〔四〕蹢躅焉，〔五〕踟躕焉，〔六〕然後乃能去之。小者至於燕雀，猶有啁噍之頃焉，〔七〕然後乃能去之。故有血氣之屬者莫知於人，〔八〕故人於其親也，至死不窮。將由夫患邪淫之人與？〔九〕則彼朝死而夕忘之，然而從之，則是曾鳥獸之不若也，〔一〇〕夫焉能相與羣居而不亂乎？將由夫脩飾之君子與？則三年之喪二十五月而畢，若駟之過隙，〔一一〕然而遂之，則是無窮也。故先王焉爲之立中制節，〔一二〕壹使足以成文理，則釋之矣。

【注釋】

〔一〕喪：去聲。　　〔二〕踰：音俞，同逾。　　〔三〕反：通返。　　〔四〕號：音毫。　　〔五〕蹢：音直。　躅：音竹，同躅。　　〔六〕踞：音遲。　蹢：音厨。　　〔七〕啁：
音周。　噍：音焦。　頃：音請。　　〔八〕知：同智。
〔九〕夫：音扶。　患邪淫：王念孫云：“當作‘愚陋邪淫’。荀
子禮論正作‘愚陋邪淫’。”　與：音余。　　〔一〇〕曾：音
增。　　〔一一〕駟：音四。　　〔一二〕爲：音魏。

【譯解】

　　凡是活在天地之間的生物，只要是有血液有氣息之類的動物，
必有知覺，有知覺之類的動物就没有不曉得愛它的同類的。現在
就説那大的鳥獸吧，如果失羣、失去配偶，過了一個月，甚至過
了一個季節，就一定返回巡視，經過原來居住的所在，還要盤旋
着，鳴叫着，進退不安，徘徊不走，最後才能離去。即使燕子、
麻雀之類的小鳥，如果失去伴侣，還會有啁啾哀唤的時刻，然後
才能離去。有血氣的動物中，没有比人類更聰明智慧的了，所以
人對於自己親人的情感，是至死也無窮盡的。如果由着那愚陋淫
邪的人吧，他們早晨死了父母，到了晚上就淡忘了，然而依從他
們的心態而行事，那就連禽獸都不如了，這樣，過羣體生活怎能
不亂呢？如果由着那深有道德修養的君子吧，他們覺得三年之喪
其實二十五個月就結束了，猶如快馬奔過空隙般的短暫，然而遂
他們的心願而行事，那喪期又要無窮無盡了。所以，先王於是爲
人們確立中道，制定節限，使人們全都能够完成一定的禮文儀式，
然後到時除喪。

　　然則何以至期也？[一]曰：至親以期斷。是何也？曰：
天地則已易矣，四時則已變矣，其在天地之中者，莫不
更始焉，以是象之也。然則何以三年也？曰：加隆焉爾

也。爲使倍之，^{〔二〕}故再期也。由九月以下何也？曰：爲使弗及也。故三年以爲隆，緦、小功以爲殺，^{〔三〕}期、九月以爲間。上取象於天，下取法於地，中取則於人，人之所以羣居和壹之理盡矣。故三年之喪，人道之至文者也。夫是之謂至隆。是百王之所同，古今之所壹也，未有知其所由來者也。**孔子**曰："子生三年，然後免於父母之懷。夫三年之喪，天下之達喪也。"

【注釋】

〔一〕期：音基，同朞。下同。　　　〔二〕倍：通背。

〔三〕殺：音曬。

【譯解】

那麼爲什麼有服一周年的呢？回答説：最親的親人本以周年爲斷限。這是什麼道理呢？回答説：經過一年，天地已經運轉循環一周，四季已經變化輪換一遍，那生活在天地之間的動物植物，也都開始更生了，爲至親服周年，就是象徵、取法天地四時的完整的變化節段。那麼爲什麼有跨着三個年度的喪期呢？回答説：爲了加意隆重父母、丈夫等人的喪事，於是將喪期延長一倍，所以要服喪兩周年後即滿二十五個月再除服。爲什麼有的服喪期在九個月以下呢？回答説：有的親屬不是至親，於是使他們的服喪期就不到周年了。所以五服之中，以斬衰三年、齊衰三年爲至親最隆重的服制，以緦麻三月、小功五月爲遠親遞減的服制，以齊衰周年、大功九月爲近親居中間的服制。五服制度，上而取象於天時的循環，下而取法於大地變化，中而取則於人類的親情，人類之所以羣居而和諧一致的道理，盡備於此。所以説，守喪三年是人倫之道的至善至美的行爲，這可謂是最隆重的禮儀，是歷代聖主明王之所贊同，從古到今之所一致遵行的制度，没有人曉得是由什麼時候開始傳下來的。孔子説：“孩子生滿三歲，然後才能離開父母的懷抱，所以父母去世，兒女爲之服喪三年，是天下通行的喪制。”

深衣第三十九

古者深衣蓋有制度，以應規、矩、繩、權、衡。[一] 短毋見膚，[二] 長毋被土。續衽鉤邊。[三] 要縫半下。[四] 袼之高下，[五] 可以運肘；袂之長短，[六] 反詘之及肘。[七] 帶，下毋厭髀，[八] 上毋厭脅，當無骨者。

【注釋】

〔一〕應：音硬。　　〔二〕見：現的本字。　膚：跗的假借字。
〔三〕衽：音任。　鉤：音溝。　　〔四〕要：腰的本字。　縫：音鳳。　　〔五〕袼：音哥。　　〔六〕袂：音妹。
〔七〕詘：通屈。　　〔八〕厭：通壓。　髀：音必。

【譯解】

深衣是古代諸侯、大夫、士家居所穿的衣服，又是庶人的禮服。衣裳相連，前後深長，故稱深衣。古代的深衣，原有一定的製做法度，以應合規、矩、繩、權、衡。深衣短得不要露出跗面，長得不要觸及地面。前裳、後裳的兩側各有衽，這上窄下寬的四條衽，各自的上邊、直邊都與裳幅相續接連縫，在外的斜邊與底邊形成略如鉤狀的銳角，穿上深衣的時候，每側各有前後兩衽，前衽垂附在後衽之外，共同遮掩裳際。衣裳相連的腰部，其寬度等於下襬寬度的一半。袖子和上衣在腋下縫接處的高低，要求可以在其中運轉胳膊肘。衣袖的長短，除臂長外，其垂餘部分，反折上來，要能夠到達肘部關節。腰帶，往下不要壓在跨骨上，往上不要壓在肋骨上，要正束在腰間沒有骨頭的部位。

制：十有二幅以應十有二月，袂圜以應規，[一]曲袷如矩以應方，[二]負繩及踝以應直，[三]下齊如權衡以應平。[四]故規者，行舉手以爲容；負繩抱方者，以直其政、方其義也。故易曰：“坤六二之動，直以方也。”下齊如權衡者，以安志而平心也。五法已施，故聖人服之。故規矩取其無私，繩取其直，權衡取其平，故先王貴之。故可以爲文，可以爲武，可以擯相，[五]可以治軍旅，完且弗費，善衣之次也。

【注釋】

〔一〕圜：通圓。　　〔二〕袷：音傑。　　〔三〕踝：音槐。

〔四〕齊：音資，通齋。下同。　　〔五〕擯：音鬢，通儐。相：音象。

【譯解】

深衣的制度：上衣用布六幅，下裳用布六幅，共十二幅，以應合一年十二月之數。而下裳用布六幅，對裁爲上窄下寬的十二幅，即前後各四幅，兩側各有前後兩衽，亦應合一年的十二個月。袖底裁圓，以應合規範。領下方如矩尺，以應合方正。背後衣縫從頸後直達兩踝之間，以應合正直。下襬平如秤杆，以應合公平。袖底之所以要應合圓規，是因爲交際行動中常常以舉手揖讓、致意作爲儀容。之所以背負直縫，胸抱方領，意取行政公直不偏，守義方正不邪。所以易經說：“坤卦六二爻的變動，趨向正直而端方。”深衣的下襬平齊如秤，意取安定大志而存心公平。規、矩、繩、權、衡五法都已施用在衣服的裁製上，所以聖人才穿用它。規矩取其無私，繩取其正直，權衡取其公平，所以先王很珍視它。深衣，做文事的可以穿，做武事的可以穿，做儐相時可以穿，治理軍隊時也可以穿，完整結實而不費工料，是僅次於祭服、朝服的好衣服。

　　具父母、大父母，[一]衣純以繢；[二]具父母，衣純以青。如孤子，衣純以素。純袂、緣，純邊，廣各寸半。

【注釋】

〔一〕大：通太。　　〔二〕純：音準。下同。　　繢：音會。

【譯解】

　　父母和祖父母都健在的人，所穿深衣用三寸寬的彩色布條來鑲衣邊。只有父母健在的人，所穿深衣用青色布條來鑲衣邊。未滿三十而父親就已去世的人，所穿深衣用白布條來鑲衣邊。無論鑲袖口、下襬，還是衣邊，露在外面的寬度都是一寸半。

投壺第四十

投壺之禮。主人奉矢，〔一〕司射奉中，使人執壺。主人請曰：“某有枉矢、哨壺，〔二〕請以樂賓。”〔三〕賓曰：“子有旨酒嘉肴，〔四〕某既賜矣，又重以樂，〔五〕敢辭。”主人曰：“枉矢、哨壺不足辭也，敢固以請。”〔六〕賓曰：“某既賜矣，又重以樂，敢固辭。”主人曰：“枉矢、哨壺不足辭也，敢固以請。”賓曰：“某固辭不得命，敢不敬從。”賓再拜受，主人般還，〔七〕曰辟；〔八〕主人阼階上拜送，〔九〕賓般還，曰辟。已拜，受矢，進即兩楹間，退反位，揖賓就筵。〔一〇〕

【注釋】

〔一〕奉：通捧。下同。　　〔二〕枉：音往。　哨：音紹。

〔三〕樂：音勒。　　〔四〕肴：音姚。　　〔五〕重：音衆。

樂：音岳。　　〔六〕敢固以請：大戴禮記投壺篇無固字。

〔七〕般：音盤。　還：音旋。　　〔八〕辟：通避。

〔九〕阼：音作。　　〔一〇〕筵：音延。

【譯解】

主人捧着投壺用的矢，作爲投壺活動主持人的司射捧着用來盛放計數竹籌的“中”，讓人手執投矢所用的壺。按：投壺爲古人宴飲當中所附帶的一種禮節性的娛樂，設置特製瓶狀的壺，賓主在規定距離輪流投矢，矢入壺多者爲勝，負者飲酒。中爲盛放筷子狀竹籌的器具，刻木爲臥鹿形或臥虎形，背負圓筒，以放算籌。主人邀請正賓說：“某（第一人稱要稱名，某字指代其名）有桿不直的矢，口不正的壺，請求用來娛樂嘉賓。”正賓說：“您有美酒佳肴，某已經受賜了，今再加以娛樂，膽敢謝辭。”主人說：“桿不直的矢，口不正的壺，不值得推辭，膽敢邀請。”正賓說：“某已經受過恩賜了，又要加賜娛樂，膽敢堅持謝辭。”主人說：“桿不直的矢，口不正的壺，不值得推辭，膽敢堅持邀請。”正賓說：“某堅持謝辭得不到您的允許，怎敢不恭敬從命。”正賓爲了受矢，先在堂上南當西階處再拜，主人移步側身，口中稱避，進授正賓四矢於兩楹之間，主人在堂上南當阼階處拜送，正賓移步側身，口中稱避。主人拜送矢後，又自受四矢，進至兩楹之間，表示將在此投壺，然後主人返回南當阼階的堂上主位，而使人設席。賓席、主人席都設在堂上北側，朝南鋪放，賓席在西，主席在東，兩席相距一弓之長。然後主人揖請正賓就席位。

司射進度壺，[一] 間以二矢半，[二] 反位；設中，東面，執八籌興。[三] 請賓曰：“順投爲入，比投不釋，[四] 勝飲不勝者。[五] 正爵既行，請爲勝者立馬，[六] 一馬從二馬。[七] 三馬既立，請慶多馬。”請主人亦如之。命弦者曰：“請奏貍首，[八] 間若一。”[九] 大師曰：“諾。”[一〇]

【注释】

〔一〕度：音夺。　　　〔二〕間以二矢半：大戴禮記投壺篇無此五字。　　〔三〕筹：同算。　　〔四〕比：音必。　　〔五〕飲：音印。　　〔六〕爲：音魏。　　〔七〕一馬從二馬：大戴禮記投壺篇無此五字。　　〔八〕貍：音梨。　　〔九〕間：音建。　　〔一〇〕大：通太。

【譯解】

　　司射捧着壺進至堂中，度量放壺之處，壺放在主席的西南，賓席的東南，距兩席都是二矢半即古尺七尺遠的地方，然後返回堂上南當西階之位跪坐設中，面向東，手執八枝算籌站起。告知正賓説：“順着矢身即矢頭在前投進才算投入；賓投一矢，主人投一矢，交替投完各自的四矢，如果一方連續投矢，即使投入，也不爲之釋放竹籌於地，即不算數；勝方酌罰酒飲不勝的對方，行過規定的罰酒之後，請允許爲勝方設立表示勝利的木馬，如果賓方或主方得立三個馬，請獲得多馬的勝方喝慶賀酒。”司射告知主人也是同樣的話。司射吩咐奏樂人員説：“請奏貍首曲，節奏的間隔時間，要前後如一。”作爲樂隊領導人的太師答應説：“是。”

　　左右告矢具，請拾投。〔一〕有入者，則司射坐而釋一筹焉。賓黨於右，主黨於左。

【注释】

〔一〕拾：音傑。

【譯解】

　　司射分別向坐在堂上北側左邊的主人和坐在堂上北側右邊的

正賓報告，矢已準備妥當，請賓主雙方交替投壺。賓主一矢對一矢地輪流投畢，接着來賓們和主人家子弟也一對一對的比賽。有投入的，在"中"西而面朝東站立的司射就跪坐下來，抽出手中一枝竹籌放置地上；表示賓方投入次數的竹籌就放在自己的右側，表示主方投入次數的竹籌，就放在自己的左側。

　　卒投，司射執筭曰："左右卒投，請數。"〔一〕二筭爲純，〔二〕一純以取，一筭爲奇。〔三〕遂以奇筭告，曰："某賢於某若干純。"，奇則曰"奇"，鈞則曰"左右鈞"。〔四〕

【注釋】

〔一〕數：音屬。　　〔二〕純：音全。　　〔三〕奇：音基。

〔四〕鈞：通均。

【譯解】

　　賓主雙方一對一對地都投矢完畢，司射手執爲最後一對比賽者未能釋地的餘籌向正賓和主人説："左右雙方投矢完畢，請允許點數地上的籌數。"於是分別點數地上所放雙方的勝籌，每兩枝竹籌爲一純，一純一純地從地上拾取，如剩下一枝不成純，就爲"奇"。統計完了，司射就手執勝方所多出負方的算籌宣告説："某方勝過某方若干純。"有奇零就説出奇零數。如果雙方投入次數均等，就説"左右均等"。

　　命酌，曰："請行觴。"〔一〕酌者曰："諾。"當飲者皆跪奉觴，〔二〕曰："賜灌。"勝者跪曰："敬養。"

【注釋】

〔一〕觴：音商。　　〔二〕奉：通捧。

【譯解】

司射吩咐酌酒者説：“請依次遞酒。”酌酒者爲勝者的子弟，答應“是”。應該喝罰酒的人都跪下捧杯，説：“承蒙賜飲。”勝者也跪下説：“恭敬奉養。”

正爵既行，請立馬，馬各直其筭。一馬從二馬，以慶。慶禮曰：“三馬既備，請慶多馬。”賓主皆曰“諾”。正爵既行，請徹馬。〔一〕

【注釋】

〔一〕徹：通撤。

【譯解】

既行過罰酒，司射向正賓和主人告請立馬，馬安置在所釋放於地的雙方的勝籌之前。如一方得一馬，另一方得二馬，就以得二馬者爲勝，將一馬合併在二馬旁邊來慶賀。行慶賀禮時，司射説：“三馬都已齊備，請多馬一方酌酒慶賀。”正賓、主人都説“是”。既行過慶酒，司射就向正賓、主人告請撤馬。

筭多少視其坐。籌，室中五扶，堂上七扶，庭中九扶。筭，長尺二寸。壺，頸脩七寸，腹脩五寸，口徑二寸半，容斗五升。壺中實小豆焉，爲其矢之躍而出也。〔一〕壺去席二矢半。矢以柘若棘，〔二〕毋去其皮。

【注釋】

〔一〕爲：音魏。　　〔二〕柘：音這。　棘：音吉。

【譯解】

　　算籌數目的多少要視在坐人數而定，每人四矢，一矢就需一枝算籌。籌（這裏籌字指矢而言）的長度視投壺場所而定，在室中投壺，用古尺二尺長的矢；在堂上投壺，用古尺二尺八寸長的矢；在庭中投壺，用古尺三尺六寸長的矢。一扶等於古尺四寸。算籌長古尺一尺二寸。壺，頸長七寸，腹長五寸，壺口直徑二寸半，容量爲一斗五升。壺中放些小豆，以防投入的矢又彈跳出來。壺離席二矢半遠。矢桿用柘木或酸棗木做的，不要去皮。

　　魯令弟子辭曰：“毋憮，[一]毋敖，[二]毋偝立，[三]毋踰言。[四]偝立、踰言有長爵。”薛令弟子辭曰：“毋憮，毋敖，毋偝立，毋踰言。若是者浮。”

【注釋】

〔一〕憮：音呼。　　〔二〕敖：通傲。　　〔三〕偝：通背。
〔四〕踰：音俞。

【譯解】

　　魯國行投壺禮之前，司射告誡賓主雙方子弟們的言辭是：“不要懈怠，不要傲慢，不要背堂而立，不要遙相喊話。背堂而立，遙相喊話，有常例的罰爵。”薛國行投壺禮之前，司射告誡賓主雙方子弟們的言辭是：“不要懈怠，不要傲慢，不要背堂而立，不要遙相喊話，若有這些行爲，都要受罰。”

　　鼓：○□○○○□□○□○○□半；○□○□○○○□□○□○——魯鼓。　○□○○○□□○□○○□□○□○○□□○半；○□○○○□□○——薛鼓。　取半以下爲

投壺禮，盡用之爲射禮。

【譯解】

　　投壺在弦樂中進行，同時用鼓和鼙即軍鼓交錯打出節奏。鼓譜（圓圈表示擊鼙，方圍表示擊鼓）：○□○○□□○□○○□半；○□○□○○○□□○○。以上是魯國的鼓譜。　○□○○□□○□○○□□○○□□○○□□○　半；○□○○○□□○。以上是薛國的鼓譜。　　投壺禮中用的是譜中一半以下的那段，射禮中用的是全譜。

　　司射、庭長及冠士立者，皆屬賓黨；樂人及使者、童子，皆屬主黨。

【譯解】

　　司射和監察儀容、檢查失態的庭長以及已經加冠成年的士人站立庭中觀禮者，都屬於賓客一方；奏樂人員以及主人使喚的人、尚未年滿二十即未成年人，都屬於主人一方。

　　魯鼓：○□○○□□○○半；○□○□○○○□○。　薛鼓：○□○○○○□○□○○○□○□○○○□○半；○□○□○○○□○。

【譯解】

　　魯國另有一個鼓譜：○□○○□□○○半；○□○□○○○□○□○。　薛國另有一個鼓譜：○□○○○○□□○□○○○□○□○○半；○□○□○○○□○。

儒行第四十一

　　魯哀公問於孔子曰："夫子之服其儒服與?"〔一〕孔子對曰："丘少居魯，〔二〕衣逢掖之衣；〔三〕長居宋，冠章甫之冠。〔四〕丘聞之也，君子之學也博，其服也鄉。丘不知儒服。"

【注釋】

〔一〕與：音余。　　〔二〕少：音紹。　　〔三〕衣逢掖之衣：前"衣"音益。　掖：音夜，通腋。　　〔四〕冠章甫之冠：前"冠"音貫。

【譯解】

　　魯哀公問孔子說："先生穿的衣服是儒者的服裝吧?"孔子對答說："丘小時候居住在魯國，穿着大袖子的衣服，長大以後居住在宋國，戴着章甫冠。丘聽說，君子的學問要廣博，穿衣服要入鄉隨俗。丘不知道什麽是儒服。"

　　哀公曰："敢問儒行。"〔一〕孔子對曰："遽數之不能終

其物，$^{〔二〕}$悉數之乃留，更僕未可終也。"$^{〔三〕}$

【注釋】

〔一〕行：音杏。　　　〔二〕遽：音巨。　數：音屬。下同。

〔三〕更：音耕。

【譯解】

　　魯哀公說："請問儒者的品行。"孔子對答說："倉猝匆忙地數說，不能講盡這方面的事情；如果全部詳細數說，就要久留，以至僕人疲倦需要換班侍候，那也講述不完。"

　　哀公命席，孔子侍，曰：

　　儒有席上之珍以待聘，夙夜強學以待問，$^{〔一〕}$懷忠信以待舉，力行以待取。其自立有如此者。

【注釋】

〔一〕夙：音素。　強：音搶。

【譯解】

　　魯哀公命人鋪設席位，孔子陪侍，說：

　　儒者有似席上的寶玉，來等待諸侯行聘禮時採用；早晚努力學習，來等待別人詢問；心懷忠信，來等待舉薦；盡力而行，來等待錄取。儒者的自立精神就是這樣的。

　　儒有衣冠中，動作慎；其大讓如慢，小讓如偽；大則如威，小則如愧；其難進而易退也，粥粥若無能也。$^{〔一〕}$其容貌有如此者。

【注釋】

〔一〕粥：音育。

【譯解】

　　儒者的衣冠適中，動作謹慎，臨大利而辭讓有如傲慢，臨小利而謙讓有如虛偽；做大事審慎，如同有所畏懼，做小事恭謹，如同心懷慚愧；他們難於躁進而易於謙退，柔弱謙卑的樣子好像是無能。儒者的容貌就是這樣的。

　　儒有居處齊難，〔一〕其坐起恭敬；言必先信，行必中正；道塗不爭險易之利，〔二〕冬夏不爭陰陽之和；愛其死以有待也，養其身以有爲也。〔三〕其備豫有如此者。

【注釋】

〔一〕處：音杵。　齊：音摘。　難：去聲。　　〔二〕塗：通途。　　〔三〕爲：音魏。

【譯解】

　　儒者日常起居莊重小心，他們坐下站起都很恭敬，講話必以信用爲先，行爲必定中正不偏；在道路上不與人爭難走易走的便宜，冬天夏天不與人爭暖和凉快的舒適；愛惜生命爲了有所等待，保養身體爲了有所作爲。儒者從政前修養方面的準備就是這樣的。

　　儒有不寶金玉，而忠信以爲寶；不祈土地，立義以爲土地；不祈多積，多文以爲富；難得而易禄也，易禄而難畜也。非時不見，〔一〕不亦難得乎？非義不合，不亦難畜乎？先勞而後禄，不亦易禄乎？其近人有如此者。

【注釋】

〔一〕見：現的本字。

【譯解】

　　儒者不把金玉當寶貝，而把忠信當寶貝；不祈望土地，而把建立道義當作土地；不祈望多積財富，而把多學得文化知識當作財富；儒者爲人公直，難於得到，得到了，因儒者不爭物質待遇，所以容易授予俸祿，雖然容易授他俸祿，但儒者堅持原則，所以難於畜養。不到適當的時候儒者不出現，豈不是很難得到嗎？不是正義的事儒者就不合作，豈不是難以畜養嗎？先效勞而後受祿，豈不是很容易給俸祿嗎？儒者的待人接物就是這樣的。

　　儒有委之以貨財，淹之以樂好，〔一〕見利不虧其義；劫之以衆，沮之以兵，〔二〕見死不更其守；〔三〕鷙蟲攫搏，〔四〕不程勇者；〔五〕引重鼎，不程其力；往者不悔，來者不豫；過言不再，流言不極；不斷其威，不習其謀。其特立有如此者。

【注釋】

〔一〕樂：音要。　好：音浩。　　〔二〕沮：音舉。

〔三〕更：音耕。　　〔四〕鷙：音至。　攫：音決。

〔五〕不程勇者：王念孫云：“當作‘不程其勇’，與‘不程其力’對文。”

【譯解】

　　對儒者，把錢財貨物付與他，用玩樂嗜好沉溺他，儒者不會見利而害義；利用衆人來脅迫他，使用兵器來恐嚇他，儒者不會面對死亡而改變操守；遭到鷙鳥猛獸攻擊，挺身與之搏鬥，不度

量自己的武勇成不成；牽引重鼎，盡力而爲，不度量個人的體力
够不够；過去的機遇不追悔，到來的機遇不歡欣；説錯的話不會
再説，聽到流言，不屑於刨根問底；不斷地保持自己的威重，不
研習什麽權術謀略。儒者立身獨特就是這樣的。

　　儒有可親而不可劫也，可近而不可迫也，可殺而不
可辱也。其居處不淫，其飲食不溽，〔一〕其過失可微辨而不
可面數也。〔二〕其剛毅有如此者。

【注釋】

〔一〕溽：音入。　　　〔二〕數：音屬。

【譯解】

　　儒者可以親近而不可以劫持，可以接近而不可以强迫，可以
殺掉而不可以侮辱；他們的居處不奢淫，他們的飲食不豐厚，他
們的過失可以委婉的辨析而不可以當面數落。儒者的剛强堅毅就
是這樣的。

　　儒有忠信以爲甲胄，禮義以爲干櫓；〔一〕戴仁而行，抱
義而處；〔二〕雖有暴政，不更其所。〔三〕其自立有如此者。

【注釋】

〔一〕櫓：音魯。　　　〔二〕處：音杵。　　　〔三〕更：音耕。

【譯解】

　　儒者用忠信作爲盔甲，用禮義作爲盾牌，頭戴着仁而行動，
懷抱着義而居處，即使國有暴政，也不變更自己所守。儒者的自
立就是這樣的。

儒有一畝之宮，環堵之室，篳門圭窬，[一]蓬戶甕牖；[二]易衣而出，并日而食；上荅之不敢以疑，上不荅不敢以諂。[三]其仕有如此者。

【注釋】

〔一〕篳：音畢。　窬：音俞。　　〔二〕蓬：音朋。　甕：翁的去聲。　牖：音友。　　〔三〕諂：音産。

【譯解】

儒者有一畝地的宅院，住着周圍一丈見方的房間，竹子編的院門，又在院墙上挖出上尖下方其形如圭的小旁門，用蓬草編的房戶，用破甕爲邊框做的圓窗，全家共有一件完整外衣，誰出門就換上，兩天吃一天的糧食；君上答應採納自己的建議，就不敢產生疑慮，君上不答應自己的建議，就不敢諂媚求進。儒者做官入仕清廉奉公的精神就是這樣的。

儒有今人與居，古人與稽；[一]今世行之，後世以爲楷；適弗逢世，上弗援，下弗推，讒諂之民有比黨而危之者；[二]身可危也，而志不可奪也；雖危起居，竟信其志，[三]猶將不忘百姓之病也。其憂思有如此者。

【注釋】

〔一〕稽：音基。　　〔二〕讒：音蟬。　比：音必。

〔三〕信：音深，通伸。

【譯解】

儒者與今人一起居住，而與古人的意趣相合；儒者今世的行爲，可以作爲後世的楷模；碰巧没遇到盛世，上邊没人援引，下邊没人推薦，進讒言、獻諂媚的人又有結黨而要危害他的；身體是可以危害的，而志向是不可以剝奪的；即使危及他的生活起居，最終他還要伸展自己的志向，仍將念念不忘老百姓的痛苦。儒者的憂慮思念就是這樣的。

　　儒有博學而不窮，篤行而不倦，[一]幽居而不淫，上通而不困；禮之以和爲貴，忠信之美，優游之法；慕賢而容衆，毀方而瓦合。其寬裕有如此者。

【注釋】

〔一〕行：音杏。

【譯解】

　　儒者廣博學習而無休止，專意實行而不厭倦；隱居獨處的時候而不淫邪放縱，通達於上的時候而不失態困窘；遵循禮的以和爲貴的原則，本着忠信的美德，應用優柔的方式方法；仰慕賢能而包容羣衆，有時可以削損自己方正的棱角而依隨衆人，有如房瓦之疊合。儒者的寬容大度就是這樣的。

　　儒有內稱不辟親，[一]外舉不辟怨；程功積事，推賢而進達之，不望其報，君得其志；苟利國家，不求富貴。其舉賢援能有如此者。

【注釋】

〔一〕辟：音必，通避。下同。

【譯解】

　　儒者推薦人才，只要對方德才兼備能夠勝任，對內不避稱舉親屬，對外不避推舉怨家。儒者度量功績，積累事實，推薦賢能而進達於上，不祈望他們的報答，從而也遂了國君用賢的心願；

只要有利於國家就行，儒者並不通過薦賢而企求富貴。儒者推舉
賢能的風格就是這樣。

　　儒有聞善以相告也，見善以相示也；爵位相先也，
患難相死也；久相待也，遠相致也。其任舉有如此者。
【譯解】
　　儒者之間，聽到善事就互相告知，見到善言就互相傳示；有
了爵位就互相推先，有了患難就互相效死；有的朋友久在下位，
就等待他升遷，有的朋友在遠方不得意，就設法招致他來入仕。
儒者對待和舉薦志同道合的朋友，就是這樣的。

　　儒有澡身而浴德，陳言而伏，静而正之，上弗知也，
麤而翹之，〔一〕又不急爲也；不臨深而爲高，不加少而爲
多；世治不輕，世亂不沮；〔二〕同弗與，異弗非也。其特立
獨行有如此者。
【注釋】
〔一〕麤：音粗。　翹：音橋。　〔二〕沮：音舉。
【譯解】
　　儒者沐浴身心於道德之中，陳述自己的建言而伏聽君命，安
静不躁而謹守正道，君上不理解，就略加啓發，又不操之過急。
面臨地位卑下的人，而不顯示自己的高貴；不把自己很少的成就
妄自增加，而自詡爲成就很多。世局大治的時候，羣賢並處而不
自輕；世局混亂的時候，堅守正道而不沮喪。與自己政見相同的
人，不和他營私結黨；與自己政見相異的人，也不對他誹謗詆毀。
儒者的特立獨行就是這樣的。

儒有上不臣天子，下不事諸侯；慎静而尚寬，强毅以與人，博學以知服；近文章，砥厲廉隅；〔一〕雖分國，如錙銖，〔二〕不臣不仕。其規爲有如此者。

【注釋】

〔一〕砥：音旨。 隅：音余。 〔二〕錙：音兹。 銖：音朱。

【譯解】

有的儒者上不爲臣於天子，下不事奉於諸侯；謹慎安詳而崇尚寬和，剛强堅毅而善與人交，廣博學習而又知所當行；接近禮樂法度，砥礪公方正直的品格；即使把國家分封給他，也視如輕微小事，不想給誰做臣，不想出任官吏。儒者規範自己的行爲，就是如此的。

儒有合志同方，營道同術；並立則樂，〔一〕相下不厭；久不相見，聞流言不信；其行本方立義；〔二〕同而進，不同而退。其交友有如此者。

【注釋】

〔一〕樂：音勒。 〔二〕行：音杏。

【譯解】

儒者之間有的志趣相合，方向一致，營求道藝，路數相同，並立於世就都高興，地位互有上下也不彼此厭棄；久不相見，聽到關於對方的流言蜚語，絕不相信。他們的行爲本乎方正，建立於道義之上。與自己志向相同的，就進一步交往；與自己志向不同的，就退避疏遠。儒者交朋友的態度就是如此。

　　溫良者，仁之本也。敬慎者，仁之地也。寬裕者，仁之作也。孫接者，[一]仁之能也。禮節者，仁之貌也。言談者，仁之文也。歌樂者，[二]仁之和也。分散者，仁之施也。儒皆兼此而有之，猶且不敢言仁也。其尊讓有如此者。

【注釋】

〔一〕孫：通遜。　　〔二〕樂：音岳。

【譯解】

　　溫和善良是仁的根本，恭敬謹慎是仁的質地，寬洪大量是仁的興作，謙遜待人接物是仁的功能，禮節是仁的外貌，言談是仁的文彩，歌樂是仁的和諧，分財散物是仁的施與。儒者兼有這幾種美德，尚且不敢說做到仁了。儒者的尊重謙讓就是這樣的。

　　儒有不隕穫於貧賤，[一]不充詘於富貴，[二]不慁君王，[三]不累長上，不閔有司，[四]故曰儒。今衆人之命儒也妄，常以儒相詬病。[五]

【注釋】

〔一〕隕：音允。　穫：音或。　　〔二〕詘：音區。

〔三〕慁：音混，去聲。　　〔四〕閔：音敏。　　〔五〕詬：音購。

【譯解】

　　儒者不因貧賤而困窘失志，不因富貴而驕奢失節，不因君王的困辱，不因長官的恐嚇，不因官吏的刁難而違道失常，所以叫做儒。現在人們對儒字命名的理解是虛妄不實的，故爾常常用儒者相互辱罵。

　　孔子至舍，哀公館之，聞此言也，言加信，行加義，“終没吾世，不敢以儒爲戲”。

【譯解】

　　孔子從衛國回到魯國，歸至其家，魯哀公用公館招待他住，聽到孔子這番言論後，自己説話更加講信用，行爲更加符合道義，他説“終我一生，再不敢拿儒者開玩笑了”。

大學第四十二

大學之道在明明德，[一]在親民，[二]在止於至善。知止而后有定，定而后能静，静而后能安，安而后能慮，慮而后能得。物有本末，事有終始，知所先後，則近道矣。

【注釋】

〔一〕大：舊音太，朱熹讀本音。　　〔二〕親：程頤認爲“親”當作“新”。

【譯解】

大學的宗旨，在於彰明人們光明的德性，在於教育人們親愛人民，在於使人們達到至善的目標。知道應該達到的目標，然後才能有確定的志向，有了確定的志向，然後才能心静，心静然後才能神安，神安然後才能周詳地思慮，思慮周詳然後才能處事得宜。凡物都有本有末，凡事都有始有終，知道事物的先後次序，就接近大道了。

古之欲明明德於天下者先治其國，欲治其國者先齊

其家，欲齊其家者先脩其身，欲脩其身者先正其心，欲
正其心者先誠其意，欲誠其意者先致其知，致知在格物。
物格而后知至，知至而后意誠，意誠而后心正，心正而
后身脩，身脩而后家齊，家齊而后國治，國治而后天
下平。

【譯解】

　　古代有想要彰明光明德性於天下的人，先要治理好自己的國
家；想要治理好自己的國家，先要整頓好自己的家庭；想要整頓
好自己的家庭，先要修養自身；想要修養自身，先要端正自心；
想要端正自心，先要誠實自己的意念；想要誠實自己的意念，先
要獲得知識；獲得知識就在於推究事物的原理。推究了事物的原
理才能得到真知，得到真知然後才能意念誠實，意念誠實然後才
能心正，心正然後才能提高自身修養，提高了自身修養然後才能
整頓好家庭，家庭整頓好了然後才能治理好國家，國家治理好了
然後才能使天下太平。

　　自天子以至於庶人，壹是皆以脩身爲本。其本亂而
末治者，否矣。其所厚者薄，而其所薄者厚，未之有也。
此謂知本，此謂知之至也。

【譯解】

　　從天子下至平民百姓，一律要以修身爲根本。這個根本壞了
亂了，而派生的枝幹末梢却能治好，那是不可能的。對自己關係
親厚的人情意淡薄，而對自己關係淡薄的人却情意濃厚，沒有這
樣的情理。這就叫做知本，這就叫做認知的極致。

　　所謂誠其意者，毋自欺也，〔一〕如惡惡臭，〔二〕如好好色。〔三〕此之謂自謙。〔四〕故君子必慎其獨也。小人閒居爲不善，無所不至，見君子而后厭然揜其不善而著其善，〔五〕人之視己如見其肺肝然，則何益矣。此謂誠於中，形於外，故君子必慎其獨也。曾子曰：“十目所視，十手所指，其嚴乎！”富潤屋，德潤身，心廣體胖，〔六〕故君子必誠其意。

【注釋】

〔一〕毋：音吳。　　〔二〕惡惡：上音物，下音餓。　臭：音秀。　　〔三〕好好：上音浩，下音郝。　　〔四〕謙：鄭玄云：“謙讀爲慊。”慊音妾。　　〔五〕厭：鄭玄云：“厭讀爲厴。”厴音眼。　揜：通掩。　　〔六〕胖：音盤。

【譯解】

　　所謂誠實自己的意念，是説不要自己欺騙自己，就像厭惡惡臭氣味、愛好美色那樣自然真實。這樣誠實不欺，才稱得上是自我滿足。爲了做到誠實不欺，所以君子必須戒慎自己一人獨處的時候。小人平日閒居時爲非作歹，没有哪樣壞事做不出來的，及至見到君子，然後遮遮蓋蓋地掩藏他那不光彩的行徑，而故意顯露他的“善良”，却不知别人看自己，就如同看見了自己的肺肝一樣，那裝模作樣又有什麽益處呢！這是説，充滿於心中的東西，總要表現在外面的，所以君子必須戒慎自己一人獨處的時候。曾子説：“十隻眼睛在注視着你，十隻手在指點着你，這多麽嚴厲可怕呀！”財富能够潤飾房屋，道德能够潤飾人身，心胸寬廣從而身體舒適，所以君子一定要誠實自己的意念。

　　詩云：“瞻彼淇澳，〔一〕菉竹猗猗。〔二〕有斐君子，〔三〕如切如磋，如琢如磨。瑟兮僴兮，〔四〕赫兮喧兮。〔五〕有斐君子，終不可諠兮。"〔六〕如切如磋者，道學也。如琢如磨者，自脩也。瑟兮僴兮者，恂慄也。〔七〕赫兮喧兮者，威儀也。有斐君子終不可諠兮者，道盛德至善，民之不能忘也。詩云："於戲前王不忘。"〔八〕君子賢其賢而親其親，小人樂其樂而利其利，此以沒世不忘也。康誥曰"克明德"，大甲曰"顧諟天之明命"，〔九〕帝典曰"克明峻德"，皆自明也。湯之盤銘曰："苟日新，日日新，又日新。"康誥曰："作新民。"詩曰："周雖舊邦，其命惟新。"是故君子無所不用其極。詩云："邦畿千里，〔一〇〕惟民所止。"詩云："緡蠻黃鳥，〔一一〕止於丘隅。"子曰："於止，知其所止，可以人而不如鳥乎?"詩云："穆穆文王，於緝熙敬止。"〔一二〕爲人君止於仁，爲人臣止於敬，爲人子止於孝，爲人父止於慈，與國人交止於信。子曰："聽訟，吾猶人也，必也使無訟乎!"無情者不得盡其辭，大畏民志。此謂知本。

【注釋】

〔一〕澳：音域。　　　〔二〕菉：音錄。　猗：音夷。朱熹云："協韻音阿。"　　〔三〕斐：音翡。　　〔四〕僴：音限。
〔五〕喧：音選，通咺。　　〔六〕諠：音宣，通諼。
〔七〕恂：音循。　慄：音立。　　〔八〕於：音嗚。　戲：音呼。　　〔九〕大：通太。　諟：音是。　　〔一〇〕畿：音基。　　〔一一〕緡：音民，又音棉。　　〔一二〕於：音烏。緝：音氣。

【譯解】

詩經衛風淇奧篇説：“瞧那淇水的水灣，菉竹草茂盛美觀。有位文彩煥發的君子，猶如骨角經過切磋，猶如玉石經過琢磨。矜莊啊，嚴謹啊！顯赫啊，昭明啊！有位文彩煥發的君子，令人始終不能忘懷啊！”“如切如磋”的意思，喻指君子的努力治學；“如琢如磨”的意思，喻指君子認真地自修；“瑟兮僩兮”的意思，是説君子端莊恭慎的心態；“赫兮喧兮”的意思，是説君子的威嚴儀表；“有斐君子終不可諠兮”的意思，是説君子盛大的品德盡美盡善，人民不能忘記他。詩經周頌烈文篇説：“啊！對於前王要念念不忘。”嗣位的君子之所以不忘前王，是尊重前王的賢德，熱愛前代的親人；百姓們之所以不忘前王，是樂於享受前王所創造的安樂局面，利於享有前王所帶來的利益：因此人人終生念念不忘前王。尚書康誥篇中説：“能够彰明美德。”尚書太甲篇中説：“要顧念熟思上天賦予的光明使命。”尚書帝典篇中説：“能够彰明偉大的品德。”都説的是自己去彰明光大自己的德性。商湯浴盤上的銘辭説：“假如今天洗净污垢更新自身，那麽就要天天清洗更新，每日不間斷地清洗更新。”尚書康誥中説：“使他們作爲新的人民。”詩經大雅文王篇中説：“周雖然是個古舊的邦國，而她承受天命，氣象一新。”所以，英明的國君爲了除舊更新，没有一處不用那最有效的手段。詩經商頌玄鳥篇中説：“京都直轄地區方圓千里，這是人民居止的所在。”詩經小雅緡蠻篇中説：“緡緡蠻蠻地鳴叫的黄鳥，棲止於山丘多樹的一角。”孔子説：“關於棲止，黄鳥還知道自己該棲止的處所，怎麽可以人還不如鳥呢！”詩經大雅文王篇中説：“端莊肅穆的文王，啊！不斷地走向光明，敬其所處的地位。”所以，作爲人君要居心於仁愛，作爲人臣要居心於恭敬，作爲人子要居心於孝順，作爲人父要居心於慈愛，與國人交往要居心於誠信。孔子説：“聽斷訴訟，我猶如他人的心情一樣，一定要使人們不再發生争訟。”聖人使没有真情實意的人不敢申説他那狡辯的言辭，大服民心。這便稱得上知道根本。

所謂脩身在正其心者，身有所忿懥則不得其正，[一]有所恐懼則不得其正，有所好樂則不得其正，[二]有所憂患則不得其正。心不在焉，視而不見，聽而不聞，食而不知其味。此謂脩身在正其心。

【注釋】

〔一〕懥：音至。　　〔二〕好：音浩。　　樂：音藥。

【譯解】

所謂修身在於端正自心，意思是説，自身有所忿怒，心就不能端正；有所恐懼，心就不能端正；有所偏好，心就不能端正；有所憂慮，心就不能端正。被忿怒、恐懼、偏好、憂慮所困擾，導致神不守舍，心不在焉，看也看不明了，聽也聽不清了，吃着却不知食物的滋味。這説的是修身在於端正自心的道理。

所謂齊其家在脩其身者，人之其所親愛而辟焉，[一]之其所賤惡而辟焉，[二]之其所畏敬而辟焉，之其所哀矜而辟焉，[三]之其所敖惰而辟焉，[四]故好而知其惡、惡而知其美者，[五]天下鮮矣。[六]故諺有之曰：“人莫知其子之惡，莫知其苗之碩。”[七]此謂身不脩不可以齊其家。

【注釋】

〔一〕辟：通僻。下同。　　〔二〕惡：音物。　　〔三〕矜：音今。　　〔四〕敖：通傲。　　〔五〕好：音浩。　惡：音餓。　惡：音物。　　〔六〕鮮：音顯。　　〔七〕碩：音朔。

【譯解】

所謂齊其家在於修養自身，意思是説，一般不能修身的人，對於自己所親愛的人，往往有過分親愛的偏向；對於自己所輕賤厭惡的人，往往有過分輕賤厭惡的偏向；對於自己所畏服敬重的人，往往有過分畏服敬重的偏向；對於自己所哀憐矜恤的人，往往有過分哀憐矜恤的偏向；對於自己所傲視慢待的人，往往有過分傲視慢待的偏向。所以，喜歡某人同時又知道他的缺點，厭惡某人同時又知道他的優點，這種人天下就很少了。所以諺語有這樣的説法："由於溺愛，人們不知道自己孩子的過錯；由於貪得，人們不知道自家禾苗的壯碩。"這説的是自身不提高修養就不能治好自家的道理。

所謂治國必先齊其家者，其家不可教而能教人者，無之。故君子不出家而成教於國。孝者所以事君也，弟者所以事長也，〔一〕慈者所以使衆也。康誥曰："如保赤子。"心誠求之，雖不中不遠矣。〔二〕未有學養子而後嫁者也。一家仁，一國興仁；一家讓，一國興讓；一人貪戾，〔三〕一國作亂。其機如此。此謂一言僨事，〔四〕一人定國。堯舜率天下以仁而民從之，桀紂率天下以暴而民從之，其所令反其所好而民不從。是故君子有諸己而后求諸人，無諸己而后非諸人，所藏乎身不恕而能喻諸人者，未之有也。故治國在齊其家。詩云：“桃之夭夭，其葉蓁蓁。[五]之子于歸，宜其家人。”宜其家人而后可以教國人。詩云：“宜兄宜弟。”宜兄宜弟而后可以教國人。詩云：“其儀不忒，[六]正是四國。”其爲父子兄弟足法，而后民法之也。此謂治國在齊其家。

【注釋】

〔一〕弟：音替，通悌。　　〔二〕中：音仲。　　〔三〕戾：音立。　　〔四〕僨：音奮。　　〔五〕蓁：音榛。
〔六〕忒：音特。

【譯解】

　　所謂治理國家必定先要治好自己家庭，意思是說，連自己家裏人都不能教育好而能教育好別人，這是沒有的事。所以，在位的君子不出家門就能够完成對全國的教育。孝順父母的感情，同樣可以用來事奉國君的；敬重兄長的感情，同樣可以用來事奉尊長的；慈愛子女的感情，同樣可以用來對待民衆的。尚書康誥中說：“愛人民如同保護嬰兒。”心裏如果真有這種博愛的追求，即使不能做得完全合格，那也差得不遠了。愛心是天賦的，沒有哪個女子先學養育嬰兒、疼愛嬰兒，而後才去嫁人的。國君一家人仁愛相親，那麼一國人就會受到感化，興起仁愛的風氣；國君一家人謙讓相敬，那麼一國人就會受到感化，興起謙讓的風氣；國君一人貪婪暴戾，那麼一國人就會受到影響，紛紛爲非作亂：國君一人一家對國家治亂的關鍵作用就是這樣。這就叫做一句話可以敗壞大事，一個人可以安定國家。堯舜用仁政統率天下，於是人民就跟從他們學仁愛；桀紂用暴政統率天下，於是人民就跟從他們學殘暴。國君所頒布的政令與他本人的愛好相反，人民就不肯依從了。所以，國君自己有了好的德行，然後才去要求別人；國君自己没有壞的習性，然後才去批評別人。藏在自身的思想根本没有這種推己及人的恕道，而能有效地曉喻別人的，那是未曾有過的事。所以説，君主要治好國家，在於先治好自己的家庭。詩經周南桃夭篇中説：“桃花嬌豔豔，桃葉緑蓁蓁，此女嫁來了，適宜一家人。”適宜了一家人，然後才可以教育一國人。詩經小雅蓼蕭篇中説：“宜兄宜弟。”與兄弟合心友愛，然後才可以教育一國人。詩經曹風鳲鳩篇中説：“他的儀容没有差錯，能够教正這四方各國。”他作爲父親、作爲兒子、作爲兄弟都值得效法，然後人民才能效法他。這説的是治國在於先治其家的道理。

　　所謂平天下在治其國者，上老老而民興孝，上長長而民興弟，〔一〕上恤孤而民不倍，〔二〕是以君子有絜矩之道也。〔三〕所惡於上毋以使下，〔四〕所惡於下毋以事上，所惡於前毋以先後，所惡於後毋以從前，所惡於右毋以交於左，所惡於左毋以交於右，此之謂絜矩之道。詩云：“樂只君子，民之父母。”民之所好好之，〔五〕民之所惡惡之，〔六〕此之謂民之父母。詩云：“節彼南山，維石巖巖。赫赫師尹，民具爾瞻。”有國者不可以不慎，辟則爲天下僇矣。〔七〕詩云：“殷之未喪師，〔八〕克配上帝。儀監于殷，峻命不易。”道得衆則得國，失衆則失國。

【注釋】

〔一〕弟：音替。　　　〔二〕倍：通背。　　　〔三〕絜：音斜。

〔四〕惡：音物。下同。 〔五〕好好：皆音浩。

〔六〕惡惡：皆音物。 〔七〕辟：通僻。 僇：音鹿。

〔八〕喪：去聲。

【譯解】

　　所謂平定天下在於先治理好國家，意思是說，國君尊敬老人，從而國民就會興起孝敬的風氣；國君尊重年長的，從而國民就會興起敬長的風氣；國君憐恤孤兒，從而國民就會不背棄孤弱。是以君子有以身作則、推己及人之道。按：絜是量圍長的繩子，矩是畫直角的尺子。首先絜矩本身就是標準，然後才能衡量、規範外物。絜矩之道喻指君子以身作則、推己及人之道。凡是上面的人待我的態度為我所厭惡的，我就不用這種態度任使下面的人；凡是下面的人對我的態度為我所厭惡的，我就不用這種態度事奉上面的人。凡是前面的人待我的態度為我所厭惡的，我就不用這種態度對待後面的人；凡是後面的人待我的態度為我所厭惡的，我就不用這種態度對待前面的人。右面的人待我的態度為我所厭惡的，我就不用這種態度對待左面的人；左面的人待我的態度為我所厭惡的，我就不用這種態度對待右面的人。這就叫做"絜矩"之道。詩經小雅南山有臺篇中說："快樂的君子，是人民的父母。"人民喜愛的他就喜愛，人民憎惡的他就憎惡，這樣的國君才稱得上是人民的父母。詩經小雅節南山篇中說："那座高峻的南山，山石巍峨巉巖。聲名赫赫的太師尹氏，人民都在把你觀看。"擁有國家大權的人，不可以不謹慎，邪僻失道就將被天下人民誅戮啦！詩經大雅文王篇說："殷商没失民心的時候，能够德配上帝。應該借鑑殷商的興亡，獲得天命實在不易。"說的是得到民眾就能够得到國家，失掉民眾就要失掉國家。

是故君子先愼乎德。有德此有人，有人此有土，有土此有財，有財此有用。德者本也，財者末也。外本內末，爭民施奪。是故財聚則民散，財散則民聚。是故言悖而出者亦悖而入，〔一〕貨悖而入者亦悖而出。康誥曰："惟命不於常。"道善則得之，不善則失之矣。楚書曰："楚國無以爲寶，惟善以爲寶。"舅犯曰："亡人無以爲寶，仁親以爲寶。"

【注釋】

〔一〕悖：音被。

【譯解】

所以大人君子首先要在道德上謹愼從事。有了道德這才會有人民，有了人民這才會有土地，有了土地這才會有財富，有了財富這才會有用度。道德是根本，財富是末節。假若輕根本而重末節，那麼爭利的人民就要橫施掠奪之術了。所以，國君聚斂財富，就將迫使人民離散；國君散發財富，就將激勵人民聚集。所以，話悖逆情理地說出，也就有悖逆情理的話來回報；財富悖逆情理地斂入，也就要悖逆情理地散出。尚書康誥篇中說："惟有天命是不常留駐的。"說的是國政良善就能得到天命，國政不善就要失掉天命。楚書上記載楚大夫王孫圉出使晉國，在宴會上回答晉國執政大臣趙簡子時說："楚國沒有物件可以當作寶貝的，只把善人當作寶貝。"晉公子重耳流亡到秦國，秦穆公勸他興兵回國奪取大位，重耳的舅父狐子犯教他回答說："流亡在外的人，沒有什麼物件可以當作寶貝的，只把對父親的熱愛當作寶貝。"

秦誓曰："若有一介臣，斷斷兮，無他技；其心休休焉，其如有容焉。人之有技，若己有之；人之彦聖，其心好之，〔一〕不啻若自其口出，〔二〕寔能容之。〔三〕以能保我子孫黎民，尚亦有利哉！人之有技，媢嫉以惡之；〔四〕人之彦聖，而違之，俾不通，〔五〕寔不能容。以不能保我子孫黎民，亦曰殆哉！"〔六〕唯仁人放流之，迸諸四夷，〔七〕不與同中國。此謂唯仁人爲能愛人，能惡人。〔八〕見賢而不能舉，舉而不能先，命也。〔九〕見不善而不能退，退而不能遠，過也。好人之所惡，惡人之所好，是謂拂人之性，〔一〇〕菑必逮夫身。〔一一〕是故君子有大道，必忠信以得之，驕泰以失之。

【注釋】

〔一〕好：音浩。　〔二〕啻：音翅。　〔三〕寔：通實。

〔四〕媢：音帽。　惡：音物。　〔五〕俾：音筆。

〔六〕殆：音代。　〔七〕迸：音丙，通摒。　〔八〕惡：音物。　〔九〕命：鄭玄云："命讀爲慢，聲之誤也。"

〔一〇〕拂：音符。　〔一一〕菑：同災。　逮：音代。　夫：音扶。

【注釋】

　　尚書秦誓中説："假如有一個臣子，老老實實而没有其他技能，他的心胸寬廣，大有容人之量。别人有技能，就好像他自己有技能一樣；别人賢良明智，他由衷地喜愛人家，不僅僅像他口中説出的那樣，他確實能够容人。任用他能保護我的子孫和黎民，也還是有利的呀！假如别人有技能，他就心生妒忌，厭惡人家；别人賢良明智，他就壓制阻撓，使人家的功績不能通達於君上，他確實是不能容人。任用他就不能保護我的子孫和黎民，也可説是危險哩!”只有仁德的國君才會把這種人流放，驅逐到四方蠻夷之地，不與他們同住在中原。這就叫做只有仁德的國君才真能愛護好人，才真能憎恨壞人。發現了賢人而不能舉薦，或者舉薦了而不能提前任用，這就是怠慢了。發現了不善的人而不能黜退，或者黜退了而不能把他驅逐到遠方，這就是過錯了。作爲國君竟喜愛人們所憎惡的，憎惡人們所喜愛的，這就叫做違背人的本性，灾禍必將降臨他的身上。君子當政臨國自有正道，必然是，忠信誠實就能得到它，驕恣放肆就要失掉它。

　　生財有大道。生之者衆，食之者寡，爲之者疾，用之者舒，則財恒足矣。仁者以財發身，不仁者以身發財。未有上好仁而下不好義者也，〔一〕未有好義其事不終者也，未有府庫財非其財者也。孟獻子曰：“畜馬乘不察於雞豚，〔二〕伐冰之家不畜牛羊，百乘之家不畜聚斂之臣，與其有聚斂之臣，寧有盜臣。”此謂國不以利爲利，以義爲利也。長國家而務財用者，〔三〕必自小人矣。彼爲善之，小人之使爲國家，菑害並至，雖有善者亦無如之何矣。此謂國不以利爲利，以義爲利也。

【注釋】

〔一〕好：音浩。下同。　　〔二〕乘：音勝。下同。　豚：音屯。　　〔三〕長：音掌。

【譯解】

　　生產財富有重大原則。生產財物的人多，消費財物的人少，創造財物的人生産迅速，使用財物的人消費舒緩，那麼國家的財物自然就能常常充足了。仁德的人利用財富來發揚自身的理想，不仁的人却濫用自身的條件去拼命地發財。没有上面的君長愛好仁德而下面的臣民不愛好道義的，没有臣民愛好道義而國事半途而廢的，也没有臣民愛好道義而府庫的財貨竟不屬於國家所有的。魯國大夫孟獻子説："具備馬匹車輛的士大夫之家，就不該去計較喂雞喂猪的小利；有資格伐冰備用的大夫之家，就不該飼養牛羊去牟利；擁有百輛兵車的有領地的卿大夫之家，就不該養活那聚斂民財的家臣。與其有這種聚斂民財的家臣，還不如有偷盗自家財物的小臣。"這就是説，國君治理國家不能以私利爲利益，而應該以道義爲利益。統管國家而致力於聚斂財富的國君，必定是來自小人的慫恿，而那國君認爲他的主意好，使小人來治理國家，那麼天灾人禍就會一起到來。到那時，即使有賢能的人接管，也無可奈何了。這就是説，治理國家不能以私利爲利益，而應該以道義爲利益。

冠義第四十三

　　凡人之所以爲人者，禮義也。禮義之始，在於正容體，齊顏色，順辭令。容體正，顏色齊，辭令順，而后禮義備，以正君臣，親父子，和長幼。君臣正，父子親，長幼和，而后禮義立。故冠而后服備，[一]服備而后容體正，顏色齊，辭令順。故曰："冠者，禮之始也。"是故古者聖王重冠。[二]

【注釋】

〔一〕冠：音貫。下同。　　〔二〕重：音衆。下同。

【譯解】

　　凡人之所以成爲人，是因爲有禮義。禮義的開始，在於端正姿容體態，整飭面部表情，理順言談辭令。姿容體態端正了，面部表情整飭了，言談辭令理順了，然後禮義才算略備，以此來端正君臣的地位，密切父子的親情，協和長幼的關係。君臣地位端正了，父子感情親密了，長幼的關係和諧了，然後禮義才算成立。所以，舉行加冠典禮，然後祭服、軍服、禮服各種服裝才算完備；服裝完備了，然後就能姿容體態端正，面部表情整飭，言談辭令恭順。所以説冠禮是成人之禮的起始。因此古代聖王重視冠禮。

　　古者冠禮筮日、筮賓，〔一〕所以敬冠事，敬冠事所以重禮，重禮所以爲國本也。故冠於阼，〔二〕以著代也。醮於客位，〔三〕三加彌尊，〔四〕加有成也。已冠而字之，成人之道也。見於母，母拜之，見於兄弟，兄弟拜之，成人而與爲禮也。玄冠玄端奠摯於君，〔五〕遂以摯見於鄉大夫、鄉先生，〔六〕以成人見也。

【注釋】

〔一〕筮：音士。　　〔二〕阼：音作。　　〔三〕醮：音叫。
〔四〕彌：音迷。　　〔五〕冠：音官。按：本篇其他冠字皆音貫。　摯：音至，通贄。　　〔六〕鄉大夫：劉台拱云：“‘鄉’當作‘卿’，作‘鄉’誤也。”

【譯解】

　　古時候行冠禮之前，要通過蓍草莖占筮來決定行禮日期，來決定爲冠者加冠的貴賓，這是爲了敬重加冠之事；敬重加冠之事是爲了重視禮法，而重視禮法乃是立國的根本。爲被加冠者在阼即在堂上東序西、南當阼階的主位上加冠，這是用以表明被加冠者以後將以繼承人的身份替代父親爲一家之主。加冠後，請冠者處在堂上戶牖之間所設的客位，向他敬酒；加冠過程中，經過緇布冠、皮弁、爵弁三次加冠，冠服越加越尊：這都是嘉勉他有所成就。已經加冠，貴賓就鄭重地給他擬定個表字，幼年稱名，成年就稱他的表字，這是對待成人的道理。加冠後，冠者從闈門出

廟外見母親，母親先拜他，他回拜，母親又拜他；見兄弟，兄弟
向他再拜，他答拜：這是因爲他已成人而與他行禮。冠者戴上玄
冠，穿上玄端服，面見國君，將禮品奠放地上，再拜；然後再帶
上禮品分別拜見卿大夫和鄉中退休先輩：這都是以成人身份的
拜見。

成人之者，將責成人禮焉也。責成人禮焉者，將責
爲人子、爲人弟、爲人臣、爲人少者之禮行焉。〔一〕將責四
者之行於人，〔二〕其禮可不重與！〔三〕

【注釋】

〔一〕少：音紹。　　　〔二〕行：音杏。　　　〔三〕與：音餘。

【譯解】

加冠使之爲成人，就是將要求他行成人之禮。所謂將要求他
行成人之禮，就是將要求他作爲人子、人弟、人臣、晚輩之禮的
實行。通過冠禮將向人要求這四種禮的實行，那麼對這種冠禮能
不重視嗎！

故孝弟忠順之行立而后可以爲人，〔一〕可以爲人而后可
以治人也。故聖王重禮。故曰："冠者，禮之始也，嘉事
之重者也。"是故古者重冠。重冠故行之於廟，行之於廟
者，所以尊重事。尊重事而不敢擅重事，不敢擅重事，
所以自卑而尊先祖也。

【注釋】

〔一〕弟：音替，通悌。

【譯解】

爲人子而能孝，爲人弟而能悌，爲人臣而能忠，爲晚輩而能順，孝悌忠順的品行樹立了，然後才可以做人，可以做人了，才能够治理別人，因而聖王重視此禮。所以説，加冠禮是成人禮的開始，是嘉禮當中重要的典禮。因此古時候重視加冠。重視加冠，所以要在祖廟裏舉行；在祖廟裏舉行，就是爲了尊重加冠大事；尊重加冠大事，從而不敢專擅大事；不敢專擅大事，就在祖宗的神靈面前行事，這就是爲了表示自謙自卑而尊敬祖宗。

昏義第四十四

昏禮者，[一]將合二姓之好，上以事宗廟，而下以繼後世也，故君子重之。是以昏禮納采、問名、納吉、納徵、請期，皆主人筵几於廟，而拜迎於門外，入，揖讓而升，聽命於廟，所以敬慎重正昏禮也。

【注釋】

〔一〕昏：婚的本字。

【譯解】

婚禮，就是將結合兩姓的歡好，夫婦對上要事奉宗廟，往下要接續後代，所以君子重視它。因而婚前每當進行納采、問名、納吉、納徵、請期等禮節，男方使者到來的時候，女方的父親作爲主人，都要在家廟中爲先父神靈鋪席設几，而自己親自迎拜使者於大門之外，引入廟中，揖讓升堂，在廟堂之上，在先父神靈之前，聽受男方使者傳致的辭命，這樣做都是爲了莊敬、恭慎、隆重、堂堂正正地對待婚禮。

　　父親醮子而命之迎，[一]男先於女也。子承命以迎，
主人筵几於廟，而拜迎于門外。壻執鴈入，揖讓升堂，
再拜奠鴈，蓋親受之於父母也。降出，御婦車，而壻
授綏，[二]御輪三周，先俟于門外。[三]婦至，壻揖婦以
入，共牢而食，合卺而酳，[四]所以合體同尊卑，以親
之也。

【注釋】

〔一〕醮：音叫。　　〔二〕綏：音隨。　　〔三〕俟：音似。

〔四〕卺：音錦。　酳：音印。

【譯解】

　　迎娶那天，男方的父親親自向兒子敬酒，而吩咐他去迎娶
新娘，這樣表示夫倡婦隨，男先於女。兒子稟承父命而去迎
親，女方主人在家廟中鋪席設几，供先父神靈憑依，親自迎拜
女婿於大門之外，女婿執鵝從入，來至廟門，互揖而進，三揖
三讓而升堂，女婿將鵝奠放堂上，再拜磕頭，這表明女婿是親
自從女方父母手中迎受新娘的。女婿下堂，新娘跟隨出來，女
婿駕御新娘禮車，親手將上車用的挽索遞給新娘，新娘上車坐
好，女婿駕車，車輪轉了三周，女婿就下車，將車交給車夫駕
馭，新郎乘坐自己的車先行，到自家大門之外等候；新娘來
到，新郎向新娘作揖，一同進門；在寢室中吃飯時，二人同享
各俎中的魚、肉，吃飯畢，席上特設置由一瓠剖製的兩瓢，夫
婦各執一瓢，來飲爲了净口安食的酒，這都是爲了表示夫婦一
體、尊卑等同的親密。

　　敬慎重正而后親之，禮之大體，而所以成男女之別

而立夫婦之義也。男女有別而后夫婦有義，夫婦有義而
后父子有親，父子有親而后君臣有正。故曰：“昏禮者，
禮之本也。”

【譯解】

經過莊敬、恭慎、隆重、堂堂正正的一系列禮節之後才去親
她愛她，這是禮的原則，從而用以形成了男女間的分限，並建立
起夫妻間的道義。男女間有了分限，然後夫婦間才有了道義；夫
妻間有了道義，然後父子間才有了親情；父子間有了親情，然後
君臣間也就有了正確關係。所以說，婚禮是禮的根本。

夫禮始於冠，[一]本於昏，重於喪、祭，尊於朝、聘，
和於射、鄉，此禮之大體也。

【注釋】

[一]夫：音扶。　冠：音貫。

【譯解】

禮，以冠禮爲起始，以婚禮爲根本，隆重突出體現於喪禮、
祭禮，尊敬突出體現於朝禮、聘禮，和洽突出體現於鄉飲酒禮、
射禮，這是禮的大體上的要點。

夙興，[一]婦沐浴以俟見。質明，贊見婦於舅姑，婦執
笲棗栗段脩以見，[二]贊醴婦，婦祭脯醢，[三]祭醴，成婦禮
也。舅姑入室，婦以特豚饋，[四]明婦順也。厥明，[五]舅姑
共饗婦以一獻之禮，奠酬，舅姑先降自西階，婦降自阼
階，[六]以著代也。

【注釋】

〔一〕夙：音素。　　〔二〕笲：音凡。　段：腶的本字。

〔三〕脯：音府。　醢：音海。　　〔四〕豚：音屯。　饋：音愧。　　〔五〕厥：音決。　　〔六〕阼：音作。

【譯解】

　　婚後第二天，清早起來，新媳婦沐浴更衣，等待拜見公婆。天亮時，贊禮的老管家帶領新媳婦去見公婆，新媳婦手執裝着棗子、栗子和乾肉條的圓形竹筐，到公婆的寢堂拜見；贊禮的老管家代表公婆在堂上將甜酒賜給新媳婦，新媳婦坐在席上用肉條蘸醬祭一下飲食神，又用甜酒祭一下，這是完成做兒媳婦的禮節。之後，公婆進入寢室，兒媳婦設下以一隻煮熟小豬爲主的筵席，侍候公婆用飯，這是表明做媳婦的孝順。翌日早晨，公婆在自己的正寢，用包括獻、酢、酬的一獻之禮來款待兒媳婦，即公公獻酒一杯，兒媳婦回敬一杯，婆婆先自飲一杯，再酬送兒媳婦一杯時，奠放於席前左側，兒媳婦不再動用，然後公婆先從西階即客階降堂，新媳婦從阼階即主階降堂，這是用以表明新媳婦有了將來代替婆婆作一家主婦的資格。

　　成婦禮，明婦順，又申之以著代，所以重責婦順焉也。婦順者，順於舅姑，和於室人，而后當於夫，〔一〕以成絲麻布帛之事，以審守委積蓋藏。是故婦順備而后內和理，內和理而后家可長久也。故聖王重之。

【注釋】

〔一〕當：音蕩。

【譯解】

　　完成了做兒媳婦的禮節，表明了兒媳婦的孝順，又申明她具有以後代替婆婆做主婦的資格，這都是爲了鄭重責求兒媳婦要恭順。所謂媳婦的恭順，首先就是順從公婆，與家裏人和睦相處，而後是稱丈夫的心意，完成絲麻布帛的家事，審慎保管家中所積存、掩蓋、聚藏的各種生活資料。因此，媳婦的順德完備，然後家内才關係和洽，管理有方；家内關係和洽，管理有方，然後這個家庭才會長久。所以聖王重視婦女的順德完備。

　　是以古者婦人先嫁三月，祖廟未毀，教於公宮，祖廟既毀，教于宗室。教以婦德、婦言、婦容、婦功，教成，祭之，[一]牲用魚，芼之以蘋藻，[二]所以成婦順也。

【注釋】

〔一〕教成祭之：**王念孫**云：“當作‘教成之祭’。**詩召南采蘋**箋全用此文，而云‘教成之祭’。又**采蘩**、**采蘋**正義言‘教成之祭’者二十有五。”　　〔二〕芼：音冒。　蘋：音頻。　藻：音早。

【譯解】

　　因此，古代國君的同族女子在出嫁前的三個月，如果她與國君的關係尚未出五服，起碼是同高祖的親屬，她和國君的高祖，尚在國君的四親廟之列，而未將神主遷藏在太祖廟中，那麼，她就在國君的宮府中接受女師的教育；如果她與國君的關係已經出了五服，即親屬關係已經超出同高祖之上，她的高祖不是當今國君的高祖，不在國君的四親廟之列，她和先君的高祖神主已被遷藏在太祖廟中，那麼，她就在王族宗室中接受女師的教育。女師教給她婦女的貞節恭順的品德，婦女的言談應對的技巧，婦女的容態舉止，婦女的紡織、做飯等家務勞動。學成之後，祭告祖先，用魚爲祭牲，用水産的蘋菜、藻菜做菜羹，用這些陰性食品來行祭，爲了表明婦女該有的柔順品行已經學成。

古者天子后立六宫、三夫人、九嬪、二十七世婦、八十一御妻，[一]以聽天下之内治，以明章婦順，故天下内和而家理。天子立六官、三公、九卿、二十七大夫、八十一元士，以聽天下之外治，以明章天下之男教，故外和而國治。故曰，天子聽男教，后聽女順；天子理陽道，后治陰德；天子聽外治，后聽内職。教順成俗，外内和順，國家理治，此之謂盛德。

【注釋】

〔一〕嬪：音頻。

【譯解】

古代天子在王后下面設立六宫、三夫人、九嬪、二十七世婦、八十一御妻，來掌管天下的家庭内政，借以彰明婦女的貞順品德，所以天下的家庭内都能關係和洽而家政治理有方。天子設立六官、三公、九卿、二十七大夫、八十一元士，來掌管天下的社會外政，來彰明天下男人的政教，所以社會外政和諧而國家大治。所以説，天子掌管男人的政教，王后掌管婦女的貞順；天子治理陽剛之道，王后治理陰柔之德；天子掌管外治，王后掌管内職。男人的政教、女人的貞順形成美俗，内外和順，國家治理有方，這就叫做盛德。

是故男教不脩，陽事不得，適見於天，[一]日爲之

食；〔二〕婦順不脩，陰事不得，適見於天，月爲之食。是故
日食則天子素服而脩六官之職，蕩天下之陽事；月食則
后素服而脩六宮之職，蕩天下之陰事。故天子之與后，
猶日之與月，陰之與陽，相須而后成者也。天子脩男教，
父道也；后脩女順，母道也。故曰，天子之與后，猶父
之與母也。故爲天王服斬衰，〔三〕服父之義也；爲后服資
衰，〔四〕服母之義也。

【注釋】

〔一〕適：音摘，通謫。　見：現的本字。　　〔二〕爲：音魏。
下同。　　　〔三〕衰：音崔。下同。　　〔四〕資：通齊，
即齋。

【譯解】

　　因此，男子的政教不修治，陽剛之事不得當，譴責就會出現
在天上，爲之發生日蝕；婦女的順德不修治，陰柔之事不得當，
譴責就會出現在天上，爲之發生月蝕。所以遇到日蝕，天子就穿
上素服，修整六官的職務，蕩除天下不得當的陽事；遇到月蝕，
王后就穿上素服，修整六宮的職務，蕩除天下不得當的陰事。所
以，天子與王后猶如太陽與月亮，陽與陰，是相需相輔而相成的。
天子修治男子的政教，屬於爲父之道，王后修治婦女的順德，屬
於爲母之道，故爾說，天子與王后就好像父親與母親。所以，天
子死了，臣民就爲他穿斬衰，這類似爲父親服斬衰的意義；王后
死了，臣民就爲她穿齊衰，這類似爲母親服齊衰的意義。

鄉飲酒義第四十五

　　鄉飲酒之義。主人拜迎賓於庠門之外，[一]入，三揖而后至階，三讓而后升，所以致尊讓也。盥洗揚觶，[二]所以致絜也。[三]拜至、拜洗、拜受、拜送、拜既，所以致敬也。尊讓絜敬也者，君子之所以相接也。君子尊讓則不爭，絜敬則不慢。不慢不爭則遠於鬥辨矣，不鬥辨則無暴亂之禍矣，斯君子之所以免於人禍也。故聖人制之以道鄉人、士、君子。[四]

【注釋】

〔一〕庠：音祥。　　〔二〕盥：音貫。　觶：音至。

〔三〕絜：同潔。　　〔四〕道：同導。

【譯解】

　　鄉飲酒禮的意義：

　　主人拜迎正賓在鄉學門外，賓主入門，三揖而後來至堂階，三讓而後升堂，這是爲了對正賓表示尊重和禮讓。酌酒前，洗手洗杯，再酌酒舉杯，這是爲了表示清潔。正賓升堂而主人拜至，主人洗爵而正賓拜謝，主人獻酒而正賓先拜後受，正賓接過酒爵而主人拜送爵，正賓喝盡爵中酒而主人拜既爵，這都是爲了表達恭敬。尊重、謙讓、清潔、恭敬，這是君子們用以互相交往、接待的原則。君子互相尊重、謙讓就不會爭執，清潔、恭敬就不會怠慢；不怠慢，不爭執，就會遠離打架吵架了；不打架，不吵架，也就沒有暴亂的禍患了。這就是君子之所以免於人禍的緣由。所以聖人制定此禮來教導鄉人、士、君子。

尊於房户之間，賓主共之也。尊有玄酒，貴其質也。羞出自東房，主人共之也。〔一〕洗當東榮，主人之所以自絜而以事賓也。

【注釋】

〔一〕共：音工，通供。

【譯解】

行鄉飲酒禮的時候，主人席在房户之南，西向，正賓席在室户之西，南向，酒樽設在房户和室户之間，這是表示此酒爲賓主所共同享用。兩個酒樽並設，一樽盛着備而不用的清水，尊名之爲玄酒，一樽盛着備以酌用的酒，玄酒在西，位尊於酒，這是由於水早於酒而表示尊崇它的原始性、質樸性。菜肴由東房端出來，主人之位在東，這表示菜肴是主人供應的。阼階下東南側放個洗手、洗杯時的接水器——洗，北面正對着東霤角，這表示主人用它來保持自己雙手的清潔而來敬事賓客。

賓、主，象天地也。介、僎，〔一〕象陰陽也。三賓，象三光也。讓之三也，象月之三日而成魄也。四面之坐，象四時也。

【注釋】

〔一〕僎：通遵。

【譯解】

　　正賓和主人象徵天和地，介即副賓和僎即主人特邀參加飲酒禮的卿大夫象徵着陰陽，衆賓中的三位長賓象徵大火、伐、北極三大星辰。升階前賓主彼此三次謙讓，象徵月亮於月初的第三天而現出體魄。在堂上東南西北四面鋪設坐席，象徵着春夏秋冬四季。

　　天地嚴凝之氣始於西南而盛於西北，此天地之尊嚴氣也，此天地之義氣也。天地溫厚之氣始於東北而盛於東南，此天地之盛德氣也，此天地之仁氣也。主人者尊賓，故坐賓於西北，而坐介於西南以輔賓。賓者，接人以義者也，故坐於西北；主人者，接人以仁以德厚者也，〔一〕故坐於東南，而坐僎於東北以輔主人也。仁義接，賓主有事，俎豆有數，曰聖；聖立而將之以敬，曰禮；禮以體長幼，曰德。德也者，得於身也。故曰，古之學術道者，將以得身也，是故聖人務焉。

【注釋】

〔一〕以仁：原脱，據禮記集解、禮記訓纂補。

【譯解】

　　天地寒冷之氣，開始於西南方，強盛於西北方，這是天地間的尊嚴之氣，這是天地間的義氣。天地溫厚之氣，開始於東北方，強盛於東南方，這是天地間的盛德之氣，這是天地間的仁氣。作主人的尊重正賓，所以讓正賓坐在西北方，而讓副賓坐在西南方來輔助正賓。賓客是以道義來接待人的，所以坐在西北方。主人是以仁德寬厚接待人的，所以坐在東南方，而讓僎坐在東北方來輔助主人。仁義交接，賓主各有當行之事，俎豆各有一定之數，就叫做聖明；聖明既立，而又持之以敬，就叫做禮；用禮來體現長幼之序，就叫做德。所謂德，就是得於自身。所以説，古代研習學術道藝的人，就是要在自己的身心上有所收穫。因此聖人力行這種包括仁義道德的賓主之禮。

　　祭薦、祭酒，敬禮也。嚌肺，〔一〕嘗禮也。啐酒，〔二〕成禮也。於席末，言是席之正非專爲飲食也，〔三〕爲行禮也，此所以貴禮而賤財也。卒觶，致實於西階上，言是席之上非專爲飲食也，此先禮而後財之義也。先禮而後財，則民作敬讓而不爭矣。

【注釋】

〔一〕嚌：音濟。　　〔二〕啐：音翠。　　〔三〕爲：音魏。下同。

【譯解】

　　正賓坐在席上拿起主人所薦上的乾肉脯，蘸點兒醬，祭一下飲食神，又拿着主人所獻上的酒爵祭一下酒，這表示敬重主人的待客之禮。祭肺後，就咬一點兒肺，這是正賓嘗用主人所進牲肉的禮節。祭酒後，稍微抿一點酒，這是成就主人獻酒的禮節。嘗酒時移坐在席的末端，意思是設此席的主要目的不是專爲飲食，而是爲了行禮，這是用以表示重禮而輕財。正賓乾杯時，來到西

階上邊的堂上（按：此所謂"西階上"，特指堂上西楹西，南當
西階處，而不是西邊的臺階上）喝盡爵中酒，意思是這席上不
是專爲飲食的，這表示了先禮而後財的意義。君子們能以禮爲
先，以財爲後，那麼人民就會興起恭敬謙讓的風氣而不相争
競了。

　　鄉飲酒之禮，六十者坐，五十者立侍，以聽政役，
所以明尊長也。六十者三豆，七十者四豆，八十者五豆，
九十者六豆，所以明養老也。民知尊長養老，而后乃能
入孝弟；^{〔一〕}民入孝弟，出尊長養老，而后成教；成教而后
國可安也。君子之所謂孝者，非家至而日見之也，合諸
鄉射，教之鄉飲酒之禮，而孝弟之行立矣。孔子曰："吾
觀於鄉而知王道之易易也。"

【注釋】

〔一〕弟：音替，通悌。

【譯解】

　　鄉飲酒的禮儀，六十歲的坐下，五十歲的站立陪侍，來聽候
差使，這是用以表明對年長者的尊重。給六十歲的設菜肴三豆，
七十歲的四豆，八十歲的五豆，九十歲的六豆，這是用以表明對
老人的奉養。通過鄉飲酒禮，人民知道了該尊重年長者，該奉養
年老者，然後才能回家孝順父母，尊重兄長。人民進家能夠孝悌，
出外能夠尊長養老，然後就能形成風教。形成了風教，然後國家
才能安定。君子所倡導的孝，並不是到各家各戶去宣傳，也不是
每日召見來訓誡，只要各鄉行鄉射禮的時候，把人民集合在一起，
教他們行鄉飲酒的禮儀，孝悌的德行就從而樹立起來了。孔子說：

"我觀看了鄉飲酒禮，就知道王者的以仁義爲核心的治國之道是相當容易推行的。"

主人親速賓及介，而衆賓自從之，至于門外，主人拜賓及介，而衆賓自入，貴賤之義別矣。

【譯解】

鄉飲酒禮準備就緒，主人親自到正賓家去延請正賓，又親自到副賓家延請副賓，主人先歸，副賓及衆賓來到正賓家門外，隨從正賓一同前往鄉學；來至鄉學門外，主人拜迎正賓、副賓，而揖衆賓，衆賓隨同正賓進入鄉學大門。主人對正賓、副賓及衆賓拜請禮數所表現的差異，他們身份貴賤的意義就判然有別了。

三揖至于階，三讓，以賓升，拜至，獻酬辭讓之節繁；及介，省矣；至于衆賓，升受，坐祭，立飲，不酢而降。[一]隆殺之義辨矣。[二]

【注釋】

〔一〕酢：音作。　　〔二〕殺：音曬。

【譯解】

主人與正賓彼此三揖而來至堂階之前，相互三讓，然後主人先升東階，正賓升自西階，主人又在堂上拜正賓的到來，正賓答拜，主人洗手洗爵酌酒獻給正賓，正賓飲畢，洗手洗爵酌酒回敬主人，主人飲後，又酌酒先自飲，再洗爵酌酒來酬勸正賓飲用，彼此謝辭謙讓的禮節相當繁縟。及至主人與副賓揖讓升堂、洗爵獻酬的時候，禮節就有所減省；至於主人接待衆賓，只是升堂受爵，坐祭立飲，衆賓不酢酒回敬就降階。主人與正賓、副賓、衆賓獻酒禮數所表現的不同，禮節由隆重逐漸減輕的意義就清楚地辨別了。

工入，升歌三終，主人獻之；笙入三終，主人獻之；間歌三終，〔一〕合樂三終。〔二〕工告樂備，遂出。一人揚觶，乃立司正焉。知其能和樂而不流也。〔三〕

【注釋】

〔一〕間：音劍。　　　〔二〕樂：音岳。下同。　　　〔三〕樂：音勒。

【譯解】

　　樂工四人進入，自西階升堂，坐於堂邊南側席上，面向北，在瑟的伴奏下，唱了鹿鳴、四牡、皇皇者華三首歌，主人獻酒給他們。吹笙的四位樂工進門，來到堂下兩階之間，面向北，吹奏了南陔、白華、華黍三首曲子，主人獻酒給他們。堂上樂工與堂下樂工又輪替地各演奏三首：堂上先唱魚麗，堂下接吹由庚；堂上再唱南有嘉魚，堂下接吹崇丘；堂上又唱南山有臺，堂下接吹由儀。然後堂上堂下同時合起來演奏，各演奏三首歌曲：堂上唱關雎，堂下同時吹鵲巢配合；堂上唱葛覃，堂下同時吹采蘩配合；堂上唱卷耳，堂下同時吹采蘋配合。演奏畢，作爲樂隊領隊的樂正，向正賓報告演奏齊備，之後降堂，站立在西階之東。樂工們進門之前，主人獻衆賓之後，主人的屬吏一人曾酌酒舉觶，奠放在正賓席前右側，正賓將之移放自己的席前左側；及其音樂演奏完畢，應該自上而下的酬酒了，首先就由正賓舉起這觶酒來酬主人；酬酒當中爲了防止人們失禮失態，主人就指定屬吏一人爲司正。由此可知，鄉飲酒禮既能做到和樂歡洽，又能不流於放肆。

　　賓酬主人，主人酬介，介酬衆賓，少長以齒，終於
沃洗者焉，知其能弟長而無遺矣。[一]

【注釋】

〔一〕弟：音替。　長：音掌。

【譯解】

　　正賓舉起自己席前左側那觶酒來酬主人，正賓先自飲這觶
酒，然後酌酒遞交主人；主人接過酒觶來酬副賓，主人先自己
飲盡，然後酌酒遞交副賓；副賓接過酒觶來酬衆賓中的最年長
的一位，副賓先自己飲盡，然後酬酒遞交這位長賓。這樣根據
年齡的長幼，依序酬酒，一直酬到侍候賓主洗手洗杯的澆水人
員爲止。由此可知，行鄉飲酒禮的時候，年長年幼的人都能喝
到酒而不會遺漏。

　　降說屨，[一]升坐，脩爵無數。[二]飲酒之節，朝不廢
朝，[三]莫不廢夕。[四]賓出，主人拜送，節文終遂焉。知其
能安燕而不亂也。

【注釋】

〔一〕說：音托，通脫。　屨：音巨。　　〔二〕脩：錢大昕據
儀禮鄉飲酒禮，謂“脩”爲“羞”字之誤。　　〔三〕朝不廢
朝：前朝音招，後朝音潮。　　〔四〕莫：音木，同暮。

【譯解】

　　正式酬酒禮節之後，堂上撤去主人、正賓、副賓席前盛着牲
肉的俎，賓主們降堂，把鞋脫掉，再升堂就坐，行觴勸飲，不計
杯數。不過，飲酒的時間不要過長，以免誤事，上午不要曠廢了
早晨的公事，晚上不要曠廢了自己的家事。飲酒完畢，賓客辭去，

主人拜送，禮儀圓滿完成。由此可知，鄉飲酒禮能够做到安樂而不亂。

貴賤明，隆殺辨，和樂而不流，弟長而無遺，安燕而不亂，此五行者足以正身安國矣。彼國安而天下安，故曰：“吾觀於鄉而知王道之易易也。”

【譯解】

身份的尊卑貴賤分明，禮數的隆重、遞減辨清，和樂歡洽而不流於放肆，年幼和年長的都沾惠而没有遺漏，安樂而不亂，有這五種德行就足以正身安國了。國家安定了，從而天下也就安定了。所以孔子説：“我觀看了鄉飲酒禮，就知道王者的治國之道是相當容易實行的。”

鄉飲酒之義，立賓以象天，立主以象地，設介、僎以象日月，立三賓以象三光。古之制禮也，經之以天地，紀之以日月，參之以三光，政教之本也。

【譯解】

鄉飲酒的意義，設置正賓來象徵天，設置主人來象徵地，設置介與僎來象徵日月，設置三位長賓來象徵大火、伐、北極三大星辰。古代制定禮儀，法天效地，以天地爲主，以日月爲副，以三大星辰爲輔，這是政教的根本。

亨狗於東方，〔一〕祖陽氣之發於東方也。洗之在阼，〔二〕其水在洗東，祖天地之左海也。尊有玄酒，教民不忘本也。

【注釋】

〔一〕亨：通烹。　　〔二〕阼：音作。

【譯解】

　　鄉飲酒禮賓主俎中放的是帶骨的狗肉。烹煮狗體在堂基下的東邊，這是效法陽氣發生在東方。承接盥手水的洗，放在阼階一側的東南處，盛淨水的器皿就放在洗的東邊，這是效法天地的東邊爲海。堂上設有盛着清水的酒樽，設而不飲，這是教育人民飲酒時不要忘本。

　　賓必南鄉。〔一〕東方者春，春之爲言蠢也，〔二〕産萬物者聖也。南方者夏，夏之爲言假也，養之、長之、假之，仁也。西方者秋，秋之爲言愁也，〔三〕愁之以時察，〔四〕守義者也。北方者冬，冬之爲言中也，中者藏也。是以天子之立也，左聖鄉仁，右義偝藏也。〔五〕介必東鄉，介賓主也。主人必居東方。東方者春，春之爲言蠢也，産萬物者也。主人者造之，産萬物者也。月者三日則成魄，三月則成時。是以禮有三讓，建國必立三卿。三賓者，政教之本，禮之大參也。

【注釋】

〔一〕鄉：通向。下同。　　〔二〕蠢：春的上聲。

〔三〕愁：鄭玄云：“愁讀爲揫。”揫音糾。　　〔四〕察：鄭玄云：“察或爲殺。”　　〔五〕偝：同背。

【譯解】

　　正賓在堂上必定要面向南而坐。東方是春季的位置，春是蠢動萌生的意思，産生萬物就是聖的品格。南方是夏季的位置，夏是壯大的意思，養育萬物、成長萬物、壯大萬物就是仁的品格。西方是秋季的位置，秋是收斂的意思，依據時節而果斷地肅殺收斂，就是堅守着義的品格。北方是冬季的位置，冬就是中的意思，中就是藏的意思。所以天子面南背北站立的時候，他左邊依着聖，面前向着仁，右側靠着義，背後倚着藏。介在堂上必定要面向東而坐，主人席在堂上東側，面向西，正賓席在堂上北側，面向南，介席在堂上西側，面向東，所以介的朝向、視綫介於賓主之間，正好是重要陪客的位置。主人在堂上必定居坐在東方，東方象徵着春，春是蠢動萌生的意思，是産生萬物的季節；作爲主人在此就位，因爲他是籌備萬物供養賓客的人。月亮於每月初的第三天而現出體魄，三個月就成爲一個季節，因此禮中升階前賓主有三讓之節，建立國家必定設置三卿之職，並且禮中堂上還設置三名長賓之位，這些都是政教的根本，都是禮制中的大的參數。

射義第四十六

古者諸侯之射也，必先行燕禮；卿、大夫、士之射
也，必先行鄉飲酒之禮。故燕禮者，所以明君臣之義也；
鄉飲酒之禮者，所以明長幼之序也。

【譯解】

古代諸侯舉行大射的時候，一定要先舉行燕禮；卿、大夫、
士舉行鄉射的時候，一定要先舉行鄉飲酒之禮。國君舉行燕禮，
用以彰明君臣之義；卿、大夫、士舉行鄉飲酒禮，用以彰明長幼
之序。

故射者進退周還必中禮。[一]內志正，外體直，然後持弓
矢審固，持弓矢審固，然後可以言中。此可以觀德行矣。[二]

【注釋】

〔一〕還：同旋。　中：音仲。　〔二〕行：音杏。

【譯解】

所以，射箭的人在賽場中前進後退、轉身行走都必須要符合

禮規。內志要端正，外體要挺直，然後握弓持箭就穩定牢固；握弓持箭穩定牢固，然後才談得上射中目標。從這些動作舉止就可以看出一個人的德行。

其節，天子以騶虞爲節，〔一〕諸侯以貍首爲節，〔二〕卿大夫以采蘋爲節，〔三〕士以采蘩爲節。騶虞者，樂官備也。〔四〕貍首者，樂會時也。采蘋者，樂循法也。采蘩者，樂不失職也。是故天子以備官爲節，諸侯以時會天子爲節，卿大夫以循法爲節，士以不失職爲節。故明乎其節之志，以不失其事，則功成而德行立。德行立則無暴亂之禍矣，功成則國安。故曰，射者所以觀盛德也。

【注釋】

〔一〕騶：音鄒。　虞：音魚。　　〔二〕貍：音黎。

〔三〕蘋：音頻。　　〔四〕樂：音藥。下同。

【譯解】

比射者在唱詩、擊鼓的節拍下射箭，所用樂節視射者身份而定，各階級所用的詩歌是：天子以騶虞爲節拍，諸侯以貍首爲節拍，卿大夫以采蘋爲節拍，士以采蘩爲節拍。騶虞是歌頌天子百官齊備的，貍首是贊頌諸侯按時朝會天子的，采蘋是贊頌大夫遵循法度的，采蘩是贊頌士人盡忠不失職守的。所以天子習射時以反映百官齊備的詩歌爲節拍，諸侯習射時以反映按時朝會天子的詩歌爲節拍，卿大夫習射時以反映遵循法度的詩歌爲節拍，士習射時以反映盡忠職守的詩歌爲節拍。各個階級的人士明瞭自己所用節奏的志趣，而不失其應當盡力的職事，那麼就能功業成就，德行確立。德行確

立就没有暴亂之禍了，功業成就國家就安定了。所以説，射
禮是用來觀察盛德的。

　　是故古者天子以射選諸侯、卿、大夫、士。射者，
男子之事也，因而飾之以禮樂也。故事之盡禮樂而可數
爲以立德行者，[一]莫若射，故聖王務焉。

【注釋】

〔一〕數：音朔。

【譯解】

　　因此，古時候天子通過射禮來選拔諸侯、卿、大夫、士的。
射箭是男子必會的本事，聖人因而對它用禮樂來加以文飾。世間
找一件事既能盡禮備樂，又能多次而爲，且能用以樹立德行的，
没有比射箭比賽更合適的了，所以聖人致力於此。

　　是故古者天子之制，諸侯歲獻，貢士於天子，天子
試之於射宫。其容體比於禮，[一]其節比於樂，而中多
者，[二]得與於祭；[三]其容體不比於禮，其節不比於樂，而
中少者，不得與於祭。數與於祭而君有慶，[四]數不與於祭
而君有讓；數有慶而益地，數有讓而削地。故曰，射者，
射爲諸侯也。是以諸侯君臣盡志於射以習禮樂。夫君臣
習禮樂而以流亡者，[五]未之有也。

【注釋】

〔一〕比：音必。　　　〔二〕中：音仲。　　　〔三〕與：音預。
下同。　　〔四〕數：音朔。下同。　　　〔五〕夫：音扶。

【譯解】

　　因此，古時候天子有這樣的制度，諸侯每年述職、獻物、貢士於天子的時候，天子就在射宮考試諸侯們的射箭本領。如果諸侯射箭時，其儀容體態符合於禮規，其動作節奏吻合於音樂，而且射中目標的次數又多，就得以參加天子的祭禮。如果其儀容體態不符合於禮規，其動作節奏不吻合於音樂，而且射中目標的次數又少，就不得參加天子的祭禮。能多次參加祭禮的，天子就對他有表揚；多次不能參加祭禮的，天子就對他有斥責。能多次得到表揚的，便增加他的封地；多次受到斥責的，便削減他的封地。所以説，射的意義在於爭取做諸侯。故此諸侯君臣都全心全意的致力於射，來練習禮樂。那君臣因爲常習禮樂而導致國破流亡的，是未曾有過的事。

　　故詩曰：「曾孫侯氏，四正具舉。[一]大夫君子，凡以庶士。小大莫處，[二]御于君所。以燕以射，則燕則譽。」言君臣相與盡志於射以習禮樂，則安則譽也。是以天子制之，而諸侯務焉。此天子之所以養諸侯而兵不用，諸侯自爲正之具也。

【注釋】

〔一〕正：音征。　　〔二〕處：音杵。

【譯解】

　　所以詩中説：「作爲王者後裔的諸侯，在射宮張起了四個正鵠。大夫君子以及衆士，大小官員都離開了各自的辦公處。來到國君的所在陪侍，來燕飲，來比射，既快樂，又榮譽。」意思是説，君臣相互盡心於比射，來練習禮樂，既安樂，又榮耀。所以天子制定這種射禮，而諸侯致力施行。這是天子用以調教諸侯，無須動用干戈而諸侯自行匡正的工具。

　　孔子射於矍相之圃，〔一〕蓋觀者如堵墻。射至於司馬，使子路執弓矢出延射，曰：“賁軍之將，〔二〕亡國之大夫，與爲人後者，〔三〕不入，其餘皆入。”蓋去者半，入者半。又使公罔之裘、序點揚觶而語。〔四〕公罔之裘揚觶而語曰：“幼壯孝弟，〔五〕耆耋好禮，〔六〕不從流俗，脩身以俟死，〔七〕者不？在此位也。”蓋去者半，處者半。〔八〕序點又揚觶而語曰：“好學不倦，好禮不變，旄期稱道不亂，〔九〕者不？在此位也。”蓋廑有存者。〔一○〕

【注釋】

〔一〕矍：音決。　相：音象。　圃：音普。　　〔二〕賁：音奮，通僨。　　〔三〕與：音預。　　〔四〕觶：音至。

〔五〕弟：音替，通悌。　　〔六〕耆：音奇。　耋：音蝶。好：音浩。下同。　　〔七〕俟：音似。　　〔八〕處：音杵

〔九〕旄：音茂，通耄。　　〔一○〕廑：音錦，通僅。

【譯解】

　　孔子在矍相的園圃中舉行射禮，聚觀的人們好像一堵圍墻。行鄉飲酒禮後，主持飲酒禮的司正，轉爲主持較射的司馬。孔子使子路手執弓箭出面邀請比射的人，説：“敗軍之將、喪失國土的大夫、求做別人後嗣的人，一律不得入場。其餘的人進來。”大約走了一半，入場的一半。孔子又使公罔之裘、序點舉起酒杯説話。公罔之裘舉杯説：“幼年壯年時能孝敬父母，友愛兄弟，六七十歲

時能篤好禮法，不隨流俗，修身以待終年，有這樣的人不？請留在這裏的射位。"大約又走了一半，留下一半。序點又舉杯説道："好學不倦，好禮不變，八九十歲以至百歲，仍然言行不亂，有這樣的人不？請留在這裏的射位。"結果只有幾個人留下没走。

　　射之爲言者繹也，[一]或曰舍也。繹者，各繹己之志也。故心平體正，持弓矢審固，持弓矢審固則射中矣。[二]故曰："爲人父者以爲父鵠，[三]爲人子者以爲子鵠，爲人君者以爲君鵠，爲人臣者以爲臣鵠。"故射者各射己之鵠。故天子之大射謂之射侯。射侯者，射爲諸侯也。射中則得爲諸侯，射不中則不得爲諸侯。

【注釋】

〔一〕繹：音益。　　〔二〕中：音仲。　　〔三〕鵠：音古。

【譯解】

　　射是繹的意思，也有説是捨的意思。所謂繹，就是各自尋思自己的意向。從而心中平静，身體正直，握弓持箭穩定牢固；握弓持箭穩定牢固就能射中了。所以説，做父親的就將靶心當成做好父親的目標，做兒子的就將靶心當成做好兒子的目標，做國君的就將靶心當成做好國君的目標，做臣下的就將靶心當成做好臣下的目標。故此射箭人都各自射代表自己意向的靶心。所以天子舉行大射，稱做"射侯"。所謂射侯，就是爭取做諸侯的意思。射中了靶心就能够做諸侯，射不中就不配做諸侯。

　　天子將祭，必先習射於澤。澤者，所以擇士也。已射於澤而后射於射宮。射中者得與於祭，〔一〕不中者不得與於祭。不得於與祭者有讓，削以地，得與於祭者有慶，益以地，進爵絀地是也。〔二〕

【注釋】

〔一〕中：音仲。　與：音預。　　〔二〕絀：音處。

【譯解】

　　天子將要舉行祭祀，必先在澤宮中演習射箭。澤是宮名，用以選擇助祭人士，故稱此宮爲澤。在澤宮比射之後，又在射宮比射。射中的就能參與天子的祭禮，射不中的人就不得參與天子的祭禮。不得參與祭禮的人要受到斥責，並被削減封地；得以參與祭禮的人就受到表揚，並蒙增加封地。所謂進爵絀地，說的就是這種情況。

　　故男子生，桑弧蓬矢六以射天地四方。天地四方者，男子之所有事也。故必先有志於其所有事，然後敢用穀也，飯食之謂也。〔一〕

【注釋】

〔一〕飯：音反。　食：音寺。

【譯解】

　　男孩兒一出生，就使人代表他用桑木弓和蓬草莖做的六枝箭，射向天地四方。天地四方是男子有所做爲的廣闊空間。所以男人必先有志於天地四方，然後才敢用穀，用穀是進食的意思。

　　射者，仁之道也。射求正諸己，己正而後發；發而不中則不怨勝己者，〔一〕反求諸己而已矣。孔子曰："君子無所爭，必也射乎！揖讓而升下而飲，其爭也君子。”

【注釋】

〔一〕中：音仲。

【譯解】

　　射禮中的較射，蘊含着仁厚之道。射箭要求端正自己，自己身心端正然後發射；發射不中目標，就不埋怨勝過自己的人，只是返過來尋求自己失誤的原因而已。孔子説：“君子沒有什麼可爭競的，必定要説有的話，那就是比賽射箭吧！不過，比賽射箭時，君子與對手揖讓而升堂，射畢下堂而飲酒，這種射箭比賽的競爭是滿有君子風度的。”

　　孔子曰：“射者何以射？何以聽？循聲而發，發而不失正鵠者，其唯賢者乎！若夫不肖之人，〔一〕則彼將安能以中。”〔二〕詩云：“發彼有的，以祈爾爵。”祈，求也，求中以辭爵也。酒者，所以養老也，所以養病也。求中以辭爵者，辭養也。

【注釋】

〔一〕夫：音扶。　　　〔二〕中：音仲。下同。

【譯解】

　　孔子説：“射箭的人怎麼能够一邊射箭一邊聆聽音樂的節奏呢？依循音樂的節奏而發射，每次發射都能不離靶心，大概只有賢者才行吧！像那不肖的人，他們怎能射中呢！”詩經小雅賓之初筵篇中説：“發射那個目標，以祈免受你的罰酒。”祈就是求的意思，祈求射中來謝辭罰酒。酒是用來奉養老人的，是用來奉養病人的。祈求射中來辭却罰酒，也就是辭却別人對自己的奉養。

燕義第四十七

　　古者周天子之官有庶子官。庶子官職諸侯、卿、大夫、士之庶子之卒,[一]掌其戒令與其教治,別其等,正其位。國有大事,則率國子而致於大子,[二]唯所用之。若有甲兵之事,則授之以車甲,合其卒伍,[三]置其有司,以軍法治之,司馬弗正。[四]凡國之政事,國子存游卒,[五]使之脩德學道,春合諸學,秋合諸射,以考其藝而進退之。

【注釋】

〔一〕卒:音翠,通倅。　　〔二〕大:通太。　　〔三〕卒:音族。　　〔四〕正:音爭,通征。　　〔五〕卒:音翠,通倅。

【譯解】

　　古時候周天子所設的官職,其中有庶子官。庶子官專門統管由諸侯、卿、大夫、士的衆子們組成的衛隊,掌管對他們的戒令與政治教育,辨別他們的等級,規正他們的朝位。國家若有大事,庶子官就率領國子衛隊交給太子,聽從太子指揮任用。如果有戰事，就頒發國子們兵車盔甲，集合隊伍，設置各級軍官，用軍法治理，由太子統率，作爲國家軍事長官的司馬不得徵調。凡國家力役之類的政事，國子們不供徵役，仍留在貴遊子弟的部隊中，使他們進修品德，勤學道藝，春季會聚在學校，秋季會聚於射宮，來考察他們的技藝，從而決定升級與留級。

　　諸侯燕禮之義：君立阼階之東南，[一]南鄉，[二]爾卿大夫，[三]皆少進，定位也。君席阼階之上，居主位也。君獨升立席上，西面特立，莫敢適之義也。[四]

【注釋】

〔一〕阼：音作。　　〔二〕鄉：通向。　　〔三〕爾：通邇。
〔四〕適：音笛，通敵。

【譯解】

　　諸侯宴飲羣臣之禮的意義：國君站立在阼階下的東南方，面向南，揖請卿大夫們使之近前，卿大夫們都略向前進，卿面向西，大夫面向北，這是使卿大夫們站定自己的常位。國君的坐席設在堂上東序西、南當阼階的地方，這是居於國主的位置。國君獨自升堂就位主席之上，面向西而獨自站立，這表明没有人敢與他匹敵的意思。

　　設賓主，飲酒之禮也。使宰夫爲獻主，臣莫敢與君亢禮也。[一]不以公卿爲賓而以大夫爲賓，爲疑也，明嫌之義也。賓入中庭，君降一等而揖之，禮之也。

【注釋】

〔一〕亢：通抗。

【譯解】

　　設立賓主，這是飲酒之禮所應該的。國君使宰夫代表自己作爲獻酒之主，這是鑒於羣臣沒人敢與國君對等行禮。不以公卿爲賓，而指定大夫一人爲賓，因爲公卿地位尊貴，用公卿作賓，就容易產生君臣匹敵的疑慮，用大夫一人爲賓，大夫爵位較低，就不致於產生君臣無別的疑慮，這是辨明嫌疑的意思。賓進入中庭，國君降下一層臺階向他作揖，這是對賓的禮敬。

　　君舉旅於賓及君所賜爵，皆降，再拜稽首，〔一〕升成拜，明臣禮也。君荅拜之，禮無不荅，明君上之禮也。臣下竭力盡能以立功於國，君必報之以爵禄，故臣下皆務竭力盡能以立功，是以國安而君寧。禮無不荅，言上之不虛取於下也。上必明正道以道民，〔二〕民道之而有功，然後取其什一，故上用足而下不匱也，〔三〕是以上下和親而不相怨也。和寧，禮之用也。此君臣上下之大義也。故曰，燕禮者，所以明君臣之義也。

【注釋】

〔一〕稽：音起。　　〔二〕上必明正道以道民：下“道”字音導。　　〔三〕匱：音愧。

【譯解】

　　自上而下地舉行旅酬時，國君舉杯向賓勸酒，以及國君賜飲某臣，賓及受賜之臣都要降堂再拜磕頭，國君命小臣請下堂者回升堂上，升上堂來又再拜磕頭，以完成拜謝禮，這是表明做臣的禮數。國君向再拜磕頭的臣下答拜，因爲禮尚往來，沒有只受不答的，這是表明君上的禮數。臣下竭盡能力來爲國立功，國君必定用爵位、俸禄予以回報，所以臣下都從事於竭盡能力爲國立功，因而國家安定，國君安寧。禮無不答，是說君上不能白白地受取臣下的效勞。君上必須指明正道來引導人民，人民依從引導而事有功效，然後國家針對人民所得，抽取賦税十分之一，這樣，君上用度充足而下民也不匱乏，故此上下和睦相親而不相互怨恨。祥和安寧是禮的功用。這是君臣上下的大義。所以說，燕禮是用以彰明君臣之義的。

席，小卿次上卿，大夫次小卿，士、庶子以次就位於下。獻君，君舉旅行酬；而后獻卿，卿舉旅行酬；而后獻大夫，大夫舉旅行酬；而后獻士，士舉旅行酬；而后獻庶子。俎、豆、牲體、薦、羞皆有等差，所以明貴賤也。

【譯解】

燕禮的席位：賓席在堂上户牖之間，上卿席在賓席之東，依次鋪設，以東爲上；小卿席在賓席之西，依次鋪設，以東爲上；大夫席在小卿席之西，依次鋪設，地方不够就接着在西序前設席；士及庶子依照次序就位於堂下庭中的東方。燕禮開始，宰夫作爲獻主，獻酒給賓後，就獻酒給國君，國君飲酒後，就酌酒舉杯向在座者酬酒勸飲；然後宰夫又獻酒給卿，卿飲酒後，卿又舉杯酬酒勸飲；然後宰夫又獻酒給大夫，大夫飲後，又舉杯勸酬；然後宰夫又獻酒給士，士飲後，又舉杯勸酬；最後宰夫獻酒給庶子。燕禮中每人面前所設俎、豆之類的餐具，俎中所放牲體的部位，薦上的菜肴，都因地位不同而有等級差別，這樣做是爲了使尊卑貴賤分明。

聘義第四十八

聘禮，上公七介，侯伯五介，子男三介，所以明貴賤也。介紹而傳命，君子於其所尊弗敢質，敬之至也。三讓而后傳命，三讓而后入廟門，三揖而后至階，三讓而后升，所以致尊讓也。

【譯解】

聘禮是諸侯間遣使友好訪問的禮節。聘禮，公爵國家派卿爲正使，另隨從七介即官階大小不同的七名隨員；侯爵、伯爵之國派卿爲正使，隨從五介；子爵、男爵之國派卿爲正使，隨從三介：這是用以彰明聘國的尊卑貴賤的。聘使的傳話官員爲介，主國國君的傳話官員爲擯。聘使來在主國外朝等候主君接見，聘使有話，由上介自上而下地依次傳給末介，然後末介傳致給主國的末擯，再由末擯自下而上地依次傳給上擯，上擯再稟告主君。主君有話，也這樣傳達。爲什麼相見前要通過擯介傳致辭命呢？因爲君子對自己高度尊重的人不敢逕自對話，而先通過擯介傳辭，這是種表示極爲尊敬的方式。聘賓辭讓三次然後傳致自己國君之命，賓主辭讓三次然後進入廟門，作揖三次而後來到堂階之前，又推讓三次而後升階，這都是用以表達尊敬和謙讓。

君使士迎于竟，[一]大夫郊勞，君親拜迎于大門之内而廟受，北面拜貺，[二]拜君命之辱，所以致敬也。敬讓也者，君子之所以相接也。故諸侯相接以敬讓，則不相侵陵。

【注釋】

〔一〕竟：同境。　　〔二〕貺：音況。

【譯解】

主國國君先派士級官員到國境迎接聘使，又派大夫級官員在國都郊外慰勞，聘使到來，主君親自拜迎於王宮大門之内，然後在太廟中接受聘使的聘問，主君在廟堂的主位上、面向北地拜謝聘使代表其國君賜與的禮物，拜謝聘君屈辱地遣使聘問的盛情，這些舉動都是爲了致敬。尊敬和謙讓是君子間用以互相交往接待的態度。所以，諸侯用尊敬、謙讓來互相交往接待，就不會互相侵犯欺陵了。

卿爲上擯，[一]大夫爲承擯，士爲紹擯。君親禮賓，賓私面私覿，[二]致饔餼，[三]還圭璋，賄贈，饗、食、燕，[四]所以明賓客君臣之義也。

【注釋】

〔一〕擯：音鬢，通儐。　　〔二〕覿：音笛。　　〔三〕饔：音庸。　餼：音細。　　〔四〕食：音寺。

【譯解】

　　主君迎聘使時，以卿一級的官員爲上擯，以大夫一級的官員爲承擯，以士級的官員爲紹擯；聘問的正禮完畢，主國設筵，主君親自執醴酒來敬待聘賓；聘賓以個人身份會見主國的卿大夫，以個人身份謁見主君；主國派卿大夫帶人將已殺和待殺的牲畜送往賓館；主君又派卿大夫到賓館歸還聘賓行聘時所致送的玉圭和玉璋，同時贈送十匹紡綢、禮玉、十匹絹帛、四張獸皮；聘賓臨行，主君又派卿大夫向他們贈送錦緞、馬匹；聘使聘問期間，主君先後舉行饗禮、食禮、燕禮款待聘使們：這一切都是用以表明國賓與主國君臣應有的道義。

　　故天子制諸侯，比年小聘，三年大聘，相厲以禮。使者聘而誤，主君弗親饗食也，[一]所以愧厲之也。諸侯相厲以禮，則外不相侵，內不相陵。此天子之所以養諸侯，兵不用而諸侯自爲正之具也。

【注釋】

〔一〕食：音寺。

【譯解】

　　所以天子規定諸侯之間，每年派大夫爲正使互行小規模的聘問，每三年派卿爲正使互行大規模的聘問，以禮相勉勵。如果聘使在禮節上有了差錯，主國國君就不親自爲之舉行饗禮和食禮，以此來羞愧、激勵他。諸侯相互以禮激勉，那麼對外就不會相互侵犯，對內也不會相互欺陵。這就是天子用以撫養諸侯，不用動兵而諸侯就會自行端正的工具。

以圭璋聘，重禮也。已聘而還圭璋，此輕財而重禮
之義也。諸侯相厲以輕財重禮，則民作讓矣。

【譯解】

聘國遣派使臣用國家的寶圭、寶璋來行聘，這表明對聘禮的
重視。聘問之後，主國歸還聘使的圭璋，這是輕財重禮的意思。
諸侯能以輕財重禮之道來相互勉勵，那麼各國人民就會興起謙讓
之風了。

主國待客，出入三積，饎客於舍，〔一〕五牢之具陳於
内，米三十車，禾三十車，芻薪倍禾，〔二〕皆陳於外，乘禽
日五雙，〔三〕羣介皆有饎牢，壹食再饗，〔四〕燕與時賜無數，
所以厚重禮也。古之用財者不能均如此，然而用財如此
其厚者，言盡之於禮也。盡之於禮，則内君臣不相陵而
外不相侵，故天子制之而諸侯務焉爾。

【注釋】

〔一〕饎：音細。　　〔二〕芻：音除。　　〔三〕乘：音勝。
〔四〕食：音寺。

【譯解】

作爲主人的國家對待來訪貴賓，入境出境時都三次致送糧米
柴草；行聘禮後，將已殺和未殺的牲畜致送賓館，把以五太牢爲
主的種種食具，陳設賓館庭中，另將三十車米，三十車穀物以及
超過穀物一倍的柴草都陳列賓館門外；過了十天，宰夫每天致送
鵝鴨之類的食用禽五對；隨從正使的羣介，主國都給他們致送多
少不同的牲肉米薪；聘問期間，主君爲聘卿舉行一次食禮，兩次

饗禮，其他宴飲以及應時的賞賜，沒有定數：這一切都是爲了豐厚地隆重地對待聘禮。古時候使用財物不能都這樣花費，然而現在使用財物如此豐厚，意思是盡心盡力於兩國通好的大禮。能够竭盡心力於大禮，那麼，對內君臣就不會相互欺陵，對外就不會相互侵犯。所以，天子制定了這項典禮而諸侯就致力於實行了。

聘、射之禮，至大禮也。質明而始行事，日幾中而后禮成，〔一〕非强有力者弗能行也。故强有力者將以行禮也。酒清，人渴而不敢飲也；肉乾，人飢而不敢食也；日莫人倦，〔二〕齊莊正齊而不敢解惰：〔三〕以成禮節，以正君臣，以親父子，以和長幼。此衆人之所難而君子行之，〔四〕故謂之有行。〔五〕有行之謂有義，有義之謂勇敢。故所貴於勇敢者，貴其能以立義也；所貴於立義者，貴其有行也；所貴於有行者，貴其行禮也。故所貴於勇敢者，貴其敢行禮義也。故勇敢、强有力者，天下無事則用之於禮義，天下有事則用之於戰勝。用之於戰勝則無敵，用之於禮義則順治。外無敵、內順治，此之謂盛德。故聖王之貴勇敢、强有力如此也。勇敢、强有力而不用之於禮義、戰勝，而用之於爭鬭，則謂之亂人。刑罰行於國，所誅者亂人也。如此則民順治而國安也。

【注釋】

〔一〕幾：音基。　　〔二〕莫：音木，同暮。　　〔三〕齊莊正齊：上齊音摘，下齊音其。　解：音謝，通懈。

〔四〕行：動詞，音形。　　〔五〕行：名詞，音杏。

【譯解】

聘禮和射禮是最大的禮。天剛亮就開始行事，太陽接近正午禮儀才完成，不是堅強有力的人是做不到的。所以堅強有力的人才有條件行禮。酒已澄清了，人們雖然口渴也不敢飲；肉已放乾了，人們雖然飢餓也不敢吃；天色已晚，人們疲倦了，還都端莊整肅，不敢懈怠。用這種精神來完成禮節，來端正君臣身份，來密切父子親情，來協和長幼關係。這是一般民衆所難以做到的，而君子却能勉力實行，所以稱君子爲有行。有行就可稱之爲有義，有義就可稱之爲勇敢。所以，勇敢之所以可貴，就貴在能够建立道義；建立道義之所以可貴，就貴在有所行動；有所行動之所以可貴，就貴在能够行禮。所以說，勇敢之所以可貴，就貴在能够敢於實行禮義。因此，勇敢而堅強有力的人，在天下無事的時候，就將勇敢和力量用在禮義上；天下有事的時候，就將勇敢和力量用於作戰求勝上。用之於作戰求勝上，就會天下無敵；用之於禮義上，就會得到順利治理。國外無敵，國內順治，這就叫做盛德。所以聖王是如此的重視勇敢和堅強有力。勇敢和堅強有力如果不用之於禮義與作戰求勝上，而用之於爭強鬥狠上，那就叫做亂人。刑罰在國內施行，所要誅殺的就是亂人。這樣，人民才能順利治理，而國家才得以安寧。

子貢問於孔子曰：“敢問君子貴玉而賤碈者何也？〔一〕爲玉之寡而碈之多與？”〔二〕孔子曰：“非爲碈之多故賤之也、玉之寡故貴之也。夫昔者君子比德於玉焉：〔三〕温潤而澤，仁也。縝密以栗，〔四〕知也。〔五〕廉而不劌，〔六〕義也。垂之如隊，〔七〕禮也。叩之，其聲清越以長，其終詘然，〔八〕樂也。瑕不揜瑜，〔九〕瑜不揜瑕，忠也。孚尹旁達，〔一〇〕信也。氣如白虹，天也。精神見于山川，〔一一〕地也。圭璋特達，德也。天下莫不貴者，道也。詩云：'言念君子，溫其如玉。'故君子貴之也。"

【注釋】

〔一〕碈：音民，同珉。　　〔二〕爲：音魏。　與：音餘。

〔三〕夫：音扶。　　〔四〕縝：音枕。　　〔五〕知：同智。

〔六〕劌：音貴。　　〔七〕隊：音綴，同墜。　　〔八〕詘：音區。　　〔九〕瑕：音狹。　揜：通掩。　瑜：音俞。

〔一〇〕孚：音浮。　尹：音勻。　　〔一一〕見：現的本字。

【譯解】

　　子貢問孔子說："請問爲什麼君子都珍視玉而鄙視似玉的珉石呢？是因爲玉少珉多嗎？"孔子說："不是因爲珉石多就賤視它，也不是因爲玉石少就珍視它。從前君子將玉的品質與人的美德相比。玉溫潤而光澤，類似仁；緻密而堅定，類似智；有棱角而不傷人，類似義；懸垂就下墜，其謙卑類似禮；敲打它，聲音清脆發揚而悠長，最後戛然而止，類以樂；玉的瑕疵不掩蓋玉的美質，玉的美質也不掩蓋玉的瑕疵，其坦誠類似忠；晶瑩透體，光彩旁達，類似信；玉的光氣有如白虹，類似天象；玉在山川之中，其精氣呈現於外，類似地氣；朝聘時，先後用玉圭、玉璋單獨通達情意，不用餘幣，其無待於外類似德；天下沒有不珍視玉的，類似普受尊重的真理。詩經秦風小戎篇中說：'每想起那位君子，他溫潤如同美玉。'玉有這麼多美質，所以君子珍視它。"

喪服四制第四十九

凡禮之大體，體天地，法四時，則陰陽，順人情，故謂之禮。訾之者，[一]是不知禮之所由生也。

【注釋】

〔一〕訾：音紫。

【譯解】

全部禮的本質要點是，根據天地，取法四時，仿效陰陽，順應人情，所以稱之爲禮。詆毀禮的人，是因爲他們不知道禮的産生的緣由。

夫禮吉凶異道，[一]不得相干，取之陰陽也。喪有四制，變而從宜，取之四時也。有恩，有理，有節，有權，取之人情也。恩者仁也，理者義也，節者禮也，權者知也。[二]仁、義、禮、知，人道具矣。

【注釋】

〔一〕夫：音扶。　　〔二〕知：同智。下同。

【譯解】

　　禮分吉凶，吉禮凶禮路數相異，不得相互干犯，這是取法於陰陽的不同屬性。制定喪服的準則有四，變易從宜，這是取法於四季的變換。喪服四制，有恩制，有理制，有節制，有權制，這是取之於人情的。恩情屬於仁，理性屬於義，節限屬於禮，權宜屬於智。有了仁義禮智，人類的道德就具備了。

　　其恩厚者其服重，故爲父斬衰三年，[一]以恩制者也。

【注釋】

〔一〕爲：音魏。　衰：音崔。

【譯解】

　　對恩情深厚的人，爲他就服重喪，所以爲父親服斬衰三年，這是根據恩情制定的。

　　門內之治恩揜義，[一]門外之治義斷恩。資於事父以事君而敬同，貴貴尊尊，義之大者也。故爲君亦斬衰三年，以義制者也。

【注釋】

〔一〕揜：通掩。

【譯解】

　　家族之內的喪事，感情大於道義；家族之外的喪事，道義制約感情。用事奉父親的態度來事奉國君，而敬意相同，尊重高貴者，尊崇位尊者，這是道義中的大項。所以爲國君也服斬衰三年，這是根據道義制定的。

三日而食，三月而沐，期而練，[一]毀不滅性，不以死傷生也。喪不過三年，苴衰不補，[二]墳墓不培，祥之日鼓素琴，告民有終也，以節制者也。

【注釋】

[一] 期：音基，同朞。　　[二] 苴：音居。　衰：音崔。下同。

【譯解】

父母之喪，三天後就可以吃粥，三月後就可以洗頭，周年而行練祭，改穿較輕喪服，哀痛消瘦而不至喪生，這爲的是不能因爲雙親之死而傷害自己的生命。喪期最長也不到三年，粗麻喪服破了不須縫補，墳墓也不再培土，到了大祥祭的日子，可以彈素琴，這就告訴人們喪期和哀痛都有終結。這都是根據節限制定的。

資於事父以事母而愛同，天無二日，土無二王，國無二君，家無二尊，以一治之也。故父在爲母齊衰期者，[一]見無二尊也。[二]杖者何也？爵也。三日授子杖，五日授大夫杖，七日授士杖。或曰“擔主”，[三]或曰“輔病”。婦人、童子不杖，不能病也。百官備，百物具，不言而事行者，扶而起。言而后事行者，杖而起。身自執事而后行者，面垢而已。禿者不髽，[四]傴者不袒，[五]跛者不踊，[六]老病不止酒肉。凡此八者，以權制者也。

【注釋】

[一] 齊：音資，通齋。　期：音基。　[二] 見：現的本字。

[三] 擔：音善。　[四] 髽：音抓。　[五] 傴：音雨。

〔六〕跛：音簸，上聲。

【譯解】

用事奉父親的態度來事奉母親，而愛心相同，不過，天無二日，地無二王，國無二君，家無二尊，這都是定於一尊的治理原則。所以父親尚在，母親去世，就爲她服齊衰一年，用以體現家無二尊的道理。喪杖爲何人設置的呢？是爲有爵人設置的。國君之喪，第三天授給世子喪杖，第五天授給大夫們喪杖，第七天授給士們喪杖。有人說，喪杖意在“擔主”，即承擔喪主的病體；有人說，喪杖意在“輔病”，即扶助服喪人的病體。婦女、兒童不用喪杖，因爲他們不能因哀致病。各種執事官員齊備，各項治喪物品具全，喪主不須發話，事情都能照行無誤，這樣身份的人居喪，行動時自有人扶持而起；需要發話而後喪中各事才得以實行，這樣身份的人居喪，行動時須自拄喪杖站起；親自操持料理而後喪事才得以實行，這樣身份的人居喪，不須手拄喪杖，垢面愁容就可以了。禿頭的婦女不須也不能用麻纚挽髻，駝背的人在爲死者入斂、出殯之際不須依例袒露肩背，跛腳的人哭喪時無須依例跳腳，老人、病人守喪期間不須停用酒肉。這八項特殊規定，都是根據權宜而制定的。

始死，三日不怠，三月不解，〔一〕期悲哀，〔二〕三年憂，恩之殺也。〔三〕聖人因殺以制節，此喪之所以三年，賢者不得過，不肖者不得不及。〔四〕此喪之中庸也，王者之所常行也。

【注釋】

〔一〕解：音謝，通懈。　　〔二〕期：音基。　　〔三〕殺：

音曬。　　　〔四〕肖：音笑。

【譯解】

　　父母始死，兒女們三天之内哭不絶聲，不知倦怠；三月之内經常哭泣，哀情不懈；周年之内朝哭、夕哭時，仍很悲哀；到了三年，雖已除服，心裏猶有憂思：這是兒女們哀情逐漸減弱的過程。聖人依據人們哀情逐漸減弱的一般情況來制定節限，這就是爲父母守喪之所以三年的緣故。賢人雖情深義重，也不得超過守喪年限；不肖的人雖薄情寡義，也不許達不到期限就除喪：這是喪禮的中庸之道，這是歷代王者所經常實行的制度。

　　書曰“高宗諒闇，〔一〕三年不言”，善之也。王者莫不行此禮，何以獨善之也？曰：高宗者，武丁。武丁者，殷之賢王也，繼世即位，而慈良於喪。當此之時，殷衰而復興，〔二〕禮廢而復起，故善之。善之，故載之書中而高之，故謂之高宗。三年之喪，君不言。書云：“高宗諒闇，三年不言。”此之謂也。然而曰“言不文”者，謂臣下也。

【注釋】

〔一〕諒：音亮。　　闇：音安。　　　〔二〕衰：本篇唯此衰字音摔。

【譯解】

　　尚書説命篇中説：“高宗守喪，三年不言。”這是稱贊他。王者沒有不行此禮的，爲什麽唯獨稱贊他呢？回答是：高宗就是武丁，武丁是殷代的賢王。他繼承王位時，孝敬温良地守喪。當這個時期，殷朝衰微因他而復興，教化廢弛因他而重振，所以稱贊他。稱贊他，所以記載在書中來頌揚他的高尚，所以稱他爲“高宗”。三年之喪，守喪之君不言，即所謂“不言而事行者”，尚書之“高宗諒闇，三年不言”，說的就是這種情況。至於孝經中説的“孝子之喪親，言不文”，即所謂“言而事行者”，那是指臣下說的。臣下守喪，不得不言，唯所言質實，不加文飾。

禮，斬衰之喪，唯而不對；齊衰之喪，對而不言；大功之喪，言而不議；緦、小功之喪，議而不及樂。

【譯解】

依禮，服斬衰喪服的人，只唯唯地應諾，而不與人對答；服齊衰喪服的人，雖然可以答對別人的問話，但不主動說話；服大功喪服的人，可以跟別人說話，而不發議論；服小功、緦麻喪服的人，可以議論，但不能涉及享樂的事。

父母之喪，衰冠、繩纓、菅屨，[一]三日而食粥，三月而沐，期十三月而練冠，三年而祥。比終茲三節者，[二]仁者可以觀其愛焉，知者可以觀其理焉，[三]强者可以觀其志焉。禮以治之，義以正之，孝子、弟弟、貞婦皆可得而察焉。

【注釋】

〔一〕菅：音兼。　屨：音巨。　　〔二〕比：音必。

〔三〕知：同智。

【譯解】

父母的喪事，孝子要穿生粗麻布做的喪服、喪冠、麻繩做的冠纓、草鞋，三天後才吃粥，三月後才洗頭，滿十三個月舉行周年祭而改戴練布冠，滿二十五個月即跨着三個年度舉行大祥祭。初喪到三月而入葬爲一節，葬後到周年練祭爲一節，周年練祭到兩周年祥祭爲一節。及至孝子行完這三大段禮節，人們就可以看出仁者的愛心，智者的理智，强者的意志。用禮加以校量，用義加以質正，服喪者是否是孝順的兒子、友愛的兄弟、正派的婦女，都可以從中察看出來了。